《故宫珍本丛刊》精选整理本丛书·术数

新刊合并官板音义评注

渊海子平

清光绪癸未京都大成堂刻本

宋钱塘　东齐　徐升　编

明清汪　竹亭　杨淙　增校

福建　余氏　镌梓

李峰　注解

海南出版社

·海口·

图书在版编目（CIP）数据

新刊合并官板音义评注渊海子平 /（宋）徐子平著；李峰整理．—海口：海南出版社，2001.9（重印 2023.10）
（《故宫珍本丛刊》精选整理本丛书．术数）
ISBN 978-7-5443-0232-6

Ⅰ．新… Ⅱ．①徐… ②李… Ⅲ．①渊海子平—注释②命书—中国—宋代 Ⅳ．B992.3

中国版本图书馆 CIP 数据核字（2001）第 061989 号

新刊合并官板音义评注渊海子平

XINKAN HEBING GUANBAN YINYI PINGZHU YUANHAI ZIPING

海南出版社出版发行
总社地址：海口市金盘开发区建设三横路 2 号
北京地址：北京市朝阳区黄厂路 3 号院 7 号楼 101 室
邮　　编：570216
网　　址：http://www.hncbs.cn
电　　话：0898-66812392　010-87336670
读者服务：唐雪飞
责任编辑：张　雪
经　　销：全国新华书店
印刷装订：河北盛世彩捷印刷有限公司
出版日期：2002 年 2 月第 1 版第 1 次印刷　　2023 年 10 月第 13 次印刷
开　　本：880 mm × 1 230 mm　1/32
印　　张：25
字　　数：583 千字
书　　号：ISBN 978-7-5443-0232-6
定　　价：68.00 元

目　　录

卷　一

卷 二

卷　三

卷 四

卷　五

《故宫珍本丛刊》
术数类精选整理本丛书序

《书经》尝有国之大事，必谋及卿士，谋及庶人，断之龟筮之说，是龟筮亦古之一大决策之学，今殷墟发掘大量甲骨文卜辞足以为证。《周礼》有大卜之职官，掌卜筮以稽疑，虽三王不同龟，四夷各异卜，然各以决吉凶。道家之学本出于史官，据《礼记·月令》，天子于立冬之月，“命太史衅龟策，占兆，审卦吉凶”。古时太史有如后世之辅相，有燮理阴阳、交通天人之职责，故必精通卜筮之学。而后龟筮决策之术，由象卜而数卜，由龟而筮，由《连山》《归藏》《周易》而八卦象数，而梦占，而太乙九宫，而六壬遁甲，而看相推命，遂成一博大精深之中国术数学。要之，术数学亦史官之学，为中华道学文化的一大支柱。

老子《道德经》云：“前识者，道之华而愚之始。”老子所云“愚”，为“纯朴”之意，故谓“俗人察察，我独闷闷”，“我愚人之心也哉！”“其政闷闷，其民淳淳”，“古之善为道者，非以明民，将以愚之”。“华”通“花”。这句话的意思是说，前识是道学智慧的花朵，是返璞归真的开端。实际上，道学本质上乃是一种前识的学说，它在任何时代都是一种超前意识，道学的智慧不仅能返观人类乃至宇宙创生之初的过去，而且能预见和创造整个宇宙的未来。《道德经》35章云：“执大象，天下往。往而不害，安平泰。”何谓大象？《易·系辞》云：“是故易者，象也”，“象也者，像此者也”。“圣人有以见天下之赜，而拟诸其形容，象其物宜，是故谓之象”。“圣人设卦观象，系辞焉而明吉凶，刚柔相推而生变化。是故吉凶者，得失之象也。悔吝者，忧虞之象也。变化者，进退之象也。刚柔者，昼夜之象也。六爻之动，三极之道也”。“圣人立象以尽意，设卦以尽情伪，系辞焉以尽其言，变而通之以尽利，鼓之舞之以尽神”。“知变化之道者，其知神之所为乎”！“《易》有圣人之道四焉：以言者尚其辞，以动者尚其变，以制器者尚其象，以卜筮者尚其占”。《左传》载“韩宣子适鲁，见《易象》与《春秋》。”足见所谓“象”，乃八卦之象，“八卦以象告”。实际上，以道家看来，天地山川之形势，国家政治之局面，地球生态之环境，列国军备之争斗，无一不是大的卦象，无不各现其吉凶之征兆。《道德经》云：“大象无形”，“其安易持，其未兆易谋”，“为之于未有，治之于未乱”。有道者善观天地、国事、人事之大象，不待卜筮而见其吉凶之兆，不待其祸发乱始而预谋之，故能往来于天下而趋吉避凶，而得以“安平泰”。又《道德经》50章云：“出生入死。生之徒，十有三；死之徒，十有三；人之生，动之死地，亦十有三”。“盖闻善摄生者，陆行不遇兕虎，入军不被甲兵；兕无所投其角，虎无所用其爪，兵无所容其刃。夫何故？以其无死地”。这段经文和上段经文一样，古今注家多百思而不得其解，故强为之错解。其实文中提到三次“十有三”，恰合九宫之数，分生门、死户，可以伏藏，乃古代趋吉避凶的术数，即周代之“阴符”，后世谓之“奇门遁甲”。依此术推算，大至整个地球、国家，小至一城一室，皆有生地、死地，有道者急难之时而入生地，故可不遇兕虎不被刀兵而无死地。老子的道家之学，亦是一种地理生态之学，史称诸葛亮依此“推演兵法，作八阵图，咸得其要”。据传诸葛亮入川时在鱼腹浦以巨石排成“八阵图”于江滩之上，其威力可比十万精兵，后东吴大都督陆逊入此石阵而受困。道学之术，玄妙莫测，如依我国山川形势调整城市布局战守要塞，自可以处处有生地，有如美国国家导弹防御系统（NMD）。因此，我将新道学文化依八卦分属八大支柱，即“人行道哲学”（乾卦）、“政治管理学”（兑卦）、“文艺审美学”（离卦）、“医药养生学”（震卦）、“宗教伦理学”（巽卦）、“自然生态学”（坎卦）、“丹道性命学”（艮卦）、“方技术数学”（坤卦）。其中，在道学的八大支柱中，我将道家哲学和术数学放在乾卦和坤卦的位置，而乾、坤二卦是父母卦，由此衍生出长男、长女、中男、中女、少男、少女六卦。这就是说，哲学和术数学分别是道学的两条腿，由它们分布开道学文化的八大支柱，二者在道学中有如哲学和数学在西方文化中的位置一样。在中国历史上，术数学是历朝历代政治家、军事家、谋略家的必修课，为帝王师的姜子牙、张良、诸葛亮、李靖、李淳风、李泌、刘伯温等都是精通术数学的。古代术数家运筹帷幄，辅助明主争霸天下，在中国的历次政治斗争中起过举足轻重的作用。

中国术数学源于原始社会先民的巫史文化，是由周易象数学发展起来的学科。它最初奠基于战国时期以驺衍为首的阴阳家学派，汉代兴盛一时，汉末流入道教，为道教占验派所宗。占验派道士精研易理，推崇象数易学，并用之于社会、人事中未知事物的预测，创造出许多丰富多彩的占验术数。在一定意义上说，术数学乃是一种杂有迷信成分的社会、人生预测学。无论是生产力低下的古代社会，还是科学昌明的现代社会，都没有消除人们对个人命运的困惑和对所受伤害的恐惧。人们对于复杂纷纭的社会前景和变幻不定的人生命运，在自力难以掌握的时候，便本能地依靠他力趋吉避凶，寻求预测未来的方法。这种渴望预知的心理，无论是文明未开的古代初民还是受过高等教育的现代人，实际上没有什么不同。我们知道，整个宇宙、整个地球、人类社会的群体乃至个体的人生命运，皆是一种开放的超巨系统，其进化的动力学机制受多种要素的制约，其瞬息万变的具体情节引发人们的困惑，其发展前进的大趋势又启发人们预测的智慧。自然生态、社会政治、人生命运的大系统虽受多种要素制约，但都可分解出一些基本的动力学要素。当大系统中的这些基本的动力学要素被系统中其他因素变化的积累效应达到其难以承受的程度时，整个大系统就会进入一种无序的混沌状态。例如，一个国家的社会政治系统如果贫富差距过分拉开、贪官污吏横行、豪强盗贼得势，这些因素积累到整个社会难以承受的程度，就会出现天下大乱的混沌状态。一个人在社会活动中如果八方树敌积怨过多，违法乱纪横行无忌，最终也必将进入穷于应付、惶惶不可终日的混沌状态。人的身体系统也是一样，如违背生活规律穷奢极欲丧失精气，必然也会导致百病丛生医家束手的混沌状态。根据系统论的非线性混沌动力学理论，这种混沌状态是不稳定的。当系统中出现“灾难性的分歧点”（catastrophic bifurcation）时，系统变得异常敏感，一次偶然事件就会诱发整个系统的巨变（Macroshift）。在刚刚跨入21世纪之门时，美国发生了震惊世界的“9·11”事件，美国系统科学家欧文·拉兹洛在2001年出版了他的新作《巨变》（中译本于2002年2月由中信出版社出版）。拉兹洛是罗马俱乐部成员、布达佩斯俱乐部主席，他在书中说地球已成为一个整体化的具有网络结构的复杂巨系统。全世界的全球化趋势，实际上是全球美国化，是以欧美为中心的西方文化统治全球、征服世界的大趋势。这种全球化是以工业化、城市化、信息化为标志的所谓现代化浪潮，西方的主流文化以其唯物主义机械论的世界观，以其聚敛钱财、贪得无厌的物质主义价值观，以其相互竞争、弱肉强食的个人利己主义人生观，导致了环境污染、人口爆炸、资源匮乏等地球生态危机。拉兹洛在书中大胆预测，现代西方以工具理性为主导的文明所造成的恶果，十年间如果不能发动一场彻底改变这种旧价值观的意识革命，世界的政治、经济结构便会彻底瓦解。拉兹洛预言这一巨变过程共分为四个阶段，即启动阶段、转型阶段、混沌阶段、瓦解阶段或突破阶段。自1860年至1960年，科技发明极大地提高了人类的社会生产力，人类靠掠夺自然界创造了大量财富，人类以自我为中心的生产方式和生活方式构成对自然界的威胁，启动了这次巨变。自1960年至2001年，人类靠高科技极大地提高了生产效率和消耗自然资源的速度，人口急剧增加，以工业化、城市化、信息化为标志的现代化浪潮遍及全球，这就是巨变的转型阶段。在这一全球化的转型阶段，美国人穷奢极欲的高消费生活成为全世界向往的样板，贫穷国家的一些人也不择手段地捞取“票子、房子、车子”，争取“先富起来”。人类掠夺大自然的活动造成空前的生态危机，地球的面貌被人类的力量所改变。自2001年至2010年，随着人口猛增及现代化的加速使人类对地球各类资源的需求日益膨胀，而地球的自然资源在人类多年持续掠夺下临近枯竭，生态环境急剧恶化。在这十年间，人类需求上升的曲线和地球资源、自然生态下降的曲线终会相交，全球社会进入不安定的混沌阶段。拉兹洛写道：“到了21世纪第一个十年时，由政治范畴的冲突、经济范畴的脆弱性和金融范畴的不稳定，以及气候和环境恶化的种种问题所引发的高度紧张，会使得社会进入巨变的‘混沌跃进’期。”“21世纪初期的混沌，不是趋向于可维持的全球平衡，就是导致地方与全球性的危机和随之而来的瓦解。”（《巨变》）地球上人类的命运受自然环境、社会历史和文化传统的制约，同时又需要人类自己创造。2010年以后，人类社会真正的巨变就会到来，人类要是一直沿着西方文化的主流价值观走下去，就会进入瓦解阶段；如果在西方价值观上发生一场新的意识革命，就会进入突破阶段。目前全球人口已达到70亿，而且还在增长。水、空气、土壤等资源被污染、破坏并不断减少，城市的各种废弃物在不断增加，每年失去500万到700万公顷的农业用地，预计到2025年全球三分之二的人口将处在无法生活的状态。这种趋势不但会助长各国社会的无政府状态，出现凶杀、传染病、饥荒等惨绝人寰的悲剧，还会加剧国家、民族之间的重大冲突，甚至发生核大战，或者兴起移民风潮，打破国界，造成全球的无序状态。拉兹洛认为挽救这场劫难的唯一途径，就是对西方文化的主流价值观进行意识革命，提倡全球伦理以完成文化转型。拉兹洛所倡导的新型文化，实际上就是我近几年努力开创的新道学文化。魏源早就论定老子的《道德经》是“救世书”，它不但能救中国，而且能救世界。新道学文化是人类21世纪唯一可行的文化战略。

海南出版社已将北京故宫博物院珍藏的数千种图书资料影印出版了《故宫珍本丛刊》；为了方便阅读，又将其中不少道家珍籍和术数类秘本藏书整理成简体横排本出版。由于考虑到故宫珍藏的这些术数秘本多为初次面世及其可能产生的社会影响，该丛刊及该整理本丛书的责任编辑李升召先生来京邀我作序予以介绍。我本是研究自然科学的学者，由于对内丹学的兴趣遂接受钱学森教授的建议改行到中国社会科学院来研究道家和道教，至今不觉过去二十余年。方技术数学和丹道性命学都是新道学文化的重要支柱，对它们的研究是我学术专业范围之内的本职工作。二十多年来，我不仅在全国调查和求得南北各派秘传的丹道法诀，并且对道教占验派流行的各类方技术数都进行过演算和验证。鲁迅先生曾断言“中国根底全在道教”（《鲁迅全集》第九卷），李约瑟博士也说过：“中国如果没有道家思想，就会像是一棵某些深根已经烂掉了的大树。"(《中国科学技术史》第2卷)道学文化是中国诸子百家之学的总汇和源头。内丹学和术数学是中国传统文化中交通天人的巫史之学，它是中国哲学和科学得以产生的文化背景。在学术研究上，不研究内丹学和术数学，就没法真正理解和体验道教；而不懂道教，就无法真正了解道家；不懂道家，更无法达到中国传统文化的高境界。据我所知，道教文化的研究大致可以划分为三个层面。其一是将道教资料从史学和文献学的角度通过考据、训诂等方法厘清史实。其二是从哲学、宗教学、文化人类学、医学、化学、民俗学、文学艺术诸学科对道教资料进行既分析又综合的研究。除此之外，道教文化还有比一般学术研究难度更大的第三个层面，也是道教核心部位的硬壳，其中包括斋醮、法术；奇门遁甲等占验术数；外丹黄白术与内丹学。占验术数的研究需付出超常精力并具备天文律历知识，还要激发出交通天人的灵性，非等闲之辈所能胜任。前辈学者赵元任教授深知术数学研究的难度，他称占验术数"说有易，说无难"，是一种可研而不可究的学问。我国自"文革"以来崇尚西方十八世纪启蒙思想家早已落伍的"科学主义"，将道教文化斥为"封建迷信"，将术数学斥为"伪科学"，术数学的研究一变而为"说无易，说有难"！美国精神病学家斯坦尼斯拉夫·格罗夫教授痛斥这种"科学主义"思潮说："唯物主义科学家们认为，任何灵性概念的产生都是由于知识的缺乏、迷信、痴心妄想、原始的奇怪思维、幼稚的想象以及彻头彻尾的精神病。""如果我们观察一下西方文明的世界观，并把它与古代和土著文化的世界观加以比较，我们就会发现有一种深刻的差异。""经过40年对意识的研究，我有一种强烈的感觉，即这种差异的真正原因是西方工业文明对意识的非正常状态的幼稚和无知。""科学有崇高的威望，人们所说的科学指的是唯物主义一元论主导的牛顿——笛卡儿范式的科学。这种思维方式不论从个人的角度还是集体的角度都会导致可怕的后果。这就是为什么我们必须把深刻的内心转变和对过时的科学世界观的彻底修正结合起来的原因。”(《意识革命》,中译本由社会科学文献出版社 2001 年出版）西方自然科学只研究物质运动，忽视人的心灵、意识等精神的层面，缺少直觉、灵感、超感官知觉等非正常状态心理学的研究，而这恰是布达佩斯俱乐部成员“意识革命”的主要内容。拉兹洛等学者认为，通过人类心灵的修炼和生命体验，将促使人类发生“意识革命”，使人类变得更宽容，更有爱心，“以让其他众生也能生活的方式来生活”，从而早日实现新的“文化转型”，避免地球生态的大劫难。由此看来，中国的道学文化，特别是其中富有天人交通灵性的丹道和术数，恰是中华文明的智慧之花，是中华民族免除生态劫难的福音。海南出版社为保存这些故宫珍藏秘本尽力，应是功德无量。

在中国社会科学出版社 1995 年出版的《中华道教大辞典》中，我已将“内丹学”和“符箓、法术及占验术数”列入其中。在萧克将军主编的《中华文化通志》中，我亦将内丹学和占验术数收入《道教志》，此书经过中央有关部门多次审查及国家认定（上海人民出版社 1998 年出版）。在社会科学文献出版社 1999 年 1 月出版的《道学通论》中，我特别撰有《中国术数学》一章，作为对术数学进行专门学术研究的著作在全国尚属首次，对术数学的评价及其学术价值在书中全部讲明，读者可以参看。《四库全书总目提要》云：“术数之兴，多在秦汉以后，要其旨，不出乎阴阳五行、生克制化，实皆易之支派，傅以杂说耳。物生有象，象生有数，乘除推阐，务穷造化之源者，是为数学。星土云物，见于经典，流传妖妄，寖失其真，然不可谓古无其说，是为占候。自是以外，末流猥杂，不可殚名，《史》《志》总概以‘五行’。”“中惟数学一家为易外别传，不切事而犹近理，其余则百伪一真，递相煽动。必谓古无是说，亦无是理，固儒者之迂谈；必谓今之术士能得其传，亦世俗之惑志。徒以冀福畏祸，今古同情；趋避之念一萌，方技者流各乘其隙以中之，故悠谬之谈，弥变弥夥耳。然众志所趋，虽圣人有所弗能禁。其可通者存其理，其不可通者姑存其说可也。”盖丹道与术数，呼应人类求长生和趋吉避凶的心理，在社会民众中有广泛的市场，江湖术士递相煽惑，敛财骗人，无法禁断，不如将其提升到学术的殿堂加以研究。读者须明白，治术数学亦非容易，江湖术士百伪一真，少有能激发出灵性者，其志在敛财辈更等而下之，不可轻信。然术数学既为中华民族之传统文化，亦需珍惜。保护了中国的古代文化，也就保护了中华民族的未来。故余反复斟酌而强为之序。

中国社会科学院研究员、博士生导师

胡孚琛

2002 年 9 月 11 日于中国社会科学院哲学研究所

序：术数及其与八卦和《易经》的关系

“术数”一词有两个既有联系而又略有区别的意思。

第一，“术数”指一类活动，1979年版《辞海》释作：“‘术’指方术，‘数’是气数。即以种种方术观察自然界可注意的现象，来推测人和国家的气数和命运。……后世称术数者，一般专指各种迷信，如星占、卜筮、六壬、奇门遁甲、命相、拆字、起课、堪舆、占候等。”应当指出，1999年版《辞海》的释文在文字上稍有变动，特别是在列举各种迷信时删去了“占候”。

第二，“术数”是我国一类古籍书的“类”名。按照《四库全书》分类法，我国古籍可分为“经、史、子、集”四“部”，每部之下分若干“类”，每类之下再分若干“属”；“术数”是“子部”之下一类书的“类”名。“术数类”之下包括七“属”，其属名与其所收书的范围如下：

一、数学之属。此处的“数学”不是现在“数学物理”中的“数学”的意思，《左传·僖公十五年》：“龟，象也；筮，数也。物生而后有象，象而后有滋，滋而后有数。”古代把研究“筮”时数的变化，务究造化之源的学问，叫“数学”（参见后面对“卜筮”的介绍）。讲述这种数学的书，归入本属。

二、占候之属。凡观察研究天象（泛指日月星辰土地云气）和动植物的异常变化，并以此推知国事人事等吉凶的书，均归入本属。

三、相宅相墓之属。凡研究建房（阳宅）和造墓（阴宅）的朝向地势等的选择与吉凶之间关系的书，均归入本属。

四、占卜之属。凡用龟、蓍、牌等按某种规则确定一组数，再根据这一组数确定一个卦，即所谓“随物取数，随数取卦”，然后依托《易经》判断吉凶的书，均归入本属。

五、命书相书之属。根据一个人出生的年月日时来推知其命运吉凶的书叫命书；根据一个人的形状气色来推知其命运吉凶的书叫相书。这两种书均归入本属。

六、阴阳五行之属。凡根据阴阳衰旺五行休咎的易理来预测吉凶，以使人们能早为趋避的书，如遁甲、六壬、择日、占星等，均归入本属。

七、杂技术之属。凡不便归入以上诸属，而又是讲述如何分辨贵贱吉凶之术的书，如占梦、拆字、太素脉法等，均归入本属。

由以上可看出，术数的支派旁门十分庞杂，但翻开这些书，无一不直接地说明或在叙述中体现出自己的理论基础是八卦和《易经》。这倒确实不是拉大旗作虎皮，《四库全书总目提要》曾指出："术数之兴，多在秦汉以后，要其旨，不出乎阴阳五行、生克制化。实皆易之支派，傅以杂说耳。"而本文想提出的命题正是：术数就是八卦和《易经》在预测未来方面的一种应用。因此，为了说明此命题，必须首先大略地介绍一下八卦和易经的基本内容。

《易传·系辞下》："古者包牺氏（即伏羲氏）之王天下也，仰则观象于天，俯则观法于地，观鸟兽之文与地之宜，近取诸身，远取诸物，于是始作八卦，以通神明之德，以类万物之情。"这里记载的就是相传伏羲氏始作八卦的事。

八卦的形式只有两个基本符号，即"阳爻—,'和"阴爻 --"；将阳爻和阴爻组成三层结构，共能得到也只能得到八种形式（卦体）：☰、☷、☳、☴、☵、☲、☶、☱。八卦的内容也只有两点：卦名，按以上顺序分别为"乾、坤、震、巽、坎、离、艮、兑"；意义，它们分别象征"天、地、雷、风、水、火、山、泽"等自然事物和"父、母、长男、长女、中男、中女、少男、少女”等人类家庭。以上就是八卦本身的全部形式和内容。

《汉书·艺文志》:“至于殷周之际，纣在上位，逆天暴物，文王以诸侯顺命而行道，天人之占可得而效，于是重易六爻，作上下篇。”这里记载的就是相传周文王创造周易六十四卦的事。所谓“重易六爻”，就是说伏羲氏创造的八卦每卦（卦体）只有三爻，重叠即为六爻；将八卦两两重叠变化，共能得到也只能得到六十四卦；前三十卦为上篇，后三十四卦为下篇。

相传，周文王不仅将八卦演变成了有先后固定顺序的六十四卦，还给每个卦命了名，并且分别为每个卦及每个卦中的每一爻都附上了一句简短的说明，即“卦辞”和“爻辞”。

例如第十五卦的卦体是“䷎”。卦名为:“谦”。卦辞为:“亨，君子有终。”从下至上共六爻，每一爻的爻辞分别为:“初六，谦谦君子，用涉大川，吉。六二，鸣谦，贞，吉。九三，劳谦，君子有终，吉。六四，无不利，扮谦六五，不富以其邻，利用侵伐，无不利。上六，鸣谦，利用行师征邑国。”

严格意义上的《周易》或《易经》的全部形式和内容就是如上例介绍的每个卦的卦体图形、卦名、卦辞和爻辞，共六十四段，约五千字。相传后来孔子又作了十篇解释性的文章:《彖》上下、《象》上下、《文言》、《系辞》上下、《说卦》、《序卦》、《杂卦》。古代把对“经”的解释文章称作“传（读去声）”，因此这十篇文章就统称作《易传》，也叫《十翼》。按照广义的或不严格的说法，《易经》也可以包括《易传》。

在古代，《易经》被认为是群经之首，儒家经典之一，连秦始皇焚书也不焚易书，可见《易经》在我国历史上享有多么崇高的地位。

现当代对《易经》则评价不一，多把它主要当作一部讲算卦的书看待，如《辞源》“周易”条:“也叫易经，我国古代有哲学思想的占卜书，是儒家的重要经典。”1979年版《辞海》的解释也与此相似，甚至在进行肯定性评价时也只是说：“在宗教迷信的外衣下，保存了古代人的某些朴素辩证法的观点。”幸喜1999年版《辞海》删去了这一句话，而代之以一段较为公允客观的叙述。

那么，《易经》究竟是一部什么书呢？或者说，古人创造八卦和《易经》究竟是出于什么动机，为了什么目的呢？前面引文中说：“……于是始作八卦，以通神明之德，以类万物之情。”这句话译成现代汉语，我以为大意应当是：于是最先创造了八卦，为的是用来表明自然界的根本规律（神明之德），并根据万事万物的特征（万物之情）对其进行分类。如果这样理解没有错的话，这实际上就明明白白地说出了古人创造八卦，当然也包括创造《易经》六十四卦的动机和目的。这个动机和目的用现代术语说，就是为了建立一个能解释宇宙世界的统一理论和模型。

产生这种动机和目的是人的本性。人与动物的区别就是人有思维，会思考问题。人类思考的问题，除了那些为了生存发展要解决的各种具体问题（首要的当然是求温饱的问题）外，还包括一些抽象的问题，如这纷繁复杂的世界到底是由什么组成的，是怎么组成的？它们过去是什么样子，未来又会是什么样子？这些问题哲学上当属宇宙观或世界观的问题。这些问题的解决就要求建立一个能解释现存世界的统一理论，然后还能用它来进一步解释这个现存世界的过去并预测其未来。如果这个理论能用图形表示，这个图形就叫作“宇宙模型”。

我认为，八卦和《易经》就是古人所建立的这种宇宙模型和统一理论，二者的区别仅仅在于，前者较为简略，后者较为细致。它们的要点概括起来就是：宇宙中万事万物都是由两种最基本的东西组成的；这两种东西性质相反，叫作“阴”和

“阳”，可以分别用符号“--”和“—”表示；这两种东西不同的结构比例或不同的结构位置就形成了宇宙中性质各异的万事万物；把这些万事万物粗一点分类，可分成八类，其模型就是三层结构的八卦形式，细一点分类，可分成六十四类，其模型就是《易经》中六层结构的六十四卦的形式。

很明显，古人的上述认识，除了最后一点三层结构和六层结构我们至今还难于理解其中的奥妙外（当然也可以附会一些含义：地球有地壳、生物圈、大气圈——天、地、人——三层结构；较稳定的原子最多只有六层电子，等等），其余的认识与现代科学对物质世界的分析是毫无矛盾的。

不仅如此，《易经》的内容至今已得到现代自然科学越来越多的说明或证明。《中国大百科全书·哲学》“象数学”（易学的一个分支）条写道：“二十世纪七八十年代以来，许多中国学者运用数理科学方法对象数学重新进行研究，例如：以等差级数（算术级数）解释阳奇阴偶和天地之数；以等比级数（几何级数）解释‘一分为二’的宇宙生成论；以数学排列组合解释八卦成列；以二项式系数解释太极—两仪—四象—八卦—六十四卦的‘周易三角’，并发现比法国数学家B．巴斯加尔早500年的‘贾宪—杨辉三角’来源于‘周易三角’；以方圆九宫算术解释河图洛书；以函数关系解释太极曲线与阴阳消长变化；以二进位制数学说明邵雍的先天卦位卦序图，认为此图经得起电子计算机的测试和检验；以同余式定理解释揲蓍的方法；以概率论统计解释断占中的吉凶休咎。所有这些研究，都力图揭破笼罩在《周易》上面的神秘外衣。”

更令人称奇的是《易经》关于宇宙起源的独特的叙述，《易传·系辞上》：“是故易有太极，是生两仪，两仪生四象，四象生八卦，八卦定吉凶，吉凶生大业。”这句话中的术语各家解释不同，但对这句话的总体意思的理解却是一致的：现在宇宙中的万事万物产生于一个本源——太极。三国时徐整著《三五历纪》(收入《太平御览》)的叙述更生动具体：“天地浑沌如鸡子，盘古生其中。万八千岁，天地开辟，阳清为天，阴浊为地，盘古在其中。一日九变，神于天，圣于地。天日高一丈，地日厚一丈，盘古日长一丈。”至清代《幼学琼林》则更剔除了其中的神话部分，叙述也更简明：“混沌初开，乾坤始奠。气之轻清上浮者为天，气之重浊下凝者为地。”

上述以易经理论为基础的我国古人对宇宙起源的描写与现代自然科学最新的研究成果是完全一致的。《中国大百科全书·天文学》“大爆炸宇宙学”条写道：大爆炸宇宙学是“现代宇宙学中最有影响的一种学说。……大爆炸的整个过程是：早期的宇宙，温度极高，在100亿度以上，物质密度也相当大，整个宇宙体系达到平衡（“混沌”阶段——引者注）。……但是因为整个体系在不断膨胀，结果温度很快下降……当温度降到几千度时，辐射减退，宇宙间主要是气态物质，气体逐渐凝聚成气云，再进一步形成各种各样的恒星体系，成为我们今天看到的宇宙。”同一书“地球”条中关于地球的起源和演化也有类似的叙述：“现在流行的看法是：地球作为一个行星，远在46亿年以前起源于原始太阳星云。……并无分层结构（“混沌”阶段——引者注）……在重力作用下物质分异开始，地球外部较重的物质逐渐下沉，地球内部较轻的物质逐渐上升，一些重的元素（如液态铁）沉到地球中心，形成一个密度较大的地核（地震波的观测表明，地球外核是液态的）。”

从以上两段引文中可清楚看出，不管宇宙和地球从起源到形成目前这个状态各个阶段的演化细节如何，都经历了两个大阶段，开始是内部平衡的不分层的原始“混沌”阶段，然后是

“气之轻清上浮”和“气之重浊下凝”的分化定型阶段。

前面引用了不少古今文献，目的就是要说明，古人为了“通神明之德”“类万物之情”而创作的八卦和《易经》，确实可以作为一个统一理论来解释和说明已知现存世界的现在和过去；可是古人的期望远不止此，他们甚至更希望有一个统一理论能预测未来。这就应当讨论术数了；笔者以为，术数就是八卦和《易经》在预测未来方面的一种应用。

术数预测未来，主要是预测人类活动的未来，而前面谈到的《易经》作为一个统一理论，所解释的都是自然世界，而没有涉及人类社会；因此，在讨论术数预测未来之前，还应当介绍一下《易经》在社会科学方面的应用。

应当指出，现在人们一般都把人类的知识分成自然科学和社会科学两大类，并且二者是截然分开的，之间至今没有多少实质性的联系；但在八卦和《易经》那里，我们却看不到这种区别。本文说八卦和《易经》是一个能解释世界的统一理论，“统一理论”这个词是从爱因斯坦那里借来的。爱因斯坦毕生追求的就是不断提高他的理论的“统一”程度，因为他相信世界应当是统一的，“上帝讨厌麻烦”。不过，他理想中的“统一理论”也仅仅是针对物质世界的，并不涉及人类社会。然而，八卦和易经作为一个统一理论，却不但企图解释自然世界（如前所述），同时还企图解释人类社会，指导人们为人处世，修身齐家治国平天下。

例如，前面所引《易经》第十五卦谦卦，从卦体和卦象上看，艮卦在下，坤卦在上；艮对应山，坤对应地，因此，此卦象征山处在地之下，是一个屈己自谦的形象，所以卦名为“谦”。卦辞是：“亨，君子有终。”其大意当是：谦虚就能亨通，只有君子才能始终彻底做到，最终成功。其最下爻（初六）的爻辞是：“初六，谦谦君子，用涉大川，吉。”此爻辞大意当是：第一爻是阴爻（初表示最下爻，即第一爻；六表示阴，九表示阳），君子谦而又谦，用这种态度来过大河，克服因难，总是吉利的，能成功。中间四爻的爻辞也很有意思，限于篇幅，恕不释。其最上爻（上六）的爻辞是："上六，鸣谦，利用行师征邑国。"此爻辞大意当是：第六爻是阴爻（上表示最上爻，即第六爻），谦虚到了顶，名声在外，利于用兵征伐邻国。可以说，易经每一卦中都包含这些修齐治平的道理，此文不多说了。

术数依托易经、易理、易义预测未来，应用范围十分广泛，大到一个国家的兴衰，一场战争的胜负，小到一个人的命运好坏，甚至某人某天出门办事是否适宜等，术数均予考虑。正因为如此，就形成了如前所述的众多的术数支派旁门。为了对术数是怎样预测未来的有一个总的粗略的了解，以下介绍其中一种最古老、最基本的方法——占卜。

古时占卜有两种方式，用龟甲或兽骨叫"卜"，用蓍草叫"筮"，合称"卜筮"。"卜"的具体操作程序已不大清楚了，大概是先在龟甲（多用腹甲）或兽骨（多用牛羊肩胛骨）上钻、凿，再用火灼，然后根据爆裂纹理来确定吉凶。《说文解字》认为"卜"字"象炙龟之形"，其实更进一步，"卜"字的读音恐怕也"象炙龟"爆裂之声。

"筮"的具体操作程序现在还比较清楚：备50根蓍草；先取出一根不用，象征太极；将剩下的49根任意分成两束，一束置于上，一束置于下，象征天地两分；任意从上束或下束中取一根置于中间，象征人立于天地之间。以下的操作程序说起来较烦琐，此文不必详述，其大致过程是，将上中下三束蓍草按固定的四个步骤取分置放，称为一变；三变之后上下两束蓍草之和将为某一个数字，根据这个数字即可确定一爻的阴阳；如此共经过十八变，即可从下至上确定六爻的阴阳；于是也就得到了一个完整的卦体。最后再根据《易经》上的卦名、卦辞、爻辞来判断欲预测的人或事的吉凶。“术数”中所说的“数学”主要就是研究以上过程中数字的变化及其意义。

先人之所以用龟和蓍来占卜，是因为他们相信龟和蓍是神物，能通神，有灵气；因此在先人看来，卜筮所取得的卦，并不是随机的，而是神的指点。当然，后人改用铜钱、牙牌、棋子等物来占卜，即所谓随物取数，随数取卦，那层通神的含义恐怕就没剩下多少了。

以现代科学的眼光来看，占卜的整个过程实质上可看作两个连续分类的过程：首先将欲预测的具有千差万别的人或事根据某种规则归入六十四类中的某一类，即取得某一卦的卦体；然后再进一步根据易理分成两类，“吉”或“凶”。从思辨逻辑上看，这倒是无可挑剔的。不过必须强调，不管取得卦体的程序多么神秘复杂，其实无非就是从《易经》六十四个卦中任取一个；这个过程本质上就像抽签一样，应当完全是一个随机的过程。这种随机过程的结果，我们今天恐怕只能承认它仅有统计学方面的意义，而很难说它具有别的什么决定论方面的因果关系。对于用其他术数方式来预测未来，大致也可取这种基本态度。

十分有趣的是，占卜等各种术数活动从古到今绵延不断，而对其反对之声也一直绵延不断。韩非子写过一篇文章《饰邪》，其中举了不少史实证明占卜占星等皆不可信，然后他总结写道：“龟策（策指蓍草——引者注）鬼神不足举胜，左右背乡（指星辰在天空的位置，乡同向——引者注）不足以专战。然而恃之，愚莫大焉。”王充在《论衡·卜筮》中更写道：“周武王伐纣，卜筮之逆，占曰大凶，太公推蓍蹈龟而曰：枯骨死草，何知而凶？”

应当特别指出一点，我国古籍中类似上述反对或非难占卜等各种术数活动的记载很多，但似乎全都是批判“枯骨死草”

的，至少我至今没发现一处是批判《易经》本身的。确实，用今天的话说，我国历来都是把《易经》和《易经》的应用分别看待的。如《四库全书》的处理：凡解说《易经》本身的书入经部易类，居经部之首，亦全书之首；凡用易理教人修齐治平的书入子部儒家类，为子部之首；凡用易理推知吉凶的书入子部术数类。荀子在《大略篇》中更说“善为易者不占”，意思当是精通《易经》的人是不用来占卜算卦的。

既然数千年来我国一直有这么多大学者都态度坚决地反对占卜等各种术数活动，那么，为什么它们数千年来又能一直绵延不断呢？我想，至少有三个基本原因。

第一，术数并非全都是迷信的，反科学的，其中肯定有不少科学性的精华还等待我们去发掘。例如，相宅相墓看风水的堪舆家，他们的经验在保证人们居住的健康安全方面就是有很多科学道理的；至于在利用墓穴保存人的尸体方面取得的成就甚至我们今天也无法解释，难于做到，如长沙马王堆出土的基本保存完好的两千年前的女尸就是最有力的物证。

第二，有些批判文章，用今天的眼光来看，其论述未必是无懈可击的。例如，宋代费衮在其《梁溪漫志》中有一篇证明算八字不可信的文章。他首先按算八字的方法计算，一天只有12个时辰，一年只有4320种命运，再分男女，一个甲子60年也不过51.84万种命运，然后他驳斥道：“今一郡户口不下数百万，则同年同月同日同时多矣，又何贵贱贫富之不同哉？”从证伪的角度来看，上述驳斥理由并不很严格、充分，因为要用统计学原理证明算八字不可信，应当统计符合算八字结果的人所占的百分比，若接近50％，那么统计结果就不支持算八字的方法。其道理很简单，根据统计学概率论的基本原理，要判断一个人命运的好坏，多次掷硬币的正确率也必然是50％左右。

第三，大概也是最重要的原因，就是科学的未来学（也叫预测学）太不发达。人们希望能预知未来，这个愿望和要求是绝对合理的，也是很有必要的。令人十分遗憾甚至难堪的是，现在已发展到了信息时代、知识时代，但人类在预测未来方面的能力却非常有限。例如，现在人们对日食、月食的发生，彗星的出没等天体的运行规律能很精确地计算预测；对风雨冷热等天气变化也能基本准确预知；可是对地震、洪水等自然灾害的发生就没有多大把握进行预报了。至于对人类社会未来的预测（长期的或短期的，群体的或个体的），则基本上是空白。当然人们也一直在努力，半个世纪前更创立了未来学从事这个领域的研究，但是真正可供实用的可靠的研究成果还不多。

这里我们想特别强调马克思主义的一个观点：唯心主义是利用人类知识的空白点而存在的。确实，如果科学真能满足人们某一领域的需要，那么骗人的迷信在这一领域也就难于立足了。如现在人们想知道未来的天气怎样，肯定会去问气象台，而不会去找占家了；因为现在气象台的天气预报基本上是准确可靠的。

虽然各种术数活动数千年来绵延不断，但历史地看，其影响力与活动范围都在逐渐缩小。我国发现的最古老的成系统的文字甲骨文，几乎全部都是占卜的记载，因此，甲骨文也叫“卜辞”。春秋战国时期，每个国家都有专门掌管占卜的官员，他们的政治地位和学术地位都是很高的；这种官制后来逐渐消亡，未考是何时完全废止的。历史上很多大术数家，如先秦鬼谷子、邹衍，三国诸葛武侯，晋郭璞、葛洪，宋陈抟、邵雍（康节）、司马光，明刘基（伯温）、黄道周等，他们同时也是大学问家，都是治中国思想文化史时不能不提到的人物。民间的各种术数活动至少在半个多世纪前都还是正当合法的职业；当然今天从事这种职业的人也仍然还有，但都不是合法的职业了。

关于术数与八卦的关系，最后还有一点应稍加说明，即它们的产生时间孰先孰后的问题。这个问题无非有三个答案：八卦在先；术数（占卜）在先；二者难分先后，是互相促进共同发展的。根据古代文献，“人更三圣（分别指伏羲氏、周文王和孔子），世历三古（分别指上古、中古、下古）”（《汉书·艺文志》），没有比伏羲氏始作八卦更古老的传说了。然而，出土的甲骨文却不能支持这一传说，当然也不足以否定这一传说；相反，甲骨文似乎更有利于证明“占卜在先”。看来，究竟何者在先，只能靠今后进一步的考古发掘和科学研究了。不过，不管何者在先，都与本文“术数是八卦和《易经》在预测未来方面的一种应用”的说法不矛盾。

本文是一篇命题作文，题目是李升召先生提出的，他是故宫术数整理本丛书的责任编辑，希望我能为该丛书写一篇总序，谈谈“八卦和《易经》与术数之间的关系以及它们在我国传统文化中的地位”。我不知天高地厚，欣然领命。于是闭门半月，搜索枯肠，总算勉强为它们之间的“关系”提出了一个看法，并做了一些解释和说明；但一看字数，已近一万，远不是一篇序的通常篇幅了，即请示李先生，获得同意，这篇序就不评价它们在我国传统文化中的地位了。

其实，这篇序在“关系”处打住而不评价它们的“地位”，就笔者而言，篇幅大了只是次要原因，更主要的原因是八卦和《易经》对我国传统文化的影响实在太广泛深远了，就像人体的血液，渗透了每一个细胞，就像人体的基因，代代相传。平常聊聊天，似乎还觉得能应付自如，真要提笔立论为文，就深感学力处处不支了。仅仅是那么博大精深的思想认识，竟会产生于三四千年前的殷商时代，就简直令人不敢相信，难于理解；然而，经受了几千年实践检验的经络学说的实例又使我们绝对不敢低估古人具有超乎我们想象的高超智慧；我们至今仍没找到令人信服的解剖学证据，二三千年前的古人怎么能那么清楚地知道人体经络的分布呢？每当想到类似的事实，再看到记载古人微言大义深邃思想的古文献，就不禁油然而生出一种对古人的莫名的敬畏心情，使人不敢轻言为八卦和《易经》以及术数在我国传统文化中的地位立论。非不为也，是不能也。这个题目只能留待笔者今后努力了，当然更希望能早日看到大家的高论。

易　潇

2001 年 11 月 28 日于长沙

2003 年 5 月修订

题　记[①]

子平[②]书，宋徐公东斋[③]已详明矣。传有《渊海》《渊源》之集，其理则一，篇句俱同。今之用者，惟宗《渊海》。而《渊源》亦有妙用，《渊海》或未之集。今将二书合并，参考遗失，总归一铁。加之诗诀、起例，增解字义。后学识之，则二书了然在目，无遗矣。谨白。

【注解】① 题记：该段文字与原书书名并列，特另立一篇，且命名“题记”，以增其独立意义，使其明显。

② 子平：姓徐名居易，子平是其字，东海人。别号沙涤先生，又称蓬莱叟。隐于太华，以人所生年月日时推其禄命，无有不中。(据《濯缨笔记》)又云：“子平名居易，与麻衣道者、陈图南(即陈抟)俱隐华山，盖异人也。今之推子平者，宋末徐彦升，非子平也。”此书流通后，至今谈命者皆宗此法，所以推命术又名“子平法”。

③ 徐公：徐升，宋末钱塘(今浙江杭州)人，或作徐大升、徐彦升。《濯缨笔记》云：“子平殁后，宋孝宗淳熙时(公元 1174 ~ 1189)有淮南术士号冲虚子者，精于此术，当世重之。时有僧道洪者密受其传，后入钱塘传其学。世俗不知其所由来，直言子平耳。后道洪传之徐大升。今世所传，如《三命渊源》《定真论》等，皆其所著。”

引

子平渊海之理，始自唐大夫李公虚中[①]，以人生年月日时，生克旺相，休囚制化，决人生之祸福，其验神矣。及公薨，昌黎韩公[②]为之作墓志以记之，后经吕大夫才[③]，又裁定之，并无述作之者。至于有宋徐公升复以人生日主，分作六事，议论精微，作《渊海》之书，集诸儒之义，传布至今，悉皆宗之。后之诸君，文集《渊源》，理义篇章雷同，迄今数百年矣。板籍有亥豕鲁鱼之谬，学者少知其义。今唐君锦池，礼请精通此理者，以二书并之，增之口诀，正其讹伪。噫！非悬壶化杖者，孰能更易。梓行于世，俾后学习之，不失古人之遗范矣。书成，唐子示余，余书以此为引。

崇祯七年孟冬[④]吉日重梓[⑤]

【注解】① 李公虚中：字常容，魏侍中李冲八世孙，进士及第，元和中（按：元和是唐宪宗年号，历十五年，806～820）官至殿中御史。

② 昌黎韩公：即韩愈，自谓郡望昌黎，世称韩昌黎。李虚中死后，为其写墓志，谓其云："最深于五行书，以人之始生年月日所值日辰支干相生、胜衰、死旺相，斟酌推人寿夭、贵贱、利不利，辄先处其年时，百不失一二。"

③ 吕才：唐博州清平（今山东临清东）人（600～665），少好学，善阴阳、方伎术，历任太常博士、太常丞、太子司更大夫。精《周易》，尤明阴阳之学。有《卜宅》《禄命》《葬篇》等书流传。

④ 崇祯七年孟冬：即1634年。孟冬即初冬十月。

⑤ 《渊海子平》一书，原明朝杨淙于嘉靖二十七年（1548）

编，由钦天监李钦增补，未署原著者。到万历二十八年，(公元1600)唐锦池增补署宋东斋徐升编。引系崇祯七年(1634)所写，时差三十三年，故“重梓”二字可信。

《李虚中命书》，唐书艺文志并无此书名，宋志始有李虚中命书格局二卷。后虽有流传，皆参错不全。惟《永乐大典》及《四库全书》所收比较完整。究其内容，《四库全书》收本序曰：“详勘书中义例，首论六十甲子，不及生人时刻干支，其法颇与韩愈墓志所言始生年月日者相合。而后半乃多称四柱，其说实起于宋，与前文殊相谬戾。且其他职官称谓，多涉宋代之事，其不尽出虚中手，尤为明甚。中间文笔有古奥难解者，似属唐人所为。又有鄙浅可嗤者，似出后来附益，真伪杂出，莫可究诘。”由此可见，唐时虽有其书，不过其书卷一耳，而后两卷，皆悉后人托名。

从上可以看出，唐李虚中之前论命，有以纳音五行论者，有以年为主论者，而李虚中则是以年月日时合论。直至宋徐子平，方才以四柱论命，故论命术又称子平术。

两相比较，子平论命确实比李虚中论命优胜许多。其合理性主要有三点。一是以日为主，配合四柱，增加了命理变化和依据。二是开宗明义，用神至上，其中“用之为官不可伤，用之为财不可夺”等论至精至深。三是设定格局，判明六亲，使论断各有主属。这样，整个推命过程就形成一个非常完善的理论体系。

不足之处，也有三点。一是神杀杂乱堆聚，二是纳音论命，三是别立外格。这些东西不合逻辑，自相矛盾，不能自圆其说，亦不合命理。

同时，此书编排混乱，前后颠倒，且错讹极多，与命理巨著《滴天髓》《子平真诠》《命理正宗》《穷通宝鉴》等书相比，实不可同日而语。然此书贵在“最早”，后书之论皆源于此。这当是它能选入宫廷以为珍藏秘本的主要原因。

卷一

论五行所生之始

【原文】盖闻天地未判，其名混沌；乾坤未分，是名胚腪；日月星辰未生，阴阳寒暑未分也。在上则无雨露，无风云，无霜雪，无雷霆，不过杳合而冥冥。在下则无草木，无山川，无禽兽，无人民，不过昧昧而昏作。是时一气盘中结，于是太易生水（未有气曰太易），太初生火（有气未有体曰太初），太始生木（有形未有质曰太始），太素生金（有质未有体曰太素），太极生土（形体已具乃曰太极）。所以水数一，火数二，木数三，金数四，土数五。迨夫三元既极，混沌一判，胚腪乃分。轻清为天，重浊为地。二气相成，两仪既生，化而成天，其始也。或人形鸟喙，或人首蛇身。无嗜欲，无姓名，无邦国，无君臣。巢处穴居，任其风雨，亲疏同途，莫知其父子。五谷未植，饮血茹毛，其名荡荡，其乐陶陶。及其圣贤一出（谓伏羲、神农、黄帝也），智愚两分，遂有君臣父子之分，礼乐衣冠之制。呜呼！大道废而奸诈生，妖怪出。（是时天开于子，地辟于丑，人生于寅，始立天地之义。万物生焉，奸诈并起，妖怪腾出。）

【注解】宋代理学家认为：世界未形成之前，是一片模糊，什么也没有，这种状况叫混沌，或叫太极。无中可以生有，其气轻清者，上升为天；其气重浊者，下降为地。阴极者阳生，阳极者阴生，这叫太极生两仪。两仪即阴阳，是天地的精华。由两仪又生出四象，四象即四时，四季，即金木水火。土则由太极直接下降而成，这样就产生了五行。所以《五行大义》说："凡万物之始，莫不始于无而后有。是故易有太极，是生两仪，两仪生四序。四序，生之所生也。有万物滋繁，然后万物生成也。"

万物皆由水生，水极阴，阴极则阳生，所以冬至为阳之始，其月为子，数一。阳极则阴生，所以夏至为阴之始，其月在午，数二。日从东升，昼为阳，东方属木，所以数三。日从西落，夜为阴，西方属金，所以数四。土居中央，包含万物，故数五。《灵枢经》则曰："太一者，水之尊号，先天地之母，后万物之源。"草木子实未就，人虫胎胚皆水，故数一。其水之聚而形质化，莫不备阴阳之气在中而后成。然人禀父母阴阳生成之化，故先生二肾，左肾属水，故数一。右肾属火，故数二。草木子实春生而秋成。春木秋金，故木曰三，金曰四。然水有所属，火有所藏，木有所发，金有所别，皆因土而成，故数五。这就是阴阳五行的形成，是一切术数的根本。

"天开于子，地辟于丑，人生于寅。"解释得最清楚的是宋代大儒邵康节的《皇极经世》一书。他把人类世界的历史寿命，根据易理象数和古天文星象学的规律，归纳成简单的四个字，即"元、会、运、世"。

一元有十二会，一会有三十运，一运有十二世，一世有三十年，故一元之年数为十二万九千六百年。

一元即是这个世界从生到死的整个时间，其演变过程要经过十二会。第一会10800年，是天由子会开始，慢慢形成。第二会10800年，形成地球。第三会则是人类慢慢繁衍的时代。此即"天开于子，地辟于丑，人生于寅"的理论来源。

论天干地支所出

【原文】切以奸诈生，妖怪出。黄帝时有蚩尤神扰乱，当是之时，黄帝甚忧民之苦，遂战蚩尤于涿鹿之野（涿鹿，郡名）。流血百里，不能治之（时帝始制干戈刀剑之器），黄帝于是斋戒筑坛祀天，方丘礼地。天乃降十干（即：甲、乙、丙、丁、戊、己、庚、辛、壬、癸），十二支（即：子、丑、寅、卯、辰、巳、午、未、申、酉、戌、亥）。帝乃将十干圆布，象天形；十二支方布，象地形。始以干为天，支为地，合光仰职门放之，然后乃能治也（此十干、十二支之所出也）。自后有大挠氏，为后人忧之曰：嗟吁！黄帝乃圣人，尚不能治其恶煞，万一后世见灾被苦，将何奈乎！遂将十干、十二支分配成六十甲子云。

天降干支图

十干所属阴阳：

甲	乙	丙	丁	戊	己	庚	辛	壬	癸
阳	阴	阳	阴	阳	阴	阳	阴	阳	阴

甲丙戊庚壬属阳，乙丁己辛癸属阴。

【注解】蚩尤：姓姜，炎帝之臣，好兵乱，暴虐于天下，后为黄帝擒杀。

黄帝：姓公孙，名轩辕。才智周遍，敦敏聪明，修德振兵，治五气，抚万民，度四方，在涿鹿之野擒杀蚩尤。

《三命通会》说：天皇氏制定了干支，地皇氏则把日月时配对起来，人皇氏制定了君臣制度和人伦风化，并确定人与干支的关系。黄帝授与大挠河图，大挠又进一步考察五行、星宿，然后干支与五行才得以配合，纳音也自然产生了。《五行大义》也说：地支与天干是根据五行而创立的，在轩辕时由大挠氏制定。

这些说法，多为传说。因五行的明文最早见于《尚书·洪范》，据说为战国时代所作。这就是说，到春秋战国时期，五行才慢慢形成，并非大挠氏所定。至于九天玄女降干支与黄帝之说则更是神话。实际上，干支、五行、阴阳等学说当是经过许多时代及许多人的归纳总结，才逐步完善起来的。

天干相合

【原文】甲与已合（甲属木，已属土，木以土为妻财，所以得合），乙与庚合，丙与辛合，丁与壬合，戊与癸合（同上相克之意）。

【注解】十干合之论有二：

一是根据《河图》中的一与六、二与七、三与八、四与九、五与十，各有合化而成。而十干中的一是甲，六是已，所以甲与已合；二是乙，七是庚，所以乙与庚合；三是丙，八是辛，所以丙与辛合；四是丁，九是壬，所以丁与壬合；五是戊，十是癸，所以戊与癸合。

二是以我克者为妻财之理相合。甲木以已土为正财、正妻，所以甲已相合；庚金以乙木为正财、正妻，所以乙庚相合；丙火以辛金为正财、正妻，所以丙辛相合；壬水以丁火为正财、正妻，所以丁壬相合；戊土以癸水为正财、正妻，因而戊癸相合。

十干所属方位十二支所属论

【原文】甲乙木属东方（寅卯辰之位为东方青龙之象），丙丁火属南方（巳午未之位为南方朱雀之象），戊已土主中央（辰戌丑未之位为勾陈、螣蛇之象），庚辛金属西方（申酉戌之位为西方白虎之象），壬癸水属北方（亥子丑之位为北方玄武之象）。

是时大挠氏虽以甲乙属木，丙丁属火，戊已属土，庚辛属金，壬癸属水。又以支元寅卯属木，巳午属火，申酉属金，亥子属水，辰戌丑未属土，其理何义？或曰：东方有神太昊，乘震执规司春，生仁风和气，万物发生，所以木居之，故甲乙寅卯同也。

南方有神农帝，乘离执衡司夏，生炎阳酷气，万物至此咸齐，所以火居之，故丙丁巳午同也。（夏天主长育万物，草木茂盛，咸赖火德之功也。）

西方有神少昊，乘兑执矩司秋，生肃杀静气，万物到此收敛，所以金居之，故庚辛申酉同也。（秋气谓金如、刀，英气肃杀，草木凋零，成熟收气之时。）

北方有神颛帝，乘坎执权司冬，生凝结严气，万物到此藏伏，所以水居之，故壬癸亥子同也。

中央有神黄帝，乘坤执绳司中土，况木火金水皆不可无土，故将戊己居中央，辰戌丑未散四维，各得所主。（四维：今春三月，夏六月，秋九月，冬十二月。）

何公论曰：天若无土，不能圆盖于上；地若无土，不能厚载于下，五谷不生；人若无土，不能营运于中，五行不立（谓仁义礼智信为五常，金木水火土为五行）。此三才不可缺土也（三才谓天地人）。木若无土，有失栽培之力；火若无土，不能烛照四方；金若无土，难施锋锐之气；水若无土，不能堤泛滥之波；土若无水，不能长养万物。此所以五行皆不可无土，所以土居中央，支散四维，建立五行而成也。

【注解】神农氏：即炎帝，因教民耕农，故号神农。

颛帝：即颛顼帝，号高阳氏，黄帝之孙，继黄帝位。性沉静，有谋略。教化治民，四方俱服。

为什么东方为甲乙寅卯辰？《白虎通》说：少阳显于寅，盛大于卯，衰落于辰，这个时候甲乙属木。《礼记》说：春就是蠢，指万物产生时的蠢动，它的位置在东方。许慎更认为：木就是冒，指从地里冒出来，这个时候属春天。

为什么南方为丙丁巳午未？《白虎通》说：太阳显于巳，强盛于午，衰落于未，这个时候丙丁属火。《尚书大传》说：为什么叫夏，夏就是假，假就是呼万物而养之，其方位在南方，这个时候属夏天。许慎说：火者，炎上也。其字炎而上，象形者也，其时夏。

为什么中央为戊己，而辰戌丑未则居四维？《春秋元命苞》说：土就是吐，含土气精来利于万物生长。而万物在四季最后一个月中是最旺盛的，所以称作老。这个时候，正是皇极之正气，含黄中之德，能苞万物。它的位置属内，内就是通于四方。《白虎通》说：土属于中宫，其曰戊己。辰戌丑未则散于四维，为每季最后一个月。

为什么西方为庚辛申酉戌？《白虎通》说：少阴显于申，壮盛于酉，衰落于戌，这个时候庚辛属金。许慎云：金者禁也，阴气始起，万物禁止也。土生于金，字从土。《礼记》云：秋之为言愁也，秋之以时，察守义者也。《说文》曰：天地反物为秋，其位西方。

为什么北方为壬癸亥子丑？《白虎通》说：太阴显于亥，强盛于子，衰落于丑，这个时候壬癸属水。《春秋元命苞》说：水是五行的开头，是元气在液体时的体现，中间有微弱的阳气，这个时候属冬天。管子云：水者，地之血气筋脉之通流者。尸子云：北，伏也。万物至冬皆伏，贵贱若一也。《礼记》云：冬就是中，中就是藏，它的位置在北方。

论十二支阴阳所属

【原文】 子 丑 寅 卯 辰 巳 午 未 申 酉 戌 亥
阳 阴 阳 阴 阳 阴 阳 阴 阳 阴 阳 阴

【注解】 万物统一于太极，太极又衍生出两仪——阴阳。这样，万物都离不开阴阳两字。就像阴极和阳极一样，缺一则不明。又如男人（阳）和女人（阴）一样，缺一则没有人类。五行也一样，即要有阳，也要有阴。因此寅为阳木，卯为阴木；午为阳火，巳为阴火；申为阳金，酉为阴金；子为阳水，亥为阴水；辰戌为阳土，丑未为阴土。这样，阴阳就能和谐，达到交泰的目的。

论十二支六合

【原文】子与丑合土，寅与亥合木，卯与戌合火，辰与酉合金，巳与申合水，午与未合土，午太阳、未太阴也。

【注解】地支六合，也是阴阳相合，且要以阳气为尊。子为一阳，丑为二阴，合成三数。寅为三阳，亥为六阴，合为九数。卯为四阳，戌为五阴，合得九数。辰为五阳，酉为四阴，也合得九数。巳为六阳，申为三阴，也合得九数。午为一阳，未为二阴，合得三数。得三者，三生万物；得九者，阳数之极也。

实际上，六合之意来自太阳在天球的位置与北斗的杓所指的星区。正月，太阳在亥位，斗杓指寅位，故寅与亥合。二月太阳在戌位，斗杓指卯位，故卯与戌合。三月太阳在酉位，斗杓指辰位，故辰与酉合。四月太阳在申位，斗杓指巳位，所以巳与申合。五月太阳在未位，斗杓指午位，所以午与未合。其余各合，依此类推。

至于合化，袁树珊是这样解释的：地就是水与土，所以子丑合而为土。有水有土的地方，一定会生木，所以寅亥合而为木。木生成就会生火，所以卯戌合而为火。土旺必生金，所以辰酉合为金。水从申中生出，巳是申之母，举母则子从，所以巳申合为水。离为日，坎为月。为什么午为太阳，子不为月？因为子丑的精气上冲，与太阳相并。所以未为太阴，为月亮。

六合虽都相合，却有生合、克合之分。寅亥合，水生木；辰酉合，土生金；午未合，火生土，为生合。子丑合，土克水；巳申合，火克金；卯戌合，木克土，叫克合。

六合虽主相合之情，但有合来、合去、合吉、合凶之分。

合去喜神主凶，合来喜神则吉；合去忌神主吉，合去喜神则凶。至于是合吉，还是合凶，则要根据整个命局判断分析，并无定法。

丁酉
壬寅
辛丑
戊子

辛金生于寅月绝处，壬水伤官通根时支子水贴身盗气，日元衰弱。日时二支子丑合而化土，子水食神不仅不盗日元辛金之气，且化土反生日元，这叫合忌化喜。

戊寅
癸亥
癸卯
戊午

日元癸水生于亥月，为帝旺。月干又得癸水比肩相助，日元强壮，足可任财食。可惜亥水合寅化木，不仅不助日元，反助寅卯盗日元之气，使日元由旺变衰，这叫合喜化忌。

论十二支三合

【原文】申子辰水局，亥卯未木局，寅午戌火局，巳酉丑金局，辰戌丑未土局。（凡看命以三合取用为局入格。）

【注解】三合就是取一种五行的长生、帝旺、归墓三者来合局。水长生于申，旺于子，墓于辰，所以申子辰三合水局。木长生于亥，旺于卯，墓于未，所以亥卯未三合木局。火生于寅，旺于午，墓于戌，所以寅午戌三合火局。金长生于巳，旺于酉，墓于丑，所以巳酉丑三合金局。由此可见，生即成，墓即收。有生、有收，万物有始有终。因而，三合为自然之理。

三合化局，有吉有凶。化生者为吉，化克者为凶之论并不尽善。假如身旺喜官克，三合局偏化生就是凶。所以，三合化局是化喜还是化忌，则要根据命局分析。

戊寅
乙卯
甲午
甲戌

清顺治皇帝福临命造。元神甲木生于卯月，羊刃司权。年支见寅禄，乙劫甲比又透于月时，木气极盛。喜地支寅午戌三合火局，引化旺木秀气，木火通明，极为清纯，所以贵为天子。这是三合化喜例。

癸未
甲子
丙辰
丙申

丙火生于子月，官星司权，元神癸水明透年干，月干甲木偏印透出。如是官生印，印生身，似乎佳美。可惜日月时申子辰三合局，水气冲天奔地。水泛木漂，一点甲木难化强水。年支未土无助也不能制强水，反使丙火受克无助。这是三合局化忌例。

论十二支相冲

【原文】子午相冲，寅申相冲，卯酉相冲，辰戌相冲，巳亥相冲，丑未相冲。（子宫癸水，午宫丁火，水能克火之故也。寅宫甲木，申宫庚金，因金克木之故也。以支中暗害为冲，余仿此。）

【注解】相冲之论的来源有三种：

一是从易经八卦中的爻数得来。因为易经每卦只有六爻而无七。七是天的尽数，阴阳的极气，所以十干中每隔七位就相克相杀，故名七杀。而地支则每隔七位就相冲。如子午相冲，从子数至午正好七位；丑未相冲，从丑数至未正好七位等均是。

二是方向相对为冲。如子主正北，午居正南，方向遥遥相对，故曰冲。寅主东北，申居西南，方向遥遥相对，亦相冲者是。

三是支中暗藏之神克制为冲。如辰中暗藏癸水，戌中暗藏丁火，癸水能克丁火，故相冲。酉中暗藏辛金，卯中暗藏乙木，辛金能克乙木，亦为相冲者是。

六冲主散，散也有吉有凶。冲去忌神则吉，冲去喜神则凶。同时，相冲有冲力大小之分。贴紧相冲者力大，隔位相冲者力小，年时支遥冲仅以动论，不能冲散。

戊子
乙丑
丙子
甲午

日时二支子水和午火贴身相冲，冲力极大。丑月有癸水余气，水强火弱，午火被冲散。

壬子
癸卯
戊午
癸亥

年支子水和日支午火隔月支卯木相冲，冲力减弱。同时卯木又有化子水生午火的用处，使冲力更加减弱。

癸酉
戊午
丁巳
癸卯

年支酉金和时支卯木遥隔相冲，间隔月支午火破酉，卯酉虽有相冲之意，却无相冲之力，仅以动论。

辛酉
辛卯
丁巳
己酉

清初收复台湾的水军提督施琅命造。丁生卯月，偏印司权，可惜二酉冲卯，财强身弱，是冲去喜神。所以虽以武发贵，却一生坎坷。

辛卯
丁酉
庚午
丙子

清乾隆皇帝命造。日元庚金被丙丁二火夹克。丙丁通根日支午火，又得卯木财生，火旺有熔金之患。喜子水冲午，使二火无根；酉金冲卯，使二火无生。于是二火二金，金气略胜，格成火炼真金，故有九五之贵。此冲去忌神例。

判断冲克时，还要注意强弱众寡之分。

丁巳
己酉
丁卯
辛亥

月支酉金和日支卯木贴身相冲。酉金当权为旺，卯木失时临绝，弱木难敌强金冲克，卯木被冲尽。此即“旺神冲衰衰者拔”之义。

癸未
甲寅
己卯
癸酉

日支卯木和时支酉金贴近相冲，表面看金能克木。然寅木司权，木气正盛且势众，酉金临绝且势单，不仅不能克卯木，反被卯冲，此即“衰神冲旺旺者发”之义。

论十二支相穿

【原文】子未相穿，丑午相穿，寅巳相穿，卯辰相穿，申亥相穿，酉戌相穿。

【注解】地支六穿也叫六害。《考原》云：六害不知从何而起。大概凡事都喜相合而忌相冲。因为子丑相合，未来冲散，所以子未相害。丑与子合，午来冲散，所以丑午相害。寅与亥合，巳来冲散，所以寅巳相害。卯与戌合，辰来冲散，所以卯辰相害。申与巳合，亥来冲散，所以申亥相害。酉辰相合，戌来冲散，所以酉戌相害。反之，也可以说午与未合，子来冲散，所以子未相害。余类推。

民间流传着一首合婚大忌歌：“子鼠未羊头，午马怕青牛，蛇虎如刀刺，龙兔泪交流，鸡狗两相斗，猪猴不到头。”意即属鼠人忌配属羊人，肖牛人忌配肖马人，等等。此即这种理论的翻版。

《珞琭子》云：六害之徒，命有七伤之事。命犯六害，主妨害孤独，骨肉参商，女命尤忌。年月轻，日时重。如有制或被它支合去则无妨。

命理巨著《滴天髓》云：“刑既不足为凭，而害之义，尤为穿凿。”六害之所以被真正论命者唾弃，就是因为它脱离了以“五行生克制化”论命的根本轨迹。如申亥相害，申金乃生亥水之神，害从何来？寅巳、酉戌、丑午亦同。子未相害，未土本就克子水，害又有何意。

辛巳
辛丑
庚午
丙戌

日元庚金坐午正官，与戌土半合火局，丙杀明透，通根巳午，杀旺攻身为病。妙在月支丑土全收午巳燥气，反生庚金。如此官印相生，皆为我用，所以为大贵之命。若以俗论，月日二支丑午相害，常人亦难，何能出贵。

乙巳
甲申
癸酉
壬戌

虎门销烟的名将林则徐命造。地支申酉戌西方一气，巳火合申化水，金旺水强，以甲乙食伤吐秀为用神，水木菁华，秀气发越，无土杂局，极为清纯。《滴天髓》云“一清到底见精神，管取平生真富贵”，所以林为千古名臣。若以俗论，日时二支酉戌相害，当有七伤之事，乃贫贱之造，何能发贵。

论十二支相刑

【原文】寅刑巳，巳刑申，申刑寅，为恃势之刑；丑刑戌，戌刑未，未刑丑，为无恩之刑；子刑卯，卯刑子，为无礼之刑；辰午酉亥，自刑之刑。

【注解】《阴符经》云：“恩生于害，害生于恩，三刑生于三合。”如申子辰相合化水，遇上寅卯辰三位。那么申就刑寅，子刑卯，辰遇辰是自刑。寅午戌三支相合化火，遇上巳午未三位。那么寅就刑巳，午遇午是自刑，戌刑未。巳酉丑三支相合化金，遇上申酉戌三位。那么巳就刑申，酉遇酉是自刑，丑刑戌。亥卯未三支相合化木，遇上亥子丑三位。亥遇亥是自刑，卯刑子，未刑丑。这与人伦夫妇相合相得，也会造成相刑伤一样。所以人事和造化道理是一致的。

《三车一览》云：子属水，卯属木，水能生木。那么子水为母，卯木为子，子母相刑，所以是无礼之刑。五行在巳申寅三位中各有长生、临官的兴旺状态，恃强而相刑，所以是恃势之刑。丑未戌都属土，相亲相爱为兄弟，却要同室操戈，兄弟相刑，所以叫无恩之刑。而寅申巳亥中，寅巳申互刑，惟亥没有与谁相刑。辰戌丑未中，丑戌未互刑，惟辰无刑。子午卯酉中，子卯相刑，午酉无刑，这四位就为自刑。

刑者，刑罚也。四柱见之，多主刑事、官讼之事及伤灾病痛之事，但并非遇之皆凶。《鬼谷遗文》云："君子不刑定不发，若居仕途多腾达。小人到此必为灾，不然也被官鞭挞。"若三刑带贵入格者皆贵。

任铁樵先贤云："刑之义无所取。如亥刑亥，辰刑辰，酉刑酉，午刑午，谓之自刑。本支见本支，自谓同气，何以相刑？子刑卯，卯刑子，是谓相生，何以相刑？戌刑未，未刑丑，皆为土气，更不当刑。寅刑巳，亦是相生。寅申相刑，即冲何必再刑……此皆虚谬，故置之。"这段论述是反对相刑论的，指出了相刑应为弃物的要害，即违背了阴阳五行生克制化的基本原理。

丙子
辛卯
壬子
癸卯

任氏例。壬水日元，支逢两刃，干透癸丙，五行无土。年干丙火临绝，合辛化水，最喜卯旺提纲，泄其菁英，能化劫刃之顽，秀气流行，为人恭而有礼，和而中节。至甲运，木之元神发露，科甲连登。午运得卯木泄水生火，及乙未丙运，官至郡守，仕途平顺。若以俗论之，子卯为无礼之刑，且伤官羊刃逢刑，必至傲慢无礼，凶恶多端矣。

丁酉
甲辰
辛亥
壬辰

大运
02、癸卯
12、壬寅
22、辛丑
32、庚子
42、己亥
52、戊戌

此造表面看来，日元辛金月时得辰土印绶，年支见酉金日禄，日元偏强。细一分析，时支辰土，干头壬水，引出辰中暗藏癸水，论水不论土。日支时柱均为盗气之物。再加年干丁火，月干甲财，财旺杀强，全局克泄交加，日元由强变弱。三十二岁入庚金劫财大运，庚劫助身。流年戊辰，强印生身，身强可任财伤，声名鹊起，名利双收。一入子运，增强壬水伤官盗气之力，一败如灰。四十二岁入己土大运，己土与原局甲木合而化土，印绶有力，流年戊寅，再逢强印，运岁皆吉，事业蒸蒸日上。然此造四支酉辰亥辰都是自刑。以鬼谷“仕途人见刑多腾达”论，此君并非仕途中人，何以会腾达？以“四柱见之主刑事，官讼之事及伤灾病痛之事”，小人到此必为灾，不然也被官鞭挞之理论之，此君并无官讼牢狱之灾及伤疾，皆不符合三刑之论。

论干支字义

【原文】《群书考异》曰：甲者，坼也，言万物剖符甲而出也。《易》曰：百果草木皆甲坼。乙，言万物初生，曲孽而未伸也。丙，言万物炳然著见。丁，言万物壮实之形，故邦国图籍曰“成丁”。戊，茂也，言物之茂盛，故《汉志》曰：孽茂于戊是也。己，纪也，言物有形可纪识也。庚，坚强貌，言物收敛而有实也。辛，言万物方盛而见制，故辛痛也。壬，妊也，阴阳之交，言万物怀妊至子而萌也。癸者，冬时土既平，万物可揆度也。

子，孳也，阳气始萌孳，生于下也。丑，纽也，寒气自屈曲也。寅，髌也，阳气欲出，阴尚强而髌演于下。卯者，冒也，万物冒地而出。辰，伸也，物皆舒伸而出。巳，已也，阳气毕布已矣。午，忤也，阴阳交相愕而忤也。未，昧也，日中则昃，阳向幽也。申，伸束以成，故《晋志》曰：万物之体皆成也。酉，就也，万物成熟。戌，灭也，万物灭尽。亥，核也，万物收藏，皆坚核也。

【注解】《五行大义》云：总名支干者，干字乃有三种不同。一作擀，二作竿，三作干字。今解竿字者，此支干既相配成用，如树木之有枝条茎竿，共为树体，所以云竿。又作干者，干济为义支者，支任为义。以此日辰任济万事，故云支干。又作干字者，亦是竿义，如物之在竿上，能竖立显然，故亦云竿也。世书从易，故多干也。

子指一阳已动，万物已孳生、萌芽。丑言萌芽后继续生长。寅象万物之芽稍稍萌发，就引之而伸展。卯则指万物从地里冒出来。辰喻万物受到震动而生长。巳就是起，喻万物已挺拔而出。午指万物盛大，枝叶繁茂。未象万物稍稍衰退，本身疲惫、萧顿。申指万物皆已长成。酉指万物老极而至于成熟。戌指万物皆衰灭。亥言万物皆成坚核方收藏。

论十二支生肖

【原文】

子	丑	寅	卯	辰	巳
阳鼠	阴牛	阳虎	阴兔	阳龙	阴蛇
午	未	申	酉	戌	亥
阳马	阴羊	阳猴	阴鸡	阳狗	阴猪

《七修类纂》曰：仁和郎汉云，地支肖属十二物，人言取其不全者。予以庶物，岂止十二不全者哉。子鼠以地支在下，各取其足爪于阴阳上分之。如子虽属阳，上四刻乃昨夜之阴，下四刻今日之阳。鼠前足四爪象阴，后足五爪象阳故也。丑属阴，牛蹄分也；寅属阳，虎有五爪；卯属阴，兔缺唇且四爪也。辰属阳，乃龙五爪。巳属阴，蛇舌分也。午属阳，马蹄圆也。未属阴，羊蹄分也。申属阳，猴五爪。酉属阴，鸡四爪也。戌属阳，狗五爪也。亥属阴，猪蹄分也。

又曰：子为阴极，幽潜隐晦，以鼠配之，鼠藏迹也。午为阳极，显明刚健，以马配之，马快行也。丑为阴也，俯而慈爱生焉，以牛配之，牛有舐犊。未为阴也，仰而采礼行焉，以羊配之，羊有跪乳。寅为三阳，阳胜则暴，以虎配之，虎性暴也。申为三阴，阴胜则黠，以猴配之，猴性狡也。日生东而有酉酉之鸡，月生西而有东卯兔，此阴阳交感之义，故曰卯酉为日月之私门也。夫兔舔雄毛则成孕，鸡合踏而无形，皆感而不交者，故卯酉属鸡兔。辰巳阳起而动作，龙为盛，蛇次之，故龙蛇配焉，龙蛇变化之物也。戌亥阴敛而潜寂，犬司夜，猪镇静，故狗猪配焉。狗猪，时守之物也。此亦明儒之论，故详记之。

【注解】十二地支配十二生肖。相沿已久，查不到经典记载，不知起于何时。但是经、史、子各类书中都有言及。陈敬仲认为："当冒于姜姓之国。"朱熹在评论乾马、坤牛、巽鸡、坎猪、离雉、艮狗、兑羊时也说：这些取象都是有来历的，不是一般的假喻、比喻。

民国时期的命理学家袁树珊在《命理探源》一书中记载了这样一个故事：江苏东台，濒临大海一带，产一种最奇特的鱼，名叫"闰鱼"。这种鱼只有闰年才能见到，并且形状不固定，根据所闰之年的地支所配生肖而变化。如年支是子，子年生肖是鼠，该年闰鱼就是鼠头鱼身。如此则丑年是牛头鱼身，寅年是虎头鱼身，卯年是兔头鱼身等，且特别形象。光绪十年（1884），流年甲申，闰五月，是猴年，据说袁大师就亲眼看到过猴头鱼身的闰鱼，身长十余丈，肋骨就一丈多。看来，天干、地支及生肖绝非某一人或某一时代发明的，而是在历史上长期逐步形成的。

论六十花甲子纳音并注解

【原文】夫甲子者，始成于大挠氏，而纳音成之于鬼谷子，象成于东方曼倩子。时曼倩子既成其象，因号曰："花甲子"。

然甲子者，自子至亥，十二宫皆有金木水火土之属。始起于子，是一阳。终于亥，为六阴。其五行所属，但如人之世事也。何以谓之世事？大率五行金木水火土，在天为五星，于地为五岳，于德为五常，于人为五脏，其于命也为五行。是故甲子之属乃应之于命，命则一世之事，故甲子纳音象之。时圣人喻之，亦如人一世之事体也。一世之事者，宣圣所谓三十而立，四十而不惑，五十而知天命，六十而耳顺，七十而从心。其甲子之象，自子而至于亥，其理灼然而可见矣。且如子丑二位者，阴阳始孕，人在胞胎，物藏根核，未有涯际也。寅卯二位者，阴阳渐辟，人渐生长，物以坼甲，群葩渐剖，如人将有立身也。辰巳二位者，阴阳气盛，物当华秀，人至三十、四十，而有立身之地，进取之象。午未二位者，阴阳彰露，物色成齐，人至五十、六十，富贵贫贱可知，凡事兴衰可见也。申酉二位者，阴阳肃杀，物已收成，人已龟缩，各得其静矣。戌亥二位者，阴阳闭塞，物气归根，人当休息，各有归着也。但只详此十二位先后灼然可见，于六十甲子可以次第而知矣。

【注解】大挠：黄帝时的史官。一说为黄帝之师，相传始作甲子，用干支相配纪年。

鬼谷子：即王诩，战国时楚人，纵横家之祖，相传为苏秦、张仪之师。纳音成于鬼谷子乃后人伪托。

东方曼倩子：西汉平原厌次人，复姓东方，名朔，字曼倩。以诙谐滑稽著名，为汉武帝弄臣。有《东方朔》二十篇，已佚。言其为六十甲子成象，乃后人伪托。

子为一阳，亥为六阴：地支十二，阳支六个，阴支六个，子水排在阳支第一位，故曰一阳。亥水排在阴支第六位，故曰六阴。

宣圣：即孔子。历代加封“至圣先师”“大成至圣文宣先师”

等尊号。

【原文】甲子乙丑海中金——以子曰水，又为湖，又为水旺之地。兼金死于子，墓于丑，水旺而金死墓，故曰海中之金也。又曰：气在包藏，使极则沉潜。

【注解】《三命通会》云："甲子乙丑何以取象为海中金？盖气在包藏，有名无形，犹人之在母腹也。"

【原文】丙寅丁卯炉中火——以寅为三阳，卯为四阳，火既得位，又得寅卯之木以生之。此时天地开炉，万物始生，故曰炉中火也。天地为炉，阴阳为炭。

【注解】《三命通会》云："丙寅丁卯，气渐发挥，因薪而显，阴阳为冶，天地为炉，乃曰炉中火也。"

【原文】戊辰己巳大林木——以辰为原野，巳为六阳。木至六阳则枝荣叶茂，以茂盛之大林木而生原野之间，故曰大林木也。声播九天，阴生万顷。

【注解】《三命通会》云："戊辰己巳，则气不成量，物已及时，枝叶茂盛，郁然成林，取其木之盛也，故曰大林木。"此木居东南，春夏之交，长养成林，全假艮土为源，癸丑为山。三命无破陷，最为富厚权贵。

【原文】庚午辛未路旁土——以未中之木，生午木之旺火，火旺则土于斯而受刑。土之所生，未能育物，犹路旁土也。壮以及时，乘厚载水，多不喜木。

【注解】《三命通会》云："庚午辛未，气当承形，物以路彰。有形可质，有物可彰，乃曰路旁土也。"

【原文】壬申癸酉剑锋金——以申酉金之正位，兼临官申、帝旺酉。金既生旺，则诚刚矣。刚则无逾于剑锋，故曰剑锋金也。虹光射斗牛，白刃凝霜雪。

【注解】《三命通会》云："壬申癸酉，气盛物极，当施收敛之功，颖脱锋锐之刃。盖申酉，金之正位，干值壬癸，金水淬砺，故取象剑锋，而金之功用极矣。”此金最喜水，为金白水清。

【原文】甲戌乙亥山头火——以戌亥为天门，火照天门，其光至高，故曰山头火也。天际斜晖，山头落日，散绮因以反照，舒霞本自余光。

【注解】《三命通会》云：“甲戌乙亥谓之山头火者，山乃藏形，头乃投光，内明外暗，隐而不显，飞光投乾，归于休息之中，故曰山头火也。”

【原文】丙子丁丑涧下水——以水旺于子，衰于丑，旺而反衰，则不能为江河，故曰涧下水也。山环细浪，雪涌飞湍，深流三峡之倾，涧壑千寻之倒。

【注解】《三命通会》云：“丙子丁丑何以取象涧下水？气未通济，高段非水流之所，卑湿乃水就之乡，由地中行，故曰涧下水。”

【原文】戊寅己卯城头土——以天干戊己属土，寅为艮山，土积而为山，故曰城头之土也。天京王垒，帝里金城，龙蟠千里之形，虎踞四维之势也。

【注解】《三命通会》云：“戊寅己卯，气能成物，功以育物，发乎根茎，壮乎萼蕊，乃曰城头土也。”此土有成与不成之别，凡见路旁为已成之土，不必用火。若非路旁则为无成之土，必须用火。

【原文】庚辰辛巳白腊金——以金养于辰，生于巳，形质初成，未能坚利，故曰白腊金也。气渐发生，金弱在矿，交栖日月之光，凝象阴阳之气。

【注解】《三命通会》云：“庚辰辛巳，以金居火土之地，气已发生，金尚在矿，寄形生养之乡，受西方之正色，乃曰白腊金。”

【原文】壬午癸未杨柳木——以木死于午，墓于未。木既死墓，虽得天干壬癸之水以生之，终是柔木，故曰杨柳木。万缕不断之丝，千条不针之线。

【注解】《三命通会》云："木至午而死，至未而墓故。杨柳盛夏叶凋，枝干微弱，取其性之柔也，故曰杨柳木。"

【原文】甲申乙酉井泉水——金临官在申，帝旺在酉，金既生旺则水出，以火然方生之际，力量未洪，故曰井泉水也。气息而静，过而不竭，出而不穷。

【注解】《三命通会》云："甲申乙酉，气息安静，子母同位，出而不穷，汲而不竭，乃曰井泉水。"

【原文】丙戌丁亥屋上土——以丙丁属火，戌亥为天门，火既炎上，则土非在下而生，故曰屋上土也。以火木而生旺，是从增其势，至于死绝，喜以安。

【注解】《三命通会》云："丙戌丁亥，气成物府，事以美圆，阴阳历遍，势得其间，乃曰屋上土也。"

【原文】戊子己丑霹雳火——丑属土，子属水。水居正位而纳音乃火，水中之火，非龙神则无，故曰霹雳火。电掣金蛇之势，云驱铁骑之奔，变化之象。

【注解】《三命通会》云："戊子己丑，何以取霹雳火？盖气在一阳，形居水位。水中之火，非神龙则无，故曰霹雳火。"此火见风（辰巳）雷（卯）方为变化，五行但得一件，即为亨通。

【原文】庚寅辛卯松柏木——以木临官在寅，帝旺在卯，木既生旺，则非柔弱之比，故曰松柏木也。扬雪凌霜，参天覆地，风撼奏笙簧，雨余张旌旆。

【注解】《三命通会》云："庚寅辛卯，气已乘阳，得栽培之势力，其为壮也。奈居金下，凡金与霜素，坚木居下得其旺，岁寒后凋，取其性之坚也，故曰松柏木。"此木喜山为根基，喜水滋润。无此二件，乃山间茂木。

【原文】壬辰癸巳长流水——辰为水库，巳为金长生之地，金则生水，水性已存，以库水而逢生金，泉源终不竭，故曰长流水也。势居东南，贵安静。

【注解】《三命通会》云："壬辰癸巳，势极东南，气傍离宫，火明势盛，水得归库，盈科后进，乃曰长流水也。"

【原文】甲午乙未沙中金——午为火旺之地，火旺则金败。未为火衰之地，火衰则金冠带，败而方冠带，未能作伐，故曰沙中金也。

【注解】《三命通会》云："甲午乙未，气已成物，质自坚实，混于沙而别于沙，居于火而炼于火，乃曰沙中金也。"

【原文】丙申丁酉山下火——申为地户，酉为日入之门。日至此时而藏光也，故曰山下火。酉沉兑位，复喜东南，出震明离，其光愈晔，暗恶火，明喜济。

【注解】《三命通会》云："丙申丁酉，气息形藏，势力韬光，龟缩兑位。力微体弱，明不及远，乃曰山下火也。"此火最喜木与山，更得风来增辉为贵。

【原文】戊戌己亥平地木——戌为原野，亥为生木之地。夫木生于原野，则非一根一林之比，故曰平地木也。惟资雨露之功，不喜雪霜之积。

【注解】《三命通会》云："戊戌己亥，气归藏伏，阴阳闭塞，木气归根，伏乎土中，故曰平地木也。"

【原文】庚子辛丑壁上土——丑虽土家正位，而子则水旺之地，土见水多则为泥也，故曰壁上土也。气居闭塞，物尚包藏，掩形遮体，内外不及故也。

【注解】《三命通云》："庚子辛丑何以取象壁上土？气居闭塞，物尚包藏，掩形遮体，内外不交，故曰壁上土。"

【原文】壬寅癸卯金箔金——寅卯为木旺之地，木旺则金羸。且金绝于寅，胎于卯，金既无力，故曰金箔金。气尚寅则金形绝地，薄若缯缟，乃云。

【**注解**】《三命通会》说："壬寅癸卯，绝地存金，气尚柔弱，薄若缯缟，故曰金箔金。"此金很是微弱，有火主夭，尤忌炉火，有水助方吉。

【**原文**】甲辰乙巳覆灯火——辰为食时，巳为隅中，日之将午，艳阳之势，光于天下，故曰覆灯火。金盏摇光，玉台吐艳，照日月不照处，明天地未明时。

【**注解**】《三命通会》云："甲辰乙巳，气形盛地，势定高岗，传明继晦，子母相承，乃曰覆灯火也。"此火以木为心，以水为油，遇阴则吉，遇阳不利。

【**原文**】丙午丁未天河水——丙丁属火，午为火旺地，而纳音乃水，水自火出，非银汉不能有也，故曰天河水。气当升降，沛然作霖，生旺有济物之功。

【**注解**】《三命通会》云："丙午丁未，气当升降，在离明火位，有水沛然作霖，以济火中之水，惟天上乃有，故曰天河水。"

【**原文**】戊申己酉大驿土——申为坤，坤为地；酉为兑，兑为泽。戊己之土加于坤泽之上，非其他浮薄之土，故曰大驿土。气以归息，物当收敛，故云。

【**注解**】《三命通会》云："戊申己酉，气以归息，物当收敛，龟缩退闭，美而无事，乃曰大驿土也。"

【**原文**】庚戌辛亥钗钏金——金至戌而衰，至亥而病，金既衰病，则诚柔矣，故曰钗钏金。形已成器，华饰光发，厌乎生旺，贵乎藏体，火盛伤形，终为不喜。

【**注解**】《三命通会》云："金气藏伏，形体已残，锻炼首饰，已成其状，藏之闺阁，无所施为，而金之功用毕，故曰庚戌辛亥钗钏金。"

【**原文**】壬子癸丑桑柘木——子属水，丑属金，水方生木，金则伐之，犹桑柘方生，人便以喂蚕，故曰桑柘木也。气居盘屈，居于水也，未施刀斧之劳。

【注解】《三命通会》云："壬子癸丑何以取象桑柘木？盖气居盘曲，形状未伸，居于水地，蚕衰之月，桑柘受气，取其时之生也。"

【原文】甲寅乙卯大溪水——寅为东旺，维卯为正东。水流正东，则其性顺，而川涧池沼俱合而归，故曰大溪水。气出阳明，水势恃源，东流滔注，故云。

【注解】《三命通会》云："甲寅乙卯，气出阳明，水势恃源，东流滔注，其势浸大，故曰大溪水。"此水最喜有归、有养，遇水为之有归，遇金为之有养。

【原文】丙辰丁巳沙中土——土库在辰而绝在巳，而天下丙丁之火至辰冠带，而临官在巳，土既库绝，旺火复兴生之，故曰沙中土。土疏气故不宜。

【注解】《三命通会》云："丙辰丁巳，气以承阳，发生已过，成齐未来，乃曰沙中土。"

【原文】戊午己未天上火——午为火旺之地，未中之木又复生之，火性炎上又逢生地，故曰天上火。气过阳宫，重离相会，炳灵交光，发辉炎上，故云。

【注解】《三命通会》云："戊午己未，气过阳宫，重离相会，炳灵交光，发辉炎上，乃曰天上火也。"此火以戌亥为天门，卯酉为出入之门，东南为行陆之地，见之皆吉。

【原文】庚申辛酉石榴木——申为七月，酉为八月，此时木则绝矣，惟石榴之木复实，故曰石榴木。气归静肃，物渐成实，木居金上，其味秋果成实云。

【注解】《三命通会》云："庚申辛酉，五行属金，而纳音属木，以相克取之。盖木性辛者惟石榴木。申酉气归静肃，物渐成实，木居金地，其味成辛，故曰石榴木。"

【原文】壬戌癸亥大海水——冠带在戌，临官在亥，水则力厚矣。兼亥为江，非池水之比，故曰大海水。势趋天门，历事已毕，生旺不泛，死绝不涸云。

【注解】《三命通会》云："壬戌癸亥，天门之地，气归闭塞，水历遍而不趋，势归乎宁谧之位，来之不穷，纳之不溢，乃曰大海水。"此水有清浊之分，壬戌有土为浊，癸亥皆水为清。

有一种解释，纳音来源是以天干地支之数来计算的。即甲己子午九数，乙庚丑未八数，丙辛寅申七数，丁壬卯酉六数，戊癸辰戌五数，巳亥四数。把两个天干之数和两个地支之数相加，用总和除以五，余数为一者是水命，为二者是火命，为三者是木命，为四者是金命，正好除尽者，以余数为五论，则是土命。如甲子、乙丑，甲子数九，相加是十八；乙丑数八，相加是十六；十六加十八是三十四，再除以五，余数为四，四为金，就是金命。这个仅能说明是金命。为什么又有海中金、沙中金、剑锋金等分别？却又没有解释。

纳音来源的解释还很多，有以五音相配的，有以相克配嫁的。众说纷纭，莫衷一是；各持己见，争论不休。但不论是《渊海子平》原注，还是《三命通会》的解释，或者数法计算等，都不能清晰简洁，清楚明了地予以解释。非牵强附会，即穿凿荒诞，实在难以自圆其说。诸位如果有兴，请详参《三命通会》"总论纳音""论纳音取象""释六十甲子性质吉凶"三节。

我们知道，子平法对命理的最大贡献就是：以日为主，与年月日时四柱互相配合较量轻重，大大增强了推命理论自身的逻辑性，而纳音五行则是坚持以年为主，与其他三柱配合，这与子平法相违背。

子平论命法的特点之一，就是以五行的生克制化来分析整个命局，而纳音五行恰好悖离了这个根本原理。比如庚申、辛酉，干支明明都是金，却偏偏言木，且冠名"石榴木"；又如甲寅、乙卯干支分明皆木，却要以水论，并美其名曰“大溪水”，这些均不符合五行生克制化的基本原理。

古以纳音论命，已很少见，惟《三命通会》时有几例。今人以纳音论命者，更为鲜有。今将所见，与大家共同探讨。

一、古人认为纳音五行可以补原来五行之不足，可以补日主之衰弱，也可以抑制太强的日主。例：

辛卯
庚子
辛亥
丙申

这个命局，正五行金木水火都有，惟独缺土。妙在月令庚子，纳音壁上土，补起了原局所缺之土，格局就成了金木水火土五行俱全了。细究这个八字，辛生子月，食神司权，坐下亥水伤官，盗气似乎过旺。然年月比劫并透，时支申金为根，日元不弱，更喜卯亥合木，引化秀气，金水木火一气相生。若强加土，浊水破局反为不美。同时论命或以五行论，或以纳音论，怎么能够夹杂使用呢？这种补法是不能圆说的。

癸巳
戊午
丙午
癸巳

日元丙火，支见二刃二禄，年月天干戊癸也合而化火。全局火强水衰明矣。以纳音论，癸巳纳音长流水，丙午纳音天河水，四柱就有三柱纳音为水，能否补起原局水之不足，抑制过强日主，使之成水火既济？答案很明确：不能！

甲申
癸酉
乙未
乙酉

乙木生于酉月金旺之地，时支重见酉金，年支申金相助，杀气极盛。乙木虽有未中微根，年时天干又得比劫相助，毕竟衰木难敌强金。以纳音论，年时柱甲申、乙酉纳音井泉水，全局水木相生，木气反强，以此论断，岂非自相矛盾。

二、命局中的月支克年柱纳音者，主父母早丧。例：

1964年十月十八日戌时生男：

甲辰	大运	07、丙子
乙亥		17、丁丑
甲戌		27、戊寅
甲戌		37、己卯

年柱甲辰纳音覆灯火，被月支亥水克制，所以七岁庚戌年丧父，十一岁甲寅年丧母。根据八字的基本知识，偏财为父星，正印为母星，此造以年支辰土偏财为父星，月支亥水印绶为母星。经云：比劫重重必克父。此造天干比劫一片，通根月令，木旺土衰。七岁庚戌年偏财临岁支，被比劫相夺。岁干庚金被运干丙火克制，不能护财，故丧父。十一岁甲寅年，寅木合亥，失去母星，故母亡，与纳音相克毫无关系。

1953年五月二十七日戌时生女：

癸巳	大运	11、庚申
己未		21、辛酉
己未		31、壬戌
甲戌		41、癸亥

年柱癸巳纳音长流水，受月支未土克制，所以七岁己亥年丧父。以五行生克论，日元己土，以年干癸水偏财为父星，被月柱己未旺土比肩贴身克制。全局土星五重，又得巳火印生，时干甲木，合己化土，癸水孤独无助。七岁己亥，岁干又逢比肩，癸财岂能幸免，故父丧，怎么能和纳音联系在一起？

1950年八月二十七日巳时生男：

庚寅	大运	01、丙戌
乙酉		11、丁亥
丙子		21、戊子
癸巳		31、己丑
		41、庚寅
		51、辛卯
		61、壬辰
		71、癸巳

丙火以庚金偏财为父星，虽坐寅木绝地，但既长生于时支巳火，又得月令酉金旺地为根，父星强壮。丙火以乙木印绶为母星，虽坐酉为绝，但既得年支寅木旺根，又得日支子水官星生扶，母星亦强。再加大运相扶，所以父母长寿，虽年逾八十，身体尚佳。若以上论，庚寅年柱纳音松柏木，被月支酉金克制，应父母早丧，何以长寿？这就是说，纳音五行和五行，就像戏剧和电影，虽都为表演艺术，却不尽相同，不能连在一起使用。

三、命局中如果逢冲，看其纳音五行是生冲，还是克冲。生冲主声名远播，克冲则主凶。如辛亥逢癸巳，辛亥纳音钗钏金，癸巳纳音长流水，金生水是生冲，主吉。若辛亥逢乙巳，乙巳纳音覆灯火，火克金，是克冲，主凶。这种说法更与论命原理矛盾。试看几例：

1537 年正月二十三日酉时生男：

丁酉
癸卯
癸卯
辛酉

明穆宗隆庆皇帝命造。日元癸水生于卯月，食神司权，日支重见，盗气太重。喜年时二支酉金偏印冲克二卯，使木不强，水不弱，格局中和。再加大运一路水金，帮身助用，故贵为人君。若以上理，日月二柱癸卯纳音金，时柱辛酉纳音木，日时是纳音相克之冲，凶亦难免，何能至贵。

1970 年十月二十三日戌时生女：

庚戌
丁亥
乙巳
丙戌

大运

04、丙戌
14、乙酉
24、甲申
34、癸未
44、壬午
54、辛巳

乙生亥月，印绶司权，庚官明透，自坐戌财，看似财官印皆美。惜丙丁之火伤官盗气，年时二戌耗气，日元身弱喜印，又被日支巳火贴身冲散，格局尽破。初运金乡，杀印相资尚可。入火运颠沛流离，生活无着落，困寒至极。依上论丁亥纳音土，乙巳纳音火，是纳音相生之冲，应主声名远播。

从上述三点我们可以看出，以纳音论命与以子平法论命是完全不同的，前者很难自圆其说，而后者则是符合阴阳五行生克制化的易经原理的，这大概也是后世论命者推崇子平法的基本原因。

近人论命，多已不论纳音，偶有人论及，不过言其名分，论吉凶时亦不言及。特举林庚白《民国名人命鉴》中数例以证：

四柱		大运
乙亥		02、甲申
乙酉	大	12、癸未
乙亥		22、壬午
乙酉	运	32、辛巳
		42、庚辰
胎元丙子		立命酉宫

张弧八字。天元一气，八字纯阴。地支中拱三戌正财，所谓见不见之形也。纳音三水二火，水火既济，尤属佳象。惜酉亥为乙木死绝之乡，天覆而地不载，生平多风波，端由于此。巳运暗生戌财，庚运正官，皆佳。惟巳亥冲印，乙卯流年，卯酉又冲，故几遭获遣。辰运暗冲财库最美，故两次出山。壬戌填实，当然不妙。今年甲子，乙木贵人，八月后尚有佳音。己运争财，防大限。丁卯、己巳两年尤忌。

按：纳音三水二火：年、日二柱乙亥纳音为山头火，月、时二柱乙酉纳音为井泉水，胎元丙子纳音为涧下水。

细析此局，虽天干一气，但支下无根，月时二酉七杀截脚，亥水印绶化杀生身就是本局之用神。惜亥水重见，泄杀太过，故位仅至总长且难长久。元开国皇帝忽必烈八字为“乙亥、乙酉、乙酉、乙酉”，虽与张造仅差一字，但杀气十足，用神纯粹，故贵为九五之尊。辛巳、庚辰二运，庚辛助杀，巳辰皆与酉合而化金，故两任总长。己卯运冲破酉杀而退职，戊寅杀临绝地而亡，足证杀气被泄太过为病矣。

此局用水喜金，若以纳音水火论，则全误矣。

四柱		大运
		07、癸酉
甲午		17、甲戌
壬申	大	27、乙亥
		37、丙子
乙未	运	47、丁丑
庚辰		57、戊寅
		67、己卯
		77、庚辰
		87、辛巳
胎元癸亥		立命巳宫

周扶九八字。此造骤视，似觉无奇。盖乙庚虽生旺于金旺之月，而正印透干，又午火伤金，宜不能从化矣。再一细推，则知八字纳音完全属金，时坐辰龙，乙庚近在日时，命宫之巳兼系庚金长生之乡，不化何待？非仅从化且化之真者。胎元癸亥为长流水，金水相生，来源无穷，宜其生平白手成家，积资数千万。至于性成悭吝，则辰土财库无冲之故。五十七后行戊寅、己卯运，前后二十年，腰缠累累。庚辰十年，亦属金运，故晚景尤佳。辛运七煞，克破化局，故归道山。

按：纳音完全属金：年柱甲午纳音沙中金，月柱壬申纳音剑锋金，日柱乙未纳音沙中金，时柱庚辰纳音白腊金。

癸亥为长流水：癸亥纳音为大海水，原文长流水误。

此局乙生申月金绝之时，又得辰未二财生金，午火食神虽制金亦泄日元之气，必以壬水印绶化官生身为用神。戊寅、己卯二运，日主得根，故能腰缠累累。庚辰一运，申辰拱成水局，此时晚景优游。八十七岁庚申年，大运辛巳，强金攻身，一壬难化顽金，病死。若以化金格或纳音全金以吉论，其非大谬耶。

壬申	大运	06、壬子
辛亥		16、癸丑
癸酉		26、甲寅
丙辰		36、乙卯
		46、丙辰
胎元壬寅		**立命寅宫**

朱启钤八字。纳音二土三金，亦美格也。八字缺木，仅亥中一甲，秀气所钟，以水木伤官论。行甲寅、乙卯运立致贵显。交丙正财，壬水克之，洪宪之变，遂遭通缉。现在辰运，非其所喜。丁运合壬化木，有意外机遇。六十一岁巳运，巳亥冲提，破了伤官，防大限。

按：纳音二土三金：年柱壬申纳音剑锋金，月柱辛亥纳音钗钏金，日柱癸酉纳音剑锋金，时柱丙辰纳音沙中土，胎元壬寅纳音金箔金。纳音是一土四金，原说误。

癸水月令得旺，年干劫助，又有辛酉申三金生扶，身强。惟生于小雪节内，寒气已盛，必以丙火财星解冻调候为急用，壬劫夺丙为忌。甲寅、乙卯二运，食伤化劫生财，官至总长，且代理总理一月。四十五岁丙辰年，一则太岁与时柱伏吟；二则丙火与月干辛金合而化水，化喜为忌；三则壬劫高透夺财，袁世凯死后以帝制祸首被通缉逮捕。四十七岁戊午年，用神得旺，赦免出狱。运入南方，用神有力，脱离政界，安心著书。九十三岁甲辰年，大运庚申，运岁申辰拱合水局克丙，病卒。若以纳音土金论吉，大误矣。

癸未		03、己未
庚申	大	13、戊午
		23、丁巳
庚寅	运	33、丙辰
壬午		43、乙卯
胎元辛亥		**立命卯宫**

唐继尧八字。八字纳音完全属木，《兰台妙选》所谓“红围绿绕”，亦见不见之形也。惜生于秋令，不得其时。而胎元纳音属金，克木破格，又美中不足。若以子平常理推之，立秋后水旺，壬、申、癸、寅、午皆为泄气，仅一土正印临贵，扶助日元，浅者以极旺论，未得其真。盖壬水进气于立秋，庚虽得禄，尚未当王，此不可不审也（然亦不弱）。巳丙十年最佳，因独财受制，去比则存财，辰申会水局。初交乙木，一度下野。壬戌流年，交辰申戊土，寅午戌三合火局，官煞太旺，幸辰戌冲开土库，合而逢冲，则官煞减势，故得再起。今年甲子，申子辰三合水局，必有动机。盖合局生财固佳，而子午冲去官星，一喜一忧。明年乙丑，两乙两庚，天作之合，且乙卯纳音属水，水木相生，此十年大展怀抱。

按：纳音完全属木：年柱癸未纳音为杨柳木，月柱庚申纳音为石榴木，日柱庚寅纳音为松柏木，时柱壬午纳音为杨柳木。

红围绿绕：《兰台妙选》曰：“最奇者绿绕红围——绿谓柳，红谓木也。柳乃壬午、癸未，杨柳也。红谓庚申、辛酉石榴木，凡木皆可。人命得壬午、癸未在年与时，其他木在月日，是为绿绕在外，红围在内，合此者可取。”

此局日元庚金虽得月柱专禄，年支未土印绶，然干头壬癸盗泄，支下寅午半合官局攻身，未中亦暗藏丁火，官旺化杀，当以食伤制杀护身为用神。丁巳一运，壬合丁格局取清，巳合申化水助用，三十一岁癸丑年，任云南督军兼民政长。丙辰一运，辰土化杀生身，仍驰骋政坛。一入乙卯大运，财星化伤生杀，四十五岁丁卯年，运岁皆逢忌神，年初被胡若愚、龙云兵谏，被迫交出兵权，四月火旺，愤懑吐血而亡。林庚白先生云“乙卯纳音属水，水木相生，此十年大展怀抱”，再证纳音论命之误。

论天干生旺死绝

【原文】甲木生亥，沐浴在子，冠带在丑，建禄在寅，帝旺在卯，衰在辰，病在巳，死在午，墓在未，绝在申，胎在酉，养在戌。

乙木生午，沐浴在巳，冠带在辰，建禄在卯，帝旺在寅，衰在丑，病在子，死在亥，墓在戌，绝在酉，胎在申，养在未。

丙火戊土生寅，沐浴在卯，冠带在辰，建禄在巳，帝旺在午，衰在未，病在申，死在酉，墓在戌，绝在亥，胎在子，养在丑。

丁火己土生酉，沐浴在申，冠带在未，建禄在午，帝旺在巳，衰在辰，病在卯，死在寅，墓在丑，绝在子，胎在亥，养在戌。

庚金生巳，沐浴在午，冠带在未，建禄在申，帝旺在酉，衰在戌，病在亥，死在子，墓在丑，绝在寅，胎在卯，养在辰。

辛金生子，沐浴在亥，冠带在戌，建禄在酉，帝旺在申，衰在未，病在午，死在巳，墓在辰，绝在卯，胎在寅，养在丑。

壬水生申，沐浴在酉，冠带在戌，建禄在亥，帝旺在子，衰在丑，病在寅，死在卯，墓在辰，绝在巳，胎在午，养在未。

癸水生卯，沐浴在寅，冠带在丑，建禄在子，帝旺在亥，衰在戌，病在酉，死在申，墓在未，绝在午，胎在巳，养在辰。

寅申巳亥，五阳长生之局。子午卯酉，五阴长生之局。

掌诀：

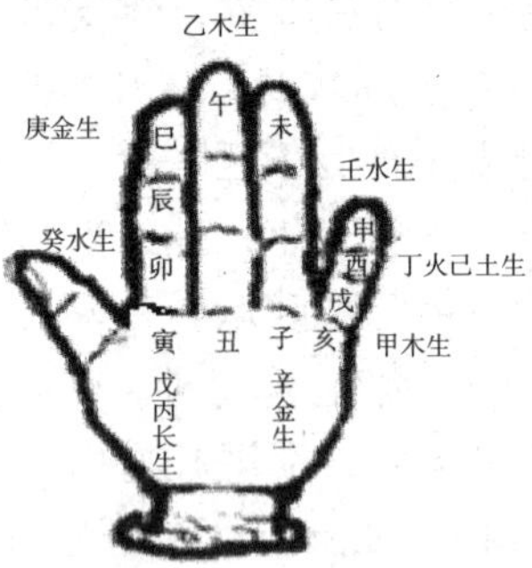

【注解】从上述每种五行由长生至帝旺，至死绝，又至胎养长生的过程，我们不仅可以看到每种五行循环无穷的道理，还可以看到金木水火土天道循环、生生不息的道理。如木刚旺于寅，而火土已生；火土刚旺于巳，而金生；金刚旺于申，而水生；水刚旺于亥，而木生。再如金绝于寅，而土生；木绝于申，而水生；水绝于巳，而金生；火绝于亥，而木生。所绝之处，正是生己之神长生之处，紧接胎养循环，使五行之气周而复始，循环不尽，正是天道循环之理。

对于名称，即长生、沐浴、冠带等，陈素庵提出不妥之议。他说，古法认为沐浴为败地，是淫欲之杀。但人刚生下来，何以有败？难道裸体沐浴就是宣淫吗？因此他将十二宫改为“生、长、成、盛、旺、衰、病、死、墓、绝、胎、养”。这也是一种说法。但十二宫主要是记述一种五行从生到死的循环过程，至于名称妥与不妥，倒不必过于计较。

五行发用定例

【**原文**】长生、沐浴、冠带、临官、帝旺、衰、病、死、墓库、绝、胞胎、养。

阴阳顺逆生旺死绝之图

壬庚丙戊甲 绝生 禄 病 巳 癸辛丁己乙 胎死 旺 败	壬庚丙戊甲 胎败 旺 死 午 癸辛丁己乙 绝病 禄 生	壬庚丙戊甲 养冠 衰 墓 未 癸辛丁己乙 墓衰 冠 养	壬庚丙戊甲 生禄 病 绝 申 癸辛丁己乙 死旺 败 胎
壬庚丙戊甲 墓养 冠 衰 辰 癸辛丁己乙 养墓 衰 冠	阴阳顺逆生	旺死绝之图	壬庚丙戊甲 败旺 死 胎 酉 癸辛丁己乙 病禄 生 绝
壬庚丙戊甲 死胎 败 旺 卯 癸辛丁己乙 生绝 病 禄			壬庚丙戊甲 冠衰 墓 养 戌 癸辛丁己乙 衰冠 养 墓
壬庚丙戊甲 病绝 生 禄 寅 癸辛丁己乙 败胎 死 旺	壬庚丙戊甲 衰墓 养 冠 丑 癸辛丁己乙 冠养 墓 衰	壬庚丙戊甲 旺死 胎 败 子 癸辛丁己乙 禄生 绝 病	壬庚丙戊甲 禄病 绝 生 亥 癸辛丁己乙 旺败 胎 死

月律分野之图

巳 仲吕四月 戊五日一分半 庚九日三分 丙十六日五分	午 蕤宾五月 丙十日三分半 己九日二分半 丁十日三分半	未 林钟六月 丁九日三分 乙三日二分 己十六日六分	申 夷则七月 己七日一分半 戊三日一分半 壬三日一分半 庚十七日六分
辰 姑洗三月 乙九日三分 癸三日一分 戊十八日六分	月	律	酉 南吕八月 庚十日五分半 丁巳长生 辛二十日七半
卯 夹钟二月 甲十日五分半 癸长生 乙二十日六分半	分 之	野 图	戌 无射九月 辛九日三分 丁三日一分 戊十八日六分
寅 太簇正月 戊七日二分半 丙十七日三分半 甲十六日三分半	丑 大吕十二月 癸九日三分 辛五日一分 己土十八日六分	子 黄钟十一月 壬水十日五分 辛长生 癸二十日七分	亥 应钟十月 戊七日二分半 甲五日分半 壬十八日六分

【注解】以十二律配十二支，象十二月。《史记·律书》对十二律名的解释是：黄钟者，阳气踵黄泉而出也。大吕者，（阙文）。太簇者，言万物簇生也。夹钟者，言阴阳相夹厕也。姑洗者，言万物洗生。仲吕者，言万物尽旅而西行也。蕤宾者，言阴气幼少，故曰蕤；痿阳不用事，故曰宾。林钟者，言万物就

死气林林然。夷则，言阴气之贼万物也。南吕者，言阳气之旅入藏也。无射者，阴气盛用事，阳气无余也。应钟者，阳气之应，不用事也。律吕，即“十二律”，发明于先秦时期。据说在陕西、河南交界处，有种吕管形状如竹。将其截成长短不一十二根，埋于地下，上端齐平，管中充满芦灰，管口用竹衣（竹内膜）贴上。到冬至一阳生时，最长管子中的灰因首先受到地下阳气上升的影响，喷出管外，同时发出“嗡”音，这就是黄钟之音。这十二种不同声音因强弱分出阴阳，黄钟、大吕、太簇、夹钟、姑洗、仲吕为六阳，余为六阴。

【原文】天干五阳通变（日主竖看）

甲	丙	戊	庚	壬	五干属阳喜合
甲	丙	戊	庚	壬	为比肩兄弟之类
乙	丁	己	辛	癸	为劫财败财克父及妻
丙	戊	庚	壬	甲	为食神天厨寿星为男
丁	己	辛	癸	乙	为伤官退财耗气子甥
戊	庚	壬	甲	丙	为偏财偏妻偏妾克子
己	辛	癸	乙	丁	为正财正妻克母为合神
庚	壬	甲	丙	戊	为偏官七杀官鬼将星
辛	癸	乙	丁	己	为正官禄马荣神父母
壬	甲	丙	戊	庚	为倒食偏印枭神克女
癸	乙	丁	己	辛	为印绶正人君子产业

克我者为正官、偏官，生我者为正印、偏印，我克者为正财、偏财，我生者为伤官、食神，比肩者为劫财败财。

天干五阴通变（日主竖看）

乙	丁	己	辛	癸	五干属阴喜冲
乙	丁	己	辛	癸	为比肩兄弟朋友
丙	戊	庚	壬	甲	为伤官小人盗气为侄

丁	己	辛	癸	乙	为食神天厨寿星子孙
戊	庚	壬	甲	丙	为正财正妻克母
己	辛	癸	乙	丁	为偏财偏妻偏妾克子
庚	壬	甲	丙	戊	为正官禄马克父母
辛	癸	乙	丁	己	为偏官七杀官鬼媒人
壬	甲	丙	戊	庚	为印绶正人君子忌杀
癸	乙	丁	己	辛	为倒食偏印枭神克母
甲	丙	戊	庚	壬	为败财逐马克妻

【注解】长生：五行遇之为强，如人初生，充满希望；像早晨三点到五点的太阳，代表生气向上的力量。诗曰：

长生管取命长荣，日时重逢主性灵。
更得吉神相会遇，少年及第入王廷。

沐浴：五行遇之为平，如婴儿出生三天，体仍虚弱，要洗礼去秽。像早晨五点到七点的太阳，绚丽多姿，变化巨大。主喜新厌旧，性情不定，花俏风流，吉凶各半。诗曰：

沐浴凶神切忌之，多成多败少人知。
男人值此应孤独，女命逢之定别离。

冠带：五行遇之为强，如古之弱冠，为长大成人之始。像早晨七点到九点的太阳，气象万千，代表进取心强，有斗志。诗曰：

命逢冠带少人知，初主贫寒中主宜。
更得贵人加本位，功成名遂又何疑。

临官：即建禄，五行遇之为强。喻人长大成人，像早晨九点到十一点的太阳，光芒万丈，是历经奋斗，有所成就之象。代表事业有成，稳健发展。诗曰：

临官帝旺最为奇，禄贵同官仔细推。
若不状元当及第，直须黄甲脱新衣。

帝旺：五行遇之为强，如人至顶峰，好比中午十一点到一点的骄阳。如日中天，光辉灿烂，代表功成名就，出人头地，但也暗示将从顶峰开始慢慢走下坡路。诗曰：

临官帝旺两相逢，业绍箕裘显祖宗。

失位纵然居世上，也须名姓达天聪。

衰：五行遇之为平。喻人过顶峰，步向衰老，逐渐凋萎。如中午一点到三点的太阳，渐向西移，代表妥协保守、较乏斗志。

病：五行遇之为弱。喻人衰老有病，将日落西山，像下午三点到五点的太阳，黄昏将临。代表消极、苟安、萎靡不振。

死：五行遇之为弱。喻人死亡，一切停止，像下午五点至七点的太阳，已日落西山，黑暗逐渐笼罩。代表优柔寡断，举棋不定，不能开拓，缺少作为。诗曰：

纳音衰病死重逢，成败之中见吉凶。

若得吉神来救助，变灾为福始亨通。

衰病两逢兼值死，世人至老无妻子。

不惟衣食不丰隆，灾病缠绵终损已。

墓：五行遇之为平。喻人死亡后入墓，像晚上七点到九点的太阳，归家歇息。代表收藏之意，举止怪异，性吝啬。诗曰：

墓库原来是葬神，一为正印细推论。

相生相顺无相克，富贵之中次第分。

（按：墓库为正印，只有庚金见丑是。）

绝：五行遇之为弱。喻人入墓后躯体腐朽消失，像晚上九点到十一点的太阳，丝毫无半点光芒。代表浮沉变动，轻佻任性。诗曰：

绝中逢生少人知，却去当生命里推。

反本还原宜详辨，忽然迟否莫猜疑。

胎：五行遇之为平。喻人躯体灭绝后，其魂逐渐受气成胎，孕育另一新的生命。像夜里十一点到一点的太阳，正准备开始新的一天。代表光明、希望，转变进展。诗曰：

胎神一位难为绝，克陷妻妾家道劣。
不惟朝暮走忙忙，羊食狼贪无以别。

养：五行遇之为平。喻受胎成形，孕育于母体，吸取营养。像早晨一点到三点黎明之前的太阳，主积极努力，定有作为。诗曰：

胎养须宜细审详，半凶半吉两相当。
贵神相会应为福，恶煞重逢见祸殃。

看完五行十二运，掩卷沉思，就会发现这样几个问题。

一、甲乙同属木，丙丁同属火，壬癸同属水，只不过因强弱而分为阴阳。他们本该生则同生，死则同死，为什么生死各异？如木长生于亥，甲木见之为生，乙木为何见之为死？火生于寅，丙火见之为生，为什么丁火见之为死？水生于申，壬水见之为生，癸水见之为什么论死？又如：火旺木焚，甲木见午为死，乙木怎能生出？水盛金沉，庚金见子水，精气尽泄而死，辛金为什么偏偏生出？壬水见卯木气泄为死，癸水见卯木怎为生？如此，乙木见亥，丁火见寅，癸水见申，是论正印相生，还是论死？乙木见午，辛金见子，癸水见卯是论长生，还是论食神盗气？所以阴阳生死之论与五行生克制化的根本论命之法不尽一致。古时论命大家均主张“阴阳生死同途”。如甲乙均生于亥，死于午，绝于申，墓于未。其他可类推。特举几例说明：

壬午
丙午
乙巳
丙子

乙木日元，年月日二午一巳，盗气太重，地支无根，本应从儿，但年干壬水正印明透，通根时支子水，为之有生，是从而不从，日元极弱。早年父母丧亡，破尽家业，沦落为乞。若以乙木生午论，年月支两见午火长生，又得壬子旺印生扶，当是身强食神吐秀的贵命。

戊寅
庚申
癸未
己未

明张鼎布政命造。日元癸水，自坐未土七杀，时柱己未。年干戊土，以阳助阴。年支寅木伤官盗气，全局克泄交加，喜月令庚申正印，秋水通源，化杀制食生身，一气呵成，使众小咸服，为我使用，官至布政。若以上论，癸水见申为死地，则无此造化。

己未
丁丑
癸卯
乙卯

癸生丑月，七杀司权，年柱己未助杀。日时二卯食神虽有制杀之功，也盗日元之气。癸水仅丑土中一点余气弱根，是身弱难任食财之造。幸大运逆行水乡，比劫助身尚可温饱。逢运岁克剥，必贫困潦倒。若以癸见卯为长生论，两见卯木长生，身旺杀强，则贵显无疑。

1878年九月十一日未时生男：

戊寅
辛酉
丁巳
丁未

大运
01、壬戌
11、癸亥
21、甲子
31、乙丑
41、丙寅

民国时期安徽合肥王揖唐八字。丁火虽坐巳旺，时透比肩，时支未中又暗藏丁火，看似身旺。然辛酉财星司权，巳火合酉化金，戊伤未食盗火生金，日元反弱，必以寅木印绶生身为用神，旺财坏印为病。二十七岁甲辰年，大运甲子，运岁二甲用神透干，考中进士，步入仕途。四十一岁后运入丙寅，用神有力，官至总长、“安福国会”众议院议长、安徽省省长。若以丁火死在寅木而论，岂非大谬。

二、金长生于巳，巳中暗藏丙火，是庚金七杀，辛金正官；土长生于寅，寅中暗藏甲木，是戊土七杀，己土正官。两者长生处都是克我之神，命局中逢之是以克论，还是以生论？

1952年八月十一日卯时生男：

壬辰
己酉
戊寅
乙卯

大运
03、庚戌
13、辛亥
23、壬子
33、癸丑
43、甲寅
53、乙卯

戊土自坐寅木七杀，时柱乙卯旺官，木旺土虚，全靠月支酉金伤官贴身制杀留官取清为用。四十三岁行甲寅大运，酉伤临绝地，衰金难制强木，四十七岁戊寅年，太岁又逢强杀攻身，酉伤无力制杀，因经济犯罪被捕入狱。若以土生寅论，运岁原局三见寅木，是三见长生，不仅无灾，还应发贵，则不能圆说了。

1958年四月初五寅时生男：

戊戌
丁巳
庚子
戊寅

大运
05、戊午
15、己未
25、庚申
35、辛酉
45、壬戌
55、癸亥

庚生巳月，七杀司权。日支子水伤官，虽能制巳，但与时支寅木紧贴，贪生忘克，反成子伤生寅财，寅财生巳杀之势。三十二岁己巳年，岁支又逢巳火旺杀，运支申金合子化水，生木助杀，因伤人被判刑三年。若以金生巳论，庚金原局与当年太岁两见长生，则不应有牢狱之灾。

三、庚金见丑，阴土生阳金，应是印绶，但五行十二宫却是墓库。印绶为吉，墓库多凶，是以印论，还是论库？

1912年十二月初三戌时生男：

壬子
癸丑
庚寅
丙戌

元神庚金自坐寅财，合戌拱丙成杀局。壬癸食伤竞透，克泄交加，喜月令丑土印绶司权，日元不弱，可任伤杀。惟嫌食伤制杀太过，运入火乡，杀气得根，云程直上，终为大贵。

1961年九月二十六日辰时生男：

辛丑　　　09、丁酉
戊戌　大　19、丙申
辛丑　运　29、乙未
壬辰　　　39、甲午
　　　　　49、癸巳
　　　　　59、壬辰

日元辛金，支逢四土，戊土元神明透，强土有埋金之患。初行酉申大运，比劫助辛泄土。乙木大运，财星疏土，金强水旺，格局流畅，财运甚佳。三十四岁后运入未土，三十七岁丁丑年，运岁又逢强土，辛金被埋，连连破财。

通过上述两例，可以看到丑土为局中用神时以印论，丑土为局中闲神时亦论印，丑土为局中忌神时则以墓论。

四、甲木见子水，丙火见卯木，壬水见酉金，都是正印。五行十二运则说是沐浴败地，与论命原理也不相符。

1642年六月二十六日辰时生男：

壬午　　　05、戊申
丁未　大　15、己酉
甲子　运　25、庚戌
戊辰　　　35、辛亥
　　　　　45、壬子
　　　　　55、癸丑

清康熙年间太平宰相张玉书命造。甲木生于未月，时柱戊辰，财星极强。丁火伤官明透，通根午未，盗泄甲木精气，日元甚弱。喜丁壬合而化木，坐支子水正印合辰化水，尽收全局燥气，生起甲木弱主，财官印皆为我用。更加大运申酉之后，一路水木助用助身，所以仕途顺畅，云程直上。

癸丑
壬戌
丙子
辛卯

明郑纪尚书命造。丙生戌月，得库微根。然壬癸官杀竞透，通根子水，克泄交加，日元偏弱。妙在时支见卯木印绶，化官生身，一气呵成，官印有情。再加庚申运后，气转南方，日元托根，任起官杀，登甲第，步丹墀，一路顺风。

从以上二例可以看出，甲见子，丙见卯，壬见酉均为印绶生我之物，与败字毫无关联。

五、五行十二运程云但逢长生、帝旺者吉，沐浴、衰、病不吉。此论也有片面不能圆说之处。月令逢日元长生、临官、帝旺，只能是日元月令有根。逢衰绝只能是日元月令无根，不得月令之气。至于强弱、吉凶，则要结合整个命局分析，并不是仅凭月令就能决定的。

甲午
壬申
甲申
乙丑

王一鹗都宪命造。甲生申月绝地，日支亦坐申，看似日元衰弱。一则年干甲比，时干乙劫助身，更有壬水印绶化杀生身。如此，杀气化，日元生，甲木由弱转强，杀印相资，故能贵显。

1969年二月十四日酉时生女：

己酉		02、戊辰
		12、己巳
丁卯	大	22、庚午
乙巳	运	32、辛未
		42、壬申
乙酉		52、癸酉

乙木日元，生于卯月，临官建禄，时干又得比肩相助，表面看来，日元不弱。然年时二酉七杀，巳火合酉化金，又得己土财生，七杀成党势众，卯木已是难敌。再加丁火贴身盗气，生财助杀，日元由旺变弱，难任官杀。二十九岁丁丑年，太岁与原局合全金局冲克卯木用神，身弱不胜杀，夫妻离异。

从以上五点可以看出，五行十二运也是与五行生克制化的论命原理相矛盾的。按子平法，则应以五行生克结合财官印食比劫六神进行具体分析。

论年上起月例

【原文】 甲己之年丙作首，乙庚之岁戊为头，
丙辛之岁寻庚上，丁壬壬位顺行流，
若言戊癸何方发？甲寅之上好追求。

其法假如甲己生，于寅上起丙寅，以正月为丙寅，二月为丁卯，一顺数去，至其所生之月止，一月一位顺行。

【注解】《考原》云：上古历法，年月日时均开始于甲子，所以甲子年一定起甲子月。上古均以十一月为岁首，所以十一月就是甲子月。而夏历正月建寅，从甲子月数至正月为丙寅，经过五年共六十个月，正好是一花甲之数。其年天干为己，正好正月也是丙寅，如此周而复始，每年的正月就和上边歌同。

年上起月例表

年 月	甲己	乙庚	丙辛	丁壬	戊癸
正月	丙寅	戊寅	庚寅	壬寅	甲寅
二月	丁卯	己卯	辛卯	癸卯	乙卯
三月	戊辰	庚辰	壬辰	甲辰	丙辰
四月	己巳	辛巳	癸巳	乙巳	丁巳
五月	庚午	壬午	甲午	丙午	戊午
六月	辛未	癸未	乙未	丁未	己未
七月	壬申	甲申	丙申	戊申	庚申
八月	癸酉	乙酉	丁酉	己酉	辛酉
九月	甲戌	丙戌	戊戌	庚戌	壬戌
十月	乙亥	丁亥	己亥	辛亥	癸亥
十一月	丙子	戊子	庚子	壬子	甲子
十二月	丁丑	己丑	辛丑	癸丑	乙丑

论日上起时例

【原文】 甲己还加甲，乙庚丙作初，
丙辛从戊起，丁壬庚子居，
戊癸何方发？壬子是真途。

其法以甲己日从子上起甲子，至人本生时止，余皆仿此。

【注解】《考原》云：甲子日起甲子时，一直顺数到第二日子时，得干支为丙子，所以乙日起丙子。从甲日到己日共经过五天六十个时辰，合一花甲之数，周而复始，所以己日子时也起甲子。

日上起时例表

日／时	甲己	乙庚	丙辛	丁壬	戊癸
子	甲子	丙子	戊子	庚子	壬子
丑	乙丑	丁丑	己丑	辛丑	癸丑
寅	丙寅	戊寅	庚寅	壬寅	甲寅
卯	丁卯	己卯	辛卯	癸卯	乙卯
辰	戊辰	庚辰	壬辰	甲辰	丙辰
巳	己巳	辛巳	癸巳	乙巳	丁巳
午	庚午	壬午	甲午	丙午	戊午
未	辛未	癸未	乙未	丁未	己未
申	壬申	甲申	丙申	戊申	庚申
酉	癸酉	乙酉	丁酉	己酉	辛酉
戌	甲戌	丙戌	戊戌	庚戌	壬戌
亥	乙亥	丁亥	己亥	辛亥	癸亥

论起胎法

【原文】胎元，受胎之月也。子平有曰：先推胎息之位，次断变通之理，精命者不可不用此例也。

推法但从本生月前四位是也。其法如己巳月，则前申上是胎，却数退回一位，于未上将生月天干己字，唤起己未，数至庚申，乃是受胎之月也。余皆仿此。

【注解】推胎元法共有两种。《游艺录》云：四柱之外，以胎元作为推算的参考。胎元就是受胎月份。出生那个月的月干前一位，地支前三位，合起来就是胎元干支。如上己巳月，月干前一位是庚，地支前三位是申，合起来亦是庚申。

《三命通会》云：胎元之取唯有一法，以当前三百日为十月之气，乃是受胎之正。譬如甲子日便以甲子日为受胎之日，这是因为三百天共有五个六十。三百天转完五个花甲，正好又复始第一天，故甲子日生，甲子日就为受胎日。余类推。

这两种说法都有一定的道理。但后者胎元正好是日柱，与月令无关。故欲推命，要么不用胎元，即使要参考，也当用前法。然人之出生有迟有早，有怀孕十个月出生者，有九个月出生者，更有七个月出生者，受胎之月难以确定，故今人多不用此法。

论起息法

【原文】取日主上天干合处，地支合处是也。

假如甲子日生人，天干年月时有己字，乃甲与己合。又取地支年月时有丑字，即己丑也。余皆仿此而推，此胎息之由。

【注解】《星平会海》云：甲子日出生的人，就以天干甲与己合，可得天干为己。又以地支子与丑合，可得地支为丑，因此己丑就是息。其余依此类推。

此法实是日柱的天地德合，从未见过什么书上谈起过它的作用，也没有见过推命者使用它。

论起变法

【原文】取时上天干合处，时下地支合处。

假如丙寅时，取天干丙与辛合，地支寅与亥合，即辛亥是也。如柱中天干无辛字，地支无亥字，乃只虚邀为是，不可拘泥。

【注解】《星平会海》云：如丙寅时出生，就以天干丙与辛合，可得天干为辛；地支寅与亥合，可得地支为亥，那么辛亥就是变。如四柱中天干无辛，地支无亥，虚邀也是可以的，不一定全都拘泥于推变的方法。

此法与起息法相似，只把日柱换成时柱，方法却更特殊，局中无合还可邀合，实难圆说。局中有合，自当论合，局中无合，邀亦不来。即使能邀来，也不能与原局同参，毫无意义。所以后之论命者，没见有人使用。

论起通法

【原文】假如甲子月寅时生，卯上安命。取甲己之年丙作首之丙寅，即丁卯是通。

其法寅卯相通，辰巳相通，午未相通，申酉相通，戌亥相通，子丑相通是也。

【注解】寅卯、申酉皆同气，自是相通。辰巳、午未、戌亥、子丑皆连茹，也有相通之意。据子平法，人一生的穷通贵贱，都和命运紧紧相连；除命局、大运外，小运、命宫、胎元和命运也息息相关，推命时可作参考。而以上的起息、起变、起通三法，与推命原理并无关联，所以不必拘泥。

论起玉堂天乙贵人

【原文】 甲戊兼牛羊，乙己鼠猴乡，
丙丁猪鸡位，壬癸兔蛇藏，
庚辛逢马虎，此是贵人方，
命中如遇此，定作紫微郎。

十干临十支皆贵人所临之方，惟辰戌二宫贵人不临，何也？殊不知辰戌乃魁罡恶曜之地，天乙不临，所以不为贵也。

【注解】 天乙贵人的讲法很多，唯《协纪辨方书》中曹振圭之说最明白易懂。他说：天乙贵人星就是紫微垣左枢旁的一星，是万神的主宰。而天干有两位贵人，是因阴阳分治，内外有别之故。丑未是紫微垣前后门的位置，所以阳贵是以甲加未顺推。则甲遇未，乙遇申，丙遇酉，丁遇亥，己遇子，庚遇丑，辛遇寅，壬遇卯，癸遇巳为阳贵，即白天贵。阴贵则是甲加丑逆推，即甲遇丑，乙遇子，丙遇亥，丁遇酉，己遇申，庚遇未，辛遇午，壬遇巳，癸遇卯，为阴贵，即夜晚贵。戊作阳土，助甲成功，所以随甲而论。

《蠡海集》曰：辰为天罡，贵人不临。戌为河魁，贵人不临。

《三命通会》云："其神最尊贵，所至之处，一切凶煞隐然而避。"《三命指掌》云："天乙贵人者，三命中最吉之神也。若人遇之，主荣名早达，官禄易近。若更三命皆乘旺气，终登将相公卿之位。大小运行年至此，亦主迁官进财。一切加临至此，皆为吉兆。"

看法以日干为主，察看四柱的地支，例如甲日出生的人，地支中有丑未就是命带天乙贵人。也有年日同看者，若年日能

够互为对方的天乙贵人，尤贵。

但命有贵人，并非都贵。如果贵人落空亡，冲刑克害，或贵人无气，虽有如无。

公元前六年十二月初六寅时生男：

乙卯 07、戊子
己丑 大 17、丁亥
甲子 运 27、丙戌
丙寅 37、乙酉
47、甲申
57、癸未

东汉开国皇帝光武帝刘秀命造。日元甲木，以月支丑土为天乙贵人。年干乙木，月干己土，以日支子水为天乙贵人，是年月日互换贵人，所以至贵。细析此造，地支子丑寅卯连茹，乙劫明透，甲木极强，必以丙火食神吐秀生财为用神。丙火乃太阳之火，有照耀天下之势。初运戊子，大运亦在贵神之处，然子水为忌，九岁癸亥，岁运皆凶，双亲凋零。二十八岁壬午年，大运丙戌，用神明透，岁运午戌与原局寅木三合火局，用神极为有力。起兵南阳，最终成就帝业。然而这个命局的关键在丙火，并非子丑贵神。

1961 年三月二十日子时生男：

辛丑 10、辛卯
壬辰 大 20、庚寅
丁酉 运 30、己丑
庚子 40、戊子
50、丁亥
60、丙戌

丁火生于辰月，盗气太重，壬子官星又得庚辛财生，克泄交加，丁火毫无生助，身弱为病，最喜木生身，火助身，最忌金水土。二十三岁癸亥年，大运庚金，运岁偏逢强水旺金，大病一场，几乎丧命。若以贵人之理分析，丁火日元自坐酉金天乙贵人。二十三岁癸亥年，岁支亥水又是日元天乙贵人。既有力，不落空亡，又无冲克，本当发贵才是，何以病灾？故有古人云，天乙贵人之说不可信也。

起天官贵人

【原文】 天官遁甲入羊群，乙海青龙事可陈，

丙见巳兮为官贵，丁见酉兮戊戌寻，
己用卯兮庚宜亥，辛喜申兮壬爱寅，
六癸之人逢见午，必作清朝显代人。

其法以生年，如甲生，支中见未，若时上见极佳。

【注解】天官贵人：甲见未，乙见辰，丙见巳，丁见酉，戊见戌，己见卯，庚见亥，辛见申，壬见寅，癸见午，当以日干为主。

何为天官贵人，诸书未解。余细推之，当是以日主官星所坐日支而论。如甲日见未，甲日未时为辛未，辛为甲木官星。乙日见辰，辰时天干为庚辰，庚为乙之官星。丙日见巳，巳时天干为癸巳，癸为丙火官星。庚日亥时，亥上天干是丁，丁乃庚之官星。辛日申时，申上天干是丙，丙乃辛金官星。癸日午时，午上天干是戊，戊为癸水官星。此六支皆合，然丁、己、戊、壬四干却又不合，或为讹误，或另有深意，留待高明指正。

天官贵人，取日干官星之支，但是吉是凶，则要看官星是局中吉神还是凶神而论。

1893年四月初四巳时生男：

癸巳		丙辰
丁巳	大	乙卯
		甲寅
丙辰	运	癸丑
癸巳		壬子

民国时期江西义安熊式辉八字。丙火年月时三见巳禄，月干丁火，得时得势。二癸官星仅有辰中余气为根，官弱身旺，必取癸官生身为用神。三旬后运入北方，癸官得根，一跃而起，平步青云。官至江西省主席、东北行营主任。

1853 年二月二十一日巳时生男：

癸丑	大运	08、甲寅
乙卯		18、癸丑
丙申		28、壬子
癸巳		38、辛亥

著名画家梵高八字。丙火虽时支得禄，惜巳申一合化水，禄反化为官杀。二癸官星明透，贴身克丙，故取乙卯印绶化官生身为用神。惜十八岁后运入北方，忌神更盛，故经济拮据，且患上精神病，用剃刀割下自己的耳朵。三十八岁庚寅年，大运刚入辛亥，辛合丙化水，庚合乙化金，忌神一派。六月癸未，癸官又助局中旺官攻身无解，他用枪射击自己的肋部，子弹无法取出，于第三天凌晨一点多死亡。以上为天官贵人为忌神例。

由此再证，官星为用神为吉，若为忌神则凶，天官贵人不过假托神名也。

论太极贵人

【原文】 甲乙生人子午中，丙丁鸡兔定亨通，
戊己两干临四季，庚辛寅亥禄盈丰，
壬癸巳申偏喜美，值此应当福气钟，
更须贵格相扶合，侯封万户列三公。

其法以生年为主，取别干则非也。

【注解】《三命通会》云：“太极者，太初也，始也，物造于初为太极。成也，收也，物有所归曰极。造化始终相保，乃曰太极贵也。甲乙木先造乎子，坎水助而生。后终乎午，离火焚而死。丙丁先喜出乎震，卯也。后喜藏乎兑酉也。庚辛金得寅乃生乎艮，见亥乃金庙乎乾。壬癸水先得申而生，后得巳而纳。《经》曰：‘地陷东南，四渎俱流巽位，皆有始有终之意。戊己，土也，喜生乎申，得辰戌丑未为正库。’《理愚歌》云：‘四库全时为至贵，位班上例据全衡。’”据此，如果命局中有太极贵人，主人做事有始有终。若生旺，再得贵神相扶，定能显贵。

1609年七月十五子时生男：

己酉
壬申
甲午
甲子

明天启皇帝朱由校命造。甲生申月，七杀司权，或以壬水偏印化杀生身为用，或以时支子水正印化杀生身为用。可惜己土贴身克壬，午火贴身冲子，用神尽损，格局成中有败。他十二岁登基后，宠信奸宦魏忠贤，朝纲混乱，本身又贪淫好玩，仅十九岁就病重而亡，把一个没落的王朝交给年幼的弟弟，可以说有始无终了。若以太极贵人论，甲木时支见子水为始，日支见午为终，可谓有始有终了，岂会刚成年就夭亡。

1885年七月二十日戌时生男：

乙酉	大运	07、癸未
甲申		17、壬午
丙辰		27、辛巳
戊戌		37、庚辰

民国时期辽宁法库杨宇霆八字。支类西方，且多一辰，耗泄过重，取甲乙印绶生身为用神。惜财星坏印，局无化解之神，凶机已伏。初运南方，助起日元，一路精进。四十二岁丙寅年，任安国军总参议。四十三岁丁卯年，任三、四方面军军长。四十四岁戊辰年，大运庚辰，运岁局三辰冲破戌中微根，泄身生财，庚金克合甲乙，用神失而忌神猖獗。张作霖被炸死后骄横狂妄，视张学良为稚子，被张学良处死。此局年支酉金为太极贵人，然为忌神，是贵人反为忌神矣。

论三奇贵人

【原文】天上三奇甲戊庚，地下三奇乙丙丁，人中三奇壬癸辛。

甲戊庚者，以甲为日，以戊为月，以庚为星，既有日月星，地支须得戌亥为天门，方得为奇。若无戌亥，只有日月星而无天门，则不为奇矣。而有天门，若有丑卯酉巳又不为奇。寅中有箕星好风，酉中有毕宿主雨，丑卯为风雷，则三光失明，奇不得时也。地下三奇，乙木为阴木之魁，丙火为阳火

之君，丁火为阴火之精，此地有之为奇。须用乙，乙属坤土，若无则不吉。

【注解】《珞琭子》云：甲戊庚之所以为奇，是因得到贵人同时到来的好处，所以先天起贵，三干同临于丑未。后天起贵，三干也同临于丑未。乙丙丁之所以为奇，是因得贵人干德配地支的好处。阳天干贵甲德起子，乙德在丑，丙德在寅，丁德在卯。阴天干贵甲德起申，乙德在未，丙德在午，丁德在巳，三干相连无间，岂能不贵。辛壬癸之所以为奇，是因天干连珠相生为妙。

《玉霄宝鉴》云：古人以正月为岁之始，日出于乙，故以乙为日奇。老人星见为瑞，见于丁位，故以丁为星奇。月照夜到丙位而天下明，故以丙为月奇。

《三命通会》云：凡命遇三奇，主人精神异常，襟怀卓越，好奇尚大，博学多能。如有吉星贵格相配，乃为国家柱石。

三奇的看法以日为主，必须按年干、月干、日干或月干、日干、时干的顺序依此排定，才算正确，位置颠倒则不对。运用三奇论贵还应注意，仅有三奇而不入格，也不应以贵论，并非有三奇就以吉论。

丁卯 **乙巳** **丁丑** **丙午**	吴参政命造。丁生巳月，时支见午，干透丙丁，又得乙卯偏印相生，火气极炽。妙在日支丑土为湿土，既收炎夏之燥，又吐丁火之秀。三旬后运入北方，助起用神，宦海平顺，仕至参政。此造虽乙丙丁三奇透干，若无丑土，实为偏枯，常人亦难，富贵更不能期。

1962年二月二十九日亥时生男：

四柱		大运	
壬寅		01、甲辰	
癸卯	大	11、乙巳	
		21、丙午	
辛未	运	31、丁未	
		41、戊申	
己亥		51、己酉	

辛生卯月，支全木局，寅木相助，干透壬癸盗气，辛金本应从财。然时干己土偏印明透，通根日支未土，辛金有生不能从财，身弱为病。初运甲辰，寅卯辰会东方一气，增强忌神之力，父亲早丧。十五岁后运入巳火，官星化木生土。印绶有力，时来运转，考上大学，分到银行工作。二十五岁入午运，合寅成火局。杀印相资，下海经商，骤然发迹。此造年月日干壬癸辛为人间三奇，然壬癸盗气为忌，发迹全赖己土偏印之功，与大运成格和三奇无关。

1937年五月十四日酉时生男：

四柱		大运
丁丑		06、乙巳
丙午	大	16、甲辰
庚辰	运	26、癸卯
		36、壬寅
乙酉		46、辛丑

民国时期浙江青田陈诚长子陈履安八字。虽日时二柱干支皆合而化金，然丙午旺杀得时，年干丁官助杀，火当令而金失时，故取年支丑土印绶化杀生身为用神。运至辛丑，用神当运，官至“国防部部长”、“监察院院长”。此局干头乙丙丁三奇，但丙丁官杀混杂不清且克身，贵在年支丑土而非三奇也。

又如民国时期大特务头子戴笠八字：丁酉、乙巳、丙戌、丁酉。虽干头一片木火，然月支巳合酉化金，时支又见酉金，反是身弱财旺，当取乙木印绶生身为用。四十七岁癸未年，癸水化金生木，任国民政府财政部缉私总署长和战时货物运输管理局局长，大发国难财。此局贵在乙丁印劫助身，并非三奇之贵。然此两造一长寿、一凶亡，何也？戴笠之局火金克战，无解之故也。

论月德贵人

【原文】 寅午戌，月在丙；申子辰，月在壬；
亥卯未，月在甲；巳酉丑，月在庚。

其法从寅上起，丙甲壬庚，逐月顺数，周而复始，亦须在日上见之，更有福神助为吉。

【注解】《协纪辨方书》云：月，阴也。阴没有德，以阳之德为德，属于阳干的都是德。所以寅午戌月属火，就以丙为德。申子辰月属水，就以壬为德。亥卯未月属木，就以甲为德。巳酉丑月属金，就以庚为德。因为从德来讲，当然是以当旺的那一行为德。

凡命中有月德的人，一生无险无虑。命局吉者更吉，即使凶者也稍减其凶。如处于喜神之处，福力倍添。即使处忌神之地，也会化解凶险。若自身遭到冲克，则无能为力了。

辛卯
己亥
甲子
丙寅

陈蔡都堂命造。日元甲木，支全水木，木气极盛，喜时干丙火明透。不仅把甲木秀气抒发得淋漓尽致，且寒谷回春，格局阳和，故贵至都堂。亥月以甲为月德，正是日干，但从命理上说，此造发贵皆因丙火食神，应与月德无关。

1962 年六月初六辰时生男：

壬寅
丙午
丙午
壬辰

大运：01、丁未　11、戊申　21、己酉　31、庚戌　41、辛亥　51、壬子

午月月德在丙，日月干皆是，是月德重见。以上论，月德有逢凶化吉之功，然此造二十九岁庚午年，因事犯罪入狱，服刑五年，于月德奈何。以论命原理观此造，火强水弱，七杀无束身之力。二十九岁庚午年，太岁又逢旺火，日元不能自抑，以致犯事，丙火月德反为忌神矣！

1925年七月初八戌时生女：

乙丑		
甲申	大运	05、乙酉
壬午		15、丙戌
庚戌		25、丁亥

壬生申月，秋水通源，惜日时支午戌半合火局，年月干甲乙食伤盗水生火，火焰冲天，财星坏印为病。二十七岁辛卯年，大运丁亥，看似辛金生身，亥为日禄。惜运岁亥卯合而化木，反生午火，丁财高透，克死庚辛，该年命主产后中风死亡。壬水为月德之吉破矣。

论月德合

【原文】 寅午戌月在辛，申子辰月在丁。
亥卯未月在已，巳酉丑月在乙。
其法从寅上起，辛已丁乙逐位顺数。

【注解】《历例》曰："月德合者，正五九月在辛，二六十月在已，三七十一月在丁，四八十二月在乙。"《考原》曰："月德合者，即各以月德所合之干为之。"

月德合说法有三。一是原柱有合，如寅月局中有丙也有辛，丙辛合就是月德合。二是原柱无月德，但有合神亦是。如寅月局中有辛无丙也是月德合。再就是只有月德，无合神，可以虚邀来月德合。如寅月，局中有丙无辛，丙可邀辛来合者是。凡命局遇之皆吉。依子平法，月德尚无根由，月德合当更是不合命理。

1968年七月十一日午时生男：

戊申
己未
丙午
甲午

丙生未月，月德在甲，明透时干。月德合在已，明透月干，是实实在在的月德合。依月德合论应遇难呈祥，化险为夷。然本造却在二十四岁辛未年五月，因抢劫入狱，服刑三年。

1960年正月十七日未时生男：

庚子
戊寅　大　08、己卯
辛未　运　18、庚辰
乙未

辛生寅月绝地，仅得年干庚劫相助，当以戊土印绶生身为用神。惜戊土坐寅受克，财星坏印为病。二十四岁癸亥年，癸水合去戊土用神，亥水与未土拱合木局，大运在辰，本是戊土之根，惜与子合化水，反盗泄日主而生旺木，辛金精气尽泄。该年甲子月，又逢水旺木强，在部队训练时，不慎引爆炸弹身亡。日主辛金为月德合，无用可知。

论天德贵人

【原文】正丁二坤（申）中，三壬四辛同，
五乾（亥）六甲上，七癸八寅同，
九丙十归乙，子巽（巳）丑庚中。

其法以生月分见之，正月生人见丁，二月见申即是也。

【注解】《考原》曰：天德乃三合之气。寅午戌合火局，所以火为德。寅为正月，遇丁火；戌为九月，遇丙火；午为五月，遇乾戌火库，皆为命有天德。亥卯未合为木局，所以木为天德。卯为二月，遇坤未为木库；未为六月，遇甲木；亥为十月，遇乙木，皆为命有天德。申子辰合水局，所以水为天德。辰为三月遇壬水；申为七月遇癸水；子为十一月，遇巽辰为水库，就是命有天德。巳酉丑合金局，所以以金为天德。巳为四月，遇辛金；酉为八月，遇艮丑为金库；丑为十二月，遇庚金，亦为命有天德。寅申巳亥是五行长生正位，所以配以阴天干。辰戌丑未是五行正库位，所以配以阳干。而子午卯酉乃五行当旺正位，故以墓库相配。

天德代表天，故不采用地支。辰戌丑未则用卦代替，也是不用地支的原因。《渊海子平》说“坤为申，乾为亥，巽为巳，艮为寅。”《考原》说“乾是戌，坤是未，巽是辰，艮是丑”。二

者虽不相同，从卦名来言，实际上是相同的。因为巽合辰巳，艮合丑寅，乾有戌亥，坤有申未。

凡命局中有天德的人，一生吉利，荣华富贵。《三命铃》云："天德者，五行福德之辰，若人遇之，主台辅之贵。"所以天德胜月德。命带天德，再逢喜神、吉格相助，其吉加倍。若遭克破，则虽有如无了。

天德的取法以日干和日支为主，年月时见则减其力。

己卯
乙亥
乙未
丙戌

王鸿儒尚书命造。支全木局，月日干皆乙，木气极盛，喜丙火伤官明透，引发全局秀气，中运南方，用神托根，迅速升腾。以天德论，亥月乙木为天德，日干月干重见，故发贵。然依据命理，此造发贵，功在丙火，应与天德无关。

1954年十二月二十六日寅时生女：

甲午	大运	05、丙子
丁丑		15、乙亥
庚辰		25、甲戌
戊寅		35、癸酉

庚金无根，丁官得禄，又有甲寅旺财生扶，贴身克庚，故取戊丑印绶化官生身为用神。三十七岁庚午年，大运癸水，干头癸水伤官合去戊土用神，使丁官无化；支下午火合寅化火助官，官旺化杀攻身无解，因婚姻不理想，不堪忍受痛苦和煎熬，在家中悬梁自尽。此局日元庚金乃丑月天德，自尽流年天干庚金亦为天德，其吉之说自破。

1976年四月初二午时生男：

丙辰	大运	
壬辰		02、癸巳
壬子		12、甲午
丙午		

日元壬水坐刃，月干比肩，年月二支水库，辰土合子化水，身强。丙午之财即气泄辰土，又被比刃克夺，且日时二柱天克地冲，凶象已伏。二十岁乙亥年，壬比得禄，恃强夺丙，运局二午冲动子刃，亥水助子冲午，甲申月申子辰三合水局，命主在矿井被大石头滚下砸死。此局日月二干壬水皆为天德，反为凶神，再证天德主吉之误。

论天厨贵人

【原文】 甲丙爱行双女游，乙丁狮子己金牛，
戊坐阴阳庚鱼腹，二千石禄坐皇州，
癸用天蝎壬人马，辛到宝瓶禄自由，
此是天厨注天禄，令人福慧两优游。

【注解】 狮子，即狮子座，西方星相学中的十二宫之一，居南方，这里代表午。阴阳指双子座，代表申。鱼腹是双鱼座，代表亥。金牛座代表酉，天蝎座代表卯，人马座代表寅，宝瓶座代表子。双女即巳。即甲丙见巳，乙丁见午，己见酉，戊见申，庚见亥，辛见子，壬见寅、癸见卯为天厨贵人。

天厨之义，乃取食神禄位。如甲见丙为食神，巳为丙禄，故甲木天厨贵人在巳。乙见丁为食神，丁禄午，故乙木天厨贵人在午。依此类推，丙食戊，戊禄在巳；丁食己，己禄在午；戊食庚，庚禄在申；己食辛，辛禄在酉；庚食壬，壬禄在亥；辛食癸，癸禄在子。壬食甲，甲禄在寅；癸食乙，乙禄在卯。人命遇之，如无刑冲破害，主锦衣玉食，福禄满堂，为官贵食禄之人。女命遇之，旺夫兴家，且善烹饪持家。

1960 年十一月初九申时生男：

庚子	大运	04、己丑
戊子		14、庚寅
戊子		24、辛卯
庚申		34、壬辰

支下三子一申，干透二庚，金水极强。戊土有比肩助身，又不能从财，只有取戊土助身为用神。初运己丑，旺劫助身；寅卯二运，泄财之气，日主无伤，平安顺遂。三十四岁入壬辰大运，辰与申子三合水局，冲破堤岸，泛滥成灾，是非叠起。三十八岁丁丑年，丁被壬财克合，丑子半会为北方水局，于戊申月、己亥日撞车身亡。然此局戊日见申时为天厨贵人，出事之申月又是天厨贵人当时，且无刑冲破害，天厨贵人为吉之说破矣。

1951 年十二月初二子时生女：

辛卯
庚子　大　03、辛丑
癸卯　　　13、壬寅
壬子　运　23、癸卯

癸生子月得禄，时支又归禄，干头一派金水，日元极强，当取年日二支卯木食神泄秀为用神。以神煞论，月时二支为日禄，年日二支不仅为天厨贵人，更为天乙贵人之吉神，主贵无疑。然此命没有官杀夫星束身，任凭二卯食神泄露感情，无一不是意中人耳。二十三岁癸丑年，大运癸卯，又逢旺食吐秀，流落美容院为暗娼。卯木天厨何相夫之有！

论福星贵人

【原文】 甲丙相邀入虎乡，更游鼠穴最高强，
戊猴己未丁宜亥，丙人惟喜戌中藏。
庚趁马头辛到巳，壬骑龙背喜非常，
更有丁人爱寻酉，癸乙宜牛卯自昌。

【注解】《淮南子》云：“甲日寅时必为丙寅，乙日丑时、亥时必为丁丑、丁亥，丙日子时、戌时必为戊子、戊戌，丁日酉时必为己酉，戊日申时必为庚申，己日未时必为辛未，庚日午时必为壬午，辛日巳时必为癸巳，壬日辰时必为甲辰，癸日卯时必为乙卯。皆本日日干之食神子孙，子孙为宝爻，故曰福星贵人也。”

有人认为这是以年干或日干为主。甲丙两干见寅或子，乙癸两干见卯或丑，戊干见申，己干见未，丁干见亥，庚干见午，辛干见巳，壬干见辰者是，这种解释是错误的。

福星贵人也是吉神，命局带之，一生福禄无缺，多福多寿；平常人得之，也主三餐温饱。此星多主平安有福，但不主富贵。

福星贵人就是日干逢食神，全局配合得当，皆可富贵。如果食神为忌，一样贫贱。依子平法，各命皆要以命局配合分析，而不应以一字定吉凶。

甲戌
庚午
戊辰
庚申

高耀尚书命造。戊生午月，印绶司权，午戌化火，坐下辰土，土气极旺。甲木七杀被庚食贴身克制，不能疏土。喜时柱庚申专食，引发全局秀气，壬申运后，用神有力，直仕至尚书。

1938 年三月十二日寅时生男：

戊寅
丙辰
甲戌
丙寅

大运
09、丁巳
19、戊午
29、己未
39、庚申
49、辛酉

甲木虽两见寅禄，但二丙贴身盗气，三土耗气，日元反弱。辰中暗藏癸水印绶被戌中戊土冲破，只有取寅禄助身为用神。三十九岁入庚申大运，四十三岁庚申年，运岁二申冲破二寅，木为肝，是年患了肝癌。五十岁庚午年，大运辛酉，寅合午戌成火局，助身反为盗身，再加旺金克木，命主因肝癌去世。此局甲木日主，时柱丙寅，为福星贵人，然命主一生肝疾不断，且终因肝病早逝，福又从何来?

1950 年十一月二十六日卯时生男：

庚寅
戊子
癸卯
乙卯

大运
02、己丑
12、庚寅

癸水虽生水旺之时，但支下二卯一寅，干头乙木，竟泄癸水之气，日主反弱。取庚金印绶制食伤生身为用神，戊官生印为喜。惜庚戊皆不通根，戊土既被四木克制，又被庚泄，弱之极矣。土主胃，故此君一生为胃病所困。幸三旬后运入火土，故性命可保。福星贵人曰“癸乙宜牛卯自昌”，与实相悖矣。

论 三 元

【原文】假令甲子，以甲木为天元，子为地元，子中所藏癸水为人元。

【注解】天干为阳为天，所以叫天元。地支为阴、为地，所以叫地元。人生活在天地之间，所以支中暗藏天干为人元。每个地支中除本气以外，都藏着一个、两个或三个天干，其歌诀是：

子宫癸水在其中，丑癸辛金己土同。
寅宫甲木并丙戊，卯宫乙木独相逢。
辰藏乙癸三分戊，巳中庚金丙戊从。
午宫丁火并己土，未中乙己丁共宗。
申位庚金壬水戊，酉宫辛字独丰隆。
戌宫辛金及丁戊，亥藏壬甲是真踪。

《蠢海集》说：地支所藏的天干中，子午卯酉是四极，代表进禄。辰戌丑未是四藏，寓含四墓，故各藏一阴天干。寅申巳亥为四开阖，乃四禄寄生之处，所以各藏两个阳天干。戊藏于辰戌，己藏于丑未，阴阳各归其所。

至于所藏的天干，皆以临官长生或墓库余气所定。如寅是甲木的临官，丙戊的长生之地，所以藏甲丙戊。卯是乙木的临官，所以藏乙木。辰是乙木的余气，癸水的墓库，本身之气为阳土，所以藏乙戊癸。余类推。

每个地支中都暗藏着一个到三个天干，那么究竟该以哪种五行推论？古人对此也有规定：

寅中戊土用事五日，丙火五日，甲木二十日。
卯中甲木用事七日，乙木二十三日。
辰中乙木用事七日，癸水五日，戊土十八日。
巳中戊土用事七日，庚金五日，丙火十八日。
午中丙火用事七日，丁火二十三日。
未中丁火用事七日，乙木五日，己土十八日。
申中戊土用事五日，壬水五日，庚金二十日。
酉中庚金用事七日，辛金二十三日。
戌中辛金用事七日，丁火五日，戊土十八日。

亥中戊土用事五日，甲木五日，壬水二十日。

子中壬水用事七日，癸水二十三日。

丑中癸水用事七日，辛金五日，己土十八日。

古人实际推命时，均是以本气为主，如果所藏之神透干，方以透干之神参考。

论十干禄

【原文】甲禄在寅，乙禄在卯，丙戊禄在巳，丁己禄在午，庚禄在申，辛禄在酉，壬禄在亥，癸禄在子。

夫禄者，以天干地支所旺之乡。如甲禄在寅，乃东方甲乙之地支，辰、寅、卯配之，余皆同此。辰戌丑未乃魁罡恶杀，禄神不临也。凡人命带禄，或凶或吉，或贵或贱，何以论之?《天乙妙旨》云：禄马贵人无准托，考究五行之善恶，天元羸弱未为灾，地气坚牢足欢乐。《源髓歌》曰：禄马更有多般说，自衰自死兼败绝。若无吉煞加助时，定知破祖多浮劣。

【注解】《三命通会》一书对禄作了详尽论述，摘其大意如下：

甲禄寅。如甲见丙寅为福星禄，见戊寅为伏马禄，俱吉；见庚寅为破禄，半吉半凶；见壬寅为正禄，带截路空亡，必为僧道；见甲寅为长生禄，大吉。

乙禄卯。见乙卯为喜神旺禄，主吉；见丁卯为截路空亡，主凶；己卯进神禄，辛卯破禄，半吉半凶；癸卯带太乙死禄，虽贵终贫。

丙禄巳。见己巳为九天库禄，吉；辛巳截路空亡，癸巳伏贵神禄，半吉半凶；乙巳旺马禄，丁巳库禄，俱吉。

丁禄午。见庚午截路空亡，凶；壬午为合德禄，甲午为进神禄，俱吉；丙午为喜神禄，交羊刃，半吉；戊午伏羊刃禄，多凶。

戊禄巳。见己巳为九天库禄，吉；辛巳截路空亡；癸巳贵神禄，戊癸化合，有官位重；乙巳驿马同乡禄，丁巳旺库禄，俱吉。

庚禄申。壬申为大败禄，甲申截路空亡，俱凶；丙申大败禄，多成败；戊申伏马禄，多滞，若值福星贵吉；庚申长生禄，大吉。

辛禄酉。见癸酉为伏神合禄，乙酉破禄，均成败；丁酉，空亡贵神禄，主奸淫事，值喜神吉；己酉进神禄，辛酉正禄，俱吉。

壬禄亥。丁亥贵神合禄，乙亥天德禄，己亥旺禄，辛亥同马乡禄，俱大吉；独癸亥大败禄，贫薄。

癸禄子。甲子进神禄，主登科进达；丙子交羊刃禄，带福星贵有权；戊子，伏羊刃合贵禄，半吉；庚子印禄，吉；壬子正羊刃禄，凶。

对日禄在推命中的作用，另有一派执相反的意见，认为一个命局的好坏主要看所有干支与日元的配合情况，仅看一柱则违背了推命的基本原理。

甲申
丁卯
乙亥
己卯

陈锡都堂命造。乙生卯月，支合木局，年干甲木助之，春木森森，申金一点，难制强木。喜月干丁火食神明透，化强木，生己财，财旺生官，全局气势流通，所以官至都堂。若以上论，乙木见丁卯为截路空亡，则主凶。

辛酉
丙申
庚戌
戊寅

傅伯寿枢密命造。庚金生于申月建禄，干透丙火。上论云庚见丙申为大败禄，多成败。其实此造庚金禄刃俱见，全靠丙火锻炼，方为有用之材。然而以大败禄论丙申为十恶大败日，则不能圆说。

1971年五月初十卯时生男：

辛亥
癸巳
戊午
乙卯

上论云戊土见癸巳贵神禄，戊癸合化，有官位重。此造日元戊土，月柱癸巳，为贵神禄，却于二十五岁乙亥年犯事入狱，与上论大相径庭。

论驿马

【原文】 申子辰马在寅，寅午戌马在申，
巳酉丑马在亥，亥卯未马在巳。

其法以水生申，病寅木。水生木，木为水子，此乃病处见子来相接。如人病不能进，待子来接之，如驿马来接。余依此推。

【注解】《三命通会》云：所谓驿马者，乃先天三合数也。先天寅七、午九、戌五，合数二十有一，故自子顺至申，凡二十有一，而为火局之驿马。亥卯未之数，四六与八合为十八数，故自子顺至巳，凡十八而为木局之驿马。木火，阳局也，从子一阳顺行。金水，阴局也。从午一阴逆行。申子辰之数，七九与五合为二十有一，故自午逆至寅，凡二十有一而为水局之驿马。巳酉丑之数，四六与八合为十八，故自午逆至亥，凡十有八而为金局之驿马。

《协纪辨方书》说：寅为功曹，申为传送，亥为天门，巳为地户，这些都是指道路的情形。三合为寅午戌，那么对应于寅的申就为驿马。三合为巳酉丑，那么对应于巳的亥就为驿马。三合为申子辰，那么对应于申的寅就为驿马。三合为亥卯未，那么对应于亥的巳就为驿马。

两种说法，后一种较为贴切。因为驿马为动，有冲方有动。驿马又叫马星，有吉有凶。如果人命中的吉神是马，那么大则有超迁升擢之喜，小则有顺动健跑之利。如果马是凶神，那么大则有奔波劳苦之患，小则有驰逐忙碌之劳。若驿马遇到冲克，就像给马加鞭。如遇到化合，则如马有缰绳，拴住不能奔驰。《身命赋》云：“马奔财乡，发如猛虎。”《造微论》云：“马头带剑，威镇边疆。”马奔财乡是说驿马为财或者驿马天干是财。马头带剑是指驿马天干是官杀或者天干是金。

凡看驿马，都以日主的地支为主，也有以年支为主的看法。

方法是日或年支是亥或是卯未，其他支中见巳就是驿马星。余类推。

1953年十二月二十八日午时生男：

癸巳		10、甲子	戊生丑月，土气司权，午时巳午印生，日元强壮。乙木官星无根，全靠癸水财星相生，财官生护有情，入贵格。四十三岁乙亥年，亥水为年支巳火驿马，亥水为用神，干头带乙木正官，升副市长。四十六岁戊寅年，寅木为日支子水驿马，又为乙官之根，升市长。
乙丑	大	20、癸亥	
戊子	运	30、壬戌	
戊午		40、辛酉	
		50、庚申	
		60、己未	

1942年二月初六午时生女：

壬午
癸卯
甲戌
庚午

年支午，日支戌，驿马均在申。三十九岁庚申年，太岁逢驿马，随人淫奔。这是因为甲木以戌中辛金为正夫，庚金为偏夫，庚申年偏夫强过正夫。

1867年三月二十二日戌时生男：

丁卯		08、癸卯	民国时期江苏武进董康八字。丙生辰月，时柱戊戌，盗气太重。月日二支子辰半合水局，克泄交加，当取甲卯印绶制食化官兼生身为用神。初运东方，科场顺利，中进士步入仕途。四十八岁甲寅年，甲木用神坐禄，寅木驿马奔腾，任大理院院长兼中央文官高等惩戒委员会委员长，跻身中央重臣之例。
甲辰	大	18、壬寅	
丙子	运	28、辛丑	
戊戌		38、庚子	
		48、己亥	

论天赦

【原文】 春戊寅，夏甲午，秋戊申，冬甲子。

凡人生日干遇之方得用。

【注解】《神煞探原》云：道家以甲、戊日为祈禳所宜。《天宝历》云：天赦者，赦过有罪之辰也。天之生育，甲与戊。地之成立，子午寅申，故以甲戊配天赦。

天赦是逢凶化吉之星。《三车一览》云：命中若逢天赦，一生处世无忧。取法以日为主，即寅卯辰月生戊寅日，巳午未月生甲午日，申酉戌月生戊申日，亥子丑月生甲子日。

庚午
甲申
戊申
戊午

女命。戊土以甲木偏官为夫星，被庚申围克，所以，夫有残疾。至庚运强金透干，夫亡，一生劳苦，无子而终。若以天赦论，申月戊申日，是日柱逢之，当一生处世无忧。

1968年六月二十八日戌时生男：

戊申
己未
甲午
甲戌

大运：06、庚申　16、辛酉　26、壬戌

虽甲木双排，但支下午戌合而化火盗身生财。年月柱旺财生杀，枯木无生无助，身弱无依，只好弃命从财。此类八字最喜从神强旺，最忌印比助身。十八岁乙丑年，乙劫助身，且与月柱天克地冲，犯事坐牢。二十二岁己巳年，岁局二己合二甲，从神大旺，出狱。二十九岁丙子年，大运在壬，子合申化水生木，从财格破，再次犯事入狱。此局日主甲午，依神煞论乃天赦吉神，又赦在哪里？

1947年二月初八卯时生男：

丁亥
壬寅 大运 09、辛丑
戊寅 19、庚子
乙卯

戊生寅月，支下二寅一卯，年月柱干支皆合而化木，时干乙木，春木森森，戊土无助，只有从杀。大凡从格，最忌日元得助，故运岁喜水木而忌火土。二十七岁癸丑年，大运庚子，运岁地支子丑合而化土助戊，逆木之旺，该年因患胆疾住院开刀。戊寅天赦又有何用！

论华盖

【原文】寅午戌见戌，巳酉丑见丑，申子辰见辰，亥卯未见未。华盖本为吉，凡人命中得之，多主孤寡，纵贵亦不免为孤独也，遇之多为僧道术士。《壶中子》曰：华盖为艺术之星，主孤。

【注解】《三命通会》云："华盖者，喻如宝盖。天有此星，其形如盖，常覆乎大帝之座，故以三合底处得库，谓之华盖。"《造微赋》云："印逢华盖，翰苑尊居。"《三车一览》云："华盖重重，辛勤学艺。"《命理新论》说："人命带华盖，必聪明勤学，清静寡欲，但不免较为孤僻。如果华盖逢印绶而旺相，在官场有一定的地位。如果华盖遇空亡或遭破坏，则不免为僧道或孤或寡。否则，必过房入赘，或挟一技而走江湖。"由此可见，华盖也有吉有凶。格局配合得当，方贵，否则不吉。

《五行精纪》云：华盖为庇荫之清神，主人旷颖神清，性灵恬澹，不较是非，好仙道伎巧事。一生不利财物，惟与夹贵正印并，则为福清贵，特达，不利权握，日犯克妻，时犯克子，孤介之神也。

1945年六月初五巳时生男：

乙酉
癸未
癸未
丁巳

财旺杀强身弱，以酉金偏印化杀生身为用神，使全局流畅。一生得妻之助，夫妻和谐。以华盖论，此造日月均犯华盖，既不利财，亦克妻。

1955年闰三月初七丑时生男：

乙未
庚辰
己未
乙丑

大运：
08、己卯
18、戊寅
28、丁丑
38、丙子
48、乙亥
58、甲戌

命主聪睿异常，小时人称小神童，才华横溢，修养极佳。一次，我们多人吃刨冰时，打破的玻璃杯碎片夹在他杯里的刨冰中，划破他的舌头，用了两瓶云南白药和一包药棉才止住血。其他朋友都要找刨冰室老板理论，服务员也吓得脸色发白。他却摇头说："服务员找个工作不容易，你一找，她就会失掉这份工。"止住了大家，并全数买单。然他婚姻极晚，直到四十一岁乙亥年才结婚。查他命局，华盖重重，主不利妻，似乎有理。细究却不是这个原因。因全局地支皆土，比肩太重，四十岁前行运又不见财星。三十八岁入丙子运，子水合辰化水。四十一岁乙亥年，地支又逢强财，天干乙木疏土护财，故而结婚，与华盖只属偶合。

论十干学堂

【原文】（金）生人见巳，辛巳为正；（木）生人见亥，己亥为正；（水）生人见申，甲申为正；（土）生人见申，戊申为正；（火）生人见寅，丙寅为正。

有此者主人聪明、通达，登科及第。犯空亡教授之职。

【注解】金人见巳是指金命人见巳；木人见亥是指木命人见亥；水生人见申是指水命人见申；火生人见寅是指火命人见寅，

均以年柱纳音为主。为什么又以辛巳、己亥、甲申、丙寅为正？因为金长生于巳，辛巳纳音属金。木长生于亥，己亥纳音为木。水长生于申，甲申纳音为水。火长生于寅，丙寅纳音为火，故为正。

《理愚歌》云：“学堂如更朝驿马，位极勋高压天下。”“生来禄马真学堂，若同词馆主文章，遇中不遇人谁会，不遇冲克福禄昌。”所以凡命逢学堂，主人秀气生发，聪明智巧。若会食神，会贵或遇禄，则科名巍峨，官尊名显。若逢刑冲破害，则虽有如无。若无气，则怀才不遇，一生有志难伸。

1125年十月十七日卯时生男：

乙巳
丁亥
甲寅
丁卯

宋代大文学家陆游命造。陆游聪明绝顶，满腹锦绣。以学堂论，年柱乙巳，纳音火，火人见寅为学堂，陆造日支正逢寅木，似乎与学堂颇合。然此造甲生亥月长生之处，地支日禄时刃，日元极强。喜月时丁火伤官明透，秀气尽情发越，科名来自丁火，并非寅木。

辛巳
癸巳
戊辰
辛酉

大运：壬辰 辛卯 庚寅 己丑

明松江府华亭（今上海市松江区）钱福八字。日主坐辰，看似身强，然辰合酉化金，助身反化盗身，干透二辛，盗泄极重，故取巳火禄印生身为用神。全局火土金顺行，一气流清，极为顺畅，故聪颖敏捷，才气过人。十八岁戊戌年，大运辛卯，运岁卯戌合化火助用，拜大学士杨一清为师。二十六岁丙午年，用神大盛，乡试中举。三十岁庚戌年，大运寅木，寅戌拱巳全火局，会试、殿试，一路斩关，鳌头独占，殿试夺魁。以学堂论，年柱辛巳纳音属金，见辛巳为正学堂，似是学堂之力。然此局贵在巳火而非金，若以金论，反是盗泄过重。

论十干食禄

【原文】甲食丙，乙食丁，丙食戊，丁食己，戊食庚，己食辛，庚食壬，辛食癸，壬食甲，癸食乙。歌曰：

时人欲识食神名，甲人食丙乙人丁。
丙食戊兮丁食己，己食辛上戊食庚。
庚壬辛癸偏相喜，壬甲癸乙最光荣。
若遇食神骑禄马，必居豪富立功名。
不食空亡羊刃杀，不食休囚并死绝。
食生食旺食贵神，食印食财别优劣。
若能推究得其真，禄食天厨无休歇。

【注解】食神者，我生之物。如甲生丙，乙生丁等，丙就是甲木的食神，丁就是乙木的食神。食神若逢生旺，主人肥胖，能饮食。食神喜日元强旺，食神强旺并带贵神，富贵无疑。如逢财印，则要根据格局变化分辨喜忌优劣，方能判定。食神是命理正格，详见后《论食神》章。

论金舆禄

【原文】十干禄前第二位是也。如甲禄在寅，辰上是也，余皆仿此而推。

【注解】歌云：

甲龙乙蛇丙戊羊，丁己同猴庚戌方，
辛猪壬牛癸逢虎，凡人遇此福气昌。

这就是说甲在辰，乙在巳，丙戊在未，丁己在申，庚在戌，辛在亥，壬在丑，癸在寅。

《三命通会》云："舆者，车也。金者，贵之义也。譬之君子，居官得禄，须坐车以载之。"《紫虚局》云："禄前二辰号金舆，遇之此人福最殊。偏主聪明多富贵，一生清泰亦无虞。”所以金舆禄也是吉星，人遇之不仅高官贵显，出行皆有车马可乘。同时，男人逢之多妻妾，骨肉安泰，子孙茂盛。女人得之多富贵，时日遇之为佳。如果被刑冲克破，也主无用。

1963年十一月二十八日戌时生男：

四柱		大运
癸卯		03、甲子
		13、癸亥
乙丑	大	23、壬戌
庚申	运	33、辛酉
		43、庚申
丙戌		53、己未

庚金自坐申禄，月令丑印司权，日元强壮，喜丙火七杀明透，既有炼金成器之功，又有调候暖局之妙。可惜年干癸水克丙，二十三岁后又行壬水大运，克灭丙火用神，因而一身本事无用武之地，仅为面粉厂一般干部。三十三岁后，又行辛酉、庚申劫财大运，夺去原局乙卯财星，婚姻也是屡谈屡散。如今年近四十，仍形单影只，孑然一身。若以金舆论命，日元庚金，时支戌土，正好是金舆禄，理应主权高位重，妻妾众多，并子孙茂盛。

1971年九月二十八日丑时生男：

四柱		大运
辛亥	大	03、戊戌
己亥		13、丁酉
甲辰	运	23、丙申
乙丑		33、乙未

甲生亥月，日支重见，己丑辰三重湿土蓄亥，水泛木浮，格局阴寒为病。初运戊戌，继而丙丁，寒谷回春，尚且平安。三十四岁甲申年，申辰拱亥成水局，甲木阴寒至极，命主在乘车时因翻车致死。依上论，甲日见辰为金舆禄，局中无冲无破，当主贵显且有车马可乘，然命主不仅自己无车，乘他人之车亦出车祸身亡，其说之伪可知。

论拱禄

【原文】假如戊辰生人见丙午，丙午生人见戊辰；丁巳生人见己未，己未生人见丁巳。前后相拱，只此四位，其余不是。

【注解】拱即夹之意，是指原局四柱没有日禄，由日柱与时柱配合，两支正好虚夹日禄，叫拱禄。如戊丙日干的禄位在巳，戊辰日、丙午月，辰午中间正好夹巳者是。又如丁己禄在午，丁巳日，丁未时，巳未夹午者亦是。

《三命通会》中拱禄与此略异，云："拱禄有五日五时，癸亥、癸丑，癸丑、癸亥拱子禄；丁巳、丁未，己未、己巳拱午禄；戊辰、戊午拱巳禄。"又云："凡拱格，须日时同干，贵禄与月令通气，运行身旺及禄贵旺地方大好。印绶、伤官、食神、财运亦吉。忌刑冲破害，羊刃七煞，伤了日时，拱不住贵气。大忌填实空亡。譬如器皿，空则能容，实则无用，所以只宜虚拱。完则能盛，破则无用，所以怕见空亡。"古诗云："日时双拱禄中庭，金柜藏珠格最清，至贵至高君子命，无忧无虑到公卿。"

乙丑
己丑
癸亥
癸丑

日元癸水坐旺，时干得一比肩，三丑中有癸水余气，日元不弱。三丑七杀虽元神明透，但有乙木制服，七杀有制反为权，所以官至御史。若以丑亥夹拱子禄论，子水也合丑化土，岂不助身反克身么！

拱禄忌填实之说，亦不合逻辑，拱禄是言加强日元之力，填实其力更强，又何以会不吉呢！

丁卯
壬寅
丁巳
丁未

时日二支拱午禄，若依上理，不该填实。然此造年月丁壬化木，用未土食神吐秀，若见午禄，助身吐秀，全局抒展，不忌反喜。

己亥
庚午
癸亥
癸丑

身强杀弱，全靠月支午火调候生杀为用。时日二支夹拱子禄，如果填实见子，就会冲克午火用神，故忌填实。此应为身强用财忌比肩故，并非填实之病。

1955年十一月二十日午时生男：

乙未
戊子
戊辰
戊午

大运 09、丁亥 19、丙戌 29、乙酉

局中土星五重且得午火印刃，比劫成党，日元极强。子水财星虽司权，但被众劫围克，当以乙木官星制劫护财为用神。乙木有未中余气为根，又得子辰财生，财官生护有情。初运北方，财官得地，故早年顺遂。运至戌土，合午化火冲破子辰水局，开始走上邪门歪道。三十七岁辛未年，大运酉金，辛金伤官克破乙木用神，众劫无制争财，终因诈骗犯罪被公安机关逮捕，走进牢房。此局日时二柱拱巳禄，然禄为原局忌神，不要说拱不来，既使拱来，又有何益。

1878年九月十一日未时生男：

戊寅
辛酉
丁巳
丁未

大运 壬戌 癸亥 甲子 乙丑 丙寅 丁卯 戊辰 己巳

王揖唐八字。林庚白评曰：四柱缺水，并暗藏之壬癸亦不可得。则丁巳、丁未夹拱午禄，拱得其真。若见官杀，非所论矣。丙夺丁光，又逢庚申流年，寅申冲破正印，寅木印绶为暗禄之根（寅木生扶午火），受制于申，故申年申月，以不虞之毁遂成逋客。去年癸亥，天冲地克，尤属不佳，幸尚韬晦，尚无意外。今年八月后交足寅运，又入佳境。且甲子流年，正印得禄于寅，否极泰来，可以断定。惟嫌丙火盖头，或发展略迟耳。明年乙丑，巳酉丑三合，财官两旺。四十九岁丙寅，运岁并临，防有刑克驳杂。丁卯五十岁，三丁汇聚，际会风云。五十二己巳，交入丁运，此五年为生平最得意之秋，大展怀抱，不仅位正首揆而已。甲戌五十六，急流勇退，方可自全。

按：月柱辛酉旺财，巳火合酉化金，戊土化火生金，财旺身弱，取年支寅木印绶生身任财为用神。丙寅一运，无疑是一生最佳之运。四十一岁戊午年，日禄助身，任“安福国会”众议院议长。四十三岁庚申年，太岁与大运天克地冲，财星坏印，被通缉，亡命日本。四十七岁甲子年，用神运岁干透支藏，任安徽省长兼督办军务善后事宜，执掌一省军政大权。运至丁卯，干头三丁夺辛，支下卯木冲酉，先是被南京政府通缉，匿居天津日租界，后投靠日本，沦为大汉奸，终被枪决。日时柱拱禄，又岂能减其凶矣！（林氏所取四柱或有误。）此局日时二柱拱午禄，《三命通会》云“只宜虚拱，大忌填实”之说破矣。

论交禄

【原文】假如甲申生人见庚寅，庚寅生人见甲申，是甲禄在寅，庚禄居申，互换往来。

【注解】交禄是指四天干的地支禄元互相交换。其法有三：一是年日二干互换禄元，叫本主交禄。

辛卯
辛丑
乙酉
壬午

乙木日元禄在卯，居于年支。年干辛禄酉，居于日支，是年日本主交禄。

二是日时或月日交禄。

丙寅
己亥
庚寅
甲申

日元庚金禄申，居于时支，甲木偏财禄寅，居于日支，是日时交禄。

三是全局禄元互换。

庚子 甲申 丙寅 癸巳	日干丙火禄巳，居于时支。年干庚金禄申，居于月支。月干甲木禄寅，居于日支。时干癸水禄子，居于年支，全局天干禄元互换。

交禄只能说天干有根，吉凶贵贱则要看全局配合。

乙丑 己卯 乙亥 壬午	大运	01、戊寅 11、丁丑 21、丙子 31、乙亥 41、甲戌 51、癸酉 61、壬申 71、辛未

段祺瑞八字。林庚白评曰：合肥八字系交禄格。而乙丑为真武库，故权兼文武。盖己禄在午，壬禄在亥，乙禄在卯，除丑字外交互得禄，旺气所聚，最忌冲破，而不畏生扶，盖与曲直专禄等格同其运用也。甲己化土，戊丑刑开武库，故乙巳四十一后，渐展怀抱。乙卯五十一，交入癸运，枭神与正印争权，故此五年中升沉无定。庚申五十六，交足酉运，卯酉冲禄，直皖之役，当然不利。现仍在酉运，官煞为禄神所忌，仍难称意。惟今年甲子，子午一冲，恐有动机。欲称其意，则须待明年乙丑六十一岁，春夏之交，壬运正印扶起旺气，美不可言矣。就中尤以丁卯、戊辰两年最佳。己巳天冲地克，尚待研究。以理论，在壬运中，当为逢凶化吉之象。庚午六十六，又换申运，急流勇退。癸酉六十九，防大限。

按：此局若以午时论，乙木并排，亥卯合木，木旺土虚，当取午火食神泄秀生财通关为用神。台湾郭无妄先生在《八字千秋》中所载为癸未时。若癸未时则支全木局，格成曲直专旺格，当以水木助局为用神。何误何正，细析流年自知。

十八岁壬午年，大运丁丑。以午时论是用神临太岁，以未时论丁午盗气太重，是年八月，金又犯木之旺，父在家乡遇害。父坟尚未长满野草，母亲又因哀伤过度离开人间。

二十岁入丙子大运，以午时论与大运天克地冲。若以未时论则子印助局，该运中命主娶妻生子。被李鸿章派往德国深造，回国后任威海随营武备学堂教习。

四十八岁壬子年，升陆军总长。若为午时，是冲破用神，反主凶灾。

五十四岁戊午年，若为午时是用神临太岁。然该年虽复任总理，但不到半年就辞职。

六十岁甲子年，以午时论，太岁冲破午火用神，主凶灾。然段氏该年被推为“中华民国临时执政”，乃一生最风光之年。

由上可知。林氏为凑成交禄格，取其午时，误矣。

1976 年十一月初七申时生女：

丙辰
庚子 大运 08、己亥
癸丑 18、戊戌
庚申 28、丁酉

癸水日元，支全水局，又得二庚生扶，水势浩荡。辰土夫星，合子化水，且偏居年支。丑土偏夫，居于夫宫，命主爱偏夫而远正夫，命局夫星已是不吉。三十三岁入酉金大运，丑土偏夫又合酉化金，癸水泛滥无制，命主更是放荡无羁。三十四岁己丑年，偏夫坐旺，丈夫忍无可忍，命主在老公盛怒之下被掐死。按：此局癸水得禄于月支，庚金得禄于申金，合交禄格，然子申皆为忌神，交禄又有何益！

论暗禄

【原文】假如甲生人逢亥，是甲禄在寅，寅与亥合。乙生人逢戌，是乙禄在卯，卯与戌合是也。其余仿此。

【注解】暗禄即合来之禄。如甲见亥，亥水可虚合寅禄。十干是：甲木暗禄在亥，乙木暗禄在戌，丙戊暗禄在申，丁己暗禄在未，庚金暗禄在巳，辛金暗禄在辰，壬水暗禄在寅，癸水暗禄在丑。但另有论命者反对暗禄之说，认为依此而推，则世无贱命。

壬申
辛亥
甲申
甲戌

一侍郎命造。辛金官星透干，二申七杀藏支，又得戌财生助，官旺化杀攻身。二甲无木为根，全靠月支亥水化七杀生身为用，故能发贵。亥水为日元长生，若将亥换成寅，二申冲寅，日元失根，远不如亥。此造虽偶合暗禄说，但功在亥水，非暗禄。

1970年四月二十一日戌时生男：

庚戌	大运	05、壬午
辛巳		15、癸未
乙巳		25、甲申
丙戌		35、乙酉

乙木支下无根，被庚辛官杀贴身克制，当取丙巳伤官制杀护身为用神，气浊神枯，原局已是不吉。三十五岁入乙酉大运，太岁甲申，运岁局申酉戌西方一气，庚辛均得禄旺相助，干头辛合丙，支下申酉合二巳，旺金无制而克身，是年冬，命主因煤气中毒身亡。此局年时二支戌土，依暗禄格是合来卯禄，其说之谬可知。

论夹禄

【原文】假如甲生人遇丑卯，是甲禄在寅，前有丑，后有卯。乙生人逢寅辰，是乙禄在卯，前有辰，后有寅。其他仿此。

【注解】《三命通会》云："夹禄夹贵，必居八座之尊。"赋云："官重禄显，定知夹禄之乡。"此说与拱禄大同小异。

1953 年正月十七日戌时生男：

四柱	大运
癸巳	09、癸丑
甲寅	19、壬子
壬子	29、辛亥
庚戌	

壬水虽自坐子刃，又得癸劫，然月柱甲寅盗气，年支巳火耗气，时支戌杀克身，日元反弱，故取庚金偏印化杀制食兼生身为用神。三十三岁乙丑年，大运辛亥，看似辛金生身，亥为日禄。然辛被岁干乙木冲击，亥水与寅合而化木生火，火旺助杀，吉神反化为凶神。是年命主丧生于火灾之中。

1900 年三月初五巳时生男：

四柱	大运
庚子	01、庚辰
	11、辛巳
己卯	21、壬午
	31、癸未
丁未	41、甲申
	51、乙酉
乙巳	61、丙戌

丁火仅有时支巳火之根，己食贴身盗气，庚财化己土而生子杀，当取乙卯印绶化杀生身为用神。六十九岁戊申年，大运戊土，戊土合去卯木用神，戊土生庚克乙，乙卯用神被庚申克绝，木为肝，该年命主因患急性肝炎病逝。

以上两例都是身弱用禄劫助身，都是日柱与时柱夹禄，以夹禄格论，当是可助日主，然两局皆因身弱而凶，是夹禄之说不可信也。

论垣城

【原文】其法取日上天干长生是也。如甲日长生在亥，即亥上是也。垣城主妻宫，与驿马合者主有是非。

【注解】根据子平法基本原理，垣城若以长生而论，乃日主之根，自是吉祥。如果说长生与驿马相合，主妻淫奔，则很难圆说。驿马有合主绊，奔亦不能，何能再加私字。

日主命局见长生，且与驿马相合者，六十甲子中只有十五天是。甲子、甲申、甲辰三日长生在亥，驿马在寅，局中见之是。丁巳、丁酉、丁丑、己巳、己酉、己丑六日长生于寅，驿马在亥，局中见之是。庚寅、庚午、庚戌三日长生在巳，驿马在申，局中见之是。癸卯、癸亥、癸未三日长生于申，驿马在巳，命局见之是。以理推之，垣城为长生，长生乃生我之处，当主父母，主妻妾则与五行生克之理不合。

1912 年十月十六日酉时生男：

壬子	大	05、壬子
辛亥		15、癸丑
甲辰	运	25、甲寅
癸酉		35、乙卯

甲木生于亥月长生，年柱又见壬子旺水，时干透癸，辛酉官星生水，水泛有浮木之患，全靠辰土一点为堤，蓄水养木为用。辰又居妻宫，主一生得妻之力。二十二岁癸酉年，大运丑土，酉金合于妻官，结婚。其妻家为一山庄首富，嫁妆甚丰。二十五岁丙子年，大运刚入甲寅，一则日主得禄比相助，二则寅合亥化木，是化忌为喜。是年本造将妻家陪嫁的金子卖掉，购买山地，开发林业，从此富了起来。此局日元甲木，长生于亥，亥水便是垣城。年日二柱驿马在寅，二十五岁行甲寅大运是垣城合驿马，以此论断，主有是非或淫奔，与实不合也。

1966 年六月二十六日午时生男：

丙午	大	09、丁酉
丙申		19、戊戌
癸卯	运	29、己亥
戊午		39、庚子

癸生申月，印绶司权。然丙午火星四重，又得妻宫卯木食神生扶，财星坏印为病。妻宫卯木助纣为虐，原局已主婚姻不吉。二十五岁庚午年，本造与妻同赴海南创业。时大运戊戌，运岁午戌合而化火，戊土又与妻宫卯木合而化火，不久其妻与公司老板便交上了朋友。本造一气之下，离开海南去福建发展。此局癸生申月为长生，是有垣城。然无合无绊，何以妻反有私？妻财为忌神也，垣城之说破矣。

论帝座

【原文】其法取时下纳音旺处是也。如甲子时纳音属金，金旺于酉，即酉上是也。其余仿此。帝座主儿女宫也。

【注解】帝座是取时上纳音旺处。因时柱在八字中为儿女宫，所以得势主子息贵显，如逢冲破或空亡，其子不肖。纳音金旺于酉，水旺于子，木旺于卯，火旺于午。此法后人已多不用。

甲子
丁丑
辛未
甲午

明嘉靖年间权臣张居正父命造。时柱甲午，纳音沙中金，金旺于酉，局中不见，是没有帝座，为何子贵？全局金寒土冻，用丁火调候为急用，午火用神临时柱，时柱为子息官，故子贵。

癸丑
乙丑
丁巳
壬寅

明代状元李春坊大学士父造。时柱壬寅纳音金箔金，金旺于酉，局中不见，是无帝座，子何能贵显？日元丁火，年月二支丑土盗气，以寅木印绶生身为用神，用神居于时支，时为子息官，故子贵，应与帝座毫无关系。

1969年五月十二日戌时生男：

己酉	大	08、己巳
庚午		18、戊辰
壬申	运	28、丁卯
庚戌		38、丙寅

壬水自坐长生，支全申酉戌西方一气，二庚生之，日元强旺。己官戊杀，气泄酉申，无力以束身，取月支午火财星坏印生官杀为用神。四十二岁庚寅年，寅木冲动妻官，且与局中午戌三合用神火局，与吴女士举行了婚礼。四十三岁辛卯年，大运丙寅，大运与日柱天克地冲，太岁把年支冲破，干头丙火制庚辛，壬水无生，反是杀强身弱，当年戊戌月、乙卯日，未过半岁之子夭殇。按：此局时柱庚戌，纳音钗钏金，旺于年支酉金，完全合帝座之论，然却子殇，帝座之误可知。

论六甲空亡

【原文】甲子旬中无戌亥，甲戌旬中无申酉，
甲申旬中无午未，甲午旬中无辰巳，
甲辰旬中无寅卯，甲寅旬中无子丑。

空亡，一名天中煞。甲子属金，至酉而十干足矣，以独无戌亥，是为空亡。阳宫为空，阴宫为亡。是戌为空，亥为亡。对宫辰巳为孤虚。余并仿此。

【注解】《考原》说：十天为一旬，以十干配十二地支。从甲到癸，还剩两个地支没有配上，这两个地支就叫空亡。《协纪辨方书》云："按刘歆《七略》，有《风后孤虚》二十卷，今其书亡矣。古人以旬空为虚，其对为孤。如甲子旬中无戌亥，则戌亥为虚，辰巳即为孤也。"兵法云："背孤击虚，一女可敌十夫。"所以空亡不利，但却有火空则发，金空则鸣之义。随五行之性与所遇之事为断，未可尽以为凶。

《三命通会》云："凡带此煞，生旺则气度宽大，动招虚名，长大肥满，多意外无心之福。死绝则一生成败、漂泊。但在我有气之地，则不能为祸。"由此可知，空亡也有吉有凶。

空亡是十天干未配之处，与干支紧密相连，和推命关系密切，与那些离开五行空谬荒诞的神煞不同，应仔细推敲。

丙戌
丙申
庚寅
壬午

罗凤翔举人命造。日柱庚寅，在甲申旬中，甲申旬中无午未，时柱午火正逢空亡。时柱为子息宫，午火正官为儿女星，儿女星和儿女宫皆逢空亡，所以虽贵无嗣。

壬子
壬寅
戊子
丙辰

女命。年柱壬子，属甲辰旬，甲辰旬中无寅卯，月支寅木逢空。寅木是戊土日元的夫星，夫星逢空，主无夫。此女从小出家，清灯古佛，以庙为家。

壬子
癸丑
癸亥
癸丑

一尚书命造。日柱癸亥，在甲寅旬中，甲寅旬中无子丑，年月时三支均落空亡。然水空则流，所以仕至尚书。

1887 年九月十五日午时生男：

	大运	
丁亥		08、己酉
庚戌	大	18、戊申
己巳	运	28、丁未
庚午		38、丙午

这是民国时期曾任总统的蒋介石八字。诸书评论甚多，这里只谈空亡。以日主论，己巳属甲子旬，甲子旬中无戌亥，年月二支属空亡。以年干论，丁亥属甲申旬，时支午火为空亡。年支亥水为己土妻财，妻财主妻子和父亲，蒋介石父亲早丧，婚姻多次失败是其验。以方舆而论，戌亥属西北方，午火属南方，巳火为东南方，戌亥午皆空，惟巳火坐实，蒋介石失去祖国大好河山，仅偏居东南一隅之巳方，是其应也。

1940 年十一月二十日巳时生女：

	大运	
庚辰		05、丁亥
戊子	大	15、丙戌
		25、乙酉
乙未	运	35、甲申
辛巳		45、癸未

乙木以庚金正官为夫星，得戊辰土生，正夫为国家处级干部。惜辰土合子化水，反盗庚金之气。三十三岁壬子年，岁支尽泄庚金之气，夫亡，而后带女改嫁。五十三岁壬申年，申子辰三合水局盗辛，偏夫又亡。以空亡论，日柱乙未属甲午旬，甲午旬中辰巳空亡。正夫庚金与偏夫辛金皆坐空亡，是其验也。

论截路空亡

【原文】 甲己申酉最为愁，乙庚午未不须求。

丙辛辰巳何劳问，丁壬寅卯一场空。

戊癸子丑君须记，人生值此也多忧。

忽然更得胎中遇，白发盈簪苦未休。

以日取时，见之方是，以年在日时论者非也。甲己日遁十二时中，有申酉二时上见壬癸为水，故甲己见申酉是也，余皆仿此。假如甲子日见申酉时乃为正犯，其余者见之非也。此空亡非但命中见之不美，以至百事、求财上官皆不利也。

【注解】《考原》曰：截路空亡，遇壬癸也。行路遇水则不可行矣。如甲己日，以五鼠遁起甲子，顺历之得壬申、癸酉，故甲己日以壬申、癸酉为截路空亡。余仿此。

截路空亡之义，是十干到此二极，其下二支旬空，如下临无地，故曰之。详推此义，在《奇门遁甲》中非常重要。因为奇门以“乙丙丁”三奇最为重要，丙丁逢壬癸是三奇受制，会有凶灾。在命理中却无足轻重，因为命理是以五行喜忌而论，壬癸是局中忌神，当以凶论。如果壬癸是局中喜用，则以吉论，丝毫不必考虑上论。

辛巳
庚子
甲申
壬申

曾樱尚书命造。甲木自坐申金七杀，时支重见，年月二干官杀并透，全靠壬水印绶化杀生身通关为用，杀印相资，官至尚书。时柱壬申虽为截路空亡，并无不利求财升官之事。

辛巳		壬辰
癸巳	大	辛卯
乙亥		庚寅
壬午	运	己丑

明嘉靖时礼部尚书席书八字。乙木日元，支下二巳一午盗泄，干头辛杀克之，弱之极矣。妙在壬癸双透且通根亥水，干支三重水贴近护乙，如此辛杀化，旺火弱，日主生，伤官佩印格成。运至北方，官至太子太保、礼部尚书。此局时柱壬午，合截路空亡，然不凶反吉者，壬水印绶为用神也。

丁巳		辛亥
壬子	大	庚戌
己卯		己酉
癸酉	运	戊申

明建文帝朱允炆八字。己土自坐卯杀，又得月柱旺财生扶，杀气极胜。时支酉金，虽能制杀，但癸财盖头，酉金贪生忘克，反成金生水，水又生木之势，只有取年柱丁巳印绶化杀生身为用神，财星坏印为忌。二十三岁己卯年，大运戊土，运岁卯戌合而化火助用，即位做了皇帝。二十七岁壬午年，大运己酉，岁干壬水克合丁火，岁支午火被子财冲破，大运酉金合去巳火，用神尽失，被叔叔朱棣夺走皇位，不知所终。此局时柱癸酉为截路空亡，然失国非截路空亡之过，乃癸财坏印之忌也。

论四大空亡

【原文】 甲子并甲午，旬中水绝流。

甲寅与甲申，金气杳难求。

六甲中只有甲辰、甲戌二旬之中，有金木水火土全。内甲子、甲午旬中独无水，甲寅、甲申旬无金。此四旬者，五行不全，谓之四大空亡。如甲子、甲午旬，主人见水者谓之正犯。如当生命中不犯，行运至水者亦为犯也。甲申、甲寅旬亦同此论。

【注解】《三命通会》云：“若带得主一生蹇滞，不问贫贱富贵，皆夭折。三处重遇，瞬息为期。”《壶中子》云：“颜回夭折，只因四大空亡。”

古人也有认为不能一概而论者。因为其一，纳音五行本身已是弃物，以纳音论空亡怎能有用。其二，假如某命局纳音缺一种五行，而其他柱中纳音正是所缺五行，理应是相补之吉，为什么反会变为凶呢？为说明此论，试析一造：

己丑
己巳
甲申
壬申

张群命造。日主甲申同年柱己丑同出一旬，以四大空亡论命，甲申旬见金主夭折。此造时柱壬申纳音金，流年不算，大运还要经过乙丑、甲子纳音金运，当应瞬息夭亡，然此公享年一百零二岁，格外长寿。

己丑
辛未
丙午
戊子

上论所证颜回命造。年柱己丑，属甲申旬，旬中金逢空亡，四柱中纳音并不见金，只有正五行辛金透于月干，与此论已是不符。再看全局，丙火日元虽坐午刃，但全局土星四重且司权，盗气太重。庚午、己巳二运，日元得禄刃相助，秀气尽情发越，名声鹊起，位“七十二贤”之首。运入戊辰，助土盗气，日元精气尽泄而夭。此乃气浊神枯之故，当与四大空亡无关。

明弘治年间南京吏部尚书林瀚八字：

甲寅
戊辰
癸酉
丙辰

大运：己巳 庚午 辛未 壬申 癸酉 甲戌 乙亥 丙子

日元癸水，月柱旺官，时支重见，丙火财星化伤生官，财官皆旺，取酉金印绶化官生身兼制伤官为用神。运至西方，用神有力，中进士，改庶吉士，授编修，一路升腾，官至南京吏部尚书。八十六岁己卯年，太岁与日柱天克地冲，冲破酉金用神，病亡，赠太子太保。此局年柱甲寅，金气空亡。然日柱癸酉纳音剑锋金，三旬后大运壬申、癸酉，又是剑锋金，命主正是在此运中腾身而起，且寿至八十六。四大空亡不足信矣。

论十恶大败日

【原文】甲辰乙巳与壬申，丙申丁亥及庚辰，
戊戌癸亥加辛巳，己丑都来十位神。
邦国用兵须大忌，龙蛇出穴也难伸，
人命若还逢此日，仓库金银化作尘。

十恶者，凶也。大败者，怯敌也。谓六甲旬中，有十个日值禄入空亡，此十日谓之大败，故曰十恶大败。命中犯者，当以日主见之方是。其余见之，未可便作十恶论。若有吉神扶之稍吉。何以谓之禄入空亡？如甲辰、乙巳者，甲以寅为禄，乙以卯为禄，是甲辰禄以寅木为空，逢此为禄入空亡，是以败也。壬申者，壬以亥为禄，甲子旬以亥为空亡，是以败也。余皆仿此。

【注解】《通书》云："甲禄在寅，乙禄在卯，甲辰旬寅卯为空亡，所以甲辰、乙巳为无禄日。庚禄在申，辛禄在酉，甲戌旬中申酉空亡，所以庚辰、辛巳为无禄日。丙戊禄均在巳，甲午旬中巳为空亡，所以丙申、戊戌为无禄日。丁己禄都在午，甲申旬中午为空亡，所以丁亥、己丑为无禄日。壬禄在亥，甲子旬中亥为空亡，所以壬申日为无禄日。癸禄在子，甲寅旬申子为空亡，所以癸亥日为无禄日。这十干名叫无禄，又叫十恶大败。"

《三命通会》云："十恶者，譬律法中人犯十恶重罪，在所不赦。大败者譬兵法中与敌交战，大败无一生还，喻极凶也。"又云："犯者未必皆凶，若内有吉神相扶，贵气相辅，当为吉论。"

这就是说，十恶大败的主要原因就是日禄空亡。依命理而论，禄的作用就是扶助日主，使日主强壮。如果全局配合得当，有无日禄并不重要，更何况癸亥、戊戌、己丑等日都是自坐旺神，壬申、庚辰等日都是自坐印绶，均能扶助日主，怎么会是大败呢！

丁未
癸卯
癸亥
癸丑

日月时三癸同心，通根亥丑，日元有力。年月日三支亥卯未三合局，食神强壮，运行水金，秀气流行，官居丞相。此造日元癸亥，乃十恶大败日，依上论则应为贫贱之造。

乙酉
戊子
甲辰
壬申

日元甲辰，亦十恶大败日。然此造虽官杀混杂，但有子水印绶合杀化官，格局取清，官印相资。辰中有乙木余气为根，年干有乙木劫财助身，不为水泛木漂。如此财官印皆为我用，再加运助，故而贵显。

庚戌
己卯
丁亥
丁未

大运：庚辰 辛巳 壬午 癸未 甲申

明弘治年间吏部尚书耿裕八字。日元丁火，支全木局，戌亦为火库，印旺身强，取己土食神化火生财为用神，庚财制印护食为喜。财食相互有情，贵格成矣。运至西方，喜用得地，官至吏部尚书，为六部之首。六十七岁丙辰年，大运丙戌，运岁二丙克去庚金财星，身旺无依，病死。此局日柱丁亥，属甲申旬，甲申旬中无午未，是十恶大败，然命主为国之重臣，与其意天渊之别矣。

戊申
丙辰
丙申
壬辰

大运：09、丁巳 19、戊午 29、己未 39、庚申 49、辛酉

日本松下电器创始人井深夫八字。丙火支下无根，干头虽得一比相助，但丙火气泄戊辰，其情向食而背日主。二申财星化食生杀，杀旺攻身无解，只好弃命从杀，运岁喜金水而忌木火。三十九岁后运至西方，用神有力，除了生产电器音响之外，又开发生产电冰箱、电子锅等产品，年营业额达二百亿美元，成为巨富。然以日柱丙申属十恶大败论之，却主“仓库金银化作尘”，何其谬也！

论四废日

【原文】 春庚申（金囚死），夏壬子（水囚死），
秋甲寅（木囚死），冬丙午（火囚死）。

囚死，囚而无用谓之废。春乃木神用事，金囚而无用，故以庚金为废。夏用火而壬水为废。秋用金而甲木为废。冬用水而丙火为废。凡命中有遇之者，主作事无成，要分春夏秋冬四季看方准。

【注解】《蓬瀛经》云："四废者是五行无气，福德不临之辰。"曹振圭曰："四废者，干支俱绝也。假令庚申、辛酉绝于寅卯辰也，他仿此。"《三命通会》云："凡命带此，作事不成，有始无终。"

四废日就五行而言，取生于绝地者是。但命局好坏并非以一柱而论，要全局配合。若全局配合得当，他柱有生有扶，弱中取旺，可任财官，仍应以吉论。

丁巳
戊申
甲寅
乙亥

甲寅日生申月，属四废日。然此造时支逢亥水长生，时干透乙木劫财，日元由弱转强，身强可任财杀，所以官至侍郎。

甲寅
丙寅
庚申
庚辰

此造初看，春木森森，庚申气弱。然时柱庚辰，印比助身，中运后又运入土金，助身任杀，官拜御史。若庚申生春以"四废"论，何能有此成就。

己卯
丙子
丙午
庚寅

丙午日生子月，是四废日。然此造二丙并肩，寅午会火，卯木印绶化子官而生午火。木火成党势众，子官无助，虽司权亦衰弱。取庚财生官为用，喜大运一路水金助用，方能官至都堂。若大运顺行，木火相连，则应无此成就。

甲申
己巳
壬子
庚子

大运：庚午 辛未 壬申 癸酉

明云南后卫严清八字。壬水坐刃，时支重见，又得庚申生扶，身已极强。月支巳火又合申化水，己土官星被甲木合去，格成润下专旺。故取金水助局为用神，火土逆水之旺为忌。二十一岁甲申年，大运辛未，辛申之金化土助水，进士及第，除富顺知县，步入仕途。三旬后运入西方，继而北方，皆助用神，三迁刑部尚书，官拜礼部尚书，深为神宗依重。日柱壬子生于夏季为四废日，又何废之有。

1730年八月十六日未时生男：

庚戌
乙酉
甲寅
辛未

大运：03、丙戌 13、丁亥 23、戊子 33、己丑

清乾隆二十五年（1760）庚辰科状元毕沅八字。甲木虽坐寅禄，时支未中有乙木库气，月干乙劫。然酉官司权，辛金透干，庚金合乙，官旺化杀，反是身弱杀强，当取寅禄助身为用神。二旬后运入北方，亥子印绶化煞生身。二十四岁癸酉年中举。三十一岁庚辰年，运岁子辰半合水局，用神极其灵妙，殿试夺魁，授翰林院修撰。四旬后运至东方，日主得禄刃相助，官至总督，成为封疆大吏。此局日柱甲寅，生于酉月为四废日，以此断之，与实不合矣。

论天地转杀

【原文】 春兔夏马天地转，秋鸡冬鼠便为殃。
行人在路须忧死，造屋未成先架丧。

物极而反谓之转，旺连干曰天转，旺连纳音曰地转，谓之天地转。如春木旺之时见乙卯，乃天连天，谓之天转。见辛卯乃旺连纳音，谓之地转。夏乃火旺，见丙午为天转，见戊午为地转。秋乃金旺，见辛酉为天转，见癸酉为地转。冬乃水旺之时，见壬子为天转，见丙子为地转。地转取纳音为是，其日最忌上官、受职、出行、商贾、造作、嫁娶，必主凶。命逢此日，必主夭折。

【注解】《三命通会》云：命逢天地转杀，定会夭折。《玄微赋》云：韩信被诛，皆因命逢天地转杀。此论应是片面理解了子平术。一是天转日主强旺，神足气旺怎会夭折？二是地转以纳音论，远离论命轨道。依所举韩信命造为例：

辛酉
丁酉
乙卯
乙酉

韩信是前汉名将，为刘邦夺取天下的第一功臣，后因遭嫉被吕后所杀。辛酉生秋为天转杀，所以被诛。此造日元乙木，虽坐卯禄，时干见比，然地支三酉，年干透辛，强杀攻身为病，全靠丁火食神制杀为用。初运丙申，正官助杀，故父母早亡，四处漂泊，怀才不遇。甲午一运，丁食得根，制杀有力，驰骋疆场，百战百胜。一入癸巳运，表面上丁火用神得旺，实际上巳火合酉化金，喜神化为忌神，运干癸水灭丁，七杀无制攻身被害，应与天转杀无关系。

癸未
乙卯
乙卯
辛巳

李虎侍郎命造。日元乙卯，月柱乙卯，依上论为天转杀，夭折之造。然此造身强杀浅为病。四旬后运入西方，扶起弱杀，大器晚成，仕途畅通，官至侍郎，享寿七十余。所以天地转杀不合命理。

乙卯		06、乙酉
		16、甲申
丙戌	大	26、癸未
		36、壬午
癸酉	运	46、辛巳
		56、庚辰
		66、己卯
丙辰		76、戊寅

民国时期曾任总统的徐世昌八字。癸生戌月，官星司权，乙卯盗泄，丙财化食生官，身弱官旺，取日支酉金偏印化官生身为用神。辛巳、庚辰二运，用神有力，平步青云，官至国务卿。六十四岁戊午年，大运庚辰，干头官星化财生印，印复生身；支下辰土化火生金，一片吉庆，十月水旺，当选为总统，登上权利顶峰。八十五岁己卯年，大运寅木，不仅太岁与日柱天克地冲，且寅为金绝之处，用神失去，病死。以天地转杀论，此局日柱为地转杀，必主夭折，则大误矣。

戊子		乙丑
甲子	大	丙寅
		丁卯
丙子	运	戊辰
庚寅		己巳

明福建仙居吴时来八字。支下子水三重，官旺化杀，庚财助杀，必以甲寅印绶化杀生身为用神，庚财坏印为忌。二十六岁癸丑年，大运丁卯，丁劫助丙去庚，卯木助寅，喜用并临，中进士，授松江推官，摄府事入仕途。六十岁丁亥年，亥水生合寅木，二月木旺，官拜左都御史。此局日柱丙子，纳音涧下水，生于水旺的十一月，若依上论为地转杀，最忌上官，且主夭折，则大错矣。

论天罗地网

【原文】辰为天罗，戌为地网，又为魁罡所占，天乙不临之地也。

何以见戌与亥为天罗，辰与巳为地网？凡火命人遇戌亥是为天罗，水土命人逢辰巳是为地网，乃五行墓绝处也。乃暗昧不明，不决之谓也。若金木生人，无天罗地网之说。男子忌之于天罗，女人忌之于地网。多主蹇滞，加恶杀必至死亡。

【注解】《三命通会》云：“然以戌亥为天罗，辰巳为地网？

盖天倾西北，戌亥者，六阴之终也。地陷东南，辰巳者，六阳之终也。阴阳终极则暗昧不明，如人在罗网，此其义也。”《壶中子》云：“龙蛇混杂，偏不利于辰生。猪犬侵凌，但独嫌于亥字。”诸书亦云：“龙蛇混杂，常防妇女忧危；猪犬侵凌，每虑丈夫厄难。”这就是说不论辰人得巳，还是巳人得辰，都是龙蛇混杂，女命尤甚。不论戌人得亥，还是亥人得戌，都是猪犬侵凌，男命尤重。这也是脱离五行生克，片面解说子平术之论。

癸巳
丙辰
甲戌
甲戌

民国时期中国第一个女法官郑毓秀命造。甲生辰月，仅得余气，身弱。然辰中癸水元神发露，为福为用。甲木得印比生扶，由弱转旺。运至庚申、辛酉，官杀有力，杀印相资，权位日隆，先后任上海临时法院院长，法租界第二特区法院院长，国民政府立法委员，教育部次长等要职。以天罗地网论，此造天罗地网全，龙蛇混杂，妇女最忌，不仅伤夫害子，且难善终。

丙寅
己亥
甲辰
甲戌

清雍正年间名将岳钟琪命造。日元甲木，月令长生，年支见禄，时干透比，日元极强，用丙火伤官吐秀生财兼调候，一生战功显赫，兵符权重，加太子少保，封三等公，享寿七十。但此造戌亥全，若以上论，猪犬侵凌，男命最忌。

四柱		大运
甲戌	大	04、丙子
乙亥		14、丁丑
戊子	运	24、戊寅
癸亥		34、己卯
		44、庚辰

民国时期曾任众议院议长、教育总长的汤化龙八字。日元戊土，虽通气年支，但局中水木六重，杀旺攻身，必以戌中暗藏丁火化杀生身兼调候为用神。初运丙丁，用神透清，家境富余，少运优游。三十一岁甲辰年，大运戊寅，寅戌拱合火局，考中进士。四十一岁甲寅年，又是寅戌拱火局，任教育总长兼学术委员长。四十四岁丁巳年，改任内务总长。四十五岁戊午年，大运庚辰，大运与年柱天克地冲，太岁与日柱天比地冲，戊午用神皆损，七月二十六日（辛亥日）在加拿大被国民党籍华侨王昌枪杀。此局甲戌年柱纳音山头火，日主戊子纳音霹雳火，局中戌亥皆见，合天罗之说。然此局凶在财星坏印，与天罗实无干系。

1952年九月十九日巳时生女：

壬辰	大运	10、己酉
庚戌		20、戊申
丙辰		30、丁未
癸巳		40、丙午

日元丙火，归禄时支，虽壬癸官杀透干，但壬杀坐墓，克身无力，反使一官独清。惟嫌支下三土司权，盗气过重，故取巳禄助身为用神。二十六岁丁巳年，丁火合去壬杀，巳禄助身，丈夫当选为议员。三十四岁乙丑年，大运丁未，官印透清，丈夫当选为县长。三十九岁庚午年，运岁局巳午未南方一气助身，丈夫又当选为市长。此局年柱、时柱纳音长流水，合地网之说，但与地网所主不合。

又一古例：壬辰、己酉、乙未、辛巳。乙木支下无根，财旺杀强，取壬水印绶化杀生身为用神。运至东方，日元托根，丈夫官至尚书。是地网反为吉神矣。

【神杀总论】：神杀之说，从西汉至今，已沿用两千余年。推命时有很多是五行生克和神杀并用，还有的干脆抛弃五行生克之理，专以神杀论命，其所论为古时许多论命者深恶痛绝。清代大学士陈素庵在《命理约言》中指出：不知何人，妄造小儿关煞，传世既久。狡狯之徒，借以恐人父母，迫其祈求，增造日多，名目不啻数十。考其起例，大率生于某年某月遇某字为关，其理毫无所出。光看八字四柱，尚有许多没法彻底了解，哪有根据一个字的关煞来判断生死的理由。

张楠在《神峰通考》一书中，也对神杀痛下针砭：骨髓破、铁扫帚、六害、大败、狼籍、飞天狼籍、八败、孤虚等谬说，原只是将人十二支所属生年（年支），浪以月家（月支）一字为犯，岂有是耶。盖论人之祸福，以年月日时四柱俱全，更加地支所藏配合，论人休咎，尚不可得。何以年月二字不与日时相关，来论人吉凶，岂不谬哉！不只是立诸空言，而且刻诸板籍，妄立险语，以骇人之听信。后世愚夫愚妇，遂以为真。或有斯犯，即骇而惊；或者有精通八字者，向他说此种神杀没有应验，是迷信的，他也不相信。且言曰：此是神仙留记，若果无验，安肯刻板？又有登科及第，只读儒书的学者，未明八字的道理，或也非常相信，遂使天下愚之人曰：此上人尚且信之，我又有何疑焉。一犬吠形，百犬吠声。又或自己四柱八字系偏枯，太弱太旺，有病无药，兼带此种神杀谬说。愚人且不以八字正理不好为说，只抱怨被此种神杀所害。又或浪听愚人谬语，飞天狼籍是八败耶。此非君子之言，齐东野人之语也。愚谓此等妄语，刊诸板籍，必须焚其板，把此种书烧掉，而后可耶。

清末任铁樵、徐乐吾等也对神杀不以为然，言其妄造，究其原因：

一、论命应以五行生克制化为根本准则。这些神杀除驿马由五行地支对冲，空亡由干支相配而出外，其余均出于择吉、星相、风水、六壬、奇门等，与论命五行毫无关联。同时，一个命局的生死吉凶、富贵贫贱要从整个命局的配合来分析判断，绝无由一个字来判定的道理。

二、神杀之多，名目之繁，竟达百余种，令人眼花缭乱，头昏脑涨。小儿时，有什么短命关、百日关、断桥关、铁锁关……结婚时，有什么铁扫帚、绝房杀、孤辰、寡宿、望门寡……另外还有丧门、吊客、勾绞、元辰、大耗、白衣、五劳、七伤……真要计较起来，这世界上谁也活不到十五岁，哪一对夫妻也不可能白头到老，谁也没有一天好日子过。同时，往往一个字会同时既是吉神，又是凶杀，自相矛盾。

由此可见，神杀论命实在不符合阴阳五行生克制化论命的基本原理，过于武断，且自相矛盾。

后章还有许多地方论及神杀，均应以此基本观点看待。为简略，以下只注出处，不再评析。

论 羊 刃

【原文】 阴，飞刃。羊刃对宫即飞刃。

甲生人，羊刃在卯，酉飞刃；乙生人，羊刃在辰，戌飞刃；

丙生人，羊刃在午，子飞刃；丁生人，羊刃在未，丑飞刃；

戊生人，羊刃在午，子飞刃；己生人，羊刃在未，丑飞刃；

庚生人，羊刃在酉，卯飞刃；辛生人，羊刃在戌，辰飞刃；

壬生人，羊刃在子，午飞刃；癸生人，羊刃在丑，未飞刃。

羊，言刚也。刃者，主刑也。禄过则刃生，功成当退不退，乃狠而进也。言进而有伤官，羊刃当居禄前一辰，谓吉极则否矣。

【注解】 羊刃者如羊在刃上，言其有伤也。希尹曰：阴阳万物之理，皆恶极盛。已极则将反而为凶。但命带羊刃，并非皆凶。若四柱配合得当，官刃相资或杀刃两全者，反为大贵之格。

诸书皆云，羊刃乃禄前一位，依此推之，则阴干有误。如乙禄卯，卯前是辰，然辰并非乙木旺处，其旺处在寅。丁禄午，午前是未，然未并非丁火旺处，其旺处在巳。依此理，阴干羊刃应在禄后一位。如此则乙刃应在寅，丁己刃在巳，辛刃应在申，癸丑应在亥，为什么羊刃反在禄后一位呢？但阴刃很少有人用之，仅作参考而已。

论起大运法

【原文】 凡起大运，俱从所生之日，阳男阴女顺行，数至未来节。阳女阴男逆行，数已过去节，俱折除三日为一岁。

阳男阴女顺运，假如甲子年，甲己之年丙作首，正月建丙寅，初一日立春后一日生男，顺数至二月节惊蛰，且得三十日，起十岁运，顺行丁卯。如乙丑年，乙庚之岁戊为头，正月起戊寅，初一立春，十八日生女，顺数至二月惊蛰节止，得四三十二日，起四岁运，顺行己卯。余皆仿此。

阴男阳女逆运。假如乙丑年，乙庚之岁戊为头，正月起戊寅，初一日立春后十五日生男，逆数至初一立春节止，得五三十五日，起五岁运，逆行丁丑。如甲子年，甲己之年丙作首，正月丙寅，初一立春后十日生女，逆数至初一日立春止，得九日，三三单九日，起三岁运，逆行乙丑。余皆仿此。若多一日，减一日；少一日，增一日。

【注解】起大运之法是推命的要点，大运有误，推命就难以准确。为什么要三天为一岁呢？《三命通会》云："一月之终，晦朔周而有三十日。一日之终，昼夜周而有十二时，总十年之运气。凡三日有三十六时，乃见三百六十日为一岁之数。"由此可以算出一个时辰为十天，一天十二个时辰为一百二十天，乃四个月。照此就可以推出每个人行大运的准确时间了。如一男造，丙午年庚寅月初九日午时生，阳男顺数，直至二月初九卯时惊蛰节，共三十天少三个时辰。三天为一年，一个时辰为十天，即十年欠三十天，也就是十岁差三十天上运。每逢乙木年十二月初九日午时交换大运。阴年生女算法同。

再如一阳女造，丙午年辛丑月十九日申时生。阳女逆数，直数至十一月十九日卯时小寒节，共三十天零五个时辰。以三天为一年，一个时辰为十天计，即十年多五十天，也就是十岁再加五十天起运。每逢丁火年二月初九日申时交换大运。阴年生男算法同。

命局是先天所定，大运则是后天形成。大运对整个命局有损益、调节的作用，在推命中至关重要，所以有命好不如运好之说。如命理名著《滴天髓》中所举两例：

甲午	大运	乙丑	旺木逢火，通明之象。妙在金水全无，纯清不杂，为人端庄，以丙火为用。惜运走北方水地，寿亦不永。运至壬水，克丙而亡。设若大运顺行，不仅寿长，且荣夫益子。若为男命，必名利两全。
丙寅		甲子	
乙卯		癸亥	
己卯		壬戌	

丁未	大运	癸卯	春木森森，旺之极矣。时干己土无根，以丁火吐秀为用神。丁壬之合，去水虽妙，化木不宜，所以出身贫寒。喜其运走南方火地，用神有力，不但帮夫兴家，且子息旺盛。运至申金，壬水忌神得根不化，且申金犯化木之旺，夫亡。
壬寅		甲辰	
		乙巳	
乙卯		丙午	
		丁未	
己卯		戊申	

此两造相较，前造用神清纯，后造用神合化，远不如前造。然前造大运逢忌，后造大运得喜，以致后造远胜前造。是命好不如运好也。

癸巳	孙传庭总督命造。日元乙木支逢三巳一午，干透丁火，盗气一片。本当从儿，然年时壬癸皆透，是有生不从。但壬癸无根，以命局论，属贫贱之造。妙在大运逆行，木水相连，皆生扶日元之运，以致贵显。
丁巳	
乙巳	
壬午	

再举二例以证：

戊午	大运	10、丙寅	民国时曾任总统的冯国璋八字。乙木并排，生于丑月为进气，支下辰中有乙木余气，丑辰二支中暗藏癸水偏印，日元不弱。惟生于小寒节内，北方正是一年最冷之时，必以巳午食伤调候为急用，乙比助身为喜。妙在大运出门一路木火，助身助用，六十年木火相续，故而平
		20、丁卯	
乙丑		30、戊辰	
乙巳		40、己巳	
		50、庚午	
庚辰		60、辛未	

步青云。二十八岁乙巳年，丁卯大运中考入北洋武备学堂第一期，步入军旅。六十岁丁巳年，用神天透地藏，代理总统。

1949年十一月二十二日申时生男：

己丑		02、丙子
		12、乙亥
丁丑	大	22、甲戌
		32、癸酉
乙巳	运	42、壬申
甲申		52、辛未

此君乃吉林省延吉人，朝鲜族。乙生丑月，时逢进气，干头甲木，名藤罗系甲，二丑中皆暗藏癸水偏印，日主有力。惟生于三九严寒之时，东北已滴水成冰，调候解冻，尤为重要。喜丁巳之火，天透地藏，取之为用。十八岁丙午年，用神灵妙，当兵离开农村。运入甲戌，木火并旺，提为干部，转业后分到公安部门工作。通过二十多年的努力，官至正处。五十六岁乙酉年，大运辛未，大运与月柱天克地冲。岁支酉与局中巳丑化成金局，干支用神皆失，三月庚辰金旺，因患肝癌无治身亡。

此两造相较：上造二乙，下造一乙一甲，上造不如下造有力；上造巳午用神暗藏，下造用神天透地藏，上造用神不如下造清纯灵妙。然下造成就与上造却有天壤之别，何也？上造大运顺行，一路木火助身助用；下造大运逆入金水之乡，与用神相悖，“命好不如运好”，可信哉！

大运既有成局之功，也有败局、破局之凶。

癸亥		甲寅
		癸丑
乙卯	大	壬子
		辛亥
壬申	运	庚戌
乙巳		己酉

壬水自坐长生，年支禄旺，干透癸劫，日元有力。乙卯伤官吐秀，生巳火之财，秀气流通，格局清纯。然大运一路水金，巳财无生，所以起倒万状。一入酉运，冲破卯木，巳火无生而亡。如若大运顺行木火之乡，按命理当能富贵。

丙戌		03、戊戌
		13、己亥
丁酉	大	23、庚子
		33、辛丑
戊申	运	43、壬寅
壬戌		53、癸卯

土金伤官，支类西方，盗气太重，必以丙丁火印生身制伤为用。可惜大运北方，用神临绝。四十三岁后虽运至东方，用神临生，惜一则运干为壬癸忌神，克绝丙丁用神；二则局中有申酉回冲，寅卯不能全力生火，所以一生劳苦奔波，苦守清贫。倘若此造大运逆行，申运后即运入南方，继而东方，六十年火土相连，造就必然不凡。

大运不仅有喜有忌，且还有喜变忌、忌变喜、冲克合化等，同时还要与流年太岁相比较，才能符合命理。

举《滴天髓·小儿》中二例以证：

庚戌
壬午
丙寅
己亥

大运 癸未

丙用壬杀，身强杀浅，以杀为权，更喜财资弱杀，定然名利双全。惜支全火局，寅亥又化木而生火，年月之庚壬无根而少生扶，至丁巳年，巳亥冲去壬水之禄，丁火合去壬水之用，死于痞症。

按：此局命主死于八岁丁巳年，若小运一岁从丙寅算起，八岁小运是癸酉，正是命局喜用神，不可能夭折。若从时支己亥起一岁算起，八岁为丙午，如此巳冲亥，丙合庚，丁合壬，用神尽失，故从时柱上起小运比较合理。

壬申
戊申
壬申
戊申

大运 己酉

壬水生于秋令，地支皆坐长生，天干两戊两壬，大势观之，支全一气，两干不杂，且杀印相生，为大贵之格。不知金多水浊，母多子病，四柱无火克金，金反不能生水，戊土之菁华尽泄于金，谓偏枯之象，必然难养，名利皆虚。果死于三岁甲戌年。

按：若从丙寅一岁起小运，三岁小运戊辰，辰申拱壬成水局，反主金气流清。若从戊申起一岁小运，三岁庚戌，反是生金浊水之弊，故计小运应以时柱顺逆推算为准。

论行小运法

【原文】凡小运不问阴阳二命，男一岁起丙寅，二岁丁卯顺行。截法：十一丙子，二十一丙戌，周而复始。女一岁起壬申，二岁辛未逆行。截法：一岁壬申，十一壬戌，廿一壬子，周而复始。

【注解】大运主十年吉凶，小运司一岁祸福，既能补大运、流年及四柱之不足，也能破大运、流年及原局之吉神，所以也是推命参考的一个重点。尤其是未行大运的儿童，小运就起着和大运相同的作用，因此不可忽视。

起小运的方法，除上述外，还有一种是以人的生辰来决定的。阳男阴女从生辰开始顺行，阴男阳女从生辰开始逆行。如庚午年、己卯日、己巳时生男，其小运一岁是庚午，二岁是辛未，三岁是壬申，一直顺推。如果这个命局是女孩，则小运一岁是戊辰，二岁是丁卯，三岁是丙寅，一直逆推。

两种方法相较，前者男女一个模式，与原局毫无联系，道理上已落于下乘。后者则从生时开始计，且阴阳顺逆有别，较合命理，所以为推命者喜用。

论五行相生相克

【原文】论五行相生：金生水，水生木，木生火，火生土，土生金。

论五行相克：金克木，木克土，土克水，水克火，火克金。

生我者为父母，我生者为子孙，克我者为官鬼，我克者为妻财，比和者为兄弟。（详五阳五阴通变图。）

【注解】《白虎通》云：木生火，是因为木性温暖，火隐伏其中，钻木就可以生火，所以木生火。火生土，因为火灼热，能够焚木，木被焚烧后变为灰烬，灰烬亦为土，所以火生土。土生金，因为金需隐在石头里，石为山，聚土而成山，有山必有石，所以土生金。金生水，因为金气湿润流泽，销毁金就变成水，所以金生水。水生木，则因为水温润而使树木生长起来，所以水生木。

至于因何相克，《白虎通》则说：五行之所以相害（克），是因为天地之本性，众多胜寡少，所以水胜火。精锐胜坚固，所以火胜金。刚强胜柔弱，所以金胜木。专一胜松散，所以木胜土。实胜虚，所以土胜水。

生我者为父母，即印绶。我生者为子孙，即食神伤官。克我者为官鬼，即官杀，女命为丈夫。我克者为妻财，即财星，男命为妻妾。比和者即比肩、劫财，为兄弟。

五行生克是推命的基本原理，不应违背。

论节候歌

【原文】 正月立春雨水节，二月惊蛰及春分，
三月清明并谷雨，四月立夏小满方，
五月芒种并夏至，六月小暑大暑当，
七月立秋还处暑，八月白露秋分忙，
九月寒露又霜降，十月立冬小雪张，
子月大雪冬至节，丑月小寒大寒昌。

【注解】 推命年月的计算，每年并非从正月初一到大年三十。每月也并非从初一到月尽，而是要以节令为准。每年从立春之日始，到大寒节尽。如生于丙寅年正月初八，而该年正月初九立春，则初九日前仍为乙丑年。如生于丙寅年十二月二十八，该年十二月十九日立春，其年则以丁卯计。月令也是。如一男生于八月初三，节气未至白露，仍以七月节论。再如一女生于八月二十七日，节气已过寒露，月柱则为九月月令。月柱是一个命局行运的依据，出门行运均从此始，若有误，推命亦必误矣。

论天地干支暗藏总诀

【原文】 立春念三丙火用，余日甲木旺提纲。
惊蛰乙木未用事，春分乙木正相当。
清明乙木十日管，后来八日癸水详。

谷雨前三戊土盛，其中土旺要消详。
立夏又伏戊土取，小满过午丙火光。
芒种己土相当好，中停七日火高强。
夏至阴生阳极利，丙丁火旺有土张。
小暑十日丁火旺，后来三日乙木芳。
己土三日威风盛，大暑己土十日黄。
立秋十日主水涨，处暑十五庚金良。
白露七日庚金旺，八日辛兮福独行。
寒露七日辛金管，八日丁火又水降。
霜降己土十五日，其中杂气取无妨。
立冬七日癸水旺，壬水八日更流忙。
小雪七日壬水急，八日甲木又芬芳。
大雪七日壬水管，冬至癸水更潺旺。
小寒七日癸水养，八日辛金丑库藏。
大寒十日己土盛，术者精研仔细详。

【注解】此节是讲每个节气中所藏人元五行用事的时间，前节“论三元”已详解，请参考。

又论节气歌

【原文】看命先须看日柱，八字始能究奥理。
假如子上十日壬，中旬下旬方是癸。
丑宫九日癸之余，除却三辛皆属己。
寅宫戊丙各七朝，十六甲木方堪器。
卯宫阳木朝初旬，中下两旬阴木是。
三月九朝仍是乙，三日癸库余戊奇。
初夏九日生庚金，十六丙火五戊时。
午宫阳火属上旬，丁火十日九日己。

未宫九日丁火明，三朝是乙余是己。
孟秋己七戊三朝，三壬十七庚金备。
酉宫还有十日庚，二十辛金属旺地。
戌宫九日辛金盛，三丁十八戊土具。
亥宫七戊五日甲，余皆壬旺君须记。
须知得一拟三分，此诀先贤与验秘。

又地支藏遁歌

【原文】 子宫癸水在其中，丑癸辛金己土同。
寅宫甲木兼丙戊，卯宫乙木独相逢。
辰藏乙戊三分癸，巳中庚金丙戊从。
午宫丁火并己土，未宫乙己丁其宗。
申位庚金壬水戊，酉宫辛字独丰隆。
戌宫辛金及丁戊，亥中壬甲是真踪。

【注解】 以上两节都是论地支中所藏天干及用事时间，详参前“论三元”节。

论四季大节诀

【原文】 今岁要知来年春，但加五日三时辰。
立春三日便逢秋，隔岸退位夏更临。
再过三朝冬又到，六郎又去打春牛。

此法如嘉靖一十七年，岁在戊申，头年十二月十七日甲子日午时立春是二十年。今余令要知来年春，但加五日三时辰。如甲子日立春，至己巳日酉时便是五日三时辰，本年十二月二十八日己巳酉时交春，二十年节。立春三日便逢秋：甲子日春至丁卯日丑时是三日六个时辰，六月二十四日丁卯日丑时交秋。隔岸退位夏更临：丁卯日秋对丁酉乃是隔岸，天干不动，地支冲退丙申一位，乙未日酉时是，三月二十日乙未酉时立夏。再过三朝冬又到：或二日乙未日立夏，戊戌巳时冬至，九月二十六日戊戌巳时立冬。年年以立春为主，余皆例此。

【注解】一年为三百六十五天又三个时辰，所以每年的立春时间顺增五天三个时辰就是下年的立春时间。每个节气的时间是十五天五个小时又十五分钟。由此计算，从立春到立秋，计过三十三个时辰，将近三天，所以从立春之日往后推三天就是立秋。隔岸是对冲，退位是退一位。即与立秋日对冲之日退一位是立夏。从立夏到立冬的时间与立春到立秋的时间相同，所以从立夏日往后推三天就是立冬。例：一九八四年正月初三戊辰日甲子时立春，到该年十二月十五日甲戌日卯时为三百六十五天又三个时辰，所以该日立春。从戊辰日甲子时立春到七月十一癸酉日一百八十四天，该日立秋。从立秋日退九十一天半，四月初五己亥日立夏。从立夏之日起再加三月，十月十五日未时立冬。这种歌诀并不准确，计算时应以日历为准。

嘉靖：明世宗年号（1522—1566）。以此推算，嘉靖十七年应是戊戌，嘉靖二十七年方是戊申。原文误。

论未来月朔节气奥诀

【原文】月朔原来自古有，前九将来对后九，
大月五干连九支，小月四干八支偶。
六六之年仔细思，任君走尽风寒路，
便作今年立春数，算来又本无差误。
四十七年前有闰，闰前二月是今逢，
分毫不漏真消息，尽在先生掌诀中。

但观中气所在，闰前之月，中气在晦；闰后之月，中气在朔；无中气则谓之闰月。

【注解】月亮与太阳相会时，我们看不见月亮，这种现象叫“晦”。月亮和太阳相会后，我们只能看见月亮的一小部分，这种现象叫“朔”。月亮的运行轨道有九条，所以有前九对后九之说。至于闰月，如果哪个月没有中气，这个月就是闰月。这样，上个月的中气必在晦，而闰后那个月的中气就在朔。详参《历法》。

论截流年节气日时刻数要诀

【原文】审详春日莫他求，时正刻真节自酬。
五时二刻惊蛰是，十时四刻清明头。
立夏一日三时六，芒种一日九时收。
二日二时二小暑，二日七时四刻秋。
白露三朝单六刻，寒露三朝六时周。
立冬三朝十一二，大雪四四两双流。
小寒四时九时六，五日三时打春牛。
节遇子时加一日，此为捷法记心头。

【注解】每个节气是十五天五时又十五分钟，由此推算，从立春到惊蛰加五个时辰三十分钟（二刻），到清明则加十个时辰又一个小时（四刻）。由此推算直至大寒，共加够五日三时，就是下年的立春节。

论日为主

【原文】予尝观唐书，所载有李虚中者，取人所生年月日时干支生克论命之贵贱寿夭之说，已详之矣。至于宋时，方有子平之说。取日干为主，以年为根，以月为苗，以日为花，以时为果，以生旺死绝、休囚制化决人生休咎，其理必然矣，复有何疑哉。

一曰官分之阴阳，曰官、曰杀，甲乙见庚辛也。（甲见庚为杀，阳见阳也。见辛为官，阳见阴也。乙木庚为官，见辛为杀。）二曰财分之阴阳，曰正财、偏财，甲乙见戊己是也。（阳见阴为正财，阴见阴为偏财。）三曰生气之阴阳，曰印绶、曰倒食，甲乙见壬癸是也。（甲见癸，乙见壬为印绶；甲见壬，乙见癸为偏印。）四曰窃气之阴阳，曰食神、曰伤官，甲乙见丙丁是也。（甲见丙为食神，见丁为伤官；乙见丁为食神，见丙为伤官。）五曰同类之阴阳，曰劫财、曰羊刃，甲乙见甲乙是也。（阳见阳为羊刃，阴见阳为劫财。）大抵贵贱寿夭死生，皆不出于五者。倘有妄立格局，从列其名而无实用，其飞天禄马、倒冲、井栏叉即伤官。析而为之，举此一端，余可知矣。

以日为主，年为本，月为提纲，时为辅佐。以日为主，大要看日加临于甚度，或身旺，或身弱。又看地支有何格局，金木水火土之数，后看月令中金木水火土何者旺。又看岁运有何旺，却次日下消详，此非是拘之一隅之说也。且如甲子日生，四柱中有个申字，合用子辰为水局。次看余辰有何损益，四柱中有何字损其甲子日主之秀气。有坏其用神则要制之，不要益之。论命者切不可泥之月令消详，故表而出之。

【注解】论命学源出战国时期珞琭子、鬼谷子，唐前皆有发展，但用法不一。有以年为主者，有以纳音五行论命者。唐代李虚中首创以人出生年月日的干支来推命的方法。韩愈在为他作的墓志铭中说他最深于五行之书，星官历翁，莫能与其校得失。到了宋代，徐子平将李虚中命理演进为年月日时四柱，并奠定了以日为主的基础，从而使推命理论完善起来。所以后人把算命术叫做子平术。

以日为主，与其他各柱干支相配，根据五行生克制化看日主喜忌是子平法的重要一环。日主弱者，喜其他干支有生扶；日主强者，喜其他干支有抑制。如果五行配合得当，格局纯粹，为富贵之命。若日主喜生而逢克，喜抑却逢生，四柱五行驳杂，则为贫贱之命。

乙未	大运	甲申
乙酉		癸未
甲辰		壬午
乙亥		辛巳
		庚辰

第一步：以甲木日主与其他各柱干支相配。年月时三柱天干皆乙，与甲木属同类，为劫财。年支未土为阴，我克为财，阴阳相配为正财。月支酉克我，克我为官杀，阴阳相配为正官。日支辰土为阳，我克为正财，阳见阳为偏财。时支亥水为阳，生我为印，阳见阳为偏印。第二步：以甲木日主为主，分析各种五行强弱。月支酉金当令，又得未辰二土生合，为强。甲木虽得三乙相助，但生于酉月金旺之时，支下又无木为根，木弱。亥水生于酉月得生为相。第三步：以日为主，选取用神。这个命局木弱金强，取亥水印绶化官生身为用神，运岁喜水木而忌土金火。

这是明嘉靖四十一年（1562）壬戌科状元申时行八字。二十八岁壬戌年，大运壬午，运岁用神明透，殿试一举夺魁，授翰林院修撰，累官至首辅。五十六岁庚寅年，大运己卯，运岁寅卯合去亥水用神，冲破酉金官星，力辞归里。

论月令

【原文】假令年为本，带官星印绶，则早年有官出自祖宗。月为提纲，带官星印绶则慷慨聪明，见识高人。时为辅佐，平生操履。若年月日有吉神，则时归生旺之处。若凶神则要归时制伏之乡。时上吉凶神，则年月日吉者生之，凶者制之。假令月令有用神，得父母力。年有用神，得祖宗力。时有用神，得子孙力。反此则不得力。

【注解】月令是整个命局的中枢，是衡量每个干支旺衰的唯一标准。看一个人的命局，首先要看日干在所生月份中得不得令，其次再看日干与别柱的关系。所以日主的强弱，官杀财印等旺衰，首先要以月令来衡量。

月令又是取格的关键。每个月支中均暗藏着一个到三个天干。如月支是巳，巳中藏着庚丙戊，其中丙为本气，庚金是中气，戊土为余气，所以要以本气为主，再考虑其他。如果本气不透，他干或本干透出其他天干，方可取用他干。如果巳火被伤而无救，叫做损坏提纲，多不吉。

时柱对于命局也是非常重要的，因为时是全局的归宿。不论是日主，还是局中喜神，引到时上如是生旺，就更吉，如是衰弱则不利。相反，命局中的忌神引到时上是衰绝者，大减其凶势；若为生旺者，则为祸更烈。如果时柱能克制忌神，扶助日主和吉神，那就吉上加吉了。

一八七四年三月初七卯时生男：

甲戌		05、己巳
		15、庚午
戊辰	大	25、辛未
		35、壬申
己酉	运	45、癸酉
戊辰		55、甲戌

民国时期直系军伐吴佩孚八字。林庚白批曰：吴子玉八字，自言系卯时，余以子平及河洛之理反复推究，皆属不合。又以寅辰两时勘之，辰时最符，今即以辰断。盖谷雨后酉为将星，宜其大贵。若非两见戊辰于月时，易其他之辰，又非所论。此造除甲、酉外，五字皆土，非甲木以疏之，酉金以泄之，则土虽厚重，不毛之地耳。四柱缺水，故癸运一鸣惊人。壬戌冲开水库，庚申半会水局，直皖、直奉之后功高震主，亦固其所。现在酉运，两酉两辰，水库逢合，似不甚佳。惟今年甲子，辰子又半会水局，己土贵人在子，极盛难继，明年乙丑则殆矣。若能极流勇退，甲戌十年，功名盖世。

若以吴佩孚自言卯时论，八字如下：

甲戌
戊辰
己酉
丁卯

己生辰月，元神戊土透出，年支戌土助之，时干丁枭生之，土气厚实。土厚宜疏宜泄。日支酉金吐秀，但土旺有埋金之患，故取甲木疏土为用神。日时支卯酉虽冲，但辰酉一合，以合解冲，甲官之根卯木不伤，大格气象明矣。十七岁庚寅年，大运庚午，运岁二庚克甲，伤官见官，元配王氏亡。二十四岁丁酉年，酉金冲破卯木，用神失根，因得罪电报局长被革去秀才，遭到通缉。若以辰时论，则是二酉合二辰，不凶反吉矣。二十九岁壬寅年，官星得禄财相助，考入保定陆军学堂，开始了戎马生涯。四十一岁甲寅年升师部副长官。四十二岁乙卯年升旅长，有了兵权。四十七岁庚申年，大运癸水，干头癸财化庚伤而生甲官，支下申辰拱水局生卯，用神有力，在直皖战争中击败皖系，升直鲁豫巡阅副使。四十九岁壬戌年，壬财生官，升直鲁豫巡阅使，坐镇洛阳，操纵政局。运至甲戌，戌土合去卯木，甲官失根，在第二次直奉大战后下野，虽屡图东山再起，惜时乖运蹇，终未如愿。林先生言其“甲戌十年，功名盖世”，大误者，时柱之误也。且时支与日支卯酉相冲，冲破妻官与儿女官。吴佩孚先后婚姻四次且一生无子，是其明证，若以辰时论，则非也。况且吴佩孚仓惶出逃时，曾以算命为生，亦为个中高手，故林氏改时为误矣。

从以上两例可以看出时柱之重要。如果时辰取错，则全局皆错。今常见有人推命，没有时辰亦大谈大论，甚至有著于书者，实不可取。

同时，子平法对四柱在六亲上还有具体分官。日干为己身，日支与日干最近，为配偶官，年柱为祖上官，月柱为父母官兼兄弟姐妹，时柱为子息官。何官受伤，何亲不祥；何官逢生为用，何亲吉昌发达。日主与何柱相合相生，其情与何亲密切。日主与何官相克相冲，则与何亲缘浅。日主得何官之力，主得何亲之助。这种说法还应与六亲之神合参，方合命理。（详见论六亲各节）

论 生 旺

【原文】常法以金生巳、木生亥、水生申、火生寅。土居中央寄母生，如戊在巳，己在午。又土为四季，各旺一十八日，共七十二日，并金木水火土各七十二日，共得三百六十日，以成岁功，此良法也。

【注解】此论阴阳共生、共死、共旺、共绝为广大推命者所用。至于阳顺阴逆生死之法，于五行生死之理不合，后之推命者多弃之。（详见前“五行发用定例”）

又论五行生旺衰绝吉凶

【原文】观阴阳家书有曰：生旺有阴死阳生，阳死阴生。假如甲木生于亥而死于午，乙木生于午而死于亥，余同此例。故推命十有九失，又非得法也。如议命岂可拘于生旺之说，且丙寅属火而绝于亥，本为不好，孰不测亥中有木为印绶而生丙火，丙日亥时乃多贵格矣。戊属土而旺于巳，兼又建禄，本作贵格，孰不测巳反生金之地而伤官星，凡戊日巳时，官终不显。举此二例，则议命切不可专泥于生旺而吉，衰败而凶也，又当以活法推之。

【注解】这节论述很合推命之理。如甲木见申为绝，然申中有长生壬水，水亦可生木，叫绝处逢生。又如壬水见巳，亦为绝地，然巳中有长生庚金，金本可生水，也叫绝处逢生。凡命遇此，多主先蹇滞而后贵显。再如甲见亥为长生，但亥中有壬水可泄官星之气；庚见巳为长生，巳中有丙火七杀攻身，也并非全吉。

论五行墓库财印

【原文】丙丁生人以辰为官库，水土库于辰故也。须年月时中有木或亥卯未并寅却清。如无木则土夺丙丁之官，则浊卑而不清，亦不显。

【注解】这段论述的是取清。如丙丁日生，以壬癸亥子为官，辰为水官之库。但辰本气是土，他柱有木护官则清，无木护官则辰就为土，反为伤官，伤害丙丁官星，反浊。此言并不合命理。辰虽是土，但为水库，是为湿土，壬癸得之有根。子水见之合辰化水，惟亥水见之，略有所忌，并非有木才能取清。

甲寅
戊辰
丙午
辛卯

一太师命造。虽辰为官库，然局无滴水，且辰中元神戊土透出，虽有木亦以土论。全局木旺火强，喜辰为湿土，不仅收尽局中燥气，且吐日元之秀，生临危辛财，一物三用，精诚灵妙，故贵显。此辰土为用，与官库和木印无多大关系。

辛巳
庚子
丙子
壬辰

杨景辰大学士命造。辰土官库，合子化水，财旺官强，日元虽得巳禄，终是身弱，喜中旬运入南方，日主得助可任财官，一发而起。此造虽然无木，仍能发贵，可见辰土官库须木之说不合命理。

从这两造可以看出，凡局中遇墓库，是论元神还是论藏神，关键在于天干透引和地支化合。

论官杀混杂要制伏

【原文】官星要纯不要杂。假如甲木用辛金为官，若年是辛，月是酉，时上亦是辛官，虽多但无妨，盖纯一尽好。若有金或庚申，则混杂为杀，以伤其身，要行火乡制伏则发福也。余仿此也。

【注解】官杀混杂有去官留杀，去杀留官和化杀为权等法，详见后“论正官”与“论偏官”二节。但官多为纯则无妨之说并不尽然，因官多必身弱，官多无制，与杀同论，也攻弱身，何能无妨！

乙酉　女命。日元丁火，月支亥水正官独清。然强财生官，申中
丁亥　亦暗藏壬水正官，官强化杀。四十六岁入壬辰大运，大运又逢
丁酉　强官，旺官化杀攻身而亡。此例可说明官多无妨之说不尽然的
戊申　道理。

1830年四月二十七日寅时生男：

庚寅	大运	06、壬午
辛巳		16、癸未
乙酉		26、甲申
戊寅		36、乙酉
		46、丙戌

清末江苏常熟翁同龢八字。乙木虽有二寅为根，但自坐酉杀，庚辛官杀并透，取巳中丙火伤官合杀留官为用神。二十七岁丙辰年，丙火合去辛杀，庚官清纯，殿试夺魁，授翰林院修撰。四十七岁丙子年，大运丙辰，任光绪帝师，并迁户部侍郎。运至丁火，去杀留官，格局取清，官至工部尚书、军机大臣。这是合杀留官，去杀留官，格局取清例。

然亦有官杀混杂反忌去化而喜再见官杀者。如民国初期广东新会伍廷芳八字：

1842年六月初二亥时生男：

壬寅	大运	10、戊申
丁未		20、己酉
己卯		30、庚戌
乙亥		40、辛亥
		50、壬子
		60、癸丑
		70、甲寅
		80、乙卯

日元己土，乙杀透于时干，月日时亥卯未三合杀局，年支寅木官星杂局，年月干丁壬又合而化木，己土无依，只好弃命从杀。前四轮大运土金相续，年近五十，仍在为李鸿章幕府。而后运入北方，水木相续助杀，官至北洋政府外交总长，代国务总理。这是官杀混杂反喜官杀例。故格无定理，全在灵活运用。

论五行生克制化各有所喜所害例

【原文】金旺得火方成器皿，火旺得水方成相济，水旺得土方成池沼，土旺得木方能疏通，木旺得金方成栋梁。

金赖土生，土多金埋；土赖火生，火多土焦；火赖木生，木多火炽；木赖水生，水多木漂；水赖金生，金多水浊。

金能生水，水多金沉；水能生木，木盛水缩；木能生火，火多木焚；火能生土，土多火埋；土能生金，金多土变。

金能克木，木坚金缺；木能克土，土重木折；土能克水，水多土流；水能克火，火多水热；火能克金，金多火熄。

金衰遇火，必见销熔；火弱逢水，必为熄灭；水弱逢土，必为淤塞；土衰遇木，必遭倾陷；木弱逢金，必为砍斫。

强金得水，方挫其锋；强水得木，方泄其势；强木得火，方化其顽；强火得土，方止其焰；强土得金，方止其害。

此乃身弱遇鬼，得物以化之则吉，如甲日被金杀来伤，若时上一位壬癸水或申子辰解之，即能化凶为吉。余者仿此。

【注解】这节虽短，却道出了五行必须中和的真谛，太过或不及都不利于格局，同时还要看是否有制泄等。如衰金遇火，有销熔之患，若有水制火或土化火生金，金则无虞；金遇强水，虽有水多金沉之忧，局中若有土制水生金或木泄水气，也不足为患。

庚寅
戊子
甲寅
丙寅

一尚书命造。甲木日元，地支三寅一水，强木参天。庚金七杀无根，难制强木。喜时干丙火明透，不仅尽化顽木之气，且调候暖局，故而发贵。此身强喜泄，方使中和之理。

1966年正月二十九日午时生男：

丙午
庚寅
戊申
戊午

戊土日元，年时二见午火强印，寅木七杀司权化火，土气极厚，用庚申食神吐秀明矣，强火克金为病。二十五岁庚午年，太岁又逢旺火，火旺金熔，用神受损，获罪入狱。三十岁乙亥年，亥水财星克午护申出狱。此身主强旺，忌再逢生之理。

庚子
戊寅
丁卯
壬寅

丁火日元，月日时得二寅一卯生助，然木多火塞，最喜强金损木。二十八岁丁卯年，太岁又逢强木，夫妻离异。此忌生旺太过之理。

二至阴阳相生理

【原文】一年之内，细分五行，配合气候于十二月之中，各主旺相，以定用神。其中五行又分阴阳为两股，于一年之中各主生旺之气。如冬至一阳，则有木火生旺之理。何则？试以甲乙日干生人，在冬至之前，阳气未动，木方死绝，其木不甚吉利。若甲乙日生人在冬至之后，阳气已生，木乘暖气，其命寿禄皆全，只要用神入格。又如丙丁日干生人，在冬至之前，遇水即灭，若在冬至之后，不甚忌水，盖丙丁乘木之生也。夏至一阴生，则有金生水用之理。如官历所书，夏至后逢庚为三伏，盖谓一阴生后，金生而火囚。明乎？此则庚辛生于夏至之后，金略有气，不甚忌火。其理尤明，学者不可不知矣。

【注解】二至：冬至和夏至。

冬至后阳气渐生，木火属阳，所以生于冬至后，为得时有气。夏至后阴气渐生，金水属阴，所以生于夏至后，为得时有气。命局要看整个配合，阴阳生长仅是参考，不必拘泥。

1946年十月二十二日巳时生男：

四柱		大运
丙戌	大运	09、庚子
己亥		19、辛丑
癸巳		29、壬寅
丁巳		39、癸卯
		49、甲辰
		59、乙巳

癸生亥月水旺之时，然亥被二巳冲击，戊官贴身克制，己杀盖头，其力大减，反是水弱财杀过旺。五十九岁入乙巳大运，大运与月柱天克地冲，且引起原局二巳冲亥，凶机已伏。五十九岁甲申年，六十岁乙酉年，大运无情，太岁有意，岁支申酉合巳生身，日元无恙。六十一岁丙戌年，不仅太岁与年柱伏吟，且二戌三巳把亥水冲克殆尽，命主在车祸中丧生。按：此局癸水生于立冬节末，正是阴气极盛之时，然仍为弱者，全局火土太盛也。

1956年正月二十三日酉时生男：

四柱		大运
丙申	大运	01、辛卯
庚寅		11、壬辰
辛未		21、癸巳
丁酉		

辛金归禄坐印，年支申金，庚金透干，土金五重，虽失令，但成党得势。寅木财星虽当令，但被庚申贴近冲克，独立难存，当取丙丁官杀束身护财为用神。二十七岁壬戌年，大运癸巳，运岁干头壬癸克熄丙丁，支下巳火合酉化金，岁支戌土与申酉戌西方一气，喜用皆损，该年因抢劫入狱。不致死者，寅木当令，不能根拔之故。此局辛金虽生于阴气大旺之处，然成党势众，变弱为强矣。

1963年八月二十三日寅时生男：

四柱		大运
癸卯	大运	01、辛酉
壬戌		11、庚申
丙戌		21、己未
庚寅		

丙火生于白露节内，阴气已盛。然支下寅卯与二戌皆合而化火，日元反强。壬癸官杀无根，庚金财星坐绝，格局已破。初运西方，旺财生官杀，官杀旺束身，尚能安分守己。二十一岁一入己未大运，伤官克制壬癸官星，身旺无束，步入歧途，为非作歹。二十九岁辛未年，太岁又逢伤官旺地，因抢劫罪被捕入狱，判刑三年。

子平举要歌

【原文】造化先须详日主，坐官坐印衰旺取——若甲子日生人，中用癸水，水能生木为印绶，谓之坐印，其余者同。

【注解】看命首先要看日主坐于何地。如日干是甲，坐子水为印绶，坐申金为七杀，坐寅木为日禄，坐午火为伤官，坐辰戌为财星。至于日干衰旺，则要以四柱配合而论。

【原文】天时月令号提纲，元有元无旺重举——提纲，月支所藏之物或金或水，以旺相者取之。

【注解】提纲就是月令。每个月支中都暗藏着一个、两个或三个天干，取格时应以旺相透出者取之。如月支是寅，寅中藏着甲丙戊三个天干，甲木是本气，丙戊是长生之气，取格时当以甲木为主。如果戊透者取戊，丙透者取丙，甲透者取甲，三者都未透出，仍以甲木本气取格。

【原文】大抵官星要纯粹，正偏杂乱反无情——既用官星，又嫌冲破，谓之无情。

【注解】官星一位得地为纯粹。一位得地，它柱又见为乱。正官得地，又见偏官为杂。正官被冲克为无情。如甲以辛酉为官星，一柱见之为纯粹，他柱再见辛酉为乱，他柱见庚申为混杂，他柱见卯木为冲，他柱见午火为伤。杂乱冲克都是无情，主凶。

1968年十二月十八日午时生男：

己酉	大	01、乙丑
丙寅		11、甲子
庚戌	运	21、癸亥
壬午		

庚金虽得年支酉刃为根，然丙杀高透，支下寅午戌三合官局，官杀混杂且官旺化杀，当取壬水食神制杀为用神。二十岁戊辰年，大运甲子，甲木合去己土，戊土克绝壬水，运岁子辰虽半合水局，但被寅午戌火局冲破，杀旺无制而攻身，因犯罪被枪决。

【原文】露官藏杀方为福，露杀藏官是祸胎——官露要清高，为人显达。杀露则凶狠，为人急暴。

【注解】官杀居天干曰露，官杀居地支为藏。正官气厚，七杀气暴，但是为福还是为祸，却要从全局配合来分析，与谁藏谁露的关系并不大。

丁酉
辛亥
甲申
戊辰

民国时期，第十五集团军总司令何柱国命造。辛金官星明透，申金七杀暗藏，妙在月令亥水偏印化杀为权，年干丁火伤官，去官留杀，格局取清，用神有力，所以手握虎符，执掌兵权。

戊申
辛酉
甲申
丁卯

官透杀藏。甲木虽时支见卯木羊刃，惜年月日二申一酉，杀气极盛，用丁火伤官制杀护身为用神。二十六岁癸酉年，大运癸亥，运岁干头二癸浇灭丁火用神，酉金冲卯，使日元无根，强杀攻身，因诈骗入狱，判刑六年。以上二例可说明藏透无关，命运全依格局配合之理。

【原文】官杀俱露将何拟，混杂财官取财议——露杀露官，杀有制不伤官，或有财生之方福，否则，小人挟制君子不能行道。

【注解】命局中官杀俱透，不论是去官留杀，还是去杀留官，只要格局能够取清，就为贵格。如果格局不能取清，官杀混杂，再逢财生，官杀愈强，攻身有力，就像小人挟制君子一样，使其不能行道，必有凶祸。

四柱	大运
癸卯	01、辛酉
壬戌	11、庚申
丙戌	21、己未
庚寅	31、戊午

日元丙火，年月官杀竞透，又得时干庚金财生，惜金水无根，戌土当令，反克官星，终是祸胎。二十九岁辛未午，大运己未，土气伤官极盛，旺土埋金，癸官无生，伤官见官，以致因抢劫罪被判刑三年。

壬寅 戊申 丙寅 癸巳	初看此造，壬癸官杀并透，得月令申金财生，似乎恶于上造。然此造月干戊土食神明透，合去癸水，叫合官留杀，格局取清，所以发贵。如果将戊土换为庚金，反生起官杀，那就是格局混杂，贫贱之局。

【原文】官旺怕官忌刑冲，官轻见财为福利——官旺怕官，如两官相遇，运岁逢之，见冲不利。官轻见财，以财为禄则吉。

【注解】命局中官星强旺，高透得势，他干或岁运再见官星，官星过旺化为七杀，反伤其身，是官旺怕官之意。如官星透干藏支，干头官星被伤食克害，支下官星逢冲破，虽有似无，所以忌刑冲。命局中官星轻微，不能为贵，最喜命局或运岁逢财星，因为财能生官，使其发贵。

庚寅 戊子 丙申 癸巳	丙火以子水为官星，居月令而司权，元神癸水明透。戊土食神虽盖头，却被庚财贴身生化，是官星强旺。三十四岁癸亥年，大运酉金，太岁又逢旺官，官多化杀攻身，因财而起官讼。此旺官怕官例。

己酉 庚午 庚子 己卯	女命。庚金日元以月支午火为官星，官星即女命夫星。被子水伤官贴身冲克，虽有似无，所以终生未嫁。此官忌刑冲例。

甲申 癸酉 庚辰 丁亥	王树常命造。庚金以丁火为官星，支下无根，全靠甲木财星化伤生官为用神。四旬后运入寅卯，财星得地，荣膺军职，手握虎符。此官轻见财为福例。

【原文】年上伤官最可嫌，重怕伤官不可蠲——年上伤官，克祖或伤祖业，月时重见，灾祸不能免。

【注解】年上为祖上宫，如果见伤官，主祖上破败或破败祖业。伤官为盗气之物，见一重已是泄气，如果重见必泄气太重，所以多灾祸。伤官重见，虽然不吉，如伤官叠叠，格成从儿，却以吉论。同时，伤官虽为凶神，只要配合得当，也能富贵。

戊子
庚申
庚申
庚辰

郭统制命造。庚申重叠，全局如铜墙铁壁，喜年支子水伤官，合申辰化为水局，强金戾气尽泄，反为秀气，所以官居统制。

1837年八月初三午时生男：

丁酉
戊申
戊申
戊午

清末名臣张之洞命造。日元戊土，年支见酉金伤官，月日二支申金食神重见，食重化伤是伤官叠见。妙在月日时三戊同心，丁火印绶通根午火，伤官佩印自是大格。更喜大运逆行，一路火木，六十年佳运。所以手握重权，镇守要津，成为清代中兴名臣。

己卯
丙寅
壬寅
癸卯

张大韶经历命造。壬水得年时二支卯木伤官，日月二支寅木食神也化为伤，支全强木。日元虽得癸劫助身，惜地支无根，势必弃命从儿，格局纯粹，故而发贵。四十六岁甲子年，大运酉金，日元得根不从儿，金犯木旺而亡。

【原文】伤官用财乃为福，财绝官衰福亦然——伤官主为人喜财，官旺若无财，主为人无福。

【注解】伤官喜财，因为财能化伤官凶气，且财旺也能生官，所以为福。如果命局中无财，官星临衰绝之地或不见官星，叫伤官伤尽，也能发福。

1592年十月二十五日申时生男：

四柱	大运	
壬辰	04、壬子	清太宗皇太极命造。辛金月日两见亥水伤官，元神壬水透年，丙火官星透时，可惜无根，是财官衰绝之造。三十五岁丙寅年，大运乙卯，乙卯之财化伤生官，从众兄弟中脱颖而出，继父帝位。而后十年，战无不克，攻无不胜。五十二岁癸未年，大运辰土，癸水强旺，食神化伤，克去丙火官星用神而崩。
辛亥	14、癸丑	
辛亥	24、甲寅	
丙申	34、乙卯	
	44、丙辰	

己未
丙子
庚子
丙子

蔡贵妃命造。庚金三见子水伤官，局中既无官星，也无财星，叫伤官伤尽。喜己未印绶制伤生身，丙火七杀调候生印，杀印伤皆为我用，秀气尽情引发，故嫁夫至贵。

【原文】贪合忘官荣不足，贪合忘杀为己福——官者，君子，既合之，不为人用。杀者，凶恶小人，合而去之，任其妄为，得所。

【注解】古人把官星比作正人君子，如果被合去，就不会有大用。把七杀比作凶恶小人，人本忌怕，若被合去，无人伤身，所以为福。实际上官和杀本身并无善恶之分，中和为用，官杀皆吉。过旺攻身，官杀皆凶。

甲子
丁卯
己亥
戊辰

民国初期，新疆都督杨增新命造。卯木七杀虽与亥合，但合而化杀，杀气益盛。妙在丁火偏印化杀为权，七杀反为我用，格局中和，故而贵至封疆。

壬寅 丁未 丙申 甲午	大 运	09、戊申 19、己酉 29、庚戌	日元丙火，年干壬水七杀，与月干丁火合而化杀，以上论应是合杀为福。然此造火炎土燥，最喜壬水调候润局。壬水通根申财，财杀相滋本美，然丁壬一合，合去用神。申酉庚三运，金强生水，身体健康。一入戌运，壬水临绝，旺火克金，用神尽失，火旺攻心而亡。

【原文】堪嗟身弱怕财多，更历官乡祸相逐——如甲申、甲戌，四柱见戊己为财，身弱逢之不利。或运至官乡，两官相争必有祸。

【注解】日主身弱，财多是身弱难任强财。岁运再至官乡，旺财生官，官旺化杀攻身，必凶祸连连。

丙寅 癸巳 癸未 壬戌	大 运	甲午 乙未 丙申 丁酉 戊戌	癸水日元虽得比劫相助，惜地支无根。财星司权，丙火明透，财旺生杀，日元有比劫相助，又不能弃命相从，是身弱财旺杀强之造。午未二运，父母早丧。申酉二运，日元托根，自创家业。戊戌一运，身弱财旺遇官，灾祸连连。

1958年七月初四戌时生男：

戊戌 庚申 丁卯 庚戌	大 运	08、辛酉 18、壬戌 28、癸亥 38、甲子	月令庚申专财，时干庚金重见，又得戊戌伤官生助，身弱财旺明矣。初运辛酉，家境极为寒苦，甚至靠讨饭度日。运入戊土，合卯化火，日元有力，做生意开始赚钱。二十八岁一入癸亥大运，强财生助旺杀，破财官讼，连年不断。

【原文】财多身弱食神来，食神会杀必为灾——食神，我生之子，益气之神。

合天合地有刑克，更宜达士细推裁。

【注解】身弱财多，又逢食神，食神是盗日元之气生财之物，使身愈弱而财愈强；再逢七杀，食神本可制杀，但有财星通关，反成食神生财，财生杀，杀旺攻身之势。弱主再逢强杀必生祸患。

1821年十月初九辰时生男：

辛巳		09、丁酉
戊戌	大	19、丙申
		29、乙未
丙戌	运	39、甲午
壬辰		49、癸巳

清同治年间曾任总督要职的马新贻命造。月日时三支戌戌辰三土，元神戊土发露，盗丙火之气而生辛财。丙火虽得年支巳禄，但难敌克泄交加，身弱食重财强，用禄之造。二十六岁丙午年中举，二十七岁丁未年中进士，皆因丙丁助身。二十九岁后运入南方，日元有力，可任财食，由知县直仕至总督。五十岁入癸运，太岁庚午，戊土合去官星，不制壬杀。岁干庚财与原局辛财化食生杀，杀旺攻身无制，七月甲申，又逢财旺之月，杀气益盛，遇刺而亡。

详解定真论

【原文】夫生日为主者，行君之令，法运四时，阴阳刚柔之情，内外否泰之道——以日为主者，如人行君之令，四柱尊日为主也。法运四时者，春夏秋冬也。假如孟春木旺火生，木能生火也。孟夏火旺土生，火能生土也。孟秋金旺水生，金能生水也。孟冬水旺木生，水能生木也。土旺四季，辰戌丑未月也，故法运四时。刚柔之情者，阴有刚柔，阳有刚柔。月令有气曰刚，无气曰柔。内外否泰之道，年月日时也，三元配合天干地支。凡天干地支透出日外，藏于干内，否，塞也，泰，通也。一岁之周，岁有十二月，日有十二时，盖积时成岁，岁与日，阴阳之主也。岁之正朝，日之从朝，君臣之朝令从命也。臣禀命于君，推之行之于身也。故人臣行君之令，则有贵贱吉凶之重。盖能期日不能期月也，日能期岁，不能期月也，故言日为主。日之主者，法运四时，法从常也。盖天地之气有四时，常用五行之气于春夏秋冬。故春之气温，木旺七十二日；夏之气炎，火旺七十二日；秋之气凉，金旺七十二日；冬之气寒，水旺七十二日；四季月土各旺一十八日，具计三百六十日以成岁功。赋云：播岁功四季以年。阴阳者，甲丙戊庚壬为阳干，乙丁己辛癸为阴干。凡推五行，阴阳匹配，上下不相偏者为贵命也。若柱中有偏阴偏阳者，刚柔也。见如木用金为官，其金秋生或带水火，则金刚矣。若金春夏生带丙丁，则木强而金柔矣。凡阴阳偏枯，不成配偶，虽金木见官鬼，妻财不兆，反为仁义俱无，刚柔不济。故偏阴偏阳之谓疾，此谓之有情无情也。凡术者且要明刚柔之情也。赋云：乾坤识其牝牡，金木定居刚柔也。凡看命者专以日上天元为主，定其祸福荣枯之理。支上天元曰外，支中所藏者为内。天干与地支所藏者人元，或为官、为福、为祸，方可定其吉凶之理。且如甲日生，甲子为印绶，甲寅为建禄，甲辰为财库，甲午为妻财，甲申为官鬼，甲戌为财官，若八月生正气官，大贵命也。甲以辛酉金为官星，若有丁火伤辛金之官，柱中有癸水则制其丁火，故癸水乃甲之印绶也。更要推详四柱内外吉凶而言之。当言元有财官，运临财官，多是荣达之命也。元无财官，复行财官而不发也。

【注解】推命时，日干是整个命局的核心，所以为君。其他干支，都是与干支相配而定喜忌，所以为臣。每个干支的强弱，先和月令较量。春季木旺，夏季火旺，秋季金旺，冬季水旺，土旺四季之月，所以言法运四时。阴阳刚柔是言全局配合。日主是阳干，他柱有阴干相配；日柱是阴干，他柱有阳干相配，是阴阳和谐，刚柔相济。如果日主是阳干，他柱也都是阳干，阳配阳为刚。日主是阴干，其他干支也都是阴，阴配阴为柔，阴阳失调，刚柔不备，即使发贵，也起倒不宁，动荡不安。例：

甲戌
甲戌
甲寅
甲戌

黄兴命造。四柱纯阳，天干一气，通根寅禄，戌中暗藏丁火伤官为用，玄机暗藏，名振四海，机遇重重。然平生胜败迭见，起伏坎坷，虽壮志凌云，终遗憾而亡。

内者，地支也；外者天干也；否者，凶也，忌神也；泰者，吉也，喜用也。一个命局只要根据日主与四柱干支强弱相配，明确喜忌，就能断出吉凶祸福。

原注所言元有财官，运临财官，多是荣达之命；元无财官，复行财官之地则不发之论，似有不妥。原局有财官，但财轻官弱，运临财官之地，助起弱财弱官者发。如果原局财旺官强，再行财官运，不仅不发，且有灾祸。原无财官之论，则要根据格局判断。身弱用印，财强无官，行官运大发。身强财弱无官，行官运财官有情，也大发。如果格成伤官吐秀，运见官星，伤官见官，不吉反凶。所以推命全在通变。

1900年七月二十七日戌时生男：

庚子
甲申
丙寅
戊戌

大运

06、乙酉
16、丙戌
26、丁亥
36、戊子

民国时期浙江吴兴陈立夫八字。日时支寅戌拱丙化火局，年月支子申半合官局，然申子官星气泄甲寅，身旺官弱，故取子水官星为用神。若取庚财为用，庚财贴身坏印反为不美。二十六岁运入北方，官星得助，一路风光，气象万千，官至组织部长、立法院副院长。此原有财官，因财官力弱，运临财官助起用神而荣达例。

但其可用不可用，则要根据命局与行运来判断。以本书所言辛金以丙火官星为例：

戊子		壬戌	
辛酉	大	癸亥	
辛巳	运	甲子	
丙申		乙丑	
		丙寅	
		丁卯	

清延熙尚书八字。月令辛酉专禄，时支申金，又得戊土生扶，身旺。子食本可吐秀，但被戊土盖头，只有取时干丙火官星炼金为用神。二十九岁丙辰年，大运甲子，甲财生丙官，中进士，选庶吉士入仕途。四旬后运至东方，官杀明透，官至礼部尚书。五十九岁丙戌年，大运丁卯，财杀助用，慈禧谒东陵，不欲行跪拜之礼，延熙坚持不可，面诤数四，太后甚怒，延熙从容无变，慈禧不得已跪拜如仪，史官称其为诤臣。原书云："八月生气退，其官不迁进矣"之说误矣。

【原文】进退相倾——假如辛金以丙火为官星，九夏生则是向官，主官迁进也。八月生气退，其官不迁进矣。柱用支神，旺相则有庆荣，若死绝休囚，则无庆。赋云：将来者进，功成者退也。

【注解】此言进气、退气。如用神是甲寅木，生于冬为进气，生于春为旺气，用之有力，多吉庆。生在夏季，功成者身退，为退气。生在秋为绝气，用神无力，他干再无生扶，多不美。水火金同论。

【原文】动静相戈——盖干为天，能动不能静。以支为地，能静不能动。甲乃干之首，子乃地之首，终为亥而复于子，周流不息，循环十二支。一动一静，一阴一阳，相代用之，至癸亥而终矣。不遇五神相克，三生定命，分成六十花甲子。言后世学者，要知其动静，可以知要诀矣。

【注解】天干为动，地支为静，此是常理。然最后有一个戈字，戈，克战也。此言原局干支本都是静态，但逢克战就变成了动态。不仅地支有对冲，天干也有冲克，如甲庚、乙辛、丙壬、丁癸、戊甲、己乙、庚丙、辛丁、壬戊、癸己等，都具有冲克的作用。所以在推八字时，要完全掌握静态和动态的变化，洞察冲克喜忌。看其喜神是被冲、被克、被生，还是忌神被冲、被克、被生。动静喜忌分清，吉凶自明。

壬子	大	庚戌
己酉		辛亥
戊戌	运	壬子
壬子		癸丑

这是明永乐二年（1404）甲申科状元、江西永丰人曾棨八字。戊土坐戌，戌中有暗藏丁火印绶。月干己劫，日元不弱。日时柱壬子财星，水土克战，取月支酉金伤官通关为用神。全局无冲无合，无克战，格局安静。三十三岁甲申年，甲木合己化土助身，申金合子化水引通秀气，是吉神发动，殿试永乐帝钦点状元，官授翰林院修撰。运至癸丑，癸财与日主相合，子丑相合化土助身，皆为吉动，官至《永乐大典》副总裁，少詹事。

【原文】取固亨出入之缓急——固者，坚也；亨者，通也。欲知贵贱吉凶，必须先看生日身根坚固。更看四柱财官有无破害，自然亨通。出入者，行运出入也。此即阳男阴女顺行出戌入亥之类。如男命壬癸日生，运在戌，为火土方聚之地，是财官吉运。出戌入亥为财官死绝之地，虽临身旺之乡，终为凶运。我克者为妻财，在生旺之处多福庆。皆以同五行体用阴阳，支用克身为官鬼之乡，日干克运为财聚之地。皆从生月起运，如当生四柱财官之类，不居休败之地，运到财官之乡，凡官进皆荣达而急速。或当生无财官，日干无气，又行财旺之乡，凡所以为财，皆退散而不成。须运临吉庆，反因福以为祸。灾来而急速，虽荣发亦迟。赋云：乃行来出入抵犯凶方。

【注解】日主旺为坚固，四柱配合得当，再逢好运，得福迅速；即使入滞运，为祸也缓。如果日主衰弱，不坚固，即使走上好运，得福也较缓慢；反之，如果走入滞运，受灾反迅速。这就是日元坚固与不坚固导致缓急的区别。推命时往往会遇到大运提前，推后的情况，该灾时没灾，该吉时不吉。这并非不吉、不灾，而是缓急有别。是急是缓，则要根据日主的强弱来具体判断。

【原文】求济复、散敛之巨微——济者，进也；复者，退也；是功名进退。散者散也，敛者聚也，是财帛聚散。巨者多也，微者寡也，是五行当生，命运禀令，贵贱祸福之兆，发觉之众寡也。论财帛聚散者，若四柱有财帛之气，日干更旺，更有败财、羊刃，运临财之乡，则居局中财多而大发也。若原有财帛，却被鬼夺之，日主又衰，运临财旺之地亦不发福，定是损财伤妻。故其根源浅薄，居福寡也。赋云：福星临而祸发，以表凶人。

【注解】济者，救济，生扶也，用神也。复者，重复也，忌神也。此句与上句要连起来分折。日元强旺，有救济喜用之神，吉气敛集，发福则巨，得祸则微。相反，日元衰弱，忌神叠见，吉气散漫，为灾则巨，发福则微。原注言财物散敛巨微，似与原意不符。

至于财巨财微，福大福小，还是祸大祸小，则是审用神力量之大小与用神受损之轻重而判断，并非依日干强弱而定。

1885 年三月初三申时生男：

乙酉	大运	05、己卯
庚辰		15、戊寅
壬寅		25、丁丑
戊申		35、丙子

这是民国时期叱咤政坛的五省联军总司令、山东泰安孙传芳八字。年月柱干支皆合而化金，时支申金，印旺身强。若取寅木食神吐秀为用神，酉申贴身冲克，虽有实无。戊土虽弱，但通气月令，取之束身以为用。初运己卯，卯木伤官乃制杀之神，幼年凄苦。十一岁乙未年，乙伤克去戊杀，父丧后随母以讨饭为生。十五岁入戊土大运，流年己亥，戊己助用，其姐嫁给山东武卫右军营务处处长王英楷为二房，母子才有了安身之地。后经王英楷保荐，上了武备学堂，从此步入军旅。运至丙子，财生杀旺，自任浙闽苏皖赣五省联军总司令，雄据东南，成为当时最有实力的军阀。四十四岁戊辰年，看似旺杀助身，惜运岁局申子辰三合水局，冲破戊堤，竟致全军覆没。五十一岁乙亥年，大运亦乙亥，不仅运岁伏吟，且运岁局三乙克绝戊土用神。于 11 月 13 日在天津紫竹林被施剑翘在背后连开三枪杀死。

丁卯		07、乙巳	
丙午	大	17、甲辰	
		27、癸卯	
丙子	运	37、壬寅	
壬辰		47、辛丑	

民国时期云南蒙自龙济光八字。丙火月令得刃，干透丙丁，又得卯木生扶，身强。壬水七杀虽得子辰水局为根，然失时失势之水难敌得时得势之火，只有取壬杀束身为用神。二十七岁癸巳年，大运癸水，运岁二癸助杀，得两广总督岑春煊赏识，升边防军济字营统领。四十二岁戊申年，申子辰三合水局，署广西提督。四十七岁癸丑年，大运辛丑，财官并美，升广东督军兼民政长，掌握了一省的军政大权。五十二岁戊午年，戊土克去壬水，午火冲破子水，免职逃亡天津。六十九岁乙丑年，大运己亥，己土克去壬水，丑土合去子水，病亡。

以上两造而论，孙传芳命局日元更强，何以祸大？龙济光命局日元没有孙造强旺，何以祸反小？答曰：戊土用神根弱且克重，壬水用神根强故也。

【原文】择日之法有三：要以干为天，以支为地，支中所藏者为人元，乃分四柱。以年为根，月为苗，日为花，时为果。又择四柱之中，以年为祖上，则知世代宗派盛衰之理。月为父母，则知亲荫名利有无之类。以日为己身，当推其干。搜用八字，为内外生克取舍之源。

干弱则求气旺之藉，有余则欲不足之营——以日为主，年月之中看有官无官，有财无财，有印无印，则贵贱可知。故年上为根苗，看年月中先有财官印绶，是根苗先有气也，然后日时内象开花结果也。经曰：根在苗先，实在花后。日为己身，搜用八字，有得吉神、凶神格局之类。喜者取之，忌者舍之。赋云：喜者存之，憎者弃之。日干弱求气旺之藉，日干旺却嫌气旺，怕太过反为不足之命，由此损财伤妻。本是天干地支，故看根苗花果之说，仔细详之。四柱年月日时，贵贱高低，则有根苗花实之类。如人命元有财官，运临财官则为福。当生无财官，运临财官则亦不为福。为根先生而后苗，花开而后有实。观乎前兆，以查其源，根在苗先，实在花后。又择四柱之中，以年为祖上根基田宅，世代宗派之宫，若与年月日合为富贵，更生月时不来刑害生年，则祖宗根基光华而不衰也。更得祖上名誉，实堪荫祖先田宅之福，为荣华而永不衰也。若反此则不然矣。以生月为父母之宫，若月内有财官之星，旺盛无冲破，更生日天元居生养之地，则人承父母之福。日干居死衰之地，为人虽有父母之福，终不为父长亲荫也。以日为己身者，是生日天元乃人己身也。自得之宫，必须推详。生日天元看临何宫之分，更看年月时中有何格局。若贵人禄马之类，并无破害，便为好命。值此生旺无刑害，则喜而取之为福。若当生之神而逢死绝休败，更值刑冲破害，则憎而弃之为祸。日干衰而求气旺之藉，且如壬癸、巳午之类，皆生日天元临死绝之地为身弱也。壬癸以丙丁为财星，以戊己为官星，巳午火当临官生旺之地，更加九夏四季生，则有官星并禄马之星，为有福气之庆，当有余乐也。若壬癸生人在冬月生，虽日干持其旺气，终身以不取富也。若财官之气俱皆旺水，火死土囚也，若人遇之，平生逸塞奔驰，难享用之人也。虽旺亦多成败，则官将不成，财将不住矣。且如庚寅日，乃是天干气衰弱也。三命云：为命多舛，遇鬼方受官旺，当有财官之贵矣。如庚金以乙木为财，丁火为官。寅，甲木临官，丙火长生，为官之旺地，为人当以全之分看，春夏则福矣。秋冬生人，要建旺，财官之气退散，遇死绝休囚之地，为人常有不足之营，家道寂寞难治也，定是克妻害子矣。日干衰则求气旺之藉，有余则欲不足之营也。

【注解】推八字以喜忌为主。年为祖上官，月为父母官，日支为配偶官，时支为子息宫。喜神居于何宫，何亲吉庆荣耀。忌神居于何宫，何亲破败灾咎。千万不要以财官居何宫论断。

日干衰弱，其他干支或运岁逢生扶日干之神，助起日主，任起财官，当可发福。如果日元过旺，财官无根叫身旺无依，是不足之造。即使见财官，也求吉反祸。

壬午
丙午
庚午
戊寅

戴纶总兵命造。庚金日元，年月日三见午火官星，时支有寅木财星，财官极强。庚金无根，本应从杀，但有戊土偏印生身，壬水食神制杀，是身弱财官强旺之造。就其命局而论，毫无贵气可言。妙在大运从己未开始，一路土金水迤逦而行，皆生扶日元之乡，身旺任起财官，发至总兵。

戊申
甲子
癸亥
壬子

日主癸水，支见二子一亥，申金合子化水，时干又得壬水劫财，水气极强。用戊土官星制水，戊土无根，反激水势。用甲木伤官吐秀，水泛木浮。局无用神，身旺无依，所以早年出家为僧。

【原文】干同以为兄弟——如乙以甲为兄，忌庚重也；甲以乙为弟，畏辛多也，此为伤之论。如辛多伤其乙木，庚多伤其甲木，如此则兄弟有克。四柱有用则为官贵也，不可一理而推。干同为兄弟者，盖生日天元比和相同之类。甲日生以乙为弟，柱中有辛金多，克乙木为不得姐妹之力也。乙日生人，以甲为兄弟，四柱中有庚金重克甲木，则生平不得兄弟之力也。凡看兄弟有无，效以此例推之。

【注解】兄弟是否得力，不能仅从有无生克兄弟之神判断，关键是要看兄弟之神在整个命局中的作用。如身衰财旺，或身衰食伤旺，身衰官杀强，用比劫助身任财，助身任食伤或助身敌杀者，必得兄弟力。如果身旺财轻，比劫夺财；官微财轻，用财生官而兄弟夺财者，必因兄弟而受累。

1973年五月二十五日戌时生男：

癸丑	大	06、丁巳	
戊午		16、丙辰	
壬辰	运	26、乙卯	
庚戌		36、甲寅	

壬水日元，支全火土，戊杀透干，当取庚金偏印化杀生身为用神，年干癸水劫财助身为喜。癸劫为喜，主得兄弟力。初运火土，家境清寒，上学期间的各项花销全靠姐姐资助。毕业后，工作、升迁等也全赖朋友帮忙。

1979年十月二十一日巳时生女：

己未	大	09、丁丑	
丙子		19、戊寅	
辛亥	运	29、己卯	
癸巳		39、庚辰	

日元辛金，癸亥子三水盗气，当取年柱己未偏印生身为用神，巳中暗藏庚金劫财为喜。此女从小患有小儿麻痹，行动不太方便，初中毕业后再未求学，工作也无着落。但其大姐的丈夫在铁路部门工作，大姐利用其便开了旅游公司，收入颇丰，不仅平时负担她的一切费用，且帮她成了家，买了房，安排好了一切。

【原文】干克以为妻财，财多干旺则称意，若干衰则反祸矣——财多干旺者，力能任财则为福。干衰力弱不能任财，反祸矣。赋云：财多身弱，正为富室贫人。

【注解】此论甚是，身旺财强，身能任财为福。身弱不能任财，反为财所累。如果日元极弱，财极强，日元弃命从财则另当别论。因此类格局身愈弱，财愈强，愈吉。

庚申
乙酉
丙申
己丑

丑土合酉化金，地支一派金气，丙日无根，全靠乙木印绶生身任财。然乙木也合庚化金，弃日主于不顾，日元无奈，只好弃命从财，格局纯粹，富贵无疑。此身愈弱，财愈强，愈吉例。

丁酉　黄初榜眼命造。秋水通源，支类西方，身强无疑。丙午旺
戊申　财，合戊化火，又得丁助，财星亦强。妙在戊杀高透，化财生
壬戌　印，印旺生身，不仅财印不碍，且财杀印均为我用。整个命局
丙午　气势流通，故而高中亚魁，跻身龙廷。

丙寅　此造初看，壬禄亥，根强。丙得寅生，亦强。属身旺财强
己亥　命格。可惜寅亥一合，日根化木，不助身反盗气，寅戌拱丙，
壬戌　财星成局，反成身弱财旺之局，身弱不能胜财，大运又一路木
壬寅　火之乡，身益弱而财愈强，故出家为僧。

【原文】干与支同，损财伤妻——干与支同者，甲寅、乙卯之类。又云：若地支同局之命，则损财伤妻。更月令气旺，年时未见财官，又无格局，穷必彻骨矣。凡干旺为妻财，财乃日干克他为财之星也。若柱中财多而日旺者，凡举动无不称意。经云：处世安然，财运有气。若反此财多而日干弱者，此命定因妻财而致祸，则因力衰不能任厚福。财多身旺者，假如己未年、戊辰月、甲寅日、癸酉时。甲以戊己为财，年月建居财库，当生年又得己未土重，乃天元贵人带财。合甲寅禄日建，其官禄财多官旺，则多称意也。假如一命，乙酉年、壬午月、壬午日、癸卯时。壬癸以丙丁为财，午月自持财旺之，丁逢火禄之乡，壬癸胎元绝之地，为身弱不能任重财。见壬癸为比肩分财，故因妻以致祸，卒死牢狱之中。术经云："六壬临午位，号曰禄马同乡。"此非虚论。是年月日时有卯字克子午中己土之官，故曰六壬日禄马同乡是也。赋云：福星临而祸发，以表凶人。干与支同，如甲寅之类，虽然强健，无他残疾，多主损财伤妻。若年月日时别入他格，或遇四柱中财官印之星，是贵显有权之命也。若三元无他格，四柱又无

财官印，反生气旺之月日，有背禄逐马之星，此命主穷必彻骨，克妻多数，终身无依，则是常人。赋云：小盈大亏，恐是劫财之地。

【注解】干与支同，叫作八专，有甲寅、乙卯、丙午、丁巳、戊辰、戊戌、己丑、己未、庚申、辛酉、壬子、癸亥等日。丙午、壬子等虽为羊刃，因干支五行同，所以也列入内。日支为配偶官，男命为妻官，妻官被比劫占据，必有夺妻财之意。如命局配合欠佳，日支为忌神，损财伤妻，在所难免。若命局配合得当，日支为喜用，不仅不会损财伤妻，反会因妻财富贵。

己未
戊辰
甲寅
癸酉

原注举例。甲木虽专禄，未辰中又有乙木相助，时干癸印坐官生身，看似日元不弱。惜未辰干透戊己，暗藏木气无法引出；癸水合戊，印绶之情不在日主。身弱财旺官强之局，全靠日支寅禄帮身为用。更喜大运一路木水助身，身旺可任财官，所以称心如意。

乙未
戊子
乙卯
丁亥

乙木坐卯得禄，与亥未三合木局，又得月令子水偏印生扶，年再透比，日元极强。戊财被二乙夹克，看似损财伤妻之造。喜时干丁火食神明透，化比肩之气而生戊土财星，有病有药，中年后又运行南方火地，用神托根，不仅不克妻损财，反得富贵。

丙子
乙未
辛酉
戊戌

辛金坐酉禄，又得戊戌未三印生扶，日元极强。乙木仅有未土中一点微根，是身强财衰之造。四十七岁壬戌年，大运庚子。庚金本有劫合乙财之意，然惧丙火，不敢妄动。今逢太岁壬水克去丙火，庚金无惧，趁机夺乙，该年夫妻离异。

乙酉
壬午
壬午
癸卯

原注中举例，并非干支同。壬生午月休囚之地，虽得一比一劫相助，又有酉金正印相生，终是身弱财强。卯木伤官化比劫生财冲印为病。初运辛巳、庚辰，巳酉、辰酉合金，庚辛生身，喜用并临，百事称心。一入己卯大运，己土克制壬水，卯木冲击酉金。旺神冲衰衰者拔，酉金用神受损，因妻致祸而死。此祸不在比劫，而在财伤，比劫反为助身之用神。

1007 年六月二十一日寅时生男：

丁未
戊申
乙卯
戊寅

大运
01、丁未
11、丙午
21、乙巳
31、甲辰

北宋欧阳修八字。乙木日主自坐卯禄，时支寅木，年支得库，日元不弱。乙木以土为财，月时二干明透，然日干戊财自坐寅劫，妻宫又被比肩占据，原局已暗伏克妻之象。二十一岁入乙木大运，虽比肩明透，但自坐巳火，又有原局丁火化生，乙木无力劫财，妻平安。二十七岁癸酉年，岁干癸水克去丁火，岁支酉金合去巳火且冲破妻宫，元配胥夫人卒。二十九岁乙亥年，岁支亥水冲破运支巳火，运岁二乙无化夺戊，继室杨夫人又卒。

1236 年五月初二子时生男：

丙申
甲午
丁巳
庚子

大运
08、乙未
18、丙申
28、丁酉
38、戊戌

南宋末名臣文天祥八字。丁坐巳旺，月令建禄，干透丙劫又得甲木生扶，日元极强。子水七杀失时失势，取庚申财星生杀为用神，财星为妻，故妻美而贤。四十三岁戊寅年，大运戊戌，不仅运岁局寅午戌三合火局冲破子水七杀，且太岁冲破申金财星，是年其妻被元军俘虏后杀害。或许会问，三十一岁丙寅年，也是冲破申财之年，且丙劫高透，何以妻反无恙？答曰：大运丁酉，财星根旺也。

【原文】男取克干为嗣，女取干生为子，存失皆例，以时分野，当推贫贱富贵之区——假令甲乙生人，以庚辛为子息。若女命甲乙生人，以丙丁为子息。更看时辰在何分野，轻重生旺，定居多少。看于四柱或有克子之星，可言无子矣。五行真假之论，鬼谷子曰：男取克干为嗣者，假如六庚日，午时生，乃子息多数，谓庚以乙为财，乙木能生火，火克庚金为子星。午时乃火之分野，丁火建禄之乡，当有子多生贵显命矣。若生于戌亥子时，则是金水分野，火绝之地，则生子息少矣。当主孤独贫贱之子，不然僧道、过房、螟蛉之种矣。女取干生亦然。论子息多少，于生时内参详，万无一失。看生时在何宫，当推其子星生落其时，宫分若在长生、沐浴、冠带、临官、帝旺之乡，定其多嗣，当生出美丽富贵之子。若在衰病死墓绝，无气胎养冲刑之乡，定主子少，当生孤苦贫贱之子。三命云：庚临坎位时衰兮，后裔凋零；时到离宫秋降也，儿孙满目。此之谓也。

【注解】克干者，是官杀，所以男命以官杀为儿女星。干生者，是食伤，所以女命以食伤为子息星。时柱为子息宫，子息星引到时上为旺，子息众多；为死绝则子息稀少。另书有这样一首看子息多少的歌：

长生四子中旬半，沐浴一双保吉祥。
冠带临官三子位，旺中五子自成行。
衰中二子病中一，死中到老没儿郎。
墓中养取他人子，入墓之时命夭亡。
受气为绝一个子，胎中头女有姑娘。
养中三子只留一，男女宫中仔细详。

意思是子息星在时支上是长生，主有四子；是死绝，则无儿，衰病等类此。

丁酉
己酉
庚子
癸未

益王命造。庚金以丁火官星为子息星。引到时上见未土为火衰之地，以上论应有二子，然此公竟有三十六子。

甲戌
丙子
壬午
丁未

杨一清阁老命造。壬水以戊己官杀为子息星，引到时支见未土，土气正旺。以上论应有五子，惜此公竟无一子。此两例说明该歌不足据，详见后“论子息”章。

【原文】理愚歌云“五行真假少人知，知时须是泄天机”是也。俗以甲子作海中金，即娄景之前，未知金在海中之论——理愚歌所谓“五行真假少人知，知时须是泄天机”，五行真假者，纳音是也，乃天地大衍数也。先论大衍四十九数，再次第将甲己子午九、乙庚丑未八、丙辛寅申七、丁壬卯酉六、戊癸辰戌五、巳亥当属四等数除之。除减不尽，又按五行之数除之。除者水一、火二、木三、金四、土五，相生取用，便是纳音也。相生者，余一生木，余二生土，余三生火，余四生水，余五生金。且如甲子乙丑四个字，干支共除了三十四数，外有十五数，以二五除了一十，余得五属土，土能生金，是甲子乙丑金也。又如丙寅丁卯四个字，干支共除了二十六数，外有二十三数，以四五除了二十，余剩三属木，木能生火，是丙寅丁卯火也。余者依此。岂得有金在海中，火在炉中之说。世有不肖之说，未遇明师，道听途说，错论古道，迷误后人，焉能中理。故将甲子乙丑金，喻子丑近北方水旺之地，为海中金。丙寅丁卯火者，寅卯近东方生火之地，如炉中之说。自汉时娄景先生以前，并无金在海中，火在炉中。子平之法，不用胎元小运，不用纳音，专以生日天元为主，配合八字干支并支中所藏者人元，或当生为财，为官，为祸，为福，依此参详。人命贵贱，得失荣枯，贤愚可知矣。赋云：在识其道，拙说犹神，才知玄妙之奥。歌云：五行真假少人知，大衍先排四九枝，当除甲己子午九，丑未乙庚八数推，丙辛猴虎同除七，卯酉丁壬六法宜，辰戌戊癸皆除五，巳亥当除四去之，后将五数追除了，除者相生莫要疑。水一火二木三是，金四土五最幽微。此是乾坤真甲子，知时须是泄天机。歌曰：六旬甲子妙幽玄，七七抽除地与天，五减零求生数理，纳音得此几人传。天地直杀，夫万物者，育乎天地，运乎四时，春以万物，滋荣如归。盖生之归藏，莫离乎土。土，坤艮是也。易曰：艮乃万物之始，坤乃万物之终。甲乃天之首，子为地之首，二仪之循环，一阳之来复，故甲子至壬申九数。甲己相合，子午相冲，故云甲己子午九。乙丑至壬申八数，乙庚相合，丑未相冲，故云乙庚丑未八。丙寅至壬申七数，丙辛相合，寅申相冲，故云丙辛寅申七。丁卯至壬申六数，丁壬相合，卯酉对冲，故云丁壬卯酉六。戊辰至壬申五数，戊癸相合，辰戌对冲，故云戊癸辰戌五。己巳至壬申四数，巳亥相冲，故巳亥单数四。赋云：略之为定一端，故究之翻成万绪矣。

【注解】五行真假，并非甲子、乙丑是金还是海中金之别，而是正五行和纳音五行之别。子平法是以日元为主，配合其他五行干支而成财官印食等论吉凶祸福，这种正五行为真。也有以纳音五行去定富贵贫贱者，纳音五行是假。

戊午		01、丙寅
		11、丁卯
乙丑	大	21、戊辰
		31、己巳
壬申	运	41、庚午
乙巳		51、辛未

民国初期曾任总理的赵秉钧八字。林庚白评曰：纳音两火两金，锻炼成器。戊午见乙丑为骊珠耀日，壬申见乙巳为灯花拂剑。宜其权兼文武，位至首揆矣。以子平生克之理推之，大寒后土旺，七杀透干，又得午丑申巳，暗藏戊己，为之羽翼，杀旺身弱，其理甚明。故辛运正印，生扶壬水日元，强台直上，最为得意。一交未运，丑未冲动正官，官煞益争权不已。甲寅流年，寅申巳三刑，七杀长生，宜罹不测矣。

按：纳音两火两金：戊午纳音天上火，乙巳纳音覆灯火，乙丑纳音海中金，壬申纳音剑锋金。

骊珠耀日：乙丑纳音海中金，为无形之珠。戊午纳音为天上火，为日。

灯花拂剑：壬申纳音剑锋金为剑，乙巳纳音为覆灯火。

此局林庚白先以纳音论格局，后则以正五行生克论吉凶，足证纳音五行为假，正五行为真。

【原文】或以年为主者，则可知万亿富贵相同者。以甲子年生，便可为本命忌日之戒——世之谈三命者，皆古法，往往多以年为主，则可知万亿同者矣。小运纳音为论，则水之涣漫而无所归矣，富贵有相同者谬矣。故子平法专以生日元为主，日下支为妻，言生年为本为根，又为祖上田宅之宫。如甲子生，便为本命太岁之尊神，忌生日支干与太岁冲并战斗克害，为本主不和，则人生来不靠祖业田宅，破败宗亲，应难依靠。若生月时与本命干支会合入局，或遇财官贵气，则生平当有祖宗田宅，根基丰厚，声誉之美也。

【注解】论命法有以年为主者，然一年要生万亿之人，富贵岂能相同。子平法却以日干为主，以年为本命，忌日主与年柱冲克，这是不二之法。（详见前“论日为主”）

至于得不得祖宗之力，则要根据格局与六亲论断。

1907年正月初七酉时生男：

丁未		05、辛丑
		15、庚子
壬寅	大	25、己亥
己亥	运	35、戊戌
		45、丁酉
癸酉		55、丙申

日本从事眼镜制作的老板佐滕俊雄八字。己生寅月，木旺土虚，壬癸亥三重财星又化食生官，身弱财强官旺，取年干丁火印绶化官生身为用神，未土比肩助身为喜。十五岁入庚子大运，干支皆忌，父亲经商失败，以致未能继续上学。后到眼镜公司工作，与眼镜结下不解之缘。戊戌一运，劫财助身，戌寅有拱火之情，与友人合资创业，从事眼镜批发与零售。后又创办一家公司，年营业额达三十八亿台币。

按：此局财官皆在月柱，且与日主有生合之情，当主祖上根基丰厚，然本造父亲经商失败，连学也上不起，何也？财官为忌神故也。十五岁入庚子大运，太岁辛酉，忌神大盛也。

丁未		壬寅
		辛丑
癸卯	大	庚子
		己亥
辛丑	运	戊戌
乙未		丁酉

清大学士耆英八字。辛生卯月，未土合卯化木，乙木原神透出，癸水食神气泄卯财，不能制杀，反辗转生杀，弃之不论，取丑未偏印化杀生身为用神。运至辛丑，以荫生授宗人府主事，步入仕途。五十岁甲辰年，大运丁酉，授两江总督。六十二岁戊申年，官至文渊阁大学士。

按：此局年柱丁未与日柱辛丑天克地冲，以本文论主“破败祖宗，应难依靠”。然本造的父亲禄康官为东阁大学士，以年为主之说不可信矣。

【原文】以月为兄弟。如火命生酉戌亥子月，言兄弟不得力之断——月为兄弟之宫，为男取比和，同类便为兄弟之星。且如六丙日生人，以丁火为弟妹；六丁日生人，以丙火为兄姐。若临酉戌亥子月，言兄弟不得力之论。谓酉月火死，戌月火入墓，亥火绝气，子月火怀胎，故言兄弟不得力断。其余依此而推。

【注解】火命是指纳音，这与子平论命不符，后人多弃之。如是火人，即日元天干是火者，以巳午丙丁为兄弟，火临酉戌亥子月为死绝之气，兄弟无力，似乎有一些道理，其实不然。兄弟得不得力，不在于是强还是衰，而在于是喜还是忌。如果身强不喜比劫，比劫再有力也是忌神，越有力越受其害。相反，身弱喜比劫帮身，比劫再弱也会得兄弟之助。

【原文】以日为妻，如在冲刑克杀之地，言克妻妾之断——论妻妾者，以生日支辰为妻妾之宫，无所克之物为吉。若在空刑克害之地，则克妻妾，不然重婚再娶，克之轻者，主疾病。

【注解】日支为妻妾宫，逢刑冲克杀，妻妾宫受损，其妻多有生离死别之患，与子平法相符。若将妻宫与妻星结合同参，则更合命理。

乙酉 壬午 庚戌 戊寅	妻宫之神戌土偏印与寅午合全火局克身。妻星寅木也与午戌合全火局，化杀克身。全局火气极盛，攻身为病，妻星与妻宫之神均化为忌神，所以先后与五个女人同居，并三次离异，又结了第四次婚。
戊戌 甲寅 戊午 壬子	六祖惠能命造。戊土以子水为妻星。居于时支，与日支妻宫之神午火贴身冲克，妻宫妻星皆受损，所以一生不娶。再看命局，年月日支全火局，全靠时柱壬子润局，然强火冲去弱水，是冲去喜神，身旺无依，运至丁火，又合去仅有壬水，削发为僧。

【原文】以时为子息，临死绝之乡，言子少之断——论子息之多少者，当以生时为子息宫。男取克干为子嗣星，女取干生为子息。若临死墓胎绝衰病之地，子息甚少。如男命六乙日申时生，当有子息多。乙木以庚金为子息，申时乃金之分野，庚金建禄之乡，故言子多也。若生在子丑寅卯巳午时，为子息少之断，谓居克墓绝胎受制之乡。或四柱中有刑破克害损于时者，定是晚年少嗣。纵有亦须僧道过房，贫贱夭折，螟蛉出走之辈也。

【注解】子息多少，应与全局配合，喜神居时柱，子息多且吉庆。忌神居时柱，子息少且多灾或顽劣。同时要与子息星合参，子息星强旺，子息较多。子息星衰弱，子息必少。局无子息星，则以用神作参考。

丙子
戊戌
辛未
己丑

以上论，子息星丙火引到时上为养，且日时二支丑未相冲，子息宫受损，应无子息。然此君却生儿女各一，一个研究生毕业，一个大学本科毕业。依命理当如此分析：先看子女星，丙火明透，戌未中皆暗藏丁火，虽丑未冲损一丁火，仍有一丙一丁、一明一暗、一阴一阳，所以生一男一女。再看全局，土旺有埋金之忧，丑中有暗藏辛金助身，丑居子息官，所以有子且贤。

1938年正月十六日寅时生男：

戊寅
甲寅
戊寅
甲寅

大运：07、乙卯 17、丙辰 27、丁巳 37、戊午 47、己未

日元戊土，甲木六重，杀重身弱。年干有戊土比肩助身，又不能从杀，只有取寅中暗藏丙火化杀生身为用神，戊比助身为喜。戊土以甲寅七杀为子嗣星，引至时上为临官，主多子嗣。然本造一生未有儿女，七杀全彰无制也。足证其说不可信。

【原文】盖此论之皆非人之所为，造物阴阳之所致。倾世术士，不知斯理而潜乱于俗，不可言传，当考幽微之妙矣——前篇论生年于祖，乃父母世代宗派盛衰之宫，切忌四柱中有刑冲破害之物伤于当生年，应主祖宗暌败根基，有亲荫无依也。以生月兄弟之宫，若此比和者，兄弟之星也。若临死绝墓胎之月，言兄弟不得力也。以日辰为妻妾宫，若临空刑克害之地，言克妻妾也。以时为子息之星，子星若临死墓绝之乡，言子息少之断。赋云：论其眷属，忧其死绝。《三命》云："四柱观其九族，三元辨其六亲。"凡父母祖宗为依倚，兄弟如手足，妻子如心腹，孰不有亲爱之眷属哉。盖上亲多寡、存失、贵贱、荣枯、衰旺，皆非世人可得能为，实天地之造化，诚阴阳之所致，鬼神不能移矣。古云：自古贤达之士，博通精典，穷理书性，深明造物之发端，五行无不通晓。吾夫子云："不知命，无以为君子。"

今世不肖之术士，不能通变之，明阴阳造化幽微之理。差之毫厘，谬之千里。其斯之谓与！是以五行辨通之道，取用多门。故不可言传，当考幽微之妙矣！

喜忌篇

【原文】喜者，吉神也，忌者，恶神也。四柱排定，三才次分，专以日上天元，配合八字支干——凡看命先看四柱年月日时，次分天地人三元。干为天元，支作地元，以支中所藏金木水火土为人元。年为基本，月为提纲，日为命主，时为分野。故以日上天元配合，取其财官印绶，有无败伤争斗，论其八字也。

【注解】推命首先要根据出生年月日时排定四柱，找出天元、地元、人元，再与日主相配合，取出财官印食等，方是立定了八字。如1997年三月二十五日丑时生人，四柱及财官排定如下：

财官	天元	地元	人元	财官
偏财	丁	丑	癸 辛 己	比肩 偏印 偏官
伤官	甲	辰	乙 戊 癸	食神 正官 比肩
日元	癸	卯	乙	食神
比肩	癸	丑	癸 辛 己	比肩 偏印 偏官

【原文】有见不见之形，无时不有——碧玉歌曰：甲官辛兮柱无

有，支内宜精究卯冲，酉金喜合巳酉丑，如无喜绝衰旺休。或三合，六合贵地，虽禄马、妻财、子孙、父母、兄弟皆是有见不见之形，无时而不有也。

【注解】局中虽不见官星、财星等，但它柱可以冲来、合来，如甲以酉金为官星，局中不见，有卯可以冲来，有巳丑或辰土可以合来。虽形不见却存于无形之中，与以后的遥冲、遥合等格相似。

丁卯
甲辰
甲辰
丁卯

一知县命造。甲木以辛酉为官，局中不见点金，是局无官星。以上论年时二支卯木可冲来酉官与辰土相合，所以发贵，这种理论完全背离了子平论命法。如上造，两干不杂，二丁伤官明透，化卯刃而生辰财，格局清纯，故而发贵。若非大运逆行水金，用神不力，绝无如此造就。此造贵在二丁伤官，与冲官合官毫无关系，如此才符合子平法。

庚午
己卯
甲辰
甲戌

大运：庚辰 辛巳 壬午 癸未 甲申 乙酉

明福建晋江张瑞图八字。甲木虽生卯月木旺之时，然午火盗泄，三重旺财党杀攻身，反是身弱。辰中暗藏癸水被戌土冲破，无法取用，只有取卯木羊刃助身为用神。三十七岁丁未年，大运癸水，癸水化杀生身，未土合卯化木助身，科场顺遂，殿试摘取探花，授修撰。为官时依附魏忠贤，官至礼部尚书兼东阁大学士，成为内阁重臣。五十九岁戊辰年，大运乙酉，大运与月柱天克地冲，冲破卯木用神，坐赎徒为民。

按：此局不见酉金官星，然卯能冲来酉官，辰能合来酉官，但此局贵在卯刃助身，酉运冲破卯木而败，有形之酉官尚为忌，若真能冲来合来，命主则一生贫贱矣。

【原文】神杀相伴，轻重较量——神者，贵人也。杀者，七杀也。若神杀混杂，看人节气深浅，或有去官留杀，或去杀留官，四柱或岁运亦当知轻重较量。

【注解】官星为君子，故为神。七杀为小人，故曰杀。也有人称财官印食为四吉神，称杀伤枭刃为四凶神。命局中吉神凶神混杂，看何轻何重，分辨吉凶。

丁酉
己酉
甲寅
壬申

一尚书命造。酉金正官，既得月令之气，干头己土财生，年支又重见为重。申金七杀得月令之气亦重。甲木日元虽坐禄，但失时势寡为轻。壬水偏印通月令和时支之气为重。用壬水泄官杀之气而生弱身，格局中和，轻重均衡，故贵。

癸丑	大	癸亥	这是明嘉靖十七年殿试榜眼、江西泰和罗理八字。癸水官星通根子水为神，时支亥水七杀，是神杀相伴。然寅木合亥化木，是合杀留官，格局取清，故殿试摘取榜眼。
甲子		壬戌	
丙寅	运	辛酉	
己亥		庚申	
		己未	

【原文】若乃时逢七杀，见之未必为凶。月制干强，其杀反为权印——此论时上一位贵格。只有一位，方可为贵，别位不要再见，始为清贵。若年月上再见之反为辛苦艰难之命。要日干生旺，不畏刑害、阳刃。为人性重，刚执不屈。若四柱中元有制伏，却要行官旺运，然后可发福，又不可专言制伏，贵在得其中，乃尽法无民之命。假如史弥远之命，甲申、丙寅、乙卯、辛巳。此用日干旺，时上偏官，月上制伏，得其中和，故为贵矣。

【注解】七杀为凶神，见之宜制，方为我用。但制伏要得当，杀强制浅固不宜，杀浅制强也不一定为福。

己丑
丙寅
甲戌
庚午

唐皋状元命造。甲木生于寅月建禄，身强。支全火局，制伏庚杀，看似杀浅制强，妙在己丑湿土，化火养金，制伏得当，故而独占鳌头。

甲申
丙寅
乙卯
辛巳

原注举史弥远命造例，言其制伏得当，得其中和，故贵。详析此造，丙伤得巳禄，火气极盛，辛金七杀自坐伤官，根基申金也被寅木冲掉，制重杀浅。二十四岁丁未年，大运戊辰，财生杀旺，进士得中。四十五岁戊辰年，大运辛未，杀强制旺，制伏得当，官拜右丞相兼枢密使，独柄朝政。七十岁癸巳年，大运癸酉，巳酉化金，运岁二癸灭丙，制伏全无，杀旺攻身而亡。

【原文】财官印绶全备，藏蓄于四季之中——此论杂气财官印绶格。四季时辰戌丑未也，乃天地不正之气，为杂气也。盖辰中有乙木余气，壬癸之库墓，有戊己之土。辰戌丑未各宜所藏之气而言之，此暗蓄杂气，为我之官星、财气、禄马、印绶也。须看四柱天元透出何字为福，次分节气浅深。若杀旺官少要制伏，喜财。若主旺相冲，要行财运库旺。大抵福聚之地不可破，如无所忌大发财。假如史太师命：丙戌、戊戌、甲午、己巳，杂气财官格。此命用辛官，己为财，戌中有辛金余气，戊己土财旺生官，所以富贵两全。但墓库中物，自扃钥以闭藏，要有刑冲破害开扃钥之物，则言发财官之贵矣。若四柱原有刑冲破害之物，再不要逢此运气，则反贵为贱。元若无财又喜行此运矣。学者宜细推之。

【注解】辰戌丑未是天地不正之气，金木水火土均藏其内，所以叫杂气。杂气取格以透出为清。如辰土透癸透戊，丑土透己透癸，未土透丁透乙等是。库宜冲克之说为俗论，无依据。

如丙生辰月，其他天干有癸或地支有子水合辰，以官库论。若无子合水透，任戌来冲，不冲是土，冲还是土，绝无论水之理。任铁樵在《滴天髓》中说：所谓墓库逢冲则发者，后人之谬也。墓者，坟墓之意。库者，木火金水收藏埋根之地。譬如得气之坟，未有开动而发福者也。并举下一例说明：

辛丑　　乙财通根未库，丁火亦通根未土，是财官通根有气。嫌丑
乙未　冲未，灭去未中丁火，克去乙木，辛金又克乙财，财官失根，
庚辰　虽有如无。运入壬辰，丁官尽伤，妻子两损，家业荡然无存，
丁丑　削发为僧。此丑冲未为忌，并非为喜也。

丙戌　　原注举史太师命造。言其为杂气财官格，用辛官己财，戌
戊戌　中有辛金余气，戊己土财旺生官，所以富贵两全。此论大谬。
甲午　甲木无根，戌土合午化火，辛金荡然无存，甲己又化土，化格
己巳　极纯而贵。若用财官，身极弱怎敌强财旺伤，贫贱无疑。

原注又云："若杀旺官少要制伏，喜财。"此说误极，杀旺官少，官亦化杀，若再见财，财能生官杀，使官杀愈强，必发凶祸，何喜之有。如下例：

1908年八月二十一日戌时生男：

戊申	大运	08、壬戌
辛酉		18、癸亥
甲戌		28、甲子
甲戌		38、乙丑

甲木支下无根，仅得一比，地支申酉戌西方一气，官旺化杀，身弱为病。初运北方，印绶化杀生身，得机遇做了国民党特工。三十二岁己卯年，卯木羊刃虽为甲木之根，但被酉官冲破，变节投靠汪精卫的特务机关七十六号。三十八岁入乙丑大运，流年乙酉，运局丑戌旺财生合酉申官杀，以汉奸罪被逮捕下狱。三十九岁丙戌年、庚寅月被枪毙。

【原文】官星财气长生，镇居于寅申巳亥——财官生旺于四孟，寅申巳亥乃五行长生之地。假如壬申、辛亥、己巳、丙寅，此命先荣后辱。己用甲为官，亥中有甲木长生。己用壬为财，申中有壬水长生。己用丙为印绶，寅中有丙火长生，此为四孟凶局。

【注解】寅申巳亥是五行长生之地，财星和官星为用是见长生，必然吉庆。

己卯
壬申
丁未
壬寅

彭泽都堂命造。丁火虽生申月休囚之地，但得寅木与卯未合木生助，印旺身强。壬水正官虽双透，然月干壬官被己食贴身克制，时干壬水气泄于寅，似乎难以发贵。喜月支申金正财司权，为壬水官星长生之地，贵气得生，官至都堂。

丙辰
庚寅
辛酉
戊戌

陶谟御史命造。辛金坐禄，月干见劫，又得戊戌印生，强金最喜火炼，丙火孤虚，无力制金，妙在月支寅木，财星司权，生起弱官，贵气发越，贵至御史。

乙亥
辛巳
丙申
庚寅

大运：庚辰　己卯　戊寅　丁丑

丙生巳月建禄，时支寅木印绶，日元不弱。然亥水冲巳，申冲寅，日元之根尽拔，似乎不妙。造化之妙，就妙在平中隐奇，病中有药。此局月日二支巳申一合，不仅解其四冲，且成四合，于是乎庚辛旺财生巳申合之水，巳申合之水生寅亥合之木，木旺生身，身旺可任财官，官至三品，富贵双全。

甲寅
壬申
癸巳
癸亥

大运：癸酉　甲戌　乙亥　丙子　丁丑

申金当令，秋水通源，壬癸亥三水助身，日元极为有力，当取甲寅伤官吐秀生财通关为用神。不料日月二支巳申一合，财星反化为劫财，更加运走北方，连克三妻，破耗异常。直至寅运，合亥冲申，巳火得解，方得温饱。一入庚运，制伤生劫，喜用两伤，不禄。

以上两造皆寅申巳亥全，然一吉一凶，何也，冲合喜忌不同也。

原注言四孟凶局很是偏激，就以所举例论，壬申、辛亥、己巳、丙寅。亥水司权又得申金生助，身弱财强，全赖巳火印绶生身。甲寅、乙卯、丙辰三运，旺木化水生火，格局中和，故能先荣。丁巳一运，二巳冲亥，原局水旺变为水弱，身弱变为身强，身旺无财叫无依，故而后辱，实与四孟吉凶无关。

【原文】庚申时逢戊日，名食神专旺之方。岁月犯甲丙卯寅，此乃遇而不遇——此论专旺食神格。戊以庚为食神，申中有庚金建禄。戊土用水为财，申中有水长生，乃财旺也。戊用乙为官星，庚能合卯中乙木为戊土官贵气。若四柱透出甲丙卯寅四字，则坏了申中庚金贵气，此乃遇而不遇。假如己未、壬申、戊子、庚申，此谢丞相之命。

【注解】庚申时逢戊日，食神带禄，身旺无破，富贵双全，此因食神得用故。原注言庚金能合来乙木为官，却属误谈。原局有合方论合，无则不论合。戊土若也会合来癸财，命局就不会偏枯了。更何况即使合来乙官，也被庚金克合，又岂能为贵。

己未
壬申
戊子
庚申

原局举谢丞相命造。申金食神司权，时柱又见庚申。戊土虽得己未相助，仍嫌泄气太过。喜大运逆行，一路土火助身，身旺任食，贵至极品。若大运顺行，金水连环，身弱难任财食，必无此造就。

甲戌
丙子
戊寅
庚申

戊土通根年支戌土，丙印得甲寅生助有力，印旺身强，应以庚申吐秀为美。惜寅木冲申，庚食无根，仅剩下天干木火土金一顺相生一点秀气，所以官只县令，仅为百里之尊。

1969年十月初十申时生男：

己酉	大	04、甲戌
乙亥		14、癸酉
戊戌	运	24、壬申
庚申		

戊土坐戌，年干己土，看似不弱。惜庚申食神又得酉金相助，盗气太重为病，当取戊己比劫助身为用神。三十岁戊寅年，大运壬申，不仅运岁天克地冲，且寅合亥解寅申冲，运局一庚二申一酉盗气，寅亥合木攻身，克泄交并，命主该年在工厂因液化气中毒身亡。细析此局，庚申专食无冲无破，反而大凶者，食神为忌神之故。

【原文】月生日干无天财，乃印绶之名——此论印绶格，十干生我者是也。为父母、为生气，又能护我之官星，故印绶无伤官之患矣。大要生旺，忌死绝，若四柱中元有官星尤好。忌见财气，格行官运则发，若行财旺乡，贪财坏印，祸患百端，行死绝运必受其伤。假如丙辰、甲午、己未、丁卯，此命月生日干为印绶，系高和尚命。大运丁酉，流年壬午，当年三十岁，至元十九年三月二十四日遭极刑。故谓印生逢死绝之运，又见壬来破印也。此当年用天元，大运用地支。

【注解】印绶是生助日元之物，最喜官杀生助，最忌财星克破，这是常论。如果财藏印透，或财印间隔官杀，也无大碍。如果印绶过旺，却喜财星坏印，方能发迹，故要活看。（详见后《论印绶》章）

己未
甲戌
癸丑
庚申

年月干甲己化土，年月日三支一官二杀，杀气极盛，攻身为忌。喜时柱庚申专印，化杀生身，一物两用，贵至参政。

甲戌 丁卯 丁卯 癸卯	民国时期曾任东北赈灾委员会委员长朱庆澜命造。卯旺身强，癸杀虚透无根，卯木尽泄杀气，以戌中暗藏辛金偏财损印生杀为用神。三十九岁入辛未大运，太岁壬子，辛金坏印助杀，任黑龙江省都督府参谋长，壬申一运，财官皆强，升广东省长，癸酉运入主中央。此喜财损印例。

再看本注所举高和尚例，丙辰、甲午、己未、丁卯，言其壬午年三十岁遭极刑。细推此造，壬午年当是二十七岁，大运丁酉。再看全局，火强土旺，甲木官星全靠卯木为根。运至丁酉，酉金冲卯木，甲官无根，格局破损而遭极刑，并非印临死绝之故。何况壬午年丁印得禄，命不得死。

【原文】日禄居时没官星，号青云得路——此论归禄格，要四柱中无一点官星，方为此格，为青云得路。最要日干生旺，兼行食神、伤官之乡可发福。但归禄有六忌：一忌刑冲，二忌作合，三忌倒食，四忌官星，五忌日月天元同，六忌岁月天元同。犯此六者，不可一例以为贵矣。假如甲子、丙子、癸丑、壬子，此是张都统命，乃子多为聚禄归禄矣。

【注解】日禄居时，日元得助身旺。无官杀制束，必喜食伤吐秀生财，方得中和。身旺无依，归禄亦贫。用食神忌偏印倒食克制，用伤官忌正印克制。还要全局配合得宜，方能贵显。如身弱食伤重、财重，归禄亦贫。若见官杀，则当另以他格论。

壬戌 甲辰 甲辰 丙寅	王光日给谏命造。甲木归禄于时，月干得一比肩，日时二支辰土中有乙木余气，日元不弱。丙火食神明透，吐秀生财为用。格局清纯，位至给谏。虽贵不显者，壬水偏印枭神明透为忌，若换为甲丙，当另有一番气象。

1972年十一月十二日亥时生男：

壬子			
壬子	大	07、癸丑	
壬午	运	17、甲寅	
辛亥			

壬禄亥，居时支为归禄，年月二柱壬子重见，水势极强，午火孤立无援，倍受欺凌。若弃午火不用，本造出生新疆，地冻天寒，毫无生机，还必以午火调候为急。二十二岁癸酉年，庚申月，大运甲寅，强金克去甲寅食伤，因抢劫杀人罪被捕，于乙丑月，庚申日，壬午时被枪决。这说明即使归禄，也要全局配合得宜方吉的命理。

甲子
丙子
癸丑
壬子

原注举张都统命造。癸水得年月时三禄，时干壬劫，水势极强。虽甲木能化水生火通关为用，惜水泛木浮，湿木难生弱火。妙在丁丑运后，运入东方，继而南方，喜用托根方能发贵。若大运逆行，亦贫贱之人，归禄也无用。

【原文】阳水叠逢辰位，是壬骑龙背之乡——如壬辰日生，遇辰字多者贵，寅字多者富。盖壬以己土为官星，丁火为财星，辰巳暗冲戌中之官库，所以贵也。寅字多能合午中之财，所以富也。诗曰：阳水多逢辰字乡，壬骑龙背喜非常，柱中俱有壬辰字，富贵双全在庙堂。

【注解】壬骑龙背是言命局中辰多，冲开戌土官库，日元得用，此理不通。其一，辰土也是土库，其中也暗藏戊土，为什么要舍近求远？其二，冲主散离，原局中有亦可冲散，原局中没有又怎么会冲来？这种理论与子平论命法不符，故后人多弃之。

庚辰
庚辰
壬辰
庚子

赵丞相命造。壬水虽时支见刃，然年月日三支辰杀重叠，攻身为患，最喜三庚透干，化杀为权。三旬后运至西方，用神托根，一发而起。此造贵在庚金，并非辰土。

壬子　　曹一鹏庶吉士命造。日月时三支辰土重见，杀重为祸，用
甲辰　月时二干甲食制杀护身为用。可惜二甲无根，大运亦与用神相
壬辰　背，所以功名远不如上造。此造贵在二甲，亦非辰土。
甲辰

壬辰　　女造。壬水叠逢，支见二辰，依理合格主贵。然此造不仅
戊申　家境贫寒，且夫妻不和，何也？壬水以己土为夫星，局中不见，
壬辰　便取戊杀为夫星。戊杀通根二辰，夫星看似有力，惜辰土合子
庚子　化水，戊杀之气泄于庚申，身旺无依，官星无力之故。

【原文】阴木独遇子时，为六乙鼠贵之地——此论大怕午字冲，丙子时尤妙，谓之聚贵也。或四柱中有庚字、辛字、申字、酉字、丑字，内则有庚辛金则减分数，岁君大运亦然。如月内有官星则不用此格，若四柱中元无官星方用此格。

【注解】日元乙木，生在丙子时，因为子水是乙木天乙贵人，子水的生肖是鼠，所以叫六乙鼠贵。此论亦不合命理，乙木见子水，属于偏印，身强喜天干丙火泄秀，身弱喜子水生身，与天乙贵人无关。如以天乙贵人来论，是否乙日生于申时，就是六乙猴贵格？依此类推，丙丁日生于酉亥时就是鸡贵、猪贵；壬癸日生于卯巳时就是兔贵、蛇贵。何以只取鼠贵？

丁巳　　乙木生寅月，自坐卯禄，年月干丁壬又合而化木，子水助
壬寅　木，强木林立，最喜丙火通根巳禄泄其旺气，方得中和。木明
乙卯　火秀，生机盎然，富贵通泰，皆赖一“丙”字。子水闲神，有
丙子　者无益，去亦无损，毫无贵气可言。

乙未 己卯 乙亥 丙子	支全木局，年透乙木比肩，木气极盛，己土财星被比劫围克，岌岌可危，全赖时干丙火伤官化木生财通关为用。惜丙火无根，弱火难化顽木，用神不力。三十岁甲子年，大运子水，甲木强合己土，第一次离异。四十二岁丙子年，大运亥水为丙火用神绝地，又第二次离异。若以原注论，丙子叠见，贵气聚集，理应大吉，何以反祸？

【原文】庚金全逢润下，忌壬癸巳午之方，时遇子时，其祸减半——此论井栏叉格，只是庚子、庚申、庚辰水局为贵，何也？盖庚用丁为官，子冲午。庚用木为财，而申冲寅。戌中戊土为庚之印，而辰冲之。又辰戌为财印，故以申子辰三字来冲寅午戌为财官印绶。若四柱中须用申子辰全为贵，得三庚金者尤为奇。或戊子，丙辰亦不妨。喜行东方财地，北方伤官、南方火格不为贵，故忌壬癸巳午方。假如庚子、庚辰、庚申、丁丑，此是王都统制命，丁卯出戌边土，得十四官诰。

【注解】庚日逢申子辰，实为金水伤官，格局清纯为美。身强喜行东方财运及北方水运，身弱喜行西方金助身之运。虽忌火冲，如果格局配合得当，行火运亦可发迹。

庚子 庚辰 庚申 丁丑	大运	辛巳 壬午 癸未 甲申 乙酉 丙戌	原注举王都统制命造。言其丁卯出戌边土，得十四官诰。丁卯年此公二十八岁，行运当在午未之间，属南方运，以此格论属忌方，何能发贵？盖因庚金虽三比同心，通根申禄，然申子辰三合局，禄化为水，日主由强变弱。午未运，丁卯年，丁官得禄，以丁官生丑印，丑印生身为用神，午未运官印相资，所以威权震边。

戊寅
甲子
庚申
庚辰

钱龙锡阁老命造。二庚带戊见禄，身强。子水合申，不仅解寅申之冲，且化金生木，秀气流行，全赖子水。初运东方，财星引发全局秀气，青云直上。运至庚午，午火冲子，因罪谪戍。

两造都是金水伤官，均运临午火，为什么一发一败？这就应看整个命局的配合。前造丁火为用，见午为喜；后造子水为用，见午冲子，以致吉凶各异。

【原文】若逢伤官月建，如凶处未必为凶——此论伤官格。伤官之法，务要伤尽而不为祸。四柱若原有官星，伤之尤重；原无官星，伤之则轻。若三合会起伤官之杀及运行伤官之地，其祸不可言也。故伤官见官，为祸百端。若当生年有伤官七杀，为祸最重，为之福基受伤，终身不可除去。若月时见伤官之地，可发福矣。若女人命有伤官者，主克夫。若见合多为卑贱或淫滥。若无制者为师尼，合则非良妇也。若遇贵人助日，亦作命妇而推之。

【注解】此伤官格。局逢伤官，身强喜伤吐秀；或局逢伤官，干头见印，名伤官佩印，均属大格。如果身弱伤官重叠；或官伤并透，伤官见官，则祸患不浅。

己丑
戊辰
丁巳
甲辰

民国时期曾先后任司法总长、财政总长及外交部长的罗文干命造。丁火日元坐旺，月令戊辰伤官，年柱己丑扶助，四柱不见一点官星，名伤官伤尽。所嫌者土星五重且秉令，盗气太甚，以巳火比劫帮身为用。出门即行丁卯、丙寅、乙丑、甲子大运，火木相连，所以少年得志，荣膺要职。运至癸水，与戊土相合无妨。一至亥水，冲去巳火用神，又名伤官见官，旺处病亡，诚为可惜。

甲辰
辛未
丙戌
甲午

清乾隆年间四库全书总纂纪晓岚命造。月令伤官，辰戌相扶，虽时支得刃，仍觉身弱，以二甲印绶制伤生身为用。三旬后运行水木之地，用神托根，名动天下。

女命见伤官克夫之说却不尽然。女命以正官为夫星，若局有官星，见伤官有克夫之象。如果命局中官杀混杂，则喜伤官去杀留官，或去官留杀以取清。倘若局中没有正官为夫星，而以七杀为夫星，七杀为凶神，亦喜伤官制伏，又不当以克夫论。

1956 年二月初八午时生女：

丙申 大运 05、庚寅
辛卯 15、己丑
乙酉 25、戊子
壬午 35、丁亥

乙木以年支申金正官为正夫，辛酉七杀为偏夫，偏正夫星混杂。妙在年干丙火伤官合去辛杀，月支卯木冲破酉杀，或午火食神克破酉杀，申金官星独清，反是官印相资，不仅不克夫，且主贞节。数十年夫妻和睦，没有任何绯闻。

1946 年十一月初五戌时生女：

丙戌
己亥 大运 08、戊戌
丙午 18、丁酉
戊戌

丙火以月支亥水为夫星，虽得月令之气，惜既被己土伤官盖头，又被戊食贴身克制，受伤极重，原局已伏克夫之象。二十二岁丁未年，大运丁火，干头二丁二丙生己伤，支下未合午化土助食伤，伤旺克夫，丈夫正当青年之期夭亡。

【原文】内有正倒禄飞，忌官星亦嫌羁绊——内有正倒禄飞者，乃丁巳得巳多，冲出亥中壬水为官星，乃正飞天禄马格也。若辛日得亥字多，冲出巳中丙火为辛官星，乃是倒飞天禄马也。柱中有壬癸辰巳，皆是官星羁绊也，则减分数，岁运亦同。诗曰：禄马飞天识者稀，庚壬二日贵非疑，柱无羁绊官星现，平步青云到凤池。又曰：飞天禄马少人知，辛亥多逢亥位宜，不见官杀无羁绊，少年富贵拜丹墀。

【注解】羁绊：这里是指用巳冲亥，怕有申金合巳；用亥冲巳，则怕有寅木或卯未合亥。拜丹墀：这里意指在朝廷为官。

丁巳日巳多，用巳冲亥中壬水正官是正飞天禄马格。辛亥日亥多，用亥冲巳中丙火正官是倒冲禄马格，都不合子平论命法。一个命局只能以本局论冲克，怎能冲出原局中不见之神？同时，虚冲都可为用，为什么填实反倒为忌？不能圆说矣！

甲子
乙亥
辛亥
己亥

辛亥日元，月时亦亥，不见官星，合倒冲格。然全局金水伤官，以甲乙财星泄水之气为用神，戊寅运后，运入木乡，用神有力，官至主政。不能贵显者，辛金日元无根，身弱也，并非冲来巳火为贵。

戊辰
丁巳
丁巳
乙巳

丁火月日时三见巳火，局无官星，合禄马格。然全局火炎冲天，全靠年柱戊辰湿土收格局之燥，吐旺火之秀。火土伤官，极为纯粹，官至郎中。若冲来亥水，反激火势，不吉反凶。此造贵在戊辰，也非冲来亥水，以说明飞天禄马不合命理也。

1971年九月二十三日生男：

辛亥
己亥
辛亥
己亥

大运：
02、戊戌
12、丁酉
22、丙申

日元辛金虽得一比肩，但支下四亥盗气，身弱极矣，当取二己偏印制伤生身为用神，运岁喜土金而忌水木。二十五岁乙亥年，大运丙申，虽丙官可生己土，惜被辛合。乙木财星乘机克制己土，岁支亥水引动局中四亥盗身，命主该年因抢劫被捕，坐进监狱。依上论，此局辛日，支下皆亥，倒飞天禄马格极为纯粹，然不吉反凶者，其格之误也。

【原文】六癸日时逢寅位，岁时怕戊己二方——此论刑合格。以六癸日为主星，用戊土为正气官星，喜逢寅时，用巳中戊土，癸日得官星。如庚寅刑不成，惟甲寅时是，行运与飞天禄马同。若四柱有戊字、己字，又怕庚金伤甲字，刑坏了寅字，忌申字。如癸酉、辛酉、癸卯、甲寅，乃娄参政命也。

【注解】癸日逢甲寅时，时上伤官，实从井栏叉等格中化出。日元强旺喜甲寅吐秀，日元衰弱忌甲寅盗气，此是正论。既伤官明透，再见官星，伤官见官为祸，所以此格忌官星明透也合命理。惟寅刑巳中戊官之说不能圆说。原局忌见官星，为什么还要刑出官星？寅巳乃木火相生，又怎能刑出戊土？所以此格亦难成立。

癸酉
辛酉
癸卯
甲寅

原注举娄参政命造。秋水通源，年得比助，日元极强，喜时柱甲寅旺伤吐秀，水木菁华，秀气引发。中运火乡，引通甲寅，秀气抒展，官场顺畅。此贵在甲寅，并非寅木刑出巳中戊土官星。

丁酉
甲辰
癸亥
甲寅

女命。年月辰酉合，癸日坐亥水旺地，身旺喜甲寅吐秀，此女美貌异常，人见人爱。可惜辰土官星被合，二甲伤官高透，不利夫星。人虽漂亮，却为娼妓，与上论有天渊之别。

1949年七月初七寅时生女：

己丑		03、壬申
辛未	大	13、癸酉
		23、甲戌
癸亥	运	33、乙亥
甲寅		43、丙子

月支未杀司权，年柱己丑专杀，时柱甲寅专伤，且合去亥水化木，克泄交并，日元弱极，当取辛金偏印化杀制伤兼生身为用神。四十三岁入丙子大运，丙火合去辛金用神，四十六岁甲戌年，支下丑未戌旺杀攻身，甲木助甲寅盗泄癸水，癸水孤立无援，命主服毒自杀。

【原文】甲子日再逢子时，畏庚辛申酉丑午——此论子遥巳格。甲用辛官，辛禄在酉，二子为甲木之印绶。子中癸水遥合巳中丙戊，合动酉位之辛为甲之官星，巳酉丑三合会起官星。喜壬癸亥子月，忌庚申辛酉，乃金来伤甲木。午字来冲子字，是羁绊则不能去遥合矣。假如甲申、甲戌、甲子、甲子，此乃是罗御史之命，虽然是遥巳，但年上有申中庚金冲克甲，运行戊寅，寅刑巳，番成祸矣。流年乙丑则罢官。

【注解】此格明显不符合子平法。日元甲木，见子本为印绶，却要用子中癸水遥合巳中戊土。巳中还有暗藏之丙火，丙戊同宫，戊动丙也动，又用丙遥合来酉中辛金为甲木官星。推命不是求亲，须媒人辗转相说才能成合，真令人啼笑皆非，若子平复活，不知会作何感想。

甲申
甲戌
甲子
甲子

原注举罗御史命造。天干一气，同心协力。日时二支，旺印生身，申杀之气，尽化子水，必以戊财生杀为用。财生杀，杀护财，贵气不失，故官至御史。戊寅一运，与年柱天克地冲，冲去申金七杀，戊财无护，乙丑年，太岁又逢强劫，财杀均被伤损，故罢官。这是因为冲去申金用神之故，原注却以申为病，不通！

辛亥
壬辰
甲子
甲子

女造。此造日时甲子，符此格。以上论畏午冲子，然此女却在二十八岁戊寅年，大运午火中结婚，这是为什么？因甲木以辛金官星为夫星，其气尽泄亥壬子众水。二十八岁戊寅年，寅午会火，伤官生起辰土财星，财旺生官，夫星有力，故有红鸾之喜。

【原文】辛癸日多逢丑地，不喜官星；岁时逢子巳二宫，虚名虚利——此论丑遥巳格，只辛丑、癸丑二日可用。但要四柱中无一点官星方用此格。盖辛用丙官，癸用戊官，丙戊禄在巳也。

丑能破巳，丙戊之禄出矣。不要填实巳位，子午羁绊不能遥也。若申酉得一字为好。假如乙丑、己丑、癸丑、癸丑，乃是叶侍郎之命。又有丁丑、癸丑、辛丑、己丑，乃王通判之命。

【注解】辛日用丑遥合巳中丙官，癸日用丑遥合巳中戊官，不合命理。辛金以丑为偏印，癸水以丑为杀；辛见丑多，身强喜泄；癸见丑多，杀强喜制化，若再合来戊官，官杀混杂，何能发贵？

乙丑
己丑
癸丑
癸丑

原注举叶侍郎之命。日元癸水，支见四丑，虽丑中亦暗藏癸水，毕竟己土为本气，杀旺身弱，取乙木食神制杀为用。喜大运逆行，水金相续，均助身任杀，所以有侍郎之贵。如再合来戊土，官杀混杂，岂非贫贱么！

丁丑
癸丑
辛丑
己丑

原注举王通判之命。辛金支下四见丑土，元神己透，土旺有埋金之患，全靠癸水刷土、和丑中辛金助身为用。亦喜大运逆行，先水后金，均为喜用，故有通判之贵。若行火运，生起旺土，土旺埋金反祸。若合来丙官，反为不美。

【原文】拱禄拱贵，填实则凶——此论拱禄拱贵二格，乃两位虚拱贵禄之地，四柱不可占了贵禄之宫，则填实不容物矣，只为吉星荣显也。其禄贵者拱之，盛物之器皿，若空则容物，乃贵禄荣显。经曰：官荣禄显，定是夹禄之乡。又忌伤了日时，皆拱不住矣。假如丁巳、丙午、甲寅、甲子，此是王郎中之命，此二日来夹丑中癸水余气，辛金库墓，己土乘旺，乃甲木之财官，人命逢之，岂不为贵。后运行辛丑，除通判。入庚子运，庚金克甲木，又是年月冲破甲子，乃天中杀，即空亡，夹贵不住，走了贵人，一旦坏了。

【注解】拱禄是喜身强，拱贵是喜见天乙贵人。格局纯粹，均能贵显。填实则凶一说，实不通，虚能贵，实又为何不能？就如人走路，脚踏实地总比凌空虚步要稳健得多。

己未
癸酉
丁巳
丁未

袁世凯命造。年月支未酉之间夹申金，为年干己土天乙贵人。月支酉金为日时干天乙贵人，日支巳火为月干癸水天乙贵人。日时支巳未之间夹午火，又为日禄。夹贵、夹禄、交贵，集于一局，初运壬申，贵人填实，少运优游，过着富家子弟的生活。庚午一运，日元得禄，任营务处会办。壬午年运岁皆填实，因参与镇压朝鲜“壬午”政变，为朝鲜训练新军而得到李鸿章的赏识，一生发迹实始于此，何以填实反凶呢！

丁巳
丙午
甲寅
甲子

原注举王郎中命造。日时二支寅子中间夹丑贵。细析此造，日时二柱水木，年月二柱旺火，泄木太过。喜乙巳运后，运入东方，弱木得助，木火通明，贵至通判。运行辛丑，辛金官星明透，伤官见官，免职罢官，祸在丁伤辛官，与丑土无干。庚子一运，子水冲破午火提纲，当然灾咎，与走了丑土之气又有何关？

【原文】时上偏财，别宫忌见——此论时上偏财格，又名时马格，与时上偏官同。用时上天元及支内人元，只要时上一位有之，始为贵，若别位有之，便多了，难作偏财而论。要身旺，不要克破，要财运旺即发矣。假如丁酉、己酉、戊子、壬子，邵统制命也。

【注解】时上偏财无根，别宫喜见助财为贵。时上偏财旺强，他宫忌见，恐身弱难以任财。

丁酉
己酉
戊子
壬子

原注举邵统制命造。时柱偏财坐旺，又得强金生助，戊土无根，丁印亦无根，是身弱难任财伤之造。喜其戊申运后，气转南方，印旺身强，得任财伤，方能发贵。若无运助，平常之命也。

己卯
丙寅
戊寅
壬子

女命。年月日三支二寅一卯，官星从杀，以月干丙火偏印化杀生身为用神。壬子偏财生旺，气泄于偏官偏夫，且有克丙之心。偏财为忌，不仅为平常之人，且不守妇道，背夫偷情。

1906 年七月十七日午时生男：

丙午	大运	02、丁酉
丙申		12、戊戌
壬子		22、己亥
丙午		32、庚子
		42、辛丑
		52、壬寅

日本正村商会社长正村竹一八字。虽壬水坐刃，秋水通源，但局中火星五重，火势众而水势寡，身弱财旺，当取申金印绶生身为用神。戊戌、己运，忌神托根，小学毕业后经历多种工作，生活极不安定。三十一岁丙子年，大运亥水，禄刃助身，用手推车载着自己发明的电动玩具到街头供人玩赏，并不断改良。四十三岁戊子年，大运辛丑，日元得辛印子刃相助，发明了划时代的赌博游戏电动玩具，受到热烈欢迎，便开始大规模生产，大发横财。壬运比肩助身，事业又扩展至大饭店、出租车、观光温泉宾馆等，一年的总营业额高达四万二千亿台币。

【原文】六辛日逢戊子，嫌午未位，运喜西方——此论六阴朝阳格。辛金至亥为六阴之地，而得子时，故曰六阴尽处一阳生，故云六阴朝阳之格，乃谓阴尽还阳。辛以丙官，癸为寿星，只是要子字一位，若多不中。喜戊土，戊来合癸，动巳中暗丙，丙为辛之官星，四柱中忌见午冲破子禄。西方乃金旺之地，故喜也。东方财气，巳乡次之。不要行南方火乡，北方水伤官也。假如戊辰、庚申、辛卯、戊子，此毕甫遇命。

【注解】子水为一阳之始，辛金为阴干，所以时见子水为六阴朝阳。用子中暗藏癸水，合来戊土，戊丙皆藏巳中，戊动丙亦动，辛日得官故贵。这也是不合命理的。辛金可以朝阳，乙丁己癸也属阴，为什么不能朝阳呢？实际上，辛金生于子时，属食神。日元强旺，用其吐秀最美，格局清纯，定能贵显。如果日元衰弱，见子反为不宜。

戊辰
庚申
辛卯
戊子

原注举毕甫遇之命。月令庚申，年柱戊辰，金气极盛。用时支子水食神泄强金之气以生卯木弱财。成人后运行北方，用神托根而贵。

戊子
辛酉
辛酉
戊子

周之屏学宪命造。月日二柱辛酉齐整，年时柱戊子重见，两干不杂。金旺喜子食吐秀，运行北方，金水相涵，秀气发越，贵为学宪。

甲子
癸酉
辛丑
戊子

女命。月日丑酉合金，一癸二子吐秀，甲财引通秀气，看似命局清纯。惜局无官星，女命无夫，所以为人第三房夫人，前两房死后扶正。四十六岁己酉年，大运戊辰，己土枭神夺食，夫丧。

【原文】五行遇月支偏官，岁月时中宜制伏。类有去官留杀，亦有去杀留官。四柱纯杂有制，定居一品之尊。略有一位正官，官杀混杂反贱（偏官即七杀也）——此论偏官之格。若四柱中全无一点官星，用七杀为偏官。若有正官，此谓七杀之鬼，乃克天干也，故谓有见不见之形。全要日干生旺，故喜身旺，怕冲动羊刃，只要制伏，不要四柱见正官，有兄不显其弟之说。或岁运中，或四柱中是去官留杀。何也？乃制伏是也。若官杀混杂不为清福。只此偏官七杀者，乃小人之辈，多凶暴，无忌惮，乃能劳以养君子也。怕是不惩不戒，无术以控制之，则不能驯服而为用矣。若四柱中原无制伏，要行制伏之运。四柱中原有制伏，要行身旺之乡。若有制伏又行制伏之运，盖为尽法无民之喻。假如己未、乙亥、丙寅、辛卯，乃王章明相公之命也。乃月偏官制伏在年上，兼日坐长生之火，三合木局，丙日逢贵，所以发禄。后遭刑戮，无棺椁，初行壬申起福运矣。

【注解】此论偏官格。偏官即七杀，命理中阴克阴，阳克阳是。因阴阳不谐，便为凶神。月令中有偏官，喜有制伏。但制伏却要得当，杀强制浅，杀浅制强均不宜。若他柱再见官星，叫官杀混杂，喜去留取清。（详见后“论偏官”章）

辛未
己亥
丙辰
己亥

清中叶名臣曾国藩命造。亥水七杀司权，时支重见，杀强。二己伤官明透，通根未辰，看似制伏也有力，一则亥水司权，二则辛金财星亦透，化伤生杀，格局反成杀强制浅。四十三岁癸丑年，大运未土，制杀有力，训练湘军。四十四岁甲寅，四十五岁乙卯二年，印绶制伤，亥杀猖獗，屡战屡败，竟欲投水自杀。四十七岁运入甲午，羊刃助身生伤，用神强旺，制杀有力，屡战屡胜，战功赫赫，升调两江总督。

丙辰
丁酉
乙酉
丙戌

徐钰总兵命造。月令七杀，日支重见，年支辰土财星生合，杀气腾腾，好不吓人。然年月时三干透二丙一丁，通根戌土，制伏亦旺，可谓制伏得当，故手握兵符，雄镇一方。

己未 乙亥 丙寅 辛卯	原注举王章明相公命造。亥水月支虽为丙火七杀，但与寅卯皆合化为木，已失去水的性质，严格来讲，不属七杀格。全局木火成象，喜己伤引发秀气，忌金犯木旺，三旬后运入西方，金犯木旺而祸。

原注云“初行壬申起福运矣”有误。一则初运甲戌，并非壬申。二则运至壬申，既犯木旺，又与日柱天克地冲，遭刑戮当在此运。应改为“至壬申运起祸”方是。

【原文】戊日午月，勿作刃看；时岁火多，却为印绶——此论羊刃者，非犬羊之羊，乃阴阳之阳，此禄前一位是。推阳位有刃，阴位无刃。如丙戊禄在巳，午为羊刃者。戊日得午月，午上不为刃。不为刃者，何也？乃阴火生阳土，正谓月生日干，若岁干时干又见火，乃是印绶格也。

【注解】戊土长生于寅，木旺土虚，克意极明，源头已错，故以午为刃之理难通。午中暗藏丁火，为印明矣，不论火多火少，均不能改变。火多土燥，八字偏枯，是印之过，非刃之过，命理决不可错乱。

丙辰 甲午 戊戌 甲寅	日元戊土，二甲七杀夹克，通根寅木，杀气极盛，喜午火印绶司权，与寅戌三合化火局，化杀生身，一气呵成，故贵显。若以午火为刃论，应是身旺敌杀，何化之有！

甲申 庚午 戊辰 乙卯	乙卯官星，被庚申食神强制，失去贵气，用午火印绶制伤生身护官明矣。若午火以刃论，反生申金食神，何有制食之理耶！

己未
庚午
戊戌
壬子

大运
08、己巳
18、戊辰
28、丁卯
38、丙寅
48、乙丑
58、甲子

民国时期广东香山程璧光八字。戊土日元，支下午戌半合火局，年柱己未旺劫助身，火炎土燥。时柱壬子虽可润局，但被比劫争夺，难以立身，必以庚金食神化比劫生财通关为用神。五十八岁丙辰年，大运甲子，子辰合水，辰土湿土可化火养金，任海军总长。六十岁戊午年，太岁与大运、时柱皆天克地冲，运干甲木冲庚，岁支午火又为庚金死败之地，于甲寅月、丙午日被暗杀身亡。此非午刃之过，乃午火冲破子水喜神之过也。

【原文】月令虽逢建禄，且忌会煞为凶——大凡命中以财为官贵，若四柱中有一作合，谓贪合忘官，又兼会起七杀，反为凶兆。且如甲日用酉月为官星之正气，若年时子辰又会起申中庚金为七杀，乃甲之鬼贼，故为凶。

【注解】这句话有两层含义。一是月逢建禄，却被它支合化为七杀。如癸生子月建禄，年支或日支有丑土，子丑相合化土为杀。丙生巳月建禄，年支或日支有申金，巳申合化水为杀等是。二是虽月逢建禄，其他三支可以合成杀局。如辛生酉月，其他三支寅午戌合杀局等是。日元逢此，虽居旺地，但禄或被合化杀，或见杀局，反变为身弱，七杀攻身，故凶。原注举例言甲用酉官，年时子辰会申中庚金，乃甲之鬼贼有误，申子辰三合化水，为甲之印绶，并非七杀。

丙戌
丙申
庚寅
壬午

罗风翔举人都堂命造。庚金生申月虽建禄，然二丙七杀高透，通根寅午戌火局，身有熔化之忧。幸壬水食神明透制杀护主，大运又一路金水相续，用神有力，所以发贵。若大运逆行，贫贱异常。

庚戌
戊子
癸丑
庚申

癸生子月建禄，惜子丑一合，水化为土，全局官杀混杂，似乎不吉。喜时柱庚申印绶化强杀，生弱身，一物两用，杀反化为权，因而贵显。

【原文】官星七杀交差，却以合杀为贵——官星乃贵气之神，纯而不杂，乃为清福；杂而不纯，便坏造化。有支中合出七杀为吉兆。经云：合官星不为贵，合七杀不为凶，乃是五行赖之救助。且如甲日生人得卯时，卯中之乙能合庚字为甲之偏官，是为合杀也。若男子得之和气，与人投合贵者。女子得之，多生心意不足，虽美丽性乐私情，主克夫害子。如庚日生，四柱见丙为杀，则有申辰合起子为水局来救之，丙化为官则吉矣。

【注解】《元理赋》云："去杀留官当论贵，去官留杀主权威。"格局中官杀混杂，不论是去官留杀，还是去杀留官，只要格局取清，都为贵造。

丙戌
庚子
甲申
辛未

王世贞尚书命造。命局中庚申辛官杀混杂，喜申合子化水，丙火食贴身去庚，辛金正官独清为贵，所以为国家重臣。

癸亥
戊午
癸未
己未

徐可求川抚之命。日元癸水年支得旺，不弱。惟嫌月时戊己官杀并透杂局。喜年干癸水比肩合去戊土正官，己杀独清为用，故掌川省大权。

【原文】柱中官星太旺，天元羸弱之名——大抵人生以财官禄马为贵，取其中和之气为福厚，偏党之气为福薄。若官星太旺，天元身弱，只行官旺乡反成其祸。且如甲乙日天元用庚辛申酉巳丑为官贵，四柱中官星既多，元有制伏则妙。本身弱须制伏之运乃可发福。若行官旺之乡，乃造化太过，其祸害破财不可胜言，运岁亦然。

【注解】日元衰弱，官星过旺，官多化鬼攻身。再行财官旺运，必成祸灾。大运最喜印绶化官生身，比劫帮身亦佳。食伤运虽制强官护身，也盗泄日元之气，不能全美。

壬午
丙午
庚寅
戊寅

民国时期湖北省政府主席何成濬命造。地支寅午两会官局，月干丙杀明透，虽有戊印生身，惜戊土坐寅，自虚无力。壬水虽能制官，惜亦无根，用神均不能成立。妙在大运一路金水，助身助用，运至辛亥，用神托根，执掌大权。

戊申
辛酉
甲申
丁卯

甲木虽得时支卯刃为根，然年月日二申一酉，元神辛金发露，得令得势之旺金，克失令孤寡之甲木，日元极弱。二十五岁壬申年，太岁又至官旺之地，开始诈骗他人钱财。二十六岁癸酉年，金气逢旺，冲尽卯木，日元无助，被判刑六年。

【原文】日干旺甚无依，若不为僧即道——此论时旺，杀为主本得地，乃为时旺之乡也。其人沉疴不染，耆年齿牢发黑，以天年迈。如此格多出俗避位出尘，尚志慕道修真，乃日干甚旺。且如庚日生人，月时在申，或运又入西方。此庚以火为官星，火至西方而死。庚以木为财，木至西方而绝。既是财官禄马俱无，则欲步于前程，何以施舍，故无依倚，乃持身旺地，盖顺身远害之命。假如乙卯、戊子、丙午、癸巳，此祁真人命，日干旺于东南方运。

【注解】命局中某种五行旺极，再无其他五行混杂，或炎上，或曲直，或润下，或从革，或稼穑，格成专旺，亦以贵论。如果命局中某种五行过旺，有财官但处衰绝之地，似有如无，方叫身旺无依，多为僧道。

戊申
甲子
癸亥
壬子

支全金水，时透壬劫，用甲伤吐秀，甲木无根，水泛木浮。用戊土为堤，戊亦无根，反被冲刷，身旺无依，故出家为僧。

己丑
丁丑
己丑
乙丑

太虚大师命造。己土日元，支见四丑，土气极厚，乙木七杀虽明透，然独木难疏厚土，身旺无依，所以出家为僧。

原举祁真人造。丙生子月，正官司权，原神癸水明透，惜午刃冲子，格局成中有败。初运水金，火衰水盛，用神有力为美。四旬后运入南方，冲尽子水，格局尽坏而出家。此局祸在冲破月令用神，并非身旺无依。

【原文】印绶生月岁时，忌见财星。运入财乡，却宜退身避位——此论月生日干乃印绶之名。印绶乃喜官星，畏财气，若天干财乡乃坏印也。印绶者乃我气源，虽根固，若行财位者宜退身避位，不然必遭降谪徒配也。假如庚戌、甲申、癸丑、丁巳，此命月中正气庚金印绶，主本杂气不合，巳中丙火为癸之财，其水见财，贪财坏印，一生蹭蹬。故曰：印绶在刑克之地，身乱身亡之故也。后大运行己丑，流年丙午，四月死。何故？原有伤印之杀，岁运又行伤运气，庚入墓也。

【注解】财星坏印，不移之理，却有区别。日元衰弱喜印，忌财星坏印。若印多身强，反喜财星损印。（详见后“论印绶”）

辛酉
辛卯
丁巳
己酉

康熙年间收复台湾的施琅命造。丁生卯月，坐下巳旺，看似日元不弱。然日时巳酉一合化金，日元失根，强财坏印为病。初行水运，官星化财生印，跟随郑成功，军功卓著。运入亥水，冲去巳火，根气皆失，背叛郑成功，父弟遭害。运至酉金，穷困潦倒，官场失意，全家生活靠妻变卖首饰做女工维持。运入甲申，巳申合而化水，水化金生木，木旺生身，用神有力，收复台湾，官封靖海侯。

庚戌
甲申
癸丑
丁巳

原注举例。癸水自坐丑杀，年支见戌官，时柱旺财生助官杀，甲木伤官贴身盗气，日元全靠庚申印绶化杀制食生身为用。出门大运金水相续，助身助用，尚可维持。运入己丑，财旺杀强，流年又逢丙午，午火克去申金，丙火克去庚金，用神尽失而亡。

【原文】劫财羊刃，切忌时逢；岁运并临，灾殃立至——劫财乃是日上天元分争财禄，比肩是也。羊刃者，禄前一位是也。且如禄马，甲禄在寅，甲用己土为财，见卯为刃，来相侵夺己土也。假如戊午日并月时相同者，二三戊字者，其相侵夺癸水为财，故曰劫财。以戊禄在巳，前一辰见午，午有己土克癸水，此之谓劫财羊刃，故主破财散业，离家失祖，施恩反怨，心性卒暴，进退狐疑。偏主庶妻为正，带疾破相，性贪婪，智大心高，伤害不足。若运流年逢之，因财争竞，不然疾病，连及妻子矣。假如癸未、乙卯、甲子、己巳，此岳飞将军命，此为劫财羊刃。甲以己为财，以乙为刃，见卯羊刃，劫而有损。乙卯正谓劫财阳刃。运行辛亥，流年辛酉，三十九岁死于狱中。

【注解】羊刃是五行帝旺之处，吉则最吉，凶则至凶，有满则损之意，所以是个恶煞。喜静忌动，静者无虑，动则必祸。大凡日元有力，局有羊刃，运岁逢冲动羊刃或岁运再见羊刃均主动，灾祸难免。（详见后“论羊刃”）

癸未
乙卯
甲子
己巳

原注举抗金名将岳飞命造。甲生卯月，合未又得子癸相生，元神乙透，羊刃极旺。取巳中庚金七杀制刃为用神。全局刃旺杀浅，喜财杀扶用。初行甲寅、癸丑、壬子三运，背逆用神，故少运艰辛。一入辛运，助杀制刃，名动天下，威震敌胆。亥运合全刃局，三十九岁流年辛酉，冲动羊刃，犯木之旺，惨遭奇祸。

己亥
癸酉
壬子
甲辰

女命。壬水自坐羊刃，合辰化水，月透劫财，年支得禄，劫刃极盛。甲食无根，己官亦无根，身强用弱。二十九岁入子水羊刃大运，是羊刃并临。三十二岁庚午年，午火太岁冲动羊刃，出车祸头部受伤，几乎丧命。

相反，如果命局中财官食伤过重，时上见羊刃助身，反为吉庆。如明嘉靖二十年殿试探花、河南祥符邢一凤八字。

	大运	
庚午	己卯	
戊寅	庚辰	
壬戌	辛巳	
庚子	壬午	

日元壬水，支全火局，戊杀高透，身弱杀强，取庚金偏印化杀生身为用神，时支子刃助身为喜。三十二岁辛丑年，大运辛巳，运岁巳丑拱辛成印局生身，科场一路过关斩将，殿试摘得探花。此局若无子水羊刃，乃贫贱之造也。

再如明代惠州府归善县叶梦熊八字：

	大运
辛卯	己丑
庚寅	戊子
壬子	丁亥
庚子	丙戌

壬水虽日时二支皆见子刃，然寅木食神司权，卯木助之，木盛水缩，必以庚辛印绶生身为用神，子刃助身为喜。三十五岁乙丑年，大运亥水，运岁局亥子丑北方一气助身吐秀，中进士，授知县。运至酉申，用神有力，官至兵部尚书。

【原文】十干背禄，岁时喜见财星；运至比肩，号曰背禄逐马——禄之向也，为顺；背也，为逆。且如辛得酉为禄，若遇巳丙为背禄。经曰：背禄主无财之论，主初明后晦。喜财星戊己土助其身，火克无气，至比肩见甲分财。经云：马者，在乎财位。乃甲见寅为身旺。庚甲用土为财，土至寅病，金至寅绝，乃禄马皆不扶身。赋云马劣财微，宜退身避位，岂不谓之守穷途而凄惶也。

【注解】禄即官星，背禄乃背逆官星之神，即食伤。如甲以辛为官禄，见丙合辛，甲失辛贵；见丁克辛，甲亦失贵气。马即财，逐马，即马去之意。如甲以己为财，见甲乙比劫，夺取己财。全意即，天干有背逆官星的食伤，岁时干或运岁喜见财星，因财星有化食伤、生官禄的通关作用。财星透干，逢比劫岁运被劫，叫逐马，所以穷必彻骨。

庚寅
丙戌
甲寅
乙丑

日元甲木，年日见禄，乙劫明透，比劫争财为病。喜丙火食神化强木而生弱土，引通全局秀气，所以发贵。

1874 年十一月初四戌时生男：

甲戌
丙子
癸卯
壬戌

大运

09、丁丑
19、戊寅
29、己卯
39、庚辰
49、辛巳
59、壬午

民国初期曾四任海军总长，一度代理大总统职务的杜锡珪命造。癸生子月建禄，时透壬水劫财，日元不弱。戊官一被卯合，一被甲克，全靠丙财化伤生官。同时，十月地冻天寒，又靠丙火调候暖局，丙财就是全局的用神。运入巳火，丙财得禄，在政坛风云变幻之中，脱颖而出，荣登首座。五十九岁运入壬水，六十岁癸酉年，运岁比劫并临，劫去丙财，病重而亡。

【原文】五行正贵，忌冲刑克破之宫——正气官星者，提纲之要。用时上财气乃贵人也，忌刑冲克破之神填之。

【注解】贵气有两种。一是正官为贵，被冲破是破了贵气。再一种就是用神，为全局贵气所聚之处，若逢刑冲克破，也是破了贵气。

1960 年二月二十四日辰时生男：

庚子 **己卯** **戊申** **丙辰**	戊土以卯木为官星，秉令强旺，又得子财贴身相生，贵气凝聚。可惜申金食神贴身克合卯木，贵气受损，全赖子财化食生官为用。三十一岁庚午年，大运已入午火，二午冲去子水，卯官失去生助，被申金伤尽，获罪入狱。

1966 年正月二十九日午时生男：

丙午 **庚寅** **戊申** **戊午**	戊土支见寅午火局，时支又重见午，丙火明透，印旺身强，全靠庚申食神吐秀为用。丙枭贴身夺庚食，寅木贴身冲申，午印贴身制申，是伤了用神贵气。二十岁大运壬水，财星制印，用神有救，生活平顺。二十五岁庚午年，干头丙枭夺庚食，支下三午破申，用神尽失，获罪入狱。三十岁乙亥年，财星损印护食，出狱。

【原文】日干无气，时逢羊刃不为凶——且如甲申日，卯时为羊刃，此是申中庚金能克卯中乙木为财、为马、为妻，虽逢羊刃，不为凶矣。

【注解】命局中财重身弱，或食伤重身弱，或官杀重身弱，最喜羊刃助身任财、任伤或敌杀，不仅不凶，反为用神贵气。

乙亥 **庚辰** **甲申** **丁卯**	庚金七杀通根申禄，强合乙木，又得月令旺财相生，极其锋锐。亥水偏印被辰财贴身克制，自顾无力，不能为用。喜时支见卯木羊刃，合来亥水化木，身强可以敌杀，杀刃成格，执掌兵权，决非取申杀制刃为用，实乃羊刃助身之功。

己巳	大运	辛未	北宋政和二年壬辰科状元莫俦八字。日元丙火被壬水七杀贴身克制，申子半合水局助杀，杀重身弱，取甲木偏印化杀生身为用神，巳午禄刃助身为喜。二十四岁壬辰年，大运午火，岁局申子辰三合杀局，运支午刃助身，杀刃成格，殿试夺魁，授承事郎步入仕途。若无午刃，不过一穷酸耳。
壬申		庚午	
丙子		己巳	
甲午		戊辰	

【原文】官杀两停，喜者存之，憎者弃之——甲用辛酉为官星，又见庚申，何以是又见三合之混杂。甲乙用庚辛为官贵，而有巳有丑是官杀混杂，虽有制伏之运，或去杀用官，或用杀去官，方发福。若混杂之命，岁运更在旺乡混官杀，其祸不可避逃矣。

【注解】此句与前“官星七杀交差，却以合杀为贵”句意大同小异，不论去杀留官，还是去官留杀，皆以取清为贵。（详见“正官论、论七杀”二节）

丙申	一府判命造。庚金以丁火为正官，以丙火为七杀，年时并透，是官杀混杂。喜月干辛金劫财与丙杀相合，丁火正官贵气独清得用。此合杀留官，格局取清为贵之例。
辛卯	
庚戌	
丁亥	

丁亥	章丞相命造。丁火以壬水为正官，以癸水为七杀，月时二干官杀并透，是官杀混杂。喜年支丁火比肩，合去壬水正官，癸杀独清得用。此合官留杀，格局取清为贵之例。
壬子	
丁未	
癸卯	

【原文】地支天干合多，亦云贪合忘官——且如甲用辛为官而有丙，见庚为杀；而又乙用庚为官而辛为杀，又有丙及支干

多合。此阳官阴杀，或阴官阳杀，乃是造化之必然也。若是四柱有合是为贪合忘官。经云：合官星不为贵，合七杀不为凶，五行有救助之谓也。

【注解】命局中只有官星独清或七杀独清，都为贵气，最忌被合，名贪合忘官，是失了贵气。地支四仲三合例外，因四仲三合性质不变。如甲见酉官，与巳丑相合，仍为官贵。原注举甲用辛官，庚杀，辛被丙合之理甚对。

辛巳
丙申
乙卯
己卯

乙木日元，日时得禄，喜官杀束身为贵，局中透辛藏申为美。可惜辛杀被丙合化水，申也被巳合化水，贵气皆失，所以此人仅在学术上有点成就。

癸未
戊午
丙申
庚寅

女命。丙火以癸水为官星，通根申财，本是美造。可惜癸官与戊土相合化火，是失去夫星，所以夫弃本造于不顾，又在外金屋藏娇。

【原文】四柱杀旺运纯，身旺为官清贵——此七杀即偏官也，言制伏。四柱内以杀为官，且如甲见庚为杀，而甲生于寅地，乃身旺。其寅暗包丙长生，则不畏金为杀，以杀化为官是。则甲庚各自恃旺之势，而行纯运，乃为极品之贵。

【注解】七杀虽为凶神，但却有刚烈之气，正直不阿，嫉恶如仇。若命局中身旺杀强，再逢运行得当，必为清贵之官。

庚申
丙戌
甲申
甲子

张我续尚书命造。甲木虽生休囚之地，然申子半会印局，时干又得一比，日元不弱。年柱庚杀坐禄，有丙食制伏，可谓身旺杀强，制伏得当。大运也水木相续，一路印比助身任杀，格局大运皆纯而不杂，所以为官清正，寿亦八十外。

庚午
辛巳
甲申
丁卯

南宋词赋名家辛弃疾命造。甲木自坐七杀，年月庚辛并透。杀气极强。然日元时支见刃，丁伤明透，支见巳午，制伏有力，也是身强杀旺，制伏得当。所以以文人之身，率军抗金，敢于直言，刚正不阿，清正廉明，青史永垂。

【原文】凡见天元太弱，内有弱处逢生——此论日主自坐官杀，乃为人元弱处复生，乃是胎生元命。且如甲绝在申，申中有庚金为偏官，为六合中受气相感气生。胎元得壬水长生，酉上沐浴，戌上冠带，亥上临官，如人之算日必生木也。此格只要官星旺运方可发福，不要冲克。

【注解】日元坐官杀，为绝，绝处又意味着另一个新生，此为生生不息之理。如甲坐申为绝，然申中有长生壬水，如此庚金生壬水，水生甲木。丁坐亥为绝，亥中有长生甲木，如此水生木，木生火，火又有新力。凡遇此格，主先难后易。

癸未
辛酉
甲申
丙寅

民国时期，安徽省主席刘镇华命造。日元甲木坐申为绝，月令辛酉助申攻身，时支寅禄，难敌强杀。妙在癸水印绶明透，秋水通源，泄官杀之气而生日元甲木。甲木绝处逢生，虽历尽艰辛，终为一方诸侯。

壬申
辛亥
丁酉
壬寅

明胡宗宪总督命造。丁生亥月，壬水双透，辛酉申强财生亥，水气极盛，妙在亥中有长生甲木，时支有寅木，丁火绝处逢生。癸丑运后，大运一路木火助身，为官又居浙省，分野东南为木火之地，处处助身，故而仕至一方诸侯。

然原文云“此格只要官星旺运方可发福”之说却大误。如原文举例甲绝于申，壬中暗藏长生壬水，是绝处逢生，运岁再逢壬癸子亥引出，足可发贵。若再行官星旺运，是官杀混杂，官星贵气反化为杀，杀旺攻身必有灾祸，福又从何来?

1963年六月二十日未时生女：

癸卯
庚申
甲申
辛未

大运
10、辛酉
20、壬戌

甲木坐申，月柱庚申，时干辛金助杀，杀重身轻，取癸水印绶化杀生身为用神，卯刃助身为喜。十九岁辛酉年，大运亦辛酉，运岁又逢旺官，官旺化杀攻身，金多水浊，一癸难化顽金，且二酉克去卯木羊刃，甲木之根尽拔，该年出车祸身亡。

【原文】柱中七杀全彰，身旺极贫——伤官本禄之七杀，败财本马之七杀，偏官身之七杀，四柱有之，身旺建禄不为富矣。

【注解】此说有误。局中七杀全彰，日元必无旺强之理，应是七杀全彰，身弱无制极贫；若杀旺身旺，却是大贵之格。

庚子
甲申
戊午
甲寅

虚云大师命造。表面看来，戊土自坐午火印绶，足以化杀制食生身。惜岁支子水财星，合中化水克午生杀，再加大运一路金水，日元无助，七杀全彰，因而早年出家，一贫如洗。

乙巳
己丑
癸未
丙辰

女命。支全官杀，仅丑辰中一点癸水余气为根，日元极弱。早年沦入风尘，此身无主，贫无立身之地。此造设若大运逆行水金，助身化杀，就会清纯许多。

1889年四月初九申时生男：

己丑
己巳
甲申
壬申

大运
01、戊辰
11、丁卯
21、丙寅
31、乙丑
41、甲子
51、癸亥
61、壬戌
71、辛酉

民国时期四川华阳张群八字。甲木自坐申杀，时支重见。年月支巳丑拱金，年月干二己财星党杀，是七杀全彰。幸时干壬水高透，足以化杀生身。二己财星被甲木阻隔，不能克壬，用神灵妙。四旬后运入北方，用神托根，官至国民政府行政院院长，寿过百岁。

【原文】无杀女人之命，一贵可作良人——大抵看男命与女命不同。女命不取官星，不取财帛，不取贵人，不取三合六合，不要财马生旺暴败，不要干支刚强羊刃，不要比肩。乃见如此，何以知其贵贱乎？答曰：阴人者，如此一同论，若人元运动，岂能分别寒暑、四时、八节、霜露、雨雪、阴晴哉？阴人者，全靠夫主，夫贵妻亦贵矣，夫贫妻亦贫，乃天地阴阳之理也。凡女人之命，大喜要安静清贵，旺夫旺子为妙。若绝气并刑冲破害不美，若命夹贵者，必为贵人妻矣。

【注解】旧时妇女称丈夫作官人，所以命理中以正官和偏官为夫星，比喻管女人之人。命局中不论见一正官或一偏官皆可作夫星，只要清纯必贵。如果官杀混杂，是正夫偏夫都有，多主再嫁或有私情。

乙亥　日元辛金，以丙火正官为夫星，明透月干，通根时支巳禄，且与日元相合、相亲、相爱，阴阳和谐，极为清纯，所以为命妇。
丙戌
辛卯
癸巳

庚寅　日元庚金自坐申禄，年干见比，不弱。时干丁火正官明透，月干丙火偏官亦透，地支寅戌拱丙又成杀局，全局官杀混杂，正夫、偏夫交集，人虽极美，却走上淫滥得财之路。
丙戌
庚申
丁亥

【原文】贵众合多，必是师尼娼婢——贵者官杀也。官者正夫，杀者偏夫。合者地支暗合，三合六合，心多不足，虽生美质，性乐私情，非良妇也。

【注解】贵即官星，众即多，女命局中官星重见是夫星多。三合六合多是有情，女命有情夫多，必非良妇。

乙未　女命，天干丙辛合，地支亥卯未三合，卯戌六合，全局合多，虽非娼妓，却因私情被丈夫发现而离异。
丙戌
丁卯
辛亥

己亥　女命。丁火以亥水正官为夫星，年日支重见，是贵多。寅亥合，寅戌亦合是合众。贵多合众，所以此妇水性杨花，为贪钱财淫贱乡里。
丙寅
丁亥
庚戌

丁丑	大运	癸丑	
壬子		甲寅	
辛巳		乙卯	
丙申		丙辰	

古例。辛金以丙火正官为正夫，丁火七杀为偏夫，巳火正官为正夫，不仅贵众，且丁与壬合，丙与辛合，子与丑合，巳与申合，八字全合，所以无往不是意中人耳。虽出身旧家，但容貌极美，活似画中人，人称赛杨妃。十八岁甲午年，官星得旺，嫁读书人为妻。其夫被其美色迷惑，废学业而贪其色，年仅二十余，以痨病死。命主从此淫秽不堪，身败名裂，终因无依而自缢。

【原文】偏官时遇，制伏太过乃是贫儒——偏官主人性聪明，有刚强傲物。若四柱中制伏多，乃尽法无民也。中和之气为福厚，偏党为福薄。假如丙午、癸亥、乙卯，此乃是钱应宾秀才命，月上偏官，所以伤残，目盲足跛，却有文章秀气，终身贫穷矣。

【注解】身旺杀强，制服得当，聪颖正直，学识渊博，必得科名。如果制伏太过，是伤了贵气，所以不过是一寒儒。

原注举钱应宾秀才之命只有六字，其他版本有作月柱为甲午者，有作日柱为庚辰者。月柱作甲午者，并非癸水七杀。日柱作庚辰者，月柱非杀且时柱应是“己卯”，均与原意不符。依此类推，月柱应是“己亥”，因己土即为癸水七杀，且月时卯亥相合制己土七杀，是制伏太过，符原意。

丙午
己亥
癸亥
乙卯

原注钱应宾秀才命。此造初看似是己杀独透，被卯亥透乙克制，似是制杀太过。若细分析，就会发现乙卯之木虽强，但有丙午之火化泄，由强变弱；己土虽弱，却有丙午之火化木相生，由弱变强。反是日元癸水无根为病。出门大运，庚、辛尚能化杀生身，故中秀才。一入巳运，旺财生杀，一片凶象，以致足跛目盲。此非制杀之过，而是杀过旺所致，定要分清。

辛卯 戊戌 丙辰 壬辰	丙火时见壬杀独清，然逢戊戌辰辰四食制伏，是杀弱制强。辛金财星，自坐卯绝且遥隔，虽有似无，全局杀弱制伏太过。初运酉申，辛财托根，独杀得生，芹香早采，中了秀才。一入未土南方运，秋闱蹭蹬，再难寸进。运行甲午，刑耗多端。

【原文】四柱伤官，运入官乡必破——此论伤官。四柱有官星，运入官乡，被破者轻，须要明轻重。假如癸未、癸亥、辛未、癸巳。此一都丞命，辛以丙为官，巳中有丙，见癸水则破其官星矣。

【注解】伤官见官，为祸百端，其验如神，上至帝王，下至百姓，均难例外。

戊子 庚申 乙丑 壬午	杜月笙命造。日元乙木，月柱庚申正官，戊财子印，财官印均为我用，所以与将相王侯称兄道弟，常为君王座上客。五十五岁入丙寅伤官大运，与原局伤官见官，六十三岁庚寅年，运岁又伤官见官，病死香港。

癸未 癸亥 辛未 癸巳	大 运	壬戌 辛酉 庚申 己未	原书举例。虽干透三癸，亥伤司权，但有二未偏印拱合，反化木生官。三旬后运入南方，枭印夺食，官星得地，官至都丞。此癸食逢制，不能害官之例。

【原文】五行绝处，即是胎元，生日逢之，名曰受气——胎元逢生，名曰受气。诗曰：五行绝处是胎元，生日逢之富贵全，更若支元来佑助，欣然衣锦早乘轩。度理可以知幽微之妙，度性可以知生死之理。木绝在申，即受气，胎酉则养戌，亥宫是主死中复生，气亡又伏，存才名遂。

【注解】此句与前“凡是天元太弱，内有弱处复生”句意相同，详见前。

戊午	大运	庚申	明广东揭阳翁万达八字。日元癸水，局中火土七重，看似应该从杀。不知巳中暗藏长生之庚金，金可生水，名借气还魂，为之有根，故取庚金印绶化杀生身为用神。二十九岁丙戌年，大运壬水，壬劫助身，中进士，授主事，步入仕途。三旬后运入北方，日元托根，官至兵部尚书。
己未		辛酉	
癸巳		壬戌	
丁巳		癸亥	

【原文】是以阴阳罕测，不可一例而推，务要禀得中和之气。神分贵贱，略敷古圣之遗书，纵约以今贤之博览。若通此法，参详鉴命，无差无误矣。

【注解】喜忌篇名曰喜忌，实则喜忌不分。内言八字正格，尚有情理。然外格之论，皆背离了子平论命之根本。（详参卷二论诸格）

卷二

继善篇

【原文】人禀天地，命属阴阳，生居覆载之中，尽在五行之内——人禀二五之数，犹天地之生物以成形。人得万物之灵，乃天地之正气方为人，所属阴阳五行，不离乎金木水火土也。

【注解】人禀受天地之气而成，命运中有阴阳二气，贵贱成败却在五行之中。世间万物，离不开阴阳，脱不开五行。男人属阳，女人属阴，阴阳交媾而成世界。武将属阳，文臣属阴，文武相合而成治世之道。阳电属阳，阴电属阴，阴阳交会而有太阳之光。西方以太阳历计年，属阳，其文化明快简洁，其人性粗犷豪爽。东方以月亮历计年，属阴，其文化细腻缠绵，其人性阴柔深沉。就连体育运动也紧连阴阳。西方属阳，男胜，男子运动称雄世界。东方属阴，女强，女子运动压倒西方。仔细想来，天下何处不阴阳。

五行亦很奇妙，天下万物均有五行归属，谁也再创不出多一行的门类。就连我国大地，亦与五行息息相关。北方属壬癸水，色黑，北方为黑土地；南方属丙丁火，色红，南方土呈红色，海南尤是。西方属庚辛金，色白，土显白色。东方属甲乙木，色青，东方土暗隐青色。中央戊己土，色黄，黄土高原，名副其实。分析所属，件件相符，处处玄妙。

【原文】欲知贵贱，先观月令提纲——月令乃八字之纲领，更知节气之深浅以知灾祸。如寅中有艮土余气七日半，丙火寄生又七日半，甲木正令共十五日。此三者不知用何为祸为福。见正官、正印、食神则吉，伤官、偏印则凶也。

【注解】月令是取格的关键，大运出门，也从月令开始，所以其深浅，某种五行的轻重，都是从月令处衡量。至于财官印食四吉神，日元不喜，也可破局；杀伤枭刃四凶神，日元所喜，也能成格。所以吉凶喜忌要根据全局判断。

【原文】次断吉凶，专用日干为主本。三元要成格局，四柱喜见财官——天干为天元，地支为地元；以支中所藏者为人元。年月日时为四柱，专以生日之干配合四柱三元而成格局，惟喜财官。

【注解】以日干配三元论吉凶，是子平法最成功之处。命局入格，以财官为喜用者见财官吉；以财官为忌者见财官反凶。

戊午
乙丑
乙巳
庚辰

民国初期曾任总统的冯国璋命造。乙木日元虽见比且通根辰土，然庚官得强财生助，身弱官强为病。运入南方，火强制官，冲天而起。六十岁入辛未大运，六十一岁戊午年七月，旺财生金，金盛攻身而下台。六十二岁己未年，旺财生助庚官、辛杀，杀旺攻身，病重而亡。此财官为忌例。

己巳		07、癸酉
甲戌	大	17、壬申
		27、辛未
壬辰	运	37、庚午
庚子		47、己巳

民国时期安徽合肥段芝贵八字。壬水时支子刃，日支辰土合子化水，身强。戊土七杀虽司权，又得甲己化土之助，但庚印明透，化杀生身，杀气反觉不足，故取年支巳火财星生杀为用神。段芝贵毕业于天津武备学堂，清末任天津南段巡警总局总办。二十七岁后运入南方，财官得地，官至陆军总长。这是财官为喜例。

【原文】用神不可损伤，日主最宜建旺——如月令有官不可伤，有财不可劫，有印不可破，凡柱中有用神不可损害也。仍要日干强健，则能任其财官。

【注解】此论甚是。经云：吉莫吉于身强，凶莫凶于破用，这是推命的关键。子平《论八字撮要法》："用之为官不可伤，用之为财不可劫，用之为印不可破，用之为食不可夺，用之为禄不可冲……江湖术士仔细明。”一字一句都是推命不可动摇的至理。

甲辰
戊辰
丁酉
甲辰

国民党海军第二舰队司令李世甲命造。丁火无气，全局耗泄交加，全靠年时二干甲木印绶制伤生身为用神，运入南方，日元托根，荣膺要职。七十七岁庚戌年，运交子水，庚金财星明透，与年时二柱天克地冲，克去印绶，病死。

甲寅
辛未
庚午
丁丑

大运：壬申　癸酉　甲戌　乙亥

明湖广（今湖北）江陵张嗣修八字。日干庚金，月干辛劫，月时支丑未旺印生金，身强，取丁火官星束身为用神。二十四岁丁丑年，用神明快，殿试摘榜眼，授编修。三十岁癸未年，太岁干头癸水伤官克去丁火官星，支下未土合去午火官根，贵气尽伤，父亲张居正死后被革去榜眼、革去官职而谪戍。

甲申
丙寅
壬辰
甲辰

周作民命造。壬水生于寅月。《穷通宝鉴》云：正月壬水，汪洋之象，能并百川之流……有庚丙戊三者齐透，科甲功名。或庚戊藏支，丙坐寅支者，亦有恩诰。再者，初春水寒，亦喜丙火。运入南方，用神有力，荣膺四家银行联营机构的常务董事，金城银行的总董兼总经理，并任全国农产调整委员会主任委员。五十七岁一入壬申大运，比肩夺财，一败如灰。蒋经国勒令其交出全部黄金外汇，并不准离沪，后托庇于美国方幸免于难。六十七岁入癸水大运，劫财夺丙，其凶更烈。七十三岁丙申年，运岁劫财见财，病亡。

【原文】年伤日干，名为本主不和——假如日干甲乙，年见庚辛克之，故曰主本不合，乃父子不相合也。年逢七杀克日，祖宗无力过房。若还日月及时中，归禄马财夭丧，杀旺运逢为祸，印生多助为祥。比肩运旺莫猜疑，只是单衾纸帐。

【注解】年伤日干，一是年逢官星，二是年逢七杀。七杀为凶神，有年逢七杀为寒门贵客之论，是言年上见杀，多祖上破败，本身发迹，此论多验。然年逢正官，因官星为正气贵神，多有吉庆，祖上荣荫，除非官星为忌方凶。

辛卯
乙未
乙酉
辛巳

清文宗咸丰皇帝命造。年干七杀，主本不和，但其出身皇家，尊贵无比，与本节之论不符。细析全局，辛杀双透，托根巳酉，乙木双排，得根卯未，身旺杀强，最喜水印通关，最忌土财生杀！二十岁庚戌年，大运癸巳，偏印化杀生身，嗣位登基。三十一岁辛酉年，大运辰财，土生杀旺，攻身病逝。

甲午
戊辰
戊申
丁巳

清初明君康熙皇帝命造。戊土元神极为厚实，喜甲木七杀束身与申金食神泄秀，杀食并用。又妙在杀透食藏，时干有丁印护杀，用神不碍，故在位六十一年，为历史上在位最长的皇帝之一，且文韬武略，政绩卓著，为千古明君。年干七杀为用，功不可没。

【原文】岁月时中大怕官杀混杂——岁月时中既有官星又见七杀，则不吉也，务要配合而取断之，则祸福有凭也。

【注解】官杀混杂本已不吉，若无收拾，岁运中再见官杀，必生祸患。相反，如命局中官杀混杂，或有印绶化杀生身，或有食伤制杀为权，或能合官留杀，或合杀留官为之有收拾，皆可发贵，不可概以凶论。详见后“论官杀”章。

1864年二月二十八日辰时生男：

甲子	大运	01、戊辰
丁卯		11、己巳
己亥		21、庚午
戊辰		31、辛未

民国初期云南蒙自杨增新八字。己生卯月，七杀司权，亥子财星生合卯杀，年干甲官杂局，身弱杀旺，取月干丁火偏印化杀生身为用，官杀反为生身之具。二十五岁戊子年，大运午火，丁印得禄，秋闱告捷，中举人。二十六岁己丑年，比肩助身，中进士，选为甘肃省中卫县知县。官直做至新疆都督兼民政长。

【原文】取用凭于生月，当推究其深浅；发觉在于日时，要消详于强弱——用者，月令中所藏者。如甲木生于十一月，乃建子之月，就以子中所藏癸水为用神。癸为甲母，忌土克之，要日时相辅，其旺相体固可也，其余仿此而推。

【注解】原注把取格和取用混淆，致使概念不清。如甲木生于十一月，月建为子水，子中藏癸水原气，就以子水取格。子水为甲木印绶，格成印绶。至于用神，则以日干喜忌配合，取日干所喜之神为用神。

乙酉
戊子
甲申
乙丑

刘凤翔总兵造。甲生子月，格成印绶。甲乙虽三透，但无根，酉申官杀又得戊丑财生，杀强身弱，取子水印绶化杀生身为用神，此是印绶用印格。

戊戌
甲子
甲申
丁卯

刘栋侍郎命造。甲生子月，印绶司权，合申化水，格入印绶。然全局甲木双透，时见卯刃，又得申子化水之生，木气极盛，戊戌财星常有被劫之患。以丁火伤官化比劫、生戊财通关兼调候为用，格成印绶用伤。

从以上两造可以看出，取格和取用是完全不同的两个概念，不可混淆。

【原文】官星正气，忌见刑冲。——《碧玉歌》曰：官星正气莫混，财多伤食莫逢。且如乙卯见庚辰时，月戌逢冲。指甲生巳酉丑月，午未火局休逢，若还官旺见申时，有印见之吉用。

【注解】官星为命局贵气，若被冲克，虽有如无，是伤了贵气。（详见后“正官论”章）

己丑 大运：壬申 辛未 庚午 己巳 戊辰 丁卯 丙寅
癸酉
庚午
丁亥

明浙江归安（今湖州）蒋瑶八字。庚生酉月，羊刃司权，年柱己丑印绶生合，身强。癸水伤官被己印贴身克制，弃之不论，取丁火官星束身为用神，亥食克官为病。三十一岁己未年，大运午火，未合亥拱木助官，中进士，授行人。官直做至工部尚书、太子少保。六十四壬辰年，壬水合去丁官，以丁忧去职。七十岁戊戌年，大运丙寅，运岁局寅午戌三合官局，再起为工部尚书。七十二岁庚子年，子水伤官冲破午火官星，以老病致仕。

【原文】时上偏财，怕逢兄弟——甲人见戊辰时为偏财，见乙字比劫之地，则不吉之命也。

【注解】财星透干为露财，干头无官杀护财或食伤化比劫通关生财，运岁再见比劫夺财则多灾，不止时上偏财格怕劫，年月干偏财同。

辛巳
庚寅
丁未
丙午

某厂厂长命造。全局木强火旺，年月庚辛之财无根虚悬，时透丙劫，最忌运岁再逢比劫夺财。四十七岁丁卯年，太岁比肩坐偏印生旺夺财，效益一直不错的工厂被迫倒闭。

辛丑
丙申
癸未
丁巳

日元癸水，时透丁火，符时上偏财之论。初看此造并无兄弟，惜丙辛合而化水，财反化劫，原局已是不吉。三十三岁入壬水运，运干劫财明透，强行合去丁财，获罪被处极刑。

【原文】生气印绶，利官运畏入财乡——甲乙生人见亥子月为印，喜见庚辛申酉运则发。若行入戊己巳午运，不吉兆矣。

【注解】官星是生印绶之物，所以喜见。财星是克印之神，如果全局印绶为用神，最忌见财。若印绶过强，反喜财损印。（详见后“论印绶”）

癸亥　　民国初期陕西督军陆建章命造。日主甲寅，月令庚申，当
庚申　令之金冲克失令之木，全靠癸亥印绶化杀生身为用。五十六岁
甲寅　戊午年，大运甲寅，午火伤官，合化寅禄生戊财，财旺克印生
乙亥　杀，杀有生且无化，被暗杀。此印绶为用忌财例。

庚寅　　牛监簿命造。乙庚合而化金，印旺身强，寅木伤官被强金
乙酉　包围，难以吐秀，故取丙火财星损印护伤为用神。四旬后运入
癸亥　东方，用神有力发贵。此喜财损印例。
丙辰

【原文】七杀偏官喜制伏，不宜太过——壬日见戊则为七杀，方要见甲木制之，则吉贵也。不宜甲乙木多，若多则太过，如小人受制于君子，太过必主反逆。

【注解】偏官为克身之物，因与日干阴阳不调，故曰凶神。命局中见七杀，宜制伏方为我用，多贵显。如果制伏太过，七杀威气尽失，不能助日主发贵，就失去了偏官的作用。如果行运中有助杀之机，也可发贵。

乙酉　　孙传芳命造。庚金偏印，得根申酉。戊土七杀之根辰土，
庚辰　被酉合寅克，戊土之气也被申泄寅克，满盘制化，杀气尽失。
壬寅　初运卯寅，戊杀临绝，少运艰辛。直到十五岁运入戊土，流年
戊申　己亥，戊己相助，其姐被新贵纳为二房，才有了安身之处。丁丑、丙子大运财星助杀，异军突起，登上五省联军总司令的宝座，开府南京。四十五岁行乙木大运，弱杀逢制，一败涂地，皈依佛堂。五十一岁乙亥年，运岁皆逢强伤制杀，杀气全失，被枪杀。

1892年八月二十九日寅时生男：

壬辰		08、辛亥	
庚戌	大	18、壬子	
甲申		28、癸丑	
	运	38、甲寅	
丙寅		48、乙卯	

民国时期广东南海陈公博八字。甲木虽时支得禄，但自坐申杀，庚金元神明透，又得辰戌财星生扶，杀强。若取丙火食神制杀，一则泄日元之气，二则被壬水遥克，不如直接取壬水偏印化杀、生身兼制食神为用神。四十一岁壬申年，用坐长生，大运甲木助身，任国民政府实业部长。四十八岁己未年，财星坏印，随汪精卫叛国投敌。五十五岁丙戌年，大运乙卯，运岁干头乙木化壬水而生丙火，支下戌土合寅化火助食，运岁旺火克尽庚申七杀，贵气尽失，在苏州监狱被枪决。

【原文】伤官复行官运，不测灾来；羊刃冲合岁君，勃然祸至——此甲日生人，见卯乃为羊刃，遇酉金而冲之，见戌而合之，则祸至。若当生四柱中原有羊刃之神，忽来相对，克破流年太岁，或三合相招，克害岁君，则其勃然祸至。若岁乙巳，于申日生，四柱有巳亥对冲，或巳酉丑为祸。

【注解】原局伤官伤尽，以伤取贵。再行官运，官运亦为贵气，伤官克坏官星，故必有灾。羊刃者，如羊压在刀刃上，不动则平安无事，动必受刃伤害。不论冲刃或合刃，均主刃动，所以凶祸。

乙酉
戊子
辛酉
己亥

日元辛金，年日见禄，又得戊己印生，日元强劲。以时支亥水伤官和月支子水食伤吐秀为用。局中不见官星，是伤官伤尽。四十二岁丙寅年，大运壬辰，运岁逢伤官见官，与夫离异。

1953 年正月二十九日巳时生女：

癸巳		08、丙辰	
乙卯	大	18、丁巳	
甲子	运	28、戊午	
己巳		38、己未	

中国台湾女歌手邓丽君命造。甲木生于卯月，羊刃司权，劫财为病，全靠年时二支巳火化刃生财为用神。戊午一运，用神有力，名扬海内外。四十三岁乙亥年，岁干羊刃明透，运岁局亥卯未三合刃局，合动羊刃，突发暴病，香消玉殒。

如果身弱用羊刃助身，反喜见运岁生合羊刃。

1861 年七月十四戌时生男：

辛酉		04、乙未	
丙申	大	14、甲午	
		24、癸巳	
庚子	运	34、壬辰	
丙戌		44、辛卯	

民国初期直隶正定王士珍八字。表面看来，庚生申月建禄，年柱专刃，时支戌土偏印，惜申合子化水，戌上丙火高透，论火不论土，克泄交并，反是身弱，故取年柱辛酉羊刃助身为用神。二十五岁乙酉年，大运癸巳，巳酉合金助身，考入北洋武备学堂，步入军旅。三十五岁乙未年，大运壬辰，辰土生合酉刃，得袁世凯赏识，升练兵处军令司正使。四十五岁乙酉年，又是酉刃助身，升第六镇统制。五十七岁丁巳年，巳合酉化金，署国务总理兼陆军大臣。大凡升腾之机，皆在生合羊刃的运岁上。

【原文】富而且贵，定因财旺生官——经云：财多生官，须要身强。财多盗气，本身自柔。且如甲乙以庚辛为官，戊己为财。气得天干生旺，则土生金，金乃木之官也。主先贫后富，盖是财旺生官也。

【注解】财星可以生官，是官之根源。日元身强，财官相生无刑冲，必富贵无疑。若身弱，财官强旺又无印绶，则财生官反忌。

辛卯　　日元甲木年支见刃，时得癸印，身强。酉金官星之气尽泄
戊戌　癸印，不能为贵。喜得令戊戌之财生官。如是财官印身一顺相
甲戌　生，均为我用，所以发贵。
癸酉

丙戌　　日元壬水仅有辰中癸水一点微根。二戌杀气有力，月令寅
庚寅　木与戌土拱丙戌财局，庚金偏印坐绝又被丙火财星克制，身弱
壬戌　不能任财官，故为贫贱之造。
甲辰

【原文】非夭即贫，必是身衰遇鬼——经云：旺则以杀化权，衰则变官为鬼。且如甲乙生人，巳午亥为身灾，失天时，见庚辛申酉来克，不夭则贫且贱矣。

【注解】命局中财强官杀旺身弱，运岁再见官杀，多有丧身之祸。然原注言甲乙生人，巳午亥为身灾，失天时，见庚辛申酉来克，不夭则贫贱之论不妥。一则甲乙生人，见巳午为食伤，逢杀有食伤制杀，何能攻身；二则甲乙生人见亥为印绶，逢庚辛申酉是印绶化杀，不灾反福。

辛丑　　初看此造，癸官虽得子禄，又有辛酉财生，然丙生巳月，
癸巳　日禄秉令，时透丁劫，身亦不弱。可惜巳火合酉丑金局，助身
丙子　之根化财生杀，反是日元极弱杀极强。十一岁辛亥年，大运逢
丁酉　壬，壬杀得旺攻身，亥水冲尽巳火，日元无助而夭。

1717年八月初三亥时生男：

四柱	大运	
丁酉	10、丁未	清满州正蓝旗、后改隶正白旗的阿桂八字。日元甲木自坐申杀，年月支又见申酉，戊土生之，身弱杀强，当取亥水印绶化杀生身为用神。五旬后运入东方，运干用神明快，运支禄刃助身，六十四岁庚子年，子合申化水助用，官至首辅。若此局没有亥水，乃贫贱之造也。甲乙生人见亥为灾之说，不可信也。
	20、丙午	
戊申	30、乙巳	
甲申	40、甲辰	
	50、癸卯	
乙亥	60、壬寅	

【原文】六壬生临午位，号曰禄马同乡——壬以丁为财马，已为禄官，丁已禄居午，故曰禄马同乡。此格喜秋生，有庚辛金制甲乙，故为无害，若见寅卯旺则文秀而不明。冬生玄武当权，知是火财而纷争。春生甲乙旺，寅卯时乃为凶杀会聚也。

【注解】壬水坐午，午中暗藏己土官星和丁火财星，自是吉庆。至于生何季为凶，何季为吉，则要看全局配合。

乙丑
丁亥
壬午
甲辰

盛古泉少卿命造。壬生亥月建禄，地冻天寒。丑土官星被乙木伤官盖头，贵气又失，全靠丁火财星通根午火，化伤生官兼调候为用。全局暖气融融，丑官有力。运入南方，助起用神而发贵。一片气象，皆丁火之功，丝毫无争夺之嫌。

1958年九月二十日巳时生男：

四柱	大运	
戊戌		日元壬水，支全火土，壬水得月干比肩之助，又不能从杀，只有取壬比助身为用神。十六岁癸丑年，大运在甲，癸劫被戊杀合去，甲木盗气，丑土助杀，命主在游泳时溺亡。
壬戌	03、癸亥	
壬午	13、甲子	
乙巳		

【原文】癸日坐向巳宫，乃是财官双美——癸日以戊为官，丙为财，乃丙戊禄在巳也，故曰财官双美。若是四柱中不要见水局，时逢癸丑不为凶，何故？巳中戊土，丑中癸水余气，乃是财马也。

【注解】巳中暗藏庚丙戊，为癸日之财官印，至于贵贱，乃要看全局配合。

丙寅 癸巳 癸未 壬戌	林廷机尚书造。癸水月干见比，时干透劫，看似强胜，可惜无根。丙财得禄月建，财旺生官杀，全局身弱，取巳中庚金印绶生身为用。喜二旬后运入西方，印绶生身；继而北方，禄旺助身，身旺可任财官，故能发贵。
乙巳 癸未 癸巳 丁巳	癸水虽月干得一比肩，惜地支无根，支下三巳一未，干透乙丁，财旺杀强，亦以巳中庚金印绶生身为用神。惜大运逆行，火木相连，均为忌神，所以三十五岁不仅还在打工。功不成，名不就，就连女友也没谈到一个，仍孤雁单飞，家无着落。

【原文】财多身弱，正为富屋贫人——且如甲申年、壬申月、丙申日、辛卯时，申中有庚金，乃为财多。又有壬水，乃七杀制日主，身弱之甚也。此是富家营干之命也。

【注解】财为养命之源，多见为喜，但要身强，身弱无益。譬如身入宝山，身强体壮者尽可多拿。如果身弱多病，多拿反而有害。（参看上注乙巳命例。）

甲申 壬申 丙申 辛卯	原注例。丙火年月时三见申财，是财强。然申财有壬水七杀化解，杀气虽强，却有甲木偏印通根卯木化杀生身，日元不算太弱。所嫌者，大运金水相连，皆与用神相背，故为富屋贫人。

1930年十月十五日卯时生女：

四柱		大运	
庚午	大	09、丙戌	
丁亥		19、乙酉	
戊子	运	29、甲申	
乙卯		39、癸未	

戊生亥月，偏财司权，日支子水正财，财旺生官，官旺化杀攻身，取丁午印绶化杀生身兼调候为用神，财星贴近坏印为病。三十七岁丙午年，旺印生身，被小她十岁的计程车司机所迷，为讨好男友，开始向银行诈钱。四十四岁癸丑年，大运癸未，运岁二癸财星克去丁火用神，运支未土合去午火用神，终因诈领银行近五亿日元被逮捕。

【原文】以杀化权，定显寒门贵客——大抵七杀化为官星，如丙忌壬为杀，巳午时反恃土之势，则壬不能为害，化杀为官，发于白屋。若四柱中有土，则丙逢壬时以为极品之贵也。

【注解】此论多验。

戊午
辛酉
乙卯
丙戌

民国初陆荣廷命。日元乙木坐禄，月令辛杀坐禄，但金当令而木失时，杀强身弱。初运壬戌，戌财生杀，幼年父母双亡，流落江湖，饱尝人间辛酸。丙寅、丁卯二运，日元得旺，七杀得制，冲天而起，执掌两广大权，成为西南最有实力的军阀。

1916年七月二十三日午时生男：

四柱		大运
丙辰		09、丁酉
丙申	大	19、戊戌
		29、己亥
庚寅	运	39、庚子
壬午		49、辛丑

日本东急集团董事长五岛升八字。庚金虽月令建禄，但年月干二丙七杀高透，通根寅午火局，杀重身强，取壬水食神制杀护主为用神。命主青年时应召服兵役，退伍后进入东急公司，做至副社长。三十九岁甲午年，进入庚子大运，虽运岁天克地冲，但子合申辰全水局，助壬制杀有力，就任社长。在吉运的帮助下，十多年间业务迅猛发展，旗下企业达三百五十一家，员工九万三千人，年营业额达七千五百亿新台币。

【原文】登科甲第，官星临无破之官——正气官星，四柱中不见伤官，无杀混杂行旺运，幼年必主登科及第。

【注解】官星为贵气，无伤破必登科及第。

癸巳　　明弘治年间状元朱希周命造。壬水时支得禄，年干见劫，看似不弱。然己未旺官，又得巳午财生，官旺财强，取辛金印绶化官生身为用。如此财官印一顺相生，财印不碍，皆为我用。所以文采出众，科场连捷，一举夺魁。
己未
壬午
辛亥

甲午　大运　甲戌
癸酉　　　　乙亥
丙戌　　　　丙子
甲午　　　　丁丑

明直隶（江苏）太仓王锡爵八字。日元丙火，年支见刃，日时支午戌半合火局，年时二干甲木生火，火势极烈。癸水官星孤露无根，只有取当令酉财生官为用神。二十九岁壬戌年，大运丙子，壬子助官束身，会试第一，殿试榜眼，授编修入仕，官直做至首辅。六十一岁甲午年，大运己卯，不仅太岁与年时二柱伏吟，且大运与月柱天克地冲，财官皆被冲破，二月丁卯，致仕。

【原文】纳粟奏名，财库居生旺之地——此谓墓库格。谓如临财官星之库墓，须要一物开之。其人难发于少年，经云：少年难发库中人。只怕有物压之，若行财旺运或开库，故云纳粟奏名。

【注解】纳粟奏名是给朝廷交纳一定的钱粮，朝廷赐予秀才、举人或进士等前程，以此步入官场。

癸卯　　日元丁火建禄，年支见卯木相生，年月干戊癸化火助身，日元强旺。辛金偏财明透时干，日时二支丑土既为食神，又为财库，符“财库居生旺之地”之论，故取异路功名。
戊午
丁丑
辛丑

【原文】官贵太盛，才临旺处必倾——且如甲乙用庚辛申酉为官星，又有巳酉丑之类，乃是官星多。若四柱中无制伏，更行官旺运，造物太过，其祸患不胜言。

【注解】官多化鬼，喜比劫和印绶运，食伤运也美；惟忌再行官杀旺运或财生杀运，若如此，必凶。

丁未
壬子
丙申
壬辰

丙火虽得丁劫助身，年支未中又有丁火余气微根。然申子辰合水局，月时二壬明透，官多化鬼攻身，身弱难任官星，故贫无立锥之地，四处漂流。运至庚金，财生杀旺，贫死。

1971年十月十一日辰时生男：

甲寅
乙亥
己巳
戊辰

大运　05、丙子　15、丁丑　25、戊寅

年月二柱官杀混杂，日时柱火土，木得时而土失令，木旺土虚，取巳火印绶化杀生身为用神。惜巳被亥水贴身冲克，原局凶机已伏。二十五岁戊寅年，大运亦戊寅，不仅运岁伏吟，三寅助乙克己，更甚者，三寅妒合亥水，亥水合意不纯，冲克巳火用身，旺杀攻身无解，竟在打猎时被猎友误作狍子射杀。

【原文】印绶被伤，倘若荣华不久——印绶本生气之源，不可有伤，被伤乃见财也，为福有损，纵应禄位，不久而败，所谓贪财坏印是也。财见重重，有事难夸。

【注解】印绶受伤，一是被财星克破，如丙丁以甲乙寅卯为印，被庚申辛酉冲破；戊己以丙丁巳午为印，被壬癸亥子冲破。二是被食伤冲破，如甲乙以亥子为卯绶，被巳午伤食冲破；壬癸以申酉为印绶，被卯寅食伤冲破。

乙巳 戊土虽坐辰库有根，然时柱甲寅七杀带禄攻身。月干辛金
辛巳 伤官贴身盗气，克泄交加，以月支巳火印绶化杀、制伤、生身
戊辰 为用神。三十一岁乙亥年，亥水财星冲克巳火印绶，因财发生
甲寅 官讼。

1955年七月二十五日酉时生女：

乙未	大运	10、丙戌
乙酉		20、丁亥
乙亥		30、戊子
乙酉		40、己丑

李女士八字。虽干头四乙，但生于金旺之时，不仅时支重见酉杀，且有未财生扶，杀旺身弱，取日支亥水印绶化杀生身为用神。四十六岁庚辰年，大运己丑，财旺生杀，杀旺生印，用神有力，财杀印皆为我用，炒股票赚钱过亿。四十七岁辛巳年，太岁与日柱天克地冲，巳伤冲破亥水用神，股票缩水大半，破了大财。

【原文】有官有印，无破作廊庙之材——有官有印乃杂气所藏官印也。鬼谷子云：罡中有乙，魁中伏辛，此为杂气印绶财官也，乃少年不发库中人也。假如丙寅、辛丑、甲辰、丙寅，此延王俊命。甲用辛为官，己土为财，癸水为印。提纲中有癸水余气，辛金墓库，己土见旺，故得谥封之贵也。

【注解】官星为贵，印绶为权，命局中官印相资，无冲无破，多为贵命。原注言有官有印为杂气，不妥。

丙寅 原注举延王俊之命。甲木年时得禄，辰中有乙木余气，日
辛丑 元有力。辛金官星虽明透坐库，但被丙食贴身合去，是失去官
甲辰 星。大运一路木火，也与官星背逆，所以弃之不论。喜时干丙
丙寅 火食神透出，用之吐秀生财通关兼调候，格局流畅，且大运木火相续，身用有力而贵，与官印无关。

甲午
丙寅
己酉
丙寅

一廉宪之命。己生寅月，正官司权，年月时三干一甲二丙，官印通根月令，官印相资，身旺有日支酉金食神吐秀，格局中和，气势流畅，故发贵。

【原文】无官无印，有格乃朝廷之用——正气、杂气凭财官印绶为贵格，富贵之命。若成格时，要全无一点财官，方为富贵之命矣。假如己未、壬申、戊子、庚申，此乃谢左丞相之命。此名专食合禄之格，若四柱中全无一点财官印绶，以戊用乙官、癸财、丁印，四柱中全无矣。取戊食庚申、戊禄旺巳与申合，名前格。

【注解】命局中虽无官星印绶，或用食伤吐秀，或用七杀制刃，或从杀从财从儿，或专旺成格，只要成格，皆能贵显。

己未
壬申
戊子
庚申

原注举谢左丞相例。戊土通根年支未土，又得己土劫财相助，日元不弱。然月时二申，庚金明透，壬子水强，身强财食更强，日元反由强变弱。喜大运辛未、庚午、己巳、戊辰土火助身，丁卯、丙寅二运又有印绶化官杀而生身。日元得大运相助，身强可任财食，所以贵至极品。原注言“取戊食庚申、戊禄旺巳与申合”之论不能为据。

甲戌
庚午
戊辰
庚申

大运：辛未　壬申　癸酉　甲戌　乙亥

明保定府清苑高燿八字。戊土坐辰自旺，年月支午戌合化火生身，印旺身强，取时柱庚申食神吐秀为用神。二十二岁乙未年，大运申金，乙合庚化金，未土助身吐秀，中进士，授户部主事。四十七岁庚申年，用神有力，拜户部尚书。五十四岁丁卯年，大运乙亥，丁印夺食，运岁卯亥合木助丁，用神受损，致仕闲居。

【原文】名标金榜，须还身旺逢官；得佐圣君，贵旺冲官逢合——身旺逢正气官星，又行旺运，必登科及第。若四柱中是飞天禄马，冲官合禄，乃人臣极贵也。冲官者只有四日。

【注解】身旺喜制，逢正气官星，叫身旺逢贵，必前途无量。冲官逢合一说却欠妥。原注言仅有四日，即壬子、庚子、辛亥、癸亥，用子水冲午中丁火为庚官，己土为壬官。用亥水冲巳中丙火为辛官，戊土为癸官。与《喜忌篇》中飞天禄马格同，不足为据。

壬子
壬子
壬子
壬寅

以上论是用三子冲午中己土官星为用，实在不合命理。此造水气极盛，用寅木食神吐秀明矣。贵在一个“寅”字。三子水强，反为病矣。

乙酉
己丑
辛亥
辛卯

汪道焜侍郎之命。年月支酉丑合金，月干己土偏印，时干比肩，日元过强。全靠日支亥水泄强金之气，生弱木为用，使全局气势流通，秀气舒展。不仅官居侍郎，且文采出众，也非用亥水冲巳中官星。

【原文】非格非局，见之焉得为奇；身弱遇官，得后徒然费力——若四柱用神财官见伤忌，非格局，有财官，此等命不为奇妙。又论：自身天元羸弱，纵官星得之，荣华不久也。

【注解】八字用财有劫，用官有伤，用印财强，用食逢枭，干支杂乱，四柱无情，叫非格非局，贫贱之命。身弱遇官，难以任官，不贵反灾。即使运入助身之乡，骤然发迹，也不过昙花一现，运过亦然。

乙巳	大运	06、丙戌
丁亥		16、乙酉
己卯		26、甲申
乙亥		36、癸未

己土坐卯，七杀成局，年时二乙透出，身弱杀强，用丁火偏印化杀生身。丁火通根年支巳火，杀强印旺，格局本美。惜月支亥水贴身冲巳，丁火自坐亥绝，无力化杀，格局成中有败，是非格非局。再加大运西方，助水灭火，所以贫寒彻骨，二十八岁壬申年妻亡后，靠兄弟接济度日。

戊辰
乙丑
癸亥
丙辰

表面看来，癸水坐旺，地支一丑二辰中皆有癸水暗藏，日元不弱。然二辰干透丙戊，水气全无，土星四重攻身，日元难支。二十三岁庚寅年，庚金化官生身，小小年纪，竟得专权。二十五岁壬辰年，大运丁卯，丁火合去壬劫，辰土助官，身弱官强，因错被免职，失去权位。

【原文】小人命内，亦有正印官星——印绶者，怕逢财气坏印。官星者，畏见伤官必败。若四柱中虽有财官印绶，遇其伤害，不成真名，反为凶恶，岂不为小人哉。

【注解】小人有两种。一是命中原有官星，被伤官克破或它神冲破，不能发贵，反而贫贱者。另一种是虽身居高位，但行为卑贱，误国害民，为人不齿者，也是小人。

丁亥
甲辰
丁亥
乙巳

丁火日元，以亥水为正气官星，以甲木为印绶，命局中官印俱全。惜年支亥官，被辰土伤官克去；日支亥官，被巳火冲去，二贵皆失，格局尽破，所以沦为乞丐。

癸酉 庚申 丙子 丙申	南宋末期奸相贾似道之命。虽癸子为正气官星，但庚申偏财司权，主多越轨。再加官强身弱，官星化鬼，性格乖张。幸大运南方火，东方木，比印相连，方能助身任官。然其小为无赖，姐为贵妃后乘宠而起，贪财误国，败坏朝政。小人只是害己，此辈上误国事，遗羞祖宗；下祸百姓，累害后代，连小人也不如。

【原文】君子格中，也犯七杀、羊刃——七杀有制化为官，羊刃无冲极为贵。偏官发于白屋，羊刃起于边戍，为将为相，岂不为君子者哉。刃与杀主诛戮之权。

【注解】七杀者，与日元阴阳不和，性凶暴刚烈，若逢制伏，反为我用。羊刃者，最旺之处，暴戾之神。若逢七杀，杀刃成格，反主握兵刑杀戮大权。古之边关将帅，今之司法要员，多属此格。

辛酉 丙申 庚子 丙戌	王士珍之命。庚金年月支禄刃并见，月时干二丙七杀明透，杀刃成格，所以以武取贵。从北洋武备学堂毕业后，短短二十余年，就登上全国陆军总长的宝座，手握军事大权。

庚子 己卯 甲子 丙寅	一御史命造。月令卯刃，年干庚杀，虽子水印绶泄七杀之气，但己土正财贴身生助，杀亦不弱，足以制刃，所以官居御史要职，专司参劾奸佞贪官之权。

【原文】为人好杀，羊刃必犯于偏官——羊刃者，在天为紫暗星，专行诛戮，在地为羊刃杀。偏官者，七杀之暗鬼。羊刃又犯七杀，人多主凶。若遇贵人吉，则无大恶。

【注解】杀刃成格，配合得当，则刚烈正直；配合失调，则残忍凶暴。

癸巳　　石友三八字。庚金见酉刃申禄，极喜丙杀通根巳禄制伏，
辛酉　惜癸印透于年干，克巳害丙，格局成中有败，因而性格暴戾。
庚申　运入午火，手握大权，杀人成性，动辄将部下活埋。
丙戌

1861 年正月十一日子时生男：

辛酉	大运	06、己丑	民国时期山东馆陶王占元八字。庚金年支见刃，年月干比劫齐透，日元有力。惟丙火七杀自坐子水伤官，束身不力，故取寅财化伤生杀为用神，杀刃格成。十八岁戊寅年，用临太岁，入伍当兵，走进军旅。三十岁庚寅年，天津武备学堂毕业。四十二岁壬寅年，投袁世凯，任工程营队官。五十四岁甲寅年，
庚寅		16、戊子	
		26、丁亥	
庚子		36、丙戌	
		46、乙酉	
丙子		56、甲申	

代理湖北军务。五十六岁丙辰年，杀刃扬威，任湖北督军兼民政长，掌握了一省的军政大权。

【原文】素食慈心，印绶遂逢于天德——如命中元犯凶神恶杀，若遇天月二德神救之，则凶不逞矣。印绶本慈善之神，又逢天德月德相助，主人心慈而食斋矣。

【注解】印绶为生我之神，人命带之，主心地忠厚仁慈。

癸丑　　女命。二甲仅得未辰中余气为根，身弱难任强财。喜日时
己未　二支子辰化水，印旺身强，可任财矣。印绶为用，心地极善良，
甲辰　从十六岁起吃素念佛七十余年，朝夕不辍。乐善好施，不忍杀
甲子　生，连苍蝇蚊子也不愿打死。

【原文】生平少病，日主高强——日主自旺为恃旺杀。乃是本主得地，自恃旺乡，其人沉病不染，耆年齿牢发黑，强其体骨。

天元遇数，顺身远害，欣然无忧，乐天之命也。

【注解】经云：吉莫吉于身强。日元有力，不惧财官杀伤，自是疾病少染，即使贫穷，也身体健壮，多活寿长。

己卯
戊辰
甲子
壬申

民国时期曾任审计院院长于右任命造。甲生辰月，辰中有乙木余气，年支见刃，支全水局，日元高强。虽然生活在战乱的年代，动荡不安，变故迭逢，但此公身健少病，安然无恙，享寿八十六岁。

1937年十一月十八日辰时生男：

丁丑
壬子
辛巳
壬辰

大运
05、辛亥
15、庚戌
25、己酉
35、戊申
45、丁未
55、丙午
65、乙巳
75、甲辰
85、癸卯

湖南吉首陈先生命造。辛金自坐巳火长生，年时支又得丑辰印生，身强。虽二壬伤官夹身盗气，但月干壬水被年干丁火合去，格局取清。于是乎，火土金水一顺相生，十分流畅。故一生少病，今已八十六岁，仍耳不聋，眼不花，行走健步如飞。

【原文】一世安然，财命有气——此论财者，妻财，马也。财旺有气来助，我身乘旺，必享财而用之，是得安然之乐矣。如甲生辰戌丑未之乡，皆作财有气。

【注解】经云：财为养命之源。一个人离开母腹之后，赖以生存的最基本条件就是财。尤其是长大成人，自立家业后，财就成为一生中最不可缺少的东西。如果一个人的八字中财星有气，财自天来，就不会因财而奔波苦恼，一世必享安然之福。

辛巳
癸巳
戊辰
辛酉

明弘治年间状元风流才子钱福命造。戊土日元，年月支见巳火偏印，日元有力。癸水财星通根辰库，又得辛酉食神相生，财星也有气。全局火土金水，一顺相生，源清流长，舒展流畅，所以此君一生处世安然。钱福中状元后，官授翰林院修撰。但他无意官场，托病辞官归田，终日游山玩水，饮酒赋诗，狎妓作乐。他听说扬州有个令人倾倒的妓女，立即欣然前访。知此妓从良后，想方设法打听到其下落，并求其夫盐商，要见此妇一面。盐商笑允，二人正喝酒间，那妇人身着白装，手执白绫而入，钱福如临仙境，挥毫题一绝句："淡罗衫子淡罗裙，淡扫蛾眉淡点唇。可惜一身都是淡，如何嫁了卖盐人。"写完大笑而去。钱状元的一生，可真是享安然之福的一生，正与其名讳相符："有钱有福！"

【原文】官刑不犯，印绶天德同宫——此五行自得天时名为旺。若有印绶扶身，又带天月二德，一生不犯官刑之论。

【注解】犯官刑者，或官重身弱，官星化鬼攻身；或官星逢伤官，贵气被伤。印绶即为化官生身之神，也是制伤护官之神，所以命中带印绶，多不犯官刑。天德神杀，与命理无关，不取。

甲午
丁卯
己巳
辛未

明正统年间状元商辂之命。甲木官星通根月令，有气。丁火印绶，通根巳午，有根。天干官印身食一顺相生，地支印绶化杀为权，一派祥和，所以从修撰直仕至首辅。在官场三十余年，安然平顺，从无是非。

1968年六月二十八日戌时生男：

戊申
己未
甲午
甲戌

大运　06、庚申　16、辛酉　26、壬戌

虽甲林双排，但支下无根，又被午戌火局盗泄，枯木无依，只有弃命从财。此类格局最喜从神强壮，最忌印比助身。十八岁乙丑年，乙劫助身，且与月柱天克地冲，犯事坐牢。二十二岁己巳年，从神有力，出狱。二十九岁丙子年，大运壬戌，壬子印绶助身，从格破坏，再次犯案入狱。

【原文】少乐多忧，盖因日主自弱——此言日主无气，落于衰乡，又失了天元气，持鬼败之乡矣。偏多主奴婢之下，孤寡临于五墓，一生忧闷，不足之命也。

【注解】日元是整个命局之主，衰弱不能任财官，常被财官所欺，因而一生少乐多忧。

癸未
甲子
辛巳
己亥

辛生子月，食神当令盗气，己土偏印与甲木正财相合，与日主之情相背。巳中戊土，被亥中甲木克尽，盗气太重，日元衰弱，所以一生孤且贫。

【原文】身强杀浅，假杀为权——假如丙戌日见壬辰时是也，生于四五月依此而断。碧玉歌云：化杀为权何取？甲生寅卯之乡，更逢亥卯未成行，何怕庚金作党。乙生巳酉丑月，喜逢木局相当，若逢亥卯未生殃，处世艰难贫汉。

【注解】日元强旺，喜七杀束身。若七杀无力，则喜行杀旺之运，假杀为权，贵显无疑。

己未
乙亥
癸亥
丙辰

汪大燮命造。癸水生于亥月旺地，日支重见，时支辰中亦有水气，日元极强。己未七杀偏居一隅且失时，难以为堤。四十五岁后运入午巳财旺之地，强财生杀，杀气有力而扬威，直仕至国务总理。

【原文】杀重身轻，终身有损——如戊寅、壬戌、壬戌、己酉是也。月日暗有戊土为七杀，故为伤身也。

【注解】七杀为攻身之物，过于强壮，即使局中有制化，也像与虎同眠。制化之神一旦受伤，七杀将乘机而起，攻身为祸。

戊寅 壬戌 壬戌 己酉	原注举例。戊土七杀司权，日支重见，元神透干，时干己土助杀。日元无根，全凭时支酉金印绶化杀生身为用神。运至北方，日元有力，可任七杀为福。丁卯一运，卯木伤官冲去酉金用神，七杀无化，乘旺攻身为祸。

1883年7月29日申时生男：

癸未 己未 甲戌 壬申	大运	08、戊午 18、丁巳 28、丙辰 38、乙卯 48、甲寅 58、癸丑	第二次世界大战的罪魁、法西斯头子、意大利首相墨索里尼八字。甲木仅有未中暗藏微根。局中四重旺财生杀，当取壬水偏印化杀生身为用神。三十八岁后运入木乡，身旺可任财杀，夺取意大利政权，实施法西斯独裁统治。六十七岁乙酉年，大运丑土，运岁丑酉合金助杀，在米兰被处以绞刑。

【原文】衰则变官为鬼，旺则化鬼为官——若日主衰弱，纵有官星，当他不得，故变官为鬼矣。若日主旺盛，纵有七杀，其杀自降伏，当化鬼为官，乃主大富大贵之命也。

【注解】身衰官旺官化鬼，身旺逢杀杀为官。这两句强弱官鬼变化之论，深得推命通变之精髓，深合易理，极为精辟。

丙申 乙未 丁未 癸卯	韩绍方伯命造。丁生未月，未中有丁火余气。未卯合木生丁，乙木元神透干，又得丙劫助身，日旺无疑。癸水七杀，自坐卯印，申财遥隔，且被丙劫盖头，杀气衰弱。妙在大运金水连环，助起弱杀，假杀为权，贵为方伯，雄据一方。此身旺逢杀杀化官例。

1951年九月二十日午时生男：

辛卯	大	05、丁酉	
戊戌		15、丙申	
癸巳	运	25、乙未	
戊午		35、甲午	

癸水以戊土为官星，月逢戊戌正气官星，惜时干重见，官多不贵又得旺财相生，官星极强。癸水无根，却有年干辛金偏印化官生身，又不能弃命从官，是身弱官强，官多化鬼之造。初运酉申，印绶化杀生身，庇荫尚可。三十岁入未土大运，支类南方，官益强而身愈弱。三十岁庚申年，三十一岁辛酉年，印绶通根，诸事顺遂。三十二岁壬戌年，运岁皆土，上当破财。再入午运，流年亦火，凶灾更甚。

【原文】月生日干，运行不喜财乡——月生日干即印绶也，印乃母也，故曰生，忌财破之。运行入财乡谓之贪财坏印，譬如为官者掌印，贪百姓之财则不美。

【注解】月生日干即印绶，最忌财破，必灾。（详见后“论印绶”）

1885年七月二十日戌时生男：

乙酉	大	07、癸未	
甲申		17、壬午	
丙辰	运	27、辛巳	
戊戌		37、庚辰	

民国时期辽宁法库杨宇霆八字。日元丙火，仅有戌中库气微根，申酉辰食旺财强，当取甲乙印绶生身为用神。惜甲乙坐绝，故旺处伤身。出门大运，即是南方，日元托根，故早年得志。二十岁甲辰年，大运壬水，甲木化杀生身，考中秀才。二十二岁丙午年，刃比助身，被清廷保送入日本陆军士官学校，毕业回国后任炮兵见习队官。三十三岁丁巳年，禄比助身，官至奉军副司令。四十二岁丙寅，虽大运庚财损印，但有太岁丙火克制，用神得根，任安国军总参谋长。四十三岁戊辰年，大运庚辰，运岁强食生庚财，庚财无制克甲夺乙，用神尽失，因骄横无礼被张学良处死。

【原文】日主无依，却喜运行财地——甲乙生于春月，柱中若无财官，谓之无依，若行辰戌丑未运，以土为财，方可发福。余者仿此而推，如背运不可言福。

【注解】日主无依有两种。一种是身强财官弱或财官无根，喜行财官生旺之运，助起财官为用而发福；一种是身弱财官食伤强，日主衰弱，印绶临绝或无根，喜行比劫印绶助身运而发福。

戊申
己未
己未
戊辰

全局土星七重，本应以年支申金伤官吐秀为用神，然土旺金埋，用神无力。初运庚申、辛酉，助申吐秀，荫庇不错。一入北方财运，破败连连，一生寒蹇，从未发达。

辛亥
乙未
乙卯
壬午

大运：01、甲午　11、癸巳　21、壬辰　31、辛卯　41、庚寅　51、己丑　61、戊子

明代开国军师刘伯温命造。支全木局，月干透乙，日元极强。辛金七杀无根无助，难以扬威。二十岁庚午年，大运巳火，岁干庚金助辛，运支巳火乃金生支地，用神有力，中进士，授县丞。运入木乡，辞官归田。五十岁庚子年，庚金助辛，应朱元璋之聘入建康（今南京）。五十一岁，运入己丑，旺财生杀，气势如虹，谋议机密，预言必中，官直封伯。六十五岁乙卯年，大运入子，子水是辛金用神死地，一病不起，郁郁而终。

乙亥
甲申
戊子
丙辰

姜金和探花命造。戊土得辰土为根，丙火为印，看似不弱。惜辰申子三合水局，丙戊皆无根，身弱无依。初运南方，印比助身，身旺可任财官，试场连捷，探花高中。一入辰运，水气激荡，火土无生而亡。

【原文】时归日禄，生平不喜官星——命中日禄居时者最怕官星，所以强官破禄反贵为贱矣。碧玉歌曰：日禄居时最妙，年提畏杀官星。若见官星则剥禄矣。

【注解】时支归禄，多日元强旺，如果以伤官吐秀为用，见官发祸，所以不喜官星。如果身旺无食伤，喜官束身；或身强财弱，用官制比劫护财等，反以见官为贵。相反，时支虽归禄，局无用神，或用神衰绝，不见官星也难富贵。

戊子
癸亥
丙子
癸巳

丙火虽归禄时支，但全局官星重叠，官旺化鬼，喜戊土食神制官为用。虽戊土无根，乙丑运后，大运木火相连，身旺食强，可敌强官，故官至御史。

癸亥
癸亥
癸卯
壬子

癸水归禄于时支，见旺于年月二支，干头见一劫二比，是局无官星。可惜日元过旺，卯木虽合亥化木吐秀，然水泛木浮，难以为用。再加大运入金，助纣为虐，所以终生一贫如洗，终无富贵。此格归禄无官，又有何益。

【原文】阴若朝阳，切忌丙丁离位——此言六辛日见戊子时也。岁月若见丙丁二字，乃南方火伤了辛金，所以不得朝阳以成真格局。若不见丙丁，皆主大富贵命，官自居一品之尊。此为《喜忌篇》云：六辛日逢戊子时，嫌午位运喜西方。同见丙字，露出官星；见丁字，乃七杀克辛。此说非。

【注解】六阴朝阳，不合命理之说。《喜忌篇》中已言及，再举几例以说明之：

丙戌
戊戌
辛巳
戊子

年上丙官生戊印，印旺生身，全局火土六重，火旺土燥，既喜时支子水食神调候，又喜子水刷土润金吐秀。大运先是北方，强水助用；继而东方，木财护食。用神得力，官至尚书。

丙寅
丁酉
辛巳
戊子

辛金日元得巳酉金局为根，身强。年月干虽官杀并透，但有戊土印绶化解，无妨，子水乃一闲神。运至壬癸，干头取清，官至同知。

戊戌
乙卯
辛酉
戊子

月令乙卯旺财冲禄破印，子水食神被戊印盖头，不能通关，全局克战不已，不能化解，所以是贫薄之命。

前两造局有丙丁而贵，此造无丙丁反贱，说明六阴朝阳之说不合命理。

【原文】太岁乃众杀之主，入命未必为灾。若遇斗战之乡，必主刑于本命——太岁乃一年所主之君，统众杀之主君也，未可便作凶推。若命中羊刃诸杀或日主刑克岁君，乃臣犯君，必招战斗之祸。

【注解】太岁有两种，一是本命中的年柱，叫作值年太岁；一是每年的流年，叫作流年太岁。此处太岁是指流年太岁。

太岁为一年之主，威不可犯。命局中发生冲克太岁的现象叫犯太岁，太岁冲克命局中之神也是。至于犯太岁是吉还是凶，却要根据命局综合判断。如果太岁为喜用，被原局冲克者凶；太岁为忌神，被原局冲克反吉。相反，太岁冲克原局喜神为凶，若冲克原局忌神却吉。定要认真分析，万莫一见犯太岁就以凶断。

辛巳
辛卯
丁未
辛丑

民国初期曾两任内阁总理的靳云鹏命造。丁火虽通根巳火，又得卯未木局相生。但时支丑土与年支巳火遥拱三辛成局，天干三辛并透，丑土盗气，相较之下，日元反弱。全局以木火为喜用，以金水土为忌神。据此分析流年：

甲申年，大运在庚，庚申为命中忌神，强金克甲木，犯了太岁，父亡，全家生活陷入困境，此乃甲木喜用被强金忌神冲克故。

十七岁丁酉年，岁干丁火克年月时三金，犯了太岁，因丁火比肩助身为吉，是喜神克忌神，该年入营当兵，提升排长，迈出人生第一步。

三十四岁甲寅年，三十五岁乙卯年，原局三辛冲克太岁。一则木气有根，冲克不动；二则大运在丁，有比肩克辛护印，印旺身强，晋将军、封伯爵，居山东都督要职，雄踞一方。

三十七岁丁巳年，丁火克原局三金忌神，身旺可任强财，率兵打败复辟帝制的张勋，执掌“边防军”大权。

七十岁庚寅年，大运在申，申金冲克寅木，是犯太岁，寅木为日元喜用，庚申为日元忌神，财星损印，病死天津。

从靳云鹏犯太岁的流年可以看出，冲喜为凶，冲凶则吉，乃不易之理。

丙子
戊戌
壬戌
辛亥

唐末晋王李克用命造。壬水虽得亥子为根，然戊杀司权，日支重见，元神透干，又得丙火财生，杀气更猛，故以辛印生身、亥子助身为喜用，火土为忌。二十六岁辛丑年，大运亦辛丑，虽丙火克辛金，然丙辛合化水助身为喜，任大同军防御史，走出了人生关键的一步。

【原文】岁伤日干，有祸必轻；日犯岁君，灾殃必重——若太岁克日干，谓为父怒其子，其情可恕。日克岁君，如子怒父，罪不可赦也。假如太岁庚辛，日干甲乙则灾轻。日干庚辛，太岁甲乙，无救则灾重。

【注解】太岁为一年之君，日干为臣，太岁冲克日干，君克臣为正理，灾轻；日干克岁君，臣伤君，竟敢在太岁头上动土，灾重。这也是死理，真正吉凶应以全局喜忌分辨。克喜用为凶，克忌神则吉，方是冲克正理。

壬辰
丙午
丙辰
甲午

林尚书造。丙火月时见刃，月干透丙，时干又得甲木相生，火势极烈。壬杀虽通根二辰，究竟势寡根浅，难成既济，以金水助杀为用，木火助身为忌。所以不论太岁，还是大运，逢水虽克身，逢金虽犯太岁，均为局中喜用，多有升迁之喜。木火虽不与日主相克，但为忌神，逢之反凶。

1873年正月二十六日巳时生男：

癸酉
甲寅
丙午
癸巳

梁启超命造。丙火生于雨水节后，木旺火生，又自坐羊刃，得禄于时，其焰甚炽。年时二癸官星虽透，然失令之水难敌当令之火，取酉财生官、壬癸助官为喜用，木火为忌。十九岁辛卯年，丙火克辛金为犯太岁，但辛金为喜用，与京兆尹之女李小姐成婚，官场有了强有力的靠山。四十岁壬子年，依俗理，太岁与日元天克地冲，为大凶之年。但当年太岁壬子，为全局用神，既济有情，出任袁世凯内阁的司法总长，最为风光。五十六岁戊辰年，虽日干和太岁相生，然伤官见官，为凶，病死协和医院。

【原文】五行有救，其年反必为财；四柱无情，故论名为克岁——此言日犯岁君。若当生有救，祸减一半，其年反招其财。若无食神救之，便是造意不好，主害岁君，还伤日主。如甲日克戊岁，若得己字在，便是夫妇贪合有情。乙日克己，岁君干头有庚，亦是夫妇贪合有情，若无配合克制，便是无情，其祸不免。

【注解】五行有救者，局有解救之神者是。如日干甲乙，太岁庚辛克身，但有壬癸印绶化杀生身，或有丙丁食伤回克护主，叫做有解救之神。或太岁逢戊己，原局有丙丁化比劫生财，也是有解救之神。

丁酉
庚戌
辛酉
戊子

局中土金六重，旺金喜丁火七杀锻炼方能成器。三十三岁运入丙午，三十八岁甲戌年，辛金克甲为犯太岁，局有丁杀护财，财杀相生有情，由科长升副行长。四十岁，丙子年，丙火官星克日干，有戊土化解，官星助杀炼金为喜，又荣升行长要职。

【原文】庚辛来伤甲乙，丙丁先见无危——如庚辛金克甲乙木，柱中若有丙丁巳午火，则有救也。其余依此例。

【注解】甲乙见庚辛，局有丙丁，却有分别。其一、要分别是官还是杀。甲以庚为杀，乙以辛为杀。流年太岁见之，若原局有丙丁，是七杀有制反为权，多吉。如甲以辛为官，乙以庚为官，局有丙丁，叫伤官见官反凶。其二，要分别是忌还是喜。原局身弱官杀强，运岁逢官杀，原局有丙丁回克为吉。若官杀为局中喜用，有丙丁回克反凶。

辛亥
癸巳
戊午
乙卯

乙卯官星居时，辛金伤官居年，间有癸水财星化解。惜癸财贪合日元，不顾辛乙，原局已伏危机。二十五岁乙亥年，乙木官星明透，被原局辛金回克，贵气被伤，伤官见官，获罪入狱。

1883年九月初七寅时生男：

癸未
辛酉
甲申
丙寅

大运：09、庚申　19、己未　29、戊午　39、丁巳　49、丙辰

民国时期河南巩县刘镇华八字。甲木日元，自坐申杀，月柱旺官助杀，当取丙食制杀为用，癸印明透克丙为病。初运庚申、己，皆为忌神，故少时多病。运至未土，暗藏丁火，在保定法政专门学堂监狱科毕业，任河南法政学堂的庶务长，走上仕途。一入戊午、丁巳大运，丙火用神有力，官至第十一路军总指挥。五十四岁丙子年，大运丙辰，运岁局申子辰三合水局，干头三丙争合辛金，支下旺水盗尽酉官之气，贵气全失，突然神经失常，从此在政治舞台上消失。

【原文】丙丁反克庚辛，壬癸遇之不畏。戊己愁逢甲乙，干头须要庚辛。壬癸虑遭戊己，甲乙临之有救。壬来克丙，须要戊字当头；癸去伤丁，却喜己来相制。

【注解】此言七杀有力攻身，喜食伤制杀。如日元庚见丙，辛见丁，喜癸壬制之；戊见甲，己见乙，喜庚辛制之；壬见戊，癸见己，喜甲乙食伤制之；丙见壬，丁见癸，喜戊己食伤制之；甲见庚，乙见辛，喜丙丁食伤制之之类是。

1886年十月十七日辰时生男：

丙戌		08、庚子
己亥	大	18、辛丑
		28、壬寅
丙子	运	38、癸卯
壬辰		48、甲辰

民国时期河北安新陈调元八字。丙火虽得一比且通根戌库，然壬杀高透，亥水司权，又有子辰水局助之，杀强身弱，取己土伤官制杀为用神，格成伤官驾杀。二十一岁丙午年，刃比助身，考入保定军官学堂，从此走上戎马生涯。运至东方，印绶化杀生身，官至安徽省政府主席。四十七岁壬申年，七杀坐长生临太岁，申子辰又三合水局，众水泛滥，冲破己土之堤而攻身，辞去安徽省主席，改任有职无权的国民政府委员。

【原文】庚得壬男制丙，夭作长年；甲以乙妹妻庚，凶为吉兆——庚金最怕丙火，有壬水制伏反吉。甲木忌见庚金，得乙妹配庚为妻，则以甲为妻兄，以变凶化吉也。

【注解】日干属阳见七杀，若干透劫财，劫财能合去七杀。如甲见庚，得乙合庚；丙见壬，得丁合壬；戊见甲，得己合甲；庚见丙，得辛合丙；壬见戊，得癸合戊。如果原局官杀混杂，可合杀留官取清。若七杀为忌，得劫财相合可化解戾气。惟乙庚相合，仍化为金，杀气不变，仍以杀论。阴干见杀，局有伤官，也能克合七杀。如乙见辛，得丙合辛；丁见癸，得戊合癸；己见乙，得庚合乙；辛见丁，得壬合丁；癸见己，得甲合己等。如果原局官杀混杂，伤杀一合，即格局取清，且伤杀二忌皆去，独官发贵，大吉之局。

戊申 癸亥 丁酉 壬寅	林二山都宪命造。丁火日元，月时二干癸壬官杀并透，格局混杂。喜年干戊土伤官合去癸杀，壬水官星取清。乙丑运后，运入东方阳和之气，印旺官强，官印相资而发贵。

乙丑 己卯 戊申 甲寅	葛守礼命造。日元戊土，时逢甲寅七杀通根，年月逢乙卯官星通根，官杀混杂，逞强攻身为病。喜月干己土比劫合去甲木七杀。日支申金冲去寅木，甲寅皆去，独留乙卯正气官星，清纯得用，故贵。

【原文】天元虽旺，若无依倚是常人；日主太柔，纵遇财官为寒士——碧玉歌曰：天元日主太旺，岁时月印财官，三才不显，主贫寒，僧道孤刑之汉。日柔全无生旺，财官多反生殃，当之不住守寒窗，守若囊消貌状。

【注解】八字贵在中和，身过强者，财官必弱，日元无依；身过弱者，财官必旺，日元难以胜任，均不为美。

癸酉 乙卯 壬辰 庚子	壬水支见水局，年干见劫，且有庚酉印生，日元旺极，喜乙卯专食吐秀。然乙被庚合，卯被酉冲，大运又逆行水金，背逆用神，身旺无依，一生清贫。

1958年五月初十丑时生男：

戊戌 戊午 甲戌 乙丑	全局火土六重，甲木虽得乙劫相助，一则失令，二则无根，三则失势，身弱难任强财，气索神枯，贫寒之象。四岁辛丑年，旺财生官克身，父亡。二十三岁庚申年，大运亦庚申，旺财生旺杀攻身，酒后驾车失事，血肉模糊，惨不忍睹。

【原文】女人无杀带二德，作两代之封——凡阴人之命，不宜见偏官。若有天月二德全者，必主有封赠矣。天月二德命中有者，主人慈惠温良，镇压诸杀，不敢犯也。

【注解】女命以官星为正夫，偏官为偏夫，命局中正官夫星清纯，没有七杀杂局，主得朝廷封赠。

辛酉
壬辰
丁巳
甲辰

《滴天髓》例。伤官虽旺，合酉化金，官星元神愈厚。巳火拱金，辰土引之，财之元神亦固。时透印绶，助日主光辉，制辰土伤官，壬水官星清纯无杂生印，如此则木不枯，火不烈，水不涸，土不燥，金不脆，气象和平，夫荣子贵，受封一品夫人。

己亥
丙寅
丁亥
庚戌

大运：丁卯　戊辰　己巳　庚午

古例。丁生寅月，印绶司权，月干透丙，日元不弱。坐下亥中壬水，官星带贵，又得时干正财化伤生扶，看似财美、官贵、印灵。惜年时二支亥官争合寅木，夫星用情已是不专，更何况年支亥官被己食盖头，日支亥官被戊伤克制，庚财又被丙劫夺去，反是身旺无依。故淫贱乡里，人尽可夫。

按：正月天德在丁，月德在丙，原文“无杀带二德，作两代之封”之说破矣。

【原文】男命身强遇三奇，为一品之贵——诀曰：日主高强，富贵财官，印绶俱全，甲逢辛己癸为禄，乙戊庚壬可见。丙日癸辛乙位，丁壬庚甲高迁，戊喜癸乙丁卯，己壬甲丙三奇，庚辛壬癸例。依前无破，名登金殿。

【注解】三奇是指财官印。如原注举例，甲见辛为官，见己为财，见癸为印；乙见戊为财，见庚为官，见壬为印，就是命有三奇。八字配合得当，财官印无冲无破均为我用，定能贵显。

壬申 戊申 乙未 庚辰	杨涟总宪命造。乙木日元，以庚金为正官，壬水为正印，戊土为正财，皆明透天干。更妙在壬戊庚皆藏在月令申金之中，同宫有情，尽为我用，所以为国之重臣。

癸卯 乙丑 丙辰 辛卯	明末固守扬州宁死不降而殉国的史可法命造。丙火日元，以癸水为正官，辛金为正财，乙木为正印，财官印三奇明透且为我用，所以正气浩然，忠贞不贰，彪炳千古，清史永垂。

【原文】甲逢己而生旺，定怀中正之心——诀曰：甲逢己土合生旺，富贵荣华定可量，常怀中正得人心，当遇贵人须可望。甲属东方生旺之气，主乎仁。土属中央厚重之气，主乎信。甲己化土，而四柱中更带生旺，为人忠厚正直之辈。

【注解】甲属木，木主仁；己属土，土主信。甲己相合，信仁俱全，所以为中正之合。如若化格纯真，必是贵显正直之人。

乙丑 丙戌 甲午 己巳	雷礼尚书命造。甲己合生于戌月，土星司权。年干乙劫虽透，被月干丙火化解，化格极真。因而正直守信，为国之栋梁。

【原文】丁遇壬而太过，必犯淫讹之乱——诀曰：丁遇壬而太过，多阴独阳定主淫讹，男因酒色须倾天，女主私通内乱多。丁与壬为合，若丁月见壬水制太过，主淫。

【注解】丁为藏阴之火，自昧不明；壬为纯阳之水，性冷且寒，故丁壬为淫慝之合。又一说，丁为玉女，水性阴柔，故丁壬合为淫慝之合。命理上并非如此。如果丁壬合化纯粹，阴阳交泰，亦主刚直贞烈；如果妒合，合化不纯，全局阴气强旺，则主淫贱。

丁未
壬寅
乙卯
己卯

女命。年月丁壬合而化木，化象极纯，阳气强旺，格成曲直专旺。木主仁，所以仁慈素心，人品端谨，持家勤俭，毫无越轨之象。运至南方，不但帮夫兴家，且子息多贤。

壬寅
壬子
丁亥
癸卯

女命。年月天干二壬争合一丁，丁壬合又不能化木，全局阴气太盛，无一吉象，所以流落风尘，任人淫乐。

【原文】丙临申位逢阳水，难获延年——诀曰：丙临申位火无焰，阳水逢之命不坚。若得土来相救助，却加福寿享延年。若丙申日主，行壬申、壬辰、壬子运主夭。

【注解】丙火见申金为财，见壬水为七杀，杀得财生，逞旺攻身，是不美。是否寿夭，却要看全局配合。如它柱有甲乙寅卯印绶化杀生身，或刃比助身敌杀，亦主长寿。原注言“若得土来相救助，却加福寿享延年”之论却不尽然。如果身强，天干透土为食伤，制杀为权，为吉。如果身弱，土藏而不透，不仅泄日元之气，且土生金，金生水，土反变为生杀之物，不仅不吉，反而更凶。

壬寅
乙巳
丙辰
丙申

一阁老之命。丙火月令建禄，时干见比，又有乙寅印绶相生，身强。壬水七杀虽通根申辰，但有乙寅印绶化解，全局五行俱全，生生不息，化化不尽，格局流畅，诸运皆宜，不仅位显，且寿长。

乙酉
甲申
丙申
壬辰

钱錞知县命造。丙临申位逢壬水，支下又见辰土，财旺杀强，辰土又生合强财，必以甲乙二印化杀生身为用神。二十六岁庚戌年，大运午火，中进士，授知县。三十岁甲寅年，大运辛财克甲，日月二支申冲寅，死于倭难。

【原文】己入亥宫见阴木，终为损寿——己亥日主，行乙木乃亥卯未运，主寿夭。诀曰：己为强土见双鱼，阴木临之寿必疏，四柱若无金救助，丰都岳岭寿无虚。

【注解】与上文意同，皆言财旺生杀为忌。

丰都：指地狱。

岳岭：通指五岳，这里是指东岳泰山。古传说中东岳大帝乃掌管地狱寿命之神。

1910年四月二十六日亥时生女：

庚戌
辛巳
己亥
乙亥

大运
10、庚辰
20、己卯

民国时期著名影星阮玲玉八字。日元己土，干头食伤竟泄，秀气抒发，故美艳惊人。月令巳火生身本吉，惜被日时二亥财星冲破，财旺化食伤生杀攻身，原局危机已伏。十五岁运入辰土，劫财助身，才华横溢，光芒四射，成为最有票房号召力的演员。二十五岁甲戌年，大运卯木，卯合亥助乙攻身，甲官助杀攻身，因人诬告她伤风败俗而服毒自杀。

己丑
乙亥
己亥
丙寅

一通政命。己土月日支均见亥，乙木七杀明透，寅木官星暗藏，财生杀旺，攻身为病。喜时干丙火印绶明透，足以化杀生身兼调候。己丑比肩助身敌杀，身旺杀强印美，既贵且寿。故论命应活看。

【原文】庚值寅而遇丙，主旺无危——庚寅日主而遇柱中有丙火，若庚金多亦无恙，谓之多则生出艮土，土又生金，故无危也。诀曰：庚逢寅位禄当权，丙火重逢寿不坚。身旺鬼衰犹可制，应为鬼杀化为权。

己亥 丙寅 庚寅 戊寅	一守备命。表面看来，丙火七杀得三寅财生，声势凶猛，然己戊二印明透，尽化七杀戾气而生庚金，更有大运逆行，先水后金，均助日主而收燥火。于是火不烈，土不燥，金不熔，格局流畅，贵至守备。

1897 年十一月二十一日巳时生男：

己卯 丙子 庚寅 辛巳	大运	10、乙亥 20、甲戌 30、癸酉 40、壬申 50、辛未	支下寅卯旺财化子水而生丙杀，时支巳火为丙杀之禄，辛劫支下无根，只有取己土印绶化杀生身为用神。五十六岁甲戌年，大运在未，未合卯化木助杀，甲财合去己土印绶，杀旺攻身无解，在回沪途中被凶徒截击，中枪身亡。

【原文】乙遇巳而见辛，身衰有祸——乙巳日主，柱中有辛金多，乃乙木衰而杀旺，故有祸也。诀曰：乙逢双女木衰残，若见辛金寿必难，不得丙丁来救助，岂知安乐不成欢。

【注解】七杀强旺，最忌身弱，运岁再逢财杀，祸患无穷。若杀有制化，反为吉庆。

戊申 辛酉 乙巳 丙子	一丞相命。乙木生于绝地，辛酉杀强，巳火合酉化金，年支申金助杀，日元极弱而杀极盛。喜丙伤高透，通根巳禄，足可震慑七杀。时支子水偏印，合申化水亦有化强杀生弱身之用。再加大运一路水木助身，身强可任强杀，贵为极品。

乙卯
辛巳
乙酉
丙戌

明永乐年间状元林环命造。乙生巳月死地，虽年柱乙卯助身，然巳酉合金，辛杀明透，取丙伤制杀为用。己卯、戊寅二运，身用得助，科场顺畅，一举夺魁，授翰林院修撰，继而升侍讲，参与编撰《永乐大典》。四十一岁乙未年，大运入丑，运支与原局巳酉丑合全杀局攻身，以致英年早逝。

【原文】乙逢庚旺，常存仁义之风——乙日见申月之类，此格者有仁有义之人也。诀曰：乙逢庚旺是官星，遇此当为宰相行，若遇五行无冲破，常存仁义镇边疆。

【注解】乙木主仁，庚金主义，乙庚相合，生旺则仁义刚强，忠贞刚烈。若逢死绝泄气，却为大奸之辈。

庚申
乙酉
癸未
乙卯

民国初期直隶都督兼民政长朱家宝命造。乙庚相合化金为印，日元得强印生助，有力。时柱乙卯食神吐秀，印食皆为我用，且互不相碍，化气强旺，故其人“精于公牍”，周旋惟仁，进退惟义，政绩甚佳。

庚午
己丑
乙卯
壬午

一代巨奸秦桧之命。乙木虽坐禄，庚官却坐午火败地，乙庚相合不纯，所以贪生怕死，卖国求荣，陷害忠良，扰乱朝纲。以致后人铸其跪像于西子湖边，世代为万民唾骂。

【原文】丙合辛生，镇掌威权之职——丙日见辛酉月，辛日见巳月，此格局者，当主有权柄之命也。诀曰：丙合辛生非是贱，掀轰名利真堪羡，不然黄阁显公卿，执掌兵权难有变。

【注解】火主礼，金主义，丙火有礼但刚烈，辛金有义却阴柔，阴阳刚柔相合，旺则仪表威肃，死绝则寡恩无情。

乙亥
丙戌
辛丑
戊子

孙慎都堂命造。辛金以乙木为财，居于亥伤之上，化亥水伤官而生丙官，丙火官星得生为旺。辛金得戊丑印生，身亦强。丙官贴近与我相合，有情有力，故发贵。

乙巳
辛巳
丙寅
己丑

女命。丙火年月得禄，自坐长生，身强。辛金财星坐比被夺，衰弱。丙辛虽合，财情向我，然财星死绝无力，所以无情无义，只认钱财，沦为娼妓。

【原文】一木重逢火位，名为气散之文——甲乙日生，重见丙丁之火，则泄气也。诗曰：木能生火本荣昌，木火通明佐庙廊。一木重逢离火位，终身泄气落文章。

【注解】木见重火，气多散泄，它柱有印比助身，象成木火通明，必可贵显。若泄气太重，日元又不能从儿，虽绝顶聪明，却贫贱寿夭。

己亥
丙寅
乙丑
丙子

陈俊尚书命造。乙生寅月，年日时支亥子丑北方一气，生合寅木，木气极盛，最喜月时二干丙火明透吐秀。全局木火通明，无金官杂局，格局清纯，用神有力，贵且长寿。

丁未
丙午
甲午
丙寅

甲木虽时支得禄，未中得库气，然局中火星五重，盗气太重，日元有根，又不能从儿，全局仅有一丝秀气，虽聪慧异常，终止贫夭。

戊午 戊午 甲午 甲戌	一平章（官名）之命。甲木虽双排，惜地支无根，三午一戌化火成局，一片火海，甲木势必弃命相从，从格极真，所以官至极品。

【原文】独水三犯庚辛，号曰体全之象——壬日生重见庚申辛酉，则印绶生身，主富贵也。诗曰：独水三犯庚辛重，金能生水水还同；年生骨格天年秀，名利双全福禄丰。主大富贵。

【注解】水得重金相生，名金白水清。此种格局最忌见土浊局，见火破局。见木若能引发秀气者吉，冲破格局则凶。如庚辛酉见寅为吐秀，见卯则冲酉是。

庚午 乙酉 癸酉 庚申	一丞相命造。年月乙庚相合，支下二酉一申，时干再透庚金，金白水清。午火失令，难破酉金，弃之不论。全局金水成象，清纯有力，所以贵至极品。

己亥 壬申 癸丑 辛酉	唐九经进士之命。癸生申月，丑酉合化金，辛金明透，金白水清，可惜年干己土浊水，再加大运逆行土火之方为杂局，所以仅有知县前程。远逊于上造者，因己土浊局，大运背局之故。

【原文】水归冬旺，生平乐自无忧——甲乙生于春三月，丙丁生于夏三月，庚辛生于秋三月，壬癸生于冬三月，辰戌丑未戊己之所旺也，皆节气内，主寿无忧。

【注解】水生冬月，气势正旺，日元必强，符合命理的第一要求。日元强壮有力，如格成专旺，或曲直，或润下，或从革，或炎上，或稼穑，虽日元极强，终嫌偏枯，一逢运岁冲起旺势，轻则起倒不宁，重则官讼是非。

癸丑
癸亥
癸亥
癸亥

陈状元命。四柱皆水，格成润下，初运西方，三十年金水相生，愈助水势，取功名如探囊取物，直至鳌头独占。四旬后运入火土，激水旺势，凶祸迭至，灾咎连连。

辛巳
辛丑
庚申
辛巳

李国杰之命。天干四金，支下巳丑拱辛成金局，格成从革。兄弟虽众，惟彼独袭爵位。土金水三运，顺其旺势，受慈禧爱护，如同子侄。一入乙未大运，甲戌流年，木犯金旺，被捕下狱。

【原文】木向春生，处世安然必寿——甲日生居春月，柱逢寅卯二重，温良性格定慈心，青史朝廷仍用。财食印官旺处，太旺又反夭穷。术家精究似中庸，谈命须求有用。

【注解】身强多寿，此是正理。安然无忧却未必，触其旺势，必灾咎不安。

1865年二月初九未时生男：

乙丑
己卯
乙亥
癸未

大运
10、戊寅
20、丁丑
30、丙子
40、乙亥
50、甲戌
60、癸酉
70、壬申

民国初期，风靡政坛，四任总理的段祺瑞命造。乙木日元，支全木局，干透乙癸，格成曲直专旺。初运戊寅，戊财引起兄弟纷争，格局混乱，先是在军中任职的祖父病亡，家庭失去主要靠山，而后父母双亡，饱尝人间疾苦。三十岁后运入北方，水生木旺，助起格局，由随营学堂监督直升为陆军总长，湖北都督。三十六岁庚子年，岁干庚金犯木之旺，元配吴夫人去世。甲木一运，喜得强木助身，出任国务总理，逼黎元洪下台，平息张勋复辟，杰作迭出。五十六岁庚申年，强金犯木之旺，直皖战争开始，不到一个星期，就被打得一败涂地，只好辞去所有职务，隐居天津。癸水一运，水助木势，出任临时执政。毕竟地支酉金犯木之旺，不久就被赶下台，狼狈隐居天津。壬申一运，木临绝处而亡。

1945 年二月十三日寅时生女：

乙酉	大运	09、庚辰
己卯		19、辛巳
甲午		29、壬午
丙寅		39、癸未

甲木日元，时支归禄，月支卯刃，干透劫财，看似身旺。惜寅禄合午化火，卯被酉金冲克，其力已弱，故取乙卯羊刃助身为用神。四十六岁庚午年，庚金克合乙木，午火盗泄甲卯，日元精气尽泄，命主因婚姻不顺而自杀。

【原文】金弱遇火炎之地，血疾无疑——金主心肺者，心之华盖，金若被火来冲，必主因酒色成疾，肺心受伤，呕血痨疾也。

【注解】火主心，金主肺。命局中火旺克金，非心肺之病，即有血疾。

壬寅
丙午
辛卯
甲午

某女命造。八字中寅午半合火局，地支一片火海，克制辛金元神，所以胸脯经常不适。心脏患病，有时喘气连连，不得已开刀。

1963年六月初六戌时生男：

癸卯		07、戊午
己未	大	17、丁巳
		27、丙辰
庚午	运	37、乙卯
丙戌		47、甲寅

庚金自坐火局，年月支卯未合木生之，丙火高透，贴近克庚，当取己土湿土化火生金为用神。四十九岁辛卯年，大运甲寅，甲木合去己土用神，庚金失用，运岁局地支寅午戌合全杀局，卯木助纣为虐，庚金一点被旺火销熔，金为肺，是年命主死于肺癌。

【原文】土虚逢木旺之乡，脾伤定论——土主脾胃，若被木来克制，必受肚腹寒病之症。

【注解】土主脾胃。命局中土受制过重，有脾胃病。土气过重无木疏土，气不流通，也主脾胃有病。

丙戌
壬辰
戊辰
壬戌

土气太厚，二辰中乙木无法引出，不能疏厚土，如死板一块，气不流通。三十七岁壬戌年，大运丙火，运岁再逢火土强旺，增加土气，因长期胃病不得已做了胃切除手术。

壬辰
庚戌
乙卯
戊寅

地支寅卯辰东方一气，强木克戊，天干戊土坐寅受克，土受木克之象极明，所以脾胃一直不好。三十二岁壬戌年，二戌冲辰，木旺克土，因胃疾严重送医院急救。

【原文】筋骨疼痛，盖因木被金伤——诀曰：甲木干衰不旺，运提辛酉庚申，岁逢巳酉丑来临，瞽目风癫邪症。乙日身衰同论，巳酉丑字相刑，未逢此地四肢宁，须作不宜自矜。

【注解】木属筋骨四肢，若被金伤，轻则筋骨疼痛，重则伤残致死。

乙亥
丁亥
辛亥
己亥

女命。辛金无根，但得己土相生。乙木虽得亥中甲木为根，然地支全亥，反为水泛木浮，阴湿之象。运入庚辛，比劫助身克乙木，患有严重的风湿关节炎。

壬寅
癸丑
壬申
甲辰

申辰拱壬成水局，丑中癸水透出，水气浩荡，以甲寅食神吐秀为用神。丑中暗藏辛金，日支申金冲克寅木，虽有化解，但隐患重重。三十二岁运入庚戌，流年癸酉，酉金合丑化金克寅，运干庚金克甲，运岁局申酉戌又成西方一气，强金克弱木，出车祸而亡，筋骨受损，惨不忍睹。

【原文】眼昏目暗，必是火遭水克——肝属木，心属火，肾属水，水克火，无相生之道，故有眼暗目昏之疾者矣。

【注解】午为眼目，被水冲克，多有眼疾。

丁巳
壬子
丙午
己亥

丙午日主被月柱壬子冲克。年柱丁巳，被时支亥水冲克，出门又行亥水大运，水克火甚紧，所以一目失明。

1956年正月二十八日辰时生男：

丙申
辛卯
丙子
壬辰

大运
09、壬辰
19、癸巳

支全水局，干透壬水，当取卯木印绶化杀生身为用神，辛申贴近克卯为病。丙火受克过甚，故从小就近视。十六岁辛亥年，十七岁壬子年，大运壬辰，运岁又逢强水克火，卯木湿木，晦火有余，生火不足，此两年患严重眼疾，治愈后要戴八百度眼镜。

【原文】下元冷疾，必是水值火伤——肾主北方水，心属南方火，肾水上升，心火下降为既济。若上下不交，则有冷疾之症也。

乙亥
庚辰
丙子
庚寅

丙生季春，湿土司令。水为精，亥子两见，辰又拱而虚之，寅木印绶，合亥生火，精气神俱足。惟土虚湿，所以脾胃虚寒，多泄泻之病。

1972年二月初十巳时生男：

壬子
丙午
壬午
乙巳

大运
06、丁未
16、戊申
26、己酉

虽壬水得刃比助身，但木火五重，水失时且势寡，火得令且势众，火有欺水之势。二十七岁戊寅年，大运己酉，寅木又化水生合午火，水主肾，是年患上肾病。二十八岁己卯年，卯木又冲去酉金印绶，喜用皆失，病情加重。

【原文】金逢艮而遇土，号曰还魂——庚辛金受气于寅卯，得土生金，故曰还魂。

【注解】艮：八卦名，为东北方。寅木分野在东北，故艮代表寅。金至寅木为绝地，寅又是土长生之处，故曰遇土还魂。实际上土至寅也受克，土长生于寅之论是不可取的。（详见前“论天干生旺死绝”）

己亥
丙寅
庚寅
戊寅

吴杰守备之命。支见三寅，亥水与寅生合化木，木旺金绝土虚，全靠丙火七杀化强财生己戊弱印通关为用。印绶得杀生为强，转又生身，辗转相生，日元由弱变强，若无己戊二印，贫贱夭亡之造。

1997年正月十一日亥时生男：

丁丑
壬寅
庚寅
丁亥

庚金生于寅月绝地，支下又坐寅木，年月干丁壬合而化木，日时支寅亥亦合而化木，木旺火强，当取丑土印绶化官生身为用神。惜丑丁挂角，丑土又被寅木紧克，自顾无暇，生身更难。二岁戊寅年，虽干头偏印生身，但自坐寅绝，且岁支寅木助局中旺木克绝丑土，于乙丑月、癸未日、戊午时不慎落入水中淹死。金逢艮还魂之说破矣。

【原文】水入巽而见金，名为不绝——壬水受气于巳，水得金而能生水，故曰不绝。

【注解】巽：为东南方，巳火分野在东南，故巽代表巳。水至巳为绝地，然巳中暗藏长生庚金，故曰见金不绝。实际金至巳也受火克，局中无金引化，仍以火论，故此论不全妥。

丁酉
乙巳
壬寅
辛丑

董裕尚书命造。壬生巳月，与年支酉金，时支丑土合全金局，巳火化金，印绶有力，以乙木伤官通根寅木吐秀为用神。丁火财星引发秀气，格局流畅而贵。此巳火为金例。

甲子
己巳
壬寅
癸卯

倪岳尚书之命。壬水年支见刃，时干得比，不弱。月干己土官星被甲寅卯食伤克制，不能发贵，以巳火财星化食伤、生弱官为用神。此巳以火论。

【原文】土临卯位，未中年便作灰心；金遇火乡，虽少壮必然挫志——戊土生至卯，厄于沐浴之地，虽是中年，进退五行遇死，必挫其志气也。金至午，暴败中沐浴之地，男子至此，亦挫其志。

【注解】戊土见卯为正气官星，庚金见午也是官星，均为贵气，怎么会有灰心挫志等事，原注当有误。这里的土应是己土，见卯为七杀。金应是辛金，见午亦为杀。命局中身弱杀强，英雄无用武之地，如明珠掩土，方有灰心挫志之情事。（戊土见卯多，庚金见午多，官多化鬼同论。）若命局配合得当，七杀扬威，也为发奋之士，万不可一概而论。

庚辰
己卯
己卯
乙丑

刘光济尚书八字。卯木七杀司权，日支重见，元神透时，表面看来，杀气极盛。然己土通根丑辰，月干见比，身也不弱。更妙在庚伤明透，制杀护主，七杀反为我用。又喜大运先火后金均助身用，以致贵显。万勿以灰心挫志论。

壬辰
丁未
己卯
乙亥

大运
03、戊申
13、己酉
23、庚戌
33、辛亥

支全杀局且透乙，杀气冲天，当以丁火偏印化杀生身为用，惜丁被壬合，用神不真。运入戊土，己土得根，身强可任官杀，命主开始诈骗，四五年的时间诈骗金额竟达数千亿日元，受害人有数万之多。三十四岁乙丑年，大运辛亥，壬水得根，克熄丁火，杀旺攻身无解，命主在法院调查时，两名受害人冲破上百名记者的采访，将其杀死。

【原文】金木交争刑战，仁义俱无；水火递互相伤，是非日有——赋云：不仁不义，庚辛与甲乙争差；或是或非，壬癸与丙丁相畏。

【注解】命局中金木交战，水火刑克，无解救之神准上论。金木相战有水通关，水火交战有木通关反而有情。还要注意的一点是水火虽交战，却也有既济之功。如果水火之力基本相当，局无其他五行混杂，则以水火既济论，反成大贵。

甲午 庚午 甲子 庚午	天干金木交战，地支水火相伤，不仅仁义全无，是非不断，且瞽一目，贫而无义之人也。此因子水太弱，反激火势故。
庚辰 乙酉 乙巳 庚辰	日月二乙与年时二庚相合于八月金旺之时，地支巳酉、辰酉亦合金，所以二乙也化为金，化格极纯，所以仁义忠直，中进士而入仕途。
壬子 丙午 壬子 丙午	四火四水，干支交战。火当令，水失时。然无其他五行混杂，水火相济，反不为克。火强水弱，运以木火为忌，金水为喜。初运丁未，年逢戊午，未戊之土浊水，父母双亡，流为乞丐。交申运后际遇重重，发财数万，娶妻生子成家。

【原文】木从水养，水盛而木则漂流——水生木弱，用金土为官，太旺则官失矣。诀曰：甲子生居子地，但逢一二为奇，壬癸亥子叠干支，则木漂流无倚。辛亥年，庚子月，甲申日，乙丑时，年逢丁酉运，甲木溺水之灾难免。

辛亥 庚子 甲申 乙丑	原注例。地支亥子丑北方一气，申金合子化水，得庚辛推波助澜，是水泛木浮之象。运至丁酉，旺官化杀克身助水，忌神大盛，故有溺水之灾。

1896 年十一月初三子时生男：

丙申	大运	11、辛丑	
庚子		21、壬寅	
甲午		31、癸卯	
甲子		41、甲辰	

民国时期左翼文坛作家郁达夫八字。子水印绶司权，时支重见，庚申七杀生之，水势浩荡。虽甲木双排，但被丙午盗泄，身弱印强，有水泛木浮之弊。二旬后运至东方，日元得根，崛起文坛，执左翼之牛耳。五十岁乙酉年，大运甲辰，辰与申子三合水局，酉金官星又克身生水，于癸酉月、甲申日金水大旺之时被日本宪兵杀害。

【原文】金赖土生，土厚而金遭埋没——金以木火为财官，若土太多，则金遭土埋没而乏光辉矣。

【注解】

1976 年闰八月二十三日午时生女：

丙辰	大运	04、丁酉
戊戌		14、丙申
辛丑		24、乙未
甲午		

局中火土六重，甲木之气又泄于午火，火反生土，土旺有埋金之患。初运西方，辛金得根，平安无事，结婚成家。二十六岁辛巳年，大运乙未，岁干辛金被丙火合去，运岁局不仅巳午未南方一气，且辰戌丑未四冲齐发，埋金无解，是年命主因婚姻不顺，感觉亲情泯灭而自杀。

【原文】是以五行不可偏枯，务禀中和之气。更须绝虑忘思，鉴命无差误矣——看命要审节气浅深，旺相休囚，去留舒配，顺逆向背之理。只以中和为贵命，旺相为福。若休囚死绝，非格非局，为下贱矣。

【注解】命局贵在五行中和，偏枯皆凶。即使命入专旺，从格等，也属偏枯，终有祸患。

丁卯
壬寅
庚午
丙戌

庚金无根，支全火局，丙火明透，丁壬化木助火势，庚金销熔，必从杀势。喜从格纯真，中乡榜，挑知县，一路顺畅。酉运庚金得根不从，丁艰守墓。丙运步步高升，申运庚金得禄不从，诖误落职。

丙午
甲午
丙午
甲午

支全四刃，干透甲丙，烈火冲天，炎上专旺，其性可顺而不可逆。初运乙未，早游泮水，丙运登科，申运大病危险。丁运发甲，酉运丁艰。戊戌己运，仕途坦平。亥运犯火之旺，战死军前，皆因偏枯之过。

看命入势

【原文】五行提纲。凡看命排下八字，以日干为主，取年为根，为祖上财产，知世派之盛衰。取月为苗，为父母，则知亲荫之有无。日干为己身，日支为妻妾，则知妻妾之贤淑。时为花实，为子息，方知嗣续之所归。法分月气深浅，得令不得令。年时露出财官，须要身旺。如身衰财旺，财多反破财伤妻。身旺财多财亦旺，则多称意。若无财官，次看印绶得何局势，吉凶断之，学者不可拘执，而不知通变也。

正 官 论

【原文】夫正官者，甲见辛之类。乃阴见阳为官，阳见阴为官。阴阳配合成其道也。

【注解】官星虽为克我之物，但阴阳和谐，配合有情。如天地之道，可生万物，贵在其中，所以正官也叫官贵。

【原文】大抵要行官旺乡，月令是也。月令者，提纲也。看命先看提纲，方看其余。既曰正官，运复行得官旺之乡，凡事有成，却又行不得伤官之地。行财旺之乡，皆是作福之处。

【注解】月令若见正官，行运再入官旺之地，要到百年以后。如甲生酉月，正官得令，再行酉运，一百一十年后方是。此处复行官旺之乡是言官不当令，再行官旺之运助起贵气，必有吉庆。

癸巳
丙辰
丙午
癸巳

丙火支下见二禄一刃，月干见比，日元极旺。年时干癸水官星虽通根月令辰库，终嫌衰弱，难以制刃。妙在癸丑运后，官星托根，运至官旺之乡，发甲入仕，官至黄堂。

官星为全局贵气，最忌行伤官之运伤了贵气，此必主灾。

乙亥
己卯
庚辰
丁丑

民国初期东北王张作霖命造。丁火官星虽弱，却有卯亥合木旺财生助，财官双美，无冲无破，格成大贵。五十四岁开始行癸酉大运，酉刃冲去卯财，癸水伤官克去丁官，财官皆失，遇害身亡。

正官喜行财旺运，必官轻身强；若官旺身弱则财运不宜。

己卯
丙子
丙寅
丙申

胡汉民命造。天干三丙，又得寅卯相生，身强。子水官星虽秉令，然气泄于寅卯。申金财星又被寅冲丙夺，虽有似无，身强官轻。癸酉、壬申二运，财星有力，官旺发贵，由普通学生直仕至广东都督、总统府秘书长。四十六岁甲子年，大运辛金，财官双美，任国民党第一届中执委兼广东省省长。八月金旺，代行大元帅职。

【原文】正官乃贵气之物，大忌刑冲破害，及年月时中皆有官星隐露，恐福渺矣。又须看年时上别有何者入格，作福去处，方可断其吉凶。苟一途而执取之，则不能通变，必有差之毫厘、谬以千里之患。经曰通变以为神者是也。

【注解】格入正官，最忌冲破与年月时中皆有官星隐露。前者是冲了贵气，成中有破；后者是官多化鬼。如果局无救助，皆主贫贱。

辛亥
庚子
庚午
辛巳

庚金以午火为官星，被月支子水贴身冲克，是失了贵气。二十二岁行丁火官运，流年又逢壬申，强水又克去丁火，贵气尽失，因贪污罪判刑四年。

庚寅
丁亥
己巳
甲子

女命。己土以甲木正官为夫星，不仅时干明透，且年月二支寅亥中皆暗藏甲木，官多有化鬼之势。四十岁己巳年，大运癸未，甲木得根，木旺身弱，患急性肠炎死亡。

如果官星被冲破，它柱中有解救之神，或年月时中虽官星隐露，其他柱中有化解之神，仍以贵论。

戊戌
庚申
乙亥
甲申

王尧封尚书命造。月令庚申官星，时支见申，年支戌中也暗藏辛金，官多化鬼。喜日支亥水印绶化官生身，亥中又暗藏长生甲木助身，一神当用，群小皆服。再加大运水木助用助身，故贵显。

辛酉
己亥
丁巳
戊申

亥水正官秉令，被日支巳火冲破，妙在时支申金合巳，以合解冲，亥官无伤。总观全局，身弱财官强为病。喜三旬后运入南方，日元托根，身旺任起财官，故贵。

【原文】正官或多，反不为福，何以言之？盖人之命宜得中和之气，太过与不及同。中和之气为福厚，偏党之克为灾殃。既用提纲作正官，年时支干位或有一偏官，便难矣，不可不仔细以轻重推测也。

【注解】官星太过，官化为杀；正官居提，他柱又见偏官。二者虽名不同，意却相同，皆官星太过。若无制化，贫贱灾祸。运行食伤之处，强官得制；或运行印绶，化杀生身，方可发福。

己亥
癸酉
庚午
丙戌

右丞相命造。庚金自坐午火官星，时支戌中暗藏丁官，时干丙杀明透。壬申运后，又入南方火地，官杀混杂且强劲，全靠癸亥伤官制杀护主为用神，方能发贵。

甲午
癸酉
甲申
丙寅

酉金正官秉令，支下申金七杀，是官杀混杂，全靠年支午火制官、癸水印绶化官为用神。四十四岁丁丑年，大运己巳，己土克去癸水印绶，运岁及原局巳酉丑会全官局，官旺化鬼攻身，被人暗杀。

【原文】又曰：于月令得之是也，喜身旺印绶。如果用辛官，喜土生官，最怕刑冲破害，羊刃七杀为贫命。如时干逢杀，乃官杀混杂，盖四柱有刑冲破害，皆未为贵命看。官来克我，我去克官，不为害。一位若两官不妨。若月令中有正官，时干支有偏官，便难以正官言之。

【注解】这段语言零乱，前后颠倒，更有“我去克官”之说，不知何所本。原文大致有这样几层意思：一、月令官星，喜身旺逢印，喜财星生官，忌刑冲破害。二、忌官杀混杂。羊刃七杀为贫命之说，突如其来，既与全文不符，也与命理有悖，七杀、羊刃二节中再详说。三、如果身旺，则有两官不忌，身强可敌官故。

庚申
乙酉
甲寅
癸酉

酉官秉令，时支重见，年柱又是庚申旺杀，月干乙木亦合庚化杀，强金秉令且势众，甲木虽坐寅禄，难敌强金围克，癸水无根，难化强金，官杀混杂无制，死于非命。

1965年四月十六日酉时生男：

乙巳	大运	04、庚辰
辛巳		14、己卯
庚午		24、戊寅
乙酉		34、丁丑
		44、丙子

庚生巳月，七杀司权，年日支巳午助之，年时干乙木生之，杀气极盛，局中无印绶化杀生身，亦无食伤制杀护身，只有取辛酉劫刃助身敌杀为用神。二十岁甲子年，大运己卯，太岁与日柱天克地冲，大运与时柱天克地冲，然岁干为忌，岁支为喜；运支为忌，运干为喜，该年虽高考落榜，却当了村里的民兵连长。戊寅运戊印生身，竟走出农村，任乡武装部长、县武装部干事。三十二岁丙子年，干头杀印相生，支下子水去官留杀，格局取清，县武装部收归部队，命主竟成为现役军人，上尉军衔。四十一岁乙酉年，大运丑土，运岁局巳酉丑三合刃局，竟升为正团。杀刃成格，荣膺军职，可信也。

【原文】且如甲用辛为官，生于八月中气之后，金旺在酉，故谓之正官。如天干不透出辛字，却地支有巳酉丑，虽不生于八月中气之后，亦可言官。大要身旺，时辰归于甲木旺处。如岁时透出正官，地支又有官格，却不拘八月中气之后。

【注解】取正官格首先要看月令，然后再取其他干支。如果月令没有，年日时中只要有一处无伤害皆可取用。明干有气明干取，明干无气暗中取；明干虽无气，引归地支有助托也可取，其福不减月内官星。如甲用辛为官，生于辛酉月，就取月令辛酉为官星。月令无辛酉，其他干支见辛酉无破也可取之。

壬戌
己酉
甲子
辛未

方从哲大学士命造。酉金正官居月令，元神辛金透时干，天透地藏，又得月令之气，正气官星纯粹，为入格八字。

辛酉
壬辰
甲戌
乙亥

孙升榜眼命造。辛酉官星，居于年柱，辰土财星生合酉官，壬亥印绶化官生身，财官印皆美，也是入格八字。

【原文】大率官星，须得印绶身旺则发。若无伤官破印，身不弱者，便为贵命。如命中有官星而行伤官之运，则不吉，必待印绶，官星旺运可发，必得官。

【注解】原文“若无伤官破印”一句有误。因为伤官是印绶所克之物，印能破伤，伤不能破印，所以原文应是“无伤官破官”。

官星须要印绶者有别，身弱官强喜印绶化官生身；身强官弱，却忌印绶化官生身，因印盗官星之气故。

己亥
癸酉
甲子
乙亥

徐缙侍郎命造。酉金官星虽司权，然癸子亥亥，水星四重，强印尽泄官气，反喜己土财星损印生官。庚申运后，运入南方火土之地，用神有力，制印生官而贵。

乙卯
戊子
丙子
庚寅

金端礼丞相命造。子水官星秉令，日支重见，又有庚财化食相生，身弱官强。喜寅卯二印藏支透干，官强印旺，生化有力，所以贵至极品。

官星最忌伤官冲破。命局中有官星伤官，喜行印绶运制伤官。若原局有官星行伤官运，原局印绶有力，回克伤官以护官也无妨。

癸亥 乙卯 戊午 辛酉	祁光宗侍郎之命。乙卯月令正气官星，辛酉时柱伤官坐禄。既有日支午火印绶破伤护官，又有癸亥强财化伤生官，诸运不忌，所以宦海无波。

乙未 乙酉 甲辰 乙亥	明嘉靖年间状元申时行命造。酉金正官司权，得未辰财生，天干皆木，通根亥水，官旺财强印美。二十八岁壬戌年，大运午火。虽午火伤官可破酉官，然有亥印制伏，未辰财星化解，反成午伤生辰财，辰财生酉官，酉官生亥印，印旺复生身，身旺午伤吐秀之势，全局气势流畅，因而一举夺魁，名扬天下。

论官星太过

【原文】如壬癸生人，四柱是辰戌丑未巳午，天干不露官星与杀，则官杀暗藏于中为多。若四柱原有制伏为好，若无制伏，须行木运与三合木局亦好。大凡官星多则杂，务要除而清之，乃可发福。若官星多又行官运，亦不济事。

【注解】官星太过，则要看日元轻重。日元较有力，制伏官星或印绶化官生身均可。如果日元衰弱，虽用食伤可制官护主，但食伤也盗日元之气，不能全美，不如用印化官为佳。

戊辰 丙辰 壬辰 辛丑	日元壬水，支全官杀，看似日元身弱难任强杀。但一则地支三辰一丑中皆暗藏癸水，日元仍有微根；二则辛印通根丑库可以化官生身。己未运后，运入西方，用神有力，官印相资而发迹。

己卯　　刘斯浩尚书命造。壬水虽通根辰库，然局中己戊辰戌未土星五重，官杀太过，全靠卯木制官护身为用。依格局而论，身弱官杀强，平常之造。妙在大运逆行，先木后水，生扶用神，帮助日元，使格局中和，故贵显。
戊辰
壬戌
丁未

论偏官

【原文】夫偏官者，盖甲木见庚金之类。阳见阳，阴见阴乃谓之偏官，不成配偶。犹如经言“二女不能同居，二男不可并处”是也。

【注解】官杀虽都是克我之物，却有不同。官星是阴阳之克，刚柔相济而有情；七杀则为阳克阳，阴克阴，同类相拒，强克硬攻而无情。所以官不宜制，七杀却喜制，故有不同。

【原文】偏官即七杀，要制伏。盖七杀偏官即小人，小人无知多凶暴，无忌惮，乃能劳力以养君子。而服役护御君子者，小人也。惟是不惩不戒，无术以控制之，则不能驯服而为用。故杨子曰：御得其道，则狙诈咸作使；御失其道，则狙诈咸作敌。小人有狙诈也，要控御得其道矣。若失控御，小人得权，则祸立见矣。经曰：人有偏官，如抱虎而眠，虽借其威足以慑群畜，稍失关防，必为其噬脐，不可不虑也。

【注解】七杀就像小人，只有将其制伏才能为我所用。一有疏忽，失去控制，就会为祸，致使后悔莫及。

丙午　　丙火七杀坐午刃，月时二丁以阴助阳，杀强无制。二十五岁庚午年，太岁又临杀旺之地，强杀无制，得势攻身，因贪污受贿判刑六年。
丁酉
庚子
丁丑

1877年十二月初五卯时生男：

丁丑	大运	02、壬子
癸丑		12、辛亥
乙酉		22、庚戌
己卯		32、己酉

民国初期浙江吴兴陈其美八字。乙木虽得卯禄，但自坐酉杀，年月支二丑生合酉杀，身弱杀强，取癸水偏印化杀生身为用神，己财明透损印为忌。三十六岁壬子年，印绶化杀有力，上海光复，被举为都督。三十九岁乙卯年，日主得禄，被推举为上海讨袁军总司令。四十岁丙辰年，大运己酉，丙伤化乙木而生己财，财旺夺癸，七杀无制无化，恃强攻身，袁世凯令张宗昌派人将其刺杀于上海。

【原文】如遇三刑俱全，羊刃在日及时，又有六害，复遇魁罡相冲，如是之人，凶不可具述。制伏得位，运复经行制伏之乡，此大贵之命也。苟于前者，凶神俱聚，运游杀旺之乡，凶害有不可言者，可知也。

【注解】七杀逢羊刃，刃逢杀制乃大贵之格。原文“见刃为凶”之论不妥。三刑、六害、魁罡与五行生克无关，不必理会。整节要在原局有杀，再逢杀旺运，凶不可言。此亦有别，杀浅行杀旺运发福，杀重行杀旺运则发祸，不可不别。

1972年四月二十三日辰时生男：

壬子		
乙巳	大运	01、丙午
丙寅		11、丁未
壬辰		21、戊申

壬水七杀，年时均透，通根子辰水局，极为有力，全靠乙寅印绶化杀生身为用。二十二岁癸酉年，大运戊申，酉合巳化金，日元失禄，申金冲寅，日元失用。申子辰会金水局，杀气极旺攻身，因强奸杀人被判极刑。

1482年7月14日辰时生男：

壬寅		08、戊申	
丁未	大	18、己酉	
		28、庚戌	
丙寅	运	38、辛亥	
壬辰		48、壬子	

明江西贵溪夏言八字。丙火自坐长生，年支重见，年月干丁壬合而化木，月支未中暗藏乙木，木旺火强。壬水七杀虽坐水库，相较之下，失时失势，杀弱为病。妙在出门大运即金水相续，助起弱杀，故仕途顺畅，青云直上。五十八岁己亥年，大运壬子，壬杀得禄刃相助，升首辅，进光禄大夫、上柱国。官居一人之下，万人之上。

【原文】如有一杀而制服有二三，复行制伏之运，反不作福。何以言之？盖尽法无民，虽猛如狼，不能制伏矣，是又不可专言制伏。要须轻重得所，不可太甚，亦不可不及，须仔细审详而言，则祸福如影响也。

【注解】七杀虽为凶神喜制，如果制伏太过，则威气全失，不能为用，使贵气失去，难以发迹。如果运行杀旺之处或财运生起弱杀，杀能扬威，亦以贵显论，不可拘泥。

壬子
癸丑
庚午
丙子

何鳌尚书命造。丙火七杀虽通根午火，然局中壬癸明透，子伤冲午，壬癸克丙，制伏太过，是尽法无民。喜大运出门即甲寅，直至己未，六十年木火相续，制伤助杀，杀气复能扬威，所以为国之重臣。

甲午
庚午
甲寅
甲戌

地支木火一片，戌土中一点辛金也合而化火，庚金七杀时有销熔之忧。壬申、癸酉二运，七杀得旺，结婚生子，事业有成。一入甲戌大运，木火益强，庚金益弱，杀气不能扬威，迭遭是非。

【原文】又云：有制伏则为偏官，无制伏则为七杀。譬诸小人，御之得其道则可使，失其道则难敌，在吾控制之道何如耳。凡见此杀，勿便言凶。殊不知带此杀者，多有贵命。如遇三刑、六害或羊刃、魁罡相冲，如是之凶，不可谓之制伏。但运行制伏，此贵人命也。苟如前，凶神俱聚，其运复行杀旺之乡，祸不可言。

【注解】语言颠倒重复，仍论七杀宜制之要。杀刃为凶者实在不妥。七杀羊刃虽皆为凶神，局中独见者言凶。惟杀刃成格者，能收以毒攻毒之效，妙不可言。故经云：刃为兵器，无杀难存；杀为军令，无刃不尊；杀刃两显，威震乾坤。

【原文】大抵伤官七杀，最喜身旺，有制伏为妙。原有制伏，可行杀旺之运；原无制伏，可行制伏之运。身旺化之得为偏官，身弱无制伏则为七杀。制伏复行制伏运谓之太过，则为偏官无余者矣。月中之气怕冲刑羊刃，其本身弱，若杀强则恐难制。如身强杀浅，则是假杀为权刃，或七杀不怕刑冲，宜详之。

【注解】命逢七杀，不论千变万化，只须弄清三个问题。一是身强还是身弱；二是杀强还是杀弱；三是制伏太过还是制伏不力。只要弄明白了这三个问题，其他一切问题就迎刃而解。概括起来是：身强杀浅喜行财杀之运，助杀扬威；身弱杀强，喜行比劫帮身运，食伤制杀运，印绶运最美；杀强制伏弱，喜行制杀大运；杀弱制强，喜行七杀大运，但不能行财运，因为财能化食伤生杀，食伤反为生杀之物。

辛未 **甲午** **戊寅** **己未**	郭乾尚书命造。日元戊土，甲寅七杀，看似不弱，惜甲木坐午死地又被辛伤克制，寅杀合午化火，一制一化，杀气全无，身强杀浅。喜大运从壬辰开始，先是东方木助杀，继而北方水生杀，弱杀得助，强旺扬威，官高位显。

甲寅　戊辰　壬寅　壬寅

戊辰七杀虽通根透干，然寅木三见，甲木明透，克尽杀气，是杀弱制强。喜其大运火金相续，火财能化食生杀，金印可制食护杀，杀气强旺得用，故大发。

戊辰　丁巳　壬辰　甲辰

齐王元帅命造。壬水虽得辰中微根，然干头透戊，水气无法引出，皆以土论，戊土三辰，又得丁巳旺财生扶，身弱杀强。二旬后运入庚申，金运后又续北方水运，印比生身助主，身强可任七杀，故掌生杀大权。

丁酉　戊申　乙未　丁丑

申金秉令，酉丑合金，未财生金，支全财杀。二丁食神虽可制杀，惜失令无根，且失势之火，难制得时得势之强金。喜大运先是南方助起用神，继而东方生起用神，制伏得当，发贵。

论七杀

【原文】夫七杀者，亦名偏官。喜身旺合杀，喜制伏，喜羊刃；忌身弱，忌见财，忌无制。身旺有气为偏官，身弱无制为七杀。凡有此杀，不可便言凶，有正官不如有偏官，多有巨富大贵之人，惟其身旺合杀为妙。如果以庚为七杀，喜丙丁制之，乙合之，谓之贪合忘杀。

【注解】《相心赋》云："偏官七杀，势压三公。"七杀有制、有合、有化，处理得当，皆为大富贵之命。七杀遇食神、伤官谓之有制。阴干七杀，局有伤官；阳干七杀，局有劫财，谓之有合。命局中官杀混杂，尤喜有合取清，但乙与庚合，杀性不变，须知之。命局中有印绶谓之有化。三者逢其一都是成格，主富贵。

己卯 丁丑 癸丑 乙卯	谭延闿命造。己土七杀通根二丑且秉令，又有丁火偏财相生。乙木食神带二禄贴身制杀，三杀三制，制伏得当，大运水金相续，又生助日元，所以官至国民政府主席。此七杀有制为贵例。
壬辰 癸卯 丙子 丁酉	年月干壬癸官杀并透，地支子辰合水，官杀混杂且有力，喜时干丁火劫财遥合壬杀，癸水官星取清。子水官星夹于卯酉之间，化解卯酉之冲，全局一片祥和，官至一品。此七杀有合为贵例。
戊子 乙丑 壬子 辛丑	戊土七杀通根月令，月时二丑强合二子化土，身弱杀强。妙在丑中辛金透干，化杀生身，于是土不强，水不衰。四言云：杀印相生，功名显达。印绶化杀为权，故贵。

【原文】七杀却宜制伏，亦不要制之太过，盖物极则反为祸矣。身旺又行身旺之运为福，如身弱又行身弱之乡，祸不旋踵。四柱中原有制伏，喜行七杀运；原无制伏，七杀出为祸。如行年旺乡，更有羊刃，贵不可言。且忌财旺，财能生杀故也。岁运临之，身旺亦多灾，身弱尤甚。

【注解】大凡七杀皆喜行身旺运，身旺可以敌杀，身弱再逢七杀，则祸患无穷。至于七杀忌行财旺运，却有分别。原局中制伏太过或印绶化杀太过，非得行财杀运，助起弱杀，方能扬威发贵。若原局制伏无力，印绶不强，方大忌行财运，所以要分别之。

乙酉　　马占山命造。戊土日元，虽时柱甲寅七杀天透地藏，然日
戊子　时支寅午化火，杀气尽泄，是化杀太过。初运丁火，化尽杀势，
戊午　出身贫寒，七岁就为地主放马。十七岁入丙戌大运，杀势皆无，
甲寅　因丢失一匹马流亡在外，不得已沦为土匪。乙酉、甲申二运，
乙甲助杀，被收编后直升至黑河警备司令。四十七岁运入癸水，财生杀旺，杀能扬威。时正逢九·一八事变，马占山临危受命，代理黑龙江省长，走马沙场，抗战江桥，血染战地，勇不可挡，震惊中外，誉满中华。

戊子　　商震命造。月令七杀专旺，戊财生杀为病。中运丙寅、丁
辛酉　卯，制伏有力，荣膺集团军总司令、战区司令长官。戊辰运旺
乙未　财化伤生杀，弃职退位。辛未运、戊午年，财生杀旺而亡。
丙子

【原文】甲申、乙酉、丁丑、戊寅、己卯、辛未、癸未，此七日坐杀，性急伶俐，心巧聪明。如见杀多者，主人凶夭贫薄，月见之重，时见之轻，何也？曰：七杀只一位见之，如年时再见，杀多为祸，却要制伏之乡。又要身旺，有制伏为权，最怕冲刑羊刃，大凶。

【注解】甲申等七日名天元坐杀，惟丁丑、辛未二日，因丑中暗藏癸水为丁杀，未中暗藏丁火为辛杀之故，实属牵强。若依此则乙丑、癸丑、己未等都可言日坐七杀。所以天元坐杀，应以本气为主，此二日非是。凡命遇此，它柱再见，如果整个命制伏得当，皆应以贵论。却主先难后易，必先遭大坎坷而后方发。

己酉　　王观察命。癸水虽得月令建禄，然自坐未杀，己土透年，
丙子　午中暗藏己土，时干戊土以阳助阴，杀气太重。喜年支酉金印
癸未　绶，既化强杀，又生弱身，一物两用，虽出身低微，历尽艰辛，
戊午　终仕至观察，光耀门庭。

1971年五月十四日午时生男：

辛亥	大运		
癸巳		10、壬辰	
壬戌		20、辛卯	
丙午			

壬水虽年支得禄，月干得劫。惜自坐戌杀，又有丙午巳旺财生扶，杀旺身弱，当取辛金印绶化杀生身为用神，禄劫助身为喜。二十九岁己卯年，大运亦卯，干头己土克去癸劫，支下二卯合亥化木，木旺生火，火旺生杀，杀旺攻身，于戊辰月、丁辰日、丁未时出车祸身亡。

【原文】时上七杀只一位，要本身旺，如年月日三处有制伏为福，却要行杀旺运，运三合得地亦发。若无制伏，则要行制伏为福，行杀旺运无制伏，则祸。时上七杀，却不怕羊刃，而亦不畏冲。

【注解】时上七杀与月令七杀同论，喜忌相同。古歌云："时上一位偏官强，日辰自旺喜非常，有财有印多财禄，定是天生作栋梁。"至于行杀旺运，三合方而发者，必是杀浅制伏太过或印绶化杀太过之故。

己卯
丁丑
丙戌
壬辰

时干壬水七杀明透只一位，局中却有四土制伏，是制杀太过。运行子水，合辰化水助杀。而后亥水，壬杀得禄。继而西方财运助杀，杀旺能够扬威，所以发迹。

【原文】如辛丑、乙未、乙卯、丙子。此命身旺，生于六月之中，岁干透辛丑为杀，喜得丙子合辛丑七杀，乃贵而有权。

【注解】上例月日二支卯未合木，月干透乙，身强。辛金七杀失时，属身强杀弱之局。丙火伤官遥隔克合辛杀，使其失去威气为病。喜甲午运后，运干先是癸壬，克丙护杀。继而辛庚，助杀扬威，然后己戊财星化伤生杀，方使七杀发贵。所以此造贵在大运以药去病，绝非丙合辛杀，原意大误。

【原文】又如甲午、丙寅、庚子、丙子。此命身弱，见火局又见月令丙寅七杀，时又见丙子，火克庚金，金死于子，身弱杀旺，又无制伏，宜乎带病贫薄。

【注解】二丙七杀明透，寅午化火，杀强得时得势。二子伤官虽能制杀，一则伤官失势，二则寅木财星化子伤而生丙杀，再加大运行木火之方，日元克泄交加，毫无根基，故带病贫薄。此因制伏不力又行杀旺运故，并非无制伏。

【原文】如丁巳、戊申、壬子、戊申。此命身旺，见二戊为七杀，引归于巳。丁与壬合，戊与癸合，金又长生于巳，戊禄在巳，乃是壬戊二字俱旺，所以贵也。

【注解】壬生申月，秋水通源。坐下子刃合申化水，日元极强。二戊七杀虽透，可惜无根，杀气又泄申印，属身强杀弱之局。以丁巳财星生杀为用神，大运一路土火木助杀助用，杀刃成格，故贵。

论印绶

【原文】所谓印，生我者即印绶也。经曰：有官无印，即非真官；有印无官，反成其福。何以言之？大抵人生得物以相助、相生、相养，使我得万物之现成，岂不妙乎。故主人多智虑兼丰厚。

【注解】日干属阳，得阴干之生；日干属阴，得阳干之生，如甲见癸、乙见壬、丙见乙、丁见甲等叫做印绶，也叫正印。因为正印为生我之物，代表父母、长辈、师长等。命局见之，主得长上爱护，能享现成之福。

戊子
丙辰
甲子
辛未

孙科命造。年日二支子水为印绶，全局财旺身弱，又以印绶为用神。所以托父之力，享现成之福，深得父辈爱助。

己酉
壬申
甲午
甲子

明熹宗朱由校八字。虽甲木双排，惜支下无根，年月支申酉官杀竟克，支下午火盗泄，克泄交并。妙在月干壬水印绶自坐长生，足以化杀、制伤、生身，灵妙精诚。故继承父祖现成基业，享父祖之荫清福。

【原文】盖印绶畏财，主人括囊。故四柱中及运行官贵反成其福，盖官鬼能生印。只畏其财，而财能反伤我。

【注解】官杀是生印绶之物，所以印绶喜官杀。《千里马》云：“逢印看官而遇官，十有七贵。”财为克印之物，故云印绶畏财。

壬辰
癸卯
丙申
庚寅

王铎尚书命造。卯木印绶司权，庚申财星坏印为病，喜壬癸官杀皆透，化庚申而生卯印，印旺生身，身旺可任财官，格局畅通，全赖印绶，故发贵。

1962年七月二十日寅时生男：

壬寅
戊申
己丑
丙寅

大运

07己酉
17、庚戌

己土虽坐丑得戊，但支下二寅一申，克泄交并，故取时干丙火印绶化杀生身为用神，壬水财星坏印为病。二十一岁壬戌年，大运庚戌，运干庚金伤官化戊己之土而生壬水，壬财乘旺克熄丙火印绶，是年命主去河里游泳，游着游着，突然沉入水底，再也没有浮上来。或许有人会问，十一岁壬子年，水气更盛，何以该年无恙？殊不知十一岁大运己土，可以克制壬水，丑土又能合子也。

【原文】此印绶之妙者，多是受父母之荫，承父母赀财，现成安享之人。若又以两三命相并，当以印绶多者为上。又主一生少病，能饮食。或若财多乘旺，必多淹留。虽喜官鬼而官鬼多或入格，又不可专以印绶言之。假如甲乙日得亥子月生，丙丁日得寅卯月生，戊己日得巳午月生，庚辛日得辰戌丑未月生，壬癸日得申酉月生者是也，其余以类言之。

【注解】印绶为生我之物，命局逢之，一生少病。如康熙皇帝命造。“印绶多者为上”一句却要细详。因印绶虽生我身，且有化杀制伤之功，如印绶过多却尽泄官杀之气，制尽食伤，杀不能扬威，官不能发贵，食伤不能吐秀，均不为妙。即使日元喜印，也要以中和为美，印绶过强，反使日干受损。如水泛木浮，土旺金埋等，也会灾咎。

甲午
戊辰
戊申
丁巳

康熙皇帝八字。戊土日元，年时逢丁午巳三重印绶，元神极厚，申金引发秀气，印绶有力，既享现成基业，又一生少病，在位六十一年，寿过七旬。

癸卯
乙卯
丙寅
己亥

郭持平都堂之命。日元丙火，局见二卯一乙一寅，印绶极强。癸官之根亥水，又合寅化木，印绶化尽官星之气，使癸官无力发贵。喜大运逆行，甲寅后运入北方，癸丑、壬子助起官星，辛亥、庚戌财星坏印生官。己酉、戊申、干头戊己之气一则尽泄地支，二则原局有乙木印绶回克护官，贵气无伤。申酉损印生官。六十年大运生扶官星发贵，所以官至都堂。

【原文】最怕行印绶死绝之运或运临死绝，复有物以窃之，即入黄泉，不可疑也。

【注解】死绝之地，略有不同。一是五行死绝之方，一是受克之方，十干也有分别。丙丁以甲乙为印，克绝于申酉；戊己以丙丁为印，克绝于亥子，火土五行同。甲乙以壬癸为印，绝于巳，受克于辰戌丑未；壬癸以庚辛为印，绝于寅卯，受克于巳午；庚辛以辰戌丑未为印，死绝于酉亥，受克于寅卯。大凡印绶为用，大运或太岁临于印绶死绝、受克之方，轻者是非迭起，重则丧命。

己卯
辛未
壬子
庚戌

女命。未土官星司权，己土元神明透，时支又有戌土七杀，土气甚厚。卯未相合化木，又盗泄日元之气。壬水日元虽坐子刃，仍觉身弱，以庚辛印绶制食化杀生身为用神。四十八岁丙寅年，大运丙子，运岁皆逢印绶死绝之地，得癌症病亡。

1894 年三月二十日辰时生男：

甲午
戊辰
丁酉
甲辰

大运

03、己巳
13、庚午
23、辛未
33、壬申
43、癸酉
53、甲戌
63、乙亥
73、丙子

李世甲命造。丁火虽得午禄，然戊辰伤官秉令，日时又见辰酉，耗泄过重，以年时二干透出甲木印绶为用神。二十一岁甲寅年，印绶有力，从海军军官学校毕业后，出任舰船候补副官，迈出人生第一步。壬申、癸酉二运，虽申酉为印绶绝地，但干有壬癸化解，财官印相生反吉，直升到海军第二舰队司令。五十七岁庚寅年，岁干庚财克印，被判管制四年。七十七岁庚戌年，大运丙火，丙虽克庚，但原局有戊食化解，反成丙劫生戊食，戊食生庚财之势，财星有力，克尽二甲印绶而亡。

【原文】夫印绶者，生我之谓也，亦名生气。以阳见阴，以阴见阳为之正印；阳见阳，阴见阴谓之偏印。喜官星生印，忌财旺破印。如甲人生亥子月中，水为印，忌火伤官，忌土破印。要行生旺之乡，怕行死绝。若行死绝之地，或有物以伤之，则危矣。印绶之人智虑，一生少病，能饱食丰厚，享现成财禄。若两三命相并，当以印绶多者取之，最忌财来乘旺，必生淹滞。若官鬼多或入别格，又不可专以印论。

【注解】此段与开头两段意思多有重复。“甲人生亥子月中，水为印，忌土破印”之论合情合理，“忌火伤官”却有不妥。印绶为克制伤官之物，命局中有伤官，叫伤官佩印，每每多成大格。惟命局以印为用，地支有伤官冲印方为不美。如甲以子为印，有午火伤官冲子印；乙以亥为印，有巳火伤官冲亥印；壬水以酉金为印，有卯木伤官冲酉印；癸以申为印，有寅木伤官冲申印等。命局中地支有伤官可冲印者，惟此四干，余皆非。

戊戌
壬戌
壬午
己酉

桂萼阁老命造。全局火土五重，杀气极盛。二壬无根，喜酉金印绶化杀生身，再加初运北方，助日任杀，因而早年科场顺利。二十四岁辛酉年，用神有力，中进士后直升至礼部尚书，入阁参予机务，加太子太傅，荣耀无比。可惜四旬后运入丁卯，卯木伤官冲去酉金，英年早逝，壮志未酬。

甲辰
甲戌
丙午
己丑

徐乾布政命造。时柱己丑伤官，年月辰戌食神助伤，丙火虽坐午刃，终嫌盗气太甚，以二甲印绶制伤生身为用神。大运水木相连，用神有力，戊寅、己卯二运，原局有二甲回克，戊己自身亦坐绝无力，用神得禄旺，伤官佩印，以成大贵。

命局中官鬼太多，虽有印绶，但印绶不在月令，即使印绶为用神，也不以印绶格论，而应以月令或官杀为主。

戊子
甲寅
戊午
甲寅

月令七杀天透地藏，时柱甲寅重见，以日支午火印绶化杀生身为用神，格成七杀用印，并非印绶格。

【原文】大凡月与时上见者为妙，而月上最为紧要。先论月气之后有生气，必得父母之力；年下有生气，必得祖宗之力；于时上见之有生气，必得子孙之力，寿元耐久，晚景优游。

【注解】年柱为祖上官，见印绶主得祖上之力；月令为父母官，见印绶主得父母之力；日支为配偶官，见印绶主得妻妾或丈夫之力；时柱为儿女官，见印绶主得儿女之力。此论虽确，亦有条件——印绶必须是命局中喜用之神，若为忌神，反主此官之亲为害；若是闲神，则主此官之亲平常，必细详之而后方可论断。

戊午
甲子
丁酉
壬寅

清世宗雍正皇帝命造。子杀司权，酉金财生，杀重身弱，必以甲木印绶化杀生身为用。甲木明透月干，其父康熙皇帝在位六十一年，呕心沥血，为一代圣君，雍正得父母之力非浅。寅木居于时支，其子乾隆皇帝在位六十年，也励精图治，有“康乾盛世”之称，也为得子之力。

癸亥
甲子
乙丑
丙戌

现代著名画家齐白石命造。地支亥子丑北方一气，癸水透于年干，水气冲天弃地，甲乙无根，水泛木漂。幸时柱丙戌，丙可调候吐秀，戌土可制水为堤，惜强水灭火冲土，难以为用。印绶虽居年月，然为忌神，所以祖上历代务农，家境贫寒。

【原文】如带印绶，须带官星，谓之官印两全，必为贵命。若官星虽现成得父母力，为福亦厚也。须行官运便发，或行印绶运亦发。若用官不显，用印绶为妙，最怕四柱中岁运临财乡以伤其印。若伤印主破家离祖出赘。又临死绝之地，若非降官失职，必夭其寿。

【注解】古诗云：“月逢印绶喜官星，运入官乡福必清。”子平诗亦云：“印绶重重若无官，当作清高技艺看。”所以有逢印看官之说。但也要有区别，身弱喜官印相生，印轻喜行官运或印运。如果印绶重重，再行官运或印运，未必为妙，须防母多伤子之忧如土旺金埋等是。

辛未
丁酉
壬戌
丁未

大平天国天王洪秀全命造。壬水无根，官杀过旺，用辛酉印绶化杀生身。四十岁庚戌年，大运癸巳，癸水灭丁护庚辛，印强身旺，冬季起兵金田。四十三岁癸丑年，大运癸巳，运岁原局巳酉丑会全金局，双癸破双丁，印星极为有力，定都天京，成震天撼地之伟业。

丁酉
丙午
己亥
己巳

朱光沐命造。己土生于午月，又见丙丁巳，火炎土燥，喜酉金食神吐秀，但枭印夺食为病，故以亥财损印护食兼调候为用神，最忌官星化财生印运。

【原文】且如戊戌、庚申、癸酉、庚申。此命癸日生于七月中气之后，月时皆是庚申，自坐金库，所以印绶为贵。岁干又透出戊官，谓之官印两全，极为贵命。

【注解】原文言日元自坐金库，金库在丑，此造癸坐酉而非金库，有误。细析此造，戊戌官星之力，尽泄于强印。早年惟戊土一运助官为佳，中年丑运后，丙寅、丁卯强财破印生官，方入佳境，此印强为病矣。

【原文】且如癸亥、癸亥、甲寅、甲子。此日用癸为印，印却旺，缘无财星相助，发福不厚也。

【注解】旺水旺木，水木成象，极为清纯，贵；此种格局最忌冲克，丁卯运后戊辰、己巳等浊水破局，属偏枯之局，不如上造。

【原文】且如甲寅、庚午、戊戌、壬子。此日戊用丁为印绶，有寅午戌火局为好。不合时上壬子水旺，财能冲印，所以失明。生气是丙丁火，属木故也。

【注解】日元戊戌，支全火局，火气极盛，最喜顺其势，壬子弱水（非强财）不能制火反激其势，午为目，故失明。如果局中有一辰丑湿土，或申酉金财，则财能制印润局，即可另当别论了。

【原文】且如己卯、丁卯、丙辰、壬辰。此命用卯为印，癸为官，年月在卯，日时在辰，所以官印两全，少年清要。至四十二三岁癸亥运亦不妨，至庚申年，（壬）水七杀生于申，乃被庚申破印，故不吉也。

【注解】卯木司权，年支重见，印旺身强。壬水七杀明透，杀旺有制化反觉杀弱。早运乙丑、甲子，七杀得根，杀印相资，所以少年清要。癸亥一运，官杀混杂，伤官见官，但有卯木制伤护官，本无妨，然庚申年，财星坏印，使杀旺无化，故不吉。

论 正 财

【原文】何谓之正财？犹如正官之意是。阴见阳财，阳见阴财。大抵正财，吾妻之财也，人之女赍财以事我，必精神康强，然后可以享用之。如吾身弱，且自萎懦而不振，虽妻财丰厚，但能目视，终不可一毫享用。故财要得时，不要财多。若财多自家日主有力，可以胜任，常化作官。

【注解】财为我克之干，使用之物，阴干所克阳干，阳干所克阴干，因阴阳相谐，所以叫正财。如甲见己，乙见戊，丙见辛，丁见庚之类是。

既要克财，必须身强，方能克制。若身弱，虽有财不能任，财反为祸。就像人身入宝山一样，虽遍地金银财宝，身强者可尽情拣去而享用，身体衰弱甚至重病者，自己行走也困难，再携带财宝岂不累垮，反受其祸么？所以大凡财格首喜身强。若财多身强，财旺自可生官，富贵之人矣。

癸亥 己未 己酉 壬申	俞大猷都督命造。壬癸二财，既得亥水为根，又有申酉相生，财强。己土日元旺于月令，又有己土比肩帮助，身亦旺。身旺可以任财，所以富贵双全。
辛巳 戊戌 乙丑 辛巳	局中明暗土财五重，乙木日元无根，虽财旺，可惜身弱不能胜任，大运又逆行金火，皆剥身之神，不仅贫薄无比，且沦落为贼。

【原文】天元一气，羸弱贫薄难活，是乐于身旺，不要行克制之乡，克制者，官鬼也。

【注解】天元一气，指天干相同。如甲子、甲戌、甲午、甲戌四天干都是甲。

天元一气，天干相同，本主身强旺。今贫弱者，是地支皆财无根。如甲戌、甲戌、甲戌、甲戌；丙申、丙申、丙申、丙申；辛卯、辛卯、辛卯、辛卯。三者虽天干一气，然支下无根，有比相助又不能从财，喜行身旺之乡。如四甲戌男命，大运顺行，水木相连。四丙申女命，大运逆行，火木相续，都是身旺之乡，故贵。若四甲戌女命逆行，先金后火；四丙申男命顺行，先金后水，都是日元受克制之乡，故不吉。

辛卯 辛卯 辛卯 辛卯	大运	庚寅 己丑 戊子 丁亥 丙戌	南阳巨商陈嘉庚八字。虽天干四辛，然支下无根，四卯财星既得时又得势，辛金只好弃命从财。三旬后运至北方，食伤泄秀生财助局，一发而起，财势左右南洋。八十八岁辛丑年，大运午火，午火化卯财生丑土，辛金得根，从格破坏，病死。

【原文】又怕所生之月令，正吾衰病之地。又四柱无父母以生之，反则又见财，谓之财多不喜。力不任财，祸患百出，虽少年经休囚之位，故不如意，事多频并。或中年、或末年复临父母之乡，或三合可以助我者，则勃然而兴，不可御也。

【注解】见以下诸例：

庚子
癸未
戊寅
壬子

癸水正财得年时子禄，壬水偏财年时见子旺，财气本强，又有庚食相生，势众成党。戊土虽生未月得旺，然自坐寅杀，又见旺财，身弱难任。初运甲申、乙酉，官杀攻身，申酉盗气助财，日元益弱，破败不已。一入丙戌大运，印比扶身，身旺任财，勃然而起，财富巨增。

庚午
己丑
丁酉
癸卯

明嘉靖状元李春芳命。丁火阴柔，年支见午禄，时支见卯印，看似日元不弱。惜月令己丑盗气，丑酉合金，庚金明透，不仅消耗日元之气，且冲克卯印，身弱财强之局也。初运寅卯印绶助身，试场顺利。二十二岁辛卯年，运亦在卯，运岁局三卯齐心生丁，乡试中举。而后大运壬辰，盗气尤甚，十余年多次不第，非才也，乃命也。三十八岁丁未年，大运巳火，日元运岁得助，一举夺魁。而后大运甲午、乙未，火气更盛，直升至首辅。丙申运致仕，丁酉运卒。

如果格成从财，却喜身弱财强之运，助身反为不美。

己未
甲戌
甲戌
甲戌

甲木日元无根，虽有一比助身，又与己土相合化土，全局除甲外其他干支皆土，格成从财。初运癸酉、壬申，强印生身，逆其土性，家败无几。一入南方火运，助起旺财，发迹异常，成为一方巨富。

【原文】倘少年乘旺，老在脱局，不惟穷途凄惶，兼且是非纷起。盖财者，起争之端也。若或四柱相生，别带贵格不值空亡，又行旺运，三合财生，皆是贵命。其余福之深浅，皆随入格轻重而言之。财多生官，要须身健。财多盗气，本身自柔，年运又或伤财，必生奇祸。或带刑冲七杀，凶不可言也。

【注解】身弱财旺，少年行身旺运，得志；中年或老年又行伤食运或财运，因财而生奇祸，所以不仅穷途凄惶，且是非纷起。

戊申
甲子
乙丑
庚辰

明正德年间状元杨慎命造。乙木柔木，虽得甲助，藤萝系甲，然戊丑辰财重，日元衰弱。初行乙丑、丙寅、丁卯三轮大运，强木助身。其父杨廷和为首辅，出身世家。二十四岁辛未年，大运丁卯，未卯合木助身，过关斩将，一举夺魁。二十五岁壬申年，壬丁合，申克卯，继母亡，回家守丧。三十四岁辛巳年，大运仍在卯，回朝复职。而后运入戊辰，继而火乡，更是财旺身弱。因在“大礼仪”问题上与皇帝意见相反，联名三十六位大臣上疏并在皇宫外“撼门大哭，声彻殿廷”，世宗大怒，将其流放到云南从军。直至七十二岁己未年，财气大盛，客死云南，终无出头之日。

相反，如果身弱财旺，初行财伤旺运，则少年穷蹇。中年后入身旺运，中年则大发。

1928年四月二十六日亥时生男：

戊辰		09、己未
戊午	大	19、庚申
		29、辛酉
甲申	运	39、壬戌
乙亥		49、癸亥

香港富豪李嘉诚八字。甲生午月，火旺有焚木之患。二戊一辰耗气，日支申杀攻，财旺身弱，取亥水印绶化杀生身为用神。初运己未，忌神当令，一家为避日寇，从广东潮州逃到香港，寄居在舅父家里。十六岁癸未年，癸被戊合，运岁二未旺财为忌，父亲病逝，只好停学，在茶楼做跑堂。运入庚申，杀有化财生印之妙，到一家五金厂

当推销员，很快升为经理。二十三岁庚寅年，日主得禄，他用七千美元办了小型塑胶厂，开始了自己的创业生涯。四十九岁后运入北方，用神有力，财富暴涨，发展为巨商。八十四岁辛卯年，大运丙寅，拥有资产二百六十亿美元，排在富豪榜第十一位。八十六岁癸巳年，以三百二十亿美金的资产成为华人首富。

【原文】又云：正财者，喜身旺、印绶，忌官星、忌倒食、忌身弱；比肩劫财，不可见官星，恐盗财之气也；喜印绶能生身，主弱故也。且如甲日用己为正财，如身弱，其祸立至。凡人命带财下生须出富家，不螟蛉必庶出，或冲父母。身旺无劫财、无官星为妙。

【注解】身旺财弱，喜食伤化比劫生财或官星制比劫护财，最忌比劫夺财；身弱财强有比劫，喜比劫助身任财；有印喜官杀化财生印，最忌再行食伤运和财运。这是日元强弱和财星强弱配合的至理。而"月带正财，不螟蛉必庶出，或冲父母"之论是根据月令是父母官，印绶是父母星，财星居月令必克印绶之理而来，很是偏差。看父母好坏，首先要看父母星是喜神还是忌神，同时结合父母官之神是喜神还是忌神合参。如财星居父母官为喜神者，主父母喜庆；若为忌神，则以轻重分辨，决无固定之理。（详见后论六亲各节）

丙午
戊戌
甲申
乙丑

月令旺财，年柱旺食，日支旺杀。甲日无根，仅有乙木劫财助身，便取乙木劫财为用神。大运北方，印生劫旺；继而东方，比劫得地，助身任起财食而发。

辛巳　张作相命造。天干辛金一气，通根丑土，日元有力。二卯财星被辛比盖头，有被夺之忧，故取巳中丙火官星护财制比为用神。丁亥、丙戌二运，用神有力，任吉林省省长，东北边防军副总司令等要职。运入申金，合去巳火用神而亡。
辛卯
辛丑
辛卯

【原文】若命中有官星得地，运行喜财多生官；无有财星得地，运行忌见官星，恐克其身，怕身弱也。大抵财不论偏正，皆喜印绶，必能发福。如辛丑、丁酉、丁巳、丁未，此命丁日身坐财之地，又见巳酉丑金局，故主财旺。盖丁得木库居未，能生丁火，故身旺，能任其财。运行东南方，宜乎巨富。丁用壬官，用庚金为财生壬官，身入旺乡，必能发福。

【注解】“大贵者用财不用官”，因财旺自可生官。若命局中官弱，喜用旺财生扶；若官强却忌旺财生扶，二者有区别。

癸巳　褚鈇尚书命造。丙日逢旺印，癸官无根，取辛财损印生官为用神。癸丑、壬子诸运，官星托根，辛亥、庚戌运用神透干。己酉、戊申运用神得根，戊己食伤有辛化乙克，不能伤害官星，财旺官强故贵。
乙卯
丙戌
辛卯

戊子　吴时来都堂命造。年月日三见子官，身弱以甲印化官生身为用。庚财生官克印为病，大运最忌财乡。幸大运顺行木火，助身任官，故能发贵。
甲子
丙子
庚寅

辛丑　原文举例。丁火坐旺，未中亦有丁火余气，月时见比，看似日元不弱。惜巳酉丑三合财局，三丁之根微弱，属身弱财强之造。喜大运逆行，丙申后运入南方，继而东方助起日元，身强任财，方能发富。原注用财生壬官发福，与命局不符。
丁酉
丁巳
丁未

【原文】凡用财不见官星为妙。又如庚申、乙酉、丙申、丙申。此命丙日见三申为财，岂不美哉。丙用癸官，用辛为财，见三申一酉为财，故旺。盖缘日弱，火病申死酉，乃为无气，运行西方金乡，身弱太甚，财旺生鬼，败克其身，故不能胜其财，所以贫也。

【注解】此论有误。丙火虽得一比，支下毫无根基，乙木印绶，合庚化金，丙火无力，势必弃命从财。初运丙戌丁，日元得助，从而不从故贫。丁亥、戊子、己丑诸运顺其旺势尚可，寅卯运逆财旺，不能行矣。原注言运行西方金乡有误，因月令为酉，大运不可能再行酉金故。

【原文】又如乙卯、癸未、辛酉、戊子。此命辛日坐酉，年乙坐卯，身与财俱旺，又得癸未食神、戊子印绶助之，宜乎巨富贵也。

【注解】辛酉日元得戊土印生有力。乙卯财与未土合化为财亦强，妙在癸子食神通关，化金生木，使格局不克不战，和顺舒展，所以有大富贵。

【原文】又如戊子、丁巳、甲辰、丙寅。此命甲日生于四月下旬，并透出丙丁火生其月中之戊土，时又归禄于寅，故财旺矣。然甲木身亦旺。早年行戊午、己未运，迤逦行辛酉运，乃见官星则凶。壬戌运有壬克丙，伤官食神之中，失官去财，死丧合家。值五十九岁入癸亥，身旺运稍可，安逸。六十五岁逢壬辰年，死矣。初运伤官见财，格取戊土为财，所以戊午、己未二运大旺，生土故财厚矣。及至庚申、辛酉，西方见官，故凡事费力。虽癸亥为甲木之印绶，然亦忌水冲火，亥中又有壬水，壬辰透出壬水，运中命中原有之辰，死无疑矣。凡伤官见财格忌见官星，若财格要见，大忌壬水克火，则火不能生甲木之土财也。

【注解】此造甲木归禄，子辰化水，又得印局，身旺喜丙食吐秀，通关生财。戊午、己未二运，秀气引通，故财厚实。庚申、辛酉大运，干头伤官见官，支下申酉合巳，用神失根，所以凡事费力。壬运枭印夺食，以致死丧合家。癸亥运癸水有戊土合化，格局无损，稍可安逸。亥运壬辰年，干头壬枭得禄夺食，支下亥水冲巳，用神尽失而亡。此造以丙食为用，以壬枭为忌，犯了“用为食神不可枭”之忌，因而败亡。

论偏财

【原文】何谓之偏财？盖阳见阳财，阴见阴财也。

【注解】阳干所克阳干，阴干所克阴干，因阴阳不谐，所以叫偏财。如甲见戊，乙见己，丙见庚，丁见辛之类是。

【原文】然而偏财者，乃众人之财也，只恐兄弟姐妹而夺之，则福不全。若无官星，祸患百出。故云：偏财好出，亦不惧藏，惟怕有以分夺，反空亡耳。有一于此，官将不成，财将不住。经曰：背禄逐马，守穷途而凄惶也。

【注解】财不分偏正，如果透干，皆怕有比劫争夺。原局干透官杀，叫做财星有护，比劫畏官杀之克，不敢夺财。若无官杀护财，比劫无所畏惧，肆无忌惮，尽情争夺，定祸患百出。贵者官将不保，富者财将不存，破败纷起，故曰守穷途而凄惶。

丁卯
庚戌
丙寅
癸巳

倪岳尚书之命。庚金偏财明透月干，丁火劫财明透年干。虽贴身夺财，然时上癸官也明透，遥克丁火，丁火畏癸之克不敢夺财，然毕竟财官较弱。五十八岁甲子年，大运在辰，庚财得生，癸官得禄，升兵部尚书。

乙酉
甲申
辛丑
庚寅

辛金生于申月，坐库见酉，时干又见庚劫，比劫极强。年月甲乙偏正财齐透，通根时支寅木，看似不弱，惜年月甲乙财自坐比劫，时支寅财被庚金盖头，庚劫又恃强夺取甲乙，财星无护，故贫而夭。

【原文】财弱亦待历旺乡而发荣，财盛无鬼住而不妙，且恐身弱无力耳。偏财主人慷慨，不甚吝财，若是得地，不止财丰亦能旺官，何以言之？盖财盛自生官矣，但等行官乡便多诈。盖财能利己，亦能招诲。运行旺相，福禄俱臻，只复被官之克，必多破坏，亦不美。

【注解】财弱喜行财旺之运，财盛喜官杀护卫，但要身强。偏财明透，主人慷慨。若得地，则财能生官，必富贵双全。最忌兄弟破坏。

甲戌
庚午
丙戌
丙申

张师载都堂命造。庚金偏财通根申金，得地有根，戊土食神通关生财，所以富贵双全。惟庚财自坐午刃，申财被丙比盖头，隐伏被夺之患。辛未、壬申、癸酉、甲戌、乙亥诸运均无妨，至丙丁比劫透干运，夺取庚财，难以行矣。

1810 年九月初一午时生男：

庚午
乙酉
庚子
壬午

大运

04、丙戌
14、丁亥
24、戊子
34、己丑
44、庚寅

满州正红旗、清朝第一贪官和珅八字。庚金虽年干得一比肩，月令羊刃，但年时二午官星暗藏，官旺化杀，当取壬子食伤制杀为用神。乙木财星明透，既被二庚争合，又自坐酉金羊刃，原局已伏因财杀身之兆。支下子午相冲，酉午相破，故谄谀侍帝，心术不正，横贪揽权，扰乱朝纲。十九岁后运入北方，用神有力，一路顺风，官直做至兵部尚书、文华殿大学士。五十岁己未年，大运庚寅，岁干己土克去壬水，岁支未土克制子水，用神受损，运干庚金无化夺乙财，支下旺财生火攻身，一派凶象。乾隆皇帝殡天后，仁宗即诏布其二十大罪，命在狱中自缢。抄没家财，得白银八亿两有余，比全国十年的税收还多。

【原文】财多须看财，与我之日干强弱相等，行官乡便可发禄。若财盛而身弱，运至官乡是既被财之盗气，复被官之克身，非惟不发禄，亦防祸患。如命四柱中原带官星，便作好命看。若四柱中兄弟辈出，纵入官乡，发禄必渺矣。故曰要在识其变通矣。

【注解】偏正二财，喜忌相同，并无分别。身旺财强，行官运发福；身弱财强，再行官运，克泄交加，必生祸患。身旺有财，原局有官星，官财双美，定能富贵。若身旺财弱，即使行官运，官力不足制刃比，所以发福也小。

戊戌
癸亥
戊午
甲寅

明隆庆年间状元张元忭之命。戊土坐印，年柱戊比坐戌，寅午化火生身，土气厚实。癸亥之财虽通月令之气，惜被戊戌贴身抢夺，以甲木七杀制比护财为用神。三十四岁辛未年，岁干辛伤化比生财，大运在寅，七杀得根，制比有力；癸亥财旺，状元及第，官授修撰。五十一岁戊子年，大运戊辰，强比夺财，甲木难疏厚土，财星无护被夺，壮年病亡。

癸丑
己未
戊辰
癸亥

刘铤总兵之命。日柱戊辰，月柱己未，年支又得丑土，厚土五重，身强。癸亥财星，年见癸财，丑辰中也暗藏癸财，财星也不弱。运至乙卯、甲寅，财官双美，身强能任财官而发。

1600年三月初四亥时生男：

庚子	大运	07、辛巳
庚辰		17、壬午
丁未		27、癸未
辛亥		37、甲申

明江苏宜兴卢象昇八字。丁生辰月，虽逢进气，惜二庚一辛耗气，子辰合化杀攻身，幸未中有丁火、乙木余气，又妙在未亥有拱木之情，故取印比助身为用神。二十三岁壬戌年，大运午火，中进士，授户部主事，官累至兵部尚书。三十九岁戊寅年，大运甲申，虽甲寅印绶有根，惜干头之甲被二庚一辛砍斫，支下寅木被申财冲破。十二月乙丑，又冲破日主，于庚子日、癸未时战死沙场。

论 食 神

【原文】食神者，生我财神之谓也。如甲属木，丙属火，名盗气，故谓之食神，何也？殊不知丙能生我戊土，甲食丙之戊财，故以此名之也。命中带此者，主人财厚食丰、腹量宽宏、肌体肥大、优游自足、有子息，有寿考。

【注解】食神是我生之神，阳干生阳，阴干生阴者是。如甲见丙、乙见丁、丙见戊、丁见己之类。

食神是盗气之物，但因能生正财，为财之根，所以为喜神。日元强旺，无官杀束身，须要安顿，最喜丙食泄其秀气而生财，因而命带此神多财厚食丰。同时，食神又能制七杀，使其不伤日主，所以又叫爵星、寿星，即寿长之意。

己未
戊辰
戊辰
庚申

蜀王之命。年月日三柱皆土，气势极厚，无木疏土。喜时柱庚申专食吐其秀气，使全局气势得以流通，所以享现成之福，富贵双全。

庚辰
己丑
庚申
丁亥

李缵尚书之命。年月日土旺金强，全赖亥水食神泄气以引通格局之秀，因而富贵双全。

【原文】恒不喜见官星，忌倒食，恐伤其食神。

【注解】官星为日主贵气，见食神克害官星，失去贵气，所以用食不喜官星。

倒食即偏印，克食神之物，乃食神天敌，有“用之食神不可枭”之语，枭神是偏印的别称。

己酉
庚午
癸酉
乙卯

唐至德年间名将张巡命造。日元癸水，得一庚二酉相生，必以乙卯食神生午财为用。丙寅运中进士外放县令，政绩卓著。四十九岁丁酉年，大运入丑，丑酉合金破卯，枭印夺食，在安史之乱中，城破被俘而遇害。

1941 年十二月初三辰时生男：

辛巳
辛丑
壬申
甲辰

年月巳丑拱辛成金局，金旺水强，必以甲木食神吐秀为用。三十岁庚戌年，庚金倒食夺去甲木食神，与妻离异。

庚申
戊寅
壬子
甲辰

壬水以甲寅为食神，惜寅被申冲，甲被庚克，食神尽被偏印克损，所以为贫贱之命。

【原文】喜财神相生，独一位见之，此为福人，然众亦不清。却喜身旺，不喜印绶，亦恐伤其食神也。如运得地，方可发福，大概与财神相似。如己未、己巳、丁未、辛丑。丁见己为食神，有一丑巳合起金局，得之为财。又喜身不弱，所以有官亦有寿也。

【注解】身旺用食生财，是食神正格，得之富贵双全，食神太多则为不清。食神忌见印绶，也是因印绶乃克食之物，若食神为用神，见印绶之凶与倒食同论。

丁未
壬寅
甲寅
丙寅

聂豹尚书命造。甲木月日时三见寅禄，年月干丁壬化木，春木森森。未土一点财气，有被众木劫夺之忧。喜寅中丙火明透，化强禄而生弱财，三十一岁丁丑年，丁伤明透中进士。四十八岁甲午年，丙食得旺，拜兵部尚书。

甲子
丙子
乙丑
丁丑

丘逢甲之命。乙木得甲相助，又有二子偏印相生，身强以丁食吐秀兼调候为用。初运木乡，用神有力。十四岁丁丑年，用神临太岁，以第一名考中秀才。二十四岁丁亥年，又临用神太岁，中府试第一名。二十五岁戊子年，大运己土，戊己二土晦火之光，倡导台湾独立失败。四十九岁壬子年，印绶强旺，克合丁食，病重身亡。此说明用食怕印之理。

己未
己巳
丁未
辛丑

原文举例。丁火生于巳月虽旺，然土星五重盗气，身弱食重。喜运入东方，印绶疏土生火，少年发贵。运入北方，刷土润金；运入西方，引通秀气，均为喜用，所以贵且寿。此身弱食重用印，非用食神也。

【原文】如乙巳、乙酉、癸酉、乙卯。此命三见乙为食，见巳酉丑合金局为印绶，干有三乙化为伤官，癸用乙为食神，被金局来克乙木，再被三乙并卯旺克我官，所以名利都无成也。

【注解】此造酉金偏印司权，日支重见，年支巳火合酉化金，偏印极强。三乙食神虽通根卯木，失令之木难敌得时旺金，典型的枭神夺食之局。再加大运逆行，火土相连，不能助食，所以名利无成。是否有枭有食就不能贵显？答案是：不一定，还要看全局如何配合。如：

丁酉
癸卯
癸卯
辛酉

明穆宗隆庆皇帝命造。虽二酉偏印冲克二卯食神，然木当令，金失时，又有丁克癸化，食神强壮，秀气引发。三十岁丙寅年，大运子水，丙合辛，子禄化酉枭生卯食，寅木助食，运岁聚吉，继位登基，次年击退鞑靼侵犯。三十六岁壬申年，大运己土，壬合丁使其不破酉，己杀生枭，申金助酉，枭印势胜，制去卯食，壮年身亡。此造若支下见一子水或亥水，化酉生卯，必主寿长。

论倒食

【原文】夫倒食者，冲财神之谓也，一名吞陷杀。用财神大忌见之，用食神亦忌见之。倒食者，如甲见壬之类。如甲见丙为食神，能生土财。然壬克丙火，丙火不能生甲木之土财，所谓甲用食神大忌见之，凡命中带此二者，主福寿浅薄。

【注解】倒食就是偏印，是生我之神。因阳干受阳神之生，阴干受阴神之生，阴阳不谐和，所以叫偏印。如甲见壬、乙见癸、丙见甲之类。

食神是生财之物，为财之根。偏印是食神的天敌，偏印克去食神，使财星无根，日主无财可恃，所以又叫倒食。大凡食神最忌见倒食，食枭并透者，福寿浅薄，这是正理。然言财神大忌见偏印，却非其然。因为财为克印之物，若枭食并透，有财克枭护食反为美格。故《万祺赋》云："枭神见官杀，多成多败；偏印遇财曜，反辱为荣。"

丙戌
庚寅
壬戌
甲辰

壬水以时干甲木为食神，月干庚枭明透，但有年干丙火偏财贴身制枭，使其不能克害甲食。此财枭并透不伤食神例。

乙未
甲申
壬寅
甲辰

壬生申月，偏印司权，时支见辰库，日元有力，以甲木食神吐秀为用。申金偏印隐藏，克食为患。四十六岁庚辰年，大运亦庚辰，二庚偏印克二甲食神，其母去世，本人亦因哀伤过度而亡。

【原文】又见庚为七杀，得丙火制之，怕见水反为祸矣。凡命中犯此者，犹尊长之制我身，不得自由也。做事进退悔懒，有始无终，财源屡成屡败，容貌欹斜，身品矮小，胆怯心慌，百事无成也。

【注解】局有七杀，用食制杀为权，最怕偏印制食，七杀无制而攻身，祸患丛生。即使格局配合很好，也为隐患，运岁引出，祸灾难免。

癸未
辛酉
乙酉
丁亥

民国时期“山西王”阎锡山之命。月令辛酉七杀，日支重见，杀旺攻身，以丁食制杀为用神。癸水偏印明透年干，遥克丁食为病。十八岁庚子年，癸枭得禄，阎锡山靠卖烧饼度日，先被清军拉去打杂，后四处躲债，惶惶如丧家之犬。二十岁后运入南方，用神有力，仅八年的时间，就由一个留学生跃至山西都督。六十六岁戊子年，又逢枭神得禄，损兵十余万，把山西丢得就剩下一座太原孤城。七十八岁庚子年，太岁又逢枭神之禄，病死台北。此公拘于山西一地，再无发展者，亦因“癸”字之病。

1881年闰二月二十五日辰时生男：

辛巳
丁酉
乙卯
己卯

大运：
05、丙申
15、乙未
25、甲午
35、癸巳
45、壬辰

民国时期安徽霍丘张敬尧八字。乙木日元，虽得日时二卯为根，然酉杀司权，辛金透干，年支巳火合酉化杀，身弱杀强，当取丁火食神制杀为用神。三十四岁甲寅年，大运午火，劫财助身，丁食得禄，升师长，晋升陆军中将。三十八岁戊午年，大运癸巳，戊癸相合化火助用，任湖南省督军兼省长。四十岁庚申年，官星助杀，被湘人赶出湖南，逃往汉口。五十三岁癸酉年，大运壬辰，壬癸克熄丁火，岁局二酉克绝二卯，乙木失根且被克，被国民党军统特工刺杀于北平六国饭店。

【原文】且如丁未、丁未、己亥、丁卯。此命己亥日，己临亥上，身弱于亥，加以亥卯未木局克身，年月时透出三丁食己，幼年行南方运，赖火生土身犹旺。才交乙巳运，为己之七杀，引出亥卯未木局，岁逢癸亥，所以死矣。此命非但倒食七杀之祸，而癸亥年与生杀坏印之说同义也。

【注解】原文论命有误，非倒食七杀之祸，也非财生杀之咎，实为财星坏印之过。己土日元，虽地支三合杀局，然年月时三丁偏印同心，通根年月支二未，化杀为权，格局不赖。乙巳一运，乙木明透，引出杀局，有三丁印化，丝毫无妨。惜十七岁癸亥年，财星坐旺，克去三丁，七杀无化攻身，所以夭折。

【原文】如甲戌、丙寅、甲戌、壬申。此命甲戌日，甲见丙食，生于正月，甲木旺，身与食神俱旺，本是贵命。不合时上壬申，壬水伤其丙火，申金冲其寅木。又申中有庚金七杀，所以名利无成。行己巳运金生之地，见庚子年，庚金为七杀，又见子水，死于非命。

【注解】原文举例。甲生寅月，年干见比，时干得长生偏印，身强，喜用丙火食神吐秀，壬枭制食为病。初运丁卯，丁火合壬，继而戊辰大运，戊财损壬护丙均美。己巳一运，用神得禄，己土亦能制壬，不合太岁庚子，庚杀化财生壬枭，己财反成生枭之物。岁支子水，合申化水，枭印逞强夺食，故死于非命。大凡柱有食神，最忌见偏印，若有制合亦以贵论。再次重复此理。

癸酉
丁巳
己卯
甲戌

褚辅成之命。表面看来，己土之根巳火合酉化金，丁火偏印制食，癸财制丁偏印，卯杀甲官，局似杂乱无章。细一分析，命局妙就妙在生克合化之中。巳酉化金，卯戌化火，甲官生火，如此木火土金一顺相生，癸财去丁枭，使其不能破食。全局秀气流畅，官直至浙江省政府临时主席兼民政长。

论伤官

【原文】伤官者，其验如神。伤官务要伤尽，伤之不尽，官来乘旺，其祸不可胜言。伤官见官，为祸百端。倘月令在伤官之位，及四柱配合作事，皆在伤官之处，又行身旺乡，真贵人也。伤官主人多才艺，傲物气高，常以天下之人不如己。而贵人亦惮之，众人亦恶之。运一逢官，祸不可言。或有吉神可解，必生恶疾以残其躯，不然遭官事。如运行剥官，财神不旺，皆是安享之人。仔细推详，万无一失。

【注解】伤官是我生之神，阴干生阳，阳干生阴，阴阳相生叫伤官。如甲见丁、乙见丙、丙见己、丁见戊之类。为什么阳干生阳，食神阴阳不谐反吉，而伤官阴阳和谐却为凶神呢？这是因为甲以辛为正官，丁伤正是辛官的克星；丙以癸为官，己伤正是癸官的克星；丙食戊食虽也克合，但以阴克阴、阳克阳为重，所以叫伤官。官星为贵气，是十神中最尊贵之神，伤官伤了贵气，所以为凶神。

伤官为泄气之物，日元秀气因伤官得以抒发。所以带此神者，人聪颖非常，多才多艺，傲物气高，野心勃勃。许多不得志文人、大野心家多属此格。

伤官虽损官星之贵，如果命局中不见官星，叫伤官伤尽，身旺用伤生财，四柱配合皆宜，均属大格。最忌运岁再见官星，伤官见官，灾祸必生。

己巳 壬申 己酉 甲戌	明宦刘谨命造。日元己土，支类西方，巳火合申，伤官太旺，元气尽泄，所以被阉，肢体难全。身弱伤强，取己土比肩助身为用。人虽聪明，但心高傲物，野心极大，满朝文武皆忌之。以不全之身，竟妄图谋反，事发后被凌迟。
甲辰 辛未 丙戌 甲午	清乾隆年间著名文人纪晓岚之命。未土伤官司权，辰戌二土相助，表面看来，也是盗气太旺之象。妙在午戌合而化火，未中也藏丁火，辰土湿土，尽收全局燥气，年时二甲，助身吐秀，伤官伤尽，四柱配合得当，富贵双全。

上造身弱伤官极强，下造身旺用伤，故两造有天渊之别。

【原文】又云：伤官者，我生彼之谓也。以阳见阴，阴见阳，亦名盗气。伤官若伤尽，不留一点。身弱忌官星，不怕七杀。如甲用辛官，如丁火旺，能生土财，最忌见官星，亦要身旺。若伤官不尽，四柱有官星露，岁运若见官星，其祸不可胜言。若伤官伤尽，四柱不留一点，又行旺运及印绶运，却为贵也。

【注解】此节含义有三：

一、伤官喜伤尽，忌见官星。

二、伤官不忌见七杀，因七杀也是凶神，喜制伏，制伏反为我用，伤官制杀多贵。

三、伤官喜身旺，尤喜见印，原局伤官见印叫伤官佩印，多为大贵之格。原局无印，运岁见之亦吉。（伤官衰弱，怕印克制伤官，另是一种。）

乙酉 癸未 丙寅 壬辰	黄庭坚命造。丙火虽坐寅木长生，但未辰伤食盗气，壬癸官杀得酉财之生攻身，以乙木印绶化杀制伤为用神。二十三岁丁未年，大运辛巳，日元得劫旺之助，中进士。三十五岁己未年，伤官见官，继室孙氏死。四十八岁壬申年，大运入己卯，又逢伤官见官，母亡。

乙酉　　西汉汉武帝刘彻命造。日元己土，申金伤官司权，年支酉
甲申　金助伤，竞相盗气。喜日元自坐巳火印绶，时干透出丁火偏印，
己巳　化杀、制伤、生身，一气呵成，精诚灵妙。十五岁己亥年，大
丁卯　运壬午，火气正旺，嗣位登基，成为一代英主。

伤官虽喜印绶，如果伤官为用神，或身强伤弱者，却最忌印绶制伤。

辛卯　　李宗仁命造。辛生申月，金气已盛，又得未辰印生，日元
丙申　极强。丙官虚悬，又被辛比合去，干头取清，以壬水伤官吐秀
辛未　为用神。癸巳一运，水气渐长，投林虎部下，官至旅长。癸亥、
壬辰　甲子、乙丑三年，太岁又入北方，削平群雄，统一广西。三十八岁戊辰年，三十九岁己巳年，印绶制伤，在蒋桂战争中一败涂地，逃往越南海防避难。四十三岁癸酉年，金旺水强，恢复元气，辖四军四十八团。四十七岁丁丑年，伤官驾杀，台儿庄一战，毙伤日军二万余人，大长我国军民之气。五十九岁己丑年，印绶破伤，以代总统之职失去半壁江山，流亡海外。七十八岁戊申年，大运戊子，双印制伤，病逝北京。纵观李宗仁一生，败亡之年均在印旺之年，说明伤官为用怕印之理。

【原文】如四柱中虽伤尽官星，身虽旺，若无一点财气，只为贫薄。如遇伤官者，须见其财为妙，是财能生官也。

【注解】身旺伤强见财，秀气尽情引发，必得富贵。如果只身旺伤旺，是只有秀气，虽聪明却难贵显。配合不当，还会贫夭。

癸酉　　壬水见刃，子辰化水，庚酉强印生身，日元极旺，必以乙
乙卯　卯伤官吐秀为用神，酉印贴身冲克伤官为病。局中又无财星损
壬辰　印护伤，只剩下一片水气，身旺无倚，故贫夭。
庚子

乙巳　　陆游命造。甲木坐禄见刃，月令亥水生合寅卯，乙木劫财
丁亥　明透，以月时二丁伤官吐秀兼调候为用。局中无财，虽秀气发
甲寅　越，文章盖世，却官职卑微，有志难伸，含恨而亡。
丁卯

壬午　　冯玉祥将军命造。己土日元，年时见二午偏印，月时透二
庚戌　庚伤官，年透壬财，身旺伤强财美，秀气尽情发越，所以贵显
己酉　无比。
庚午

【原文】 如用伤官格者，支干岁运都要不见官星，如见官星，谓之伤官见官，为祸百端。用伤官格局，见财方可用。

【注解】 伤官伤尽，有财为之好命；伤官见官，祸患无穷。但也有伤官见官反吉者。如身强财旺有伤，用官星化财之气；还有以官星调候为急用者，都可以在伤官见官的岁运中发迹。

丁未　　丙火日时见刃，局中一丙一甲，二午二丁，火气极盛。未
丁未　土伤官虽可泄秀，然火炎土燥，火气仍难抒发。出门又行南方
丙午　火运，继而东方木运，均助火势，虽伤官伤尽，然身旺无依，
甲午　仍为至贫之人。

壬辰　　清太宗皇太极之命。辛金生于亥月，金水伤官，东北之
辛亥　地更是水冷金寒，以时干丙火官星调候为急用。三十五岁丙寅
辛亥　年，大运乙卯，虽伤官见官，但全局和暖，继父努而哈赤之位。
丙申　四十五岁丙子年，用神明透岁干，大运丙辰，建立大清国，开
创二百余年之基业。此即“金水伤官要见官”之理。

【原文】伤官之杀，甚如伤身七杀，其验如神。年带伤官，父母不全；月带伤官，兄弟不完；时带伤官，子息为顽；日带伤官，妻妾不完。其余伤官，务要伤尽则吉，见财方可。

【注解】伤官在何官，何亲不吉之论不完全正确，要分明喜忌。伤官在年柱，为忌神，祖上破败；为喜用，主祖上荣耀。伤官在月柱为喜神，得父母荫庇；为忌神，父母不全。日支有伤官，为喜神，取美妻，得妻之力；为忌神，受妻之累。伤官在时柱，为喜神，得子息之力；为忌神，子息愚顽或不全。还要结合财印等六亲之神合看，万勿执一。（详参论六亲各节）

庚寅
甲申
己卯
甲子

明孝宗朱佑樘命造。己土日元，庚金伤官居年，申金伤官居月，依上论父母祖上俱破败。然此造祖上与父皆为皇帝，尊贵无比，其原因就是伤官为用神故。细析此局，杀旺身弱，以庚申伤官制杀为用，戌运合火，印绶化杀生身，嗣位登基，谨慎朝政，颇有中兴之气。可惜三十七岁丙寅年，丙印制庚，寅官冲申，伤官尽损，中年夭逝。在位十八年如一日，是明代不可多得的贤君。

甲午
丙寅
乙未
丙戌

乙生寅月，年干见甲，看似日元不弱，然支全火局，月时透二丙，伤官盗气太甚。伤官忌神居月令，故其父早逝，家境困窘。时干亦透忌神，与妻离异后子女断与妻子，也算是子息不完之验。

【原文】轻者远窜之灾，重则刑夭之难。伤官有战，其命难存。若月令在伤官之位，及四柱相合皆在伤官之处，如行身旺，即贵人也。伤官之人，多负才傲物，常以他人不如己，君子恶之，小人畏之。逢官运无财救，必主大灾，不然主暗昧恶疾，以残其身，或运遭官刑矣。如四柱虽伤尽官星，身若逢财运发福，是为伤官见财。仔细推详，万无一失。

甲寅
丙子
庚申
辛巳

民国初期曾导演十二天复辟帝制闹剧的张勋命造。庚金坐禄，月令伤官司权，所以野心极大，以区区提督之职，竟敢入京复辟。六十四岁丁巳年，大运壬午，运岁伤官见官，复辟失败。幸有甲财明透通关，方保住性命。

辛丑
乙未
丙午
辛卯

丙火坐刃，时支见卯印，身强用丑土伤官吐秀。然午未一合化土，反觉身弱。壬辰一运，克泄交加，此君负债累累，却偏以百万富翁自吹，且野心极大，到处诈骗，所索甚巨，人甚恶之。

【原文】又云：四柱有官而被祸重，四柱无官而被祸则浅。大凡四柱见官者，或见伤官而取其财，财行得地则发，行败财之地必死。如运支内无财，运干虚露亦可也。如乙亥、己丑、丁亥、庚戌。丁以壬为官，丑戌本为伤官，只是丑为金库，又时上有庚字作财，此人行申酉限如意，入金脱气遂死矣。大抵伤了官星，行官运则灾，太岁亦然。

【注解】伤官见官，有财化解灾轻，无财化解灾重；官星深藏灾轻，官星虚露灾重。

庚辰
己卯
乙亥
丙子

乙木以庚金为正官，明透年干。以丙火为伤官，明透时干。月干己财明透，是有财星化解。五十一岁庚午年，伤官见官，大病一场，几乎死去。然能保住性命官位者，因有财化解，故灾轻也。

辛亥
庚寅
乙未
己卯

明崇祯皇帝命造。庚金官星明透月干，丙火伤官暗藏月支寅木之中。三十四岁甲申年，大运丙戌，伤官见官，不仅自缢身亡，且丢失明朝二百余年基业。此局中官星虚透，又无救神，故灾重。

论劫财

【原文】如乙见甲为劫财。乙以庚为夫，见丙克庚，故克夫，男命则克妻。五阳见五阴为败财，主克妻害子。五阴见五阳为劫财，主破耗，防小人，不克妻。乙以戊己为财，以甲夺己坏戊；丁以庚辛为财，丙能夺辛破庚类，如此也。兄见弟，弟能败兄之财，夺兄之妻；弟见兄，兄能劫弟之财，而不敢娶弟之妻。财者，人之所欲，方令弟兄见之，多有争夺，如夷齐能几人。男命见劫财多克妻，女命见伤官多克夫，此极论也。

【注解】夷齐指商末大臣伯夷和叔齐。周灭商后，两人隐居深山，誓死不食周粟，饿死于首阳山。

劫者，抢夺之意。日元阳干见同类阴干，日元阴干见同类阳干。如甲见乙、乙见甲、丙见丁、丁见丙者是。既然五行属同类，六亲十神亦同见，所克之神都是妻财，必生抢劫争夺之意。身强比劫强，财弱且透，无官杀护财或食伤化比劫通关生财最忌。运岁再逢比劫，男女不仅有破财是非，且男有伤妻之患，女有被丈夫抛弃之忧。

庚寅
癸未
癸巳
癸亥

天干两见比肩，时支亥水劫财又见，未中丁财，被月干比肩夺走。日支巳财，被时支亥劫冲克。财星尽失，一生贫穷，至死也娶不起妻。

甲午
辛未
乙丑
乙酉

乙木通根月令，年干见劫，时干见比，比劫重重。运至甲戌，又见劫财争夺，因非法谋利而身陷囹圄。

癸卯　　己土以癸水偏财为妻星，明透年干，支下未丑比肩，无法强夺干头之财。二十六岁戊辰年，太岁逢劫财强合癸水财星，女友投入第三者怀抱，弃他而去。
丁巳
己未
乙丑

乙酉　　戊土月干见比，时柱又见己未劫财，比劫重叠。三十四岁戊午年，四十四岁戊辰年，太岁均逢比肩强旺，两次离异再娶。
戊寅
戊申
己未

劫财虽有夺财之凶，如果命局身弱财强，身弱食伤重，或弱身官杀强无印绶，却喜劫财帮身，运岁逢之反能发迹。

丙戌　　陈调元命造。丙生亥月，子辰会水，壬水透干，身弱杀强，己伤难制强水，以丙火比肩助身、生伤兼调候为用神。三十二岁丁巳年，大运寅木，印比强旺，用神得禄，由宪兵营长直升至混成旅旅长。四十一岁丙寅年，比肩坐长生助身，升军长，任安徽省政府主席。此君一生，均发达于比劫运岁。
己亥
丙子
壬辰

己卯　　史量才命造。庚生子月，伤官司权，年透己土印绶，看似伤官佩印。惜己土自坐卯木，无力制伤。退取伤官驾杀，然子伤气泄寅卯之财。若用丙杀生己土印绶，丙与辛又遥合，其情与印相背，只好取辛金劫财助身任财为用。癸酉、壬申、辛金三运，劫财用神得地。主办《申报》，发起设立民生纱厂，帮助项松茂扩大五洲药房，复兴中华书局。誉满上海，名播全国。而后又购进《新闻报》等，成为上海最大的报业资本家。就命理而言，比劫功不可没。
丙子
庚寅
辛巳

论羊刃

【原文】夫羊刃者，号天上之凶星，作人间之恶杀，以禄前一位是也。（如甲禄在寅，卯为羊刃。）喜偏官七杀，喜印绶。忌反伏吟，忌魁罡，忌三合。何谓羊刃？甲丙戊庚壬五阳有刃，乙己丁辛癸五阴无刃，故名阳刃。

【注解】阳刃为什么取帝旺之处？凡阴阳万物皆忌极盛，一到极盛就会走向衰落。如日中则昃，月满则亏之理。其凶险就像把羊压在刀刃上，所以又叫羊刃。羊压在刀刃上，如果安静不动，虽险无恙。一动就会碰上刀刃，必有灾祸，所以此杀喜静忌动。动则必有伤，此至理。

羊刃为凶神，七杀亦凶神，以凶制凶，以毒攻毒，杀刃皆为我用，此亦理。

甲刃卯、丙刃午、庚刃酉、壬刃子，此理极正。惟戊刃午，其理不通。局成戊午，火炎土燥，为偏枯之造，乃印之错，非刃之过，此理要明。

庚午
癸未
丙戌
戊戌

日元丙火，年支见午火羊刃，七岁丙子年，岁支子水冲动午火羊刃，己身虽平安，其父惨死于车祸，早年丧父，实在可悲。

1966年九月初七酉时生男：

丙午
戊戌
壬子
己酉

大运
07、己亥
17、庚子

壬水自坐子刃，看似身旺，然月柱旺杀，既得己官相助，又得丙午财生，杀气反胜，故取酉金印绶化杀生身为用神。十九岁甲子年，大运庚子，运干庚金化杀生身，支下运岁局三子冲破午火财星，反是刃旺无制，命主失去约束，因盗窃坐入牢中。

原文云阳刃“喜偏官七杀，喜印绶”。羊刃喜杀制合理，喜印绶之说却须商议。羊刃为日主本身帝旺之处，已是极旺，何须再逢印绶（专旺格除外）。除非身弱，或食伤盗泄过重，或官杀制伏太过而用之，余皆不喜逢印绶也。

癸未	大运	乙卯
丙辰		甲寅
丙午		癸丑
戊子		壬子

民国时期辽宁沈阳东乡郭松龄八字。丙火坐刃见比，年支未中有丁火余气，日元不弱。官星癸水通根子辰，似乎亦强。然癸坐未伤，子被午冲，官星弱极，故取官星为用神。三十九岁辛酉年，大运壬子，财生杀旺，升旅长，有了兵权。四十二岁甲子年，癸官得运岁双禄，升副军长。四十三岁乙丑年，岁干乙木化壬癸而生丙火，岁支丑土合去子官，身旺无依，背叛张作霖，被张作霖下令枪杀。这是刃旺官弱忌印绶例。

辛卯	大运	己丑
庚寅		戊子
甲辰		丁亥
丙寅		丙戌
		乙酉

《滴天髓》例。批曰：寅卯辰东方兼之寅时，旺之极矣。年月两金临绝，旺神在提纲，休金难克，而且丙火透时，木火同心，谓强众而敌寡，势在去庚辛之寡。早行土运生金，破耗异常，水运进京入部办事。至丙戌运，分发广东，得军功升知县。至酉，庚辛得地，不禄宜矣。

按：日元甲木，支类东方且多一寅，强木林立。庚辛无根且被丙克，弃之不论，格成曲直专旺。运岁喜印比助局，忌土金逆木之旺。运入亥水，印绶生身，故能入部办事。这是格成专旺喜印之例。

【原文】如命中有刃，不可便言凶。大率与七杀相似，凡有刃者，多主富贵人，却喜偏官七杀。然杀无刃不显，刃无杀不威，刃杀俱全，非常人有之。大要身旺，运行身旺之乡，不要见伤官刃旺运。若命内原有杀刃，岁运又逢之，其祸非常。若命有刃无杀，岁运逢杀旺之乡，乃转生而反成厚福。如伤官财旺，身弱杀旺最可忌也。

【注解】杀刃成格，多为大格，行运却有不同。原局刃旺杀弱，行官杀旺运发；原局杀强刃弱，行刃比运发；原局有杀无刃，行刃运发；原局有刃无杀，行杀运发；原局杀刃全，有印绶化杀之威，行财运损印生杀者发，此发之理。原局杀强刃弱，再行官杀旺运败；原局刃强杀弱，再行刃比运败；原局杀刃两停，行印绶运化杀之威，增刃之戾，败，此败之理。

庚午
乙酉
庚午
壬午

清乾隆皇帝宠臣大贪官和珅命造。庚生酉月，虽羊刃司权，年干见比，惜地支三午破酉，反觉刃弱制强，以壬食制杀为用神。丁亥、戊子、己丑诸运，制杀护刃，恩宠无比，位极人臣，不可一世。一入寅运，财生杀制刃，烈火熔金，家破身亡。

丙寅
甲午
丙申
壬辰

年月柱木火，支成刃局，壬杀虽通根申辰，然失令势寡之水，难制得时势众之火，刃旺杀弱。喜乙未运后，大运金水相续，助杀制刃，杀刃格成，故执掌兵刑生杀大权。

己酉
丙子
庚申
壬午

庚金日元，年支见酉刃，自坐申禄，身强，喜丙杀通根午火制刃，惜丙杀贴身生己印，午火被壬水盖头，二火皆失，强刃无制，所以一贫如洗。

【原文】如庚申、己卯、（甲寅）、丙寅。此命甲日见卯为刃，庚为七杀。七杀本伤身，却藉卯中乙木以配合，其杀有情，则杀不能伤身，正是甲以乙妹妻庚之义。其身旺南方运，所以为贵。

【注解】原文举例只六个字，根据其意配日柱“甲寅”二字。甲木月刃，日时得禄，极强。庚申弱杀，难以制刃，喜丙食化刃比生己财，财旺生杀，七杀勉强为用。初运火土，化刃生财助杀，继而运入西方，七杀得地，制刃有力，故发贵，与乙妹妻庚无关。

【原文】又如戊午、戊午、戊午、甲寅。此命杀刃全，而又以午火为印，所以为贵。喜忌篇云：“戊日午月，勿作刃看；岁时火多，却为印绶。”

【注解】午火自是印绶，此格非贵在杀刃成格，而是贵在印绶化杀生身。杀弱身旺，辛酉运后，运入北方，助起弱杀而发贵。此命非杀刃格。

【原文】又如辛酉、甲午、戊子、甲寅。此命杀刃两全而有印绶，不合年干伤官透出，运行辛卯，犯伤官原有之辰，壬为财，是壬辰岁因事投水而死。壬水克火印，日坐甲之七杀，谓之生杀坏印。即此命见辛为伤官，运行辛卯忌见官，午中丁火为印绶，最忌伤官与财相见，缘水生木克身也。

【注解】戊土坐子为财非杀，时柱甲寅为杀。原文“日坐甲之七杀”有误，应是戊日逢甲之七杀，方合此命。

此造戊土日元见二甲七杀通根寅禄，年柱辛酉伤官，克泄交加，以午火印绶化杀制伤生身为用神。子水财星贴身冲克午印为忌神。壬辰年，干头壬财明透，化辛伤而生甲杀。岁支辰土合子化水局冲午，使印绶不能化杀。杀旺攻身，水财为忌，故投水而亡。此命非羊刃格。

【原文】又如癸未、乙卯、甲子、己巳。此命卯刃癸印，不合时上己巳破印。运行辛亥，亥卯未合起羊刃，辛酉年，辛金又旺于酉，冲起卯刃。二辛则太过，金多见甲，身虽贵亦遭刑也。然虽见辛为贵，所忌羊刃，不可一合一冲也。

【注解】此例系抗金名将岳飞命造。身旺刃强，喜杀制刃。初运甲寅禄比助身，少运坎坷。运入丑土，巳丑有拱金之情，隐然而兴。辛运官气大盛，疆场扬威。至亥运冲巳合刃，三十九岁辛酉年又冲动卯刃，被祸风波亭。

论刑合

【原文】刑合者，刑中带有合者是也。如人命犯之，多因酒色丧家成病，至于耽迷不醒，乃神迷之也。如十八格中有合禄合刑者，何谓也？是乃癸用戊官，戊禄在巳，不见巳字。但见寅刑，但巳酉丑合，此乃见不见之形，所以贵也。如此者，皆见于前，所以凶也。

【注解】刑者，罚也；合者，聚也。这是两个截然不同的概念，是不能组成一个格局的。况且命理的三刑本身就不合理，如子刑卯，子水分明相生卯木，何以会刑？巳刑申，巳火明与申相合，又怎能论刑？所以这也是不合子平法之格。

【原文】且如丙子、辛卯、丙子、辛卯。此命年月日时俱带刑合，为子水冲丙火兼身又弱。二十六交甲午，三十六交丙申年，太岁并在羊刃之上，有二子冲午，其刃刑俱合，所以因酒淫泆而亡也。

【注解】上例二十六交甲午，是言大运，因六岁壬辰，十六岁癸巳，二十六当是甲午。三十六交丙申却有误，以太岁论，二十一岁是丙申年，以大运论四十六岁方到丙申，所以此句应是三十一岁丙午年之误，特订正。

细析此造，水木火均旺，辛财与丙火日元贴身相合，其情向我，格局不赖。可惜甲午运丙午年，二子冲二午羊刃，岁干丙火恃强夺辛之财，格局尽坏，且冲动羊刃，故亡。与子刑卯、丙合辛无关。此命身强，并非身弱。

【原文】又如己巳、己巳、甲寅、己巳。此命身旺财旺，身入长生，故为入格。不合带刑合太重，交癸亥冲巳，而饮酒耽色，遂患痼疾而死。

【注解】此造甲木虽有寅禄，但被年月时三巳化尽，日元极弱，不能任财食。格成弃命从儿，并非身旺，此一误。

甲木长生于亥，此造命局不见亥水是无长生，又一误。

此造弃命从儿，巳火愈强愈美，甲木愈弱愈佳。交癸亥大运，亥水犯巳火之旺，生助甲木，格局尽坏，酒色而亡。

【原文】又如乙卯、癸未、戊戌、癸丑。此命女人，戊戌日生于六月中旬，岁干透出乙字，戊日见之为官，地支亥卯未木局生戌中之火，为戊之印绶，官印两全。只不合癸丑时，癸水冲戌中之火，丑中辛金伤官兼刑合重为戊用，乙官在岁干旺矣。

【注解】此例解析更是离奇。一、戌中火未透出，戊土盖头，论土不论火，卯未之木怎能生土？二、癸水透干，丁火藏支，癸水怎能冲戌中丁火？三、丑中元神癸水透出，论水不论土，辛金伤官何能引出？四、最后两句整理者也不明白。

细析此造，戊土与月时二癸妒合，其情向财而不向官，当为弃丈夫于不顾，卖奸图财之命。

论福德秀气

【原文】福德秀气，专用其日主。且如乙巳、乙酉、乙丑是也。乙用庚官，露出杀喜制，喜印绶，不喜生于八月之中，恐露其杀。却喜行印绶官旺运，便能发福。苟四柱中露出辛杀须制伏。如丁巳、丁酉、丁丑，是壬为官，喜金旺生水，亦不喜生于八月，因火死在酉，却喜行官旺运，便可发福。亦不要露杂其官，为寿不耐久。己巳、己酉、己丑，是用甲木为官，巳酉丑金局，皆伤其官，亦名盗气，何以为吉？虽然喜得金局，能生水财，亦不要四柱见火，恐伤金局，却喜行财运便发。癸巳、癸酉、癸丑是用金神为印，见巳酉丑金局能生癸水，不喜生于四月，水绝于巳，虽然金生在巳，以金能生水，亦不能绝，得官印运便能发福。最不喜火财，恐伤金也。大抵与印绶相似，各有例于后。

【注解】此格是以乙丁己癸四阴日临金局为福德秀气，专以日论。因乙见金局为杀，丁见金局为财，己见金局为食，癸见金局为印故。我们知道，推命是以八个字互相配合判断吉凶的，这种以日柱就论断吉凶的方法，本来就违背了子平命理，何况乙木见金局，全靠印绶化杀生身，福德秀气在印不在日柱。（原文言喜官旺运更误，因杀气本强，再行官旺运，官星化杀，必凶无疑，若真为从杀格却喜。）己土见金局，也全靠印绶制食生身或比劫助身吐秀，福德秀气在印比而非金局；丁火见金局，财重身弱，最喜比劫帮身，福德秀气在比劫；癸水见金局，印旺身强，最喜财星坏印护食伤，福德秀气在财，均与金局无关。所以这种论命理论亦不能自圆其说。

甲寅 癸酉 乙酉 乙酉	曲从太师命造。乙木三见酉杀，虽年柱甲寅助身，然失令之木难敌当令之金。全靠月干癸水偏印化杀生身，方使格局中和。又妙在大运一路水木，助用助身，故贵至极品。此福德秀气全赖一“癸”。
辛丑 丁酉 丁酉 辛丑	黄镐尚书造。丁火虽见比肩，然支下二丑二酉，年时二辛明透，身弱难任强财，就命局而言，毫无贵气。妙在丙申运后，运行南方火地，比劫助身。继而东方，印绶生身，日元强旺能任强财，方贵。此福德秀气全在大运印比之方，不在酉丑巳金局。

己未
辛未
己酉
乙丑

赵卿总兵命造。日时酉丑合金，辛金元神发露，盗泄日元之气。喜月令未土，年柱己未，厚土助身吐秀，此秀在比肩助身，而非金局。

乙未
甲申
癸酉
癸丑

朱赓阁老命造。强金旺水，全靠甲乙食伤吐秀，格局方能舒展。大运逆行，先是南方旺财，损印化伤，秀气流通。继而东方，甲乙得根，故直上云台。此秀在食伤，非在金局也。

论杂气

【原文】杂气者，盖谓辰戌丑未之位也。辰中有乙戊癸字，戌中有辛丁戊字，丑中有癸辛己字，未中有乙己丁字，此四者，天地不正之气也。且如甲则镇于寅位，阳木之垣；乙专镇于卯，皆司春令，而夺东方之气。辰为东南之隅及春夏交接之界，受气不纯，禀命不一，故名杂气也，丑未戌亦然。还看六甲何如以论之，假日干是甲，而得丑月，贵既在中，辛则正官，癸为之印绶，己则为正财，不知用何者为福，要在四柱中看透出是何字，随其所出而言其吉凶。

【注解】辰戌丑未居四季交接之处，其气必杂，每位中皆暗藏着本气、余气和墓气三位天干。遇此如何取用，其法有三。

一、四柱中皆无所藏天干透出，就以本气推论。

甲子
辛未
辛酉
壬辰

未中暗藏乙己丁，四个天干中无一透出，推命时，就以原气土论，格取偏印。

二、月令中暗藏之神，何干透出，便以何五行论。

丁卯
庚戌
庚午
丁亥

戌中暗藏辛丁戊，丁火明透于年时二干，戌土就以火论，格取正官。

三、月支中暗藏之神透出二干或三干，则以轻重喜忌取论。

壬午
癸丑
甲申
己巳

丑中暗藏癸己皆透，己土虽为元气，却居时干，与月令远离，又被甲木隔绝。癸水余气却坐丑上，既得壬水相助，又为全局用神，所以丑土以水论。

【原文】有如前说法，但库中物皆闭藏，须待有以开其扃钥，方言发福。所言开扃钥者，何物也？乃刑冲破害耳。如四柱中原有刑冲破害，复行此等运气，则刑冲破害多反伤其福。大抵杂气要财多，便是贵命。若年时别入他格，当以他格例断之。盖此乃天地之杂气，不能纯一，故少力耳。别格专于时年乃重事，看命须审轻重，以取祸福。先论重者，次言轻者，百发百中矣。其他当以此言类之。

【注解】杂气财官为墓，喜冲之说有宜与不宜两种可能，详见前《喜忌篇》注解。因杂气不纯少力，从年时取格之论不妥。辰戌丑未居月令，本是土气，司权秉令，极为厚实。若无暗藏之神透干引出，均可取用，或财或印或官或食，无一不可，万不可抛弃月令而论他柱（他柱若见七杀则先以杀论）。

癸巳
壬戌
癸酉
壬戌

洪承畴命造。癸生戌月，正官司权，印旺身强，全靠戌官束身为用，格成正官，岂能别取！

丙午
辛丑
庚寅
丙戌

江汝璧学士命造。支下寅午戌三合官局，全靠月支丑土印绶化官生身为用，格成正印，再无别取。

丁未
癸丑
甲辰
甲戌

《滴天髓》例。支逢四库全冲，以喜冲墓之论，未冲丑，辰冲戌，皆冲出丑戌中辛金正官，必贵。然四支皆土，越冲越旺，一交庚戌，父母并亡，己酉戊申，土盖天干，家业破尽，无子而亡。

论日贵

【原文】日贵者，即甲戊庚牛羊之类。只有四日，丁酉、丁亥、癸巳、癸卯耳，最怕刑冲破害。经云：崇为宝也，命为贵也。所以贵人怕三刑六害也。贵神要聚于日，运行怕空亡及运行太岁加会，不要魁罡。主人纯粹有仁德，有姿色，不傲物，或犯前刑则贫贱。刑冲太甚，贵人生怒，反成其祸，不可不察。日贵有时法异同，须分昼夜贵。日要日贵，夜要夜贵矣。

【注解】此论从天乙贵人脱胎而来，与命理无关，详见前“论天乙贵人”节。贵人也要分喜忌，为用神则吉，为忌神则凶，别无二法。

癸亥
癸亥
癸卯
壬子

日元癸水，自坐卯木贵人。然全局水泛木浮，卯木无力吐秀。初运西方，反助水旺，再入南方，犯水之旺，命局大运皆无力，故一生清贫，至老不发，贵人又有何益。

壬辰
癸丑
癸巳
辛酉

一女造。日元癸水，自坐巳火为天乙贵人。然全局比劫明透，巳火合酉丑金局生身，财化为印，身强又得强印相生，年月暗藏官杀混杂，虽长得清秀漂亮，但好色风流，性欲强盛，为某地较高层次中的交际花。

丙辰
乙未
丁酉
辛亥

刘元霖尚书命造。丁生未月，未中有丁火余气，年干得丙劫助身，又有乙木偏印通根相生，日元不弱。辰未食伤损亥水官贵为忌。喜酉金财星居食官之间，反成食伤生财，财生官之势，此酉金为用而贵。

1897年四月二十八日辰时生男：

丁酉
乙巳
丁亥
甲辰

大运：08、甲辰　18、癸卯　28、壬寅　38、辛丑　48、庚子

民国时期湖南沅陵周佛海八字。初看之，丁生巳月旺处，干头甲乙丁助身，似是身强。惜巳合酉化金，生合亥水官星，官旺化杀。辰土虽能克亥，但有巳酉金局化解，反是土生金、金生水之势。局成身弱杀旺，取甲乙印绶化杀生身为用神，财星坏印生杀为忌。初运东方，印绶托根，在日本京都大学毕业后，二十九岁乙丑年，任西山会议派国民党中央宣传部长。运至寅木，官至代理国民党中央宣传部长。运至辛丑，运局合全金局，随汪精卫叛变，任伪行政院副院长兼上海市市长。四十九岁乙酉年，大运庚金财星坏印生杀而无化，日寇投降后被捕入狱。此亥水官贵反为忌神例。

论日德

【原文】日德有五：甲寅、戊辰、丙辰、庚辰、壬戌日是也。其福要多而忌刑冲破害，恶官星，憎财旺加临会合，怕空亡而忌魁罡，此数者乃格之大忌也。大抵日德主人性格慈善。日德俱多福必丰厚，运行身旺，大是奇绝。若有财官加临，别寻他格，方能免非横之祸。若旺气已衰，运至魁罡，其死必矣。或未发福，运至魁罡，休囚即好，防生祸患。一说于此必能再发，终力微矣，不可不知也。

【注解】日德是取甲丙戊庚壬五阳干，甲坐寅得禄，丙坐辰官库，庚坐辰财印两全，壬坐戌财杀印全。又因寅为六阳之首，辰戌乃魁罡之地，所以取名日德。细析上论，此格最忌魁罡，何以又偏取魁罡？何况此格主人性格慈善，魁罡却主狠斗好杀，截然不同，究该何论？说明此论十分牵强。凡推命均应以全局配合而论，绝不能以一日而断之。

甲申
戊辰
戊辰
壬戌

《三命通会》所举合格八字。戊土支下见二辰一戌，月干透戊，土气极厚。甲木无力疏土，喜申食足以泄土生财，三旬外运至壬申，用神有力而贵。此造贵在申食，并非日德。

庚辰
己卯
戊辰
甲寅

亦《三命通会》所举合格八字。戊辰、己辰虽土厚，然卯木司权。时柱甲寅，二辰中又有乙木余气，杀气极盛，喜年干庚金制杀为权。三十八岁丁巳年，丁印克去庚食，七杀无制攻身而亡。

论日刃

【原文】日刃与羊刃同，日刃有戊午、丙午、壬子也。与阳刃同法，不喜刑冲破害，不喜会合，兼爱七杀，要行官乡便为贵命。若四柱中一来会合，必主奇祸。其人目大须长，性刚果毅，无恻隐惠慈之心，有刻薄不恤之意。

【注解】日刃与羊刃喜忌同，一是喜静忌动；二是身旺喜杀制刃，无杀喜食伤泄刃；三是身弱用刃帮身。日刃只有壬子，丙午二日，戊午日当以印论。

庚辰
戊子
壬子
庚子

壬水月时日三见羊刃，其性可顺不可逆。五十七岁丙子年，大运午火，午财冲动原局和太岁四重羊刃，妻亡。

1817年九月初五寅时生男：

丁丑
庚戌
丙午
庚寅

大运：己酉 戊申 丁未 丙午 乙巳 甲辰

清顺天宛平沈桂芬八字。丙火自坐刃局，丁劫透干，二庚财星一被丁劫，一坐寅绝，弃之不论，格成炎上专旺格。三旬后运至南方，格局得旺，中进士步入仕途，官至兵部尚书，加太子太保，协办大学士。六十岁丙子年，大运甲辰，运岁子辰半合水局冲破刃局，专旺格破，坐事革职。

【原文】三刑、自刑魁罡全，发迹疆场。如或无情或财旺，则主其凶，或有救神，要先审察。如刑害俱全，类皆得地，贵不可言也，安得不举。独羊刃以时言之，四柱不要入财乡，怕冲羊刃。且如戊日刃在午忌行子正财运。壬刃在子，忌行午正财运。庚刃在酉，忌行卯正财运。甲日行巳午并辰戌丑未正财运不妨，忌酉运。丙日刃在午，行申酉庚辛丑不妨，忌子运。大抵羊刃要身旺，喜有物以去之。经曰：人有鬼人，物有鬼物。逢之不安，去之为福。

【注解】 日刃忌财，也有分别。身弱官杀强，忌财生官杀冲刃；若身强杀弱，反喜财生杀。身弱官杀强，喜行印比刃大运，身强杀弱喜行官杀财运，不可拘泥。

壬申
辛亥
丙午
庚寅

左宗棠命造。虽丙坐午刃，又得寅木相生，然财旺杀强，身弱明矣。初运壬子、癸丑，助杀克刃，父母见背，三试不第。乙卯运后，印绶生身；而后运入火乡，比刃助身；杀刃两强，由幕宾直升至两江总督。

己卯
丙子
丙午
庚寅

刘思问都堂命造。丙火坐刃见比，年时支又见寅卯印绶，羊刃极强。子水官星势孤难以制刃，以庚财生官损印为用神。二旬后行癸酉、壬申大运，财旺生官，官旺制刃，官刃格成，故贵显。

也有刃旺身强，无官杀，用食伤吐秀者。

辛卯
庚寅
壬子
庚子

叶梦熊尚书之命。壬水日时羊刃，天干三印相生，刃气极旺。喜年月二支寅卯相并，尽泄刃之戾气，水木菁华，秀气发越，故贵。

【原文】 且如葛参政命：壬申、壬子、戊午、乙卯。戊日刃在午，喜得乙卯时，正官制伏去了，所以为福也。

【注解】 此造非日刃格。年月柱财旺，时柱官强，戊土衰弱，难任财官，以日支午火印绶化官生身为用神，中运南方，用神得地而发迹。

论魁罡

【原文】夫魁罡者有四：壬辰、庚戌、庚辰、戊戌日是也。如日位加临者众，必是福。运行身旺，发福百端；一见财官，祸患立至。主人性格聪明，文章振发，临事有断，惟是好杀。若四柱有财及官或带刑杀，祸不可测。倘日独处，冲者太众，必是小人，刑责不已，穷必彻骨。运临财官旺处，亦防奇祸。

【注解】辰为天罡，戌为河魁，是阴阳灭绝之地，所以叫魁罡。细观四日，除戊戌日逢土旺，格成稼穑专旺，怕财官之外，其他三日均无怕财官之理，故皆应根据四柱配合而言，万勿武断。

庚辰
庚辰
壬辰
庚子

魁罡三重，壬水年月日三见辰杀，以庚金偏印化杀生身为用。三旬后运入甲申，用神有力，杀印相资而贵。

癸巳
乙卯
戊戌
丁巳

曾同亨尚书之命。日元戊戌，得丁巳旺印。年支又见巳印。一则印旺化尽官星贵气，二则火炎土燥，故取癸财生官、损印调候为用神。甲寅运后，运入北方，继而西方，均财星旺处，所以贵显。

乙酉
乙酉
庚辰
丁丑

顾锡畴尚书命造。庚金二见酉刃，又得丑辰相生，丁火官星微弱，乙木财星无根，难以制刃。喜甲申运后，运入南方，官星托根，继而东方，财星托根生官，官旺制刃，方能发贵。何言财官旺处，必有奇祸。

论金神

【原文】夫金神者，只有三时，癸酉、己巳、乙丑。金神乃破败之神，要制伏，入火乡为胜。如四柱中更带七杀羊刃，真贵人也。大抵威猛者，以强暴为能，威苟不专，人得以侮。故必狠暴如虎动，群兽既慑，威德行矣。然太刚必折，不有以制之，则宽猛不济，何以上履中和之道。故曰：有刚者在驯服，调致其和，福禄踵至。虽然，其人有刚断明敏之才，倔强不可驯服之志。运至火乡，四柱有火局，便为贵命。惧水乡，则非福也。

【注解】既曰金神，就应是庚申辛酉，为什么偏言癸酉、己巳、乙丑三时？因为子午各数九，卯酉各六，合起为三十，从子数到三十而见巳，巳便是子午卯酉的金神。辰戌各五，丑未各八，总数二十六，自子顺行二十六至丑，所以丑是辰戌丑未之金神。寅申各七，巳亥各四，总数二十二，从子顺数二十二到酉，所以酉就是寅申巳亥之金神。这种解说非常牵强，完全脱离子平命理，所以也是应舍弃之格。

戊子
丁巳
己未
癸酉

杨兆尚书之命。己土坐未，月令丁巳，又得戊劫，日元极强，喜酉食居时支，化旺土而生癸财，通关为用，格局舒畅。三轮后运入庚申，用神得地而发贵。若以金神喜火制论，克去酉金，身旺无依，贵从何来！

甲戌
甲戌
甲戌
乙丑

杨一清阁老之命。虽天干二比一劫，然支下全财，日元无根，身弱难任旺财之局。喜大运先是北方印绶生身，继而东方比劫助身，使身旺能够任财，方能贵显。若以金神喜火论，反盗日元之气，贫贱之人也。

论时墓

【原文】夫时墓之论，谓财官之墓时论之也。要刑冲破害以开扃钥，其人必难发于少年。经曰：少年不发库中人。也怕有物以压之，如丁用辰为官库，别有戊辰之类制之，则辰不能为官矣，如此难作好命。必乃有物以破其戊，虽得之发福亦浅。经曰：鬼入墓中，危疑者甚，若独类而长，才亦如之。此是秘言，不可轻泄也。

【注解】此节不合命理，偏冠秘言之名，实是故弄玄虚。文中言“如丁用辰为官库，别有戊辰之类制之，则辰不能为官矣”，是因为辰为水库，故云官库。殊不知辰之本五行乃土，若无壬水盖头或子申合拱，均以土论，与官无关。

1897 年十二月十二日辰时生男：

丁酉		11、辛亥
		21、庚戌
壬子	大	31、己酉
丁卯	运	41、戊申
		51、丁未
甲辰		61、丙午

民国时期浙江青田陈诚八字。丁火柔火，生于子月，干透壬水，酉财生之，身弱杀旺，取甲木印绶化杀生身为用神。辛亥、庚运，财星坏印，父亲陈希文以教书养活全家，日子并不宽裕，且染上赌博恶习。二十二岁戊午年，丁火得禄，考入保定陆军军官学堂，步入军旅。五十后运至南方，日元托根，当选为中国台湾地区“副领导人”，居一人之下，万人之上，荣耀之至。此局贵在甲卯印绶，若用辰合子，反为凶矣。

正官格

【原文】月内有官星者是也。时上兼有财星者，真贵人也。怕相冲，忌见伤官七杀，大运亦然。喜印绶，喜旺，喜财星，岁运同。

官星宜露，岂可藏之。似乎为官者，显扬威德，则用之国家者，方为大丈夫。岂受人之压伏者，则为臣下之臣，岂非小人。（按：本版原书该段文字在《论时墓》之后，但该段文字属“论正官”的内容，今据其他版本调整于此。）

【注解】月令中正官为正气官星，喜财，财能生官；喜印，官印相资；怕冲，冲破贵气；忌伤，伤了官星；忌杀，杀可杂局。以下十一个正官格命例均为原书所举，特此说明。

乙未
乙酉　辛
甲子　官
丙寅

王知府造。甲木归禄坐印，又得二乙劫助，身强。酉金官星气泄子印，若取未土正财生官为用，众劫争财为病，只有取丙食泄身生财为用神，财旺自能生起官星。官杀食伤比劫运皆可，忌印绶运，克害丙火用神故。

乙卯
戊子　癸
丙子　官
庚寅

金丞相造。子水月令正官有气，却被年时二支寅卯尽泄其气，故取时干庚金财星损印化食生官为用神。初运丁亥、丙戌，比劫争财，虽有戊食化解，少运亦艰难。一入财乡旺地，意气风发，展翅飞翔。

乙卯
丁亥　壬
丁未　官
庚戌

金状元造。丁火以亥水为正官，亥卯未三合化木为印，官星合化，实非官格。此造木旺火塞，取庚财损印为用神。丙戌运后，运入西方财强，继而南方火地，木火通明，所以大魁天下。

癸未
乙卯　乙
戊寅　官
壬子

陈侍郎造。乙木官星坐卯合未，寅木七杀相助，壬子癸旺财相生，官多化鬼。日元戊土无助，只好弃命从杀。甲寅、癸丑、壬子三运顺其旺势，辛庚伤食有壬癸财化解均吉。戊运日元得根，酉运冲卯官均逆其旺势，必灾。

壬寅 壬寅 己卯 壬申	甲 官	己土以寅中甲木为正官，年支重见。日支卯杀，且得三壬旺财相生，己土无根，官多化鬼，于是弃命从杀。申金伤官虽可制官，然被壬财尽泄其气，虽无伤害，终为隐患。辛丑、庚子、己亥水运顺畅，一入西方金运，逆其旺势，恐难行矣。
乙酉 辛巳 辛未 戊子	丙 官	陈寺丞造。辛金以月令巳中丙火为官星，惜巳酉相合化金为禄，故此造实系建禄格，并非正官格。禄印并旺，以时支子水吐秀为用，三旬后运入北方，食神得地而发。
甲子 壬申 乙巳 戊寅	庚 官	薛相公造。此造年柱甲子，子申相合化水，亦非正官格。乙生申月，虽得寅助，然秋木凋零，必以壬印化官生身为用神。戊财虽透，但自坐寅劫，又被乙木间隔，财不坏印，无妨。二旬后运入北方，壬印得地最美。五旬后运入戊寅，戊财破印，寅木冲申，恐至此终。
丁丑 壬寅 己巳 丙寅	甲 官	范太傅造。月令寅木正官，年月干丁壬合化木助官，时支又见寅官，官多化鬼。己土衰弱，故取丙火印绶化官生身为用。辛庚运伤官虽透，有丙火回克无妨。子亥运寅丑相合，印亦无妨。惟至酉运，巳酉丑三合金局，克官不利。
丁酉 丙午 壬寅 甲辰	己 官	李知府造。因午中暗藏己土正官，故入此格。然午火干透丙引出本气，论火不论土，亦非正官格。此造支合寅午，干透丙丁，身弱财旺，若取酉印生身为用，酉被午破丁克，自身无力，当以辰土七杀泄财生印为用神。四旬后大运辛丑、庚子、己亥，土金水旺，助起酉金用神，日元身旺任财，方是佳程。戊运冲辰，合全火局，难行。

己卯　　周郎中造。甲木年刃时禄，又得癸生，极旺。酉官虽
癸酉　酉　有辰土生合且秉令，惜气尽泄癸印，故取己土财星损印生
甲辰　官　官为用神。己巳、戊辰二运，财旺生官最美。丁卯运行刃地，
丙寅　　冲官不宜。

戊寅　　施同知造。甲木日元虽通根年禄，辰中亦有乙木余气，
辛酉　辛　看似身强。然辛酉月令旺官，又得二戊二辰生合，财官更
甲辰　官　旺，便取辰中暗藏癸水印绶生身为用，寅禄帮身为喜。壬
戊辰　　戌运后，行入北方印地，化官生身；继而东方，助身任起
财官，均为美运。丁卯运与月柱天克地冲，伤官见官，不宜。

【原文】 正气官星，切忌刑冲，多则论杀，一位名真。
官藏杀浅，露杀非真。今则为破，事恐不成。

【注解】 官多不贵，喜制喜化。大抵身弱官强者用印，身强官弱者用财。至于他用，却要根据格局变化而定，勿死守一理。

1886年四月十八日寅时生男：

丙戌　大　05、甲午
癸巳　　15、乙未
辛巳　运　25、丙申
庚寅　　35、丁酉

民国时期山东汶上褚玉璞八字。辛金生于巳月，正官秉令，本是吉祥，惜日支重见，寅戌拱巳助之，元神丙火高透，官反化杀，取癸水食神制杀护身为用神。初运南方，与用神相悖，所以从小打架斗殴，流氓无赖。二十岁乙巳年，纠集赌徒、无赖数十人，打家劫舍成为土匪，乃苏鲁边界的一大祸患。二十七岁壬子年，伤官坐旺助食，投张宗昌部，后又投奔张作霖。三十九岁甲子年，因在第二次直奉战争中作战勇敢升副军长。四十岁乙丑年，大运在酉，运岁局巳酉丑三合财局生食制杀，升军长。四十二岁丁卯年，丁杀攻身，卯木冲破大运酉金，被北伐军打败。四十四岁己巳年，巳枭夺癸，失去用神，战败被杀。这是官多化杀例。

1867年五月二十四日辰时生男：

丁卯		07、乙巳	
		17、甲辰	
丙午	大	27、癸卯	
		37、壬寅	
丙子	运	47、辛丑	
壬辰		57、庚子	

民国初期曾任广东都督兼民政长的龙济光八字。火星四重司权且得卯木生扶，壬杀三重且失时，明显杀轻身重。运岁以金水助杀为美，木火助身为忌，食伤制杀亦非佳运。龙济光出身土司，三十七岁癸卯年，大运入壬，任广西右江道。四十二岁戊申年，申子辰三合水局，升广西提督。四十六岁壬子年，升广东护军使副使。四十七岁癸丑年，大运辛财生官杀，攻占广州，任广东都督，不久又兼任民政长。五十二岁戊午年，戊食克去壬杀，午火冲破子水，用神尽失，进攻护国军失败被免职。这是官藏杀露亦可发贵例。

杂气财官格

【原文】经曰：财官印绶全备，藏蓄于四季之中，辰戌丑未是也。如官露、印露、财露则不妨也。如辰宫则有乙木、癸水、戊土；戌宫则有辛金、丁火、戊土；丑宫则有癸水、辛金、己土；未宫则有乙木、丁火、己土也。

【注解】杂气财官喜透忌藏，因为只有透出方可取用，不透只为本气。详见前“论杂气”节。以下十三个杂气财官格命造例均为原书所举，特此说明。

戊子
乙丑 辛
丁未 财
辛亥

李柳帝造。丁火日元，仅未中一点余气微根，伤旺财强，以乙木偏印生身制伤为用。辛财虽克乙印，被丁火隔绝，无碍。喜大运一出门即丙寅、丁卯，而后运入南方身旺，故极贵。运至壬申，伤官见官，乙木临绝，不利。

壬子
甲辰　壬
己卯　财
壬申

黄状元造。申子辰三合水局，年时天干壬水明透，水势奔腾。己土无根，且被强水冲刷，必弃命从财。初运南方，日元有根，火犯水旺，少运艰辛，试场蹭蹬。三旬后运入西方，从格强旺，试场连捷，鳌头独占。

壬子　丁
丁未　官
庚戌　乙
壬午　财

杨和王造。未中丁火元神透出，归禄于时，虽月丁被壬合，时支午被壬克，喜午戌化火，官星根重，取未土正印制伤化官生身为用神。运至壬子，天干三壬争丁，岁支子水冲午，灾祸难免。

戊子
壬戌　戊
乙卯　财
丁丑

戌财秉令，戊土明透，时支又见丑土偏财，财星非常有力。乙木虽坐卯禄，但失令势寡，又被丁火盗气，身弱难任财官。若取壬子印绶为用，被戊戌之财克制，反为不美。只好取卯禄助身为用，中年运行木地，身旺任财而发。

丁丑
癸丑　癸
己酉　财
戊辰

林侍郎造。己土通根月令，年支丑土，时柱戊辰助身，土气极厚，癸财无根，时有被夺之忧。喜酉丑合而化金，于是强比有化，弱财得生，格局流畅，故贵。

丙寅　丙
戊戌　官
辛酉　甲
戊子　财

张参政造。戌中戊印双透，丙火官星坐长生，官旺印强，日元坐禄极旺，必以时支子水食神吐秀润局为用神。木火土金水，源头极清，畅通无阻，故贵。

壬寅 壬
甲辰 官
丁酉 庚
庚子 财

王太尉造。月日二支，辰酉合金，庚财明透，财旺官强，以甲寅印绶化官生身为用神。初运南方，日元托根，少年发贵。戊申一运，与年柱天克地冲，破损用神，虽有子合，风波难免。

己卯
辛未 己
壬寅 官
辛亥

宣参政造。未土正官虽元神透于年干，惜未与亥卯三合木局，官反化伤，支下伤官重重，日元泄气太甚，以月时二辛印绶制伤生身为用神。己巳、戊辰二运，官印相资最美。丁运财星破印，不利。

己卯 癸
丁丑 官
丙寅 辛
庚寅 财

秦龙冈造。丙火年日时三见卯寅，月干又得丁劫相助，火焰冲天。喜丑中己土元神透出，尽泄日元之秀，生孤悬无助之庚财，秀气引通，故贵。从丙子到壬申诸运皆宜，辛未运冲破提纲，不利。

癸巳
丙辰 癸
丙午 官
癸巳

邓知府之命。丙火坐刃，年时得禄，月干见比，火气极盛。年时二干癸水官星，虽通根辰库，毕竟力弱不能制刃，便取癸官为用。癸丑运后，气入北方，官强制刃，杀刃成格，发迹。

庚午 庚
己丑 官
乙卯 己
壬午 财

奸臣秦桧造。乙木坐禄又得壬印相生，日元不弱。庚金官星坐午火败地，无力发贵，取己丑财星化午伤生庚官为用神，运喜身印官财旺地。六十三岁入丙火伤官运，伤官见官而亡。

甲子
戊辰　戊
乙卯　财
丙子

冯殿师造。辰土虽与子合化水，然天干透戊，财气不变。甲木劫财贴身夺戊为病，必以丙火伤官化劫生财为用神。初运火乡，用神有力，少年得志。壬申运印绶制伤，有戊财回克无妨。癸酉运戊癸相合，也不能伤丙。

乙卯　己
癸未　官
壬子　乙
辛丑　财

书圣王羲之造。月令未官，合卯化伤。细析全局，刃旺身强，喜伤官吐秀。中运入木旺之乡，秀气发越，成为一代书圣。运入子水，水泛木浮不利。

月上偏官格

【原文】喜身旺，怕冲多，为人性重，刚执不屈，时偏官多者亦然。喜见阳刃杀，月上偏官用地支，只要一位，要行偏官运。若有甲子，年时上又有之，却要行偏官旺运，亦不要行官乡，岁君亦然。为太过而反成其祸。须要行制伏得地之运方发，与时偏官相似。

【注解】经云：杀无刃不威，刃无杀不显。故偏官喜见羊刃，忌行官运。官杀混杂，格局不清，反成其祸。至于行运，却要依格局而分。身旺杀浅，喜行财杀旺运；身弱杀强，喜行印绶运；杀重制轻，喜行制伏旺运；杀轻制重，喜行杀旺之运，定要分别。以下十二个月上偏官格命例均为原书所举，特此说明。

丙子
甲午　丁
辛亥　杀
辛卯

沈郎中造。丙官根午，又有亥卯木局生助，官旺化鬼，喜年支子水冲午。一则去杀留官，格局取清；二则去官之根，减其火势。惟嫌日元无根，喜乙未运后，一路西方之气，日元托根而发。

丙寅
戊戌　戊
壬戌　杀
辛丑

何参政造。戊戌七杀，日支重见，又得丙火财生，杀强身弱，取时干辛金印绶化杀生身为用神，丙辛间隔戊壬，不以合论。庚子、辛丑二运，印旺身强最美，壬寅、癸卯运虽壬癸助身，然寅卯盗气生财，财复生杀，终难全吉。

丙寅
庚寅　甲
戊申　杀
庚申

马将士造。二寅七杀虽司权，然被二申冲克，二庚制伏，是杀弱制过之局。取年干丙火偏印制食护杀生身为用。运行木火，用神有力而发。运入申酉，制尽杀气，必凶。

癸卯
丁巳　戊
壬寅　杀
甲辰

岳总制造。壬水以时支辰中戊土为七杀，虽有寅卯食伤制伏，但月柱丁巳旺财反化食伤生杀，七杀有力。壬水虽得癸劫相助，但仅辰中一点微根，是身弱难任财官之局。三旬后运入北方，日元托根方贵。

癸卯
乙卯　乙
己巳　杀
乙丑

蒋状元造。月时乙杀双透，年月带禄，杀气极盛。己土日元虽旺，亦难敌杀势，故取巳中丙火化杀生身为用神。惜初行甲寅、癸丑、壬子水财制印生杀之运，故出身寒苦，早年不第。运入辛金，巳丑拱辛，食神成局，制杀有力，中状元当在此轮运中。

戊寅
癸亥　壬
丙申　杀
戊子

原解云：王镇抚此格，杀神太重，喜行东方运。身衰八字，水多火微，独喜寅宫火旺，乃是一年之火，运行卯合戌火局。奈何木又系湿木，不生无焰火。则木自旺不能生火，如横水木于围炉之上，此火纵得力，亦无由得盛，是以寅运丁卯运中而死，即六丙生人亥子多。

此造不知是哪一轮戊寅年，所以无法准确地推出行运年限。就以五岁起大运而论，五岁甲子，十五岁乙丑，二十五岁丙寅，三十五岁丁卯。再析命局：月干癸水被戊食合去，月支亥水被年支寅木合去，申金财星合子化水，官星独清，必以寅木化官生身为用。初行甲乙丙寅，用神有力，官运亨通。丁卯运亦吉。惟四十三岁庚申年，强金连根拔去寅木用神，众杀无化攻身，其死可能在该年。不然四十四岁辛酉年，运岁天克地冲而亡。凶在财星坏印，非湿木之理。

丙辰
癸巳　戊
壬戌　杀
壬寅

濮王造。巳中丙财原神透出，辰戌七杀，寅木食神与戌土拱丙化火，财旺杀强，身弱之局。喜三旬后运入西方，印绶化杀生身；继而北方水运，禄刃助身。身强可任财杀，所以大贵。惟戊戌一运，杀气极盛，不利。

丙午
丙申　庚
甲寅　杀
丁卯

赵侍郎造。申杀虽司权，但被寅冲火克，是身强杀弱之局。酉金运官星助杀，戊己运财星化食伤生杀亦美。庚子、辛丑二运七杀强旺最美。一入寅运，冲破申杀，不宜。

甲申
乙亥　壬
丙戌　杀
庚寅

刘运使造。寅戌拱丙成火局，身不弱。亥杀得申财相生且司权，杀气更盛。相较之下，身弱杀强。丙子、丁丑二运，官星助杀，少运蹭蹬。一入戊寅大运，印绶化杀生身；继而南方，日元得根，均助身任杀，因而仕途步步升腾。

丁亥
辛亥　壬
丙申　杀
庚寅

黄侍郎造。表面看来，丙火得寅木为长生，年干有丁劫相助，日元不弱。然亥水杀重，又得庚申辛三重财生，杀气极盛。寅被申冲庚克，又不能化杀生身，就格局而论，成中有败，并非佳造。妙在三旬后运入火木，一路木火助身任杀，一发而起，真是命好不如运好！

戊申
辛酉 壬
丙申 杀
庚寅

帖木丞相造。申中壬水不透，论金不论杀，此格属正财格，非七杀格。全局强金五重，又得戊生，财气极盛。丙火得寅木为根，又不能从财，身弱财强，财星坏印为病。癸亥、甲子二运，官杀化财生印通关，丙寅、丁卯二运，印比助身皆美。戊辰运强食泄身生财，恐不美矣。

戊辰
辛酉 辛
乙巳 杀
丁丑

樊使命之造。支全杀局，干透辛金，年柱戊辰合杀，杀极强，丁巳制伏不力。癸亥运后，印绶化杀生身为美；丙寅、丁卯二运，身用两强，可任旺杀而发迹。

时上偏财格

【原文】如时上偏财与时上偏官相似，只要时上一位，不要多。而三处不要再见财，却怕冲，与月上偏官一同。偏财要行财旺运。

【注解】以下十个时上偏财格命例均为原书所举，特说明。

庚寅
乙酉 戊
甲子 财
戊辰

李参政造。时上戊土偏财通根，月令乙劫合庚化金，财官极盛。甲木日元虽得寅禄，然秋木凋零，取日支子水印绶化官生身为用神。丙戌运后，气转北方，用神有力，发贵。

癸亥
乙卯 己
乙未 财
壬午

吴相公造。午中己财不透，论火不论土，格成建禄，非时上偏财。纵观全局，春木森森，得水浇培，格成曲直专旺。甲寅、癸丑、壬子、辛亥四运，水木菁华，吉。庚戌运午戌合火，引通秀气，亦吉。一入西方，金犯木旺，必不吉。

乙未　　　曾参政造。丙火通根寅木，甲乙亦通根寅木，看似身
甲申　庚　强。然申财司权，日支重见，庚金明透，财旺印衰身弱。
丙申　财　喜大运逆行，火木相连，助身损财护印，发迹宜矣。
庚寅

癸卯　　　陈尚书造。丁火月令建禄，年支又得卯木相生，看似
戊午　辛　身强。然戊丑丑三重伤食盗气，日元反弱。妙在年月天干
丁丑　财　戊癸合而化火，二忌皆化喜助身，日元又由弱变强。更喜
辛丑　　　大运逆行，乙卯、甲寅二运，印绶强旺，妙不可言。

戊子　　　曾知府命造。月令辛酉伤官，支下申金，盗气太甚。
辛酉　壬　戊土无根，仅得一比助身，且土气尽泄于金，格成从财，
戊申　财　北方运三十年最美。寅卯运虽顺财旺气，但与申酉相冲，
壬子　　　逆财之性，不吉。

甲午　　　邢司令造。年月日三干，木火土一顺相生，日元有力，
丁丑　癸　以酉金食神生财通关为用。大运顺行，寅卯与酉食相悖，
己未　财　不利。庚辰、辛巳二运生合用神最美。运入午火破酉多不
癸酉　　　利。若此造大运逆行水金，前程更胜。

壬午　　　高侍郎造。地支子午冲，寅申冲，看似不吉。妙在排
壬寅　甲　例有序，寅申间隔子水，申合子化水而不冲寅。子午间隔
庚子　财　寅木，子水贪生而不克午火。于是乎，申子寅午一顺相生，
甲申　　　诸病尽去，清纯有序，故能发贵。

乙酉　　　　侯知府造。月日时三卯透乙，天时、地利、人和皆占。
己卯　乙　辛金虽得酉禄一比，然失时失势，难敌强木，日元羸弱。
辛卯　财　取辛比帮身损财为用神。初运木水，助木盗气，必蹭蹬艰
辛卯　　　辛。四旬后运入西方，助身用财，晚器大成，方能发迹。

丁亥　　　　刘中书造。秋水通源，年支见禄，印旺身强。戊土七
戊申　丙　杀高悬无根，气泄于印，不能扬威，取丙火旺财生杀为用
壬申　财　神。大运逆行，火木相连，用神有力，七杀扬威，所以荣
丙午　　　膺要职。

庚午　　　　王步师造。癸生子月建禄，又有庚印相生，身强。戊
戊子　丁　土官星坐子无力，难以发贵。取丁巳旺财生官为用，全局
癸卯　财　五行俱全，气势流畅，大运又与财官有情，所以发贵。
丁巳

【原文】 时偏财是众人财，最怕干支兄弟来。
身强财旺皆为福，若归官星足为灾。
时正财与正官同，不逢破害与相冲。
柱中不见财官杀，时旺来寻此格中。

【注解】 偏财喜忌与正财同（原诗中“月”应为“时”）。若透出天干，无官杀相护，食伤化解，最怕兄弟比肩争夺。原诗“若归官星足为灾”一句，“归”字当是“无”字之误，意方通。

偏财要行财旺运，也非全对。如果财星衰弱，身强官旺喜行财旺之运。身弱财强却喜行印比之运，身弱官重亦然。

1830年十一月十二日寅时生女：

庚寅	大运	
戊子		06、丁亥
丙寅		16、丙戌
庚寅		

清江苏仪征周络馨八字。丙火三见寅木，印旺身强。子官虽司权，但气泄寅木，又被戊土盖头，难以束身，当取庚金偏财化食生官为用神。十七岁丙午年，大运丙戌，运岁二丙恃强夺庚，岁支午火冲破子水官星，格局尽坏。是年四月初二，母亲张氏往乡间串亲未归，邻居桑源知女与妹独居，遂起歹心，于人定时逾墙而入。女急呼妹起，出帐与之搏斗，被桑源杀害。

甲申	大运	丁卯
丙寅		戊辰
甲子		己巳
戊辰		

明陕西岳懋八字。日元甲木，月令建禄，年干比肩，又得支下水局生扶，必以丙火食神化比生财通关为用神。戊辰、己运，秀气引通，因功升至大同总兵。三十一岁甲寅年，大运巳火，干头三甲争夺戊土偏财，支下申合巳，用神失根，俺答攻大同时引兵出战，中伏战死。

此二例皆因偏财逢兄弟劫财，无官星护财而凶。

时上一位贵格

【原文】夫一位贵者，惟只时上只见一位方为贵，或年月日又有，反为辛苦劳役之人也。如时上一位七杀，要本身自旺。而三处有制伏多则行七杀旺运，或三合得地可发。若无制伏，则要行制伏之运以发。或遇杀旺而无以制之，则祸生矣。月上偏官却怕冲，与羊刃同。时上偏官不怕冲，与羊刃同。又要本身生日自旺，如甲乙日在正二月生是也。时偏官为人性重，刚执不屈，月偏官多者亦然。

偏官妙喜食神逢，印绶身强福禄浓。
若见正官并枭印，加逢死绝祸重重。

偏官有印化为权，运助身强福禄全。
切忌身弱并刑害，一生灾病祸连绵。

【注解】时上偏官与月令偏官同，所异者得不得月令之气而已。均喜身旺，喜制伏。身旺杀浅制伏重，宜行财杀旺运；身弱杀重，宜行印比助身运；身强制轻，宜行食伤运。宜根据格局通变，并无死法。以下十个命例为原书所举，特此说明。

壬午
庚戌　庚
甲午　杀
庚午

詹丞相造。虽月时二庚杀透，然地支一片火海，庚杀之威尽失。故取年干壬水偏印制伤护杀生身兼调候为用神。辛亥、壬子、癸丑三运，金水土皆为我用，最美。甲寅、乙卯，日元有力亦佳，丙辰运湿土化火生金，也是美运。丁运合去壬水，格局失用，不利。

甲申
丙寅　辛
乙卯　杀
辛巳

史魏王造。乙木春生，支下坐禄，年干透甲，日元有力。辛金七杀坐伤，申金被寅木冲击，身强杀弱之局。初运丁卯，少运多舛，戊辰、己巳，财旺生杀，崭露头角，庚辛二运助杀，壬申、癸酉，辛杀得根，丙伤被制，身旺杀强最美。

己巳
丁卯　壬
丙午　杀
壬辰

李丞相造。丙火坐刃见禄，月令丁卯，年月日三柱皆是木火，壬杀虽有辰中微根，难制强火，身强杀弱，喜行财杀旺运。丙寅运后，六轮大运，水金相续，皆助弱杀，官至丞相，真命好不如运好矣！

庚寅
壬午　甲
戊寅　杀
甲寅

郑尚书造。甲木七杀，年日时三见寅禄，杀气腾腾，其势可畏。若取庚食制杀为用，庚金无根，木坚金缺，无能为力。必以月令午火印绶化杀生身为用，一将当关，群小皆服，格局立变通畅。申酉运助伤制杀，丙戌运支全火局最美。亥运寅合，不怕坏午，子运冲午不宜。

庚辰
丙戌　甲
戊戌　杀
甲寅

朱尚书造。此造与上造均戊日甲杀，然形势迥异。上造杀强用印，此造身旺杀弱，喜财杀忌印。大运一路水木，资助弱杀，杀旺扬威而贵。说明了杀强喜制化，杀弱喜生扶之理。

辛巳
辛丑　乙
己卯　杀
乙亥

庄尚书造。日时亥卯半合杀局透乙，年月巳丑拱辛成食神局，杀旺制强，制伏得当。子亥二运，化食生杀不美。运入西方，食神得力，好运。运至乙未，杀合全局，未冲丑使其不能拱辛，杀强制浅，难以言吉。

壬寅
癸丑　乙
己丑　杀
乙亥

俞侍郎造。财杀并透，寅亥合木，乙杀根强，且后援有力。若取丑中辛食制杀为用，反成辛食生财，财又生杀之势。只有取丑中己土比肩助身为用。初运甲寅、乙卯，助杀攻身，定出寒门。丙辰、丁巳、戊午、己未四运，印比助身最美，庚申运伤官生财党杀，难矣！

丁亥
丁未　辛
乙巳　杀
辛巳

刘都统造。原局月令乙未，丁亥年以五虎遁，未上天干应是丁火，乙木有误，故更正。年月亥未拱乙成木局，身旺。丁火通根二巳，又得旺木相生，食神亦旺。辛杀无根无助，既不能制强木，又难敌强火之克，弃之不用，格成身强用食伤。大运先火后木，均助格局，仕途通达。运至辛丑，巳丑拱辛成金局，丑冲未使亥不能拱乙，格局尽坏，恐多不利。

丁巳
壬子　己
癸卯　杀
己未

娄参政命造。此造原书为“己巳、壬子、癸卯、己未”。若以己土年干论，月令子水天干应是丙火。若以壬子月令论，年干应是丁火，显然原书八字有误。这里根据《子平真诠》取其年柱为“丁巳”。虽己杀坐未，又得丁巳财生，然生于子月，干透壬水，劫合丁财，卯木合未化木，己杀无根，巳火财星偏居一隅，虽有生杀之心，却无生杀之力，身强制重杀浅之局。二旬后己酉、戊申二运，己戊助杀，锋芒初露。丁未、丙午二运，财旺杀强，极为顺畅。

庚辰
丁亥 己
癸亥 杀
己未

何判局造。癸水两见亥水旺地，庚印化官生身，时柱己未之杀，难以为堤，取丁财损印生杀为用。己丑运后，气转东方，丁财得生旺，化食伤生杀；而后南方财旺杀强，官至判局。

飞天禄马格

【原文】此格以庚壬二日，用子字多冲午中丁己为官星。要四柱中有寅字并未字或戌字，得一字可合为妙。如六庚日、六壬日以子字冲午字。庚日以子冲午中丁火为官星，若四柱中有丁字并午字，则减分数，岁君亦忌。如六壬日以子冲午中己土为官星，若四柱中有己字并午字，则减分数。岁君、大运亦须忌之。

【注解】冲者，散也。原局相冲也会冲散，怎么会反冲来呢？即使可以冲来，原局中填实，岂不更吉，怎么反凶？实难圆说。实际上，庚见子多是金水伤官，若见午火是伤官见官；壬逢子多，羊刃专旺，见午逆其旺势，所以凶险，并非填实为凶。以下前五个命例为原书所举，特此说明。

丙子
丁酉
庚子
丙子

乔丞相造。庚见月刃，日元不弱。干头二丙一丁，官杀无根，当用子水伤官吐秀。全局无土，金白水清。初运北方，秀气引发；继而东方，寅木化水生官杀，杀刃成格，变格亦贵。惟至卯运，冲击酉金，身弱难任旺伤，必不宜。

己未 丙子 庚子 丙子	蔡贵妃造。庚金三见子水，盗气太重，以年柱己未印绶制伤生身为用神。丙杀两透，调候生印为喜。戊寅、己卯二运，干头用神明透，支下寅卯财星化伤生杀，杀旺生印，用神有力皆美。惟至壬午，午火不仅犯水之旺，且伤官见官，不利。
壬子 壬子 壬子 壬寅	曾尚书造。天干一气，支带三刃，水成专旺，其势可顺不可逆。寅木食神盗气顺其旺势为用，且寅中暗藏丙火暖局，甚佳。甲寅、乙卯、丙辰三运，用神有力，水木菁华，冲天而起。丁巳运比刃争财，戊午运冲激水势，再难行矣。
壬子 壬子 壬子 壬寅	正使命造。解说与上同。
壬子 壬子 壬子 丙午	一乞丐造。原书解曰："此既以子冲午宫己土为官，又不合见丙午，时重官星，所以为乞丐之命也。"细析此造，水强火微，难成既济，反激其势。甲寅、乙卯二运，食伤通关生财，略能温饱。丙运激起水势，守穷途而凄惶也。

壬戌 壬子 庚子 丙子	大运	09、癸丑 19、甲寅 29、乙卯 39、丙辰 49、丁巳 59、戊午 69、己未	民国时期曾任总统的曹锟八字。林庚白评曰：此造或取飞天禄马格，或取金水真伤官格，余以为仅得半者也。此造金寒水冷，而日主又弱，食伤既多，制杀太过。妙在八字纯阴，丙火七杀虽不甚旺，有阳气助其不足，乃黍谷回春之象。四十四岁辰戌冲开火库，七煞始显。

徐乐吾评曰：此飞天禄马格也。仲冬水旺秉令，三子气聚力专，足以冲动对宫午中丁火为用，得戌暗会，合住官星，为大贵之征。丙火无根，戌库远隔，不能作用，故不为破格。如子戌易位，年壬子而时丙戌，即破格也。

两论相较，林造以丙杀立论，略有失误，而徐论则大失水准。细析之，日元庚金，支下三子，干头二壬，虽盗气太重，但正逢大雪时节，水冷金寒，曹锟出生于天津，气候尤为寒冷，无火谈何生发，必以丙戌调候为急用。如此寒谷回春，气势迥然开朗，全赖一“丙”。初运癸丑，癸水灭丙，幼年家庭生活艰辛，读到小学就因家贫失学，终日游手好闲，寻衅滋事。十九岁后运入东方，助起丙火，方入正途。二十岁辛巳年，入淮军当兵。三十四岁乙未年，运岁卯未合木局生用，投在天津小站练兵的袁世凯。四十五岁丙午年，升第三镇统制，飞天禄马怕午字填实之说破矣。五十七岁戊午年，先升两湖巡阅使兼湖北督军；五月火旺，升川粤湘赣四省经略使。运至戊午，当选总统。飞天禄马为谬明矣。

又　格

【原文】以辛癸日用亥字冲巳中丙戊为官星，要四柱有申字、并酉字或丑字，得一字可合为妙。假令六癸日以亥冲巳，若四柱有戊字，则亥水不能去冲矣，岁君大运亦忌。如六辛日以亥冲巳中丙字为官星，若四柱中有丙字并巳字，则减分数，岁君大运亦忌。运连太岁轻，再见巳字有祸矣。

【注解】此“又格”为臆造；以下两命例为原书所举。梁丞相造，身弱食重，大运逆行身旺运发迹。曹郎中造格成润下专旺，大运顺行食伤旺地而起，皆借大运之力，与冲巳毫无关系。

丁未　梁丞相造。虽天干癸水三朋，通根亥丑，日元看似有力。
癸卯　然亥卯未三合木局，旺根化为盗气，日元又由旺转弱。好在大
癸亥　运逆行水乡，助日吐秀，故少年得志。一入酉运，枭印夺食，
癸丑　当凶无疑。

壬申　曹郎中造。八字金水相涵，无土浊水，极为清纯，初运
辛亥　水木，助身吐秀，少年文章，前程锦绣。运至丁巳，激起水
癸亥　势为凶。
壬子

原书云："六辛日以亥冲巳中丙字为官星，若四柱中有丙字并巳字，则减分数，岁君大运亦忌。"此说亦谬，特举例以证。

1592年十月二十五日申时生：

四柱		大运
壬辰		04、壬子
辛亥	大	14、癸丑
		24、甲寅
辛亥	运	34、乙卯
丙申		44、丙辰

皇太极八字。徐乐吾评此格时取为丙辛化水格，误也。若取为飞天禄马格，更误。细析此局，辛金并排通根申金，日元不弱。惟支下二亥，干透壬水，关外十月，已是滴水成冰，必以丙火暖局调候为急用。初运北方，随父征讨，艰苦奋战，直至运入东方，财生官旺，方一路升腾。二十五岁丙辰年，丙火明透，封和硕贝勒共理军务。三十五岁丙寅年，继父位登基。四十五岁丙子年，大运丙辰，运岁局三丙并临，用神极为有力，建立大清，创二百余年基业。谁言六辛日亥多怕四柱及运岁中有"丙"字！

倒冲格

【原文】凡四柱中原无官星，方用此格。以丙日为主，用午

字冲子中癸水，丙日得官星。不论合，若四柱中有未字，则午不能去冲矣。大忌癸字并子字，则减分数，岁君大运亦然。

丙日须逢午字冲，午能冲子吉相逢。
不须论合干嫌水，子癸相逢再见凶。
午冲子癸是官星，功名荣达显神京。
最忌未官相绊合，平生虚利又虚名。

【注解】此格不合命理。近人徐乐吾说：“大都从前看命，专重财官，而于此等格局，无法解释，于是迂曲其词，以倒冲为说耳。”原书所举两例，均为火气专旺炎上之格，忌水逆其旺势。赵知府造若见未，巳午未南方一气，火局尤盛，何言忌未绊局？实不能圆说。

庚寅
壬午
丙戌
戊戌

俞提学造。丙日支见火局，日元极强。庚壬财杀并透，可惜无根，难以为用。故取戊土食神化火生财为用神，财旺生杀，杀旺制刃，辗转费力，虽大运金水助用，官仅至提学，难以贵显。

丙午
庚寅
丙午
癸巳

赵知府造。看似和上造相似，实际上却大有区别。上造有戊食通关生财，财可生杀。此造无土，庚金被熔，癸水熬干，格成炎上，日元愈旺愈美。喜大运木火助火之焰，少年得志。运至申金，比劫争财，大为不利。

甲寅	大运	戊辰
丁卯		己巳
丙午		庚午
戊戌		辛未

清豫通亲王多铎八字。丙火坐刃，支全刃局多一卯，干透甲丁，木旺火强，炎上格极纯。二旬后运入庚午，午刃助局，二十九岁壬午年，因功进豫郡王。三十四岁丁亥年，又进封为辅政叔德豫亲王。这是倒冲为吉例。

或许有人会问：上造壬戌年，壬癸逆火之旺而死，此造壬午、丁亥，皆水犯火旺，何以反升？答曰：命局不同耳。上局干头有癸水，壬水流年容易牵动，下局纯粹，此其一。上局壬癸之水直克丙火，下局干头有甲木印绶化水生火，支下有寅卯合亥化木，壬亥之水反生火矣，此其二。

又　格

【原文】此以丁日为主，用巳冲亥宫壬水为丁之官星，不论合。若四柱中有辰字，则巳不能冲矣。大忌四柱中有壬字并亥字，则减分数，岁君大运亦同。运重岁君轻，再见亥壬，则祸作矣。

丁日多逢巳字重，局中无水贵和同。
伤官此格宜伤尽，见亥刑冲数必空。

【注解】不论飞天禄马还是倒冲，皆不合命理。论命必须以五行喜忌仔细推断，不应违背。以下三命例系原书所举。

辛酉
癸巳
丁巳
乙巳

施判院造。丁火支下三见巳旺，又得乙木相生，日元旺极。月上偏官微弱，难以扬威。妙在年月巳酉合金，财生杀旺，身杀两停，水火相济，故成贵格。初运东方，财杀临绝，少运必艰。运入丑土，合全财局，而后子水癸杀得根，发迹宜矣。运至亥水冲巳，多有不利。

辛巳
甲午
丁未
乙巳

岳总管造，日元丁火，支类南方，甲乙生身，木旺火炽，格成炎上专旺。巳辰卯寅四运助旺最美，丑运吐秀，顺其旺势亦宜。若子运激起火势，则难矣。

癸卯
丁巳
丁巳
乙巳

何编修造，与上造大同小异。丁火三见巳旺，乙卯相生，癸水熬干，弃之不论，亦为炎上专旺格。惟丙辰、乙卯、甲寅三轮美运，癸丑一运尚可维持，壬子、辛亥，绝难行矣！

实际上，所谓倒冲格即专旺格，如本格丁见巳多，格成炎上，最忌金水逆局。

1876年八月二十九日午时生男：

丙子		己亥
戊戌	大	庚子
丁巳		辛丑
丙午	运	壬寅
		癸卯

民国时期湖南湘阴范源濂八字。局中旺火五重，戌为火库，子水七杀独居年支，被戌土伤官贴近克去，格成炎上专旺格。初运北方逆火之旺，少运坎坷。范源濂的父亲以教书为业，家境本不宽裕。十五岁庚寅年，大运庚子，金水财官为忌，父亲去世，后在舅父的帮助下才继续读书。三旬后运入东方，助起旺火，三十岁乙巳年，任清政府学部主事，官直做至北京政府的教育总长。四十六岁辛酉年，大运癸卯，运岁逢金水忌神，于庚子月金水大旺之时辞职。此专旺格喜印比忌财官例，非用巳冲壬官而贵也。

乙己鼠贵格

【原文】此格如月内有官星则不用之，大怕午字冲之。丙子时，丙字为妙，谓之聚贵也。或曰：柱中有庚字、辛字，并申字、酉字、丑字，内有庚辛金则减分数，岁君大运亦然。又曰：四柱中原无官星，方用此格。

【注解】此格不合命理。此格以六乙日见子时天乙贵人，局无官星为入格。天乙贵人能否发贵，主要看格局配合。天乙贵人为喜用为吉，若为忌神不吉反凶，仅时上见一字，是不能作为推命依据的。以下两造均为原书所举，都是身旺财弱，以丙火伤官化身生财通关为用。贵在丙火，并非子水，鼠贵之说难符命理。

甲寅
戊辰
乙亥
丙子

袁判院造。乙木坐亥，子辰合而化水，年柱甲寅，以阳助阴，日元极强。戊财孤露无助，以丙火伤官化甲木比劫、生戊土正财为用神。初运南方，用神得根，少年发达。

戊子
癸亥
乙未
丙子

苏御带造。亥未拱乙成木局，身旺财弱再加地冻天寒，以丙火伤官吐秀生财通关兼调候为用神。丙寅运后，木火相连，用神有力而发。

六乙鼠贵格

【原文】此格以子暗合巳，巳动合申，庚禄居申，则用庚官，得引出庚金用事。喜子亥卯时为妙，忌巳与寅，无冲害伤破子乙二字及无财官，即六乙日子时。原有官星论官，忌寅午戌冲，见庚申辛酉丑字，有一位则减分数，岁君同。亦忌月通财官，此格不用，大运同。

【注解】臆造之格。每个天干都有两个天乙贵人，为什么其他天干不贵而偏以六乙见子为贵？这是因为子水为地支之首，神龙见首不见尾，故将其他略取。这也是好事者臆造的格局。如果子能合巳，巳又合申，那么八字无贱命了。因为都可以辗转合来官贵，这是完全背离子平以五行生克论命的根本原理的。试举几个入格八字。

己亥
丙寅
乙丑
丙子

陈俊尚书命造。乙生寅月，支类北方，水旺木强，最喜年月丙火伤官泄气，木火通明，秀气流行。运入南方，用神得地而贵。此造贵在丙火吐秀，并非子水。

1923年九月二十日子时生男：

癸亥	大运	07、辛酉	日元乙木，五见壬子癸亥亥旺水，水泛木浮，取戌财坏印为用神。己未、戊运，用神有力，自部队退伍后，历任县政府科长、局长。四十岁壬寅年，大运午火，运岁局寅午戌三合火局与原局旺水克战，因受陷害，被定为反革命，判刑劳改。六乙鼠贵反为六乙鼠凶耶。
壬戌		17、庚申	
乙亥		27、己未	
丙子		37、戊午	
		47、丁巳	
		57、丙辰	

合禄格

【原文】此格以六戊日为主，以庚申时合卯中乙木为戊官。四柱有甲乙字，丙字、巳字刑坏了申，丙伤庚字，则减分数，岁君大运同。

戊日庚申时上逢，如无官印贵秋冬。
甲丙卯酉无忌害，因营岁破怕同宫。

壬午
己酉
戊午
庚申

黄春坊造。戊土自坐午印，年支重见，且有己劫助身，日元有力。壬财虚透，最喜时柱庚申专食化强土而生弱水，秀气引通而贵。运入丙火，丙枭虽夺庚食，但原局有壬水回克，无虑。惟至寅运冲申，不利。

己未 丙子 戊戌 庚申	黄侍郎造。局中土星四重，又得丙生，身强。子水正财虽得月令之气，但被众土围困，必以庚申食神化比劫生财为用神。丙枭虽透，一则自坐子财，二则气泄戊土，无力制庚，格成食神生财，清纯为贵。
壬申 辛亥 戊寅 庚申	郑知府造。虽寅亥合而解寅申冲，然支下金水木一片，克泄交加，戊土日元无根，只好从其财势。初运北方，助财旺势，少年发达。寅卯之运，亦顺财势。丙辰运丙辛化水，辰申拱水亦美。丁巳运激起水势，冲击提纲，难以言吉。
庚午 己丑 戊午 庚申	甘太尉造。年月日三柱火旺土强，必以庚申食神吐秀为用神。寅木一运，冲击申金用神，少运不佳。辛卯运后，火土相连，助身吐秀，得掌重权。丙申一运，丙枭透运干，原局中有二午旺根，枭旺夺食，再难行矣。
丙申 庚子 戊申 庚申	李武翼造。戊土三见申金，二透庚金，食强。戊土虽得丙火偏印生身，然身印皆失令无根，只好弃命从食，丙枭为病。运至乙巳，丙枭得禄，流年壬戌，巳戌化火，戊土得根，身旺不从，格局尽破而失职。

【注解】此格不合命理，以上五个合禄格命例为原书所举。日元戊土有力，时柱庚申吐秀，实际上是身旺用食格局。如黄春坊、黄侍郎、甘太尉三造皆是食神为用，最怕枭印夺食，此是常理。见寅冲申，逢巳合申皆为失用，虽为不吉，但有分别。如身弱食重，却喜丙枭生身破食。此格贵在专食，并非虚合乙官，不得不辨。特举二例：

丁巳
戊申
戊申
庚申

邵美布政造。戊土三见申金，时透庚金，身弱食强。应以丁火印绶制食生身为用神。丁未、丙午、乙巳、甲辰诸运，用神有力，助身任食，所以发贵。说明庚申时也有喜丙枭之造。

1979年十二月初九申时生女：

己未	大运	08、戊寅
丁丑		18、己卯
戊戌		28、庚辰
庚申		38、辛巳

年月日三柱火土六重，必以时柱庚申吐秀为用神，秀气抒发得淋漓尽致。此女身高一米七二，身材修长，皮肤白皙，秀丽聪颖，毕业于舞蹈专业学院。然至今四十有余，仍小姑独处。曾先后爱过几人，都是有妇之夫，皆不欢而散。此局时柱庚申，以合禄论可合来乙卯官星，官星为女命夫星，此局却未合来，是其说不验也。

又合禄格

【原文】六癸日为主，喜逢庚申时，用申时合巳中戊土，癸日得官星。若四柱中有戊字并巳字，刑坏了申时，或丙字及伤庚申时，则减分数。岁君、大运亦然。

日干癸水时庚申，生在秋冬富贵人。
大忌寅来伤秀气，若生春夏惹灾迍。

【注解】此格亦不合命理，以下四个又合禄格命例亦为原书所举。六癸生庚申时，印绶得力，金白水清，喜运见金水，如程同知造。身旺用食，喜行财运，如徐殿院造。身弱官财强，喜行印比运，如杨安抚造。身强杀弱，喜行财杀运，如赵丞相造。各有喜忌，各有归属，决无一理。若以合巳中戊官来论，则不能分清。

癸酉
乙丑
癸丑
庚申

程同知造。乙庚合而化金，丑酉亦合金局，二癸泄金秀气，金水成象。再加大运逆行水金助局，所以发贵。然一则日支丑土浊水，二则水弱难化顽金，所以虽贵不显。

癸酉
乙卯
癸酉
庚申

徐殿院造。金旺水强，用月令乙卯食神吐秀，惜二酉冲卯，食神摇摇欲坠，格局成中有破。好在大运甲寅，以阳助阴。继而运入北方，有水化金生食，格局得大运相助复成，所以发贵。再入西方，卯食连根拔尽，吉从何来！

乙酉
癸未
癸未
庚申

赵丞相造。未土七杀虽司权，然庚申酉偏正三重印绶，尽化杀气，故取日支未土助杀为用。运入火乡，助起弱杀，少年得志。寅卯运虽制弱杀，有申酉回克无妨。运入丙子，强财坏印，杀旺无化，恐凶。

壬午
庚戌
癸丑
庚申

杨安抚造。财旺杀强，以庚申印绶化杀生身为用神。初运水乡，助身任官。甲寅一运，伤官冲印。幸寅木与午戌三合财局，以合解冲，无妨。乙卯运合官留杀，格局取清亦美。运入丙火，财星坏印，再逢财食流年，助起丙财损印，必凶。

原诗癸日生于庚申时，生于秋冬富贵，生于春夏灾迍之说却值得商榷。癸日生于秋冬，日元已强，再逢庚申时，金水过旺，财官必衰，再行金水大运，灾祸无疑。相反，金水生于春夏之机，财官必旺，必以庚申印绶为用神，再行金水大运助身，吉庆必至。

甲午	大运	乙亥	
甲戌		丙子	
癸卯		丁丑	
庚申		戊寅	

明苏州府吴江盛应期八字。年月支午戌半合火局，年月干二甲与日支卯木生火，身弱财旺，只有取时柱庚申印绶生身任财为用神。二十岁癸丑年，大运子水，禄比助身，丑杀化财生印，中进士，授都水主事。五十一岁甲申年，用临太岁，进兵部右侍郎。五十四岁丁亥年，大运庚辰，拜右都御史。这是财官旺用庚申而吉例。

子遥巳格

【原文】此格以二甲子，子中癸水遥合巳中戊土，戊来合丙，丙来合酉中辛金，甲子日得官星，则巳酉丑三合官禄。要行官旺乡运，忌四柱中有庚申七杀、辛字官星，并申酉丑字绊住，则子不能去遥矣。若有午字冲子，则减分数，岁君、大运亦然。

甲子生逢甲子时，子来遥合巳中戊。
戊能动丙丙合酉，甲得辛官贵可知。
不喜庚申辛酉出，丑来相绊亦非宜。
更无午字相冲害，运入官乡运必奇。

【注解】此格完全脱离了子平命理，以下三个“子遥巳格”命例均为原书所举。前两例合格八字，均身强用食吐秀而贵，后造格无通关之神，故属平常。若以上论，二子冲来辛官，官星制比护财，财官印三奇为用，反为极贵，故不合命理！

己巳
乙亥
甲子
甲子

钱丞相造。虽时见甲比，月见乙劫，然支下二子一亥，水势浩荡，三木无根，水泛木浮。若取己财为用，弱财难以为堤，且被乙劫，故取巳火食神生财调候为急用。初运西方，金旺水强，少运艰辛。一入南方火运，用神得力，勃然而起。

丙寅
壬辰
甲子
甲子

赵知府造。日时二甲通根寅木，水旺身强，必以丙火食神吐秀为用，惜壬枭明透，贴身制丙为病。运入丁未、丁火合壬去病，而后戊己财运，坏壬护食，三十年大运，以药去病，故有黄堂之贵。

己丑
甲戌
甲子
甲子

平常人造。天干三甲争己，地支丑戌坏子，虽财印皆美，却无法为用。初运癸酉、壬申，印绶化官杀生身，财气泄于官杀；午未二运与原局冲克；再入东方，比劫益盛，一生难逢大运，故为常人之造。

1960 年十二月十五日子时生男：

庚子
己丑
甲子
甲子

大运：03、庚寅　13、辛卯　23、壬辰　33、癸巳

日元甲木，时干比肩，支下三子，身强。月柱己丑财星与日主天地相合，财为妻，本主夫妻相亲相爱，白头偕老。惜时柱亦是甲子，亦有与月柱强合之意，妙在年干庚杀明透，时干甲比畏庚之克不敢夺己。三十二岁辛未年，虽干头庚辛可制比肩，惜被大运壬水化解，反成杀生印，印生比劫之势，岁支未土又冲破丑土，该年其妻患晚期胃癌弃世。

丑遥巳格

【原文】此格只有辛丑、癸丑二日，用丑字多遥巳中丙戊，辛、癸日得官星。丑字多为妙，若四柱中有子字绊住，则丑不能去遥矣。要四柱中有申字并酉字，得一字为妙。如辛丑日四柱中有丙丁字并巳字、午字，则减分数，岁君、大运同。癸丑日亦不要见戊字、己字、巳字、丁字。

【注解】此格亦不合命理，以下三个“丑遥巳格”命例亦原书所举。章统制命，土金成象。郑枢密造，金强用食。叶侍郎

造，杀强用食。各成格局，与遥巳毫无关系，所以此论亦属花枪，毫无意义。

辛丑
辛丑
辛丑
庚寅

章统制造。天干三辛一庚，地支三丑一寅，土旺金强，两神成象。寅木闲神弃之不论。初运水乡，泄日之秀，顺其旺势，少年成材。继而运入西方，旺神得生益美，手握兵符。运至乙未，与年月时三柱天克地冲，比劫竞相夺财，不妙。

癸丑
乙丑
辛丑
戊子

郑枢密造。年月日三见丑土，印旺身强，用癸子食神吐秀为用神。大运逆行金水，用神有力，官拜要职。运至己未，枭印夺食，戊午七杀冲食，失去用神，恐凶。

乙丑
己丑
癸丑
乙卯

叶侍郎造。年月日三丑一己，土厚杀重，用时柱乙卯强食制杀护主为用神。初运水乡，生木制杀，用神有力，少年得志。乙酉一运，虽酉冲卯，然酉亦合丑化印。吉凶互见，无妨。惟运至午火，财星化卯食而生丑杀，杀旺无制，其祸难免。

林庚白《民国名人命鉴》中收陈炳焜一例，属此格。

戊辰
癸亥
辛丑
己亥

大运
10、甲子
20、乙丑
30、丙寅
40、丁卯
50、戊辰
60、己巳

林庚白评曰：舜卿督军此造极难推究，试一详绎，则知月日时天干得己辛癸，为戊土太岁之贵人。以丑遥巳，以两亥冲巳，为辰土太岁之印绶。八字缺火，尤为合格。故卯运偏财暗生巳印，大为得意。戊运亦佳，与巳同宫也。壬戌流年，交入辰运，两辰冲戌，而岁运又天冲地克，故有不测之变。盖凡此种格局，最忌冲克耳。

按：此局日元辛金，癸亥亥三重旺水盗泄，必以戊己印绶生身制伤为用神，格成伤官佩印，故以武取贵。初运甲子，忌神有力，幼年艰辛，随母在地主家帮佣，陪地主孩子在私塾读了四五年书。运入乙丑，印绶得根，入广西提督衙门当了卫士。丁卯一运，伤财杀印身皆美，官至广西督军兼省长。此局贵在印绶制伤生身，非遥巳之吉也。

壬骑龙背格

【原文】此格以辰多者贵，寅多者富。壬日坐辰土上，以丁为财，以己为官。壬日以辰冲戌中丁戊，壬辰日得财官。而寅午戌三合，或壬日至寅，却要年月时上多聚辰字方可用。若壬辰日有年月时上皆在寅字，只为富命，以有午戌为财得地。若年月时上辰字多，则冲出财来，所以贵也。

壬骑龙背喜非常，寅多辰少转发扬。
大忌官星来破格，刑冲须见寿元伤。
壬骑龙背怕官居，重叠逢辰贵有余。
假若寅多辰字少，须应高富比陶朱。
（王巨富命，正谓寅多，故多发财也。）

【注解】此格亦不合命理，以下三个命例为原书所举。以遁日法和遁月法推算，若年、日干为壬，地支皆辰，天干月时必透二甲；若年日二支为辰，天元一气壬水，地支至少有二寅。辰为壬水七杀，地支皆杀，必以甲食制杀为用，属身旺杀强制伏得当之格。寅为壬水食神，地支皆寅，盗气太重。大运顺行财乡，富贵皆难期，惟见一辰，地支有根，方可任食，故为富造。前两造用食神制杀，用印化杀而贵。后造用食吐秀而富，皆属此理，和冲戌中丁财无任何联系。冲戌中戊杀更有悖命理，辰中亦有戊土，又何须去冲呢！

壬辰 甲辰 壬辰 壬寅	王枢密造。壬水虽二见比肩，然年月日三辰七杀重叠，反是身弱杀强，以甲寅食神制杀为用。初运南方，化食生杀，少运多艰，戊申、己酉二运，申辰拱壬化水，酉金合辰化印，杀印相资皆美。庚戌一运，庚枭夺食，三辰冲戌恐不美。
戊寅 庚申 壬辰 甲辰	诸葛判院造。日时二支辰杀重见，戊土元神明透，用庚印化杀生身明矣。西方、北方诸运助身助用皆美，惟丙寅运旺财坏印生杀不利。
壬寅 壬寅 壬辰 壬寅	王巨富造。天干一气，通根辰库，身旺食强。运入南方财乡，引通食神秀气，巨富宜矣。若将日支辰土换成寅字，反成身弱食强从儿之格。运行财乡，日元更弱，引通秀气，亦为巨富。

细细想来，所谓壬骑龙背，是因十二生肖中辰为龙，壬坐辰是自坐七杀或水库，如果局中火土强旺，是以杀论，若局中见子水和申金，则以水论。论杀宜见印绶，论水宜见财官。

1871年五月初三午时生男：

辛未 甲午 壬辰 丙午	大运	04、癸巳 14、壬辰 24、辛卯 34、庚寅 44、己丑 54、戊子

民国时期广东南海陈锦涛八字。壬水虽坐辰库，但午财司权，时支重见，干透丙火，财旺官强，官旺化杀，当取辛金印绶化杀生身为用神。三十一岁辛丑年，大运辛卯，运岁皆用，十分灵妙，被清政府授以进士衔入翰林院。运入庚金，升至统计局长。四十二岁壬子年，官刃成格，任南京临时政府财政总长。四十六岁丙辰年，丙辛合化水助身，辰为水库，任段祺瑞内阁财政总长，一度代理外交总长。这是身弱用印例。

井栏叉格

【原文】此格庚子、庚申、庚辰，三处须要四柱申子辰三位全，不必三个庚字，若有三庚尤妙。只要庚日生申年，月时或戊子、戊辰不妨，但得支是申子辰全也。若时遇丙子，则是偏官；若时是申时，则是归禄格，而非井栏叉矣。此格四柱怕见寅午戌三字，则冲坏矣。庚用丁为官，以申子辰三合冲寅午戌火局，庚日得官星。行运如正气，若行东方财地或南方皆好。若四柱中有巳字、丙丁字则减分数，岁君、大运亦然。

【注解】此格不合命理，以下三个命例均系原书所举。细析此格，实为金水伤官，喜身强伤旺，财星引通，忌火破局。原文有“运行南方皆好”句，其中的南字应是西字所误。郭统制一造格成从革专旺，并非此格，不要混淆。

戊申
庚申
庚申
庚辰

郭统制造。天干三庚一戊，地支三申一辰，土金成象，格成从革专旺，其性喜顺不可逆。辛酉、壬戌二运，土金助局。癸亥、甲子二运，食伤也顺其势。乙丑一运，印生金旺，此五轮大运皆无瑕疵，一路顺风。丙寅大运逆其旺势，不能行矣。

癸巳
庚申
庚子
庚辰

一待诏（官名）造。天干三庚，支全水局，金水伤官。巳火官星与月支申金合而化水，格局清纯。初运南方，伤官见官，境遇坎坷。一入东方大运，秀气得以引发方贵。

庚子
庚辰
庚申
壬午

宋大夫造。此造与上造仅换一柱，五行相同，上造却比此造平顺。因上造巳火能合申化水，此造午火冲子水破局，且为伤官见官。一旬后大运又入午火，引起原局冲克，失职丧妻，凶祸无比。

庚金支全水局，大多身弱，非用印绶制伤生身，既宜刃比助身。若无印比，从儿亦吉，若不能从，贫贱之命也。还要注意，若生于春、秋之季，可用印比，如若生于冬季，必宜见火，如无火解冻，寒金冻水，亦无所发展矣。

1861年三月十二日申时生男：

辛酉		辛卯
壬辰	大	庚寅
		己丑
庚子	运	戊子
甲申		丁亥

清满州正白旗端方八字。日元庚金，支下水局，壬水透干，盗气太重，必以年柱辛酉劫刃助身为用神。己丑一运，印绶生身，端方以荫生中举，捐纳为员外郎。三十八岁戊戌年，大运戊子，运岁逢印，升道员，赏三品衔。四十四岁甲辰年，擢闽浙总督。五十一岁辛亥年，大运丙火，丙合辛化水，岁支亥水，强水盗庚，金气尽泄，十月又逢水旺，在资州被响应武昌起义的部属杀害。

甲申		丁丑
	大	
丙子		戊寅
		己卯
庚辰	运	庚辰
辛巳		辛巳

这是明万历年间兵部尚书张学颜八字。日元庚金，支全水局盗泄，依理应取辛劫助身为用。然生时正逢严寒，金寒水冷，必得丙巳之火暖局方可生发，故以丙杀调候为急用。十八岁癸丑年，大运戊寅，运岁戊癸化火助用，运支寅木化水生火，中进士，授曲沃知县。四十四岁戊寅年，用神又逢长生，拜户部尚书。在职五年，明时最称富庶，为一代名臣。

归 禄 格

【原文】此格假令六甲日生人，得寅时为之归禄。盖甲禄在寅，余皆仿此。但四柱不合见官杀，见之则难归矣。

喜行身旺运，兼行食神、伤官财运，亦可发福，怕冲破。

【注解】以下三个归禄格命例均为原书所举。日禄归时，大都身旺，也有身弱者，所以用法不同。

一、日禄归时身强者，喜行食伤运，如枢密造。

二、日禄归时身弱者，喜行印绶比劫运，如参政造。

三、格成专旺，则喜行比肩、印绶、食伤助局运，如常侍造。

丙午
癸巳
甲子
丙寅

一参政造。甲木虽归禄于时，但年时透出二丙，年月地支巳午，火气极盛，日元精气尽泄，故取癸子印绶制食生身为用神。初运甲午、乙未，助食盗气，少运艰辛。一入申运，申子化水生寅，巳酉化金生子，忌神皆化喜用，一发而起。

戊子
甲寅
乙亥
己卯

一枢密造。天干甲乙，支全水木，戊己二财无根，弃之不论，格成曲直专旺，其性可顺不可逆。喜大运先行东方助局，继而南方食伤吐秀，也是顺其旺势，均美。庚申运有子合化水，似亦平安。惟入酉运，冲破曲直，必生凶险。

甲午
甲戌
丁未
丙午

一常侍（官名）造。丁火年时得禄，午戌化火，二甲枯木生助火势，烈焰冲天，格成炎上专旺，其性亦可顺而不可逆。初运北方，水激火势，少运必坎坷无比。三旬后运入东方，助起旺势，佳境方来。

六阴朝阳格

【原文】喜行西方，东南次之，最忌北方。

此格以六辛日为主，用丙火为正官，喜逢戊土，戊来动丙，辛日得官星。子字则要一位，多则不冲。若四柱中有丙字、丁字、午字，则冲子不中，减分数，大运亦同。

【注解】此格不合命理，以下两个命例为原书所举。辛日逢子时，因辛金是阴干，子时为一阳之始，因而名之。徐乐吾说：

“六辛日逢戊子时，四柱不见官杀为六阴朝阳格，以子动巳，巳动丙火官星为用，其说迂曲。何以仅六辛朝阳耶？且六辛之中，辛巳、辛未亦不朝也。”就以下两例合格八字而论，均日元金强，以子水吐秀为用，是贵在食神，并非合来丙官。

戊辰
辛酉
辛酉
戊子

一知院造。命局中三土四金，土金强旺，必以时支子水食神吐秀为用神。运入北方，用神有力而发迹。此格最忌北方之说破矣。

戊辰
辛酉
辛丑
戊子

一太尉造。命局中土金强旺，也应以时支子水食神吐秀为用神，日支丑土合子为病。壬戌运后，气转北方，秀气引发而起。两造相较，下造不如上造清纯，丑合子故。

辛酉
壬辰
辛亥
戊子

大运
10、辛卯
20、庚寅
30、己丑
40、戊子
50、丁亥
60、丙戌

民国时期岑春煊八字。林庚白批曰：西林自言丑时生，然余推究其八字，当系子时。盖彼每值火运，皆有挫折，若从丑时，殊为不合。子时则八字完全缺火，并暗藏之丙丁亦不可得，取六阴朝阳格方能贵显。而六阴朝阳，旺气所聚，宜生扶亦宜发泄，独嫌克制，故曰“阴若朝阳，切忌丙丁离位”。西林行戊子十年，财权两旺，是其明证。而丁运庚戌流年即一蹶不振。辛亥在蜀狼狈出走，癸丑又亡命海外，此又六辛朝阳，不喜丙丁之明证。

徐乐吾《古今名人命鉴》亦收此例，八字为庚申、辛巳、丁巳、乙巳。岑氏八字《中国革命人物大辞典》及诸史料均载为一八六一年生，岑氏自己亦说如是，故徐先生所载为误。然岑氏自云丑时，林氏改为子时，虽改一时辰，用神却大异。若为子时，是盗泄太重，取戊印及辛酉专禄为喜用，逢亥子却为忌。若为丑时，则是伤官佩印，用壬水吐秀。谁是谁非，我们用事实来证明。

四十岁庚子年，大运戊子，以林氏子时论，运岁局三子盗气为凶，以岑氏丑时论则是喜其吐秀。是年岑春煊因护送慈禧至西安有功，晋陕西巡抚。

四十七岁丁未年，以子时论未土生身为吉。以丑时论却与时支相冲，丁火又合去壬水用神为凶。是年，因与奕劻、袁世凯争权被免职。

五十三岁壬子年，以子时论盗气太重为凶。以丑时论则是助壬吐秀，是年被袁世凯任命为福建宣抚使。

六十岁后入丙戌大运，运局伤官见官，大运与月柱天克地冲，辞去一切职务，赴沪寓居。

由此可知，林氏子时之说有误。为了附会格局，且不顾喜忌，竟云“宜生扶亦宜发泄”。殊不知身弱宜生扶，身强宜发泄，是两个截然不同的用神，如此模棱两可，实推命之大忌。试举一合格八字：

戊子		壬戌
辛酉	大	癸亥
		甲子
辛酉	运	乙丑
戊子		丙寅

明代周之屏八字。月日二柱旺金，又得二戊相生，如铜墙铁壁，必以二子食神吐秀为用神，戊印夺食为忌。初运北方，助食吐秀，二十二岁己酉年，大运癸亥，秀气抒发，中进士入仕途。甲子一运，任吉安知府时，适逢兵变，他善言劝谕解散，一府获安。运入乙丑，丑合酉化金生食，官至江西布政使。运入丙寅，云程受阻。

刑合格

【原文】此格以六癸日生人为主，用戊土为正气官星，喜逢甲寅时，用寅刑巳中戊土，癸日得官星。如庚寅刑不成（整理者按：癸日不可能得庚寅时），惟甲寅时是，行运与飞天禄马同。若四柱中有戊字、己字则减分数。又怕庚寅伤甲字，刑巳字，忌申字，则减分数，岁君大运亦忌。

阴水寅时格正清，又愁庚克不能刑。
运行若不逢蛇地，方得清高有利名。

【注解】此格不合命理，以下四个命例为原书所举。六癸日逢甲寅时，伤官有力，具体用法却有区别：

一、日元衰弱，时逢甲寅盗气，喜行印绶运或比肩助身运。如陈侍郎、方干办二造是。

二、日元强旺，时逢甲寅吐秀，喜行食伤旺运和财运。如节度使命。

所以论命贵在全局配合，而寅刑巳中官星等偏见则不符合命理。

乙未
癸未
癸亥
甲寅

一节度使造。癸水日元虽坐亥旺见比，然未土七杀司权成党，杀势更盛，取时柱甲寅伤官制杀护身为用。全局身旺杀强，制伏得当，所以雄镇一方。

丁亥
癸卯
癸卯
甲寅

沈路分造。癸水虽得旺见比，然支下二卯一寅，亥水又合卯为木，时透甲伤，满盘盗气，日元由旺变为极弱。好在大运逆行，北方水运助身任伤，西方金运损伤生身，又有丁火引通全局，所以发贵。

甲戌
甲戌
癸酉
甲寅

陈侍郎造。戊土官星司权重见，官化为鬼。喜甲伤三重通根寅木制伏，惜全局克泄交加，必以酉金偏印制伤化官生身为用神。运行北方，身弱逢根，任起杀伤，少年荣耀。戊寅一运，酉金无损，尚可维持。一入己卯大运，运支卯木冲破酉金，再难行矣。

庚午
甲申
癸卯
甲寅

方干办造。原解云“年上有庚伤甲，不能用故”，其解误矣。细析全局，癸水无根，耗泄太重，必以庚金印绶生身制食为用神。虽庚坐午受克，申被寅冲午克，但司权之申，其力不能尽去。且大运顺行，一入运即西方金地，用神托根。继而北方，日元有力，故有这小小前程。若大运逆行火木，贫贱之人也。

八字	大运
辛卯	己亥
庚子	戊戌
癸卯	丁酉
甲寅	丙申

明代麻禄总兵八字。癸水虽生子月建禄，但甲寅卯卯四重旺木盗气，必以庚辛印绶制伤生身为用神，格成伤官佩印。三旬后运入西方，用神得地，因功官至总兵。这是伤重用印例。

八字	大运
壬申	甲寅
癸丑	乙卯
癸丑	丙辰
甲寅	丁巳
	戊午

明嘉靖年间曾任首辅的高拱八字。月日二癸皆从丑中透出，丑杀亦以水论。全局金旺水强，取甲寅伤官吐秀为用神。三十岁辛丑年，中进士步入仕途。而后运入南方，伤官引通全局秀气，官至首辅、中极殿大学士。这是身强用伤例。

拱禄格

【原文】此格只有五日，忌填实，最怕冲了日时拱位，又怕四柱中有伤日干。遇杀皆拱不住，则减分数，岁君、大运同。经云：“拱禄拱贵，填实则凶。”

此格有五日，丁巳日见丁未，己未日见己巳，戊辰见戊午，癸丑见癸亥，癸亥见癸丑。

【注解】此格不合命理，以下两个命例为原书所举。拱禄拱贵之说，认为虚神得用，得力于无形，实为虚谬。前造身弱用印，午火有力而贵。后造子水犯其旺势而困。命理赫赫，昭然若揭，何用牵强拱禄之说。大凡以上五日，身强居多，必以食伤财星为喜。亦有身弱者，用印比助身，别无二法。

癸卯
癸亥 拱
戊辰 巳
戊午 禄

刘知府造。卯亥合木，官星有力，年月二癸旺财生官，戊辰之土难敌，以时支午火印绶化官生身为用神，财官印三奇均为我用，格局流畅。惜大运逆行金地，伤官星贵气，以致早岁蹭蹬；直至南方，气转印绶，方脱颖而出。

壬子
丁未 拱
丁巳 午
丁未 禄

一白衣人（指无功名的人）造。原解云："丁禄在午，巳未拱之，子克破。"细析此造，月日时三丁，月时二支未中丁火原神透出，日支巳火为旺，月日时三柱火势冲天，格成炎上专旺，壬子反激火势为病。再加大运顺行，壬子之病不仅不能尽去，反而加重，以致白衣终生。若大运逆行，火木相续，去壬子之病，当有一番作为。

戊寅
辛酉
丁巳
丁未

大运：壬戌 癸亥 甲子 乙丑 丙寅 丁卯 戊辰

民国时期王揖唐八字。林庚白批曰：四柱缺水，并暗藏之壬癸亦不可得，则丁巳、丁未暗拱午禄，拱得其真，若稍见官煞，非所论矣。丙夺丁光，又值庚申流年，寅申冲破正印，寅木印绶为暗禄之根（寅木生扶午火，受制于申），故申年申月以不虞之毁，遂成逋客。去年癸亥，天冲地克，尤属不佳，幸善韬晦，尚无意外。今年八月后交足寅运，又入佳境，且得甲子流年，正印得禄于寅，否极泰来，可以断定。惟嫌丙火盖头，或发展略迟耳。明年乙丑，巳酉丑三合，财官两旺，四十九岁丙寅，岁运并临，防有刑克驳杂。丁卯年五十岁，三丁汇聚，际会风云。五十二岁己巳，交入丁运，此五年为平生最得意之秋，大展怀抱，不仅位正首揆而已。甲戌五十六，激流勇退，方可自全。

细析这个八字，月柱辛酉，巳火合酉化金，戊未生之，财星极强。丁火仅有未中暗藏丁火微根与一比肩，身弱财旺，当取寅木印绶生身为用神，财星贴近坏印为病。析其大运，惟四十二岁入丙寅大运，劫印助身最美。四十一岁戊午年，日禄助身，任安福俱乐部主任、安福国会众议院院长。四十七岁甲子年，财杀印皆为我用，任安徽督军兼省长。为一生最风光之时。然此时吉在寅木印绶，非在所拱之午禄也。

癸巳	大运	癸丑
甲寅		壬子
癸丑		辛亥
癸亥		戊戌
		丁酉

明江西新建张位八字。虽癸水三朋，又有亥丑为根，但甲寅伤官司权，巳丑耗气，反是身弱伤重，当取巳丑中暗藏庚辛印绶生身为用神。三十六岁戊辰年，大运辛亥，印劫助身，中进士，授编修。五旬后运入西方，用神有力，官至吏部尚书、武英殿大学士。此局贵在大运为用神之根，非在拱子禄也。

拱贵格

【原文】以日干甲寅取贵人，甲戌庚牛羊是也。

贵人大忌填实贵位，怕刑冲了日时拱位，又怕四柱有官冲身及七杀之类，皆拱不住，则减分数，岁君、大运亦然。

此格有六日，甲寅日见甲子时，壬子日见壬寅时，甲申日见甲戌时，戊申日见戊午时，乙未日见乙酉时，辛丑日见辛卯时。

丁巳
丙午
甲寅
甲子　拱丑贵

熊郎中造。年月二柱食伤竞相盗气，当以时支子水印绶生身制伤兼润局为用神。甲辰运后，气入东方，日元有力而发。辛丑、庚子二运，虽子为用神，却与月柱天克地冲，因而仅有小小前程。

辛丑
辛丑
甲寅
甲子

范都事造。原注云："范都事命不合丑字填实，故为白衣。"此解误矣。此局官旺财强为病，以子水印绶化官生身为用。初运北方，用神有力，少年得志。一入西方，官旺化鬼，运程艰难，皆身弱故。

【注解】此格不合命理，以上两命例为原书所举。与拱禄格同，前造身弱用子水印绶，贵在子印，非拱丑贵。后造官强用子水印绶，与丑贵无关。试看一例：

戊子
甲寅
甲寅
甲子

宋嘉泰年间傅行简状元命造。春木森森，又得水润，格成曲直专旺。戊土无根，弃之不用，其性可顺不可逆。三十五岁壬戌年，大运戊午，支全火局，木火通明，一举夺魁。四十三岁庚午年，午火吐秀，迁著作佐郎。运入己未，众比争财，辞官家居。若以上论，年月日时两夹丑贵为妙，岂能圆说？

辛巳
辛卯
辛丑
辛卯

大运：02、庚寅　12、己丑　22、戊子　32、丁亥　42、丙戌　52、乙酉

民国时期张作相八字。林庚白批曰：天元一气，八字纯阴，而地支又拱寅辰，所谓龙虎夹贵格，亦见不见之形。现在丙运之正官，尚非其至者。丁卯四十七交入戌运，丑戌刑开金库，大为得意。戊辰四十八，辰戌又冲，权位益隆。己巳、庚午益臻佳境。辛未、辛丑财库冲开，虽系反吟，当以佳运论。壬申五十二交入乙运，众比争财，激流勇退。酉运填实，尤患所忌。盖此造妙处除上述理由外，以二卯暗冲酉禄，以巳丑暗邀酉禄，尤为特长，故不宜值酉运也。

细析此局，干头四辛通根丑土，身强。若取卯财生官为用，被辛比盖头，不如直接取巳火官星束身护财为用神，如此财生官，官护财，财官有情，大格成矣。四十二岁运入丙戌，用神坐库明透，权势逼人。四十四岁甲子年，财官双美，升吉林督军兼省长、东三省保安副总司令，是其明证。林言其“丙运之正官，尚非其至者”，是未得其用也。此局贵在巳火官星，非所拱寅贵也。

丁卯		己酉
庚戌	大	戊申
		丁未
戊申	运	丙午
戊午		乙巳

明浙江会稽沈炼八字。戊生戌月，土气正盛，时柱印比，年干印绶，日元有力，取庚申食神吐秀为用神，印绶夺食为忌。三十二岁戊戌年，大运未土，比劫助身吐秀，中进士，授溧阳知县，屡迁锦衣卫经历。运至丙午，枭印夺食，因上疏劾严嵩十大罪状遭廷杖。五十一岁丁巳年，大运乙巳，运岁旺火克合庚申用神，遭诬被杀。此局日时拱未土贵人而凶，拱贵之说破矣。

原文“甲申日见甲戌时”，是拱酉官而非拱贵，特说明。

印绶格

【原文】此格大要生旺，忌死绝，要四柱中有官星为妙。月上印绶最紧，行官印运便发，见财运破印，反为贪财坏印，不利也。

【注解】以下三命例为原书所举。官杀为印绶之根，故印绶喜见官杀。财星为克印之物，故印绶为用神的格局，最忌见财。若印绶过旺，行财运反能发福，如汪侍郎、牛监簿二造。因而贵在通变，病在执一。（详参前“论印绶”节）

乙亥
戊子
甲寅
甲子

一知府造。局中四木三水，水木成象，戊土偏财无根，弃之不用。丁亥、丙戌二运顺其旺势。乙酉、甲申二运，虽见官杀，但有子亥印化，也为顺其旺势。癸未一运，癸水合戊，格局取清，未亥拱乙而成木局也美。惟壬午之运，戊土得旺，午火冲子，逆其旺势，难行矣。

辛酉
丙申
壬寅
辛亥

汪侍郎造。印旺身强，用寅木食神吐秀，金印恃强，贴身冲克寅木为病。丙火财星，与辛合化水，不能损印护食。好在大运出门逆行，先是火乡，财旺破印护食。继而木乡，用神有力均美。运至北方，虽化印生食，然水泛木浮为病，不美。

庚寅
乙酉
癸亥
丙辰

牛监簿造。年月天干乙庚合而化金，日支坐旺，印旺身强，也是以寅木食神吐秀为用，运至火木运而发。此造与上造相似，为什么上造比下造更有成就，这就是顺序配合的玄妙。上造虽申寅贴身相冲，但寅木有亥水贴身相生，且寅亥合解寅申冲，下造寅亥远隔，寅木被强金包围，其力远不如上造故。

1840年四月二十八日卯时生男：

庚辰
壬午
癸丑
乙卯

大运：癸未 甲申 乙酉 丙戌 丁亥 戊子

清贵州平远丁宝桢八字。癸水自坐丑杀，年支辰官助杀，月令午财化食生杀，身弱杀强，取庚金印绶化杀生身为用神。三十四岁癸丑年，大运酉金，运岁丑酉合金助用，中进士，选庶吉士。四十一岁庚申年，用神灵妙，升知府。五十七岁丙子年，大运戊子，癸水运岁得禄助身，升四川总督。这是用印化官杀例。

如果官杀弱印旺，或身弱印旺，印绶为忌，运岁却再忌见印绶。

1958年正月初二卯时生男：

戊戌
甲寅　大运　06、乙卯
丁卯　　　　16、丙辰
癸卯

丁火生于雨水节之日，木多火塞，土重晦火，癸水伤丁，生机全无，母慈灭子为病。二十岁丁巳年，大运丙辰，丙丁比劫助身本喜。惜二月癸卯，癸杀湿木克丁，日主又逢癸卯，月日局三癸克火湿木，命主在台湾花莲县富里乡罗山村住宅离奇死亡。喉头刀割深入骨颈，双手双脚均涂猪油。是他杀还是自杀，至今是谜。这是印绶为忌例。

杂气印绶格

【原文】辰戌丑未也，亦忌财，要行官运。

【注解】以下六个“杂气印绶格”命例均为原书所举。

辛未
壬辰
甲辰
乙亥

沈尚书造。辰中壬水透干，论水不论土。时支见亥印，身旺。未土正财临年支，得月令与日支辰土相助，财强。辛金官星坐旺财，官亦盛。如此财官印相生有情，均为我用，无冲无破，贵至尚书。

壬申
庚戌
庚戌
戊寅

黄运使造。戌中戊土元神透出，所以为杂气印绶格。全局土旺金强，寅财偏居一隅，失时无力，当以壬水食神吐秀为用神。大运顺行，北方运壬水得力，东方运财星有气，格局中和，所以发贵。

丁丑
癸丑
辛卯
戊子

郑知府造。辛金自坐卯财，癸子盗气，日元衰弱，喜戊土印绶透干，又得月令之气，取之为用。初运水乡，身印皆绝，少运多舛。运入西方，日元托根，身旺任起财食，应运而起。

丙寅
辛丑
壬寅
辛丑

周宗簿造。壬水无根，地支二丑二寅，克泄交加，全靠辛金印绶制食化官生身为用。年月丙辛一合，时干辛金力弱，大运又一路木火之乡，不能助身，所以仅得小贵。

丙寅
辛丑
癸巳
癸亥

吕丞相造。月日二支巳丑拱辛而成金局，时柱癸亥，印旺身强，全靠年支寅木伤官吐水之秀。喜大运先行东方，用神有力，少年发甲。继而南方，引通全局秀气，贵至极品。与上造相较，一身弱又行剥身之地，一身旺行泄秀之地。虽格局相同，日元一强一弱，大运一助一剥，遂有天渊之别。

庚寅
丙戌
戊子
癸丑

葛待诏造。原注云："葛待诏系卖玳瑁梳儿。此命是杂气之中，月令透出丙丁火乃为印绶。只是不宜日时下有癸水为财，行亥子丑运不妨，入于壬辰运六年当不遂意。是时年岁在戊子年，二月二十八日壬戌日不禄，正乃是贪财坏印也。不可不仔细详之记之，以为智者鉴。"此造寅戌拱丙成印局，时支丑土，身强财弱。以三岁起运计，丁亥、戊子、己丑北方水气，庚寅、辛卯丙印得根，均吉。壬辰运，壬水克丙，使寅戌无拱，二子旺财生寅杀，杀旺攻身而亡。

六壬趋艮

【原文】且如壬水日主，多见寅字，则用寅中甲木，暗邀己土为壬日之官星。丙火邀辛金为壬日印绶，怕午字、申字冲之，忌财官填实。喜身旺地，岁运同。

寅为艮土之方，故曰趋艮。谓壬禄在亥，寅与亥合，又谓之合禄，亦忌破害。运行申则坏寅字，不吉。

【注解】原书将此"六壬趋艮"至"凤凰池"称"外十八格"，置卷二末。

此格不合命理，与壬骑龙背大同小异。

六壬日逢寅，食神强旺，如果身旺食强，宜行财食旺运。若身弱食强，应行身旺之运。若能从食，亦须行财食旺运，其理与食神格同，决无暗邀己官、辛印之理，特举几例以说明。

壬寅 壬寅 壬寅 壬寅	天干虽一气，然地支无根，四支皆食，尽泄壬气，格成从儿，寅木之势可顺不可逆。初运东方，助其旺气，继而南方，顺其旺势，财星引通木气，巨富宜矣。运至申金，冲破寅木，逆其旺势，不宜。

清满州镶黄旗富察傅恒，生于1722年正月十六日寅时，八字亦四壬寅。然傅恒生于北方水旺之地，且立春不久，水之余气尚存，故取壬水比肩助身为用神。二十四岁乙丑年，丑中暗藏癸水，在军机处行走。二十七岁戊辰年，辰为水库，四壬得根，丁巳月、甲子日加太子太保，授协办大学士，兼领吏部。三十四岁乙亥年，日主得禄，加封一等公。四十七岁戊子年，羊刃助身，督兵征缅。此为比劫得用例，与上例取用不同，故不可执一。

癸亥 辛酉 壬戌 壬寅	闵如林侍郎命造。天干一金三水，酉金司权，年支又见亥禄，日元极强。酉金尽泄戌土杀气，运喜财杀之方。好在大运逆行，庚申运后，火土相继，助起戊杀，富贵双全，名利齐辉。

癸酉 甲子 壬寅 壬寅	张志发刑部侍郎命造。壬水月刃，酉金印生，身极旺。喜甲木通根二寅吐秀，妙在酉印寅食之间子水通关，印食不碍，格局流畅，诸运皆宜。

1882年正月十五日寅时生男：

壬午	大运	01、癸卯
		11、甲辰
壬寅		21、乙巳
壬寅		31、丙午
		41、丁未
壬寅		51、戊申

民国时期山东掖县张宗昌八字。虽天干四壬，然支下无根，又生在惊蛰前一日，木气正旺，势必从儿。初运甲辰，壬水得根，随母讨饭到关外谋生，流落为匪。二十岁后运至南方，财星引通寅木，转上海投靠陈其美。三十岁辛亥年，亥水合寅化木助用，任骑兵独立团团长。三十七岁戊午年任旅长。四十三岁甲子年，用神明透，夏季任山东军务督办。四十五岁丙寅年，任安国军副总司令兼直鲁联军总司令。五十一岁壬申年，大运戊申，不仅二申冲破寅木，且壬水得生，从格破坏，八月金旺，在济南火车站被韩复榘派人暗杀。

六甲趋乾格

【原文】乾为亥宫，六甲日生，亥多者是，有官杀非此格。

且如六甲日生，柱中要亥字多，乃为天门之位，北极之垣，甲木赖之以长。如人以甲日生，亥字多者，自然富贵矣。忌巳字冲之。

此论甲禄在寅，寅与亥合，谓之合禄。忌见财星及寅巳二字，岁运亦同。

戊辰
癸亥
甲子
乙丑

新安伯造。月日时支类北方，辰土合子化水，印绶旺极为病，取戊财损印为用神。初运东方，比劫夺财为忌，势必困蹇。一入南方运，伤旺财强，时来运转，一发而起。

【注解】此格不合命理，上命例为原书所举。亥居乾地，所以六甲见亥就叫趋乾，实是牵强。亥为天门可趋，巳为地户，为何不可趋呢。实际甲木见亥为长生之处，日元有力，再与全局配合，身强喜行财食伤运，如上例新安伯造是。身弱则喜行印绶旺运，这是正理，与趋乾毫无联系。

壬申　　沈丞相命造。甲木年时二见申杀，月透辛官，金旺木弱，
辛亥　以亥水印绶化杀生身为用神。初运北方，亥水有力；继而东方，
甲戌　日元得根，均是美运。官拜丞相，皆亥水为喜用之故。
壬申

癸亥	大运	己未	明湖广蕲州冯天驭八字。甲木自坐申杀，月柱庚申，七杀猖獗，必以癸亥印绶化杀生身为用神。三十三岁乙未年，岁局亥未拱乙成木局生身，中进士，授大理评事。四十岁后运至东方，助起日主，官至刑部尚书，成为国家重臣。此局全赖亥水之用也。
庚申		戊午	
甲申		丁巳	
乙亥		丙辰	
		乙卯	
		甲寅	

1954年八月十九日亥时生女：

甲午	大运	03、壬申	干头三木一水，酉官秉令，官印双清，本是美造。惜年支午火伤官贴近破酉，贵气有损，格局有破。妙在癸亥印绶，足可制伤护官，格局复成，癸亥就是本局的用神。辛未一运，官星明透，大学毕业，分配到司法部门工作，成了女子监狱的一名干警。庚午大运，忌神当运，辛辛苦苦，输出多而收效微。三十三岁后行己巳大运，巳合酉化金助官，入了党，当了干部。运至辰土，湿土化火生金，升至女子监狱监狱长。此伤重用印例。
癸酉		13、辛未	
甲戌		23、庚午	
乙亥		33、己巳	
		43、戊辰	
		53、丁卯	

勾陈得位格

【原文】此格以戊己日为勾陈，遇亥卯未木局为官，申子辰水局为财地是也。正是戊寅、戊子、戊申，己未、己亥、己卯

日是也。忌刑冲，杀旺则反生灾矣，岁君、大运亦然。

丁亥
辛亥
己卯
戊辰

丁都督造。亥卯半合杀局攻身，又得年支亥财相生。日元己土虽得时柱戊辰相助，亦难敌旺杀攻身，取丁火偏印化杀生身兼调候为用神。中运南方，丁火有力，化杀为权，故掌兵符。此并非勾陈得位，乃丁印有力也。

【注解】以上命例为原书所举，但原书八字写作“丁亥、丁亥、己卯、戊辰”，以丁年遁，亥干应是辛金，以丁月遁，年干应是乙木。原书八字排错，据原文分析，应是辛亥月较妥，故改之。

此格不合命理。戊己土为勾陈，所以把戊己日逢财杀叫作勾陈得位。其实究竟是否得位，要看全局配合，身旺喜制化，身弱喜生扶。如上例丁都督造，即杀旺身弱、喜印化杀生身。

戊辰
己未
戊子
癸亥

李文进都宪命造。年月二柱旺土，日时二支弱财，土旺水弱。好在大运顺行，庚申、辛酉二运，化比劫生财通关有力。癸亥、甲子、乙丑三运，财星有力。再入东方官杀，制比劫护财，步步吉祥。此身旺财弱行运例。

戊戌
丁巳
己亥
己巳

大运：戊午 己未 庚申 辛酉

明钱汝京八字。局中火土七重，亥财被二巳贴身冲击，就格局而言，贫贱之局也。妙在二旬后大运入西方，金水相连，助起弱财，中进士步入仕途，官至尚书，竟为国之重臣。命好不如运好，又一明证。

玄武当权格

【原文】且如壬癸二日生，值寅午戌火局为财，辰戌丑未为官是也。正是壬寅、壬午、壬戌，癸巳、癸未、癸丑是也。忌冲破，身弱则不吉。壬癸属水，故为玄武。但得火局，故曰当权，无非水火既济之理而已矣，夫何异哉。得斯道者，主人性格温和，有智慧，有礼貌，面带赤黑，威而不猛。遇刑冲或岁运见之，则不利矣。

【注解】此格不合命理，以下命例为原书所举。壬癸水为玄武，所以把壬癸日逢旺、财旺杀叫玄武当权格。甲寅为青龙，丙丁为朱雀，庚辛为白虎，为何只取勾陈、玄武而不取其他三格呢？皆因水为阳之始，土居中央，神龙见首不见尾。此论实在迂曲，所以后人多弃之。

庚戌
壬午
壬寅
辛亥

李都督造。壬水虽归禄，又得庚辛相生，壬比相助，然支全火局，当令之火强于失令之水。喜大运先行金地，继而水乡，金水连环，助起弱水，既济成象，水火交融，因而极贵。

丙申
辛丑
癸丑
癸丑

大运：壬寅　癸卯　甲辰　乙巳　丙午　丁未

明山西大同山阴王家屏八字。虽支下三丑，杀气腾腾，但有辛申印绶化解，反是杀印相资。唯大同地处北方风口，十二月正是三九严寒之机，必以丙火财星调候暖局为急用。三旬后运入南方，用神得地，中进士，授编修。五十八岁癸巳年，大运丁未，升首辅。惜大运与月日时三柱皆天克地冲，岁干癸水又克丙火用神，仅半年就因疾力求辞去。此局贵在丙火，非癸水之玄武也。

炎上格

【原文】且如丙丁二日，见寅午戌全或巳午未全亦是。但忌水乡金地，喜行东方运，怕冲，要身旺，岁运同。

炎上者，火之势急，又得火局，浑然成势。火为文明之象，值此者当为朱紫之贵，非寻常之命也。

乙未 辛巳 丙午 甲午

张太保造。日元丙火，支类南方，甲乙枯木生助火势，烈火熊熊，其炎冲天，炎上格极纯。初运东方，助起火势，少年得志。丁丑一运丑土伤官，也顺其势，为美。运至子水，激起火势，必生祸患。此命例为原书所举。

1963年五月十二日子时生男：

癸卯	大运	09、丁巳
戊午		19、丙辰
丙午		29、乙卯
戊子		39、甲寅
		49、癸丑

丙火月刃、坐刃，年支卯木生之，年干癸水与月干戊土合而化火，时支子水被午冲戊克，弃之不论，格成炎上专旺。十九岁入丙辰运，考上大学，毕业后分配到学校当教师。乙卯运化水生火助局，先升副校长，后又升校长。运入甲寅，又由校长升教育局副局长、局长。四十八岁庚寅年，运岁皆吉，又升为副市长。

润下格

【原文】且如壬癸日，要申子辰全或亥子丑全是也，忌辰戌丑未官乡，喜西方运，不宜东南，怕冲克，岁运同。

润下者，天干地支浑是水，如湖海汪洋，望以无际，主人清秀量宏。倘遇土运，必主淹滞，若生于冬月者，又为奇特者也。

庚子 庚辰 壬申 辛亥

万宗人造。此命例为原书所举。原解：“此命得申子辰全，亥子丑水乡浑然，庚辛又生，湛然福量，福量广阔，真富贵人也。”查其行运，初运火乡，犯水旺势，必坎坷异常。三旬后运入西方，金生水旺，方能振翼而起。

1884年四月十九日亥时生男：

甲申		庚午
己巳	大	辛未
		壬申
癸亥	运	癸酉
癸亥		甲戌

民国时期山东冠县谢鸿勋八字。日时柱癸亥，年月支巳申合而化水。年月干甲己一合，二忌皆去，格成润下专旺。运岁喜金水助局而忌火土逆局。木盗水之气，亦非所喜。二旬后运至金水，谢鸿勋保定军校毕业后入王占元部队任下级军官。四十一岁甲子年，大运癸酉，升师长。四十三岁丙寅年，干头丙火逆水之性，支下寅申巳亥四冲齐发，润下格破，在修水铜鼓之战中中北伐军埋伏，全军被歼。谢亦负伤，跌入水中，后逃脱。能逃脱者，大运癸酉尚为喜用也。

从革格

【原文】此格以庚辛日见巳酉丑金局全，或申酉戌全者是也。忌南方火运，喜庚辛旺运。见亥卯未者，为之金木间革也。忌冲刑库破，岁运同。

辛酉
戊戌
庚申
辛巳

此命例为原书所举。原解："此命得申酉戌全，月令戊土生金，得从其类，主掌权衡之职。"此命大运逆行，酉申未三运土金助局，皆美。甲午一运，官犯其旺，财引比劫相争，势必风波。癸巳、壬辰辛运更上一层，卯运犯金旺，恐难行矣。

1008年七月初二辰时生男：

戊申		09、辛酉
		19、壬戌
庚申	大	29、癸亥
		39、甲子
庚申	运	49、乙丑
庚辰		59、丙寅

北宋名臣韩琦八字。干头三庚，支下三申，戊辰偏印生之，从革格极为纯粹。运岁喜土金助局，忌木火逆金之旺。水虽盗气，但顺其性而吐秀，亦宜。二十岁丁卯年，木火本为大忌，妙在与大运壬戌运岁天地相合，二忌皆去，中进士第二名，授监丞入仕。三十三岁

庚辰年，大运癸亥，任陕西经略安抚副使。四十九岁丙申年，拜枢密使。五十一岁戊戌年，拜同中书门下平章事（宰相）、集贤殿大学士。五十四岁辛丑年，闰八月迁昭文殿大学士，封仪国公。五十九岁入丙寅大运，大运与月日二柱皆天克地冲，且破从革之局。六十一岁戊申年，出为知州。六十三岁庚戌年，屡次贬官，直贬为团练副使。

稼穑格

【原文】以戊己日生，值辰戌丑未是也。忌东方运及北方财运。此格喜行西南，惟忌东北。所谓稼穑者，俱从于土，支干重见则为土之一类，深有培养之功。主人多信，人品重厚丰肥，生财有道，斯为富贵人矣。

戊戌
己未
戊辰
癸丑

张真人造。此命例为原书所举。原解："此命辰戌丑未俱全，得水为财，又无木克，是以为福。"全局七土一水，癸水坐丑有根，难以尽去，格局已是不纯。初运西方，食伤引通秀气，少运通畅。一入北方，引起众劫争财，破败连连，不得已出家。再入东方木运，犯土之旺，驾归道山。

1823 年六月初一巳时生男：

癸未
己未
戊戌
丁巳

大运：戊午 丁巳 丙辰 乙卯 甲寅 癸丑

清末广东丰顺丁日昌八字。局中火土七重，癸财无助，滴水熬干，格成稼穑专旺。运岁最喜火土助局，木虽逆土之势，但有丁巳印绶化解，亦为喜神。惟忌金水。初运火土相续，以贡生办团练，因功升知县。三十八岁庚申年，食神盗气生财，因失守万安免职。四十三岁壬戌年，大运卯木，运岁卯戌合化火助局，李鸿章推荐起用，主办洋炮局，旋升知府。四十四岁丙寅年，升两淮盐运使。四十五岁丁卯年，升布政使。四十六岁戊辰年，升江苏巡抚。运至丑土，加总督衔，水师统归其节度，并充兼各国事务大臣。

曲直格

【原文】一曰仁寿，二曰青龙。

此格以甲乙日取地支寅卯辰或亥卯未木局。要不见庚辛之气，见庚辛即官杀，非此格也。只从木运论，故曰曲直。运喜东方，北方有水，木赖水生，故从其类，主人多仁，忌西方运。

【注解】以下命例为原书所举。炎上、曲直、润下、从革、稼穑五格，各取一行全或一方秀气而成格。其势极旺，其情可顺不可逆，甚合五行之理，所以也为正格。运岁以印绶生局，比劫助局最美。食伤运吐秀顺其势也美。大凡此种格局，愈旺愈强，愈吉愈贵。官杀逆其旺势，财星引起群比纷争。凡此种格局，多破败凶祸于官杀财运，所以行运最忌。但也不能执一，原局食伤明透者，如下例曲直格李总兵造，行运忌印绶、偏印，怕坏食伤，却不忌财运，因有食伤通关故。如原局印绶明透者，逢官杀运有印化解，也不甚忌。若支逢财官，却亦犯忌，因而贵在变通。

甲寅
丁卯
乙未
丙子

李总兵造。木生卯月正旺之时，旺木参天，又得子水浇灌，曲直格极纯。丙丁食伤，吐其秀气，顺其旺势。戊辰、己巳二运，虽财透运干，但此局有丙丁食伤化劫生财，亦为佳运。庚午、辛未二运，虽官杀破局，但有丙丁回克，也无妨。壬申一运，申金有子合化水，反助局。惟至癸酉，犯其旺势，不宜行矣。

1875年二月二十六日亥时生男：

四柱		大运
乙亥	大	06、戊寅
己卯	运	16、丁丑
甲申		26、丙子
乙亥		36、乙亥
		46、甲戌

民国时期湖北新州萧耀南八字。甲生卯月，亥水合卯化木，干头二乙，支下申杀，看似攻身，但被亥水贴近化解，反是申杀生亥水，亥水生身之序，格成曲直专旺。唯月干己财引比劫纷争，不能化解，为病明矣。

初运戊寅，戊财引比劫纷争，少运艰辛，直到十一岁运入寅禄，方才入学。二十六岁后运入北方，印绶助局，勃然而兴。三十七岁辛亥年，升标统。四十二岁丙辰年，申辰有拱水之情，升混成旅长。四十六岁庚申年初，大运仍在亥水，升师长。四十九岁癸亥年，任两湖巡阅使兼长江上游总司令及湖北省长，权势显赫。五十一岁乙丑年，大运至戊，干头岁局三乙争己，支下戊丑克亥生申，杀旺破局，十二月己丑，又逢旺财坏印生杀，因前线战争失利，忧心过重，患急性肾炎死亡。

日德秀气格

【原文】要天干三个乙字，地支巳酉丑全，更有丙子、壬子、辛卯、丁酉日亦是秀气，怕冲克，大运同。

【注解】此格不合命理。天干三乙见巳酉丑全，身弱杀重，喜印绶化杀。丙子、辛卯二日，生时天干到乙，地支是未，无法见到巳酉丑全，弃之不论。丁壬二日，时辰天干乙遁巳，可望支全金局。丁酉日支再见巳酉丑全，势成从财。壬子日见巳酉丑全，身旺用乙伤吐秀，各成其格，与秀气无关。

庚辰
乙酉
乙酉
乙酉

大运：丙戌 丁亥 戊子 己丑 庚寅 辛卯

明弘治六年（1493）癸丑科状元、苏州昆山毛澄八字。干头虽三乙并排，然支下三酉杀气极盛。虽乙庚相合，但为三乙妒合，不以合论，取辰中暗藏癸水与乙木为喜用。初运丙戌，大运与年柱天克地冲，财星为父，此运中丧父，由爷爷抚养成人。二十七岁丙午年，大运戊子，子辰半合水局，乡试中举。三十四岁癸丑年，用神天透地藏于岁运，灵妙精诚，殿试一举夺魁，官授翰林院修撰。四旬后运至东方，乙木托根，官拜礼部尚书。史书评其“端亮有学行，论事侃侃不挠。”为一代名臣。

1945年七月十七日寅时生女：

乙酉		06、乙酉	
		16、丙戌	
甲申	大	26、丁亥	
		36、戊子	
乙丑	运	46、己丑	
戊寅		56、庚寅	

虽乙木干头得甲乙助身，又通气时支，但申官司权，酉杀助之，戊丑财星生之，官旺化杀，金旺木弱，局中不见滴水，只有取甲寅劫财助身为用神。七岁辛卯年，大运乙酉，运岁又天克地冲，因伤足残。六十岁甲申年，大运庚寅，运岁天克地冲，太岁与月柱伏吟，凶象一派，是年命主过河时，桥突然垮塌，命主与桥上行人全部遇难。

从以上两例可以看出，大凡此格，必是身弱杀强，局中有壬癸亥子印绶者吉，无则必凶。如果支全杀局且多一酉，格成从杀，却以杀旺运岁为吉。如乙丑、乙酉、乙巳是，万莫执一。

福德格

【原文】此格只要己丑日主，地支巳酉丑全者是。忌火乡官乡，嫌冲破。

福德非独己土，五阴皆有。阴土己巳、己丑、己酉；阴火丁巳、丁酉、丁丑；阴水癸巳、癸丑、癸酉；阴金辛巳、辛丑、辛酉；阴木乙巳、乙丑、乙酉。忌刑冲破害，岁运同。

【注解】此格不合命理。己土支下见金局全，身弱无印，格成从食；丁火见金局全，无比劫助身，格成从财；乙木见金局全，无印化杀，格成从杀；辛金见金局全无官杀，格成从革专旺；癸水见金局全，无土无火，金白水清。很明显，以上各得其妙，各归其所，又何必强行加上这么一个格名呢？试举几例：

癸酉
甲子
辛巳
己丑

王国桢方伯命造。日元辛金，支全金局，格成从革，取癸子食神吐秀生财通关为用。大运逆行水金，助身助用，贵为一方诸侯。

乙卯
辛巳
丁酉
辛丑

胡滢尚书之命。丁火支见金局，月时透辛，本应从财，然年柱乙卯印绶，日元有根不从。就格局而论，财印相战，并非贵格。妙在大运先是木地，印绶有力，生身任财。接着北方水运，官杀化财生印通关，更是有情，岂能不贵！

庚午
辛巳
己丑
癸酉

大运：壬午 癸未 甲申 乙酉 丙戌 丁亥

明龚廉游击八字。日元己土，支下巳酉丑三合金局，干透庚辛，盗己极重，取年支午火禄印生身制食为用神。运至丙戌、丁亥，印比助身任食，因功官至游击。五十九岁戊辰年，大运亥水，戊土被癸水合去，辰土合酉化金，亥财破午，用神尽失而亡。

弃命从财格

【原文】假如乙日见辰戌丑未，财神极旺，乙木四柱无依，则舍而从之。其人平生惧内，为填房、赘继之人。财者妻也，身无所托，倚妻成立，故为此论。

【注解】弃命相从是日元极弱，某种五行极强，日元全无生扶，只好弃命相从专旺的五行。除本格弃命从财格外，还有身极弱、官杀极强的弃命从杀格；身极弱、食伤极强的弃命从儿格。这种格局与专旺格相反，身愈弱、所从五行愈强愈美。完全符合子平五行极强极弱之理，所以也是正格，但其行运却有不同。从财格喜行财食伤官杀旺运，忌行印比旺运；从杀格喜行财杀旺运，忌行印比食伤运；从儿格喜行财、食伤旺运，忌行印比官杀运。详细区别要根据格局变化，万勿拘泥。例如：

庚申 乙酉 丙申 己丑	王十万命造。地支全金，乙木印绶也合庚化金，己土伤官盗气助化，丙日无助，只好弃命从财。出门大运戊土，继而亥子丑，均顺其旺势，遂成巨富。运入寅卯，逆其旺势，必否。

辛丑 丁酉 丁酉 辛丑	大运	丙申 乙未 甲午 癸巳 壬辰 辛卯	明福建侯官黄镐八字。虽丁火双排，然支下二丑二酉双合金局，元神二辛明透，丁火无根无扶，只有弃命从财。二十五岁乙丑年，丑食化火生金，中进士，试事都察院。运至辰巳，巳酉丑三合金局，辰土合酉化金助局，大吉，官至南京户部尚书。六十三岁癸卯年，大运癸卯，运岁二卯冲破酉财，生起丁火，从格破坏，病卒。

1880年十一月二十四日申时生男：

庚辰 戊子 戊子 庚申	大运	05、己丑 15、庚寅 25、辛卯 35、壬辰 45、癸巳	民国时期湖南衡山赵恒惕八字。戊土虽得一比帮助，然支全水局且多一子，年时二干庚食化土生水，日元无助，势必从财。故以金水助财为用神，火土助身破局为忌。二十岁后运入东方，引通秀气，一飞而起。二十一岁庚子年，考入张之洞创办的湖北方言学堂。二十二

岁辛丑年，被选送日本留学。三十岁己酉年回国，任广西新军协统。三十三岁壬子年，任旅长。三十四岁癸丑年，戊土得根，二次革命中因反袁被捕，判刑十年。三十六岁乙卯年，大运壬辰，运局二合水局，乙卯引通秀气，被谭延闿保释出狱。三十七岁丙辰年，任师长，冬季水旺，代理湘督。四十一岁庚申年，大运壬辰，吉神庆会，任湖南省长兼湘军总司令。四十七岁丙寅年，大运癸巳，戊土得禄印生扶，从格破坏，被唐生智驱逐，失去权力。

伤官生财格

【原文】且如乙日生，地支见寅午戌全，则自以戊己为财。要行火乡财运、身旺运，怕官乡，忌刑冲，冲则不吉。

【注解】乙见火局，盗气太重，实际上是弃命从儿格，运喜火乡、土乡，愈剥日主愈吉。

乙卯
丙戌
乙巳
丙戌

丘秦进士命造。乙木日元，自坐巳火伤官。月时二戌透丙，年月支卯戌亦合而化火，乙木之气尽泄，格成从儿。运入南方，从格清纯，试场连捷，百事顺心。运入东方，日元得根，从格破坏，不吉。

须要注意的是，如果局中有印绶或禄比为根，从格不成，则应取印比为用神，财伤反为忌神。

四柱		大运
癸巳	大	丙辰
丁巳		乙卯
乙巳	运	甲寅
壬午		癸丑
		壬子

明振武卫（今山西代县）孙传庭八字。乙木日元，支下四重旺火，干头丁火，看似应当从儿，然壬癸高透，三个巳火中又暗藏长生庚金，壬癸之水足可借气还魂，故取水印生身制伤为用神。二十七岁己未年，大运甲寅，旺木助身，中进士，授永城知县。三旬后运至北方，用神得地，官至兵部尚书。五十一岁癸未年，运至子水，子水冲起午火，巳午未南方一气，弱水熬干，战死。

弃命从杀格

【原文】且如乙日，支见巳酉丑，金局大盛又无制杀，身主无气，只得舍身而从之。要行杀旺及财乡，忌日主有根及比肩之地。

【注解】官杀成党，全局不见印绶化杀、食伤制杀、比劫助身，为入格。

乙酉　　李侍郎命造。乙木虽得二比一劫，惜地支全金。经云：乙
乙酉　木最忌埋根之铁。日元毫无根基，只好弃命从杀。初运甲申，
乙酉　助杀旺气，少运优游。癸未、壬午二运，泄杀之气，逆杀之旺，
甲申　必功名蹇滞。辛巳、庚辰二运，助起旺杀，冲天而起。惜运至
卯地又犯金旺，以致富贵难以久长。

1949年七月二十三日辰时生男：

丙戌	大运	07、丁酉
丙申		17、戊戌
乙丑		27、己亥
庚辰		37、庚子
		47、辛丑

第42任美国总统克林顿八字。乙木支下无根，申官司权，元神庚金透出，辰戌丑三重旺财，又得二丙生助，财旺生官，官旺化杀，乙木干支无助，只好弃命从杀。初运丁酉，继而戊戌己旺财，用神精诚，早年跻身上层社会。三十二岁后运至亥水，虽大运无意，然太岁有情。三十二岁丁巳年，冲去亥水忌神；三十三岁戊午年，继而己未、庚申、辛酉皆助局，先后任部长、州长。四十七岁运至辛丑，七杀明透，当选总统，且连任两届。五十三岁戊寅年，寅木冲破申金，日主得根，从格不真，与白宫实习生莱温斯基暧昧之事成绯闻。五十七岁进入壬寅大运，从格破坏，退职之后，再无所作为。

伤官带杀格

【原文】且如甲乙日生，寅午戌地支全，若干头有庚辛，则藉庚辛为权。火制之为福，最要行旺运，忌见财，得中和为贵。

【注解】这是七杀格中的一种，用伤官制杀，也叫伤官驾杀。大抵局中见杀，贵在制伏得当。伤旺杀弱，制伏太过，喜行杀旺运；伤弱杀强，制伏不力，喜行食伤旺运。杀为我用，方能发贵。（详见前“论偏官”节）

乙未
己丑
丙辰
壬辰

杨一魁尚书命造。壬水七杀虽通根辰库，但全局五土一水，伤官极强，制杀太过。好在大运逆行，水金相连，助起壬水，七杀扬威，才能官居凤池。这是杀弱制强例。

1897年正月十五日酉时生男：

丁酉
壬寅
乙巳
乙酉

大运
04、辛丑
14、庚子
24、己亥
34、戊戌
44、丁酉

民国时期安徽合肥卫立煌八字。乙木虽生寅月，时干见比，但初春木嫩，最忌埋根之铁。年时二支酉杀过重，巳火又合酉化金助杀，身弱杀强，取丁火食神制杀为用神。初运辛丑，七杀成局。八岁甲辰年，辰土又合酉化金，父丧，由大哥抚养成人。十八岁甲寅年，旺木助身，考上汉口学兵营，毕业后任班长。二十一岁丁巳年，用神坐旺，选入孙中山卫队，旋升排长。二十二岁戊午年，丁用得禄，四月火旺升连长，不久又升营长。运至丁火，用神明快，官直至东北行辕主任兼剿共总司令。五十二岁戊子年，大运酉金，丁伤临死绝之地，无力制杀，被蒋介石软禁于广州，失去了一切权力。这是杀强制浅例。

岁德扶杀格

【原文】且如甲日见庚年是也。正如年为君位，日为臣位，臣得君权。然又以年为祖，日为己身，七杀有制，则祖上曾有要职也。

【注解】此格不合命理。甲日年干见庚为七杀，入七杀格。古歌云："年上七杀莫言凶，制合为权最有功，若得身强无忌破，此身多入禁庭中。"喜忌与七杀格同。

戊戌　　年柱戊土七杀坐旺，又得午火财生，看似极旺，喜月令庚
庚申　申专印，化杀为权，且生弱身，故贵。
壬午
癸卯

1880 年十月初九申时生男：

庚辰	大运	09、戊子	民国时期江苏萧县徐树铮八字。甲生亥月，印绶司权，日时申辰拱水局，水旺生木，身强。庚金七杀虽通根申金，惜庚被丁制，申被壬泄，杀气反弱，取年支辰财生杀为用神。
丁亥		19、己丑	
甲辰		29、庚寅	
壬申		39、辛卯	

己丑一运，旺财化伤生杀，机遇重重。二十二岁辛丑年，官星助杀，因到济南上书山东巡抚袁世凯，无意中结识段祺瑞，受其赏识，当了书记官，步入仕途。六、七年的时间，就做至第一军总参谋。然徐树铮出生于普通家庭，祖上亦未曾贵显，岁德之说不可信明矣。

岁德扶财格

【原文】且如甲日见戊己年是也。若财命有气，则主其人得祖上物业。身弱者，则不能继业也。

【注解】此格不合命理。年上见财，喜忌与偏正财格相同。《三命通会》云：岁带正财，不犯刑冲分夺，日干乘旺，主受祖业丰厚。若柱中带比肩，或运行劫财之地，必主贫困。总之，年上财为喜用，祖业丰厚，本人富贵；年上财为忌神，祖业无靠，本人凶祸。

庚子　　明末名将卢象昇命造。丁火仅有未中一点微根，子水合辰
庚辰　化水，杀气本强，天干二庚一辛强财又党杀，财星为忌明矣。
丁未　初运南方火地，比劫助身任杀，官至总兵。一入甲申大运，旺
辛亥　财生杀，兵败身亡。

夹丘格

【原文】此格用日支与时支共拱其财。且如甲寅日、甲子时，虚拱丑宫己土为财库。又如乙卯日、丁巳时；甲午日、壬申时；癸酉日、癸亥时是也。要虚拱，不要填实及有牵绊，则拱不得。更要日主自旺或财旺运亦吉。歌曰：

夹丘之格少人知，拱夹休填墓库中。
不犯柱中官杀位，一生清贵显当时。

【注解】以下三个命例为原书所举。此格与夹禄，夹贵大同小异，均不合命理。依以下三造而论，金丞相造戊土填实，勿需夹拱。张尚书造即使可夹拱戌土（无午火合局），干头又无丙引出，还为戌土，何为丁财？

庚戌
戊子
癸酉
癸亥

金丞相造。原解云"以酉亥夹拱戌丁为财"，非也。癸水建禄，时支得旺，又得庚酉金印生，身强喜官束身，戊土官星虽通根，惜被庚化，总觉微弱。运入南方火地，财旺官强，仕至极品。地支酉戌亥子一气连茹，亦属贵气，酉亥夹戌，年支填实。若以夹论，岂非脱格？

丙辰
辛卯
癸酉
癸亥

张尚书造。原解云"酉亥夹拱戌火为财"，亦非。此造癸水坐印，时柱见旺水，以月令卯木食神化水生财为用神。运入南方，旺财有力，生起辰官，仕至尚书。

甲子
癸酉
癸酉
癸亥

此造金白水清，用甲木伤官吐秀，金运生身，水运帮身皆美。运至东方，甲木得地，更是锦上添花。若以夹来丁财论，则将引起群比纷争，反为祸患。

1859年八月二十八日未时生男：

己未		04、壬申
癸酉	大	14、辛未
		24、庚午
丁巳	运	34、己巳
丁未		44、戊辰

这是民国时期河南项城袁世凯八字。林庚白批曰：项城八字，浅者但以独杀贵之，或类其食先杀后，或则称拱禄。余详加推究而后知，此造固自有其特殊之点，苟仅取独杀有制格或拱禄格，不过一疆帅耳。盖此造妙处，全在见不见之形。未酉中拱申马（正财为马），巳未中拱午禄，是谓夹拱禄马，一贵也。未年生人，以丑为帝阙，八字见巳酉而不见丑，且巳酉会局，邀出丑字，是谓虚邀帝阙，二贵也。

林氏批注，看似高深，实未得其要。此局丁火坐巳，年时二未中又有丁火余气，日元不弱。惟癸水七杀孤露，又被巳食贴近克制，难以扬威，故取酉金财星化食生杀为用神。二十四岁壬午年，大运庚金，财星明透，参与平定朝鲜内乱，得韩王赏识，在朝鲜十二年如同监国，得到李鸿章的赏识。三十七岁乙未年，乙枭夺食护杀，到小站负责练兵，有了自己的班底。四十三岁辛丑年，巳酉丑三合财局，升直隶总督兼北洋大臣。五十三岁辛亥年，用神明透，升内阁总理。五十四岁壬子年，癸杀得禄，登上总统宝座。此局贵在酉财癸杀，与夹财拱禄毫无干系。

两干不杂格

【原文】此格乃谓年月日时连占两干，纯一而不杂也，取两字不乱之类是也，又谓之两干连珠格。经云“两干不杂利名齐”，其斯之谓矣。

【注解】此格不合命理，以下为原书所举“两干不杂格”的两个命式。经云“两干不杂，铜臭官卑”，是言这种格局富大于贵。其实不然，天干不杂，虽然齐整，但与喜用并无关联。

甲子
乙亥
甲戌
乙丑

身旺财弱，以戌中丁火伤官吐秀生财为用神。丙子、丁丑二运，用神明透最美。戊寅、己卯，财星透干，比劫纷争，定然不吉。运入南方，方能有成。

丙寅
丁酉
丙辰
丁酉

原书时柱为丁卯，以丙日遁时，至酉时天干才是“丁”火，为合此局，故予更正。天干四火通根寅木，看似强旺。然秋火临死，气泄辰土，二酉耗气，火势益衰。以寅木印绶生身为用，运行北方，官杀化财生印，用神有力而发。

1829 年十二月二十一日卯时生男：

己丑
丁丑
己巳
丁卯

大运：丙子 乙亥 甲戌 癸酉 壬申

局中火土七重，卯木偏居时支，且气泄丁巳，难疏厚土。幸木生丑月，时逢进气，且丑中暗藏癸水余气，尚可勉强为用。妙在大运先是北方，后虽至西方，干头有壬癸化解，助起用神。二十四岁壬子年，大运乙亥，运岁皆助卯杀，殿试轻摘探花，授编修入仕途后，一路顺风，官直做刑部尚书、兵部尚书、工部尚书。此局干头二已二丁，合两干不杂格，然此局贵在运岁助用，就格局而言，平常之人也。

癸巳		辛酉
		庚申
壬戌	大	己未
		戊午
癸酉	运	丁巳
		丙辰
壬戌		乙卯

明崇祯年间重臣洪承畴八字。虽干头四水，但生于戌月休囚之时，且支下无根，又被旺杀克制，反是身弱杀强，当取酉金偏印化杀生身为用神。二十四岁丙辰年，大运庚申，中进士步入仕途。丁巳一运，巳酉合金助用，官至总督、加太子太保、兵部尚书衔。五十岁壬午年，午戌合火破酉，二月癸卯，卯木又冲酉，城破被俘而降。五十二岁甲申年，又被清廷任为兵部尚书兼右副都御史，加太子太保。运至辰土，生合酉金，又加太傅兼太子太师、武英殿大学士。七十三岁乙巳年，大运乙卯，二月己卯，干头二乙盗气，支下二卯破酉，卒。此局贵在酉金偏印，与两干不杂毫无干系。

五行俱足格

【原文】此格取年月日时胎，带金木水火土全者是也。此二格亦不论官杀，只取五行为全，自有生生不绝之义，化化无穷之理，是亦罕有矣。

【注解】此格不合命理，以下两命例为原书所举。纳音五行本就不符合子平法，以此论命当然难自圆其说。（详参前“论六十花甲子纳音并注解”）

甲子	年金
戊辰	月木
丁巳	日土
丁未	时水
己未	胎元火

此格是以纳音而取的。甲子纳音海中金，戊辰纳音大林木，丁巳纳音沙中土，丁未纳音天河水，己未纳音太阳火。如此则金木水火土五行全，完全脱离了子平以正五行论命之理。实际上此造身旺杀浅，制伏太过，辛未运后气转西方，助起弱杀，因杀气扬威而发。

乙酉	年水	乙酉纳音井泉水，壬午纳音杨柳木，辛未纳音路旁土，丙申纳音山下火，癸酉纳音剑锋金，五行亦全。实际上此造辛金通根申酉身旺，丙官通根月令亦美，惟月干壬水伤官透出，伤了丙火贵气为病，以年干乙木偏财化伤生官通关为用神。辛巳、庚辰二运，比劫夺财生壬伤，必多坎坷。己卯、戊寅二运，印绶制伤护官，财官印皆美方发贵。
壬午	月木	
辛未	日土	
丙申	时火	
癸酉	胎元金	

壬寅	大运	01、戊申	民国时期伍廷芳八字。此局壬寅纳音金箔金，丁未纳音天河水，戊寅纳音城头土，乙亥纳音山下火，胎元戊戌纳音平地木。林庚白批曰“五行俱足……凡五行俱足者有生生不绝之机，必享天年。”然在论用时却说：“四柱官煞全彰，丁壬又合成木，应以从煞格论。”是自己亦不取五行俱足格也。细析此局，支全木局多一寅，乙木明透，丁壬化木，从杀格极为真切。四十岁前运在西方，碌碌无为。四十岁后运至壬子，而后运入东方助杀，方平步青云，官直做至外交总长兼代内阁总理。八十一岁壬戌年，大运丙辰，日元得根，破局病亡。若以五行俱足论，满盘皆错矣。
		11、己酉	
		21、庚戌	
丁未		31、辛亥	
		41、壬子	
己卯		51、癸丑	
		61、甲寅	
		71、乙卯	
乙亥		81、丙辰	
胎元戊戌		立命戌宫	

支辰一字

【原文】此取年月日时支辰不杂为贵。

【注解】地支一气，决然有力，天干必从其势，或专旺、或从杀、或从财、或从儿均可成格，只要大运配合得当，可取富贵。下一命例为原书所举。

甲寅　　支全四寅，干透甲木，庚金日元无根，必弃命从财。大运东方，顺财旺势，定然发迹。运至壬申，犯木旺气，再难行矣。
丙寅
庚寅
戊寅

庚戌　　大运　06、丁亥
丙戌　　　　　16、戊子
壬戌　　　　　25、己丑
庚戌　　　　　36、庚寅
　　　　　　　46、辛卯

民国时期河南汲县赵家骧八字。日元壬水，坐下四戌，丙火生之，杀气极盛，必以二庚偏印化杀生身为用神，丙财贴近坏印为忌。初运北方助身，少年得志。十五岁甲子年，大运戊子，运岁子刃助身，入东北讲武堂步科，以第四名成绩毕业，初任奉军连长，旋升少校营长。二十七岁丙子年，陆大十四期毕业，任师参谋长。三十六岁乙酉年，庚金得根，任东北保安司令部参谋长兼沈阳警备司令。解放后逃入台湾，任金门防卫司令部副司令长官。四十八岁丁酉年，大运辛卯，干头丁财坏印，支下卯酉相冲，用神尽损，在金门炮战中阵亡。

天元一气

【原文】此取干辰年月日时。

【注解】天干一气要看地支，或得地有力，或悬空无气，全靠四柱配合，并非得此即贵。以下二命例为原书所举。

乙丑　　虽天干一气，然支下杀强，全靠日支亥水印绶化杀生身为用神。此造贵在一亥，并非四乙。
乙酉
乙亥
乙酉

甲子 甲戌 甲寅 甲子	天干一气，通根寅子，印旺身强，喜月令戌中暗藏丁火，丁火伤官化强木而生弱财，水木火一顺相生，秀气流通而贵。此造贵在丁伤，亦非四甲。

辛巳 辛卯 辛丑 辛卯	大运	02、庚寅 12、己丑 22、戊子 32、丁亥 42、丙戌 52、乙酉	民国时期张作相八字。天干一气，通根丑库，身强。月时支二卯木被辛比盖头，时有被劫之患，取巳火正官制比护财为用神。如是官护财，财生官，大格成矣。己丑一运，印绶化官生身，丑巳拱辛成金局为忌，参加了名曰“保险队”的土匪团伙。十六岁丙申年，官星明透，投奔张作霖，有了得力的靠山，为日后

仕途打下良好的基础。三十岁后运入丁丙，官直做至奉军副总司令、吉林省省长、国民党第二集团军总司令。然此局贵在巳官，并非四辛。

凤凰池

【原文】干支皆同。

【注解】以下命例为原书所举。此格共有十日，却各具其类。四甲戌、四丙申、四辛卯，虽天干一气，然地支无根，身弱财旺，喜行助身大运。四甲戌出门既行水木大运，主少年、壮年吉祥。五十岁后入土火之乡，必否。四丙申却先行金水大运，五旬后方入木火之乡，要想发迹，必先熬过五十年困苦。四辛卯则大运逆行，《滴天髓·干支总论》一节中收一例，注云：“此造四木当权，四金临绝，虽日反克地支，实无克力也。……彼出母腹，数年间父母皆亡，与道士为徒。己丑、戊子运，印绶生扶衣食无亏。一交丁亥，生火克金，即亡其师，所有微业，嫖赌扫尽而死。”

四乙酉格成从杀，大运逆行，辛巳、庚辰二运，巳辰均合酉化金，杀气大盛，发贵必然，却难善终。据传杨贵妃就是此格。

四丁未、四壬寅，虽格成从儿，然也有别。壬寅从儿纯粹，大运顺行木火，财星引通秀气，大富之格。四丁未却不同，未中有丁火余气，却是身弱食重之局。妙在大运逆行火木，助身任食，故也可发迹。

四戊午、四己巳、四庚辰都是印旺身强，两神成象，其势也喜顺不可逆。戊午大运顺行，申酉金运泄身之秀，无妨。戌运助局亦美，运入水乡，逆火土之旺必祸。四庚辰大运顺行火金助局故贵。四己巳大运逆行，寅卯二运虽官杀克身有印化解，反成官杀生印，印旺生身之局最美，入水乡恐难行矣。

四癸亥格成润下专旺。男命逆行，仅西方运为美。女命顺行，北方、东方、皆为好运。

戊午
戊午
戊午
戊午

印旺身强，两神成象，其势可顺不可逆。初运己未，顺其旺势，少运优游。庚申、辛酉二运食伤吐秀尚可，壬水为财，引起纷争，不美。

【格局总解】纵观前面所有格局，只要略一用心就可以看出，越是正统的格局越是说得朴实；越是虚妄的格局越是说得玄妙无比，神乎其神，使人眼花缭乱，不知所从。只要认真遵循子平五行生克制化这个推命至理去取格、取用，那些似乎讲得头头是道的绣花枕头般格局的自相矛盾的本质就完全暴露了出来。

近些年来，我读了数十本国内及港台出版的八字类书籍，也读了许多易友在办班时自编的八字类教材，还从网上看了一些为人批命的网站，虽然绝大多数摒弃以神煞、纳音五行及花里胡哨的外格论命的谬法，但也发现了两个误区，不得不多说几句。

一是哗众取宠，坚持用外格。但分为两种，一种是虽仍用外格，取悦于人，但论吉凶时仍不离正五行生克。试举民国时期林庚白先生几例以证：

戊午		01、丙寅
		11、丁卯
乙丑	大	21、戊辰
壬申	运	31、己巳
		41、庚午
乙巳		51、辛未

民国时期曾任总理的赵秉钧八字。林先生批曰：纳音两火两金，锻炼成器。戊午见乙丑，为骊珠耀日；壬申见乙巳，为灯花拂剑，宜其权兼文武，位至首揆矣。以子平生克之理推之，大寒后土旺，七杀透干，又得午丑申巳，暗藏戊己，为之羽翼，煞旺身弱，其理甚明。故辛运正印，生扶壬水日元，强台直上，最为得意。一交未运，丑未冲动正官，官煞益争权不已。甲寅流年，寅申巳三刑，七杀长生，恐罹不测矣。

按：五十七岁甲寅年死者，非寅申巳三刑之故，乃大运辛未与月柱天克地冲，岁支寅木冲破申金用神之故也。

乙卯		06、乙酉
		16、甲申
丙戌	大	26、癸未
癸酉	运	36、壬午
		46、辛巳
丙辰		56、庚辰

民国时期曾任总统的徐世昌八字。林先生批曰：东海八字，最难推究。浅者谓其冲中逢合，即以取贵。不知此等格局甚多，未足为奇。以正格论之，杂气财库，丙火透出，辰戌冲开，木火相生，癸水失之弱，故行金水运皆佳，而辰未冲出癸水比肩尤美，然此

自行运之否泰言耳。其八字本体贵征安在？至可寻味。余覃思数稔，直至前日，始恍然大误。盖酉戌包藏申亥，卯辰包藏寅巳，申亥在酉戌之前后，寅巳在卯辰之前后，愈作有力。若作酉辰卯戌，或卯戌辰酉，皆不能包藏矣。寅申巳亥为四孟，四孟全备，富贵已极，矧其属于见不见之形哉（用实不如用虚）。己运七杀，克制癸水，且格中财官皆正，偏者争权，患其所忌。初交巳运，因庚申、辛酉流年大佳，故尚能支持。壬戌流年，壬克丙，戌冲辰，故狼狈下野。丁卯流年，在己卯运中，运岁悉系冲克（己卯与癸酉、丁卯与癸酉），防大限。

按：这个八字，财重官旺身弱，取辰酉合而化金为用神，故在辛巳、庚辰二运中登上权力顶峰。

此类人虽喜谈外格，以显示自己才识过人，然还能用五行生克论吉凶，尚未脱论命正途。最近读到一本书，全书一千六百余例，论命时只谈外格，没有一句涉及五行生克制化，全书废话连篇，金玉其外，败絮其中，特举数例如下：

1906 年正月十四日午时生：

丙午		09、辛卯
庚寅	大	19、壬辰
		29、癸巳
壬午	运	39、甲午
丙午		49、乙未

清宣统皇帝溥仪八字。原书批曰：丙午年再逢丙午时，年为祖，时为孙，为公孙同类格，主世代荣昌。壬坐午位，午宫有丁财己官，为财官双美格，主有财有势。地支三午一寅，寅午相合，为凤凰恋配格，主高爵厚禄。丙午天河水见庚寅、壬午二木，在日月为内，在年时为外，外水内木，水浇花堤，此格有殊贵。

按：此格壬水支下无根，财食极重，干头有庚金偏印，又不能从财，只有取庚金偏印为用神。惜庚金亦居死绝之地，属神索气枯之局。三岁戊申年、癸亥月、壬申日（11 月 13 日）抱入宫内教养，癸酉日入承大统，乃金水大旺之时也。四十岁运入南方，在监狱里度过十多年。原注所谓世代荣昌、高爵厚禄，均成为一句空话。

有本教材上说了这样一句话，命局中最忌“无怕有，有怕无”，并誉之为“四柱真传”。初听之，似乎有理。细析之，却面目全非。先说“无怕有”，这种说法用在专旺格（曲直、从革、稼穑、炎上、润下）与从格（从杀格、从儿格、从财格）上是有一定道理的。

1008年七月初二辰时生男：

四柱		大运
戊申		09、辛酉
		19、壬戌
庚申	大	29、癸亥
庚申	运	39、甲子
		49、乙丑
庚辰		59、丙寅

宋名相韩琦八字。干头三庚，支下三申，戊辰生之，从革极为纯粹。运至北方，泄其秀气，丑土助局，官拜司空兼侍中，封仪国公。五十九岁运至丙寅，被群小攻讦，直贬至团练副使。此局中无丙寅忌神，岁运遇之而凶例。

1525年五月初三卯时生男：

四柱		大运
乙酉		10、庚辰
辛巳	大	20、己卯
		30、庚寅
辛酉	运	40、丁丑
辛卯		50、丙子

明江陵张居正八字。干头三辛，支下二酉，巳火合酉化金，乙卯被旺金冲克殆尽，弃之不论，格成从革专旺。二十三岁丁未年，大运己土，己土化丁火生辛金助局，中进士，授庶吉士。三十岁甲寅年，木逆金性，归乡退隐。三十六岁庚申金，太岁助局，复起迁右中允。四十四岁戊辰年，印绶助局，先以礼部侍郎兼东阁大学士入阁，继而进礼部尚书兼武英殿大学士、加少保兼太子太保。四十九岁癸酉，大运丑土，巳酉丑三合金局，升首辅。五十八岁壬午年，大运丙子，不仅运岁天克地冲，且丙午逆金之旺，卒。此局中无丙午运岁见之为凶例。

四柱		大运
庚申	大	08、乙酉
甲申		18、丙戌
己丑	运	28、丁亥
癸酉		38、戊子
		48、己丑

林庚白先生《民国名人命鉴》中杨士骧例。批曰：八字完全缺火，以两申暗合巳火印绶，以丑酉虚邀巳印，谓之邀合正印格，亦见不见之形也。亥戌子三运皆佳，盖亥巳暗冲，戊巳同官，子水为己土贵人，又巳印胎乡，故尤得意。己运比肩，克制时上偏财（戊己同官，故不以合癸论），巳申争官，亦其一病，故骑箕西去。此造伤官见官，而官星自坐绝地（甲木绝于申），不寿之征，端由于是。若就正格推之，非所行不符，且八字亦无甚可贵，用实不如用虚，其验如此。

按：林氏以外格论此局，大误。此局己土虽坐丑有根，惜丑合酉化金，强金一派，日主无助，只有弃命从金，谓之从儿。十六岁乙亥年，大运乙酉，酉亥助局，考中秀才。运入亥子，财星引通秀气，官直做至直隶总督兼北洋大臣，政绩斐然。四十八岁入己丑大运，大运与日柱伏吟，五十岁己酉年，运岁局三己同心，从儿格破，死于任上。这是从儿格遇比印助身为凶例。

四柱		大运
己未		甲戌
乙亥	大	癸酉
辛未		壬申
壬辰	运	辛未
		庚午

清理藩院尚书寿耆八字。局中旺印生身，未亥拱乙成木局，壬水伤官吐透生财，土金水木一顺相生，格局顺畅。惟生于立冬之后，北方已滴水成冰，无火不能生发。二十四岁壬午年，午火暖局，殿试摘榜眼，授编修。三旬后运至南方，官直做至右都御史、理藩院尚书。此局中无官杀，运岁遇官杀大吉例。

1578 年十一月十三日辰时生男：

四柱		大运
戊寅		05、乙丑
甲子	大	15、丙寅
庚申		25、丁卯
庚辰	运	35、戊辰
		45、己巳

明松江府华亭钱龙锡八字。庚金坐禄见比，又得戊辰印绶，日元不弱。惟生于大雪节内，上海亦飞雪漫天，必以解冻为要。惜局中无火，是无用神。妙在出门大运先是东方，继而南方，皆阳和之乡。三十岁丁未年，大运丁卯，中进士，选庶吉士，步入仕途。运至南方，官直做至礼部尚书、太子太保、文渊阁大学士。

丁亥		08、壬子
癸丑	大	18、辛亥
		28、庚戌
己亥	运	38、己酉
戊辰		48、戊申

民国初期江苏嘉定顾维均八字。己生丑月土旺之时，时柱戊辰，身强，癸亥亥财星三重，身强财弱，水土交战为病，就格局而言，并无多大贵气。妙在大运从十八岁起，干头庚辛，支下申酉，四十年食伤大运，化土生财以通关，格局十分流畅。十八岁运入辛金，得未婚妻之父相助，赴美国耶鲁大学留学，回国后在外交部做了三等秘书。运入申酉，官直做至财政总长兼摄国务总理。

戊戌		戊午
		己未
丁巳	大	庚申
		辛酉
己亥	运	壬戌
丙寅		癸亥

明江西南昌熊浃八字。己土生于巳月火旺之时，月时干丙丁，年柱戊戌，火土极旺，寅木官星气泄丙火，全赖亥财生扶，惜亥水生于巳月为绝，无力生官，就命局而论，贵气不足。妙在二旬后运入西方，强食旺伤吐秀生财以通关，局中五行俱全，生生不息，大格成矣。三十七岁甲戌年，大运辛酉，中进士，授礼科给事中，官直做至吏部尚书。

以上四例，第一、二例为局中无官杀，运岁遇官杀大吉。第三、四例为局中无食伤，运岁遇食伤大吉。此四例均为局无喜有，由此看来“无怕有”之说有些片面，应是“局无忌神，怕运岁逢忌神；局无喜用，运岁宜逢喜用”方合命理。

再说“有怕无”，既曰有，又何以言无，就语法而言已失立意，应是“有怕失”“有怕克”，或“有怕绝”，方合命理。

1880年十月初三酉时生男：

四柱		大运	
庚辰		丁亥	
丙戌	大	戊子	
		己丑	
戊戌	运	庚寅	
辛酉		辛卯	

民国时期浙江青田夏超八字。土星四重且司权，又得丙火生扶，身旺，当取辛酉伤官吐秀为用神。己丑、庚寅二运，寅戌有拱火之情，官至浙江省主席，警察厅厅长。四十七岁丙寅年，大运辛卯，运岁局二丙合去二辛，卯木冲破酉金用神，兵败被俘，后被孙传芳下令枪决。

1890年四月十四日子时生男：

四柱		大运	
庚寅		壬午	
辛巳	大	癸未	
		甲申	
癸丑	运	乙酉	
壬子		丙戌	

民国时期浙江绍兴邵元冲八字。虽癸水得壬子禄劫，一则生于巳月水绝之时，二则子水合丑化土，又得寅巳伤财之助，杀气反胜，当取庚辛印绶化杀生身为用神。运至西方，用神有力，官至国民政府立法院副院长，后代理院长。四十七岁丙子年，大运丙戌，二丙财星高透，克去庚辛，格局破坏，在西安事变中因跳窗被击伤，于庚午日死于医院。

1877年五月初四寅时生男：

四柱		大运	
丁丑		乙巳	
		甲辰	
丙午	大	癸卯	
		壬寅	
戊午	运	辛丑	
甲寅		庚子	

民国时期浙江慈溪张啸林八字。戊土两见午印，干透丙丁，甲寅之木皆被丙午合化，火土成象，运岁喜木火土而忌金水。二十一岁丁酉年，大运在辰，辰酉合金，逆火之旺，移居杭州，拜杭州府衙门领班李休堂为先生，开一茶馆，结交地痞流氓，以寻衅打架、聚赌敲诈为生。四十三岁己未年，大运在寅，岁运助局，迁上海，交结黄金荣、杜月笙，拜青帮“大”字辈樊瑾丞为师，成为“通”字辈一员，专干勾嫖串赌、逼良为娼、贩运鸦片等勾当。五十五岁壬申年，大运壬子，水逆火旺，投靠日本人。六十四岁庚辰年，大运庚子，干头丙丁争庚，支下水火克战，格局尽坏，被随身保镖林怀部击毙。

以上诸例，皆原局有用神无忌神，运岁逢忌神而凶例。

1893年八月初十戌时生男：

四柱		大运
癸巳		04、庚申
辛酉	大	14、己未
		24、戊午
庚申	运	34、丁巳
丙戌		44、丙辰

民国时期吉林长春石友三八字。庚金坐禄，月柱旺刃，年支巳火合酉化金，金气极盛，取时上丙杀坐库東身为用神。惜年上癸伤高透，得旺金之生以克丙杀，格局成中有败。初运庚申，生癸制杀，出身贫寒之家，八岁被送往长春粮店当学徒。十六岁戊辰年，大运己未，戊己克合癸水忌神，弃家投军。一入戊午大运，戊土合去癸水忌神，勃然而起。二十七岁己未年，升连长。二十八岁庚申年，升营长。三十岁壬戌年，升团长。三十二岁甲子年，升旅长。三十三岁乙丑年，登上师长宝座。三十五岁丁卯年，升军长。三十七岁己巳年，升十三路军总指挥、安徽省主席。三十九岁辛未年，辛金合去丙火用神，被蒋介石与张学良围歼，寄居于韩复榘篱下。四十六岁戊寅年，又是戊土合去癸水忌神，东山再起，任军团长、冀察战区副司令兼察省主席。四十八岁庚辰年，庚金生癸，癸水得生克熄丙杀，十一月水旺火死，被部下扣押活埋。

四柱		大运
丁丑		壬子
		辛亥
癸丑	大	庚戌
		己酉
庚申	运	戊申
丁亥		丁未

明苏州府长洲陆完八字。庚金坐禄，年月支丑土旺印生身，时支亥水泄秀，格局流畅，惟生于严寒之时，水冷金寒土冻，必以丁火官星调候为急用，癸伤明透克丁为忌。三十一岁丁未年，大运戊土，癸伤临受克之乡，中进士步入仕途。运至戊己，枭印克合癸水忌神，丁官无制，格局和暖，一路升腾，官至吏部尚书，为六部之首。

1873年正月二十六日巳时生男：

癸酉	大	07、癸丑	
甲寅		17、壬子	
丙午	运	27、辛亥	
癸巳		37、庚戌	

民国初期广东新会梁启超八字。丙火坐刃归禄，又生于甲寅之月，火焰甚炽。年时二干癸水虽明透，但失时失势，当取酉金财星生官为用神，午巳禄刃夺财为忌。壬子一运，官杀去刃禄以护财，少年中举，名扬四海。二十六岁戊戌年，旺食克合官杀，身旺无依，变法维新失败，逃亡日本。四十岁壬子年，大运庚金，尽去午巳忌神，以一介平民出任袁世凯政府的司法总长。

1893年二月二十一日戌时生女：

癸巳	大	10、丁巳	
丙辰		20、戊午	
甲戌	运	30、己未	
甲戌		40、庚申	

民国时期中国第一个女法官、广东新安郑毓秀八字。甲木生于清明后三天，乙木余气尚存，且辰中又暗藏癸水，湿土有养木之功，再加时干比肩，日元不弱。戊土二财，被二甲盖头，土木克战，当取丙巳食神吐秀生财通关为用神，癸印贴近夺食为病。初运南方，用神托根，戊己之财尽去癸水之病，故少年成名。郑毓秀早年入天津教会崇实女校读书，后入日本留学，再赴法国留学，毕业于巴黎大学。二十七岁己未年，大运戊午，戊己尽去癸水之弊，任巴黎和会中国代表团成员，竭力反对割让山东，拒绝在和约上签字，头角初露。三十三岁乙丑年，大运己未，乙木化癸生丙，己土去癸，获法国法学博士学位，回国在上海开办联合律师事务所。三十五岁丁卯年，任上海临时法院院长。三十六岁戊辰年，升国民政府立法委员。三十九岁辛未年，任上海政法学院院长。五十岁壬午年，大运庚申，壬枭夺丙，申金合巳，失去权力，随丈夫流亡国外。

以上各局是有忌神，喜行克绝忌神之运岁。

由此可见，所谓“有怕无”，不过是局有用神，怕运岁行到克绝用神之处。反之，局有忌神，却偏喜行运岁克绝忌神之处，所以其说也不能完全成立。

近年来，论八字书中确实出了许多奇谈怪论，就以地支五行的藏干基分而论，以寅木为例，寅中藏甲为六十分，藏丙为三十分，藏戊为十分，合为一百分。然寅木生于月支与年日时支有失时和得时之别，是否都记为六十分？局中如见午火，寅合午化火，其是否还是六十分？若寅与申冲克，是否还是六十分，且还有寅木当令遇申冲，与申金当令冲克寅之别，其力量都是不一样，岂可以死法六十分而分其强弱？大连瓦房店刘文元先生在《四柱命理正源·前言》中说："我不反对创新，但创新必须有一个前提，那就是创新的理论必须符合易理，并在符合易理的前提下经过大量的实践检验取得较高的应验率之后才可以上升为理论。"我赞成这种观点，更希望命理学有所创新，但只能是从五行生克与命局中的喜忌为依据而发展。一切花里胡哨、哗众取宠，经不起推敲的理论都是行不通的。这也是我一定要挤出时间修定本书的用意。

卷三

六亲总论

【原文】夫六亲者，父、母、兄弟、妻财、子、孙是也。用日干为主，正印正母，偏印偏母及祖父也。偏财是父，乃母之夫星也，亦为偏妻。正财为妻，偏财为妾，为父是也。比肩为兄弟姐妹也。七杀是男，正官为女。（阳为男，阴为女。）食神是男孙，伤官是女孙及祖母也。（以上有图，必详其图说方可知。）妇人命取六亲，与男命不同。取官星为夫星，七杀是偏夫，食神是男，伤官是女。经云：男取克干为嗣，女取干生为子息及奴婢也。

【注解】印绶为生我之物，为母；正财为我克之物，为妻；官星为管束我身之物，为夫，旧时妇人称丈夫叫官人，即此理；比肩为兄弟姐妹，取与我同类之意。食伤为我生之物，为子为女甚合易理，均无疑义。惟偏财为父星，男命官杀为子息有争议。《滴天髓》云：以财印分属父母，又论父克母之说，无把握，乃惑于俗说之谬也。父母岂可以克字加之，当更定丧妻克子为至理。又云：以财为父者，乃后人之谬也。若据此为确论，则翁媳同宫，岂不失伦常乎？故父母亦应以印绶论之。子平法则认为正印为母星，女命以克我之神为夫，偏财就是正印的正官，为夫，母之夫当然就是我之父了。

细较两说，子平法似乎与命理比较贴近。大凡判断父母既要看偏财父星，也要结合月令父母宫判断。月令为用神，被冲克主父凶。偏财被劫夺，亦主父凶。月令为喜神主父吉，偏财居月令为父星尤验。月令为忌神父多灾，月令是偏财者尤验。至于翁媳同宫之论也有区别。大凡男人未婚之前，依父母度日，这时应以偏财为父星看。结婚以后自成家业，与妻妾度日则以

偏财为偏妻看。父亲若在，兼看父星。（详参后“论父”一节）

任铁樵在《滴天髓阐微》中又说：以官为子之说，细究之终有犯上之嫌。夫官者，管也。官治万民则不敢妄为，循守规矩。家庭必以长辈为管，出入动作者，皆遵祖父之训是也。不服官府之治者，则为贼寇，不遵祖父之训者，则为逆子。夫命者，理也，岂可以官为子而犯上乎？莫非论命竟可无君无父乎？谚云：父在子不得自专，若以官为子，父反为子管治，显见父不得自专矣。故俗以克父克母为是，有是理乎！今更定以食伤为子女。

子平法为什么以官杀为子息？因正财为妻星，正财可生官杀，妻之子，必为我之子，所以取官杀为子息，与命理也贴近。且男人只要生子，肩上就有了责任。为了子女的成长，为父的许多不良嗜好，如赌、嫖、偷、抢等都会收敛许多，甚至改邪归正。有哪个父亲当着儿子的面不是一本正经的？这说明儿女虽不能管父亲，却也有一定约束力，此即官杀为子的道理。但也不必拘泥，推命时要把子息星（官杀）和子息宫（时柱）结合起来看，何者为喜，何者为忌，子息贤愚吉凶就会明了。

辛卯
辛卯
甲辰
丁卯

日元甲木取辛金官星为子息星，虽年月双透，惜地支无根，且被时干丁火伤官克去，是伤了子息星。但再看时柱子息宫。全局甲木三见卯刃，必以丁火伤官吐秀为用，用神居于子息宫，不仅有子且多而贤。己丑、戊子二运，晦火之光，用神无力，几得子而不育。运至丁亥、丙戌，用神明透，连生五子。

丙戌
辛丑
壬午
戊申

壬申通源，申印化杀，身旺能敌杀，取戊土七杀生申金印绶为用神，子息星居子息宫且为用神，此君子女竟多至三十余人。

【原文】年为祖上，月为父母、伯叔兄弟门户，日为妻妾己身。且如六亲受克何如？印绶见财，克母及祖母也；见比劫羊刃，克妻妾及父也；官杀多者，难为兄弟；伤官食神多，难为子息；枭印伤孙，克祖母也。譬如正印作合母不正，财作合妻不正，官作合女不正，偏财作合妾不正，比肩作合姐妹不正，伤官作合祖母不正，食神作合孙女不正。假如甲日为主，见癸为母，见戌戊辰为父及妾，见己丑未字则与戊字相争夺，又伤癸水，克母之义明矣。见甲寅字，克父及妾；见庚申字，主克兄姐也；见乙卯字，克弟妹；见丙巳字，克子女也，余仿此。此必以岁运见何字，则克何人。更将冲克衰旺向背，将来者进，功成者退。兼有孤神，寡宿，旬中有空亡者忌，二三反吉。金空则鸣，火空则发，水空则流（此三者上吉）；木空则朽，土空则崩（二者主凶）。当以本生年起，克害无疑也。

【注解】年为祖上宫，月令为父母宫，日支为配偶宫，时柱为子息宫。印绶为母星，偏财为父星，正财为妻星，正官为夫星，比劫为兄弟姐妹星。男命官杀为子女星，女命食伤为子女星。要推六亲，须把何星与何宫相结合，根据喜忌判断，方论冲克。如男命以正财为妻，居日支且为喜神，妻吉，见比劫有克妻之忧。如果身弱财强，见比劫分财助身，非但不克妻，反主得妻财。均是要根据格局活断，决无一理。

大凡六亲，与自己关系愈近者愈验，祖上伯叔、公等与日主关系又隔了一层，其验甚微这个道理不难理解。

孤神、寡宿：亥子丑人见寅为孤，见戌为寡；寅卯辰人见巳为孤，见丑为寡；巳午未人见申为孤，见辰为寡；申酉戌人见亥为孤，见未为寡。

命理以生我者为父母，男命以我克者为妻妾。如此亥子丑水以金为父母，金绝于寅，是为孤；水以火为财，火见戌为入墓，是为寡。申酉戌金以土为父母，土绝于亥是为孤；金以木为财，木见未为入墓，是为寡。木火类此。神煞说认为男女命犯此，均主不利婚姻，纯属虚妄。

1946年七月十七日卯时生男：

四柱	大运
丙戌	09、丁酉
丙申	19、戊戌
己未	29、己亥
丁卯	39、庚子
	49、辛丑

此局年支戌土，日支未土，以年支论，戌人见未为寡宿；以日支论，未人见申为孤神。然此君年近八十，夫妻仍相敬如宾。细析之，己土以申中暗藏壬水为正妻，妻星藏于长生之中故也。

1956年九月初四寅时生女

四柱	大运
丙申	10、丙申
丁酉	20、乙未
丁巳	30、甲午
壬寅	40、癸巳

1959年十一月二十日寅时生男

四柱	大运
己亥	10、乙亥
丙子	20、甲戌
癸巳	30、癸酉
甲寅	40、壬申

女命日支巳火，时支申为孤神；男命年支亥水，见寅为孤神。然两人结婚四十来年，仍然恩爱如初，孤神之说不可信也。

1977年正月初四辰时生男

四柱	大运
丁巳	06、辛丑
壬寅	16、庚子
己酉	26、己亥
戊辰	36、戊戌

1977年十二月二十三日辰时生女

四柱	大运
丁巳	03、甲寅
癸丑	13、乙卯
癸巳	23、丙辰
丙辰	33、丁巳

男女命年支皆为巳火，巳午未见辰为寡宿，男女命时支皆

是。依寡宿之理，主夫妇婚姻难以偕老，然二人于二十一岁丁丑年同居后结婚，至今已二十余年，感情仍如鱼得水，恩爱无比，寡宿之说亦与实不合矣。

六亲捷要歌

【原文】分禄须伤主馈人，比肩重叠损严亲。

【注解】禄言日禄，伤即伤官，如果日禄重叠，有伤官吐秀定是贵命。

庚寅
戊寅
甲子
丙寅

陈济棠命造。年月时三支见寅禄，戊财虽透，虚悬无根，庚金七杀也临绝无根，不能护财，取丙食化禄、生财通关为用。运至巳午，用神有力，掌握广东军政大权。

偏财为父星，命局中比肩重叠夺财，有克父之忧。

癸巳
己未
己未
甲戌

命局中旺土五重，又得巳火财生，比肩劫财叠见，癸水偏财无助，仅有一甲制比护财。七岁己亥年，太岁又引来比肩，抢去癸水偏财父星，该年父丧。

【原文】正财克母偏财父，夫妇相刑值退神。

【注解】正印为母星，印绶逢财星克损，多主伤母。

甲午
丙寅
壬子
丙午

壬水日元，命局中财星极旺，财为克母之星。七岁庚子年，太岁引来印绶母星，引起旺财相克，该年丧母。

【原文】食神有寿妻多子，偏官多女少麒麟。

【注解】男命以官杀为子星，见食神克制子星，若食神为用，主多子；若为忌神，有克子之忧。男命有杀无官，主多女少男。

1975 年十一月初一子时生女：

乙卯	大	02、戊子
丁亥		12、己丑
癸未	运	22、庚寅
壬子		

癸生亥月，时柱壬子，年柱乙卯食神与亥未三合食神局，格局流畅，惟嫌泄身过重。二十三岁癸丑年，大运庚寅，丑土合子化土，癸水失禄，寅木又助卯盗气，是年患肝腹水病亡。原文云“食神有寿”，不可尽信。

1890 年闰二月十三日午时生男：

庚寅		02、庚辰
己卯	大	12、辛巳
		22、壬午
癸丑	运	32、癸未
戊午		42、甲申

民国时期何应钦八字。癸水生于卯月，食神当权，食神主寿，何应钦活了九十八岁，于一九八七年八月三十日（9 月 22 号）病死台湾。但何应钦长寿原因，一在庚金印绶有化官杀制食伤兼生身之功，二在四旬后运至西方，继而北方，大运有力也，并非食神之功。

由此可见，食神与财官伤印同，若为局中喜神主长寿，若为局中忌神仍会夭亡，万勿一见食神便以长寿论。

丁酉
己酉
庚子
癸未

益王命造。庚金年月见刃，又得己未印生，日元极盛，喜时干癸水伤官明透，通根子禄，泄强金戾气，使日元得以中和。癸伤居时干，时为子息官，为用神，所以生子三十余。

1959年三月十八日卯时生男：

己亥	大运	07、丁卯
戊辰		17、丙寅
丁丑		27、乙丑
癸卯		37、甲子
		47、癸亥

日元丁火，癸杀透于时干，辰丑中又暗藏两个癸水，亥水正官被己土盖头，弃之不论。局中明暗三重癸水，正妻为其生一女，小二为其生两个女儿，一个男孩也没有。

乙酉
癸未
癸未
丁巳

月令未土，七杀当令，日支重见，偏官主女，所以生两个女儿，后再无生养。

【原文】乘旺伤官嗣必绝，中和印绶自荣身。

【注解】男命中伤官强旺且为忌，克绝官杀子息星，多无子。

庚子
己卯
癸卯
辛酉

明代奸相严嵩命造。己土子星被卯木旺食克绝，所以一生不育。螟蛉之子严世藩也最终伏诛，可以说绝嗣。

1957年闰八月初六卯时生：

丁酉	大运	07、戊申
己酉		17、丁未
甲辰		27、丙午
丁卯		37、乙巳
		47、甲辰

甲木虽时支得卯木羊刃，但酉官司权，年支重见，日支辰土生合酉金，官旺化杀，取丁火伤官制杀护身为用神。初运戊申，财杀临运，文化革命中跟着“走资派”的父亲入狱。丁未运中，父亲恢复职务，考上地质大学。三十三岁己巳年，丁用得运岁禄旺，开设公司，开始房地产开发勃然而兴。局中官星两重，辰土生合之，共生二男一女。

或问：严嵩造食伤强旺无子，此局何以有二子一女？答曰：严局中食伤为忌神，此局伤官为用神，此其一。严局中日时支卯酉相冲，冲破了时支子息宫，此局月日支辰酉合解冲，子息宫无伤。故命局宜活看，万勿死执一法。

[原文]

男命六亲取用图

天干	甲	乙	丙	丁	戊	己	庚	辛	壬	癸
甲	兄姐	弟妹	寿星 婿孙	孙女 外母	父伯 妾	正妻 姑妈	男孙 侄	女 侄女	偏母 男妇	母亲
乙	兄姐	弟妹	妻母 女孙	女婿 孙	正妻 姑	父伯 妾	男	女	妻父 母	偏母 伯父
丙	偏母	正母	兄姐	弟妹	男孙	孙女	伯父 妾	正妻	男	女
丁	正母	偏母	兄姐	弟妹	男孙	女孙	正妻	父 妾	男	女
戊	男	女	偏母	正母	兄姐	弟妹	男孙	女孙	父 妾	正妻
己	男	女	正母	偏母	兄姐	弟妹	男孙	女孙	正妻	父 妾
庚	父 妾	正妻	男	女	偏母	正母	兄姐	弟妹	男孙	女孙
辛	正妻	父 妾	男	女	正母	偏母	兄姐	弟妹	男孙	女孙
壬	男孙	女孙	父 妾	妻	子	女	偏母	正母	兄姐	弟妹
癸	男孙	女孙	妻	父 妾	子	女	正母	偏母	兄姐	弟妹

女命六亲取用图

天干	甲	乙	丙	丁	戊	己	庚	辛	壬	癸
甲	兄姐	弟妹 妯娌	男	女	父	姑	夫兄	正夫	偏母	正母
乙	兄姐 妯娌	弟妹 公	男	女	姑	父	正夫	父弟	正母	偏母
丙	偏母	正母	公 兄姐	弟妹	男	女	父	姑	偏夫	夫
丁	正母	偏母	兄姐	弟妹	男	女	姑	父	夫	偏夫
戊	偏夫 夫兄	夫	偏母 母姨	正母	兄姐 公	男妹 妯娌	男	女	父	姑
己	夫	夫弟	正母	偏母	兄姐	弟妹 公	男	女	姑	父
庚	父	姑	夫兄 偏夫	夫	偏母	正母	公 兄姐	弟妹	男	女
辛	姑	父	夫	夫弟 妯娌	正母	偏母	兄姐	公 弟妹	男	女
壬	男	女	父	姑	夫兄 偏夫	夫	偏母	正母	兄姐 公	弟妹
癸	女	男	姑	父	夫	夫弟	正母	偏母	兄姐	弟妹

论　　父

【原文】偏财是父，乃印绶之官星也。如甲日以戊为父，再见甲寅字或木局全，或临死绝冲刑之地，主克父也。不然主离异、不睦或疾病伤残。若得庚字、申字救，庶无大害。

【注解】见下二例：

己卯　　癸水以丁火偏财为父星，明透月干，虽壬水劫财虎视眈
丁卯　眈，企图劫合丁财，然有己杀相护，壬劫畏杀之克，不敢劫丁。
癸丑　二十五岁癸卯年，大运入甲，甲木伤官合去己杀，丁财无护，
壬子　被岁干癸比夺取，父丧。

癸巳　　乙木以己土偏财为父星，自坐卯木比肩，常有被夺之危。
癸亥　幸日支酉金七杀贴身冲克卯木，比肩自顾无力，不能夺己。可
乙酉　惜运至辛酉，强杀尽泄己土偏财之气，父瘫痪不起。
己卯

【原文】如甲旺戊衰，亦主有疾少靠。如戊临生旺、贵人、天月德地，亦主有贵。更得丙丁生助，享父之福无穷。

【注解】偏财临衰无生，父非有疾则少靠。父星虽衰，若逢食伤生助，再为命局中用神者，不仅父亲富贵，且享父之福。

乙巳　　辛金以乙木偏财为父星，生于申月金旺之时，地支又无根，
甲申　是父星临衰地，全靠癸水食神化金生助父星。十五岁己未年，
辛酉　枭印夺食，乙木父星无生，其父瘫痪在床。二十五岁己巳年，
癸巳　再逢枭印夺食，父亡。

戊寅　　表面看来，月日二柱丁巳旺火，又得寅木相生，火焰冲天，
丁巳　辛金偏财父星一点，必被销熔。妙在时支丑土湿土，既收全局
丁巳　燥气而生辛金，又与日支巳火拱辛成金局，身旺食美财强，全
辛丑　局气势流通，其父为军界高级将领。

【原文】如临杀地，父死他乡。如居衰败受制之处，墓绝之地，主父平常，不得父力也。

【注解】偏财父星坐杀，财气尽泄，若杀旺为忌，主父凶死。倘若身旺杀浅，喜偏财相生，反主父贵。

丁未
庚戌
壬子
庚子

女命。壬水本以丙火偏财为父星，局中不见，便以丁火正财为父星。壬水日时二见羊刃，又得二庚相生，刃旺身强，喜官杀制刃为权。丁火父星助官杀为喜，其父为高级干部。

壬寅
壬寅
戊子
戊午

戊土以壬水偏财为父星，壬水之气尽泄于寅杀，戊生寅月，木旺土虚，最喜时支午火印绶化杀生身，又被子水贴身冲克。一则父星之气尽泄，二则助杀攻身为忌，所以出身贫寒之家。

论　母

【原文】正印者，乃生我之身也。如甲日以癸为母，遇己丑未主克母。（癸为印，逢己丑未乃是土克水，故云克母。）见多主母嫁二夫。

【注解】财星为母之夫星，正印和偏财阴阳相配为正夫，若见正财，阴阳失谐为偏夫。一个命局中正财偏夫多见，非克母即母多夫。

己亥
丁卯
辛卯
壬辰

辛金以辰土印绶为母星，年月亥卯合木，日支重见，偏财叠逢克辰土母星。十七岁逢乙卯年，太岁又引来强旺偏财，辰土一点被克尽，该年母丧。

丁未
甲辰
庚戌
丙子

庚金以未土正印为母星，甲木偏财为父星，不料未中暗藏乙木，辰中也暗藏乙木，偏正夫交集。八岁甲寅年，太岁又引来夫星，其母有了外遇。为什么这两造都是偏夫强旺，何以上造丧母，此造则母有外遇？因为上造母星衰弱，被偏财克尽；而此造母星有力，可任偏正旺财，所以夫多。

【原文】一戊失地（戊乃癸之夫）或被克，主母伤前夫。戊字受生或印临桃花沐浴，母有外情。

【注解】偏财被克，父丧，母无夫。

乙亥
庚辰
戊辰
戊午

成吉思汗铁木真命造。戊土以午火印绶为母星，以亥水偏财为父星。局中比肩重叠，亥水被克尽，午火印绶生辰土比肩，助其夺亥，所以母伤前夫。

癸酉
乙卯
丙戌
己亥

日元丙火，沐浴于卯，卯木为丙火母星，临沐浴主母风流。实际上卯木印绶与戌土相合，戌中有辛金偏夫，与偏夫相合，故风流。其母在按摩院工作，先后同好几个男人同居，风流成性。

【原文】如印长生，主母慈淑寿长，益夫和子。

【注解】见下例：

丁巳
癸丑
甲戌
辛未

甲木以癸水为母星，表面看来，母星坐正财受克，妙在巳丑拱辛成金局，反为母坐长生。再看全局，财旺官强，全靠癸水印绶化官生身使格局中和，再加大运先北方水，后西方金，皆助母星，其母不仅慈淑贤德，且为大官。

【原文】母如临羊刃杀地，或值墓绝，孤寡，主母不贤，或有残疾不睦。须以理推，无不验矣。

【注解】母星临羊刃，尽泄印气，母身弱，多疾病。母星临墓绝受克，无救护多凶灾。原文言母临杀地，主不贤或有残疾之论有误。因为母星临杀，化杀为权，多为贵格。母星临杀受生，母星有力，身体强旺，也不应有残疾。

壬申
己酉
庚子
庚辰

己土正印母星坐酉金羊刃，支下根气辰土合子化水，己土无助，气尽泄刃比，所以母亲身弱多病。生下他后因身弱无法照料，送给他人抚养。

壬戌
丙午
乙酉
戊寅

壬水正印母星坐戌土正财受克，酉金七杀又远离母星，且被午破，无力化财生印，救护无力。十三岁甲戌年，甲劫盗壬之气，戌土助戌克壬，父母离异。

命局中印星过强且为忌神，也主母亲身体欠佳。

庚子
癸未
甲子
甲子

癸水正印得三子禄位，又有庚杀相生，母星极强，全靠未土正财损印，才不致为患。七岁运入申金，十一岁庚戌年，庚申化未财生子水，强水成局，水泛木浮，其母患半身不遂之症，瘫痪在床。

癸酉
辛酉
乙巳
戊寅

乙木本应以壬水为母星，局中不见壬水，便取癸水作母星。癸水自坐酉杀，月柱亦强杀，全靠癸水母星化杀生身通关为用。不仅母亲身体康健，且为富家之女。

论妻妾

【原文】正财为正妻；偏财，妾也。甲木见己土为正财，戊土为偏财。

【注解】一夫多妻，是封建制度的产物，原配为正妻，后娶皆为妾。离异或丧妻后再娶为继室，原配离异或丧亡后，妾为正室者叫扶正。解放后，一夫多妻制彻底取消，即使有偷香窃玉者也是偷偷摸摸。随着改革开放，一批暴发户腰包鼓了起来，有的是妻子不在身边，寂寞难耐，急于寻找妻子替身；有的则是饱暖思淫欲。于是就出现了二奶、包妹、小三、小四、情人等代名词，这种情形在子平命理中就是偏财。

辛卯
甲午
辛巳
庚寅

辛金日元以甲木为正财，通根时禄；年支卯木为偏财，命局中偏正财交集，当主有妾。三十七岁后，运入寅木，大运又引来财星，除继室外，又先后在两地金屋藏娇。可惜做事不密，被老婆知道，整天和他吵吵闹闹，不得安宁。

【原文】又见乙木局（亥卯未）伤妻，甲寅克妻也，更主妻不正（不正谓淫贱也）。

【注解】财星见劫财局，如果身衰劫强，克尽正财主妻亡。如果妻财有力，可任比劫，主妻有外遇，故有分别。

癸亥
乙丑
癸卯
壬子

日元癸水，年干见比，支类北方，比劫极盛。十八岁起行癸亥大运，又逢旺比，直如雪上加霜。二十四岁丙戌年，财星明透岁干，引起众比纷争，克熄丙火，可怜妻正当年华，竟玉殒香消。

庚子
乙酉
戊辰
癸亥

戊土坐辰自旺，癸水正财不仅坐旺，又得强金生助，财星更旺。三十一岁运入己丑，劫财坐旺，与日元争夺癸水正财，身弱劫强，其妻有了外遇，竟长达十年之久。

【原文】财衰败墓绝，主妻有疾不贤，否则年高再嫁。

【注解】见下例：

戊寅
乙丑
己未
丁卯

己土以壬水为正财，局中不见，只好取丑中癸水偏财为妻星。癸水入墓，又逢强土围克，幸丑中又有辛金食神化土生水，虽体弱多病，却不致克绝。

1945年十月十五日卯时生男：

乙酉		05、丙戌
丁亥	大	15、乙酉
		25、甲申
壬辰	运	35、癸未
癸卯		45、壬午

壬水以丁火正财为妻星，虽透于月干且与日柱相合，但自坐亥水绝地，时干癸水劫财虎视眈眈，时常处于被劫之中。四十八岁壬申年，大运亦壬水，运岁局干头三壬一癸争夺丁火，支下子辰半合水局推波助澜，一点丁火被旺水克熄，妻亡。

【原文】见癸字则妾不正（癸乃戊之妻也），见己土丑未字，则主自安。

【注解】甲木以己未丑正财为正妻，与甲日主相亲相合故自安。甲木以戊土为偏妻，有癸水，戊土合癸，其情背离日主，故曰不正。

辛亥　　甲木以己土正财为妻星，未土月令正是己土旺处，虽乙劫
乙未　盖头，但被辛官贴身克去，正财与日主相亲相爱，局无偏财杂
甲申　局，所以老俩口结婚七十年，从未红过脸。虽年近九十，仍恩
乙亥　爱如初，令人羡慕。

乙未　　甲木以未土为正财，被乙劫盖头，无官护财，妻已不正。
壬午　三十三岁丁卯年，本人入狱后，妻与友人私通。三十九岁癸酉
甲寅　年，大运戊寅，又纳歌舞厅一小姐为妾。但此妾另有情人，并
丙寅　声明该造必须与妻离异，她方与情人断绝来往。此即戊合癸故。

【原文】比肩分夺，财临沐浴桃花，主妻妾私通。

【注解】见下例：

乙丑　　段祺瑞命造。己土偏财坐卯木比肩，妾已不正。六十岁后
己卯　运入癸酉，酉金冲动卯木比肩，合去丑土财星，他的两位姨太
乙亥　太寂寞难奈，红杏出墙，段忍无可忍，只好将她们打发回家。
癸未

1965年十一月二十四日亥时生男：

乙巳	大运	03、丁亥
戊子		13、丙戌
甲辰		23、乙酉
乙亥		33、甲申

日元甲木本应以己土正财为妻星，局中不见，只有取戊辰偏财为妻星。辰土妻星居妻宫本美，惜辰土合子水桃花且化为桃花，戊土既被二乙争夺，且自坐桃花，原局已伏妻星不正之象。三十七岁辛巳年，大运甲申，申金与原局子辰三合水局，妻星与他神合化，妻子有了情夫。

【原文】日下月下坐财者，主妻多内助，更得妻财。

【注解】日下、月下见财，与日元贴近，若为全局用神，主得贤妻或得妻财之助。如果财星为忌神，反主因妻财致祸。

戊辰
乙卯
癸巳
壬戌

明万历年间状元张以诚命造。癸水日元自坐巳火正财，巳中又暗藏庚金用神，格外有力，所以不仅妻贤，且主得妻之力。张以诚出生于破落穷困之家，其妻家为当地有名的大财主。张家曾借女家银子应急，到时还不上，把张以诚送到女家做工抵债。其父一见张以诚相貌清秀，便有几分喜欢，当下即令张以诚写篇文章，张一挥而就，其父一看，才气不凡，甚是高兴，不仅不要还债，且将爱女许配与他，并资助他读书，直至后考上状元。

丁丑
甲辰
乙丑
庚辰

明万历年间状元黄士俊命造。乙木日元，支下二丑二辰，财星过旺为病，主受妻之累。黄士俊青少年时，家境贫困，岳父家为当地大户。二十七岁癸卯年，黄士俊要到广州乡试，无路费，便到岳父家借；当时其岳父正设宴待客，不仅不答应借钱，连客厅也没让他进，在走廊里拿两枚鸭蛋给他，便打发他走了。

【原文】偏财得位，妾胜于妻；正财自旺，妻不容妾。

壬寅
癸卯
辛未
己亥

辛金以寅木正财为正妻，偏居年支，离日元甚远。以卯木偏财为偏妻，亥卯未合全木局，偏财强而离日元甚近，正妻侨居国外，所以在国内另金屋藏娇。

壬申
丙午
癸亥
戊午

癸水以丙火为正财正妻，丙火坐旺。以时支午火为偏妻，干头戊官泄气，偏财之力不如正财。所以此公虽先后娶妻妾四人，仍与正妻感情甚笃。

【原文】官杀重见，妻招干蛊可畏。财官并美，为人怕妻，见杀尤忌。

【注解】原局官星或七杀重见，已是身弱受克。再见财星生官杀，更加强官杀克身之力。不是因妻财招祸，就是为人怕妻，俗称“妻管严”。

庚戌　乙酉　甲寅　辛未

清乾隆年间状元毕秋帆命造。年月天干乙庚合金，时干辛官明透，官杀强旺，戌财生酉官庚杀，未财又生辛官，财生官杀，必因妻财致祸。五十二岁辛丑年，大运庚寅，岁支丑财生合官杀，小妾月儿与食客私通，不久又与其私奔。毕秋帆不仅不予追究，还将月儿的私蓄尽数发还，并赠送不少礼物，真是因妾破财。

丙申　丁酉　己亥　丁卯

亥水正财居日支，贴身化食伤之气而生合卯木七杀，杀旺攻身，皆亥财之过，所以此君非常惧妻。其妻对其时常打骂，甚至把刚烧开的水泼在他的脸上，他也不敢反抗。

【原文】财多身弱，妻反胜夫；财命有气，妻妾和顺，是得妻力。

【注解】财多身弱，不能任财，轻者妻悍，重者因妻财致祸。财命有气，也须身强，方能任财，若身弱亦难言吉。

壬辰　戊申　戊戌　辛酉

表面看来，戊土并排，通根辰戌，日元有力。惜地支申酉戌支类西方，辰土干头透壬，气亦不纯，强金盗气生财，身弱财强为病。三十七岁入壬子大运，申子辰合全财局，戊土一点微根也化为财，财旺为祸。本造身为官员，但不知自爱，先是与妻离异，后又与一女姘居，财色俱贪，最终被送上断头台。

丁亥　　顾维钧命造。己土得戊劫相助，通根丑辰，身强。亥财年
癸丑　支重见，癸水明透，财星也美，是身旺财强之局，主得妻力。
己亥　顾维钧家境贫寒，先是得未婚妻张小姐家资助完成学业；继而
戊辰　得妻之父唐绍仪之助在官场上步步高升；最后又得继室家巨额
钱财之助，当上了国务总理。

【原文】日坐空亡，难为妻妾。又看孤鸾之日，阳错阴差，主克妻或因妻致眷，寒房冷娶，入赘填房。女人犯此，主母家陵替或致讼事。余仿此例。

【注解】日支为配偶宫，男命为妻宫，逢空亡，主妻不力或克妻，也要和整个格局合参。如果妻宫有生合，或为用神，主妻贤美或得妻之力。相反，若被冲破或为忌神，则主克妻或受妻累。

乙未　　年柱乙未在甲午旬，甲午旬中无辰巳，日元丙辰是妻官空
戊子　亡。辰酉合金，食化为财。全局土金水过旺，日元无力，全靠
丙辰　乙木印绶制食生身为用神。三十三岁丁卯年，大运酉金，引起
丁酉　原局酉金冲克卯木用神，财星坏印为忌，与妻离异。

壬午　　壬午年柱在甲戌旬，日柱甲申旬空，是妻宫逢空。甲木无
乙巳　根，二乙劫财也无根，全靠壬水偏印生身制伤为用神。壬水虽
甲申　失时，但通根申金七杀，丑土正财贴身生杀，源头不涸，申金
乙丑　居妻宫，所以妻不仅贤淑，帮夫兴家；其岳父母侨居美国，还
帮他在美国开了一家公司。

孤鸾歌曰：木火逢蛇大不祥，金猪何必强逞狂，土猴木虎夫何在，时对孤鸾舞一场。乃乙巳、丁巳、辛亥、戊申、甲寅等日是，人命犯之，男主克妻，女主克夫。

阴阳差错：乃丙子、丁丑、戊寅、辛卯、壬辰、癸巳、丙午、

丁未、戊申、辛酉、壬戌、癸亥十二日也。女子逢之，公姑寡合，妯娌不和，夫家冷退。男子逢之主退外家，亦与妻家是非寡合。此煞不论男女，月日时两重或三重犯之极重，只日家犯之稍轻，主不得外家力，纵有妻财亦成虚花，久后仍与妻家为仇，不相往来。

辛酉
丁酉
辛卯
庚寅

辛金年月二支得禄，年时干又得一比一劫，金气极盛，丁火微弱，不能炼金，全靠日时支卯寅财星生杀为用，格成烈火炼金。一生得妻助，夫妻恩爱，生二子五女，皆食皇粮。若以阴阳差错论，午柱辛酉，日柱辛卯，皆犯此杀，岂非妻财虚花么！说明神杀论命有误。

癸未
丙辰
戊申
丁巳

汪精卫命造。戊生辰月，土气正旺，既得未劫助身，又得丙丁巳旺火相生，日元极强。癸水财星虽危，却有日支申金食神化劫生助，源头甚旺，足以为用。其妻南洋巨商之女陈璧君，不仅经济上对其大力援助，事业上也大力相助。汪精卫刺杀清摄政王被捕入狱，全靠陈璧君竭力营救，方免于难。若以上论，日主戊申既犯孤鸾，又是阴阳差错。时柱丁巳也是孤鸾，主妻不利，何能如此？说明神杀不足为据。

论兄弟姐妹

【原文】比肩者，兄弟也。且如甲见甲为兄，乙为弟妹，寅卯亦然。见庚则克兄，见辛则伤弟。

【注解】比肩为同类、同辈，所以是兄弟姐妹。见官杀则克兄弟之说不全妥。命局中如果身弱，取兄弟助身为用，见官杀相克，会伤兄弟。如果命局日元过强为忌，取官杀克比劫护财为用，却不会伤兄弟。

戊子　　日元庚金，自坐午火正官，时支重见，丙杀明透，贴身相
丙辰　攻，壬食虽能制杀，但畏惧年干戊土枭印，虽有似无。十岁起
庚午　又行丁酉官杀旺运，所以其母虽曾生五弟，却无一人成活。
壬午

丁亥　　丙火以子水为官星，得酉金财生，官旺。壬水七杀明透，
壬寅　通根亥水，七杀也强。全局一则官杀混杂为病，二则身弱杀强，
丙子　喜年干丁火劫财合壬化木，月支寅木合亥化木，格局清纯，且
丁酉　化忌为喜，全赖兄弟之力，所以同胞七人相亲相爱，皆学业有成。

丙戌　　寅戌拱巳成火局，年干丙火比肩助身，癸水无根，熬干为
癸巳　弃物。以己丑伤官吐秀为用神。兄弟助身为喜，所以与兄皆进
丙寅　士及第，步入官场。
己丑

【原文】甲木旺，主兄姐争财。甲乙寅卯既多，则兄弟姐妹夺财不和，争斗是非。

【注解】命局身弱，取兄弟助身为用，或格成专旺，以兄弟助身为喜者，喜见比劫助身，反为得福。若身强财弱，或身强官杀浅等，则见比劫多灾。

戊申　　命局中强金一派，俨然铜墙铁壁，格成从革专旺，最喜兄
庚申　弟帮身。所以此君兄弟姐妹十人，相亲相爱，互帮互扶，甚是
庚申　和睦。
辛巳

癸巳　　天干三比通根月令，时柱甲寅强食，贴身盗日元之气，必以比劫助身为用。此造父母早亡，得兄帮助，方完成学业。
癸亥
癸未
甲寅

癸巳　　丙火月日皆刃，年支得禄，戊癸合而化火，寅木助刃，比劫云集，争夺庚金孤财，兄弟为忌。所以兄弟六人皆不成器，互相拖累，有不如无。
戊午
丙午
庚寅

【原文】见己合甲，兄姐不正；见庚弟妹不正。

【注解】比肩与正财相合，主兄弟有夺妻财之虞，身弱多忌。劫财与七杀相合，除七杀为用神不吉外，或合杀留官干头取清，或合杀助身，均为吉庆，不能言兄妹不正。

戊午　　雍正皇帝命造。丁火以午中丁火，寅中丙火为兄弟。月支子水七杀冲午，时干壬水盖头，熄灭寅中丙火，比劫皆伤。所以兄弟无情，互相谋害，夺位争权。
甲子
丁酉
壬寅

丁未　　甘为霖尚书命造。壬水七杀贴身相攻，支下子辰化水，官星成局，被壬水引化为杀，喜年干丁火合去壬杀，官星清纯为用，全赖兄弟之力。
壬子
丙辰
庚寅

【原文】如见杀多，乙木得局，是杀合会乙木而伤甲。此兄不若弟之福，借弟之力而加恃。甲木寅月，乙木受制，主兄旺弟衰。其余和顺不睦，但以八字休旺死绝断之，无不应验矣。

【注解】兄弟众寡，得力与否，贵贱如何，孰强孰弱，都应根据格局而定。如杀旺身弱，无印绶，有比劫羊刃助身者；身弱财重，有比劫助身者；身弱食伤重无印绶，有比劫羊刃助身等，均主兄弟和睦，得兄弟之助。相反，身旺财弱，比劫有力，争夺弱财者；官轻食伤重，比劫助食伤者；身旺逢枭，劫重无官杀等，皆主兄弟相害。总之只要比劫为喜用者，皆主兄弟和睦吉庆；若比劫为忌神，则主兄弟不睦。

庚戌
乙酉
戊戌
己未

酉金伤官司权，庚金合乙化金，盗气太重，全靠比劫助身吐秀为用神。此君兄弟姐妹八人，手足情深，互相照应，非常和睦。

庚寅
丁亥
乙丑
庚辰

二庚官星明透，喜月令丁火克去年干官星，仅留时干庚官，格局取清。年月寅亥合而化木助身为喜。不料三十岁运入申金，三十一岁庚申年，太岁又逢强金冲克寅木兄弟，两个弟弟竟与母亲联手谋夺该造之财。

1969年十月二十日戌时生女：

己酉	大运	02、丙子
乙亥		12、丁丑
庚戌		22、戊寅
丙戌		32、己卯

庚金虽年支见酉金羊刃，但月令亥水食神盗气，时干丙杀坐库克身，克泄交并，故取己土印绶生身为用神，乙木财星贴身坏印为病。虽乙被庚合，一旦运岁引出，仍可为祸。此女父亲早亡，姐妹三人，命主为老大。二十二岁外语学院毕业后，到北京成立翻译公司，开始创业。二十八岁丙子年，大运戊寅，杀印相资，公司有了一定规模后两个妹妹都加入了公司。三十岁戊寅年，大运戊寅，运岁伏吟，杀临长生，命主发现两个妹妹在外也注册了公司，并拉走相当一部分客户。三十一岁己卯年，卯木冲破酉金，

姐妹三人走上了法庭，对簿公堂，从此再不往来。直至运入庚辰，辰土生合酉金，庚金兄弟临大运，方可化解这一段恩仇。

论子息

【原文】七杀者，子也。如甲见庚申是子，辛酉是女。若见丙火午寅，或杀临羊刃杀宫，主克子，不然疾病不肖。遇戊己土得令，则子得力和顺。

【注解】官杀为子女星，若坐羊刃为绝地，所以克子。见食伤局克官杀，子星受损主伤子。见财局生起官杀，自是子息孝顺，这是正理。但主要应以子息星和子息宫喜忌判断。子息宫之神与子息星为用，子孝女贤，得子息之力。若为忌神，非克子即子息凶祸。

庚戌
己丑
戊申
甲寅

汪辉祖命造。甲寅七杀子星居子息宫，庚申食神制伏得当，制杀为权，身强杀旺制美，七杀得以扬威。不仅本身贵显，且生四子皆贵。

戊子
癸亥
己巳
乙亥

明代抗倭名将戚继光命造。乙木七杀子息星居子息宫，全局身弱财强杀旺，以日支巳火印绶生身为用神，可惜被月时二支亥水夹克，忌神居子息宫，且内藏子息星，必不利子息。四十一岁戊辰年，刚入卯木大运，卯亥合木助杀攻身为祸。其长子因在战场上临阵回顾，违犯军令，被戚继光以军法问斩。

辛巳
丙申
乙巳
丙子

乙木以辛金七杀为子息星，月时二丙伤官明透，通根巳禄。辛金子息星被众火围克，原局已有丧子之兆。四十七岁丁卯年，大运辛金，食伤克去辛杀子息，丧一子。庚午年子息星坐败，一子病重，几亡。

【原文】见丙巳字，女不正。官临沐浴桃花，更兼暗合食神多者，其女私通。

【注解】甲以丙为食，以辛金官星为女，见丙食合辛官，女心不专，所以说其女不正。此论不妥，官杀为子女星，如果官杀并透，则喜食伤合官留杀，格局取清或制杀为用。若仅有一官被合，则忌。

丙戌
庚子
甲申
辛未

甲木日元月见庚杀，时见辛官，官杀并透为混杂。取丙食去庚杀，留辛官。格局取清，辛官得用，得子息之力，岂能言女儿不正。

【原文】若杀临长生、月德、天德，所临之地，贵人、禄马、食神、财乡，言有强父贵子，要禀中和。

【注解】此节要在“要禀中和”四字。杀强制浅，喜制伏，忌杀坐财；制强杀浅，则喜杀临长生，方能使全局中和。

戊午
甲子
丁酉
壬寅

前举雍正皇帝命造。表面看来，子水七杀司权，冲去午禄，又得酉财相生，似乎身弱杀强。妙在月干甲木印绶明透，化杀生身，一气呵成，使全局气势中和，子必贵而贤。其子乾隆皇帝在位六十年，尚能精心治国；虽晚年昏宠和珅，但早年励精图治，功不可没。

丙辰
壬辰
庚辰
癸未

同治皇帝命造。丙火为庚金七杀，气泄辰土，且被壬食贴身克制，杀气全失。未中暗藏丁火正官，又被癸伤淋头，不能引出。身强制重，杀浅无救，所以无子而亡。

【原文】阳日阳时男见重，阳日阴时，先男后女。阴日阴时女见重，阴日阳时，先女后男。伤官见官，子孙凶顽。时上伤官及空亡，难为子息。

女命取伤官是子，食神是女，若见印绶、枭神，难得子也。

【注解】男命以官杀为子息星，见伤官克制子息星，所以子孙凶顽。女命以食伤为子息星，见印枭也克制子息星，所以不利子息。时为子息宫，若逢空亡，更有伤官为忌神者，多难为子息。但是也有区别，如果女命局中伤食太重，用印制伤生身，或男命局中官杀过重，用伤制杀护身者，仍主子息吉庆。

戊寅
乙卯
甲午
甲戌

清顺治皇帝福临命造。甲木生于卯月，羊刃司权，年支得禄，天干又有一劫一比助身。春木森森，必以午戌伤官火局吐秀为用神，用神与子息宫相合化，所以生子康熙皇帝英明圣武，开创康乾盛世百余年基业，实为古代少见明君之一。

乙酉
甲申
己巳
丁卯

汉武帝命造。己土日元，以甲乙卯官杀为子息星。月令申伤司权，年支又见酉金食神。甲乙官杀均坐绝地，时支卯木七杀也被年支酉食遥克。子息星、子息宫均受伤，定不利子息，所生诸子，先是太子少夭，后来诸子相继夭亡。临终时，不得不立年仅八岁的刘弗陵为帝，且仅活了二十一岁。

丙子
庚子
乙亥
丙子

女命。乙木以年时二丙伤官为子息星。不仅二丙子息星均坐绝地，且地支三子一亥，克绝二丙，所以生育子女无一个成活。

丙寅 壬辰 辛亥 壬辰	明代权臣张居正母命造。辛金日元以壬癸伤食为子息，月时二壬皆通根亥水，盗气太甚，取辰土印绶制伤生身为用神。用神、子星均居子息官，制伏合理，所以子极贵显。

1971年七月初六卯时生女：

辛亥 丙申 癸未 乙卯	大运	05、丁酉 15、戊戌 25、己亥 35、庚子 45、辛丑	虽癸水有亥水为根，但日时支卯未合而化木，乙木原神透出，反是泄身过重，取辛申印绶生身为用神。二十八岁戊寅，正官与日主相合，结婚。三十五岁乙酉年，大运庚金，庚酉克破乙卯，反是身旺无依，离异。四十岁庚寅年，大运子水，身旺可任食伤，与一

英籍男子结婚，并于十月初一亥时生一子。四十一岁辛卯年，卯木合去亥水而化木，助身反为盗身，二月又逢木旺，其子夭殇，连半岁都未过。

【原文】男命官杀得地而禀中和者，言其有子。将生成之数断之，生旺倍加，死绝减半；太过不及，不以此断。太过有子而多克夭或凶顽，不及则少生养。官杀得地而有扶助，吉曜多者，其子忠孝贤明。居休、囚、死、绝、破、败、衰、病、勾绞、元亡、空虚之地，则子当不肖，贫贱疾病之子。更兼孤神、寡宿，主孤苦伶仃。且如甲子之日、甲子之时，庚死于子，死中至老没儿郎，入墓之时难保双，受气绝中一个子，胎中头女有姑娘，养中三子只留二。长生之位，旬中半合，主七个儿子也。沐浴一双保吉康，冠带临官三子位，旺中五子自成行，衰中二子病中一。自巳数至亥病，申午依此推之。且如八字中若无子星，时上又不生旺，运行官杀旺乡主有子，运过却无。如柱中有官杀而行伤食、休衰绝弱之运，伤损其子，

运过方存。八字有一杀一子，二杀二子，无杀无子。如柱中身杀两停，而杀逢旺乡就作多子断之。亦看财神何如，逐时增减，多寡推之，无不验矣！

【注解】勾绞：神杀名。阳男阴女命前三辰为勾，命后三辰为绞。如壬午年生男为阳，命前三辰是酉为勾，命后三辰是卯为绞。阴男阳女则命前三辰为绞，命后三辰为勾。如壬午年生女，命前三辰是酉为绞，命后三辰是卯为勾。《三命通会》云：勾者，牵连之议；绞者，羁绊之名……煞若克身，主非命而终。小人逢之，非横灾祸。行年至此，亦主口舌、刑狱等事。两位全者灾重，一位者轻。

空虚即空亡。

元亡：神杀名，元是元辰，亡是亡神。

元辰：阳男阴女在冲前一位支神。如子年生人冲午，午前是未，即元辰。阴男阳女在冲后一位支神，如丑年生人冲未，未后是午即元辰，元辰又名大耗。《三命通会》说：阳前阴后则有所屈，屈则事无所伸。阴前阳后则直而不遂，于事暴而不治，难与共事。命局逢之动摇颠倒，不得息宁。无有内疾，必有外难。妇人得之，声雄，性奸淫、私通，奴贱不遵礼法。一生多灾，虽生子，执拗而不孝。

亡神：《三命通会》云：水生木，申子辰以亥为亡神，亥中甲木泄水也；火生土，寅午戌以巳为亡神，巳中戊土泄火也；金生水，巳酉丑以申为亡神，申中壬水泄金也；木生火，亥卯未以寅为亡神，以寅中丙火泄木也。古歌云：亡神劫杀祸非轻，用尽机关一不成，克子刑妻无祖业，仕人犹恐有虚名。命局有之，若逢凶，则偏躁性窄，颠诈狂妄，浮荡是非，酒色风流，官符狱讼，祸不尽言。

丁卯
壬子
庚寅
丙子

明宪宗成化皇帝命造。丙火子息星自坐子水伤官，月干壬食亦透克杀，妙在年干丁火，合去壬水不伤丙杀，寅卯二财化伤生杀，于是七杀得扶以扬威。杀居时支，既有调候之用，又有炼金之功。用神为子息星又居子息官，所以其子明孝宗朱佑樘为明代少见明君。在位十八年如一日，精心吏治，颇有中兴之业。若以神杀论，年支卯木，见日支寅木为亡神，主子不育或仅有贫贱疾病之子，岂非谬乎？

至于子息多少，从这个歌诀中看，最多也不过生五子，即使加倍，也不过十子。而实际上，子息最多者可达数十人，过去生十数人的也不少，所以这个歌诀也是不足为凭的。先贤徐乐吾说："以喜用之生旺衰败，断其多少，以喜用之成败救应，决其有无。如是而已，且勿为古人所欺也。"

辛酉
壬辰
甲戌
乙亥

孙升榜眼命造。日元甲木，以辛酉官星为子息星，引至时上见亥水为病。以上论，病中主只有一子，但此公所生四子皆登科第，这是为什么？细看全局，财星司权，旺财生官，必以壬水印绶化官生身为用神。壬水得禄时支，时支为子息官，子息官为用神且有力，所以子息多且贤。

庚子
庚辰
甲午
己巳

徐问尚书命造。甲木以年月天干二庚为子息星，引到时支为长生，主有四子，然此公至老无子，何也？年月天干二庚克身，时日二支巳午盗气，全赖年支子水印绶合辰化印，化杀制伤生身为用，子息官为忌神，用神印绶引到时上为绝，所以一生无子。

命局中不见子息星，则以用神旺衰成败决定子息多少。

辛丑　日元戊土，支下三丑一戌，土气极厚，局中无官杀子息星
辛丑　疏土，便取辛金食神吐秀为用。年月二辛食神并透，通根三丑，
戊戌　无虑埋金，用神极秀。此公从十六岁开始生子，一年生一个，
癸丑　连生一十六个，无一伤损。

癸亥　著名画家齐白石命造。支类北方，干透甲乙，水旺木强，木
甲子　冻水寒，以丙火伤官吐秀兼调候为用神。二十七岁己丑年，大运
乙丑　壬水，壬印克丙，长子丧。五十一岁癸丑年，癸枭夺丙，次子丧。
丙戌　六十岁壬戌年，壬水克丙，长孙夭，此即运岁坏丙火用神之故。

论妇人总诀

【原文】推妇人之命与男命大不同，草堂丁进士先生作天元神趣八法“照返鬼伏属类从化”。女命八法“纯和清贵浊滥娼淫”。取官为夫，财为福星，财旺生官，则夫纳福。印绶、食神为名，贵有称呼。生气印绶，难为子息。印绶财官，必生于富贵之家，才貌贤淑。

【注解】女命应以日元配合官鬼、食伤、印绶、财神等。先观夫星之盛衰，则知其贵贱；次察格局之清浊，则知其贤愚。淫邪嫉妒、贞静端庄，离不开四柱配合。以正官为夫星，偏官为偏夫。印绶为化官杀之神，财星是生官杀之物，均与夫星配合。如果命局中财官印配合得当，不仅出生于富贵之家，才貌出众、端贞贤淑，且嫁贵夫。

丁巳　癸水以戊土官星为夫星，年支得禄，丁火财星坐旺，月令
戊申　印绶司权。时柱乙卯被日元隔开，不克戊官，财官印食皆为我
癸丑　用。五行停匀，安祥纯粹，夫荣子贵，受两代一品之封。
乙卯

【原文】甲日见辛酉是正夫，丁午字伤正夫。庚申是偏夫。如庚申辛酉重见，乃伤夫再嫁。若财太多，官杀太旺，乃明暗夫集，多淫而且滥。财多而淫，故女人要财薄，旺夫益子。如官得地，七杀受伤，食神干旺，印绶天月二德，夫荣子贵，封赠之命。

【注解】命局正夫得地，再见偏官偏夫是偏正夫交集，非淫滥即克夫。女命官杀本就旺强，再见旺财，身弱难任财官，多为贪财卖奸之妇。若命局中去杀留官，格局取清，定是女中贵命。

丙戌
乙未
癸丑
己未

癸水日元以戌中戊土为正夫，日月时三支见二未一丑，己土七杀偏夫司权且得势，是正夫不如偏夫有力。二十三岁戊申年，申金印绶化强杀生身，与丈夫结婚。一入壬辰大运，土气大旺，与夫离异，沦落为娼。

戊戌
戊午
癸亥
戊午

日元癸水，天干三透戊官，争合日元，日元之心不定。支下二午旺财生官，是贪财卖奸之命。初运丁巳，财官极旺，父母双亡，不得已流落为娼。二十五岁壬戌年，大运入辰，收火燥气，被某显宦纳为继室。但其不知自爱，与一伶人相恋，被显宦赶出门外，重操旧业。

丙子
辛卯
乙巳
庚辰

乙木生于卯月，身旺。庚金官星正夫明透于时干，辛金七杀明透于月干，夹克乙木，偏正夫混杂。喜年干丙火伤官明透，克合辛金七杀，使庚金官星独清，所以夫居官位，几十年夫妻相敬如宾。

【原文】妇人八字，伤官官杀混杂，食神财旺身衰，为人妒害好色，贪婪凶顽可畏。

【注解】女命官杀混杂，用食神伤官，或去官留杀，或合杀留官，都是取清好命。若再见财星，食伤不克制七杀，反生财星，财旺又生官杀，是成中有败，用神不纯，故贪财好淫，凶顽可畏。

癸卯 戊午 辛巳 庚寅	辛金以巳中丙火为正官，以午中丁火七杀为偏夫，官杀混杂，以癸水食神去杀留官，格局取清为用神。可惜癸食自坐卯财，反成食生财、财生杀之势，格局反浊，所以生性风流。先是与男友分离，继而与有妇之夫同居，宁要充当第三者。

甲申 乙亥 丁亥 己酉	丁火日元，亥水正官司权，官印相资，本美，可惜日支官星重见，官多不贵。本应以己食制官为用，惜己食坐酉财，气泄于财，财旺反生旺官，格局亦成中有破。二十五岁戊申年，大运壬水，财旺官强，因贪旺财，步入青楼。

【原文】伤官见官，克夫再嫁，身心劳役。虽不伤夫，亦有病患。平生欠福，多主不安。大忌年上伤官，主产厄带疾，否则伤寿。伤官主人聪明，貌美秀气。伤官见杀者富，无财者贫，劫财败财，伤官身旺，贫贱下格。以上十五格，皆是冲官逢合，俱有伤官之忌，虽是富贵，不免淫滥之风。

【注解】女命以官星为夫星，伤官是克制夫星之神。女命最忌见之，克夫无疑。若官星极强，喜伤去官者例外。

辛丑 甲午 己丑 丙寅	己土以甲木为夫星，自坐午火死地，又被辛金食神贴身克制，原局夫星已有不吉之兆。二十岁庚申年，大运申金，运岁皆逢强伤，克尽甲寅，结婚不久，丈夫即出车祸死亡。三十一岁辛未年，大运酉金合丑化金，强食克去甲寅，第二个丈夫又患癌症而亡。

庚辰　　乙木以庚金正官为夫星，丙火伤官明透，贴身克夫，本应是克夫之命。然此妇结婚至今近四十年，夫妇虽然争吵不休，却仍共同生活。究其原因，庚金官星得禄于时支，坐下辰土湿土，有化火养金之功。丙火虽克庚官，一则丙火之气泄于支下戌土，二则官强难克，所以无恙。
丙戌
乙巳
甲申

1956 年二月初八午时生女：

丙申　大运　05、庚寅
辛卯　　　　15、己丑
乙酉　　　　25、戊子
壬午　　　　35、丁亥

乙木以年支申金正官为正夫，酉金偏官偏夫占居夫宫且透辛于月干，偏正二夫混杂且偏夫强于正夫，妙在年干丙火伤官合去辛金，二忌皆去。支下午火克去酉金，卯木亦有冲酉之功。如此辛酉丙三忌皆去，申官反而清纯，故主贞节。夫妇结婚四十来年，从未有过任何绯闻。

【原文】七杀正官，只要一位者良，杀多则夫多。官杀被合，乃婢妾姐妹争权。且如甲用辛官，丙合是也；乙用庚官，见丁是也；戊用乙官，见辛是也。此是被合取之，余仿此。主妇人招嫁不定。

【注解】女命一官得地，清纯为美。命局中不见官星，一杀透清，也是夫星清纯。如果官星重见，或七杀重见，是夫星不纯，主心不纯。“一个贵人为好命，两个贵人心不定，三个贵人反为下，晚年嫁作富豪正。”此诗正是此意。这里的贵并非天乙贵人，而是官贵之贵，即夫星。

戊子　　戊土官星通根月令有力，癸水年支得禄，又有巳丑拱金之局相生，身强喜官束身，戊官一重透清有力，所以其夫富贵双全。
壬戌
癸巳
癸丑

戊戌
甲寅
戊午
甲寅

戊土以甲寅七杀为夫星，时柱重见，夫星不纯，所以嫁与他人作继室。

命局中或以官星为夫星，或以七杀为夫星，若被比劫合去，是姐妹争夺夫星，不是夫妻离异，就是夫有外遇。如丙以壬杀为夫星，被丁火合去；或丁以壬为官星，他柱又见丁火比肩，是争合夫星。原文所举乙用庚官见丁之类，是食神制官，并非合官。

戊午
癸亥
癸未
甲寅

癸水日元自坐未土七杀，月令癸水比肩坐亥水旺地，比肩强而日主弱。癸水以戊土正官为夫星，居于年干，先被癸水比肩合去，所以两次婚姻皆因夫有外遇而离异。

庚戌
己卯
戊戌
壬子

戊土以卯木官星为夫星，被比劫包围，且有两重比肩争合夫星。所以丈夫外遇频繁，身边经常围着许多女孩子，本人甚是烦恼。

【原文】八字中伤官及官星死绝、孤神、寡宿，日时空亡，乃孤克之命。如天干透出官杀，地支无官杀，更临休囚、死绝、退气之地，乃女绝其夫之气，当作偏房、婢妾推之。命若有天月德，无产厄血光之患，亦无淫滥之气。

【注解】见以下诸例：

己亥
丁丑
己酉
丁卯

己土以亥中暗藏甲木为正夫，被己土盖头，无法引出，便以时支卯木偏官为夫星。惜酉食贴身冲克卯木，时干丁火偏印泄杀之气，夫星无力，所以嫁与他人作继室。夫大本人十八岁，前妻留二子。

辛亥
庚子
壬申
己酉

壬水以己土正官为夫星，透清时干本美，惜地支无根，全无生扶，且气泄酉印，官星之气无力，所以作他人妾。

乙巳
壬午
戊戌
癸丑

戊土以乙木官星为夫星，透清年干，又得壬水财星贴身相生，惜乙木、壬水均自坐死地，官星无力，不能束身。成婚的年龄正好又行食伤大运，为夫星死绝之地，所以出家为尼。

【原文】女命只要身弱，主性纯粹而温柔，能奉公姑，助益夫主。身强欺夫，不孝公姑，是非生事，性多躁。虽身弱为病，身强亦然。

【注解】女命为阴，以柔为美。日元过强则过刚，无女人之性，不孝公婆，欺夫厌姑，绝非良妇。若日元过弱，则多夭寿，也不为美。

1950年九月初六寅时生：

庚寅
丙戌
甲申
癸酉

大运　04、乙酉　14、甲申　24、癸未

甲生戌月休囚之地，月日时申酉戌西方一气，庚杀明透，日元虽得寅禄，失令失势之木，怎敌得时得势之金。若取丙食制杀护身为用，时干癸印明透制食，故取癸水印绶化杀生身为用神。三十岁己未年，大运也入未土，强财克去弱印，生助旺杀，身弱无助，患肺结核而亡。

庚戌　　日元戊土三见比劫，根深蒂固，极为有力，所以为人极是
己卯　刚强，时常想管束丈夫，婆媳关系也极不融洽。
戊戌
壬子

1964年十一月二十七日亥时生女：

甲辰	大运	09、乙亥
丙子		19、甲戌
癸丑		29、癸酉
癸亥		39、壬申

癸水以辰中戊土正官为夫星，既被甲伤盖头，又被子水合化，弃之不论，只有取丑土偏官为夫星。惜局中旺水四重，辰土亦合子化水，时有冲破丑堤之患。三旬后又运行西方，丑土之气尽泄，癸水愈加强旺，此女把持了家里的一切权力，直把丈夫当作佣人。夫妻二人在洛阳火车站旁开了个小饭店，收入不错，丈夫想给父母寄一些生活费，命主亦不肯，蛮横到极点。

庚辰　　木生午月，火猛金脆乙焚。喜壬癸通根制火，辰财泄火生
壬午　庚金官星，则火土不燥，水木不枯，接续相生，清而纯粹，气
乙亥　禀中和。所以嫁夫为官，生子亦贵，受夫子二代之封。
癸未

【原文】八字喜贵，不宜驿马、咸池。要纯和柔弱，不宜刚健太强，岁运亦同。外有阴差阳错，孤鸾之日，不利嫁娶，皆无花烛成亲。因亲至眷，寒房孝娶，婚姻转折。孤鸾杀云："木虎孀无婿，金猪岂有郎，赤黄马独卧，黑鼠守空房。"主女寡而男孤。时中并冲，女则难为夫嗣，加以空亡，时日孤克，不待言而可知。

【注解】咸池即桃花。亥卯未见子，寅午戌见卯，申子辰见酉，巳酉丑见午者是。有以年支为主者，也有以日支为主者。因亥卯未长生于亥，沐浴于子；寅午戌火长生于寅，沐浴于卯

之类，沐浴即桃花。女命逢之，若生旺，主容仪色美贪淫；若死绝则贪淫无耻。

孤鸾：木虎即甲寅，金猪即辛亥，赤黄马是戊午、丙午，黑鼠即壬子。

神杀本属无稽之谈，然孤鸾举此数日，非日元坐禄，即坐刃，比劫占据了配偶官，女命即夫官。比劫居夫官，若为忌者，则与日元争夺夫星，主婚姻不利；吉则助身任夫星，反主婚姻美满。这是指比劫而言，并非孤鸾之用。戊午、辛亥则毫无根据了。

戊戌 乙卯 丙午 壬辰	月令专印，日坐午刃，日元有力。壬水七杀夫星透清，自坐辰库为根，也是不弱。戊戌食神有乙木印绶克制，不能制杀，杀刃成格，本主夫美。惜三十二岁己巳年，又逢强伤制杀，夫星被克，其夫患急性肠炎身亡。
辛卯 乙未 戊午 癸丑	年月卯未合而化木，乙木官星有力，惜辛伤亦透，贴身伤害官星为病。十七岁入丁火运，印绶制伤护官，喜结连理。运入酉金，有日支午火破酉护官，无妨。三十一岁辛酉年，大运戊土，比肩生助辛伤，克去乙卯官星，夫亡。

此两造丧夫皆因伤官见官，并非日刃孤鸾为祸。

癸巳 乙卯 戊午 己未	月令官星通根，年支正财明透。财生旺官，日支午火印绶化官生身，财官印皆为我用。格局中和，官星清纯，所以夫为高官。此造日柱戊午，依上论为孤鸾，主女寡。

1921年七月二十一日辰时生女：

辛酉		06、丁酉	
		16、戊戌	
丙申	大	26、己亥	
戊午	运	36、庚子	
		46、辛丑	
丙辰		56、壬寅	

戊土虽得辰土为根，但申酉食伤盗泄过重，当取丙午印绶生身任食伤为用神，丙午贴身且坐支，十分有力。格局火土金相生有序，十分流畅。十六岁丙子年，与丈夫结婚后，六十多年与丈夫相亲相爱，从未红过一次脸，没有半点越轨行为，所生二子六女皆非寻常之人。此局年支酉金见日支午为桃花，戊午日又为孤鸾，且不见夫星，若以此断，岂非大误？神杀误人非浅也。

【原文】八字官杀俱无，却行官杀财运，乃夫星得地，不孤。八字财官俱有，运行伤官劫财之地，难为夫宫，运过方嫁，细推甚验。

【注解】女命局中没有夫星，应以用神为夫星，用神得地之时，必有婚姻之喜。女命局中官星，伤官皆有，行印绶制伤护官或财星化伤生官去病之运，会有婚姻之喜。女命身旺比劫强，财官衰弱，行官杀旺运，去比劫而护财，也会有婚姻之喜。

甲申
戊辰
甲子
丙寅

日元甲木，年干见比，时支归禄，支全印局，戊土财星和申金夫星极弱。二十二岁入辛未大运，辛官虽明透，惜与丙合，虽有如无，所以婚姻难成。二十七岁庚戌年，大运入未土，财旺杀强，夫星明朗而婚。

癸未
己未
丙戌
辛卯

丙火以癸水正官为夫星，明透年干，惜己土伤官明透月干，贴身克官为病。卯印偏居时支，不能制伤护官，辛财贪合忘生，不能化伤生官，局无化解之神。二十三岁乙巳年，大运辛酉，旺财化伤生官，官旺生印，印旺制伤，忌神尽去，该年结婚。

癸酉
辛酉
癸巳
庚申

癸水以巳中暗藏戊土为夫星，财官同宫本美，惜巳酉合而化金，夫星被合，反无夫星。二十六岁戊戌年，大运甲木，夫星明透坐旺而结婚。甲木伤官有局中庚辛印绶回克，无力克戊土官星。

壬辰
甲辰
辛丑
壬辰

辛金以丙丁巳午为夫星，局中不见一点火气，是无夫星。细看全局，土气极厚，若取甲木正财疏土为用，则甲木无根，难疏厚土，故取壬水伤官刷土、吐秀生财为用神。四十一岁壬申年，大运庚子，用神成局而结婚。

阴命赋

【原文】凡观阴命，先观夫主之盛衰，次论身荣，要见子息之强弱。夫荣子旺，定知富贵荣华；子死夫衰，只是孤穷下贱。

【注解】女命以官杀为夫星，以食伤为子息，二神相克，但只要命局顺序得当，有财星通关化解，互相不碍，主夫子皆荣。

己亥
癸酉
甲辰
丙寅

酉金正官夫星得日支辰土财星生合，夫旺。甲木时支得禄，年支长生，身旺。丙火食神子息星自坐长生，食美。妙在官藏食透，互不相碍，所以旺夫益子，夫荣子贵，受一品之封。

丙戌
丙申
丁巳
辛亥

丁火日元坐旺，亥中壬水正官被巳火贴身冲克，看似格破。妙在巳申一合，不仅化解巳火冲亥，且化水助官。辛财合丙，化水助夫，夫星纯粹，所以丈夫聪秀。惜戌中戊土伤官，被丙火引出化火，其气又尽泄申财，戌为子息星，所以此妇所产子女均夭。

己卯
甲戌
乙卯
戊寅

乙木年日得禄，时支见寅，干透甲劫，木气极盛。戌中辛金一点夫星，既难克旺木，又与丁食同官，极弱。然戌中丁火，寅中丙火食伤却根强气盛，故子虽秀聪，夫却早亡。

丙子
庚子
乙亥
丙子

庚金夫星自坐子水死地，又被年月二丙伤官克尽，夫伤。二丙子息星虽可调候，但萤火入海，早被熄灭，其子也难逃厄运，所以夫、子皆早亡。

【原文】有夫有子而贫寒者，盖因身在衰乡；无夫无子而昌盛者，亦是身居旺地。

【注解】见以下两例：

庚戌
丁亥
乙巳
丙戌

乙木以庚金为夫星，明透于年干。以丙丁为子息星，明透月时，是有官有子。可惜日元之根亥水印绶被巳冲戌克，日元极弱。因而不仅出身贫寒，嫁于夫家亦是清苦。在现在这种年代里，家居闹市连电视机也买不起，实为寒酸。

壬子
丙午
戊辰
己未

命局中虽无官夫，也无子息星，然日元身旺，年柱见旺财，日支坐财库，虽独身生活，但每月都有数千元收入，日子过得很潇洒。

【原文】若贵人少者，不富亦昌；合贵神非妓即尼。

【注解】贵人即夫星，一夫清纯有力，富贵之命。夫星逢合，是无夫星，若不出家为尼，即为娼妓。

丁卯　　癸水以戊土为夫星，局中不显，仅有丑中己土偏官，一杀
辛亥　清纯，取为夫星。夫星居夫宫，本是美格，惜月日时三支亥子
癸丑　丑会北方一气，夫星化为比劫，失去夫星。虽未出家为尼，至
壬子　今年过七旬，从未嫁人。

1902年十二月初一卯时生女：

壬寅		08、辛亥	舞女陈佩珍八字。日元丁火被二壬夫星争合，支下亥水夫星又与卯木相合，官星之情已是不纯。再加大运一路水金助官杀，所以脂粉涂面，常招一帮狂蜂浪蝶，如蚁附膻。戊己二运，虽土能制水，亦盗丁火之气，故先后出嫁五次，均劳燕分飞。酉申二运，仍心猿意马，逐波舞场，身无所归，度其搂抱生涯。
壬子	大	18、庚戌	
		28、己酉	
丁亥	运	38、戊申	
癸卯		48、丁未	

壬子　　庚金以丁火官星为夫星，明透时干，是一贵透清。可惜年
壬子　月二壬食神乘旺，强行合去官星。早运又是水金，夫星无力，
庚辰　所以早落平康，送往迎来，极尽欢笑。
丁丑

【原文】论淫贱者，四柱伤官，暗招财损夫。

【注解】伤官克去夫星，却能生财，多为克夫卖奸之命。

丁酉　　辰土官星与年支酉金相合化金，是局无夫星。甲木伤官明
甲辰　透月干，时柱又逢专伤，伤官生财，其情向财而不向夫。故此
癸亥　女感情外露，性欲强烈，不易满足。适婚的年龄又行财旺大运，
甲寅　所以流入平康，贪财卖奸。

1972 年正月初六辰时生女：

壬子
壬寅　大运　10、辛丑
辛巳　　　　20、庚子
壬辰

辛金日元，干透三壬伤官，通根子辰，伤官环伺，秀气尽情发越，所以艳丽异常，再加能歌善舞，真是人见人爱的美人儿。辛金以巳中丙火为夫星，虽伤官三透，但有寅木化伤生杀，夫星无伤。可惜十六岁后运入庚子，时支辰土合来子水，成局克巳，以致夫星受损。十七岁庚午年，偏夫临太岁，受诱下海，小小年纪竟沦落风尘，实在可叹。

1967 年十二月十八日酉时生女：

丁未　　　　07、甲寅
癸丑　大运　17、乙卯
丙戌　　　　27、丙辰
丁酉　　　　37、丁巳

丙火以癸水正官为夫星，坐丑有微根，惜年月日三支食伤互相冲击克癸，酉金财星偏居一隅，不能化食伤生官，原局已伏夫星受损之兆。十七岁起行乙卯大运，乙木又化尽癸官之气，卯木冲酉，仅有的一点金水之气亦荡然无存，日主失去约束，爱上一个有妇之夫，充当了第三者。三十一岁丁丑年，大运在辰，运岁局辰戌丑未齐发，克尽癸官，与情夫分离。三十三岁己卯年，伤官克尽癸水，卯木冲破酉金，为了生活，在一低级浴室做按摩女郎，以出卖色相为生。

【原文】招婿者，夫显于门户之中；偏夫者，夫旺于日时之上。

【注解】门户即月令，月令得正气官星且清纯，夫必贵显。若月令无官星，日时见官星透清，亦主夫贵显。若月令有正气官星，日时再见，反官多不贵。除正夫之外，恐还有偏夫，多不正。

辛巳
戊戌
癸巳
乙卯

癸水日元，得月令戊戌正气官星，夫星有力。年干辛金偏印化官生身，财官印食俱美，丈夫擢升高官。

辛丑
癸巳
己未
丙寅

己土日元以时支寅中甲木官星为夫星，虽失令，但有癸财相生，极为清纯，嫁夫为军官。

甲辰
癸酉
乙巳
庚辰

乙木日元以庚金正官为夫星，明透时干且与日主相合，庚官坐财，与日主相亲相爱且有力。不合月令酉金偏官，合巳化金，虽干头有癸水偏印化解，毕竟官星不纯，所以红杏出墙，除正夫外，还有情人。

戊子
戊午
癸酉
戊午

月令戊土官星明透，坐下旺财，官星极为有力。可惜年时二干又透戊土官星，官多不贵，反为偏夫。所以克夫之后淫秽异常。

【原文】夫衰身旺，主为廉洁之人；鬼旺身衰，必作孤寒之妇。凡观阴命之五行，要精详于明辨矣。

辛卯
辛卯
甲子
戊辰

甲木年月见卯刃，日时子辰化水为印，日元极旺，年月天干二辛正官虽明透，可惜自坐卯木绝地，支下无根，身旺夫衰。行运又是木火之地，与夫星相悖，所以虽年已五十，仍小姑独处。

辛未
癸巳
癸未
丁巳

支下二未二巳，巳中暗藏戊土正官，官杀混杂，官化为鬼，杀气极旺，日元衰弱。四十四岁又入戊戌旺土大运。四十九岁己未年，旺杀攻身，夫患半身不遂之病。五十九岁入己亥大运，己巳年，又逢旺杀攻身，卧病在床十年的丈夫身亡。

女命富贵贫贱篇

【原文】欲推女命，先看官星。官带杀而贫贱，官得令以安荣。

【注解】官星带杀是混杂、偏夫交集，故云贫贱。

庚戌
戊子
乙酉
甲申

庚金正官明透年干，通根时支申金，极为有力。不合日干自坐酉金偏官，年支戌土中又暗藏辛金偏官，是偏正夫混杂，明暗夫星交集，所以淫不可言。

1941 年八月二十二日卯时生女：

四柱		大运
辛巳		09、己亥
戊戌	大	19、庚子
		29、辛丑
癸巳	运	39、壬寅
乙卯		49、癸卯

癸水以戊土正官为正夫，通根月令，又得二巳财生，时柱乙卯虽可克合戊戌，但有巳财化解，官星有力，故丈夫为国家省级干部。唯嫌癸水无根，辛金偏印又间隔较远，生身不力，故本人身体一直比较虚弱。

【原文】伤官太重必妨夫，且是为人性重。

【注解】见下例：

丁亥
辛亥
辛亥
乙未

日元辛金，年月日三支迭见亥水伤官，丁火与未中暗藏丁火夫星，尽被浇灭，克夫无疑。三十四岁庚申年，身强伤旺，壬午月旺伤明透，克尽丁午之火，夫亡。

1955年六月二十九日戌时生女：

四柱		大运	
乙未	大	08、乙酉	
甲申		18、丙戌	
己酉	运	28、丁亥	
甲戌		38、戊子	

表面看来，干头二甲一乙，似乎官旺。然支下申酉戌西方一气，未土助伤，三木无根，伤官过重，原局已伏夫星不吉之兆。四十三岁丁丑年，大运戊子，子水本甲乙之根，惜与岁支丑土合而化土，丑土又合酉化金，增强伤官之力，而岁干丁火又化木生之，使本就衰弱的夫星益加衰弱。是年任职司机的丈夫突患妄想症，上吊身亡。

【原文】倒食重逢必减福，那堪更犯孤神。

【注解】倒食即偏印。

壬寅
壬寅
甲辰
甲子

甲木年月皆禄，又得子辰水生，年月天干二壬偏印明透，既化官杀夫星之气，又克食伤子息之星，所以无夫无子，流落风尘。

1955年十一月二十九日卯时生女：

四柱		大运
乙未		09、庚寅
己丑	大	19、辛卯
		29、壬辰
丁丑	运	39、癸巳
癸卯		49、甲午

丁火以时干癸水为夫星，既被局中四重厚土克制，又气泄卯木偏印，原局夫星已是极衰。再加大运一路木火土，皆为癸水夫星死绝之地，故此女年近六旬，仍小姑独处。虽冰清玉洁，却身无所依。

【原文】杀重须奔贵室，合多定损贞名。

【注解】杀重身旺或有制伏化解之神，必是贵人之妻。合主有情，女命八字逢合多，主到处留情，岂能贞节！

丁酉
甲辰
戊辰
甲寅

日主生于辰月土旺之时，坐下又是辰土。看似土气极厚，一则酉辰合而化金，日元失根。二则月时二甲七杀通根寅禄，夹克日元，戊土反由强变弱。喜年干丁火印绶明透，化强杀而生弱身，七杀有化反为权柄，所以嫁夫为高官。

丁丑
壬子
辛巳
丙申

八字全合，女命大忌。此女貌美，人称赛杨妃。十八岁归士人妻，惑而昵爱之，致夫废学以痨病而亡。夫死后更加淫秽不堪，无处不是意中人。后身败名裂，自缢而亡。

【原文】坐禄乘舆而稳厚，冲身动步以轻浮。

【注解】禄即十干禄，日元自坐禄者，仅有四日，即甲寅、乙卯、庚申、辛酉。是否稳厚，要看全局配合。如果日禄为喜用神，或化合为喜用神，则夫星吉昌，性情稳厚。如果为忌神，婚姻反不利，或轻佻风流。

乘舆即自坐金舆禄。（详见前“论金舆禄”）

癸巳
戊午
辛酉
丙申

日元辛金，以时干丙火为官星，与日元贴身相合，两情相悦。虽年月天干戊癸化火，地支巳午官杀混杂，喜日支酉金合巳化金，格局取清，且化忌为喜。助身任官，不仅端庄稳重，且夫荣子贵，诰命得封。

乙未
丙戌
辛酉
丙申

二丙官星一透月干，一透时干，竞相争合日元，年月支戌未中又暗藏丁火，年干乙木财星生助丙火，全局夫星明暗交集，所以性格轻佻。二十岁入子运，婚后不如意，又离家出走，自己赚钱倒贴姘夫。

初看两造，日时二柱相同，前造官杀还强于后造，为什么前造稳庄贞淑，后造轻佻淫滥呢？这就要从全局和大运分析。前造虽巳午根重，但酉申均可合巳，丙官仅有午火为根。而后造未戌中皆暗藏丁火，无法合去，此其一；前造一官透清，后造两官争合，情已不专，此其二。前造仅火金两性，火虽烈而无助，后造乙木财星生官，推波助澜，火势根强。最主要是前造身弱，运行金水之方，助身任官。后造运行水乡，虽能克官，却被乙木财星化解，反成食生财，财生官杀之势。继而运行东方财官旺地，双官愈强，攻身不息，以致两造有天渊之别。

【原文】若乃桃花滚浪，淫奔之耻不堪言。

【注解】桃花在年月日三柱叫墙内桃花，虽风流，但不致淫滥。桃花居时支叫墙外桃花，花长出墙外则人人可采，主淫滥。如果时上有桃花，年月日再见，就叫桃花滚浪，则淫不可言了。但并非一见桃花都是淫乱，只要夫星清纯，格局配合得当，桃花再多也是贤淑端庄之妇。

甲辰
癸酉
丙子
辛卯

月日时三支酉子卯桃花滚浪，娼妓之命。实际上丙火以癸水为夫星，极为清纯。可惜时干又透辛财，与日主相合，丙火之情向财不向夫，所以弃夫于不顾，卖奸得财。

庚辰
己丑
辛酉
辛卯

全局土旺金强，格成从革，不见夫星。二三十岁的适婚年龄，大运正入丙火官星，惜与日时二干妒合，错过良缘。而后运入西方，助起旺局，夫星更是无力。所以年已六十，仍小姑独处。处世严谨，守身如玉，领养一子。若以滚浪桃花论之，岂非罪过。

【原文】日禄归时，贵重为人所敬。

【注解】若日禄归时，大多身旺，喜夫星有力，方能束身。

壬辰
庚戌
丙辰
癸巳

丙火归禄时支，癸水正官明透时干，壬水七杀虽杂局，但被辰戌旺食克制，官星清纯。二十二岁癸丑年，丈夫当选市议员。三十岁辛酉年，财旺生官，夫当选县长。三十九岁庚午年，大运未土，未午合而化土生庚财，财旺生官，丈夫又当选市长。

壬戌	大	庚戌
辛亥		己酉
甲子	运	戊申
丙寅		丁未

古例。日元甲木以月干辛金为夫星，时干丙火食神坐长生强合官星，壬亥子三重旺水盗官，官星弱而日元强。初运西方，干头戊己财星制枭化食生官，支下为辛官之根，丈夫科甲入仕，官居御史。运入丁未，伤官见官，丈夫病死。而后大运午巳，皆食伤旺地，此妇一直孀居。

【原文】天月二德以为本命，如逢印绶，贵当两国之封。

【注解】重在印绶，若官印相生，清纯无破，女命必贵。二德不必计较。

丁巳
戊申
癸丑
乙卯

戊土官星明透，申金印绶当权，丁巳旺财生官，财官印俱为我用。官印相资，所以受夫子两代一品之封。以上论，癸生七月为天德，又见印绶而贵，实际上贵在戊官而并非天德。

丁酉
辛亥
乙酉
丙戌

乙木生于十月为天德。亥水月令司权，依上论为天德见印，有两国之封。然此造七杀重叠，偏夫交加为患，所以为人小妾。

【原文】时日羊刃，本是凶神，既不利于夫主之宫，兼损坏乎平生之性。身干主祯祥，时犯金神健旺，要观八字之强。

【注解】日时逢羊刃虽凶，若身弱用刃或用刃敌杀，反主贵。

己亥
己巳
庚寅
乙酉

庚金时逢酉金羊刃，月令巳火当权，又得日支寅财生扶，杀旺喜酉金羊刃助身，格局中和。不仅性格柔和，端庄贞洁，且夫贵。

壬子
癸卯
甲戌
丁卯

甲生卯月，时逢卯时，壬癸得子为根，全局水旺木强，喜时干丁火伤官明透，通根戌土，足可为用。然壬癸竟相克丁，格局成中有破。二十二岁癸酉年，大运丑土，丑酉合金，冲动卯刃，犯木之旺，再加岁干癸水克丁，用神尽失，因奸丧身。

【原文】专食子荣，忌偏印窃身之胜。

【注解】女命局中食神坐禄叫专食。食神是女命的子息星，命局中子息星强旺且与用神不悖，子息荣昌。若逢偏印夺食，则子息非不肖即夭亡。

辛卯
戊戌
丙戌
庚寅

寅戌拱丙成火局，年月卯戌合化火，火旺财弱。喜月令戊土食神通根，既泄强火，又生弱财，通关为用，子息必秀。目前其子正在高等学府深造，成绩优良，前途远大。

丁酉
癸卯
甲辰
丙寅

丙丁食伤子息星明透，且得寅卯辰东方秀气生助，本主子息秀美。惜癸印明透，贴身克丁，通根辰酉，不能尽去。子息必有伤损，故生一子二女，一女夭亡。

【原文】守闺门而正静，必由阴日守中和；待夫婿以经营，此乃阳干时旺甚。

【注解】女命以柔为本，日元属阴为柔，再加格局中和，必贤淑柔顺清静。若女命阳干，再加时旺，虽助夫，难免妻夺夫权。

庚辰
壬午
乙亥
癸未

木生火月，金脆木焚，喜壬癸通根制火，辰土泄火生金。如此火土不烈燥，水木不枯涸，接续相生，清而纯粹。虽家道清寒，但端庄淑静，教子读书，严守妇道，受夫、子两代之封。

癸丑
己未
甲辰
壬申

甲木日元，仅得未辰中一点微根，看似身弱。申金七杀夫星清纯，但得旺财生助，却变得非常强劲。财杀旺身弱似不美，妙在时干壬水明透，化强杀而生弱身，使格局中和。故虽出身乡村，但知书达礼，勤劳俭朴，尤善持家，家清而不贫；贤淑贞节，心灵手巧，众口夸于邻里；一心向佛，乐善好施，贤名播于乡间。

【原文】大抵欣逢正禄，怕犯咸池。清贵得长生之辅，杂浊以败气之归。

【注解】日元得逢长生，全局配合得当为清纯。日元逢败气沐浴，四柱再配合失位，多浊乱。须知沐浴败气之说并不妥当，如甲见子、丙见卯、壬见酉等均为正印，相生为美。若以败论，印绶何取（详见前“论天干生旺死绝”）！若四柱配合不当，或官杀混杂，或财星坏印，方以浊杂论。

丁亥
丙午
甲申
己巳

甲木自坐申杀，月令丙午火旺，年干又见丁火，时支暗藏巳火。火旺木焚金脆，看似不吉。妙在年支亥水，既为甲木长生之地，又有制火护金之妙。再加大运丁未后一路金水助用，用神有力，丈夫和本人均为高官。

甲子
乙亥
癸酉
壬子

明神宗皇后命造。癸水坐酉，印绶有力，金旺水强，有甲乙食伤通根吐秀。全局金水木极为清纯，故有国母之贵。若以水败酉论，岂非为杂浊贱命么！

【原文】四柱败多，大忌冲身而犯合。一生忙甚，若非娼妓即为媒。

【注解】女命八字合多，处处留情，多为娼妓。女命多冲，一生忙碌，男命亦同，劳苦之命。

庚申
辛巳
乙巳
甲申

命局中官杀混杂，乙木仅得甲木相助，身弱杀强。全局八个字，就有六字相合，均是夫星不吉之兆。此女十分秀丽聪明，幼师毕业后有个很好的工作。不幸十九岁戊寅年，辛亥月被人强暴。而后男友离去，遭人白眼，只好离家出走，流落风尘。

甲子
庚午
甲子
己巳

午火月支，被年日二支子水冲破。庚金夫星，自坐午火败地，格局不稳。先嫁之夫身体多病，早早而亡。再嫁之夫亦疾病缠身，终身劳苦之命。

【原文】印坏与公姑相妒，食专得子嗣之宜。

【注解】公姑是夫星的姐妹，也是官杀，印绶可以化官杀生身，所以是联系公姑的纽带。如果女命局中印绶受损，与公姑的关系很难相处。

壬辰　　乙木以壬水为印绶，被丁食相合化木。癸水偏印自坐偏财被伤，印绶无力，与公姑的感情无法沟通，所以与公姑关系极差，引起丈夫不满，导致家庭失和。夫妻名分虽有，夫妻关系实无。
丁未
乙丑
癸未

甲午　　甲木印绶，通根二卯，印绶过旺。癸水夫星气泄于卯印，是夫星与姐妹之气被泄太甚。所以此妇不仅欺姑压公，且夫权妇夺，妒悍之极。又喜偷情，毫不惧夫。
丁卯
丁巳
癸卯

【原文】官杀重逢，须防淫乱；姐妹透出，便见争夫。

【注解】见下例：

乙巳　　己土年支见巳火印绶，月令得戊劫相助，亥卯虽半合杀局，元神明透，然被丁火偏印化解。就格局而言，财杀印皆为我用，清纯之造。可惜二十四岁运入寅木，官杀重逢，偏正夫混杂，因外情与丈夫离异，不久即沦入青楼。
戊子
己亥
丁卯

甲寅　　己土日元坐杀，月干己土比肩坐印，身弱比强，甲寅夫星先与比肩相合，而后才能合日主，所以此妇被丈夫情妇所欺。
己巳
己卯
辛未

【原文】魁罡有灵便之机，日贵有安常之福，即以干支分定。官杀胜而无制伏，不为娼妓，定作尼姑。

【注解】见下例：

壬寅　　舞女陈佩珍命造。日元丁火被五重官杀包围，明暗偏正夫星交集。寅卯湿木，难生弱火，再加大运一路水金，所以先后出嫁五次，最终落入平康，度其搂抱生涯。

壬子

丁亥

癸卯

1958年九月二十日辰时生女：

戊戌	大运	08、辛酉
壬戌		18、庚申
壬午		28、己未
甲辰		38、戊午

壬水以午中己土正官为正夫，居于夫宫。惜年月时又见戊戌戌辰四重偏官偏夫，月干又有壬水比肩与日元争夫，且比先己后，甲木无根，难疏厚土，原局夫星已是不吉。十五岁丙子年，丙财化食生杀，子刃冲动夫宫，被卖为私娼，开始接客。

女命贵格

【原文】正气官星，财官两旺，印绶天德，独杀有制，伤官生财，坐禄逢财。

【注解】身旺财官双美，官旺印强，一杀独清有制，身旺伤强有财，或身强有财等皆为女命贵格。

辛酉　　壬水正官坐库，辛金财星坐禄，甲木印绶坐官库，财官印皆美。且财居年而印居时，财印不碍，皆为我用。格局清纯，所以受一品之封。

壬辰

丁巳

甲辰

乙卯　　乙木虽强，有丙丁食伤吐秀。月令戌土正财，得丙伤生助而旺。全局秀气流畅，所以为人端庄和顺，夫中乡榜，仕琴堂，诰命孺人。

丙戌

乙卯

丁亥

1974 年九月十八日辰时生女：

甲寅	大运	08、癸酉	支全刃局，二甲相生，最喜时上壬杀束身，壬水坐库，节近立冬，水逢进气，足以为用。局中一杀独清，故嫁夫为厅级干部。
甲戌		18、壬申	
丙午		28、辛未	
壬辰		38、庚午	

【原文】官星带合，日贵逢财，官贵逢官，官星坐禄，官星桃花，食神生旺，食神生财，杀化印绶，二德扶身，三奇合局，羊刃有制，拱禄拱贵，归禄逢财。

【注解】官星带合要有区别。如果与日元相合，主相亲相爱为美。如乙木日元与庚官相合，丁火日元与壬官相合等是。若与他干或他支相合，主官星之情向他而不向日主，不仅难贵，且多下贱。

癸巳 戊午 辛酉 丙申	辛金以丙火正官为夫星，明透时干，与日主紧贴相合，情笃意深。再加全局身旺官强，格局清纯。所以为夫荣子贵之贵命。

丁酉 甲辰 癸亥 甲寅	辰土官星秉令，气纯本美，可惜辰酉一合化金，官化为印，失去夫星。再加日时亦合，女命合多，易到处留情，又无官星束身，所以性欲强烈，不易满足。出门又行财运，以致流入平康。

官贵逢官之说也有区别。原局官弱，运逢官星助起弱官，夫必会发贵；若原局官强，再逢官星是官多不贵之象，且勿同看。

甲戌　　表面看来，丁火官星通根月令有力，惜丁火自坐亥水，被
己巳　伤官克制，己土印绶又盗官星之气，强反为弱。喜其戊辰运后，
庚子　丁卯、丙寅、乙丑、甲子，火木连环，助起官星，所以其夫步
丁亥　步高升，为国之重臣。

甲辰　　庚金官星通根巳酉金局，又得辰土财生，官星强旺。
癸酉　二十一岁入庚午大运，运干又逢庚官，二庚争合乙木，所以先
乙巳　后与几个男人关系暧昧。
庚辰

女命贱格

【原文】官杀混杂，官杀无制，杀气太重，伤官太重，贪财破印，比肩犯重，无官见合，无印见杀，伤官带杀，带合桃花，八字刑冲，财多身弱，羊刃刑冲，金神带刃，多官多合，倒插桃花，身旺无依，伤官见官，财官遇印，印绶遇劫。

【注解】桃花居于时支，叫倒插桃花。

1898年五月十一日午时生女：

戊戌　大运　09、丁巳
戊午　　　　19、丙辰
癸亥　　　　29、乙卯
戊午　　　　39、甲寅

干头三戊争合癸水，支下火局生官，官旺化杀，无制无化，原局已是不吉。初运丁巳，又逢忌神，故幼丧父母，流落为娼。二十五岁庚戌年，大运辰土，印绶化杀生身，辰土收火燥气，被某显宦娶为篷室。但此女不知自爱，又与一伶人相爱，被显宦赶出门外，重操旧业。

丁卯　　表面看来，癸水伤官去丁官而留丙杀，夫星透清。实际丙
癸丑　杀坐伤，亦被克损。辰土合子化水，丑中元神癸透，伤官叠叠
庚辰　为病。丁巳大运，伤官见官，克夫破家。丙午年旺杀攻身，走
丙子　投无路，溺水而亡。

丁丑
庚戌
壬辰
丁未

支全四土，官杀极强，庚金印绶又被丁财破去，是贪财破印之势，所以不仅克夫，且终身不育。

辛卯
癸巳
己巳
乙丑

己土生于巳月，日支又坐巳火，火旺土强。卯木七杀夫星，被辛食克绝，癸水财星，支下无根，无力化食生杀，是身旺无依之局，所以年近五十，仍小姑独处。

滚浪桃花

【原文】女命用官为夫，或杀；只喜一位，多者克夫。如命满盘官星为忌，满柱杀星为福反吉。

【注解】女命不论以官为夫还是以杀为夫，均喜清纯。局中再逢，非克夫即不贞。如官星或七杀极强，日元能弃命从官或弃命从杀，反为贵格。因官多化鬼，亦以从杀论。原文“满盘官星为忌”句与命理不符，特更正。

戊申
庚申
乙酉
甲申

支全申酉，干透庚官，乙木虽得一甲相助，可惜无根，势必弃命从杀，从格极纯，必贵无疑。运至巳辰，助起金旺最美。

【原文】伤官不为贵，伤官运复行克夫，伤官有制身贵。女命伤官，刑子克夫，为妓女命。

【注解】女命以官星为夫星，见伤官再行伤运，多克夫，这是正理。然伤官为女命子息，见伤官刑子之说却与子平命理不符。

戊戌　　韩敬会状元母命造。丁火通根戌土火库，又得乙木偏印相
乙丑　生，日元不弱。戊戌伤官，天透地藏，月日二丑食神秉令，子
丁丑　息星有力，所以子贵。若以刑子论，岂非无子或子不肖么！
庚子

【原文】女命官星多者，伤夫主贱。伤官桃花，为妓女命，或主克子息。

【注解】见下例：

庚申　　支类西方，官星极强，夫多之象。此女二十岁己卯年、丁
丙戌　卯月，年月二卯冲动官星，进入一家大酒店，做了妓女。
甲申
癸酉

伤官桃花却有区别。命局中伤官伤尽或身旺用伤者，多有夫或贞节。如果伤官不尽或带财者，方主淫贱。

丁亥　　日主癸水，支类北方，丁火一点被壬劫合去，水势极强，
壬子　全靠甲寅伤官吐秀为用，所以聪明貌美，端庄幽闲。更喜运走
癸丑　东南木火，引通秀气，所以夫荣子秀。
甲寅

癸卯　　癸生子月得禄，时柱辛酉，身强。喜甲木伤官通根二卯，
甲子　秀气引发，全局金水木三象无土浊水，极为清纯。惜枭印制伤
癸卯　夺食，以致福泽有损。虽聪明端庄，却出家为尼，难享人间乐
辛酉　趣荣华。

壬戌　　乙木以辛金七杀为夫星，明透时干，看似清纯，然辛杀之
壬子　气尽泄二壬一子，杀气尽失。十八岁己卯年，甲戌月，卯戌合
乙巳　火，熔尽辛金夫星，终于沦入风尘，做了妓女。
辛巳

【原文】若见贵人一位，或带荣神，或犯绝地，多富贵贞节。

【注解】官临旺地，日元必是绝地，若有印比助身，可任财官，方能富贵。

壬申　　丁生申月衰绝之地，壬水官星居长生之处，戊己伤食虽透，
戊申　然土气尽泄，反成食伤生财，财复生官之局。丁火有未中微根，
丁未　虽弱不灭。喜其大运火木相续，助身任起财官。二十岁辛卯年，
己酉　大运丙午，木火助身考上大学。二十四岁乙未年，大运乙巳，
　　　大学毕业后终配贤夫。

【原文】禄马相随，桃花带贵，咸池遇马多淫，妨夫破家。有辰无戌命孤，晚景寂寞；戌多无辰，初年劳碌，中主好，不妨夫，不克子，风流而淫。辰戌全则淫乱破家，伤夫克子，夭寿残疾。

【注解】详读此节，矛盾重重。有辰无戌不好，有戌无辰不好，辰戌全也不好。若以此论，世间女子命无一可取。推八字要看整个命局的配合，千万不能以一两个字就下结论，否则与子平法原理相去甚远矣！

此节题名"滚浪桃花"，其实际内容与桃花无关。子午卯酉四正，因金败于午，水败于酉，木败于子，火败于卯，所以叫桃花。桃花居年月日三支，为墙内桃花，虽好色但不滥。桃花居时支为墙外桃花，其意人人可采，不仅好淫且滥。如果时支有桃花，他支再见桃花，叫滚浪桃花，那么就人尽可夫，淫不可言了。

甲辰
癸酉
丙子
辛卯

癸水夫星得禄，官星极正，惜辰酉强财，生助旺官，丙火日主，与辛财相合，其情向财而背夫。更加地支酉子卯桃花叠见，荒淫滚浪，好淫贪财，所以为娼妓之命。

1951年十二月初二子时生女：

辛卯	大运	03、辛丑	癸生子月得时，时柱壬子，又得庚辛生扶，日主有力，取二卯食神吐秀为用神。虽长得秀丽，惜局中无夫星束身，任凭二卯食神泄露感情。二十三岁癸丑年，大运癸卯，身强食旺，流落美容院为暗娼。
庚子		13、壬寅	
癸卯		23、癸卯	
壬子		33、甲辰	

女命总断歌

【原文】 择妇要沉静，细说与君听。
夫主要强宫，身主要强甚。

【注解】 官星有力，夫贵妻荣，如果过旺反为贱命。日元强甚，财官必衰，即使再行财官运，也不过平常之命，所以女命过强，乃一大忌。

辛卯
辛卯
甲子
戊辰

日元甲木，年月支见卯木羊刃，日时支子辰合化为印局，日元强甚。二辛官星坐绝无力，戊土财星也逢旺刃，财官临绝，身旺无依，所以年已五十，仍孤身独处。

【原文】 官星若不合，夫主无所依。
合绝莫合贵，此法少人推。

【注解】 这两句前后矛盾。第一句是言夫星喜合，第二句则讲官星忌合。详细推敲，第一句“官星若不合”的“不”字应是“被”字之误。因官星被合，失去贵人，身无所依为忌，若换成“官星若被合，夫主无所依”，理通。

丙午
辛丑
癸酉
丙辰

日元癸水以辰中戊土正官为夫星，辰土合酉化金，夫星被合。二十七岁壬申年，申辰拱壬又化水，劫财有力，夺取丙财，身旺无依，与丈夫离异后出外谋生，落入风尘。

1954年五月初五巳时生女：

四柱		大运
甲午	大	10、戊辰
己巳		20、丁卯
壬辰	运	30、丙寅
乙巳		40、乙丑

壬水以己土正官为夫星，己坐巳财，本美，惜与年干甲食相合，其情背我。且壬水自坐辰土偏官，原局已是婚姻不吉。三十一岁甲子年，太岁又逢甲木，岁局二甲争合己土，子水合辰化水，偏正夫星皆失，离异。

【原文】 专以日为年，此法少人传。
带禄日生旺，产死教人谤。

【注解】 女命身旺，食伤子息星有力无伤损，生产顺利。若女命身旺，食伤无力，更有印绶克破食伤者，多主难产或产厄。

癸丑
丁巳
壬子
辛亥

壬水日元得禄旺，支类北方，极为有力。甲木伤官藏于亥水之中，水泛木浮，用神无力。二十五岁丁丑年生一男孩，因难产，不得已剖腹产。

乙酉
戊子
丙寅
己亥

丙火自坐寅木长生，官杀虽强，有印绶化解，反为生身之物。戊己食伤明透，可惜无根，又被乙木印绶克制，气势不能流通。己丑运后，大运再入木乡，食伤临绝，秀气不能引发，难产而亡。

【原文】驿马带贵人，终久落风尘。

【注解】驿马主动，如果官星带驿马，就是动荡不安的夫星。只有青楼女迎来送往，才会不断地更换夫星，所以终久要落风尘。这种论断是没有道理的，官星带驿马主丈夫出外求功名，或出外经商，而今还有两地分居情形。况且驿马被合，又主不动。若以此论，世上无贞妇矣。是否落风尘，要看全局配合，绝不能见一神杀就下定论。

丁丑
壬子
丁亥
庚戌

丁火自坐亥官，又为年支驿马，虽官星极旺，然二丁通根戌库，为之有根，再加戌土伤官，又有制杀护身之用，格局尚能成立。十四岁后运至甲寅，而后木火连环，阳气大盛，助身任官，夫妇恩爱，生二子二女皆为官员。庚金一运，夫妇虽产生矛盾，甚至分居，但绝无越轨行为。

1937年四月十五日寅时生女：

丁丑
乙巳
辛亥
庚寅

大运
05、丙午
15、丁未
25、戊申
35、己酉
45、庚戌

辛金生于巳月，官星秉令，干透丁火七杀杂局，亥合寅化木生之，杀强身弱，取丑土偏印化官生身为用神。十五岁起行丁火大运，太岁又在木火之乡，杀旺攻身，因家境贫寒而流落风尘。三十二岁戊申年，大运亦戊申，印劫助身任官杀，从良结婚，有了自己的家。五十一岁丁卯年，大运至戌，戌寅有拱火之情，杀旺攻身，丈夫病卒，再次孑然一身。此局落入风尘者，非巳火官星为驿马之故，乃丁杀杂局耳。

【原文】有辰休见戌，有戌休见辰。
辰戌若相见，多是淫破人。

【注解】辰戌为阳土，若为日元夫星，是夫星重见，多淫贱；若各有归宿，或辰合子化水，或戌合午化火，格局取清，仍以贵论。

己酉
辛未
戊辰
壬戌

土荣夏令，逢金吐秀，更喜无木，所以出身宦家。至酉运，秀气得泄，生一子，夫登科。至戌运土旺埋金，夫丧家道中落，青年守节，教子成名。至子运，子登科，仕郡守，受紫诰之封。若以上论，岂非罪过！

己卯
戊辰
戊戌
癸亥

三月土厚，必以卯木官星疏土为用。惜土厚木弱，难疏厚土。巳午二运，大运行火旺之乡，卯木气泄，益发无力，所以生活很不检点。在日本留学时，因乱搞男女关系被驱逐回台。

戊辰
丙辰
壬戌
辛亥

日元壬水归禄，身旺，戊土夫星明透本美，惜年月日二辰一戌，土气极厚，明暗夫交集攻身，所以染迹风尘，卖奸得财。

【原文】有杀不怕合，无杀却怕合。
合神若是多，非妓亦讴歌。

【注解】杀为凶神，所以喜合。若官杀混杂，尤喜合杀留官，格局取清，除此女命皆忌见合。合多四处留情，心性不定，难免出墙。

辛亥
丙申
乙未
甲申

申金正官秉令，时支重见，官气已盛，年干又透辛杀，混杂为病。喜月干丙伤与辛杀相合，不仅二忌皆去，且合而化水，化官生身，使格局中和。因此虽出身于官家，却为人谦恭，举止端庄，口碑甚佳。

癸丑
甲子
癸未
戊午

日时二柱天地相合，午月支子丑亦合，地支均合化土，化禄为杀，强杀攻身，明暗夫星交集。十八岁又行丙财大运，所以迎来送往，无一不是意中人。

【原文】贵人一位正，两三作宠定。

【注解】命局中一个官星，必定清贵端正。若贵人二三是官多不贵，夫星重叠，非招嫁不定，即为娼为妓。

壬子
辛亥
己酉
甲子

甲木夫星清纯明透，通根月令。虽有水泛木浮身弱之感，然戊申运后，大运一路土火木助身助官，所以年已九十，夫妇仍恩爱如初，相依为命，令人钦羡。

甲申
癸酉
甲申
辛未

命局中酉金正官司权，年日又出现申金偏夫，是贵人三重。十四岁大运又行辛金正官，众官化鬼攻身，小小年纪，落入风尘。一生是非迭起，直至丁运伤官透出，制杀护身，方才平稳。

【原文】羊刃带伤官，驳杂事多端。

【注解】女命局中见刃，多主身旺，最喜官杀制伏，杀刃成格，必嫁贵夫。如果有伤官制官或制杀，使官杀不能制刃，格局为成中有破，非是非口舌，即夫妻生离死别。

甲辰
甲戌
丙午
辛卯

丙火自坐羊刃，戊土合午化火，二甲通根卯木生丙，日元极强，以辰土食神吐秀生财通关为用。二十六岁入辛未大运，二辛财星争合日元，先是夫妇离异，继而又逢车祸。再嫁未到半年，丈夫又因错免职，是非不断。

1955年十一月初四卯时生女：

乙未	大运	08、己丑
戊子		18、庚寅
壬子		28、辛卯
癸卯		38、壬辰

壬水坐刃、月刃，干透癸水，全靠戊未之土为堤，使亥水不致泛滥，乙卯伤官克官为病。二十三岁丁巳年，财星化伤生官，与一现役军人结婚，婚后三年无子。到医院一检查，因男方生理有缺欠，于二十六岁庚申年，化尽官星之气而离异。二十八岁壬戌年，戊杀助未，第二次结婚，可惜此夫精神又不太健全，所生一子又患小儿麻痹。三十三岁丁卯年，大运辛卯，运岁局三卯克合未土官星，再次离异。

【原文】满盘多是印，损子必须定。

【注解】女命以食伤为子息星，印绶为克制食伤之神，所以印多必伤子。

辛卯
壬辰
丁酉
癸卯

丁火以辰土伤官为子息星，居月令司权本美，一则被二卯偏印克制，二则合酉化金变质，原局已有不利子息之兆。三十一岁辛酉年，大运未土，二酉克二卯，使其不能制食伤，子息星有力，得子。三十七岁丁卯年，太岁与原局三卯克辰，子息星被克绝，其子在游泳时溺毙。

【原文】　二德坐正财，富贵自然来。
四柱带休囚，封赠福寿增。

【注解】二德即天德，月德。

女命以柔为美，但不能过柔，身弱难任财官，虽贵却寿短。

丁酉
癸卯
丙辰
丙申

丙生卯月，印绶司权，丙丁透于年时，看似身强。惜酉冲卯，癸克丁丙，木火损而金水存，身弱明矣。幸出门大运南方。助身任财官，嫁贵夫，诰封四品。四旬外运入申金，克绝卯木而亡。

癸丑
丁巳
乙巳
庚辰

坤造。乙木日元，生于丁巳月，坐下巳火，皆为泄气之神。时柱庚辰，官星坐财克身，日主极弱，全靠年干癸水偏印制伤、化官生身为用。二十二岁甲戌年，大运己未，运岁甲己化土克去癸水用神，该女因用电水壶烧水，不小心触电身亡。

【原文】金水若相逢，必招美丽容。
寅申巳亥全，孤淫腹便便。
子午逢卯酉，定是随人走。
辰戌逢丑未，妇道之大忌。

【注解】女命支全四冲，财官印食皆损，夫星和子息均破，非克夫离异，即为妓为娼。或身旺无依而为尼，或是非迭起而无后，均非佳命。

乙巳
甲申
庚寅
甲申

丙火夫星暗藏巳寅之中，被月时二申一合一冲，夫星受损。壬水子星藏于申中，被寅冲巳合，也破。所以少为人妾，嫌夫严，逼夫弃身。运至亥水，四冲全见，驿马齐发，逃至广州行淫，有一三品武官欲纳，怕其正室严束而不允。转跟一贼匪，嫌其喜怒无常，却不敢逃，暗服烟膏三两之多，欲自杀却被救活。后其贼夫被捕，复恣淫。因恋贼夫余资，仍屡探贼。此贼访知其淫事，暗藏利刃，待其探望，斩脸面两刀，被看守阻救，方才免死。

己酉
庚午
庚子
己卯

庚金以午中丁火正官为夫星，以子中癸水伤官为子息星，子午一冲，夫星和子息星均受损，所以终生未嫁。

甲辰
丁丑
癸未
丙辰

日元癸水，支下全土，身弱杀强攻身为病。十六岁己未年，旺杀攻身而失身。从此之后，任人淫乐。

1965年正月初三未是生女：

乙巳
戊寅
己丑
辛未

大运　11、己卯　21、庚辰　31、辛巳

己土以月令寅木正官为夫星，然乙木偏夫明透，丑土比肩占居夫宫，有与日主争夺夫星之象，且丑未相冲，冲破夫宫，原局已伏婚姻失败之象。三十岁甲戌年，大运庚辰，干头甲庚伤官见官，支下运岁局辰戌丑未四冲齐发，财官印食皆破，夫妻分手。

【原文】两贵一位杀，权家富贵说。
财官若藏库，冲破岂不富。

【注解】财官藏库中，喜干头引出或地支合化。如辰为官库，喜天干见壬，支下见子方以水论。逢冲主破，主散，所以此论不妥。（详见前“论五行墓库财印”）

丙戌
壬辰
戊午
壬子

戊土以辰中乙木为夫星，被戌中辛金伤官克绝，是没有夫星。以子中癸水为正财。辰中癸水为财库，被午冲子，戌中戊土克合去辰中癸水，财官均受损。二十四岁又行己丑劫财大运，劫去二壬偏财，因讼出奔，因财卖身，皆冲之过。若以宜冲之论，岂非大富么！说明冲墓之说不合命理。

【原文】天干一字连，孤破祸绵绵。

地支连一字，两度成婚事。

【注解】天干一字，比劫重叠，即使支有财官，也有夺财争夫之患。地支一字，或身旺无依，或官杀重，或财食重，日元若能弃命相从，不失贵格。若从而不从，必破败不堪。

戊申
庚申
庚申
辛巳

原局土金七重，巳火七杀被申相合，难以扬威。二十四岁辛未年，大运丁巳，官星有力而结婚。二十七岁甲戌年，发现其夫有婚外情。此因比劫强旺，姐妹争夫之故。

丙子
己亥
己亥
乙亥

己土以甲木为正夫，暗藏于月日时三亥之中。以乙木为偏夫，明透于时干。日元无根，财旺官强，明暗偏正夫星交集。从小流落平康，度卖笑搂抱生涯。

丁亥
辛亥
辛亥
乙未

支下伤官三重，丁火夫星何能生存？二十四岁入甲寅运，旺财化伤生杀，夫星有力，与有妇之夫同居，甘为人妾，生二子。三十四岁庚申年，金强水旺，夫病死，先后与数人有染，最后与一死了发妻的人入室苟合。

1956年七月初四申时生：

丙申
丙申
戊申
庚申

大运：01、乙未 11、甲午 21、癸巳 31、壬辰

日元戊土，支下四申且透庚，盗气太重，必以二丙偏印生身为用神。局中不见夫星，丙火用神就是夫星。初运南方，助起用神，其乐融融。三十一岁一入壬辰大运，壬财夺丙，凶机已伏。三十九岁甲戌年，运岁辰戌相冲，冲开火墓，二丙入墓，夫丧。

论小儿

【原文】凡小儿命见财多必庶出、螟蛉，克父母也。若幼年行运于财旺之乡亦然。

【注解】印绶为母星，财多克印，损母星，故必庶出且克母。

甲午
丁卯
辛巳
辛卯

辛金以戊土正印为母星，暗藏于巳火之中。以己土偏印为偏母，暗藏于午火之中。以卯木偏财为父星，居月令而秉令，时支重见。财星极强，年支偏母居先，日支生母居后，所以其父有双妻，本人是偏房庶出。

癸酉
壬戌
甲戌
乙亥

戊土偏财司权，日支重见，财气极厚。小儿以月令和小运为主，月令土厚，克制亥水印绶，且父母宫伏吟，所以生下未满百天，父母就将其送给他人收养。

戊寅
乙卯
辛未
己亥

明嘉靖年间状元秦鸣雷命造。辛金以年干戊土正印为母星，戊印自坐寅木，且支全木局，月令透乙，财星极重，戊土印绶被重财克绝，所以生下未满月就丧母。

【原文】甲侧生，顶不正，有胎衣遮。丁偏生，双顶，乾生有依，应有克刑。辰复生，背父易生易养。申有声，寅迟滞，未吉。辰有胎衣包，仰生有惊。夫小儿命大要身旺，最喜印绶生之，无财克之，则易生灾少。不要官星、七杀、羊刃、伤官太旺。身旺亦多灾，身弱则难养。如见所畏之辰，且不要行运岁君助之。大畏财旺，不庶出，必螟蛉，克父母也。也不要行运早，盖气难敌也。

【注解】《滴天髓》云："论财论杀论精神，四柱和平易养成。气势攸长无削丧，杀关虽有不伤身。"这就是说小儿之命，宜四柱和平，不偏不枯，无冲无克，气势流通，互相庇护有情，易养成人。相反，或官杀克身太旺，或食伤盗气太甚，或财星耗气太重，或身旺约束太弱等，都是偏枯之造，难养成人。

戊辰
甲子
癸巳
壬戌

癸水虽月令建禄，然戊土三重，又得巳火财生，官星更重，身弱难敌强官。四岁辛未年，岁支又逢旺杀，官杀攻身，辛金偏印克去甲伤，使其不能制杀护主而夭。

癸亥
乙丑
辛丑
丙申

辛生丑月，偏印司权，时支申金，根气有力。二岁年逢甲子，不仅地支亥子丑会北方一气，且子水与申金也合而化水，印劫均化为盗气之物，精气尽泄而夭。

癸丑
壬戌
丁亥
壬寅

丁火生于深秋，失令。月时二壬正官通根亥水，年干又见癸杀，官多化杀，表面看来，必难养成。然细细推来，官杀虽旺，但未得月令之气，且自坐财；戌月既为丁火之根，又司权制水，寅木印绶又合官生身，有制有化，格局中和，不但易养成人，且前途无量。果年幼无疾，聪慧过人。

【原文】庚子、戊寅、戊子、丁巳，生月中之后，月逢七杀，赖有丁火为印绶，寅为长生之地，能生戊土。不合见庚子，巳字金长生，其二子之水为克丁火生气，反生月中七杀，七杀来克身，身弱难敌，故当年十一月，其子死矣。此为生杀坏印之祸也。

【注解】原文戊土逢寅为长生之意有误，既为长生，又何能论杀？是生是克，自相矛盾。此造财旺杀强，本已身弱，年干庚食，不制杀反盗日元之气，戊土克泄交加，精气尽失，到十一月建子，财星生杀坏印，日元无助而夭。

【原文】又如癸酉、癸亥、己丑、乙亥，此命四柱财重，自分娩几乎俱亡，未岁余，父母亦亡，乃过房继养。其他仿此，无疑也。

【注解】财旺杀强，日元极弱，又不能弃命相从，神索气枯，故落地几乎丧命。甲戌年，日主得根，父母无恙。乙亥年又逢财杀旺地，故父母双亡。

论小儿关杀例

【原文】小儿之命，当论时辰为主，先看关杀，次看格局。日主强，财官旺，有关无杀；日干弱，财官少，常病可养；日干弱，财官多，有关有杀，又有三合聚杀者难养。不见刑冲者声音响亮，夜啼急性。八字有财官，生于富贵之家，偏官生于平常之家，伤官劫财生于贫贱之家。

【注解】年柱和月柱为祖上、父母宫。如果财官居于年月为用，主生于富贵之家。若七杀、伤劫居于年月为忌，多生于贫贱清寒之家。

戊申
甲子
乙丑
庚辰

明正德六年状元杨慎命造。正财戊土，正官申金居于年柱，用神子水印绶居月令，其父杨廷和为首辅多年，出生于富贵之家。

癸未
辛酉
甲申
丙寅

刘镇华命造。虽月令正官，年支正财，但全局官旺化杀，财星党杀为忌，年月柱多被忌神占据。虽有财官，亦出生于贫寒之家。

甲午　　虽申金伤官居于月令，然全局火旺土强，以申金伤官吐秀为用神，用神居于月令，所以出生于富贵之家。
壬申
己未
戊辰

【原文】偏官、偏印、偏财，主偏生庶出，不然第三、四胎。

【注解】见下例：

乙酉　　酉金偏印，丁火偏财，未土偏官，三偏全，且父母宫伏吟，所以为继室所生。
癸未
癸未
丁巳

【原文】子平之法，偏官为关，偏财为杀，取生辰之数断之。水一、火二、木三、金四、土五。且如甲日庚杀，乃四、九岁；丙见壬杀，一、六岁；戊日甲杀，三、八岁；庚日丙杀，二、七岁；壬见戊杀，五、十岁见之。至于阴干亦如此，无不验矣。

【注解】小孩命与大人不同，不同之处是大人以大运为主，参看流年；小孩未上运前则以流年为主，参看小运，并无二法；大抵以中和为美，偏枯为忌。至于关杀，除上述外，还有“白虎关、百日关、铁索关”等，皆为好事者所添，均不合子平命理。

甲辰　　甲木七杀双透带双禄且秉令，杀气极重。一岁时小运又行乙卯，官杀混杂攻身，幸有丙火偏印化解，所以仅生一场大病，致使腿残，然性命无忧。
丙寅
戊戌
甲寅

辛丑
癸巳
丙子
丁酉

丙生巳月虽建禄，惜巳酉丑合全财局，旺财生旺官，官极旺化鬼，鬼旺攻身。初运又行壬辰大运，十一岁流年辛亥，壬癸克尽丙丁，亥水冲去巳火，丙火尽被熄灭而夭。

庚戌
壬午
丙寅
己亥

日元丙火，支全火局，火炎极盛，全靠壬杀通根亥水束身为用神。八岁丁巳年，丁火合去壬杀，巳火冲去亥水，全局便成一片火海，身旺无依，格局偏枯而亡。

论性情

【原文】性情者，乃喜怒哀乐爱恶欲之所发，仁义礼智信之所布。父精母血而成形，皆金木水火土之关系也。且如木曰曲直，味酸，主仁。恻隐之心，慈祥恺悌，济物利民，恤孤念寡，恬静清高。人物清秀，体长，面色清白，故云木盛多仁。太过则折，执拗性偏。不及少仁，心生妒意。

【注解】《滴天髓》云：五行不戾，中和纯粹，则有恻隐辞让诚实之情；若偏枯混浊，太过不及，则有是非，太过骄傲之性。这就告诉我们，五行不论金木水火土，只要全局中和纯粹，多有正气，反之则戾气较重。同时还要结合十神，如果命局中正财、正官、正印、食神之力偏重为用，多正气厚实；若偏官、伤官、偏财、偏印之力偏重，即使为用，性格也乖张，拗逆。

己丑
丙寅
甲子
戊辰

甲木建禄，却不甚旺，丙火食神坐长生，而不太烈。土多有水滋而不燥，水少有辰合而不涸，丑中辛金暗蓄，格成食神生财。局无争战之风，且有相生之美，所以为人不苟，无骄谄刻薄之行，有谦恭仁厚之风。

丁酉
己酉
甲辰
丁卯

甲木时支虽得卯木羊刃，然年月支酉金重见，且得日支辰土生合，官强化杀，失令势寡之木难敌当令势众之金，只好取丁火伤官制杀护身为用。一则格局偏枯，二则伤官为用，所以为人圆滑。

癸未		08、庚申
辛酉	大	18、己未
		28、戊午
乙亥	运	38、丁巳
丁亥		48、丙辰

民国初期汤芗铭八字。日元乙木，月柱辛酉七杀，又得未财生扶，若用癸印化杀生身为用神，癸印自坐未财；若用丁食制杀为用，丁火自坐亥绝且被癸水遥克，二者均可用，均不堪用，故性情奸滑，反复无常，人品极差。二十三岁乙巳年，在法国听孙中山演讲后，立即宣誓填表加盟。事后，又潜入孙中山卧室，偷取誓词，跑到驻法使馆举报。三十岁壬子年，孙中山任其为海军次长兼海军北伐总司令，却从烟台溜入北京见袁世凯，被任为海军次长。8月25日，同盟会改组为国民党，汤芗铭踊跃加入；9月1日又宣布退出。三十三岁乙卯年，电请袁世凯早日登基；三十四岁丙辰年初，又致电要袁退位，且不惜兵戎相见。不久即被逐出湖南，失去了一切权力，蛰居北京。

【原文】火曰炎上，味苦主礼，辞让之心，恭敬威仪，质重淳朴。人物面上尖下圆，印堂窄，鼻露窍，精神闪烁，言语辞急，意速心焦，面色或青赤，坐则摇膝。太过则鞠恭聪明，性躁须赤。不及则黄瘦，奸巧妒毒，有始无终。

【注解】见以下二例：

丙戌
甲午
丙午
己丑

表面看来，丙火双刃，戊土合午化火，火气极燥，喜其时柱己丑湿土，尽收丙火之烈，晦午威猛之气，泄燥火之秀，格局反成中和，所以其人威而不猛，严而不恶，一生顺畅，名利双辉。

辛酉
辛卯
丁巳
己酉

清收复台湾名将施琅命。丁生卯月，偏印司权，坐下巳火得旺，看似身强，惜巳火合酉化金，日元失根，二酉冲卯，偏印无力，日元由强变弱，故取受克偏印卯木为用；不仅用神偏印受损，且格局争战不已，故常居功自傲，深为人忌，连累全家被杀。康熙言其是“粗鲁武夫，未尝学问，度量褊浅，恃功骄纵”。

【原文】金曰从革，味辛辣也，主义。羞恶之心，仗义疏财，则勇敢豪杰，知廉耻，主人中庸，骨肉相应，方面白色，眉高眼深，高鼻耳仰，声音清响，刚毅有决。太过则自无仁心，好斗贪欲。不及则多三思，少果决，悭吝，作事挫志。

【注解】见以下三例：

丁酉
甲辰
辛亥
壬辰

年月辰酉合金，日元得禄旺，壬亥伤官吐其秀气，金主义，所以为友极为义气，有求必应，忠正耿直。惜伤官明透，骄气太重，好与人争，常有不服他人之心。

丙申
己亥
庚子
丁亥

表面看来，年支得禄，官印相生，必为人正直义气。细一分析，申金合子化水，四支全盗日元之气，庚金反极弱偏枯，再加伤重，所以口头讲仁义道德，骨子里却刻薄寡恩。与人多次合伙做生意，无一善终，甚至连自已的本家亲属、兄弟也经常算计，无耻之极。

癸未
庚申
庚寅
壬午

大运
03、己未
13、戊午
23、丁巳
33、丙辰

民国初期唐继尧八字。虽月柱专禄，又得未土印绶生扶，但午官暗藏，又有寅木化食伤生官，未中亦暗藏丁杀，只有取壬食制杀为用神。三十岁壬子年，大运丁巳，丁被壬合，巳被申合，午官被岁支子水冲破，日主失去约束，肆意妄为。该年他袭占贵阳后，对战败黔军“无论长官士兵，恐其不为已用，缴械之后，驱之东郊，悉数坑杀，”残暴之极。

【原文】水曰润下，味咸，主智，是非之心，智足多谋，机关深远，文学聪明，谲诈飘荡，无力倾覆，阴谋好恶。不及则胆小无谋，反主人物瘦小。

【注解】见以下三例：

辛酉
丙申
癸丑
丁巳

秋水通源，支全金局，癸水难化顽金，好似母强灭子之象，妙在年月天干丙辛合而化水，化忌为用，金白水清，两神成象，极为清纯。所以智谋出众，忠心为国，鞠躬尽瘁，死而后已，清名流芳百世。

辛丑
庚寅
壬子
庚戌

壬水坐刃，时支戌杀，杀刃成格。可惜寅木贴身制丑，戌土之气又尽泄庚金偏印，官杀无力制刃。若用寅木食神吐秀，又被庚金盖头，格局杂乱，所以是奸诈狡猾之辈，忘恩负义之徒。

己丑
丙子
癸亥
癸亥

大运：乙亥 甲戌 癸酉 壬申 辛未

明江苏宜兴周延儒八字。日时柱癸亥，月令子水，水势冲天奔地，年柱己丑七杀难以堤水，只有取丙财生杀兼调候为用神。惜丙火自坐子水，又被时干癸水遥克，用神不纯，故为人阴谋好恶，诡谲奸诈。他小时读书时贪玩不认真，一次老师以砚台盛水，罚他顶砚台而跪。这时，先生一友人雷一声来访，劝先生饶了他，但责令他以“顶砚”为题赋诗一首。周延儒思索片刻吟道：

一片石头一勺水，压住乌龙难摆尾。

今朝幸遇一声雷，扶摇直上九万里。

雷一声连声称赞，赞其将来必为大才。先生则言，乌龙乃龙中之贼，贵则贵矣，但奸人身。果周延儒中状元后，一路高升，官直做至首辅、太子太师、中极殿大学士。但他为政庸懦贪鄙，私伪奸诈。清兵大举入侵时，自请督师迎敌，但不敢应战，每日饮酒作乐，谎报军情，以致误国，终被赐死。周延儒断气后，武士又用钉钉入脑门，方才离去。

【原文】土曰稼穑勾陈，味甘，主信，诚实之心，敦厚至诚，言行相顾，好敬神佛。主人背圆腰阔，鼻大口方，眉目清秀，面如墙壁，面色黄，处事不轻，度量宽厚。太过则愚朴固执如痴。不及则颜色似忧，鼻低面偏，声重浊，朴实执拗；太过则孤介硬吝，不得众情，沉毒恨戾，失信颠倒。且如日干弱则退缩怕羞，日干强则妄诞，执一自傲。以上自以轻重言之，万无一失。

【注解】五行配合相貌，多难应验。若把五行大运和相理配合推断，则多相似。如青年运好，天庭饱满；运坏则尖削坑陷。中年运好，目明鼻丰；运舛则眼浊鼻尖，山根低陷。官星得地，日月角光润；财星有力，鼻准丰隆等。

癸未
丙辰
戊戌
丙辰

支全四土，二丙相生，癸水无根，弃之不用，格成稼穑专旺。为人极有信誉，光明正大，言出必践，对上无阿谀谄媚之意，对下无刻薄倨傲之情，虽居高位，谦恭仁厚，颇有政声。

己酉
丁卯
己卯
乙丑

己生仲春，土虚寡信，且七杀得势，卯酉相冲，互相争战，木多金少，八字纯阴，所以一味趋炎附势，常存损人利己之心，时有幸灾乐祸之意。

丙申
戊戌
戊辰
乙卯

大运：己亥　庚子　辛丑　壬寅

明浙江会稽罗万化八字。月日二柱旺土，又得丙火生扶，土气极厚。喜时柱乙卯官星疏其厚土，年支申食吐其秀气，更妙在官食两不相碍，各尽其用。三十三岁戊辰年，大运丑土，比劫助身吐秀，殿试夺魁，授修撰，官直做至礼部尚书。罗万化为人耿介，重气节，讲诚信，不徇私情，不畏权势。《浙江通志》将其列入《介节传》。罗万化出仕后，正是张居正势力渐起之时，张居正欲将其招入门下，当面多次暗示，罗万化均不理睬。张居正又托门客去游说，亦被严词拒绝。在张居正辅政期间，罗万化虽未升迁一步，仍始终不改初衷。

论疾病

【原文】夫疾病者，乃精神血气之所主，各有感伤。内曰脏腑，外曰肢体。八字干支，五行生克之义，取伤重者而断之。五行干支太旺、不及俱病。金主刀刃刑伤，水乃溺舟而死。木乃悬梁自缢，虎啖蛇嗔；火则夜眠颠倒，蛇伤烧焚；土乃山崩石压，泥陷墙崩。

【注解】见以下诸例：

丁卯
癸丑
庚辰
丙子

日元庚金，生丑月印绶当令，惜干头透癸，子辰合水，引出丑中癸水，所以论水不论土。伤官太重，水多金沉，所以溺水而亡，此水多为病。

甲申
丁卯
丙子
庚寅

丙生卯月，印绶司权，时支寅木以阳助阴，甲木明透，印绶本强，又得子水官星生助，只好取失时庚申偏财生官损印为用神。二十八岁入大运庚午，庚金用神坐败，太岁亥水又为木生之地，庚金用神临绝，自缢而亡。此木多为病。

甲辰
癸酉
乙丑
己卯

乙木虽时支得禄，年干得甲木相助，然七杀司权，辰丑生合，杀气极盛，全靠癸水偏印化杀生身，使格局中和。二十五岁戊辰年，戊土合去癸水，大运庚金，强金明透攻身，于乙丑月出车祸当场死亡。此金多为病。

庚子
壬午
丙寅
丙申

丙火月刃，自坐寅木长生，火气极盛，申子遥隔，失势且被冲击，水弱火强，难成既济。三十一岁大运入乙木印绶，太岁庚午，又逢旺刃，使全局更加失去平衡，于六月初十凌晨寅时跳楼自杀。肢体碎离，惨不忍睹。此火多为病。

癸巳 辛酉 庚申 丙戌	石友三命造。庚金日元，支类西方，全靠丙杀制身为用。午、丁巳、丙运，用神有力，任察省主席，十一路军总司令。四十八岁庚辰年，运入辰土，二辰冲戌，使丙火无根，且晦火生金，被部下活埋。此运岁逢旺土为病。

【原文】且如生命，天干内腑所属，诗曰：

甲肝乙胆丙小肠，丁心戊胃己脾乡，
庚是大肠辛属肺，壬是膀胱癸肾藏。

天干外肢所属：

甲头乙项丙肩求，丁心戊胁己属腹，
庚系人脐辛为股，壬胫癸足自来求。

子疝气，丑肚腹，寅臂肢，卯目手，辰背胸，巳面齿，
午心腹，未脾胸，申咳疾，酉肝脯，戌背肺，亥头肝。

肝乃肾家苗，肾乃肝之主，肾通于眼，胆藏魂，肝藏魄，肾藏精，心藏神，脾藏气。

【注解】干支论病源于中医。《医宗金鉴》云：甲肝、乙胆、丙小肠，丁心、戊胃、己脾乡，庚属大肠辛属肺，壬属膀胱癸肾脏。三焦亦向壬中寄，包络同归入癸方。至于地支所论却有偏差，以天干代入地支即可。大凡推病与命理相同，五行中和必得祥和之气，康健无疾。五行偏枯，失去中和或寒或热、或湿或燥，均会疾病重重。究竟何病，可根据失和之五行判断。

【原文】木命见庚辛申酉多者，肝胆病。内则惊精虚怯、痨疾呕血、头晕目眩、痰喘、头风脚气、左瘫右痪、口眼歪斜、风症、筋骨疼痛。外则皮肤干燥、眼目之疾、发须疏少、颠仆手足损伤之患。女则坠胎、血气不调。小儿急慢惊风，夜啼咳嗽。经云：筋骨疼痛，盖因木被金伤。

【注解】见以下数例：

辛亥　　此造干透庚辛，支藏申酉，金气极旺。二十五岁乙亥年，
庚子　大运癸卯，乙酉月、丁卯日、己酉时出车祸，脚踝骨成粉粹性
壬申　骨折。盖因运支与日支卯木及岁干乙木被强金克伤之故。
己酉

甲申　　壬水七杀虽克身，但有丁合戌制，无妨。地支耗气虽重，
丁丑　一则戌中暗藏丁火有根，二则有甲木相生，只要再逢运扶，必
丙戌　能发迹。七岁庚寅年，与年柱天克地冲，庚财坏印，该年其父
壬辰　在树上砍树枝，不慎斧头掉在他头上，几乎丧命。此因甲为头
被伤之故。

1931年十二月二十八日巳时生女：

辛未	大运	02、壬寅	干头三辛克乙，支下火土耗气，乙为肝，原局已伏肝疾之兆。初运东方助身，继而火运制杀护身，故日主平安。六十一岁辛未年，大运未土，干头四辛克乙，支下未土生金，且未为乙木之墓，凶象一派，该年命主患肝癌去世。
辛丑		12、癸卯	
乙未		22、甲辰	
辛巳		32、乙巳	
		42、丙午	
		52、丁未	

1930年三月二十七日午时生男：

庚午	大运	04、辛巳	乙木仅有辰中一点余气为根，却被二庚克制，一巳二午盗泄，当取壬水印绶化杀制伤兼生身为用神。五十一岁庚申年，大运在酉，岁局巳酉合金，一壬难化顽金，木为头，水为血液，头上血液不通，该年患脑溢血而亡。三十九岁后大运申金，申辰有拱水之情，申巳亦合而化水，故申运无妨。
庚辰		14、壬午	
乙巳		24、癸未	
壬午		34、甲申	
		44、乙酉	

【**原文**】火命见水及亥子旺地，主小肠、心经之患，内则颠哑、口心痛疼、急缓惊风、秃舌口咽哑、潮热心烦。外则眼暗失明、小肠肾气、疮毒脓血。小儿痘疹、癣疮。妇女干血淋漓。火主燥，面色红赤。经云：眼暗目昏，多是火遭水克。

【**注解**】见以下数例：

癸亥
癸亥
癸亥
戊午

年月日三癸三亥，水气极盛，其性喜顺而忌逆。时逢戊午，正逆水性，不惟难成既济，反激水势，冲克午火。午为眼目，受旺水之克，所以自幼双目失明。

辛丑
甲午
庚午
庚辰

庚金干头得比劫相助，支下得丑辰相生，极为有力，必以午官制比劫护甲财为用神。三岁癸卯年，大运癸水，二伤泄身生财，引出丑辰中癸水伤午，午火受克，因发高烧而喑哑。此应火遭水克，内则颠哑之论。

1867年十二月二十七日子时生男：

丁卯
癸丑
丙申
戊子

大运：
02、壬子
12、辛亥
22、庚戌
32、己酉
42、戊申
52、丁未
62、丙午
72、乙巳

民国时期浙江绍兴蔡元培八字。丑中癸水官星透出，支下申子成局，官旺化杀，杀旺攻身，取时支卯木印绶化杀生身为用神，丁劫助身为喜。运至南方，日元有力，官至国民政府监察院院长。七十四岁庚辰年，庚财生官，申子辰三合官局，巳丑亦有拱金之情，旺杀攻身，丙火为血，该年突然口吐鲜血，跌倒在地而亡。

1879年十月二十六日申时生男：

己卯		02、乙亥	民国时期广东番禺胡汉民八字。丙火三朋，支下寅卯，火势冲天。子水官星虽司权，但被寅卯盗泄，当取申金财星坏印生官为用神。运至西方，任国民政府立法院院长。五十八岁丙子年，大运庚午，岁局二子冲破午火。午为刃、为血、为首，该年因脑溢血卒于广州。
丙子	大	12、甲戌	
		22、癸酉	
丙寅	运	32、壬申	
		42、辛未	
丙申		52、庚午	

【原文】土命见木及寅卯旺乡，主胆、胃经受伤，内主膈食，翻胃气噎，蛊胀泄泻，黄肿不能饮食，吃物拣择呕吐，脾伤。外则左手，口腹有疾，皮肤燥涩。小儿疳病，脾黄。土主湿，多淹滞，面色痿黄。经云：土虚乘木旺之乡，脾伤定论。

【注解】见下例：

壬辰
庚戌
乙卯
戊寅

乙木日元，支全寅卯辰东方一气，木旺土虚。三十一岁壬戌年，大运甲寅，又逢旺木克土，因胃疾严重送医院急救，至今多年，饮食仍有限制。

1939年十二月二十九日戌时生男：

庚辰		10、己卯	己土生于寅月，支类东方，干透甲木，木旺土虚，取戊戌劫财助身为用神。运至南方，印绶化杀生身，身体健康。六十岁入甲申大运，忌神入运，已是不吉；六十一岁庚辰年，太岁与年柱伏吟，与时柱反吟，冲破戊土用神，克泄交并，二月辛卯木旺，发现胃癌做了手术。三月壬辰，水生木旺，因胃癌扩散不治身亡。
戊寅	大	20、庚辰	
		30、辛巳	
己卯	运	40、壬午	
		50、癸未	
甲戌		60、甲申	

1915年九月十六日寅时生男：

乙卯		06、乙酉
		16、甲申
丙戌	大	26、癸未
戊子	运	36、壬午
		46、辛巳
甲寅		56、庚辰

虽戊生戌月土旺之时，但年时柱甲寅、乙卯旺杀，又得子财生扶，反是土弱，故取丙火化杀生身为用神。初运西方，继而南方，七杀得以制化，身体康宁。六十一岁乙卯年，大运至辰，寅卯辰东方一气克土，辰土为背，是年不小心脊椎骨折，手术后全靠穿铁甲衣支撑上身。

【原文】金命见火及巳午旺处，主大肠、肺经受病，咳嗽喘吐，肠风痔露，魑魅失魂，痨怯之症。外则皮肤枯燥，疯鼻赤疽痈，皆脓血之咎。经云：金弱遇火炎之地，血疾无疑。

【注解】见下数例：

乙亥
丁亥
辛丑
庚寅

表面看来，丁火七杀自坐伤官，为之有制。实际乙财化伤生丁，寅财合亥生丁，丁火隐伏，克金为患。三十九岁行未运至南方，旺火克金，患痔疮三十年，苦不堪言。

己巳
辛未
戊戌
己未

戊生未月，土星重叠。所喜天干无火，土不燥。辛金透干，泄土之秀。庚午、己巳、戊辰三运，发金有情，名利双辉。丁卯运印绶有力，克制辛金，辛属肺，气血两亏而亡。正是金见丙丁巳午旺处，主大肠肺经受病。

1963年六月初六戌时生男：

癸卯		07、戊午
己未	大	17、丁巳
		27、丙辰
庚午	运	37、乙卯
丙戌		47、甲寅

庚金自坐火局，时干丙火贴身，年月支卯未合化木助火，只有取己土印绶化杀生身为用神。四十七岁入甲寅大运，甲木合去己土用神，寅午戌合全火局，大运已是凶险。四十九岁辛卯年，辛金本可助庚，惜被丙火合去，卯木又助火势，旺杀攻身无解，金为肺，是年命主死于肺癌。

1941年三月二十六日卯时生男：

辛巳		06、辛卯	庚金虽生于辰月，但辰土合子化水，生身反化盗泄，壬水高透，日元无根，只有取己土印绶生身为用神，辛劫助身为喜。五十五岁乙亥年，大运亦入亥水，不仅运岁二亥助壬子盗泄庚金，且岁干乙木克去己土用神，正月戊寅，寅木又为金绝之地，命主发现大肠癌，惜已至晚期，虽尽心治疗，仍于辛巳月、丁未日、壬寅时离世。
壬辰	大	16、庚寅	
		26、己丑	
庚子	运	36、戊子	
己卯		46、丁亥	

【原文】水命见土及四季旺月，主膀胱、肾经受病。内则遗精白浊、盗汗鬼交、虚损耳聋、伤寒感冒。外则牙痛、疝气、偏坠、腰痛、肾气淋漓，吐泄疼痛之病。女人主胎崩漏白带。水主寒、面赤黧黑。经云：下元冷疾，且缘水值土伤。

【注解】见下数例：

甲辰
甲戌
甲午
丙寅

火旺土强，辰中癸水被戌中戊土冲克。三十八岁行戊寅大运，又逢旺土，癸水被伤甚重，所以患严重肾病，每天需要洗肾一次。

辛亥
癸巳
甲申
辛未

表面看来，癸亥水旺，又得二辛相生，实际巳火秉令，冲击亥水，其根已伤。六十八岁戊午年，运至戊土，又逢旺土克水，患肾脏泌尿系统疾病，致使尿液无法排出，引起许多并发症而亡。

1885 年九月十三日辰时生男：

乙卯	大运	06、乙酉	民国初期曾任总统、河南汲县徐世昌八字。癸生戌月，正官司权，年支卯木合戌化火，官反为财，财旺身弱，取日支酉金偏印生身为用神。六十四岁戊午年，大运庚辰，运岁官印相资，当选总统。八十五岁己卯年，大运寅木，旺木冲破酉金用神，己杀克癸，癸为膀胱，是年命主患膀胱癌身亡。
		16、甲申	
丙戌		26、癸未	
		36、壬午	
癸酉		46、辛巳	
		56、庚辰	
		66、己卯	
丙辰		76、戊寅	

1910 年三月十八日寅时生男：

庚戌	大运	04、辛巳	民国时期蒋经国八字。壬水支下三见七杀，寅戌又有拱火生杀之意，身弱杀强，取庚金印绶化杀生身为用神。运至亥水，壬水得禄，主政台湾。七十七岁丁卯年，大运戊土，丁火财星破庚生杀，杀旺攻身，因糖尿病引起多重器官衰竭，吐血而亡。
		14、壬午	
庚辰		24、癸未	
		34、甲申	
壬戌		44、乙酉	
		54、丙戌	
		64、丁亥	
壬寅		74、戊子	

论 大 运

【原文】夫大运者，以天干曰五运，地支曰六气，故名运气。子平之法，大运看支，岁君看干，交运同接木，何也？且干支二字，六十花甲子之说用花字，若天干地支得其时，则自然开花结子盛矣。月令者，天元也，行运就月上起。譬之树苗，树之见苗则知名，月之用神则知其格，故谓交运如同接木。然命有根苗花实者何？正合此意也，岂不宜矣！

【注解】“大运看支，岁君看干。”此论有误。不论岁君还是大运，皆由干支二字组成，均有其意，何能随意舍弃。大运的看法至今争论不息，有以干管三年或四年，支管七年或六年者；有以干支各管五年者。其实这些方法都不大正确。大运是根据月令的推移选取的。月令的干支共管一个月，决不可能天干管上半月，地支管下半月，所以应是干支共管十年为对，至于谁轻谁重，则要根据干支上下生克情况来判断，具体当分别是：

一、干支力量相同。如甲寅、乙卯、丙午、丁巳、戊辰、戊戌、己丑、己未、庚申、辛酉、壬子、癸亥等，天干和地支的五行相同，则干支力量相同。

二、天干力轻，地支力重。此类情况有三种：一是天干生地支，天干之气下降于地支。如甲午、乙巳、丙辰、丙戌、丁丑、丁未、戊申、己酉、庚子、辛亥、壬寅、癸卯等。二是天干受地支之克者，名截脚。如甲申、乙酉、丙子、丁亥、戊寅、己卯、庚午、辛巳、壬辰、壬戌、癸丑、癸未等。三是天干克地支者，运以方为主，地支得地，天干临墓绝，所以也是天干力轻。如甲戌、甲辰、乙丑、乙未、丙申、丁酉、戊子、己亥、壬午、癸巳、庚寅、辛卯等。以上三种均以地支为主，参考天干。

三、天干力重，地支力轻。如甲子、乙亥、丙寅、丁卯、戊午、己巳、庚辰、庚戌、辛丑、辛未、壬申、癸酉等。地支之气上升于干，则天干力重，参考地支。

【原文】出癸入甲，如返汗之人。且如甲戌接癸亥，此乃干支接木。丑运交寅，辰交巳、未交申、戌交亥，此乃转角接木。东南西北，四方转角谓之接木格局，凶者死，格局善者灾。寅卯辰一气，申酉戌一气，亥子丑一气，气之相连，皆非接木之说。

【注解】接木转角之说不合命理。大运只有喜忌，起着调和全局的作用，绝无他法。如格局喜木，出丑入寅，临喜用之地，格局焕然一新，必吉庆迭至，何来灾咎？若木为忌神，却将灾祸重重，是非不断。

庚申
乙酉
癸未
乙卯

朱家宝命造。年月天干乙庚化金，又正逢金旺之时，金旺水强，必以乙卯食神吐秀为用神。亥子丑三运，日元得地，化印生食，虽为喜神，毕竟非用神，其力不大。故中进士后，仅仕至县令。四十一岁出丑运入寅运，运至东方，用神得地，由县令迁知府，由知府升道台，再按察使，再巡抚，再总督，加头品顶戴，成为清廷重臣。若以转角相论，不仅不能升迁，还会有灾咎。

【原文】且如甲乙得寅卯运，名曰劫财、败财，主克父母及克妻，破财争斗之事。行丙丁巳午运名伤官，主克子女，讼事囚系。庚申辛酉，七杀官乡，主得名，发越太过则灾病恶疾。行壬癸亥子生气印绶运，主吉庆增产。辰戌丑未戊已财运主名利皆通。此乃死法譬喻，须随格局喜忌推之，不可执一，妙在识其通变，拙说如神。干旺宜行衰运，干弱宜旺运，正乃“干弱则求气旺之藉，有余则不足之营”。须要通变，更兼孤寡、空亡、勾绞、丧门、吊客、宅墓、病死、官符、白虎诸杀推之，其验如神。

【注解】命局是先天所有，落地即定的。大运则为后天所有，富有变化，它对整个命局起着解释、成局、破局的作用。总之喜行用神生旺之方，忌行用神死绝破败之方，这是推命至理。至于神煞，则不必计较。

壬辰
甲辰
丁亥
乙巳

伤官司权，年支重见，丁火之根巳火被亥水冲破，身弱，取甲木印绶为用神。喜其出门大运即行南方火地，日元得旺，任起财官，少年得志，官至侍郎。

丁亥　　与上造只换一年柱，多一丁比肩助身。以格局而论，强于上造。惜大运逆行，仅卯寅二运印绶托根，故祖业丰厚。一入辛丑运，财星坏印，破耗迭见。运至庚子，火临衰绝，家业破尽，流落为乞。与上造天渊之隔者，非命也，乃运也。
甲辰
丁亥
乙巳

丧门、吊客：一名横关煞。命前二辰为丧门，如寅年生人见辰者是；命后二辰为吊客，如寅年生人见子者是。若岁运临之主祸。古诗云：

横关恶杀少人知，月禄凶神又及时。
纵有吉星重叠至，不遭刑戮也倾危。

宅墓：命前五辰为宅，如子年生人见巳者是；命后五辰为墓，如子年生人见未者是。宅墓怕岁劫等煞来破本命之宅，主呻吟。

官符：取太岁前五辰是，如子年生人见巳者是。日时遇之，平生多官灾，更并羊刃乃刑徒之命。若官符落天中（空亡）多邪诞不实，名妄语煞。

以上诸杀多与命理不符，若有一二偶合者，则恰是子平命理所使然。

乙亥　　张作霖命造。亥卯旺财，生起丁火官星，日元微弱，全靠己丑印绶生身化官为用。十四岁运入丁丑，二十一岁乙未年，正财合身而结婚。丙申、丁酉二年在岳父帮助下当上“保险队”头目，有了自己的队伍，一生富贵皆从此始。若以丧吊来论，丑运为亥年丧门，酉年为亥年吊客，为岁运大祸，而此造偏发迹于丧吊运岁，说明神杀之不合命理。
己卯
庚辰
丁丑

【原文】又一法。羊刃、桃花、伏吟、反吟、休囚、死绝、衰败者凶运。帝旺、临官、禄马、贵人、生养、冠带、库者吉，如空者，凶空者反吉，吉者反凶。大运不宜与太岁相克相冲，相冲者凶，更相冲相克者亦忌。岁冲克运者吉，运克岁者凶，格局不吉者死。岁运相生者吉，禄马贵人合交互者亦吉。宜审细推之，无有不应验者矣。

【注解】太岁主一年吉凶，大运主十年祸福，均与命局息息相关。若互相冲克、反吟、伏吟均不利原局，所以多凶。若运岁中有忌神，冲克反吉。

乙酉
辛巳
辛酉
辛卯

明代名臣张居正命造。天干三辛同心，地支巳酉合金，格成从革专旺。丁丑一运，合全金局，十年专政，独镇朝纲。五十八岁壬午年，大运丙子，运岁天克地冲，午破酉，子泄酉，均为忌神，失权下野而亡。

己巳
壬申
己酉
甲戌

明代奸宦刘谨之命。己土日元，支类西方，盗气太甚，以致肢体不全。身弱用印比，五十八岁丙寅年，大运丙寅，虽运岁伏吟，且均与月令天克地冲。但运岁皆为喜用，名运岁聚吉，与月令天冲地克是冲去忌神，所以该年得明武宗之宠，任司礼太监，威压百官，扰乱朝纲。

论太岁吉凶

【原文】太岁乃年中天子，故不可犯，犯之则凶。经云：“日犯岁君，灾殃必重，五行有救，其年反必招财。”且如甲日见戊土，太岁是也，克重者死。甲乙者，寅卯亥未日时者，犯克岁君，决死无疑。有救则吉，乃八字庚辛酉巳丑金局也。经云：戊己愁逢甲乙，干头需要庚辛或丙丁火局焚木，有灾勿咎，效此推之。或得己和甲亦解之。大抵太岁不可伤之，相生者吉，乃五行有救，其年反必为财。犯岁君者，其年必主凶丧，克妻妾及破财是非，犯上之悔。加以勾绞、空亡、咸池、宅墓、病符、死符、白虎、羊刃诸杀并临，祸患百出。神杀加临，轻重推之。日干虽不克岁，犹恐运克岁君，若加岁运冲刑，羊刃冲合，主破耗丧事；倘有贵人、禄马，释之稍吉，八字有救无虞。故云：太岁乃众杀之主，入命未必为灾。若遇战斗之乡，必主刑于本命。

【注解】病符煞：太岁后一辰是。如子年生人见亥即是，犯者多疾病，行年遇之亦然。

死符煞：取病符对冲是。如子年生人，亥是病符煞，对冲巳就是死符煞。月日时犯之，无贵神解救，主凶恶短折。

太岁有两种：一是本命太岁，即年柱；二是行年太岁，即流年。本章讲的犯太岁是指行年太岁。太岁乃一年之主宰，司一年之祸福，主四时之吉凶，所以在这一年里非常重要。如果日犯太岁，就是太岁头上动土，凶祸立至。这样，太岁就成了一位凶神，这种说法并不恰当。因为八字是以喜忌来判断吉凶的。太岁的吉凶要和整个命局配合来判断。如果当年太岁为命局中忌神，见之凶祸，若被大运制伏，则为祸患不成。反之，当年太岁是命局中用神，见之必吉，若被大运冲克，也难言吉。所以命理贵在通变，千万不要一见日主克太岁就论凶，日主与太岁相生就论吉。

壬午
壬寅
壬午
壬寅

陶思澄命造。虽天干一气，然地支无根，且水气泄于寅木，支全木火，格成从财。四十九岁入丙午大运，四十九岁庚午年，运岁入财旺之乡，出任一省长官。若以太岁论，大运丙火克庚金太岁，日元壬水克大运丙火，无一吉庆，何以能当此任？这说明了命局必须全面分析的道理。

己卯 丙子 丙寅 丙申	胡汉民命造。三丙同心又得寅卯相生，日元极强，子水官星虽司权，然气泄寅卯，反觉微弱。申财居于时支，被寅木冲破，无力生官，故取子水官星为用神。运入申酉，财旺官强，官至行政院长。五十二岁行庚午大运，五十八岁丙子年，运岁天克地冲，庚财被劫，子官被冲，患脑溢血死亡。此因喜用被冲克故。
癸丑 戊午 壬寅 庚戌	日元壬水自坐火局，癸水劫财被戊土相合，日元仅丑中一点癸水微根，全靠庚金偏印生身任财为用神，日元极衰。运至乙卯，流年甲戌，运岁盗尽日元之气而亡。由此可见，虽日元与运岁相生，只要运岁为忌，凶祸依然。

论运化气

【原文】夫五运化气者：甲己化土乙庚金，丁壬化木尽成林，丙辛化水分清浊，戊癸南方火焰侵。

【注解】天干五合出自河图，即一六共宗，二七同道，三八为朋，四九为友，五十同途之意。而天干一为甲，六为己，所以甲与己合；二为乙，七为庚，所以乙与庚合；三为丙，八为辛，所以丙与辛合；四为丁，九为壬，所以丁与壬合；五为戊，癸为十，所以戊与癸合。

至于合而化者，取其岁首月建天干五行所生之五行。如甲己之年正月为丙寅，天干丙火生土，所以甲己合就化土；乙庚之年正月为戊寅，天干戊土生金，所以乙庚合化金；丙辛之年正月为庚寅，天干庚金生水，所以丙辛合化水。余仿此。

【原文】甲己化土，中正之和，辰戌丑未全曰稼穑，勾陈得位。乙庚化金，仁义之合，巳酉丑全曰从革。戊癸化火，无情之合，得火局曰炎上。丙辛化水，得申子辰水局曰润下。丁壬化木，得亥卯未全曰仁寿。

【注解】甲为阳木，其性仁慈，为十干之首；己为阴土，其性宁静，有滋生万物之德，所以甲己合是中正之合。又因甲己已化为土，再见辰戌丑未旺土，故为稼穑专旺格。乙为阴木，其性仁而柔弱；庚为阳金，其性坚强不屈。如此则刚柔相济，仁义并存，故曰仁义之合。乙庚合化金，再见巳酉丑金局，就成为从革专旺格。丙属阳火，火势威猛吓人；辛为阴金，它能克制羊刃而喜见七杀，所以叫威制之合。因丙辛合化水，再逢申子辰全水局，就是润下专旺格。壬是纯阴之水，日月星不照；丁为藏阴之火，火光昏暗而不明，故曰淫慝之合。又因丁壬合化木，再见亥卯未全木局就是曲直专旺格。戊为阳土，是老丑之夫；癸为阴水，是年轻漂亮的妻子，老阳而少阴，即使相合也无情，所以叫无情之合。因戊癸化火，再见寅午戌全火局就是炎上专旺格。

【原文】天干化合者，秀气；地支合局者，福德。化之真者，名公巨卿；化之假者，孤儿异性。逢龙即化，变作飞龙在天，利见大人。月令生旺，养库临官之地方化。阴阳得合，夫妇匹配，中和之气而化，太过不及皆不能化。有夫从妻化，妻从夫化，正化、偏化，日下自化。转角化，乃未坤申，丑艮寅。经云：东北丧朋，西北得朋。甲日见己字化土，己见甲亦然，乃化之真谓之正化。化之真者名公巨卿，乃富贵之格。化之假者，孤儿异姓，或为僧道之类。十干效此推之。但戊癸化火，南不化午，北不化子。午乃少阴君火，所以不化。寅申乃少阳火，乃化。经云：化之格局，玄中又玄，妙中又妙，不可俱述。常观天元神趣八法：返、照、鬼、伏、类、属、从、化，仔细推详。

【注解】化神喜旺忌衰，所以化神秉月令之气为旺，叫作真化。如果化气不得月令之气，则叫假化。如甲己化土，生辰戌丑未月，土气秉令，叫真化；若生亥子申酉月，土气休囚，则叫假化。请参下表：

化类 化否 月令	甲己化土	乙庚化金	丙辛化水	丁壬化木	戊癸化火
寅	不化	不化	不化	化	化
卯	不化	不化	不化	化	不化
辰	化	不化	化	不化	不化
巳	不化	化	不化	不化	化
午	不化	不化	不化	不化	化
未	化	不化	不化	化	不化
申	不化	化	化	不化	不化
酉	不化	化	不化	不化	不化
戌	化	不化	不化	不化	化
亥	不化	不化	化	化	不化
子	不化	不化	化	不化	不化
丑	化	化	不化	不化	不化

什么叫妻从夫化？什么叫夫从妻化？如戊癸合化，日干是戊，月干或时干是癸，癸为戊妻是妻从夫化。若日干是癸，月干或时干是戊，叫夫从妻化。又一说：戊癸合生于寅午戌月化火是正化，叫妻从夫化；生于亥子水月则化水，叫夫从妻化。戊癸合于亥子月，只论合不能化，因此化水之说不可取。

什么叫正化？地支相连者叫正化。如丙申见辛酉，甲辰见己巳等是。什么叫偏化？地支不连者叫偏化。如甲戌见己丑，乙酉见庚辰等是。什么叫转角化？地支四角相顺连者叫转角化。如甲戌见己亥，壬寅见丁丑等是。什么叫进化？地支进一位者叫进化。如甲辰见己巳，叫转角进化。什么叫退化？地支退一位者叫退化。如甲午见己巳者是。什么叫自化？日干和日支相合化者叫自化。如丁亥日，丁火与亥中壬水合化等是。这些只是巧立名目，与命理毫无关系。

凡格逢化气，喜化神生旺，忌化神衰绝；喜真化，忌假化。若化气生旺而真者，非富即贵；若化神衰假，则为常人，甚至贫贱。

戊寅　　孙岳之造。四支全木，丁壬合亦化木，化神既旺且真，所以任国民革命第二军军长，手握生杀重权。
乙卯
丁未
壬寅

戊辰　　甲己合生于戌月，支全土火，戊土透于年干助化，化气生旺亦真，所以官至州牧。
壬戌
甲辰
己巳

甲子　　郑成功命造。表面看来乙庚合于申月，化气强旺而真，惜申子辰合全水局，助局反变为盗气，真化反成假化，所以生母自杀，父亲被斩，本身三十九岁正当壮年而亡。
壬申
乙丑
庚辰

化神吉凶的判断还要看是合化为喜神，还是合化为忌神。如果合去忌神化为喜神者吉；若合去喜神化为忌神反凶。

庚申　　支全土金，丁火日元仅戌中一点墓气为根，日元弱甚，全靠乙木偏印生身为用。然乙庚合而化金，用神反化为忌神，所以天生哑巴，终身残疾。
乙酉
丁丑
庚戌

丁亥　　迟越波命造。壬杀得亥水为禄，贴近攻身为病，喜丁壬、亥寅皆合而化木，木旺火强，戊戌食神吐秀，木火土一顺相生、格局极为清纯。戊戌、丁酉、丙申诸运，助身吐秀，名利双辉。
壬寅
丙戌
戊戌

化气十段锦

【原文】甲从己合，赖土所生。遇乙兮妻财暗损，逢丁气兮衣禄成空。贵显高门，盖复辛金之力；家殷大富，皆因戊土之功。见癸兮平生发福，逢壬兮一世飘蓬。遇庚金家徒四壁，时逢丙火，禄享千钟。

己能化甲，秀在于寅。逢丁兮他人凌辱，遇乙兮自己迍邅。阳水重重，奔走红尘之客；庚金锐锐，孤寒白屋之人。丙内藏辛，必得其贵；戊中隐癸，不至于贫。若要官职迁荣，先须见癸；家殷巨富，务要逢辛。

【注解】若仅以合论，甲见丁为伤官，己见丁为偏印，似乎不吉。这里是论化气，却大不然。因化气格喜旺忌衰，甲己化土，最喜丙丁印绶。若化气极强，也喜庚辛吐秀，所以甲己化土格，最喜火土助化，亦喜庚辛吐秀，乙木破化局，壬癸水助甲，使其有根不化，均为忌神，故喜寅、喜癸之论有误。

乙丑
丙戌
甲午
己巳

雷礼尚书命造。甲己合生于戌月，势必化土，支下丑土，午巳之火均助化气，乙木虽透干，但被丙食化解，反成生土之物，化气极纯。再加大运西方、南方相续，均顺化气之势，所以少年得志，宦海平顺，仕至尚书。此例说明化土格喜火。

1889 年九月二十一日巳时生男：

己丑		03、癸酉
甲戌	大	13、壬申
		23、辛未
甲子	运	33、庚午
己巳		43、己巳

民国时期广东合浦陈铭枢八字。甲生戌月，土星司权，干头二己二甲，合而化土，子水亦有合丑化土之意，化气格极真。十八岁丙午年，印绶助化，入广东陆军小学堂。二十一岁己酉年，酉金吐化神之秀，入保定

陆军军官学校深造。二十三岁运入南方助化，宦途顺畅，官直做至交通部部长、代行政院院长。四十六岁甲戌年，岁局三甲争合二己，化气格破，再加太岁与月柱伏吟，大运与时柱伏吟，兵败逃亡香港。

【原文】乙从庚化，气禀西方。蹇难兮生逢丙位，荣华兮长生壬乡。丁火当权，似春花之笑日；辛金持世，若秋草之逢霜。最喜己临，满堂金玉；偏宜甲向，麻麦盈仓。日日劳神，盖为勾陈作乱；时时费力，玄武为殃。

庚从乙化，金质弥坚。最忌辛金暗损，偏嫌丙火相煎。遇丁官兮，似蛟龙之得云雨；逢己印兮，若鹏鹗之在秋天。癸水旺兮，田园漂荡；壬水盛兮，财禄增迁。遇戊相侵兮，不成巨富；逢壬助力兮，永保长年。

【注解】乙庚化金格，喜金助化气、土印生化气，若化气强旺，亦喜水吐化气之秀。忌丙丁克制化气，见甲乙有争夺之象，皆不吉。原文言乙庚化气喜丁官等应有误。若仅合不化，丁为官星，卯为正财则吉。

勾陈即土，化气格逢厚土，有埋金之忧，故主日日劳神。

玄武即水，化气格逢强水，盗气太甚，所以主时时费力。

庚戌
乙酉
庚子
甲申

儒家祖师孔子命造。支类西方，乙庚化金，金强喜泄。子水坐支，秀气引发，极为纯正。所以删诗书，定礼乐，赞周易，修春秋，以成祖师之道。惜甲财明透，引起群比纷争，所以一生为财所困。三岁壬子年盗气太甚，父亡。二十四岁癸酉年，大运亥水，也盗气太甚，母丧。丙丁二运，少年坎坷，六十七岁丙辰年妻卒，六十九岁戊午年子丧。卯木一运，忽而遇桓魋之难，忽而困陈蔡之间，惶惶若丧家之犬，足证化金格忌火克、水泄和木财引起纷争。十九岁戊辰年娶妻，二十岁己巳年生子，五十一岁庚子年为中都宰，五十二岁辛丑年为司空进位司寇，说明乙庚化金格喜土金相助化气。

乙丑	大运	己卯	明沈鲤阁老八字。干头二庚二乙，支下一片土金，化金格甚是清纯。二十八岁壬辰年，食神吐秀，中进士，改庶吉士，授检讨。五十六岁庚申年，强金助局，八月金旺，晋礼部尚书兼东阁大学士。五十七岁辛酉年，晋文渊阁大学士、户部尚书；十月又晋少保、武英殿大学士。五十八岁壬戌年，大运甲戌，甲木财星引起比肩争夺，且与月柱天克地冲，被劾力求致仕而去。
庚辰		戊寅	
庚戌		丁丑	
乙酉		丙子	
		乙亥	
		甲戌	

【原文】丙为阳火，化水逢辛。有福兮戊土在位，成名兮乙木临身。官爵迁荣，生逢癸巳；家门显达，长在庚寅。强横起于甲午，祸败发于壬辰。屡遇阴丁，纵富贵能有几日；重逢已土，虽荣华一似浮云。（水以火为财，以土为官，如重见之，必有伤害矣。）

辛能化水，得丙方成。四柱最宜见戊，一生只喜逢庚。见已兮何年发福，逢壬兮何日成名。癸水旺兮，纵困而不困；甲木旺兮，须荣而不荣。富贵荣华，重重见乙；残伤穷迫，叠叠逢丁。

【注解】化水格最喜水助，所以忌见壬辰当误。喜金助，但忌酉金而喜申。因见酉，辛金得根，反而不化。化气强喜见木，食伤吐秀为美。忌土克水与午火冲水，使化气格不纯，故喜见戊土之说亦错。若见戊土，水忌戊克化不成矣。

辛亥	丙辛合于子月，本当化气，一则间隔庚金，丙火须克去庚金方能与辛相合，合亦艰难，化更远矣。二则丙火自坐寅木长生，有根不化，所以为假化，只好取寅木化官杀生火为用。惜湿木难生微火，再加大运水金相续，冲克寅木用神，所以贫贱异常。说明“家门显达，长在庚寅”之论不合命理。
庚子	
丙寅	
壬辰	

己亥　　郑绅尚书造。辛丙合生于子月，贴近合化，年支亥水助局，
丙子　化气旺喜卯木食神吐秀，格局清纯。再加大运水金相续，生助
辛卯　化神，所以早年得志，官至尚书。
辛卯

1793年三月十八日子时生男：

癸丑	大运	03、乙卯	清广东花县骆秉章八字。日元辛金与丙火生于辰月，支类北方，干头癸水，丙辛亦合而化水，时干戊土杂局为忌。四十岁壬辰年，大运壬子，子辰合水局助化气，中进士，选庶吉士，官直做至总督加太子太保、协办大学士。七十六岁辛卯年，大运庚戌，一则运岁卯戌合化火逆化神，二则二辛妒合丙火，化气格破，卒。
丙辰		13、甲寅	
辛亥		23、癸丑	
戊子		33、壬子	
		43、辛亥	
		53、庚戌	

【原文】丁属阴火，喜遇阳壬，见丙兮百年安逸，逢辛兮一世优游。富贵双全，喜甲临于天秤；禄财双美，欣已共于金牛。活计消疏，皆因戊败；生涯寂寞，盖为癸因。乙木重重，财禄决无成就；庚金灿灿，功名且莫妄求。

壬从丁化，秀在东方。遇甲兮多招仆马，逢辛兮广置田庄。丙火相逢，乃英雄之豪杰；癸水相会，为辛苦之经商。佩印乘轩，己临官位；飘蓬落魄，戊带杀官。皓首无成，皆为庚金乘旺；青年不遇，盖因乙木为殃。

【注解】天秤：黄道十二星座之一名，即午火。金牛：黄道十二星座之一名，即丑土。丁壬化木格最喜甲乙寅卯木助化，壬癸亥子水生化。化气过旺，也喜丙丁巳午火吐秀，所以原文忌乙卯癸三者不妥。丁壬化木，见庚辛金克，必不敢化，有戊己引起比劫争财，也不美。所以原文言喜辛金己土也应有误，故特提出。

己卯
丁卯
壬午
甲辰

丁壬合生于卯月木旺之时，化木格成。时干甲木，年支卯木助化，化气有力，喜午火吐秀，辰财引通秀气，全局无金，化气极纯。所以少年科甲，名高翰苑，仕途平顺。

壬午
丁未
甲子
戊辰

丁壬合于未月，化木格成。日时支辰会子水，助木化气。木气极旺，喜午火伤官吐秀生财，全局无金，化气极纯。初运申酉，冲破化气，少运艰辛。庚戌运后，六十年水木相续，所以为数十年太平宰相，可谓福厚矣。

【原文】戊从癸合，化火成功。见乙兮终能显达，逢壬财兮亦自丰隆。众禄拱持，喜丁临于巳位；六亲不睦，缘甲旺于寅宫。丙火炎炎，难寻福禄；庚金灿灿，易见亨通。妻子损兮，皆因巳旺，谋为拙兮，盖为辛雄。

癸从戊合，化火当临。丙内藏辛，一世多成多败；甲中隐己，百年劳心劳力；仓库丰肥，欣逢丁火；田财殷实，喜得庚金。官爵升荣，连绵见乙；赀财富贵，上下逢壬。财源得失兮，缘辛金之太旺；仕途蹭蹬兮，盖己土之相侵。

【注解】戊癸合化，喜见乙官、壬财等均以相合论，并非化格所喜。格成化火，喜丙丁巳午火助化，甲乙寅卯生助化神。若化火极强，喜己丑辰湿土吐秀。最忌壬水透干，使戊癸不能合化，亦忌庚辛申酉，癸水得根也不合化，这是化火格正论。原文“丙火炎炎，难寻福禄”等论不妥，故予修正。

甲寅
辛未
癸亥
戊午

癸水生于夏末，寅午半会火局，化神有气，惜癸水自坐亥水，又得辛生，成为假化。初运壬申、癸酉、金水并旺，孤苦不堪。运至甲戌，支全火局，戊土克去亥水，化气由假变真，财帛丰盈，名成利遂。一交丙子大运，丙辛化水，化气尽破，失误落职。壬子年强水克绝丙火而亡。说明化火格忌金水而喜木火。

1953年五月十九日卯时生男：

癸巳		08、丁巳
戊午	大	18、丙辰
		28、乙卯
辛亥	运	38、甲寅
甲午		48、癸丑

日元辛金，支下无根，仅有一戊土印绶生身，戊土又与癸水合而化火，生身反化克身，干头甲财生杀，辛金无奈，只有弃命从杀。运至乙卯、甲寅，助化助杀，勃然而兴，成为大款。经常为市委书记、市长的坐上客。四十八岁一入癸丑大运，二癸妒合戊土，化火格破，土旺生金，从格亦破，因盲目投资而破产。四十八岁庚辰年，太岁又逢强金旺土，为非法讨债而被公安机关拘押了三个月。

神趣八法有类属从化返照鬼伏

【原文】类象者，乃天地一类也。如春生人，甲乙天干，地支寅卯辰全，无间断破坏，谓之夺东方一片秀气。最怕引至时为死绝之乡，谓之破了秀气。运至死绝则不吉。或时上、年上引生旺，谓之秀气加临，十分大美。

属象乃天干甲乙木，地支亥卯未全者是也。

【注解】类象和属象就是专旺格，此类格局愈旺愈美，愈弱愈凶，所以见生扶为吉，见死绝则凶。

癸未
甲寅
乙亥
己卯

李鸿章命造。日元乙木，支全木局，寅木秉令，干透甲癸，一片木象，格成曲直专旺。运入北方，生起专旺格局，少年得志，受曾国藩欣赏而被重用。

丙子
辛丑
癸亥
乙卯

苏东坡命造。年月日亥子丑北方一片秀气，年月干丙辛合而化水，类象极纯。身旺喜乙卯专食吐秀，水木菁华，秀气精英，所以文才盖世，诗词绝伦，为千古绝唱。

【原文】从象者，如甲乙日主无根，地支全金，谓之从金；四柱纯土，为之从土；四柱纯水，为之从水；四柱纯木，为之从木。只有秀气者吉，无秀气者不吉。或天干有甲己字，或有根者不吉。其从火者，大旺运吉，死绝地凶。

【注解】从象是指日元无根无助，既无禄刃、比劫帮身，也无印绶生身，满盘只有某一种五行，日元不得已弃命相从极盛的五行，叫从象。如甲乙日元，见满局金极强是从杀；见满局土极强是从财；满局火极强是从伤，即从儿。这样的格局与类象恰恰相反，日元愈剥愈弱愈吉，从神愈生愈强愈美。大运行生扶日元之地反有祸患。

乙酉
乙酉
乙酉
庚辰

李侍郎造。虽乙木三比，但支皆埋根之铁，辰土亦合酉化金，势必从杀。辛巳、庚辰二运，庚辛明透助杀，巳酉、辰酉皆合而化金，从神极旺，格局佳美，故贵至侍郎。五旬后运入东方，日元得根，不从破格，不吉。

戊戌
丙辰
乙未
丙戌

乙木生于季春，蟠根在未，余气在辰，似乎财多身弱。但四柱皆财，其势必从。春土气虚，得丙火以实之，且火乃木之秀气，土乃火之秀气，三者为全，无金以泄之，无水以靡之。更喜运走南方火地，秀气流行。所以第发丹墀，鸿笔奏三千之绩；名题金榜，鳌头冠五百之仙。

【原文】化象者，乃甲乙日生人，在辰戌丑未月，大十有一已字合甲字，谓之甲己化土，喜行火运。如逢甲乙木生旺运，化不成为不吉。已字中露出二甲字谓之争合，有一个乙字露出为之妒合，为破格不成。

【注解】甲日己土，生土旺月化土，乙日见己既不合，也不化，所以原文甲乙日应为甲己日。

格成化气，除甲己化土，不忌见戊土，乙庚化金不忌见辛金外，其余皆忌见劫财比肩妒合破局。如甲己合见乙，乙庚合见甲，丙辛合见丁庚，丁壬合见丙癸，戊癸合见己壬等均为有助，不能合化。其次怕争合，如一甲合二己，二丁合一壬等均不能化。如果大运行至去忌神之方，仍以化论。如甲己合见乙，运岁逢庚辛去乙；二甲合一己，运岁又逢己土等是。

甲寅
丁丑
甲戌
己巳

甲己合生于丑月，丁火明透，化甲比而生化神，当以化论。然年支寅木为甲禄，克制丑土使其不能化气。初运戊寅、己卯化气不成，出身贫寒。庚金运克去甲寅，科场顺利。辛巳、壬午，尽化寅木而生化神，仕途顺畅，官至黄堂。

戊子
丙辰
辛酉
戊子

丙辛合于辰月，支下子辰水局，似乎可成化气。惜年时天干透戊克水，使丙辛不敢合化。运至庚申，强金化土生水，支全水局，化气格成，勃然而起，手握军符，执掌生杀大权。

辛巳
己亥
甲午
甲戌

甲己相合，然时干又透一甲争合，月令亥水又是甲木长生之地。虽巳火冲亥，午戌火局助化，毕竟化气不真。大运又逆行金地，合巳生亥，甲根愈坚，无法成化，所以虽聪明多能，仍破家离祖，流浪游走。

【原文】照象者，如丙日巳午未年月日，遇时上一位卯木，谓之木火相照，甚吉。如壬癸日，申子辰全属象者，遇时上一位金，谓之金水相照，大吉。年干有照者亦吉。

【注解】年月日成专旺，时支带印；或月日时成专旺，年支带印就是照象。大凡格成专旺，喜生喜助，愈旺愈美，所以是吉格。

甲戌
丙寅
丙午
庚寅

年月日三支合全火局，格成炎上专旺，时支寅木生合火局，助其旺势。大运又顺行木火之方，极为贵显。时支寅木，就是照象。

壬申
壬子
癸亥
庚申

金旺水强，格成润下，全局金白水清，纯粹无杂，所以大贵。年时二支申金生合水局，助其旺势，也是照象。

【原文】返象者，乃所谓值月令用神，引至时上一位为绝之乡，谓之用之不用，皆为返运，又遇返之太甚，则不吉。

【注解】此说不妥。一个命局要八字互相配合，一个时支不能决定整个命局吉凶。若用神在年月日支中有根，即使绝于时支，仍不失用。就是用神衰弱，到时上又为绝地，若运行用神旺地，依然应作吉论，并不应因为绝于时支，用神就失去作用。

甲辰
辛未
丙戌
甲午

纪晓岚命造。日元丙火，虽时支见刃，然未伤秉令，辰戌助伤，盗气太重，必以甲木偏印制伤生身为用神。甲木虽引至时上为死地，但三十一岁起运入北方，继而东方助起用神。从三十一岁甲戌年会试登进士始，官至礼部尚书、协办大学士、《四库全书》总纂官，享寿八十有二，一生宦海无波。虽时支为用神死地，而无凶焉。

壬申
丁未
丁未
己酉

胡林翼造。丁火虽得一比肩助身，惜支下土金一片，耗泄日主之气太重；虽未中亦有微根，毕竟身弱；妙在年月天干丁壬化木，真神生身得用，精诚有力。虽木火引至时支酉金为死绝之地，然三旬后大运水木相续，助起弱身，故为一方大员。

【原文】鬼象者，乃秋金生甲乙日，地支四位纯金，谓之鬼象。只要鬼生旺运皆吉，怕见至死绝之乡，而又身旺则不吉。

【注解】鬼象与前从象中的从杀格同，详参前。

丙午
甲午
庚寅
丙子

黄冢宰命造。日元庚金，年时双透丙杀，地支火局，子水之气尽泄甲寅，身弱无依，只好弃命从杀。丙申、丁酉二运，日元得根，激杀之势，坎坷蹭蹬。运入戊土，合全火局，从势有力，如拨云见日，勃然而兴。

【原文】伏象者，乃寅午戌三合全，又值五月生，逢壬日而天干无丁字透露，壬水又无根，乃取午中有丁火合壬而伏之，所谓伏象。运至木火之乡皆吉，只愁水旺之乡，则不利也。

【注解】看此解释，壬日逢火局，壬日无根只好从火，乃弃命从财格。从象愈旺愈吉，日元愈弱愈美。最忌日元逢生旺，从而不从，必生祸患。(详参前从象节)

1954年二月二十三日巳时生男：

甲午		04、戊辰
丁卯	大	14、己巳
		24、庚午
壬午	运	34、辛未
乙巳		44、壬申

壬水日元，全局木火七重，丁壬虽合，但丁火根重，不能合化，仍以水论。壬水无根，无帮无扶，只好从财。运入南方，命主进厂当了工人，被评为先进模范，并一直升至厂长，积累了不少钱财。四十二岁乙亥年，壬水得

禄，从财格破，辞去公职，下海经商。四十三岁丙子年，子刃破局，命主在海边承包了很多养殖虾场，结果虾死了一大半，赔了二十来万。四十五岁戊寅年，大运壬申，不仅运岁天克地冲，且印比破局，改养蟹，又赔了近十万元。命主要想赚钱，只有到六十四岁后行甲戌运了。

论格局生死引用

【原文】夫格局者，自有定论，今略而述之。

印绶见财行财运，又兼死绝，必入黄泉，如有比肩，庶几有解。

【注解】财星为印绶克星，印绶为用，最忌财星。

辛巳
辛卯
丁未
辛丑

靳云鹏命造。丁生卯月，偏印司权，与日支未土半合木局。年支巳火为丁火旺地，日元似乎不弱。惜年月时三干辛财竞透，巳丑又有拱辛之情，日元反弱。故以卯木偏印生身为用，辛财坏印为病。三岁行庚金财运，四岁甲申年，旺财坏印，父丧。三十八岁戊午年，日元得禄，仕至国务总理。惜四十岁逢庚申旺财，于四月辞职，七月，虽在张作霖支持下再度受命组阁，然四十一岁辛酉年亦为强财，不得已又在冬天辞职。六十三岁起行甲申大运，卯木用神临绝处。七十岁庚寅年，运岁皆逢强财坏印，病死天津。

【原文】正官见杀及伤官，刑冲破害，岁运相并必死。

【注解】正官为用神，见七杀为官杀混杂，见伤官为伤了贵气，运岁再见七杀或伤官，再加刑冲破害，贵气尽失，必凶无疑。

甲子
壬申
乙丑
庚辰

郑成功命造。乙木以庚申为官星，原局既无七杀混杂，又无伤官损贵，清纯至极。惜三十四岁行丙火伤官大运，三十九岁又逢壬寅太岁，如此丙伤庚，寅冲申，贵气全失。可惜壮志未酬，英年早逝。

【原文】正财、偏财见比肩分夺，劫财羊刃又见岁运冲合，必死。

【注解】命局中财为用神，最怕比劫羊刃争夺，若干头有官杀护财或食伤化比劫生财，方能化解。若无必凶。

癸巳
丙辰
壬申
癸卯

杨杏佛命造。丙财虽得巳禄，又有卯伤相生，然二癸劫财明透，虎视眈眈，终为祸患。运至辛亥，辛金合去丙财，化财为劫，亥水冲去巳火，财星尽失，格局尽坏，被刺身亡。

【原文】伤官之格，财旺身弱，官杀重见，混杂冲刃，岁运又见必死，活则残伤。

【注解】伤官之格，最喜身旺，见官为伤官见官，若冲羊刃为失去根元，运岁再逢，必凶无疑。

庚戌
丙戌
乙酉
辛巳

乙木身弱，丙伤庚官并透，幸有辛杀相合，名合杀留官，格局取清。十七岁丙寅年，大运丁亥，运岁又逢伤官，克去庚金贵气，因口舌被人用刀砍伤手臂，几乎残废。

【原文】拱禄拱贵填实，又见官空亡冲刃，岁运重见即死。

日禄归时，刑冲破害，见七杀官星，空亡冲刃必死。杀官大忌，岁运相并必死。

其余诸格，并忌杀及填实，岁运并临必死。会诸凶神恶杀，勾绞、空亡、吊客、墓病、死官诸杀，十死九生。官星太岁，财多身弱，原犯七杀，身轻有救则吉，无救则凶。金多夭折，水盛飘流，木旺则夭，土多痴呆，火多顽愚，太过不及作此论。

一不可拘，二须敢断，必须理会推之，求其生死决矣。

【注解】拱禄拱贵，日禄归时等格，均不合子平命理，当以全局用神论生死，不必拘填实之说（详见前论诸格）。诸神杀之论更难圆说，大凡论命生死，重在用神，用神临生旺之方者吉，临死绝之方必凶，此子平真论，再无二法。

论征太岁

【原文】征者，战也。如臣触其君，乃下犯上之意。日干支冲克太岁曰征，运支干伤冲太岁亦曰征，太岁干支冲日干支者亦曰征。但看八字有无救助，仔细推详，百发百中。

【注解】太岁为一年之主，所以为君。日干为臣。太岁与日柱干支或与大运干支天克地冲为征太岁。若冲去忌神者吉，冲去喜用者凶；命局中有化解之神者灾浅，无化解之神者祸重。

壬寅
己酉
甲戌
丙寅

甲木虽年时皆得寅禄，惜酉官司权，又得己戌财星生助，官星极为有力。甲木既要任强官，又被丙火盗气，日元由强变弱。喜大运庚戌后一路水木助身，贵为至尊。六十九岁庚戌年，大运丙辰，运岁干支皆为忌神，且天克地冲，局中无解而崩。

己亥
癸酉
壬子
甲辰

女命。全局金旺水强，以甲木食神吐秀为用神。三十二岁庚午年，大运丙子，运岁天克地冲，出车祸头部受伤。因庚金枭神克甲食用神为忌，庚冲丙，子冲午是忌神冲克喜用，再加原局壬癸太强，丙午火弱，致有伤损。若原局再有一火，虽冲不灾。

乙巳
戊子
戊寅
丙辰

戊生子月，坐下寅杀，财旺杀强，必以丙巳偏印化杀生身兼调候为用神。三十四岁行甲申大运，流年戊寅，大运与流年太岁和日元均天克地冲，混战不已，看似不吉。甲杀明透攻身，但有丙火偏印化杀；虽岁支寅木助杀，又被运支申金冲去。二忌皆去，格局反自然流畅，故该年事事顺畅，并在另一大城市开设分公司。

【原文】日干支合太岁干支，曰晦，岁运合岁干亦然。遇此主晦气，一年反复，欲速不达。假如乙丑、乙亥、壬申、乙巳。运行辛未，丙寅年，日干之壬克太岁之丙，日支申庚克太岁之寅甲，又且寅刑巳，巳刑申，申刑寅。行辛未运合太岁之木局伤官，皆为不吉。其年甲午月火旺，战克己土，乙木生所为战，故死于非命矣。

【注解】太岁干支与日柱干支或大运干支相合为晦气之说，实有不妥。虽干合可化，然化却有化喜化忌之说，且合也有合忌合喜之说。如果相合化为忌神或合去喜神，该年主晦；若合去忌神，化为喜神，该年反吉。千万注意区别。

辛酉
乙未
癸丑
壬戌

隋文帝杨坚命造。癸生未月，七杀秉令，日时支丑戌助杀之力，身弱杀旺，以辛酉偏印化杀生身为用神。六十四岁甲子年，大运己丑，运岁天地相合，均化为土，土旺埋金克水，格局尽坏，被太子杨广害死。

丙辰
甲午
丁丑
乙巳

英国前首相希思命造。丁生午月虽得禄，然丑辰湿土盗气亦重，以丙午比劫和甲乙印绶生扶日元为用神。四十八岁癸卯年，大运戊戌，岁干癸杀攻身，运干戊伤盗气，皆为忌神，妙在岁运天干戊癸相合，运岁地支卯戌相合，皆化火助身。二忌化为二喜，该年取得保守党领导权，为日后打下坚实的政治基础。

原文举例乙丑、乙亥、壬申、乙巳有误。若以月支亥论，乙丑年至亥的月干应为丁；若以月干乙论，月支应为酉，此其一；以月令乙亥论，行至辛未运为第四轮大运，年龄当在三四旬之间，而流年丙寅为六十二岁，碰不上头，所以上造年柱应是己丑。如此亥月则为乙亥、丙寅年三十八岁与大运亦符，特予指出。

己丑
乙亥
壬申
乙巳

　　壬生亥月建禄，支下坐申印，己土官星通根丑土，巳财居时支，又得天干乙伤生助，看似财官印皆美。惜月时二乙伤官明透，伤克己官，为病明矣。三十八岁丙寅年，大运辛未，丙辛合，使辛不能制乙木伤官，丙不能化乙木伤官，寅冲申，使日元失根。未亥拱乙成伤官局，伤官忌神得助有力，月令甲午更增木势，克尽官星，伤官见官，以致死于非命。

杂论口诀

【原文】看子平之法，专论财官，以月上财官为紧要，发觉在于日时。要消详于强弱，论官星不论格局，论格局不论官星。入格者非富即贵，不入格者非夭即贫。

【注解】八字中的月令为当时之气，财官得月令之气为有力，故为紧要。一个命局入手，首先要判断格局，并根据格局选取用神。财官只是命局中的一部分，要和整个命局配合。因而论命要以格局为主，没有抛弃格局只论财官之理。一个命局只要入格，取出用神，就证明这个格局并不杂乱，所以能富贵。反之全局五行杂乱，克战不已，无法取格取用，则贫贱无疑。

乙亥
乙酉
甲戌
乙丑

　　陈瑞尚书命造。甲生酉月，正官司权，日时支强财生官。天干虽全木，可惜无根，财旺官强，全靠年支亥水印绶化官生身为用神。格成正官用印，财官印身一顺相生不悖，故能富贵。

己酉
丙子
庚申
壬午

　　庚金坐禄，年支见刃。丙火七杀见午刃，壬水食神见子刃，己土印绶见时禄，看似吉庆。细一分析，用壬食制杀有己印克制，用丙杀制刃，又有子水冲克，用印化杀制食，其气又泄酉金，既无法取格，更无法取用，所以贫困一生。

【原文】官怕伤，财怕劫，印绶见财，愈多愈火。

【注解】即用官怕伤，用财怕比劫，用印怕逢财之意。详参前“论格局生死引用”一节。

【原文】伤官见官，为祸百端，若非疾病伤躯，必当官讼囚系，子丧妻伤。伤官见官，元有者重，元无者轻。伤官见官，重则迁徙，轻则刑责。伤官见官，心地勾曲、诡谲多诈、傲物气高，常以天下之人不如己，贵人惮之，小人恶之。伤官用财者富，伤官劫财者贫。

【注解】伤官是盗窃日主元神，伤害日主官贵之神，所以善恶无常。命局中有官星，逢此神者为祸尤烈。然伤官若运用得当，依然可以取贵。日主旺见伤官有财星主富；日主弱，伤重财重，身弱难任财反贫。日主弱，伤重财重喜比劫帮身，印绶无用；日主弱，伤官重，无财星喜见印绶。伤官是否怕见官星，也要根据格局活看。如金水伤官，用火调候；火土伤官，用水润局等，见官反吉，所以要根据格局活看，不可拘一。

己未
癸酉
戊戌
庚申

戊土日元，支下申酉戌西方一气，干透庚金，盗气极重，取己未劫财助身为用神。更喜壬申运后，入南方火地，印绶有力，无财坏印，故由拔贡出身，仕至黄堂。

庚午
己卯
壬申
己酉

壬生卯月，伤官秉令，己土官星，一坐酉印气泄，一坐卯伤自损，看似不吉。喜年支午火财星，贴身化卯伤官，反成伤官生财，财旺生官之势。一入巳运，财旺官强，三十年佳程，蟾宫折桂，出宰名区。甲申、乙酉二运，虽伤官见官，一则木不通根，二则原局有庚印回克护官，虽年高退归，但安享琴书，其乐自如。

甲子
甲戌
丁未
甲辰

黎元洪命造。火土伤官，以甲木印绶护杀制伤生身为用神。四十八岁辛亥年，运至寅木，用神有力，武昌起义后被选为南京临时政府副总统；五十三岁丙辰年，大运己卯，用神临旺，袁世凯死后继任大总统。六十五岁行庚辰大运，戊辰年财星坏印，运岁局三辰冲戌，用神受损，盗尽精气而亡。

丙申
庚寅
辛未
丁酉

辛金时支见禄，年支得申劫，干透庚劫，身强。丙火官星通根月令，亦强。身强财旺官美，格局不错。二十七岁壬戌年，大运癸巳，运岁临食伤，伤官见官，因事入狱。

1964 年一月八日丑时生男：

甲辰
丙寅
己亥
乙丑

大运

05、丁卯
15、戊辰
25、己巳
35、庚午

己生寅月，木旺土虚，官杀混杂，取丙火印绶化官杀生身为用神。丁卯、戊辰、己巳三运，土旺助身，无妨。庚午一运，伤官见官，于辛未年死亡。辛未前为庚午，运岁皆伤官见官，为何平安，却偏死于辛未年？因辛金合去丙火用神，甲官无护故。

1961 年九月二十五日亥时生男：

辛丑
戊戌
庚子
丁亥

大运

08、丁酉
18、丙申

庚生戌月，戊土元神发露，年柱辛丑助身，日元强旺。丁官虽戌中有微根，然自坐亥水，危机已伏。二十三岁癸亥年，大运丙申，癸水伤官坐旺克丁，在大学毕业前，因乘船翻沉溺死。

1897年十月二十八日辰时生男：

丁酉		05、庚戌
辛亥	大	15、己酉
甲申		25、戊申
戊辰	运	35、丁未
		45、丙午

民国时期广西容县何柱国八字。甲木坐杀，又得辛酉官星，戊辰财星生杀，看似官杀强旺，然亥水司权，申辰有拱水之情，如此官印身一顺相生，格局顺畅。惟生立冬之尾，气已转寒。《滴天髓》云："甲木参天，脱胎要火。"生于冬季，尤为需要，故取丁火伤官暖局为用神。三旬后运入南方，伤官有力，官至集团军总司令。

【原文】年上伤官，富贵不久；月上伤官，父母不完；日上伤官，难为妻妾；时上伤官，子孙无传。岁月伤官劫财，生于贫贱之家；日下时中有财官，先贫后富。岁月财官印绶，生于富贵之家。故日时伤官劫财，先富后贫，伤损子息，无晚福。故伤官见官，官杀混杂，为人好色多淫，作事小巧寒贱。

【注解】家庭出身富贵贫贱，应以喜用判断，不应以财官伤劫判断。如喜神在年月，出身富贵；忌神居年月，出身贫贱，即使财官为忌，亦同论。至于先贫后富还是先富后贫，则是以大运判断，而并非看格局。

乙酉
甲申
乙亥
乙酉

明弘治十三年己未科状元伦文叙命造。月令申金正官，时支酉金七杀，依上论主出富贵之家，晚年运蹇。然伦状元出身贫寒，七八岁年纪就要靠卖菜度日。十岁后，才在两广总督吴琛的资助下专心学业，而后科场顺利，一举夺魁，步入仕途。此亦何以与上论不符？因整个命局官强化杀，全靠亥水印绶化杀为用。初运癸未，财星生杀坏印为忌，故家境困窘。十岁甲午，甲木助身，午火食神制杀有力，得机遇。而后运入火乡，制杀护身，故步步吉庆。

戊申 甲子 乙丑 庚辰	明正德六年辛未科状元杨慎命造。年支正官，月支子水印绶，年干戊土为正财，依上论不仅出富贵之家，且始终富贵。然此造虽出身富贵，父亲杨廷和位至少师、大学士，入阁近二十年，首辅近十年。叔父杨廷仪官礼部尚书，本人也在二十四岁辛未年大魁天下，官授翰林修撰。而后继母丧，回家守丧后又辞职养病。

三十七岁甲申年又因大礼之争被明世宗两次廷杖后流放云南“永远充军”，直至病死荒边。此造为何与上论不符呢？因为乙木无根，全靠甲木劫财助身，申子化印生身。初运寅卯，日元有力，可任财官，所以一路顺风。戊辰运后，大运土火金皆为忌神，以致受困四十年，明珠掩土，无法出头。

【原文】乙木巳上为太乙，贵神亥上登明，男好色女淫滥。官杀混杂，有财者吉，无财印者凶。

【注解】亥为登明，乙为太乙，贵人即官星。若乙巳日元，官星临亥，主男好色，女淫滥。因亥为水，登明色美，且巳亥相冲，故有此论。官杀混杂，喜财印一说也当有误。官杀混杂，攻身为祸，喜印绶化杀生身。若逢财生助官杀，必生灾咎，何吉之有？故应是“喜印忌财”，方合子平命理。

1820年四月二十八日卯时生男：

庚辰 壬午 癸丑 乙卯	大运	癸未 甲申 乙酉 丙戌 丁亥 戊子	清贵州平远丁宝桢八字。癸水自坐丑杀，年支辰土官星，又得午火财星化食生助，官杀混杂且强旺，当取庚金印绶化官杀生身为用神。三十四岁癸丑年，大运酉金，运岁丑酉合金，用神有力，中进士，选庶吉士。四十一岁庚申年，升知府。四十五岁甲子年，日主得禄，升布政使。四十六岁乙丑年，大运丁亥，丁被壬合，乙合庚

化金助用，拜巡抚，因诛慈禧宠信太监安德海有名于时。五旬后运至北方，日元有力，官至总督，为清时少见名臣。

【原文】但看财命有气，纵背禄而不贫；财绝命衰，纵建禄而不富。劫财败财，心高下贱，见者主贪婪。鬼中逢官须逼迫，彼克我兮贵，我克彼兮富。彼生我兮以仗母力，长我精神；我生彼兮，常怀逼迫。财入月令，勤俭悭吝。柱有劫财，比刃多者，刑父伤妻，不聚财也。路歧商贾，须观落地之财；宰相须看得时正禄。

【注解】《滴天髓》云："何知其人富，财气通门户。"原注说："财旺身强，官星卫财；忌印而财能坏印，喜印而财能生官；伤官重而财神流通，财神重而伤官有根，无财而暗成财局，财露而伤亦露者。"财气通门户，意即财星为全局用神者，纵背禄也不贫。财弱比劫刃重，又无官护财或食伤生财，即使运逢财地，引起比劫纷争，富亦不能。相反，身弱财旺，以比劫助身为用者，运逢禄刃之地却吉。（详参前"论正财、论偏财"二节）

癸亥
己未
甲申
甲子

李纲丞相命造。甲生己未月，财气通门户。日时支申子合水，年柱癸亥，水泛木漂，用己未财星破印护身，喜大运火木相续，助身助财，所以富贵双全。

戊戌
壬戌
甲午
乙丑

赵世卿尚书命造。甲木无根，支全火土，日元又得乙劫助身，壬印生身，不能弃命从财，日元羸弱，难任财官之局。喜其大运水木相续，助身任财，所以发贵。

癸巳
壬戌
壬寅
庚子

女命。虽天干二壬一癸通根子水，然食杀财相互生化有情，寅戌拱午成财局，也是身弱财旺之造。癸亥、甲子、乙丑三运，北方水盛，助身任财，结婚生子。四十二岁甲戌年，大运丙寅，运岁又逢财局，身极弱而难任，病死。

辛巳　　命局中印比劫财极强，癸财仅辰中一点微根，极为衰弱。
癸巳　　寅卯二运，有官杀制比劫护财，无妨。己丑一运，巳丑拱辛，
己卯　　食旺生财亦美。四十八岁一入戊运，劫财恃强，合去癸财，突
戊辰　　然窒息死亡。

【原文】七杀枭重，走遍他乡之客；伤官劫财，瞒心负赖之徒。

【注解】枭神即偏印，七杀逢偏印重，化尽杀气，威气流失，故为走乡流浪之汉。伤官劫财句，却要磋商。局逢伤官，最喜身旺，有劫刃助身，秀气发越，主人聪慧知书，有雄心壮志，瞒心负赖之说，实与命理不符。

乙巳　　陆游命造。甲木坐禄比，时支见卯刃，年干透乙劫，月时
丁亥　　二丁伤官竞透，依上论是瞒心负赖之徒。然陆游一生孝顺父母，
甲寅　　爱国忧民，一句“但悲不见九州同”，喊出了诗人终生志愿，
丁卯　　说明了上论不足为凭。

【原文】重犯财官者贵，重犯亡神者夭。

【注解】亡神：申子辰在亥，巳酉丑在申，寅午戌在巳，亥卯未在寅。

“重犯财官者贵”不妥。不论官星还是财星，宜见一柱有力为清纯。若重见则官重不贵，财重身弱，多生祸患。亡神重犯而夭之论甚是，局有一重亡神，某种五行已是过重，若再见一重，势必偏枯。如子水见亥，水气已重，再见一亥，或为官杀，或为财食，或为印比，均过旺而凶。

辛巳 癸巳 乙亥 壬午	时支午火，年月支二巳，寅午戌亡神在巳，是亡神重犯。总观全局，身弱伤重，以壬亥印绶制伤生身为用。四十九岁己巳年，大运戊土，干头戊己财星坏印，支下巳火亡神冲亥，用神尽失，因罪入狱。

1966年四月初三酉时生男：

丙午 癸巳 辛巳 丁酉	大运	05、甲午 15、乙未 25、丙申 35、丁酉	辛金虽时支得禄，但支下二巳一午，干头丙丁，官杀混杂且强旺，当取癸食制杀护身为用神。三十六辛巳年，大运丁火，辛金本可助身，但被丙火合去，运局旺火熬干癸水，销熔酉金，命主因车祸死。

【原文】七杀宜制，独立为强。明杀合去，五行和气春风；暗杀合来，刑伤害己。时杀喜冲喜刃，无制女多产厄，男犯刑名。二德无破，女必贤良，男多忠孝。伤官用印去财，方可驰名；伤官用财，伤官处须当发福。

【注解】七杀虽为凶神，如果有食伤制伏，印绶化解，叫化杀为权，制杀为福，七杀反为我用，当为大贵之格。若制化太重，或无制伏，均为贫贱之人（详参前“论七杀”节）。七杀居于时柱，时上为子息官，若无制伏，所以主女产厄。这要以喜忌判断，若以七杀制刃为用，却无此灾。

己丑 丁丑 己未 乙丑	女命。己土日元，不仅支下全土且年干透比，月干透印，土极强旺。乙木七杀明透于时，仅有日支未中一点墓库之气微根，弱木难疏强土。运入卯木，合未成局，七杀得根，与夫成婚。二十五岁入庚金大运，庚金克破乙木用神，丙辰、丁巳、戊午三年连生二男二女，均因难产不得不开刀生产。此非乙杀为忌故，而是乙杀为用被伤故。

1949年九月初八寅时生女：

己丑　大运　04、乙亥
甲戌　　　　14、丙子
壬辰　　　　24、丁丑
壬寅

壬水坐杀、月杀，年柱旺官助杀，当取寅木食神制杀为用神。三十岁戊午年，大运丁丑，支下寅午戌三合火局生杀，干头丁火化伤生杀，杀旺攻身无制，该年因难产而亡。

【原文】入格清奇者富，人格不成者贫。一格二格，非卿即相，三格四格，财官不纯，非隶卒多是九流。

【注解】每局格只有一，清纯为贵。如果无法取格，杂乱无章则贱。

庚子
辛巳
癸酉
辛酉

明成祖朱棣命造。月支巳火合酉化金，癸水日元得禄年支，全局只有金水两种五行，无土浊水，无火克金，金白水清，只有一格，气象纯正，所以有九五之贵。

壬寅
庚戌
甲辰
己巳

甲己合生于戌月，化气成格，然年支寅木为禄，化气格成中有破。财旺生庚杀，以壬水印绶化杀生身为用，然己财明透破印，杀印格亦不成。格局无法选取，所以为一手艺人。

【原文】六阴朝阳，季月只作印看。吉神惟怕破害，凶神不喜刑冲。财官印食，定显慈祥之德；伤官劫刃，难逃寡恶之名。冲天无合，乃飘流之徒；六壬趋艮，逢亥月者贫。马落空亡，操心落魄之人；离祖月令逢冲，过房杀带三刑。母明父暗，多是偷生。财印偏官，庶出已定。

【注解】朝阳、趋艮皆外格（参前论二格）。

财官印食，为喜用者有慈祥之德，为忌神亦恶；杀伤枭刃为忌神者凶，为用神也善。人的慈祥善恶应根据格局是否中和，喜用是否得宜而定，并非根据官杀印枭、食伤刃劫的凶善而论。

月令为父母宫，也是未结婚前的家庭。若被冲破，多有离乡背祖的可能，冲破中有父母星尤险。七杀为凶神，若带三刑居月，是凶神居年月，多有过房之事。母星明透，父星暗藏，有母无父，多是偷生。

癸巳
甲寅
丙申
庚寅

月令寅木与日支申金贴身冲克，申中又有庚金偏财父星，父母官与父星均受损。父亲早亡。离家出走，另成基业。

壬申
庚戌
癸未
丁巳

女造。癸水自坐未杀，与月支戌土相刑，未戌中又暗藏丁火偏财父星。生下一个多月，生母就因病亡故，半年后送给他人收养。

癸巳
乙卯
丙戌
乙未

明弘治年间状元顾鼎臣命造。丙火以乙卯木为印绶，母星明透月令。以巳中暗藏庚金偏财为父星，暗藏年支。本人是其父和一女佣暗中春风一度所生。直到本造出生后，再也无可挽回，其父才纳其母为妾。

【原文】干头威烈，冉伯牛怨于苍天；时日冲刑，难免卜商庄子之叹。刑多者为人不义，合多者疏者亦亲。合多主晦，冲多主凶。辰多好斗，戌多好讼。辰戌魁罡，多凶少吉。时日空亡，难为妻子。交驰驿马，别土离乡。食神干旺，胜似财官。顺食者，食前万丈；倒食者，箪食豆羹。食衰枭旺，不死也灾。

【注解】伯牛：姓冉名耕，字伯牛，鲁人，孔子弟子。为人很有善行，却患有恶疾。其德行也被孔子赞扬。

卜商：字子夏，卫人，孔子弟子。其子死，哭而失明。因时为子息宫，日时相冲，主老来无子。借卜商以喻之。

庄子：名周，战国时蒙人，好道，后休妻出家。三言两拍中“庄子休鼓盆成大道”一回即言其事。这里亦喻日时相冲无妻无后之意。

干头威烈是指火势猛烈，日时冲克是指妻官受损，可惜手头无这几人命例，不能对照分析。

时柱为子息宫，日支为妻官。日时相冲，妻子均受损，非伤妻即伤子，其中有妻星和子息星者尤验。

戊辰
甲寅
丁卯
己酉

林森命造。日支卯木与时支酉金冲克，木旺金衰，酉金财星连根拔起。酉财为妻星被冲，其妻早逝，后未再娶。虽贵为元首，死时却无子女送终。

1966年十月初三未时生女：

丙午	大运	04、戊戌
己亥		14、丁酉
丁丑		24、丙申
丁未		34、乙未

丁火日元，年柱得丙午相助，时柱丁未亦能助身。丁火以亥中壬水正官为夫星，被己丑食神贴近克制，夫星受损。夫官丑土与日支未土冲击，夫官、子息官均受损。十九岁甲子年，大运酉金合入夫官，因演电影一夜成名，成为某上市公司老板的娇客，住别墅、开豪车。二十九岁甲戌年，大运尚在丙火，旺土克尽亥水，上市老板犯事入狱，从此虽入幕之宾不断更换，均未成家。今已年届六十，仍小姑独处，皆因夫星、夫宫、子息星、子息宫皆被冲破故。

八字冲多，地支不稳，凶多吉少。

己丑　辛未　丙午　戊子

颜回命造。丙火虽坐午火羊刃，然年时盗气太重，日元偏弱，以丁午比劫助身为喜。惜年支丑中癸水贴身冲去未中丁火，时支子水冲去午火羊刃，支全受伤，日元无助，所以英年早逝。

己卯　丁丑　癸丑　乙卯

谭延闿命造。癸水月日二见丑土七杀，元神明透年上，以乙卯食神制杀为用神。四十六岁行壬申大运。五十二岁庚午年，大运入申，庚金带禄克乙卯用神本凶，八月乙酉又逢旺枭夺食，用神尽伤，患脑溢血而亡。

【原文】水润下兮文学发达，土稼穑兮富贵经商。金水双清而为道，火土混杂而为僧。子午最嫌巳亥，卯酉切忌寅申。巳入亥宫见阴木，终为损寿，时逢丙寅则冠带簪缨。

【注解】命局驳杂混乱，或身旺无依，或身弱无力，多为僧道。金水成象，叫金白水清，多为极贵之造，言其为道，实不合命理。

癸亥　辛酉　癸亥　辛酉

明神宗命造。全局只金水两象，再无杂乱。若以上论，当为道士。然此局极为清纯，庚申大运助局，登上大位。后入火木大运，格局驳杂，竟晏处深宫，长年不理朝政，以致纲纪败坏。

己入亥宫再见乙卯，杀旺攻身，若无制化，运岁再逢杀旺之乡，轻则灾祸，重则凶亡。如果时逢丙寅，有丙火印绶化杀生身，虽官杀混杂强旺，有印绶化杀为权，定能贵显。

甲寅 丙寅 己卯 丙寅	一宪副造。春木森森，己土无根，极其危险。喜月时二丙明透，真神得用，尽化杀气，尤妙丁卯运后，气转南方，土火助身，故而发贵。

【原文】五行绝处，即是胎元；生日逢之，名曰受气。化者有十日：甲申、乙酉、庚寅、辛卯、壬午、癸未、丙子、丁丑、戊午、己丑。八字虽不入格，富贵亦是盈余。

【注解】甲木坐申，申中有长生壬水，名绝处逢生，可曰受气。其余九日无意义可取。庚寅日虽寅中暗藏戊土，但土亦逢克无用。辛卯、壬午逢旺财，丙子坐官，癸未坐杀，丁丑坐食，戊午坐印，己丑坐比，很难与甲申相比。倒是癸巳日，癸虽绝巳，巳中有长生庚金，也可说绝处逢生。丁火逢亥，亥中有长生甲木，亦曰绝处逢生。这种格局只要五行中和，主先难后易。原局言只要逢此十日，不入格也富贵盈余，显见是违背子平命理的。

甲午 壬申 甲申 乙丑	王一鄂都宪命造。甲木坐申，月令亦申，又得时支丑财相生，杀气极盛。日元虽得一比一劫助身，惜地支无根，身弱杀强。妙在月干壬水自月令中透出，真神得用，化杀制伤生身，一气呵成，极为有力。初运酉戌，与用神相悖，少运艰辛。乙亥运后，六十年水木相续，蓬勃而起。

乙丑 己丑 丁亥 辛亥	大 运	03、戊子 13、丁亥 23、丙戌 33、乙酉 43、甲申	丁火坐亥，时支重见，年月柱三土盗气，克泄交集，取年干乙木偏印制伤化官生身为用神。乙木有亥中暗藏甲木为根，用神有力。三十三岁丁酉年，大运更入乙木，任开平矿务局董事。三十四岁戊戌年，火库乙印助身，捐后补道，任开平矿务局总办。三十八岁壬

寅年，寅亥合化木生火，任直隶银元局总办。四十二岁丙午年，升长芦盐运使，署直隶按察使。五十一岁乙卯年，用神得禄，任财务总长，创办了烟酒公卖局和清理官产局。五十二岁丙辰年，运岁申辰半合杀局，辞职。而后运入南方，助起日元，从此走上实业道路，成为著名的实业家。

辛丑
甲午
丁丑
庚戌

丁火生于午月得禄，看似身旺，然年日时二丑一戌，竞相盗气。庚辛二财也耗日元之气，日元反弱，取甲木印绶生身为用。三十三岁癸酉年，大运庚金，酉丑合金，旺财得助，坏印生杀，格局尽破，因抢劫杀人罪被枪决。

壬辰
庚戌
甲申
丙寅

甲木自坐申杀，庚金明透，又得戌辰二财相生。若取丙食制杀为用，被年干壬枭克制，只好取壬水印绶化杀生身为用。初运北方，用神有力，继而甲寅，禄比帮身，所以在中国政坛崭露头角。五十五岁丙戌年，大运至卯，卯戌合而化火，寅戌拱丙也成火局，日元克泄交加，精气耗尽，因汉奸卖国罪命丧刑场。

若以上十日论，第三造日元丁丑，第四造日元甲申，均为富贵之造，而此两造均命丧刑场，说明此论不合命理。

【原文】另有福德秀气，各有天神地祇。论化之格，化之真者名公巨卿，化之假者孤儿异姓。逢龙即变化，飞龙在天，利见大人。又有冬逢炎热，夏草遭霜，阴鼠栖水，神龟宿火。有合无合，后学难知；得一分三，前贤不载。且大论格局者，明有定例；撮口诀者，略举一二。当谓诸贤经旨，无合取用，庶可易运，道合无穷，学无止法。经云：更能绝虑忘思，鉴命无差无误矣！

群兴论

【原文】一当兴，二崛起，三聚兴，四中兴，五末兴。

夫人生有秉富贵之荣而当兴。富贵而且享福，而保其终身，其何故也？盖四柱中身主专旺，而其所用吉神或为财，或为官，或为印绶，或为食神。俱各带禄权得令，不偏不杂，又无刑冲伤损克害，方为富贵，本源不杂也。他日能成才，振耀前人之基业，成当代之功名，不招谗谤，不致伤害，又在运上步步皆吉。四柱益加吉利，是谓源清流洁，故能享福以过人，保其中而无悔也，皆由命运一路滔滔，生旺而然。非幸也，乃命也，可不辨乎！

【注释】日元有力，用神得势，命局中和，且大运步步皆吉，方能一路顺风，始终富贵。

甲子
丙寅
戊寅
己未

戊生春初，寒意未尽且自虚，月日七杀又透甲，喜月干丙火高透，化杀生身兼调候为用。年支癸水有甲寅化解，全局财生杀，杀生印，印生身，即使行壬癸财运，干头有甲化己护，丙用无伤，所以诸运皆吉，早年中第，仕至观察。一生有吉无凶，告老退归，夫妻偕老，寿过八旬，始终富贵之人。

庚寅
己卯
癸丑
戊午

何应钦命造。身弱杀强食伤重，取年干庚金印绶化杀制伤生身为用。全局五行俱全，自有生生不息、化之不尽之妙。所以诸运皆宜，官居高位，保全终身，享寿九十八，始终富贵。

【原文】夫人之生又有穷饿其身，愁苦孤寒，颠倒无何。一旦逢时，兴然而起。或当盈财满屋，白手庄田；或致君泽民，独步台鼎，斯人也。前后异见，其故何也？盖因柱中日主生气未旺，所用贵神，悉皆得位而成旺，又且合格，奈何日主无力，不能胜任其福，亦劳困偃蹇。忽逢运扶，其日干得其强健，用神出虎啸风生，元命用神方为我用。我得乘之，则勃然而兴。是偏气乘合，衰以遇旺，故迎吉而能崛起。若夫建业创功，有大小之不同，当于所遭命之轻重，辨之可也。

【注解】初困中兴，情形有二。一是诸用皆宜，惟日元衰弱，待运行日元生旺之地而兴。一是日元强盛，格局亦成，惟用神衰弱，待运行用神生旺处而兴。

己丑
辛未
丙寅
己丑

日元丙火，虽自坐长生，然支下二丑一未，干头己土，盗气太重，月干辛财，又有乘旺破寅之意。庚午运，庚金透干耗气；己巳运，巳丑拱辛成财局；戊辰运，助己丑盗气，三运皆否，所以仕路闭塞，穷困潦倒。一入丁卯大运，劫印生助日元，日元强旺，攀蟾折桂，中第入仕。丙寅运仕至黄堂，乐享其福。

乙酉
戊子
戊午
甲寅

马占山命造。日元得比坐印自强，惟甲寅七杀之气尽泄午火，不能扬威。初运丁亥、丙戌，大运又逢印绶化杀，甲寅七杀愈加微弱，所以家境贫寒，七岁就给财主放马，因丢失马匹，不得已落草为匪。大运一至乙酉、甲申，官杀明透，用神有力，由胡匪改编直升至省主席。江桥抗战一役，名震全国。惜乙甲用神被申酉截脚，气力不足，所以仕途起倒不宁。

【原文】又有日主强，则四柱五行，杀纯不杂。身杀俱旺，则根本元无制伏，富贵不成，惟待运来制伏杀神，则化为权，方此崛兴。才德为公卿，功名显达，出类超群，是其身旺杀神逢制化为权也。制神力旺，发福非常，安得其人不显达，以至极品之尊贵乎。实有其命，又要行其运以扶，方见崛兴也。如或运不至，即常人耳。

【注解】见以下二例：

庚申　甲生辰月，仅得余气，而庚杀并透，通根申金，且有财党。虽丙食透出，但独火难制顽金。初运辛巳、壬水，官杀益强，且壬枭夺丙，故家境贫寒。午运支全火局，用神托根，得中乡榜。甲申、乙酉官杀得旺，破耗异常。丙戌运一到，用神得势，制杀为权，科甲入仕，名利双辉。
庚辰
甲戌
丙寅

乙巳　癸生未月，杀气正盛，又得三巳财生，日元无根，但得一比相助，又不能弃命从杀，身弱杀旺之造。如果大运顺行，金水相续，助身敌杀，前途不可限量。惜大运逆行，火土相连，更使命运偏枯，故为常人耳。
癸未
癸巳
丁巳

【原文】又要四柱中日主健旺，用神亦旺，各相停均，为富屋朱门贵命之贤子也。及其长大，成立丰隆，一逢恶曜运加临元命，见其财而夺之，因其官而伤之，临其印而坏之，逢其食而损之。遭逢此运，祸不胜言，所以胜（盛）年见倾而不发。如其恶运一去，又逢好运扶身，使我用神一新。譬如枯苗得雨，勃然而兴；鸿毛遇风，飘然而举，不可御也。

【注解】格局完美，身旺运强，中年突逢克制用神之运，以致中年倾覆。恶运一过，用神重新有力，仍焕然一新。

庚辰　比肩三重，支见禄印，日元有力。丁火官星无根，自坐绝地，弃之不用，以亥水食神吐秀为用。初运戊子，申子辰合全水局，庚金秀气引发，出身富家。而后入己丑印运，庚寅、辛卯财运，皆与亥水相悖，受骗上当，破财伤妻，备受凄寒。四十八岁一交壬辰大运，用神有力，吐气扬眉，勃然兴起，家业重振。
丁亥
庚申
庚辰

【原文】又有人生五行身旺，羊刃比肩俱各争旺，惟有财官杀神等物虚浮轻少，无力成功名矣。出门行运，又非作福之地，所以一生饥寒，劳苦剥落，有志无成。或至中年晚景，顿逢杀运，假杀为权，制伏羊刃，或得权贵以显扬，或招财赀而发福。当随五行清浊，以遇其运而别之，是一生穷困，忽然兴起于中年晚景也。故知此命元用财官，平生无气，即至运到，方成富贵，一一兴利。故末兴者，乃得运而然也，学者可不勉也。

【注解】原局用神衰弱，初中年大运又与用神相悖，以致少年、中年穷困潦倒。运至晚景，突逢好运，用神得力，勃然而兴，成就一番事业。如子牙七十遇文王，吕蒙正八十中状元等，属晚器大成之类。

丁酉
丙午
丁巳
壬寅

日元坐旺建禄，又得寅生比劫相助，极为有力。壬官之气尽泄寅印，幸有巳酉之根，不能尽去，然极微弱。初运乙巳、甲辰、癸卯，印绶有力，化尽官气，所以家境困窘。一至壬运，官星明透，科甲连登。运至北方，用神托根，仕至黄堂。

丁酉
甲辰
辛亥
壬辰

虽年月辰酉合金，然壬亥伤官贴身盗气，日元反弱，取辰中戊土印绶生身制伤为用。惜大运木水相续，均与印绶相悖，所以三岁丧母，少运凄凉。中运事业屡成屡败，几至走投无路。四十二岁入己土印运，印旺生身，用神明透，名声大振。而后大运戊戌，必勃然而起。

论兴亡

【原文】夫人生柱中有纯杀为用也。杀神无制则为白屋穷途之人，或作豪门营干之士。故要逢制杀运，假杀而起，进用朝廷，操权威福，而不可脱制伏运。一入财乡，财能党杀，便兴祸患。如此官旺杀旺，运元恐失计，所以命党杀运，倘来生凶。偶然遇流年财杀皆旺，杀神相党，并合兴殃，身主孤寒克害，轻则倾家徒配，重则刑弃其身，故其神杀并合，凶亡之可畏也。有如此杀刃者，一一难免祸焉。

【注解】命局中有七杀，要分杀弱杀强，无制化喜行制化大运。若身强杀浅，却喜行助杀大运。七杀有制，也要分制强制弱。如果杀强制浅喜行制杀大运，若杀轻制重则宜行助杀大运。（详参前“论七杀”节）

癸亥 癸亥 丁卯 辛亥	初看此造。官杀一片且有财党。一卯木偏印难蓄诸水，极为凶险。细一审视，妙也。不仅三亥中皆暗藏长生甲木，且亥卯合而化印，日元绝处逢生，机遇暗藏。壬戌运官杀混杂，家境羞涩。辛酉、庚申，财运党杀，空怀悬梁之志。一入己未大运，七杀有制，支全木局，中榜入选，青云直上，功不可量。
己卯 壬申 丙申 壬辰	晋初富可敌国的石崇命造。《三命通会》与袁树珊所载不同，暂且取万育吾所记。月时二壬七杀虽透，但有己土伤官制伏。申藏伤透且隔角，伤官无生财之意，只有制杀之心。出门运行南方，伤官有力，制杀为权，富贵双全。大运一入乙卯，乙木制去己土伤官，七杀无制而逞虐，被斩西市。

【原文】又有柱中月令正气官星，为一生贵气，惟逢印运则利。盖官星喜逢财旺以生之，印旺以护之，故令其人能行仁布德，纬国经邦，权重爵高，所以贵也。后遇杀神旺乡，杀神禄位，岁杀并临，官化为鬼，丧身必矣。不行杀运或逢伤官运，又无印绶治之，伤官得地，禄遭伤损，丧妻克子，剥职生灾，立可见矣。更遇流年党地，损官受克，必致亡为惨恶。故欲官禄逢伤，而免剥戮者，不甚难之乎？如有高见明识，知进退存亡之机，而保其身者，官禄逢伤，六亲免祸，亦当自己受恶疾而终者矣。

【注解】官星喜财喜印要有区别。身旺官弱有伤官，喜见财运生官；身弱官强有伤官，则喜行印绶制伤化官生身运。

丁亥
己酉
甲辰
丁卯

酉月正气官星逢辰土生合，己土生助，得令得势，是命局中最强五行。甲木日元虽得卯刃为根，但被二丁盗气，官星克制，反觉身弱，故以亥水偏印化官生身制伤为用神。二十七岁癸丑年，用神明透，由知青招为中学教师。三十七岁癸亥年，由中学教师考上历史系研究生。四十七岁癸酉年，由技术部门调到政府部门。依此推，五十四岁入癸卯大运，流年壬癸，应还有一番作为。

丁亥
辛亥
甲子
甲戌

辛官丁伤，并透年时，虽丁火自坐亥印无力克官，终隐患暗伏，直如抱虎而眠。己酉、戊申二运，运干财星化伤生官，运支申酉为官之根，喜用皆宜，仕至推官（官名）。一入丁未大运，丁伤得助且有根，伤去辛官贵气，不仅被腰斩，且连累十七人丧命。

壬申
甲辰
丁巳
壬寅

丁火日元坐旺，壬水官星坐长生，甲木印绶得禄，官印身皆佳，所以仕途一直畅通。五十八岁己巳年，大运庚戌，庚金克去甲印，壬官无护，被岁运己戌食伤所克。己巳月，获罪入狱。

【原文】又有四柱中所专用神无官杀气，惟偏财、正财当旺而已。财神当道，隐隐兴隆，积财聚宝，但少贵矣。欲知且看行运如何，若财逢官禄旺之乡，又成富贵之局。设有不幸，财神脱局，羊刃相逢，财倾福败，多患其凶。及流年冲合羊刃，财神伤尽，元命衰绝，羊刃生凶，败亡极矣。

【注解】财星为用，最怕比劫争夺；若以原局论，却有区别。身旺财弱无官护，怕比劫争夺；若身弱财强却喜比劫分财。（详参前论正、偏财节）

辛巳
庚寅
丁未
丙午

丁火既得丙劫相助，支下又巳午未南方一气，且月令寅木司权，日元极旺。辛庚二财虽明透，惜地支无根虚悬，常有被劫之患。初行北方水运，官杀制比劫护财，荣任一厂之长。四十七岁丁卯年，运入丙戌，运岁比劫并透，争夺庚辛虚财，因盲目投资，致使工厂倒闭。

庚辰
丁亥
甲戌
戊辰

李小龙命造。日元甲木，地支见二辰一戌旺财，戊土元神明透，且有丁伤贴身盗气，日元极弱，以亥中壬水生甲木助身为用。二十八岁入寅运，日元得禄，身旺可任财，拍武打片风靡全世界。三十三岁入辛金大运，三十四岁癸丑年，一则伤官见官，二则旺财得地，身弱难任财官，突然死亡。

宝法第一

【原文】夫禀阴阳而生天地间，故造化之赋于人也。禀造化而生，物亦如之，莫不由阴阳变化。是固推人吉凶休咎，斯理昭著。然术家之法固多，究征索子平之外未有矣。子平一法，专以日干为主，而取提纲所用之物为令，次及年月时支以表其端。凡格用月令提纲，勿于傍求年日时为格。今人多不知其法，于此百法百失。譬如月令以金木水火土为要，但有一事而定言之，若于傍求则有失误。取其月令用事，则以遍求轻重浅深，格局破冲可也。西山易鉴先生得其变通，将十格分为六格为重。曰官、曰印、曰财、曰杀、曰食神、曰伤官而消息之，无不验矣。其法曰：逢官看财，逢杀看印，逢印看官，斯有奥妙不传之法。取四者不偏不倚，生克制化，而遇破休囚为下运。有生有助为福，有去有剥为祸。其理深长，最宜消详切当，不昧庸术，惟熟读幸加勉焉。

【注解】逢官看财，逢杀看印，逢印看官之论乃是死法，是言命中官星衰弱，喜财星有力。七杀强旺，喜印绶有力。印绶衰弱，喜官星有力。这只是命局中的一个方面。如果官星强却忌财生官，七杀弱却忌印化杀，印绶强却忌官生印。所以命局千变万化，决无执一之理。但不论取何神为用，只要能使格局不偏不倚，中和纯粹，就是格局成功。反之克剥用神，使格局偏枯混杂，不论何神都是忌神。

癸酉
辛酉
乙丑
辛巳

许世英命造。日元乙木，支全金局，干透二辛，弱木最忌埋根之铁，本应弃命从杀。然年干有癸水偏印明透，引通丑中癸水，足以化强杀而生弱身，杀印格成。经云："印绶不宜身太旺，纵然无事也平常，除非原局官杀多，却有声名作栋梁。"此造正符此论，再加大运一路行剥杀助身之乡，所以仕至内阁总理。

癸酉
丁巳
己卯
甲戌

褚辅成命造。初看此造，巳酉合金，印化为食神盗气。癸财制丁印，巳酉之金冲克卯木，使甲官无根，格局毫无贵气。然此君曾任一省之长，何也？君不知，己生巳月，干透丁火，火炎土燥木焚，有年干癸财破印生官，其贵一；巳酉合金克官，干头有癸财，贪生忘克，食神反为生官之物，其贵二；日元失去巳火印绶，似乎衰弱，然日时二支卯戌合而化火生身，日元有力，其贵三；甲官之气尽被化火，不能发贵，却有癸财相生，其贵四。《滴天髓》：澄浊求清清得净，时来寒谷也回春。此造澄浊求清，全赖癸财，运至北方，用神有力，仕途峥嵘；若逢杀看印，丁巳旺印尽化卯杀之气，如何能贵？故命宜活看。

宝法第二

【原文】子平之法以日为主，先看提纲为重，次用年日时支合成格局，方可断之。皆以月令为用，不可以年取格。凡看子平之数，取格不定，十有九差。惟易鉴先生之法：月令用金只用金，用火只用火。八字水多却取水，不来取火，况此差矣。以法断之，误其大半。是西山易鉴参透玄机，十八格内取六格为重，用相生定格合局。仍用年日，下以推轻重浅深，万无一失。六格法曰：逢官看财，逢财看杀，逢杀看印，逢印看官。如用印不怕杀，是杀拘印，印拘身，还作上格取之。如四柱逢印看七杀，但有官杀在，运行官杀乡亦作贵格。月令通官，柱中遇财，财生官妙矣，乃富贵之格。柱中见财，要人财旺兴发福矣。但见一杀，则以杀为重，不可又行财旺之乡，乃财生杀旺，当作贫贱之格。凡格当以杀官言之。

【注解】印绶为用神者身弱也。或身弱伤官食神重，用印绶制食伤生身；或身弱官杀强，用印绶化官杀生身。因印绶可化七杀之气，七杀为印绶之根，所以命局中有印绶不怕七杀。命局中不论是财格、印格、官格还是伤食格，只要见七杀就以杀论格。若杀重再行财运，不仅贫贱，且多凶亡。

壬戌
戊申
丙申
戊戌

壬水七杀明透年干，月时戊土双食明透，表面看来似乎制杀太过。惜财星司权，七杀根重，戊戌食神之气又生申财而不克壬杀，杀气难以尽去。初运己酉，虽盗泄日元之气，但不克身，出身贫寒，尚可维持。一入辛亥大运，运干辛财化食生杀，运支为壬杀禄地，杀旺无制攻身，凶死。

寸金搜髓论

【原文】造化先须看日主，后把提纲看次第。
四柱专一论财官，身旺财官可富贵。
若还身旺财官损，只是朝求暮讨儿。
财官旺时日主旺，紫袍金带有何疑。
财官旺而日主弱，运行身旺最为奇。
日主旺而财官弱，运入财官名利驰。
日主坐下有财官，月令相逢贵不难。
富贵财官为总论，早年富贵禄高攀。
身旺无依更迁祖，不迁居死在外地。

身旺无依，损财伤妻，或是外家冷落，或过房入舍。身旺印旺，破财不聚，有财只好善破。或置物创屋，或门大而仓廪虚，内不足而外有余。

官喜露，露则清高；财要藏，藏则丰厚。杀藏官露，恶隐善扬。人若遇此，名振乡邦。

【注解】身旺财官（用神）旺，必然富贵；身弱财官旺，运行日元生旺之地，身旺可任财官，有病有药，也会崛起。如果日主旺财官受损，大运行不到去病之方；或日主过旺，财官极衰，身旺无依，都是贫贱孤寒之人。若运岁再逢比肩、劫财、羊刃，伤妻克子，损财破耗，灾祸迭起。

辛亥
戊戌
甲辰
戊辰

月时二戊偏财，通根二辰一戌，财星既得时又得势。辛金官星虽弱，却有旺财相生，亦强。惟甲木日元无根，亥水印绶又被戊财贴身克制，是身弱财官旺之局。丁酉、丙申二运，官杀虽旺，有印化解，反成财生官杀，官杀生印，印旺生身之势，所以少年得志。而后运干乙甲癸一顺相连，中第选官，仕至太守。运至巳火，冲亥生财，格局尽坏，忽生不测。

己卯
丙寅
甲辰
丁卯

就格局看，支类东方，羊刃重见，木气极旺，喜月时丙丁食伤并透，秀气引发，木火通明，很是成功。可惜先是运行北方，用神临绝。继而西方，犯木之旺，所以为一沿街乞讨残疾之人。倘若大运顺行，三旬后运入南方，用神得地，不但巨富，贵亦可期，此说明命好不如运好也。

庚辰
戊子
壬子
庚子

日元壬水，支见三刃，辰土合子化水，格成润下专旺。初运东方木地，吐秀顺其旺势，娶妻生子。四十一岁入癸巳运，四十四岁癸亥年，比劫争巳，夫妻离异。五十七岁丙子年，大运甲午，丙火透干被劫，四子冲午，续妻又亡。

己丑　　太虚大师命造。四支中均暗藏癸水，但均被同宫己土比
丁丑　肩劫夺，无法引出。天干又见己比丁印。用乙杀，杀无根，
己丑　不能疏厚土；用辛食，深藏墓中无法引出，身旺无依，所以
乙丑　出家为僧。

【原文】 官杀太重身更强，一逢制伏作贤良。
杀官拱印贵非轻，煊赫威扬定振名。
身居九夏火土多，相逢水济贵中和。
水火元来要既济，管教名利震山河。
生居三冬，水冷金寒，得火相扶，莫作等闲。
火势炎炎如无水，运行水乡亦是美。
水势滔滔若无火，运入火乡亦为奇。

南方火炎，利入北方水运；北方水寒，利入南方火运。东方木多，宜入西方金运；西方金旺，宜入东方木运。水火有既济之功，金木有成名之论。五行得其相济，威名荣振九天。

【注解】 土生夏月，火炎土燥，喜水润局；火生夏月，喜水制伏，以成既济；水生冬月，喜火暖局，有既济之妙；水强喜土以成堤，有促其灌溉之功；木旺喜金以斫削，有以成栋梁之用。总之格局最喜中和，燥者润之，寒者暖之，旺者制之，泄之；弱者生之，助之。人命逢之，定富贵逼人。

辛亥　　大明开国军师刘伯温命造。日元乙木，支全木局，木气极
乙未　旺，以年干辛杀制身和时支午火泄身吐秀并用。十六岁丙寅年，
乙卯　运入巳火，秀气引发，中举。二十岁庚午年，庚金制身，午火
壬午　吐秀，二用并临，登进士第。运入木乡，用神无力，辞官隐居。
五十一岁入己丑运，财旺杀强，为朱元璋平天下立下汗马功劳，官封诚意伯。运入子水，冲午泄辛，尽损用神，被冤，郁郁而亡。

丙子
甲午
丁酉
甲辰

杨继盛造。日元丁火生午月，二甲相生，干头火势冲天，全靠子辰合水润局为用。申酉二运，用神有力，登进士第，官至湖广司员外郎。三十九岁后运入戊土，克子合午，火气益炽，因弹劾严嵩而入狱。四十岁乙卯年，与局形成子午卯酉四冲全，火旺木盛，冲破子酉，格局尽坏，被害西市。七年后严嵩败落，杨继盛被追赠太常少卿，谥忠愍。此时大运入亥，用神有力，人死亦有运矣！

1854年十月二十五日巳时生男：

甲寅		09、丁丑
丙子	大	19、戊寅
庚申	运	29、己卯
辛巳		39、庚辰
		49、辛巳

民国初期江西奉新张勋八字。庚金自坐申禄，时干辛劫，时支巳火为金长生之地，日元不弱。惟生于大雪节内，地冰天寒，金脆水冷，必以丙火七杀暖局为用神。四十九岁后运至南方，官至江苏巡抚，署两江总督兼南洋大臣。

庚辰		戊子
丁亥	大	己丑
庚子	运	庚寅
庚辰		辛卯
		壬辰
		癸巳

清湖北江夏张凯嵩八字。庚金三朋，支下二辰，月日支食伤引通秀气。然水冷金寒土冻，无火不能生发，故取丁火官星调候为用神，此即金水伤官喜见官之意，亦本文“生居三冬，水冷金寒，得火相扶，莫作等闲”之意。二旬后运至财乡，财星化伤生官，二十六岁乙巳年，丁火得旺，中进士，授知县。四十八岁丁卯年，擢云贵总督，惜大运壬辰，壬食夺去丁官，不久又因事褫职。六旬后运入南方，用神得根，重新起用，官至巡抚。

【原文】 三丘五行，辰戌丑未。若是重见，骨肉刑悲。
父母不足，兄弟异离。亲戚情疏，更亏妻子。
冲破提纲，多亏父母。或是刑克，或是离异。

【注解】三丘五墓即五行墓库。金墓丑，木墓未，水土墓辰，火墓戌者是。如果墓神重叠，妻星、子星均入墓且遭刑克，主骨肉参商，妻子皆不利。

戊辰
壬戌
丁丑
丁未

明太祖朱元璋命造。二丁虽通根戌未，然盗气太甚，以辰未中乙木偏印疏土生身为用神。初运北方，官杀乃局中忌神，少运极艰。十七岁甲申年，大运子水，申子辰合全水局，家破人亡，父母、兄弟、姐妹，无一幸存。六十五岁壬申年，大运己巳、巳申合喜用化忌，皇太子又夭，对骨肉甚是不利。有趣的是朱元璋十七岁甲申年，家破人亡。三百年后的甲申年，明末代皇帝朱由检又国破家亡，吊死煤山。偶合耶？运数耶？

癸未
丁巳
戊辰
癸亥

未辰墓库重见，月时巳亥相冲，未亥中甲乙食伤子息星及子息宫均受损，所以生二男二女，一子患精神病，一子坐牢，一女为伤残之人，仅有一女聪明灵秀，辰中乙木余气之故也。

【原文】身旺比肩坐驿马，兄弟漂蓬好潇洒。
八字四马总交驰，身荣劳碌任东西。
倘有身闲心不定，动则风流静则悲。

【注解】八字中带驿马主动。如果驿马是财星或马头带财，主动中求财；如果驿马为官星或马头带官，主动中求官。所以命带驿马者，即使富贵也为劳碌之命。如果命有驿马，死守不动，却难发迹，故云“动则风流静则悲”。

壬申
辛亥
丙午
庚寅

清名将左宗棠命造。以年论，申财驿马在寅，居时支。以日论，午火驿马在申，居年支，是驿马交驰。申金马头带杀，寅木马头带财，故在奔波劳碌中取富贵。纵观左宗棠戎马一生，先是随曾国藩南征北战，而后忽而巡浙，忽而督闽，忽移陕甘，忽赴新疆，为国为民，费尽心血，一生难得清闲。

【原文】财星入库主聚财。

财星入库妻悭吝，谨守财货不作人。
若是财星至四马，妻贤无处不欣欣。
官杀重重不带财，妻能内助不和谐。
公姑不敬妻无礼，夺却夫权命所排。
官星若也逢生旺，更得长生旺在时。
子息聪明多俊秀，儿孙个个着绯衣。

【注解】财星入库，难以取出，所以为人小气悭吝，却主妻子格外能干，善理家。

丁酉
己酉
甲辰
丁卯

甲木以己土为财星，入日支辰土墓库。此人是一大公司老板，为人非常精明。其妻极善理家，把家务处理得井井有条。

丁未
乙巳
丁酉
癸卯

丁生巳月有力，干头丁乙，支下卯未合木，印旺火强。癸水一点，气泄卯印，似难为用。喜月日巳酉合而化金，癸杀有根，得以润局扬威。初运甲木为忌，所以出身贫寒。癸运得妻助，家庭骤富，入学读书，壬运登科入仕。此造如无酉财制印生杀，不仅难以富贵，生活亦艰难。

乙亥
庚辰
丙申
壬辰

丙生季春，乙印有根，日元似乎不弱。惜庚财强合乙木，生起壬杀，杀旺攻身无制，皆财之祸也，所以其妻不仅不贤，不敬公姑，且妒悍异常。

【原文】 比劫伤官旺，伤妻更损儿。
养子多不孝，乞养总非宜。

日主七杀带枭神，妻主虚胎小产多。
血气不调成血疾，更看行运又何如。
男子枭食重重见，身弱多因痨病随。
女人枭食非为吉，产难惊人病亦危。

【注解】女命以食伤为子女星，见枭夺食故主产难。男命局中食神若为用神，见枭夺食，轻则官讼之灾，重者有性命之忧。

丙戌 丁酉 戊戌 丙辰	二丙枭神居于年时，全局火旺土强，以酉金伤官吐秀为用。三十五岁庚申年，食神逢枭，不仅为打官司四处奔波，且患急性阑尾炎开刀，又差点被开除公职。幸食神根旺，才未酿出大祸。
戊子 丁巳 辛丑 戊子	女命。辛金以子水食神为子息星，年支时支重见，可惜均被戊土印绶盖头，子息星尽损。运入癸丑，癸水被戊土强合，二子被二丑枭印强合，故先后怀孕三次，均流产，一个子女也无。

【原文】女人官旺兼财旺，招得贤夫更好儿。
若是财官俱受损，伤夫克子守空帏。
印绶旺身身更旺，为人刑克主孤贫。
若得官显财又显，亦为超迈贵人扶。
惹是招非，只缘水火相克，或是目昏眼暗。
女命若也伤官旺，坐下伤官会骂夫。
朝暮喃喃口不绝，百年终见带刑孤。

【注解】古时论女命以官星为主，因官星即夫星，官星有力，夫必贵显，夫贵则妻荣。若逢伤官，是伤了夫星，丈夫无靠，孤苦贫贱，故曰终是刑孤。若女命原局无夫星，伤官伤尽，则以用神为夫，运岁再逢官星，也是伤官见官，依旧有克夫之灾。

癸丑
甲子
乙未
庚辰

庚金官星自坐财库，乙木日元坐库见印，可谓身强财旺官美，所以夫贵子荣，夫妻白头偕老。

丁丑
癸丑
庚子
乙酉

日主庚金坐下伤官，癸水元神明透月令，贴身克制丁火官星，欺夫之象明矣。然此妇并不满足，时逢乙财与日主相合，此妇贪财厌夫，淫秽不堪，终背夫而去。

【原文】且如乙巳、戊辰、庚午、辛未，日干带之，权贵之妻也。更主贤妻，亦主贵，更看四柱又何如。又如丙子、丁丑、戊寅、己卯生人，遇此皆因前道。辛巳、壬午、甲申、乙酉，俱是坐下财官，逢之富贵不少。

丁亥戊子并庚寅，日主逢之命不轻。
辛卯丙申丁酉位，财官内隐显声名。
己亥甲申见庚戌，印绶财官内里藏。
更得丙辰壬戌至，四时符印不非常。
甲子丙寅与丁卯，己巳壬辰癸巳同。
虚名虚利任飘蓬。
乙亥庚申并己巳，坐下财官并无有。
妻宫子女带虚花，东西南北是身家。
甲午戊戌并庚子，女克丈夫男克子。
乙巳丙午丁未同，重重壬子主孤穷。
甲寅乙卯与戊午，支干同类子不足。
己未庚申及癸亥，月令更旺成祸害。
月主财官印绶全，月时符合福绵绵。
干支同类并身旺，克子刑妻破祖田。

好将四柱分强弱，莫犯阴阳执一言。
此是五行真妙诀，不逢智者莫虚传。
（此印净禅师传也）

【注解】日柱干支，六十甲子，所坐支神各有定论。甲子、乙亥、丙寅、丁卯、戊午、己巳、庚戌、庚辰、辛未、辛丑、壬申、癸酉十二日是日元坐印；甲戌、甲辰、乙丑、乙未、丙申、丁酉、戊子、己亥、庚寅、辛卯、壬午、癸巳十二日是日元坐财；甲申、乙酉、戊寅、己卯、壬戌、壬辰、癸丑、癸未八日是日元坐杀；丙子、丁亥、庚午、辛巳四日是日元坐官；甲寅、乙卯、丙午、丁巳、戊辰、戊戌、己丑、己未、庚申、辛酉、壬子、癸亥十二日是日元坐刃比；甲午、乙巳、庚子、辛亥四日是日元坐伤；丙戌、丙辰、丁丑、丁未、戊申、己酉、壬寅、癸卯八日是日主坐食，且其中均暗藏其他天干。若以日主而论，都是佳造，天下无贫贱人矣。所以此节关键在“再看四柱又如何”一句，意即日柱均是好日主，关键要看四柱配合。若日支为喜用，富贵可期；若日支为忌神，却凶祸难免。故以一日而论吉凶之法，大违子平命理，请特别注意。

丁未
辛亥
丁亥
乙巳

丁火自坐亥水正官，依上论“日主逢之福不轻”，但此君二十六岁壬申年，竟连续发生三次车祸，几乎丧命，何也？亥水官星司权，日支重见，又得辛财生助，官多化鬼攻身为祸。二十六岁壬申年，正官自坐长生，巳申又合而化水，强水克丁，所以横祸不断。幸其大运在戊土，有伤官制伏旺杀，祸患略减。若无戊土，恐命难存。

癸巳
甲寅
丙午
壬辰

丙火自坐午火羊刃，月令甲寅相生，年支又见巳禄，日元极强。壬水官星虽坐辰库，但失时势寡。若以上论是孤穷之造，然此君得妻之助，富贵双全，也与上论不符，何也？这是因为就命局而言，杀浅刃强，似乎妻官羊刃不吉，然大运一路逆行水金，七杀得根，攻身为患，午刃反有助身敌杀之功，杀刃成格，岂不富贵？午刃居妻官，岂非得妻之力乎！

论命细法

【原文】(曷僧判止传歌，印净禅师传也。)

过房七杀带三刑，母明父暗是偷生。
我明我暗从他象，父死之时不送灵。
庚金化成火相时，父亡见血不须疑。

【注解】天干甲己合化土，丙辛合化水等是日主明透化为他象。甲木根寅，寅午戌合成火局，是日主之根暗藏化为他象。

丙申
己亥
庚子
丁亥

年干丙杀明透，地支月时二亥自刑，符七杀带三刑之论，其伯父无子，从小就过房于伯父。

己卯
戊辰
壬子
乙巳

壬水以丙火偏财为父星，以辛金为母星。今局中丙火父星暗藏巳火之中，局无正印，仅有庚金偏母也暗藏巳中，所以其母被其父金屋藏娇，大娘并不知晓。父母皆暗，故为偷生。

甲子
壬申
乙丑
庚辰

郑成功命造。日元乙木与时干庚金合而化金，是日主明透化为他象。三十八岁辛丑年，大运丙火，火克化象，其父、兄弟、子，十一人被清廷杀害。

庚金化成火相时，庚金天干与乙相合化金，地支申子辰只有化水之象，决无化火之理，当是指金为父星，被火克制。

辛酉
辛卯
丁巳
己酉

施琅命造。日支巳火与酉金合而化金，是暗成化象。酉金偏财为父星，为忌神。三十一岁辛卯年，大运丁亥，运岁局成二卯冲二酉，巳亥相冲，二丁克二辛之势，火旺克金，其父、弟被郑成功斩首。

庚午
癸未
丙戌
戊戌

午未合化土，午戌合化火，庚金偏财，自坐午火受克。七岁丙子年，大运甲木，甲木偏印化癸官而生丙火。火旺克金，庚金又为偏财父星，其父出车祸而亡，状况惨不忍睹。

【原文】比肩三合族人害，三刑零落及离妻。
比肩暗损及门房，兄弟无情被罔欺。
如带比肩成别象，弟兄不睦报君知。

【注解】见下二例：

甲午
庚午
甲寅
甲戌

表面看来，天干三甲齐心，通根寅木，似乎有力。惜寅木合午化火，兄弟寅禄化成为别象。月干庚金，又克甲木比肩，日元反由旺变弱。其母生二兄、三弟、一妹，二兄皆夭，二弟过继给他人，兄弟之情向他背己也。

癸巳
戊午
丙午
庚寅

丙火日元，支全木火，年月戊癸化火，是比肩三合，众火极烈，争夺庚金一点弱财，所以兄弟豆箕相煎，同室操戈，互相拖累，类若仇敌。

【原文】妻带三合及坐妻，妻曾认得是亲友。
坐妻透妻成别象，定主离妻再娶妻。

多透妻财须怕妇，妻归绝地不生儿。
化成别象克正夫，必主欺夫礼义疏。

【注解】见下二例：

乙酉
壬午
庚戌
戊寅

乙木正财，自坐酉金羊刃；寅木偏财，与午戌三合火局，妻星化为他象且克身。二十七岁后运入东方，二十五年官杀旺运，先后与五个女人同居，结婚四次，三次离异。

丁未
癸卯
己亥
丙寅

己土自坐亥水正财，妻星入妻宫本美，惜亥财与卯未三合杀局攻身，是妻星化为别象。二十九岁乙亥年，大运辛丑，辛合丙，亥合寅，杀旺攻身，第一次离异。如今第二次婚姻已告破裂，即将正式离异。

【原文】身旺食强亦如此，食明旺相欢然殂。
阳母专位主伤儿，母来父上受其惊。

【注解】女命以食伤为子息星，印绶阳母专位有力，克制食伤，所以云“阳母专位主伤儿”。

丙午
甲午
己酉
丙寅

年时天干二丙印绶明透，年月二午根强专位，贴身克破酉金食神子息星，所以结婚至今仍无子女。四十五岁后运入己丑，湿土收燥火而生金，可望老来得子。

【原文】天时地利主过月，七杀兼刑顶上偏。
印归杀地母有病，丙丁双者顶双灵。
日禄归时须应梦，小儿无乳食冲刑。

壬子乙酉对偏生，丙戌丁丑妻获灵。
背父而生甲乙卯，此时须要记分明。

【注解】日干天干见比，地支藏禄刃，是得天时又得地利，主人怀孕超过十个月才分娩。命局中七杀带三刑，顶旋不在正中，居偏；命局中丙丁双透者主有双旋。命局中食神受刑冲，主小时乏乳。此句百试百验。

辛卯
癸巳
辛亥
乙未

癸水食神自坐巳火绝地，其根亥水又被巳火冲破，食伤无力，所以出生后无乳，在奶妈家长到三岁后才回到自己家里。

丁酉
庚戌
癸未
乙卯

庚金强合乙木食神，酉金冲卯，食神皆损，生下后其母就将其包裹好放在路旁，被他人收养，从没吃过一天母乳。

【原文】假令申子辰从水也，不然五月无水有火，不从也。戊癸化火，巳午天干，地支从火也（按：应是巳午地支，天干从火，原书误），又将坐日甲木论。珞琭子云：学释则离宫修定，是如此取用也。杜老先生教镜镡僧判将此为例，终日参详，朝暮苦想，似此半年，忽然间得此时入处。公云初学，进退了几番，后获此法，非其他阴阳也，此别家幽微之经也。

【注解】公苦思半年，仍有误也。天干合化，要化神当月令之气方化。如戊癸化火，要生寅午戌巳月，他柱又不能见壬癸、亥子、申酉，方为真化（详见前论十干合化），若为地支，却有不同。不论申子辰生午月还是未月；不论寅午戌生亥月还是申月，只要合局就以化论，绝不因失去时令而不化。

癸酉
甲子
丙寅
甲午

马自强阁老命造。年月寅午合于子月，不因有子而不化，也以化论。官星虽强，有寅木印绶化解，官气被甲泄有酉财相生，全局金水木火，一顺相生，一清到底，所以贵显。

戊辰
己未
庚申
丙子

定国公命造。申子合于未月，不因有年月柱旺土之克而不化。局中土旺金强，以申子化水伤官吐秀为用神，全局土金水源清流长，秀气引发，所以贵为极品。

【原文】又论心印口诀：双顶者，只可言八字有双丙丁者是也，若只一丙一丁，下有刑冲者，可言歪顶无失也。又一法：言人儿女麻面者，是戊己被甲乙克之，不然面主有疤痕，戊己见乙亥、乙巳、乙卯是矣。如此递相贯穿，天干地支往来相克，化合之气，死生破败，皆此所主也。其干支万变，如此化病源，此中出成败，此中出命之幽微，莫不由于此而假外来哉。更于此看得到处，不须术家多说。

【注解】双旋单旋何以丙丁为法，因丙丁天干主离南，人身分配头上为离南，颏下为坎北。

戊己为面，受甲乙旺木所克，主面有疤痕或麻面。

以上所论与子平命理相去甚远。

癸卯
丙辰
己卯
丙寅

日元己土，支类东方，旺木克身，以二丙印绶化杀生身为用神，所以此女眉清目秀，肤色细腻光润，无半点麻斑。

【原文】四柱之中原有忌者，切忌运中透出病。运中忌财作凶，财岁战便为灾。凡坐杀者，不可行杀旺运。身旺又加旺运，岁运并来伤杀，与我无情者是。印绶怕行财运，主恶死或血疾。印绶多母众，或食众乳，或寄养外人家。如四柱有官星，流气太岁冲官星，必因官讼。如遇比肩助者，言比肩之人救助无事。流气转生财官者，凡识生财伤官有三。伤之不尽，多出吏道。元有物气，伤官运及印绶，岁复见官星者多凶。

【注解】局中原有忌神，最喜行制伏化解忌神大运，必生吉庆；若运岁再临忌神旺地，如忌财行财食运，忌官行官杀财运，忌印行印运等，轻者破耗是非官讼，重者刑弃其身，丝毫不爽。

戊午
辛酉
乙卯
丙戌

陆荣廷命造。日元乙木坐禄，不弱。辛杀坐禄秉令，又得戊财相生，更强。以丙火伤官制杀化权为用神，戊土财星化伤生杀为忌神。初运壬癸，印绶制伤，用神受损，父母早亡，四处流浪。甲乙二运，比劫生丙火用神，由土匪头子直升至管带。丙寅、丁卯二运，用神有力，勃然而起，手握千军万马，权辖两广，成为西南王。戊辰运旺财化伤生杀，一败如灰，隐居苏州。七十一岁又逢戊辰年，运岁忌神并临，病亡。

乙卯
丙戌
癸酉
丙辰

徐世昌命造。财旺官强身弱，以酉金偏印化官生身为用神，卯木食神冲酉为忌神。庚辰、辛巳二运，官旺印美，用神有力，从编修翰林直仕至总统，登上中国权力的最高峰。一交己卯大运，卯木冲散酉金用神，失权下野。八十五岁己卯年，又是卯木冲酉之年，病死。

【原文】化气怕逢返本，不化有变局，如化不成者，只可用本日干断。

【注解】原局化气很真，因运岁逢破化气，使化神不能成立，返回原来五行者，叫化气返本。其情有三：一是运岁又逢本干，如丙辛化水，运岁又见丙或见辛，妒合者；二是逢本干之根，如丙辛化水，丙见巳午，辛见申酉等，本干有气不化者；三是逢克化神的五行，如丙辛化水，运逢旺土，化气畏克不敢化者。运岁若逢此三种情况，名化神返本，必生祸患。

丁未
甲辰
己酉
戊辰

甲己合于辰月，土气当令，时干戊土助化，年干丁火生化，年时支又见未辰，化气极纯。癸卯、壬寅二运，癸壬克丁，使其不能生化神，反生甲使其有力，再加甲木得根寅卯，有根不化，叫返本回原，小小年纪竟搞得一败涂地。

壬申
戊申
乙未
庚辰

明代名臣杨涟命造。乙庚合生于申月，年支重见，三重土星生金，化气极真。四十九岁庚申年，大运癸丑，化神生旺，以给事中拥立明熹宗成功。五十岁辛酉年升总宪。五十三岁甲子年，大运甲寅，乙木得根，子申辰合水盗金气，化神还原。因劾魏忠贤二十四罪引起报复。五十四岁乙丑午，二乙争庚，合亦不能，被魏忠贤活活打死于监牢之中。

【原文】且如己土用癸水为妾，运逢辰库，主妾与自家人私通。丙用乙为母，遇庚申母多外情。丙用庚为父，遇寅丙多主父弱。戊用癸为妻，若坐酉宫或主好酒。本元无财官，运逢财官者主凶，他人发财发官。

【注解】己用癸为妾，见辰，辰中有戊土劫财与癸妾暗合，戊劫亦入库，所以云与自家人私通。丙以庚为父，见寅丙多克父太重，故云父弱。本命原无官星，以伤官为用，见官星主凶。丙以乙为母，见庚申为母见夫星是正合，不能云私通。戊以癸为妻，见酉金，酉字加三点水为酒，所以说好酒。

丁未
甲辰
庚戌
丙子

庚金以甲木偏财为父星，以未土正印为母星，未中暗藏乙木偏父，其母心性已是不稳。八岁甲寅年，太岁引来甲寅旺父，其母有了外遇。十八岁甲子年，大运壬寅，又引来甲寅夫星，其母又有了外遇。

壬子
己酉
戊戌
壬子

明永乐二年状元曾棨命造，其酒量深不可测。一次有个外国使臣来朝，号称海量，永乐帝命曾棨去陪使臣，两人一连喝了几天，使臣酣醉，曾棨仍像无事一样。还有一次，英国公张辅想探其酒量，暗中叫人测了他的腰围，按其尺寸做了个牛皮桶放在客厅，安排家人注意他饮酒，他喝一杯就往牛皮桶里倒一杯。这样喝了一整天，牛皮桶装满了酒，临时弄来的一口缸也注满了酒。告别时，张辅怕他醉酒，派仆人送曾棨回家。曾棨到家又摆酒招待了送行的仆人，直把他们全部灌醉才休息。此事实有记载。命局中有酉金加亥子者的确能喝酒。我有三友均是如此，他们的八字是：丁亥、己酉、甲辰、丁卯；丁酉、甲辰、辛亥、壬辰；庚子、壬午、乙酉、己卯。此三人不仅好饮，且善饮也。

【原文】火入水乡主血疾。壬癸引归寅卯主阳不兴，时归败绝，老后无成。日干与流年合主晦气入门。假令六甲日以偏财阳土为父，阴土为妻，阳金子，阴金女，阳木阴木同法，余仿此。妻星入败地，主妻不正。如己酉、庚午、癸酉、丁丑，是财入败地也。寅申巳亥乃四长生，必得聪明妻。财官印得气为妙。元见财官，商旅农家。财多印陷，少年克母，母不贞洁，必重嫁。

【注解】日元壬癸，时见寅卯为食伤。虽盗日元之气，若日元有力，食伤为用，反主晚岁发达。财星是克印之神，若原局财多印弱，又无官杀化解，行运再逢财星生旺处，克母无疑。轻则主母风流，或再嫁。

甲子
壬申
癸丑
甲寅

杜岳尚书命造。癸生申月，子申化水，壬劫明透，水气极盛。喜时柱甲寅伤官，泄其水气，使其不致泛滥。水木清华，秀气流行，大运又水木相续，所以宦海无波，仕至尚书。

己亥
丁卯
辛卯
壬辰

辛金以辰土正印为母星，生于卯月木旺之时，亥伤合卯化木，日支重见，财星极强。辰土陷于众财围克之中，极危。十七岁乙卯年，大运乙丑，运岁又逢强财克印，辰土母星受克无救，该年母丧。

1988年四月二十五日戌时生女：

戊辰
戊午
乙未
丙戌

大运 02、丁巳 12、丙辰

日元乙木，仅有辰未中暗藏乙木微根，局中火土七重，财星极重。乙木以壬水正印为正母，局中不见，只有取辰中暗藏偏印为母星。局中癸水一重，戊己土明暗六重，争夺癸水，故其母与丈夫离异后，竟与一本家远房叔叔关系暧昧。更有甚者，后来此女也上了这位准爷爷的船，癸乙皆暗藏于辰中之应也。

己酉
庚午
癸酉
癸丑

此造丑酉合金，年支重见，庚金透干，金旺水强，己杀无力。幸午月财星司权，更喜大运逆行，戊辰运后，运入木乡，丁卯、丙寅二运，财旺印强，必发迹，此印旺喜财损印之理。甲子运与月令天克地冲，午火用神受损方生不测。此造财星秉令，何言财入败地？

【原文】女人之命，日干同者，若我旺他衰，我为正；他旺我衰，他为正。

【注解】日干同即指比肩。

壬子 丙午 辛酉 辛卯	丙火夫星坐旺，与日干辛金贴身相合，相亲相爱。另一辛金偏居时干，日干辛金坐酉禄，时干辛金坐卯绝，我旺彼衰，所以我正彼偏。

1973年十一月二十九日子时生女：

癸丑 甲子 癸巳 壬子	大运	06、乙丑 16、丙寅	癸水以巳中暗藏戊土正官为正夫，表面看来，夫星居夫官，是我正之造。可惜时柱壬子，劫财坐旺，与日干争夺夫星，癸水坐巳为绝，我弱彼强，虽夫与我有情，终是我偏彼正。

【原文】壬癸之水盛者聪明多智，女多淫滥。时上见财者，必须入舍。支中有官无刑破者，因妻发官；支中有杀无制，因妻致祸。

【注解】时上有财，合入年月者为入舍，因时在日干之外故。如果原局有财，财生官无破者得妻之力，因妻发官。若原局有财、有杀，杀无制化者，因财生杀旺为祸，所以言因妻致祸。

壬辰 丙午 丁酉 乙巳	丁生午月建禄，时支见旺，丙劫乙印很是有力。壬水官星仅有辰中一点墓气，全靠酉金财星生官为用，所以得妻之力甚多。此君出身于普通家庭，其妻之父为高官，本人在妻子及岳父的帮助下，当兵后入官府，步入仕途。

己丑 丁丑 癸卯 戊午	丑杀司权，年支重见，杀气极盛，全靠卯木食神制杀为用。惜丁午偏财化食生杀，反使七杀无制而有生，皆因财星致祸。其妻浅薄外露，做事不知进退，常喜出风头，得罪了不少朋友，常给他带来许多麻烦。

八字中有四五重金水，只要原局伤官食神强旺，运岁再入金水，感情尽情外泄，非淫荡异常，即为娼妓。

1952年十月二十七日酉时生女：

壬辰 癸丑 癸巳 辛酉	大 运	03、壬子 13、辛亥 23、庚戌 33、己酉	天干二癸一壬，地支丑辰中皆暗藏癸水，又得巳酉丑三合金局相生，辛金明透，满盘金水，泛滥无制，水性杨花，性好色欲。出门大运又水金相续，人虽漂亮，却非常淫荡，一步入风尘，便名声大振，不久就成为台北高级交际花。

【原文】假令壬癸日运逆行者，生于正月、二月，取戊己土为官，故为禄绝，此为背禄；取丙丁为财，四柱不透出财神，此为背禄不贫也，寅卯暗藏三阳、四阳之火为财。如行子丑运，遇比肩分夺，交亥运木长生而助火，主发财，戌运亦然。酉运火死水败，主破败。如壬癸生寅卯月顺运者，巳午运发财福，亦忌财神透露，岁运亦然。如遇财神透出，四柱原有比肩、羊刃，因妻制祸，忌申酉二运。如四柱原有印者，百物更改，革故鼎新。如流年遇杀者凶，酉运裸形沐浴，劫杀主死。如丙子、丁丑、戊寅、辛卯、壬辰、癸巳、丙午、丁未、戊申、辛酉、壬戌、癸亥，时犯之多因孝病中成亲。

【注解】子水为阳之始，叫一阳，丑为二阳，寅为三阳，卯为四阳。寅中暗藏丙火，为壬癸之财，所以有三阳之火为财句，卯中无火，故四阳为财有误。

官为禄，财为马。壬癸日生寅卯月，大运逆行，水金相连为土官和火财衰绝之地，故为背禄逐马。

壬癸日生寅卯月，大运喜顺还是喜逆，不仅有日主强弱之分，还有财官强弱之别。如果日主强，财官衰绝，喜大运顺行财官旺地；若日主弱，财官强旺，则喜大运逆行水金助身之运，一定要分清楚。

丁未 壬寅 癸卯 癸亥	刘清总兵命造。癸生寅月，伤官司权，卯亥未三合木局，年月天干丁壬亦合而化木，盗气太重。妙在大运先行北方，日元得根；再行西方，印绶制伤生身。六十年好运助身，故功成名就。若大运顺行，身弱难任财官，最多为一寒儒矣。
壬午 壬寅 癸丑 癸丑	宋缠都宪命造。天干二癸二壬通根二丑，水强火弱，全靠月令寅木伤官化水生财通关为用，是比劫重财官衰弱之局。喜大运顺行，木火相续，均为财官生旺之运，所以贵显。若大运逆行，财官衰绝，定无此成就。

【原文】如用子女之法，不喜入墓库。如子女入库，主无子女。庚日甲为偏财为父，坐申行酉地为财临杀位，父死不归家。阳干女命食神多者为娼，阴干女命伤官多者为妓，有物去之为良。火至天干多主瘰疬，地支多时生疮。用杀反轻，多为僧道之首。

【注解】此论庚金日元，坐申见酉克甲木偏财父星；天干见火多者生痈，地支火多者生疮；身重杀轻者为僧道之首、主持监寺之类。如果无官杀，食伤多，盗身过重，女命则为娼妓之造。

壬子　日元庚金以丁火正官为夫星，被壬子旺伤克尽，九岁入辛
壬子　亥运，又逢食伤旺地，所以早落平康，迎来送往，极尽欢笑之
庚辰　能事。二十四岁运入戌运，偏印制伤护官，丁官得根，被纳为
丁丑　妾，极忠丈夫。

丁亥　辛金三见伤官，丁火夫星被克。二十四岁入甲寅运，与一
辛亥　有妇之人同居，并生二子。三十四岁庚申年，强金克去甲寅用
辛亥　神，夫死后与多人苟合，最后与一死了发妻的年老之人先苟合，
辛卯　后入室。虽未为娼，性生活却极不检点。

伤官说

【原文】伤官若伤尽，却喜见官星；伤官若论财，见祸不轻来。
伤官若用印，克杀不如刑；伤官若论财，带合有声名。
伤官用财，不宜印乡；伤官见官，印运不妨。
杂气财官，印运不忌。

【注解】原局有伤官，不见官星叫伤官伤尽。身强喜财伤运，身弱喜印比运。原局有伤官，也有官星，喜行印绶制伤护官运或财星化伤生官运，最忌再行伤官和官运。伤官若伤尽，身旺喜财，身弱喜印，最忌见官。开篇言“伤官若伤尽，却喜见官星”，与子平命理有违，应是“却忌见官星”方是。(详见前“论伤官”)

【原文】两戊合一癸，得再嫁。妻财受克，生子无育。印绶比肩，不忌财乡。印绶多根，身旺必贫。印绶被伤克父母，官杀混杂克父母，财多身弱克父母。

【注解】戊土以癸水为妻星，原局二戊一癸争合癸财，是争妻之象，运岁再行比劫，妻会离异再嫁。原局戊癸相合，运岁逢戊土争合，也会有离异之事发生。

壬申
己酉
甲戌
甲子

甲木以己土为妻星，与日干贴身相合。时干甲木虽居后，但自坐印绶，强于日干，虎视眈眈，时有争妻之意。五十岁入甲寅大运，大运又引来旺比，且在日主之先，妻有了外遇。然流年辛酉，官星护财，还不敢明目张胆。壬戌年偏印生比，妻与外遇过从甚密，被本人发现而离异。

财星坏印，或命局财多无印，均为克母之象。官杀多化尽偏财之气，偏财为父星，却多主克父。（详见前“论父、论母”节）

【原文】干与支同克妻。辛卯、戊寅不怕杀多。女命比肩即姐妹，贪合多谎诈。财有劫不怕露就杀，火命人最好。月支属火，干头有木，提出火矣。癸酉弱格，见杀必凶。富贵太盛，旺处必倾。土命不论胞胎，只论日时，不怕官杀混杂，阳干方论，阴干不取。

【注解】干头有官杀护财，不怕比劫，此合命理。然辛卯、戊寅不怕杀多，是因寅为戊土长生之地，此理不通。癸酉自坐偏印，言其身弱，亦是无理。且酉金有化己未丑七杀之能，何以见杀必凶，显见更是远离子平命理。

壬辰
己酉
戊寅
乙卯

戊土日元，自坐寅杀，时柱乙卯，也化官为杀，全靠月令酉金伤官制杀为用。四十三岁入甲寅大运，四十七岁戊寅年，运岁局三寅七杀加卯官攻身，因经济犯罪被捕入狱。幸还有月令酉伤护主，若无酉金，其祸更甚。

己巳
壬申
癸酉
癸丑

钱象坤阁老命造。癸生申月，酉丑合金，金旺水强，反觉己杀无力。喜其大运逆行，火土均助杀之运，弱杀得助，足以扬威，故为当朝权要。

壬寅　　毛伯温尚书命造。表面看来，未杀司权，时柱己未，杀气
丁未　腾腾，好不吓人。然坐下酉金，尽化未杀而生癸水，所谓“一
癸酉　贵当关，群小皆伏”即此意。更喜大运顺行，一路金水助身，
己未　化杀为权，所以仕途顺畅，名利双辉。

【原文】子怕寅午火，不怕水；寅木不怕金，巳金不怕火，己土不怕木，午火不怕水，未同申金不怕火，己土戊土不怕木。卯木怕酉金，辰土怕寅木，乙日五月不怕杀。四柱元有病，要去病，不去病不发。

【注解】寅不怕金，己土不怕木，午火不怕水，是言其当令，身旺可任官杀；卯木怕酉，子怕午，辰怕寅，是言失令日元最怕杀强；乙生午月不怕杀是言其有食神制杀护主。总之命局有病，喜运岁行去病之方，定会蓬勃兴起。如果一生难逢去病之运，则终生不能发迹。

丙寅　　韩炉大学士命造。支全木火，丙火透干，辛财无根，癸官
癸巳　衰弱为病。喜其乙未大运后，运入西方，财星有根，财旺官强，
丙戌　格局中和，科场连捷，名高翰苑。
辛卯

丙戌　　表面看来，戊土既得年时二支戌土为根，又得丙丁二印相
丁酉　生，日元有力。惜支下申酉戌会西方一气，盗尽戊土之气，生
戊申　起壬水财星，财旺坏印为病。早年运入北方，忌神更旺。运入
壬戌　东方，壬寅、癸卯，岁干壬癸克尽丙丁，运支寅卯犯金旺气，
用神仍然无力，所以为一生劳苦，奔波清贫之命。如果大运能逆行南方火地，用神有力，定有一番作为。

心镜歌

【原文】 人生富贵皆前定，术士须详论。
天上星辰有可知，此论更无差。

【注解】 人的富贵贫贱与命运是否生前注定？宋吴曾在《能改斋漫录》中记载了这样一个故事：宋仁宗一天退朝后，在便殿休息，听见两位侍臣在外边争论，声音愈来愈大，便召这两位侍臣进来询问。原来二人正为了命运问题争论。甲侍臣说："卑职认为贵贱由命。"乙侍臣道："卑职认为贵贱由主上操纵。"仁宗听完沉思了一会，心生一计，不动声色地让两位侍臣原地守候。自己退入后堂，分别在两张纸上写了"先到者保奏给事，有劳推恩"的旨意，分别藏在两个金盒中，用封条严密封妥后，又分别交给甲乙两个侍臣，吩咐他们要把手中的金盒送给阁门司，警戒他们途中不准打开，否则必予重罚。仁宗有意命乙侍臣先启程，估计他到半路才让甲侍臣出发。过了不久，内东门司派人来向仁宗回旨，已奉旨保奏甲侍臣推恩升官。仁宗莫名其妙，不知甲侍臣为何后走先到。派人一查问，原来乙侍臣至途中失足跌伤，不能继续前行，所以甲侍臣后走先到。这就是说"富贵有命"，即使皇帝帮助也没有作用。

这类记载很多，还有一个故事。有个姓王的纨绔子弟，败尽祖宗家业，穷困潦倒。一天他去算命，算命老者说他某月某日要得一笔大财，他很高兴，逢人便说，并借了钱成天在家中好吃好喝，躺着等人送钱来。可是过了那个时间，仍没有见到钱，讨债的人又紧紧相逼。此人一气之下，就上吊而死，决心找阎王爷讨个公道。到了地府，阎王爷一见，喝问小鬼："此人阳寿未尽，为何拘来？"小鬼答道："是他自己跑来的。"阎王爷问他，他生气地说："某月某日我命中有一笔财，为什么不送给我？"阎王爷叫判官一查，果然此人某月某日该得财。阎王爷便叫来送财使者，问他为什么不把这笔财送去？使者说："我把银子放在他门外窗台上，他整天除了吃喝就是睡觉，从不出来看一下，小人实在送不出去。"阎王爷一听大怒，如此懒惰之人，死了也罢。

《三命通会》记载，有一小孩与鲁公八字相同，因他平时吃喝嫖赌无所不为，所以年仅十九岁就夭折。这就告诉我们，命局虽由天定，关键还要靠个人努力。若懒于事业，再好的命局也是无所作为的。相反，即使再贫寒的格局，只要勤劳，总会有碗饭吃，正如谚语所云：命薄一张纸，勤劳饿不死。所以，不论命好命坏，积极进取努力做事才是正途。

【原文】 时加月建逢命位，正是福元取。
寿元合处是其真，此说不虚陈。
官禄贵马见合刑，一举便成名。
日逢贵地见禄马，壮岁登科甲。
时日若逢禄马位，为官必清贵。
五行时日无相杂，为官多显达。
羊刃重重又见杀，大贵登科甲。
若逢三奇连禄马，名誉满天下。
日坐食支又合干，九卿三公看。
甲子己巳有一说，天地德合诀。
丙子癸巳与前观，官职三公卿。
木若逢金主不伤，两府坐中堂。
火若逢水主将权，为将镇戍边。
金若逢火主大权，方面刺史官。
水若逢土入官局，宜作侍从职。
土若得木为正禄，八座三台福。

【注解】 木逢金为官杀，主不伤，是命局有化解之神，日元不受损害，官杀反为我用。此外，火遇水，金逢火，水逢土，土得木皆此意。（详参前“论正官”）

辛卯
戊戌
壬申
庚子

壬水日元自坐长生，时支羊刃，戊戌七杀虽司权有力，但有庚申印化，是水逢土日元不伤之局，印绶化杀为权，所以历任军政要职。

壬申
辛亥
甲戌
壬申

沈丞相命造。表面看来，甲木年时二支七杀重见，辛金官星又明透月干，似乎金有伤木之意。喜月令亥水司权，二壬双透，尽化二申戾气，七杀反为我用。运入东方，日元有力，任起官杀，机遇重重，仕至极品。

【原文】 年得月禄不为害，日贵取为主。
生逢贵人值孤寡，决定为僧也。
空亡官禄遇贵人，淡服作高僧。
五行无气守孤寡，必定作行者。
空亡刑害又逢囚，为僧及裹头。

【注解】 僧道之造看法有三。一是日元虽逢建禄，财官逢绝，全局身旺无依；二是财官强旺，日元无气；三是财官均美，却均被克破。如此之类，多为僧道。

戊午
甲寅
癸未
癸丑

谛闲大师命造。日时二癸，仅得丑中一点余气为根，全局克泄交加，日元极弱，难任财官，大运又顺行木火，均与日主相悖，五行无气，故出家为僧。

戊戌
甲寅
戊午
壬子

六祖慧能命造。戊土日元，支全火局，火旺土燥，必以壬子财星润局为用。惜子被午冲，壬被戊劫，用神尽失，大运又顺行木火，财气益弱，身旺无依，财官临绝，出家为僧。

甲辰
庚午
甲午
庚午

二庚七杀，三逢午败，辰中滴水熬干，不能化火生金，杀印全失，局无用神。甲木日元三逢伤官，精气尽泄，身弱无依，五行无气，所以从小出家为尼。

【原文】 欲知人命主有权，食神旺必全。
相冲羊刃并杀伤，必主上法场。
的杀若逢盘足坐，恶鬼死刑狱。
夹角相逢共岁星，徒流定分明。
六害当权多夭折，少年逢刃杀。
日逢官鬼见重刑，恶死甚分明。
刃神劫杀两头居，早岁梦天衢。
禄马俱逢行绝地，劳困难逃避。

【注解】 的杀：名暗金的杀，与金神同，即癸酉、己巳、乙丑三日者是。盘足即坐支，即日主坐金神或金局。细析此神，癸水坐金局为印星有力，喜伤官透干或财星有力。己巳见金局食神有气，喜比劫帮身或印绶生身。惟乙木见金局为七杀攻身，若无印绶化解，比刃帮身，方是大凶。

丁巳
癸丑
癸酉
己未

年柱丁巳旺财，时柱己未旺杀，全靠酉丑巳合金之印化杀生身为用神。申酉二运，用神有力，出任国家元首。丁未运杀强，被迫辞职。六十七岁行丙午大运，午火破酉，七十一岁丁卯年，岁支卯木冲酉，岁运旺火生己杀，用神失而忌神猖狂，被判绞刑。此己杀为祸，非酉之过。另有版本言其于七十三岁己巳年，被判绞刑。己杀坐旺攻身致死，于理通，与实不符，特更正。

丁丑　　乙木自坐杀局，己丑之财生杀，癸印丁食，挂角无力，全
癸丑　靠卯木日禄助身敌杀为用。初运水乡，印绶化杀生身，一路顺
乙酉　畅。三十二岁入己酉大运，四十岁丙辰年，财旺杀强，酉金冲
己卯　克卯木，用神被损，遇刺身亡。

丙午　　日元坐刃，戊戌七杀，杀刃成格，看似有力。十九岁流年
戊戌　甲子，大运正逢庚子，运岁局羊刃三重，冲克午火用神，因盗
壬子　窃被捕入狱。
己酉

【原文】 月若逢时与刑冲，根基定一空。
时遇官星生旺位，子孙成行序。
向禄临财官更吉，贵显有家资。
日月纯官无财位，反主无官贵。

【注解】“日月纯官无财位，反主无官贵。”此句不妥。月令官星，得时有力，并不太需要财星生扶。如果它柱再见财星，官星过旺化鬼反为祸患。

癸丑　　罗琨榜眼命造。日元丙火，支类北方，官杀极强，全靠甲
甲子　寅之木化杀生身为用神。初运西方，克木生水，用神不力，科
丙寅　场蹭蹬。运入南方，日元有力，任起财官，科场连捷，以榜眼
己亥　入仕，名利双辉。

戊辰　　舒宏志探花命。己土日元，月令甲寅正官，支类东方，杀
甲寅　气过重，全靠年时二柱比劫助身敌杀为用神。乙卯运后，丙辰、
己卯　丁巳、戊午、己未四轮大运，皆为火土助身大运，故得中探花，
戊辰　步入仕途，宦海平顺。若大运逆行财方，生起旺杀，常人之造也。

【原文】卯刑子位子刑卯，癸乙相刑贵。
子来冲午未刑戌，甲乙逢申显。
禄马俱绝又发财，人元克出来。
得一分三缘何议，禄马飞天是。
岁合时日分两头，切须仔细求。
君子若逢主奏对，常人主灾晦。
心怀退悔成何事，重犯剥官位。
柱中有禄运逢财，金玉自天来。

【注解】得一分三，有三种解释。一种是所谓飞天禄马格，如癸水见亥多，巳中有丙火正财，戊土正官，庚金正印，得亥水冲来巳火，财官印俱得。一种是日元甲木，见午不见己，甲与午中己合；甲禄在寅，不见亥而见壬，亦为有禄；寅午戌三合火局，无寅而有甲，也是三合局。如此甲得己为一合，得壬为二合，得午戌为三合，所以叫得一分三。第三种是甲木见丑土，丑中有癸水印绶，己土正财，辛金正官，财官印全，所以叫得一分三。三种解释相较，第三种与子平命理最为贴近，前两种则相去远矣。

庚申
壬午
乙亥
壬午

钱邦彦尚书命造。乙生午月，时支重见，火旺木焚，喜申中元神壬水透出，既制午火之烈，又化庚申官气，且生乙木弱身，一物三用，更喜庚壬均从申中透出，官印相生，精诚灵妙，故贵至尚书。

【原文】言前能说贵与贱，亦须看大运。
大凡行运逢禄马，发迹为官也。
天月二德为救解，百灾不为害。
向禄临财甚稀奇，贵显主官赀。
命中禄马同贵人，福禄进珠珍。

贵人君子坐刑杀，名成少年发。
阴阳贵贱宜消详，熟晓在胸臆。
日时身命许多般，一诀通变看。

【注解】命好还须运扶，方能富贵。若大运与用神相悖，亦难发迹。即使命局不好，若大运行用神旺处，也会勃然而兴，此即命好不如运好之理。（详参前“论大运”一节）

壬申
丙午
甲午
壬申

一丞相命造。甲生午月，日支重见午火，丙火明透，火旺木焚，全靠二壬偏印制伤生身为用。然火旺水衰，其力不足。喜丁未运后，大运金水连环，湿润之气增强，格局中合适宜，故官至极品。

戊戌
甲寅
甲午
壬申

一府判造。甲生寅月得禄，虽支全火局，但甲木有禄比助身，壬印自坐长生去火生身，不算太弱。惜大运顺行，助起火势，忌神力强，仕至府判后，再难寸进。若大运逆行水金，造就决非一府判。

两造相较，丞相造木失势而火有力，且少比劫助身，似略输下造，然成就与下造有天渊之别者，大运一扶一剥之故也。

妖祥赋

【原文】命理深微，子平可推。先要取其日干，次则详其月令，年时共表其吉凶。妖祥不忒于岁月，通参于成败，祸福无遗。或有不见之形，须当审究；更有分抽之绪，后学难知。天清地浊，自然禀一气之生；五行正贵，忌刑冲克破之乡。四柱支干，喜三合六合之地。寅申巳亥，乃财官印绶长生；辰戌丑未，系禄马印星寄库。日贵时贵，大忌刑冲克破；拱禄拱贵，最怕填实刑冲。观无合有合，逢凶不凶。伤官之于年，运到官星不喜；羊刃冲合岁君，运临而祸至。辰戌魁罡，忌官星怕逢七杀；金神日刃，喜七杀而忌刑冲。时上偏官要制伏。身弱官强，专杀莫逢鬼旺，亦要制伏为强。但看本有本无，遇而不遇，要禀中和。辛亥多逢丑地，怕填实，不喜官星。甲子日再逢甲子时，嫌丑午亦畏庚辛。壬癸亥子，禄马飞天。离巽丙丁聚巳午，倒冲天禄。壬骑龙背，辰多冲戌官星。乙用丙子，聚贵声名。嗟夫！财命有气，背禄而不贫；财绝命衰，纵建禄而不富。癸到艮山，怕庚辛忌逢戊土；壬逢丑地，忌戊己怕见庚辛。庚遇申子辰乃井栏叉，又谓之入局，忌丙丁，愁巳午。戊见申时，怕甲丙亦忌寅卯。辛金己土若遇，谓之从格，名为秀气。四柱火伤又无救，是灾祸连遇。辛日戊子时，忌子多，怕相冲。阳水逢辰见戊己，灾临难避。甲见巳时，偏身运喜财乡。丁日辛年号岁财，运逢戊贵。乙逢申位，忌见刑冲；日禄归时，官逢有祸。另有天冲地击，阴错阳差，贪合忘官，劫先财后，名须成贵。贪合忘杀，身旺时福禄增加。官藏杀见，有制伏亦自辉煌。官见杀藏，身弱后终见波折。身弱喜逢旺运，身强最爱杀乡。将来者进，功成者退，富贵喜重犯奇。宜通变而推详，无差矣。

【注解】不见之形，即谓飞天禄马、遥合、夹贵、夹禄之类格局。这些格局均不符子平法，所以后之论命者多弃之不用。（详见前论诸格）

“辛亥多逢丑地，怕填实，不喜官星”句，亥丑之间拱夹子水，既非辛贵，亦非辛禄、辛官，所以辛字应为癸字之误，夹子为癸水之禄。

“癸到艮山，怕庚辛忌逢戊土”此句细推，与命理不符。艮为东北，是丑寅分野。癸见丑为见七杀，虽忌戊土官星杂局，却喜庚辛印绶化杀为权。癸见寅伤官盗气，也喜庚辛印绶生身。

己未　杨鳌参政命造。戊土正官秉令，丑未二杀助官，官旺化杀。
甲戌　年月天干甲己亦化土攻身，全靠时柱庚申印绶化杀生身为用，
癸丑　故有参政之贵。若无庚申，不过一介寒儒。
庚申

飞天、倒冲、夹禄、朝阳、井栏叉等外格，详见《喜忌篇》。

官星与其他干支相合化为他物，叫贪合忘贵，多主贫贱。七杀与其他干支相合化为他神，叫贪合忘杀，格局多贵。若官星为忌神，七杀为喜用神时却恰恰相反。

庚辰　亥水官星与寅木印绶相合，是合官忘贵。整个格局成身旺
戊寅　用食生财之局，所以只富不贵。三十八岁丁巳年，比肩坐旺夺
丁亥　庚，大破财。
戊申

壬寅　丙火生于未月，时支见午刃，丁劫明透，又得甲寅相生，
丁未　全靠壬杀润局为用神。惜丁壬合而化木，喜神反化忌神。运至
丙申　戊土，合寅午化火克申，申中一点壬水也被克绝，火旺攻心，
甲午　吐血而亡。足证七杀若为用神，合化为他物亦凶之理。

壬戌　郝良臣方伯命造。月时天干官杀并透为病，喜壬水伤官合
丙午　丁，合杀留官，言壬水伤官去官留杀亦可。总之格局取清，身
辛酉　旺官强，所以为一方诸侯。
丁酉

络绎赋

【原文】参天地之奥妙，测造化之幽微，别人生之贵贱，取

法则于干支，决生死之吉凶，推得失之玄妙。甲乙之木，最喜春生。壬癸之水，偏宜冬旺。丙丁火而夏明，庚辛金而秋锐。戊己两干之土，要旺四季之期。

【注解】甲乙之木生春，壬癸之水冬生等，均言身旺。经云：吉莫吉于日强。日主有力，自可任财官。如果日元过强，财官衰绝无力，身旺无依，虽长寿康健，却主劳碌贫困。

乙酉
甲申
辛巳
丙申

辛生申月，时支见申，年支得禄，金气极盛，甲乙二财无根，丙火官星之根巳火也合酉化金。就格局而言，身过旺而财官衰绝。妙在大运逆行，先是南方火，丙官托根，继而东方木，财星有力，有病有药，故而发贵。

壬子
壬子
壬午
辛亥

八字中就有七个字是金水，午中丁财己官极为衰弱，且被二子冲克贻尽，是身旺无依之造。二十二岁癸酉年，再逢强金旺劫，获罪被枪决。

【原文】日乃自身，须究强弱。年为本主，宜细推详。年干父兮支母，日干己兮支妻，月干兄兮支弟，时支女兮干儿。后杀克年，父母早丧；前杀克后，子息必亏。马入妻宫，必得能家之妇；杀临子位，必招悖逆之儿。禄入妻宫，食妻之禄；印临子位，受子之荣。枭居子位，破祖之基；财官月旺，得父赀财。

【注解】论命以年为祖上官，月为父母官，日支为配偶官，时柱为子息宫。偏财为父星，正印为母星，男以正财为妻星，女以正官为夫星，男以官杀为子女星，女以伤食为子女星。吉神居何宫，何宫六亲富贵；忌神居何宫，何宫之神凶祸。吉神为何亲，何亲荣耀；忌神为何亲，何亲破败。两者要合参，并

根据大运推论，方合命理。（详参前论六亲各节）

丙申 己亥 丁酉 壬寅	月柱己亥为父母官，日支酉金偏财为父星，时支寅木正印为母星。细观全局，官星司权且元神发露，申酉旺财生官为忌神，寅木正印生身化官为喜神。这样父母官和父星就是全局的忌神，必不利父。三岁戊戌年，岁支戌土与原局申酉会西方一气，财星极盛为祸，父丧。
丁酉 甲辰 辛亥 壬辰	辛金以辰土印绶为母星，母星居父母官本吉。惜一则甲财盖头，辰印受损；二则辰酉合金，母星变质。时支辰土正印，干头壬水透出，引出库中癸水，论水不论土，母星尽失，必不利母。三岁己亥年，甲财得长生有力克印，母丧。
丁巳 癸丑 乙丑 辛巳	支下巳丑双拱辛金七杀，表面看来七杀极旺，喜月干癸水明透，一贵当关，群小皆服，化杀之气而生身，七杀反为我用，所以得子十个，个个皆贤。若以上论“杀临子位，必招悖逆之儿”，则不符命理。

【原文】所忌财伤禄薄，最嫌鬼旺身衰。原其克彼为财，生我为印。食神暗见，人物丰肥；枭印重生，祖财漂荡。咸池财露主淫奢，凶杀合年防自刃。土克水而成腹脏之疾，火锻金以患痨疾之灾。桃花会禄，酒色亡身；财旺身衰，因财丧命。观乎财生官者，用贿求官；财坏印者，贪财卸职。财旺生官，自身荣显；财生杀党，夭折童年。

【注解】财神明透被夺而无官护，身衰鬼旺无印化，偏印重重伤食神，财星叠叠身无气，都是贫穷凶祸之局。

癸巳
甲子
壬子
庚戌

壬水月日见刃，干透庚癸，水势冲天奔地。甲木无根，不能纳水。戊杀之气，尽被庚泄。巳火财星被劫刃包围，杀财食均无生气，所以屡次耗财加捐，却始终不能得缺。

甲申
戊辰
戊子
戊午

天干三戊同心，既通根月令，又得午印相生，身强。支全财局生起甲杀，可谓身旺财强，七杀有力，印绶有情之造，所以凭纳捐仕至佐贰，仕途顺遂。此因财生弱杀故。

辛酉
丁酉
戊午
辛酉

局中伤官五重，全靠丁午印绶制伤生身为用。乙未、甲午二运，用神有力，登虎榜，步丹墀，事事顺遂。壬辰一运，壬水强合丁火，辰土晦午生合酉金，贪财坏印，可怜三十年辛劳，毁于一旦。

【原文】独杀冲破废贤人，诸杀逢刑凶狠辈。天干多兮见干年，须防夭折；地支多兮见支年，必见凶灾。财生官，官生印，印生身，富贵双全；干党财，财党杀，杀攻身，凶穷两逼。

【注解】天干多杀，太岁天干再逢七杀；地支多杀，岁支又逢七杀，均是七杀重叠，如果命局中没有制伏，多凶祸。如果制强杀浅，再逢杀年，不仅无灾，反吉。

戊午
辛酉
乙酉
辛巳

满盘七杀，且有戊财相生。乙木无根，本应弃命从杀，但地支有午巳火制杀护乙，所以不能相从。三岁庚申年，四岁辛酉年，太岁又逢官杀带禄攻身，两次得重病，两度死里逃生，实为万幸。

戊申 辛酉 甲戌 甲戌	甲木日元无根，支类西方，旺杀有力，又得戊戌财生，身弱杀强之局。壬戌、癸亥、甲子三运，北方水旺，化杀生身，平安无事。三十九岁丙戌年，大运乙丑，丙食化甲乙而生戊财，财旺生杀，杀旺攻身无制化，获罪被枪决。

【原文】酉寅刑害断伤婚，丑卯风雷多性急。

【注解】卯居东方为震方，震为雷，所以卯木为雷。巽风为东南，属辰巳，并非丑土，此语不通。酉寅只有相克，并无刑，亦无害，此句亦不通。何以伤婚，惟有一解，日元属庚辛金，寅为金财，见酉比劫夺财方是。

1941 年正月二十六日辰时生男：

辛巳 庚寅 庚子 庚辰	大 运	06、己丑 16、戊子 26、丁亥 36、丙戌 46、乙酉	缅甸商人郭先生命造。干头三庚一辛，比劫林立，寅木妻财被庚金盖头，全赖子伤化比以生扶。四十八岁戊辰年，大运乙酉，干头四金夺乙，支下辰土合酉化金克寅，乙寅财星被连根砍斫，是年妻亡。

【原文】杀官混逢，乃技艺之流；财禄坐马，为经商之客。马落空亡，迁居漂流；禄遭冲破，别土离乡。阴多利于女人，阳盛宜于男子。阴盛于阳，主女兴家；阳盛于阴，男当建府。纯阳则男必孤寒，纯阴则女必困穷。

【注解】阴盛阳主女兴家，阳盛阴男当建府。此论认为阳为男，阳强则男胜；女为阴，阴旺则女兴。此论不合子平法。阴阳均属五行，盛衰要以全局配合而论，不能仅以阴阳而定。命局中男以财星为用，且财有力，女有帮夫兴家之德。若官杀有力，全靠自己创业。

己未
癸酉
丁巳
丁未

袁世凯命。酉财生杀，并非喜神。十八岁丙子年，与正室于氏结婚。二十岁戊寅年，与于氏争吵，因于氏揭其母短，从此不再与他同房。此君先后纳妾十五个，此皆妻星并非为喜之故。若以“阴盛于阳，主女兴家”来论，笑话矣！

戊戌
甲子
戊辰
癸丑

命局八字中就有五个字是土，比劫有力，甲木七杀无根，弱木难疏厚土，不能扬威，喜癸财明透，通根月令，旺财生起弱杀，七杀有力，全赖子水财星生助，主靠妻之力而兴家。其妻为某大报发行部经理，本人为批发书商，所进书大部分由妻在全省设立的报亭销售，全靠妻之力以成事业。若以上论“阳盛于阴，男当建府”之论来断，不符也。

【原文】官贵生年，化凶杀而名垂万古。贵忌乎多，禄宜乎少，绝虑忘思，无差无误。

相心赋

【原文】人居六合，心相五行。欲晓一生，辨形察性。官星恺悌，贵气轩昂，性优游而仁慈宽大，怀豁达而和畅声音，丰姿美而秀丽，性格敏而聪明。印绶主多智慧丰，身自在心慈。食神善能饮食，体厚而喜讴歌。偏官七杀，势压三公，喜酒色而偏争好斗，爱轩昂而扶弱欺强，性情如虎，急躁如风。枭印当权，使心机而始勤终怠，好学艺而多学少成。偏印劫刃，出祖离家，外象谦和尚义，内实狠毒无知，有刻剥之意，无慈惠之心。偏正财露，轻财好义，爱人趋奉，好说是非，嗜酒贪花，亦系如此。伤官伤尽，多艺多能，使心机而傲物气高，多诡诈而侮人志大，颧高骨峻，眼大眉粗。日德心善，稳厚而作事慈祥。魁罡性严，有操持而为人聪敏。日贵月贵，朝荣暮乐，为人纯粹而有姿色，作仁德而不骄奢。金神贵格，火地奇哉，有刚断明敏之材，无刻剥欺瞒之心。乙己鼠贵，遇午冲贫如颜子。壬骑龙背，逢丁破欲比申枨。井栏飞天，其心傲物；刑合趋艮，智足多仁。六甲趋乾，主仁慈而刚介心平。五阴会局，为人佛口蛇心。二德印生，作事施恩布德。五行有化，看何以推之；四柱无情，取元干而论也。且火炎主燥，必声洪而好礼；水清润下，主言语而施仁。金白水清，质黑肥圆；土气厚重，信在四时。汇合如然，四时返此，事则举其大略，须要察其细微，欲识情理，学者用心于此。

【注解】颜子：即颜回，字子渊，春秋时鲁人，笃志好学，不迁怒，不贰过，是孔子的得意弟子。二十九岁，发尽白，早死。其八字是己丑、辛未、丙午、戊子，全局土旺火弱，盗气太甚，子水官星又贴身冲克午刃，根基又伤，属五行无气。午巳二运禄刃助身吐秀，名播四海。入辰运，更增食伤之力，盗尽丙火之气而夭。此造虽系子官冲午刃为病，但与六乙鼠贵无关，原论牵强。

申怅：鲁国人、孔子学生。《论语·公冶长》，子曰："吾未见刚者。"或对曰："申枨。"子曰："枨也欲，焉得刚。"

一、十神性情

正官：仁慈恺悌，心胸豁达，敏锐聪明，好面子，不偏激。

正印：心慈仁厚，多智慧，较封闭，享现成，做事消极。

食神：喜讴歌，能食善饮，优游自足，善良忠厚，坐享其成。

七杀：大胆冒险，扶弱锄强，偏争好斗，自私心较重。

偏印：好学少成，始勤终惰，性偏激，固执且善使心机。

正财：克勤克俭，守分谨慎，珍惜财钱，有点悭吝。

偏财：爱人趋奉，轻财好义，好说是非，性格偏激。

伤官：气傲诡诈，自私野心大，做事虽肯卖力，却难落好。

比肩：做事踏实不虚，坚韧不拔，难免固执。

劫财：做事反复无常，心性不稳，朋友广交而知心甚少。

二、五行性情

水主智：聪明、机关深远、足智多谋。

火主礼：辞让、守礼恭敬、性躁无毒。

金主义：性刚、仗义疏财、刚毅果决。

木主仁：性直、行为慷慨、恻隐慈祥。

土主信：敦厚、厚重诚信、朴实无华。

三、十干性情

甲：仁慈正直、坚强骨气。

乙：临机善变、性格柔弱。

丙：思敏无毒、急躁冲动。

丁：温和守礼、拘谨多疑。

戊：守信正直、沉着耐心。

己：精明多变、多才好名。

庚：刚直豪爽、好胜不屈。

辛：性柔好权、气质文雅。

壬：聪明任性、性格外露。

癸：幻想空虚、性较内向。

以上论性情，何种五行多，何种神强，就以何五行论。

大抵五行中和，人正直忠厚，纯粹善良；五行偏枯，则奸诈狡猾，心狠手辣。

甲申
癸酉
庚子
乙酉

庚生酉月，羊刃司权，乙庚合而化金，秋金锐锐，本主性刚狠毒。喜癸水伤官通根子水，尽泄庚酉戾气，金白水清，气势流畅，故为人任大事而布置有方，处烦杂而主张不靡，且慷慨好施，有舍己为人之风。

癸酉
辛酉
乙巳
丁亥

明代著名清官海瑞命造。巳酉合而解巳亥冲，杀气虽盛，癸亥印绶亦强，足以化杀为权，即所谓一贵当权，群小皆服之义。所以刚正无私，扶弱锄强，不畏权势，公正廉明。对贪官恶吏恨不得亲刃其身，对平民百姓常怀悌恤之意。不畏强权，劾斗严嵩成为世代佳话。

辛巳
甲午
丙子
甲午

丙生旺夏，两见午刃，年支见禄，甲木助纣为虐，本应取炎上专旺之格，偏有一子水激火旺势。所以性勇好斗，放荡无羁，交往皆乡里无赖，竟狂至与虎搏斗而被虎噬。

庚辰
甲申
壬辰
癸卯

枭印当权，合辰拱壬癸而成水局。若用甲食，被庚申枭夺，只好以时支卯木伤官为用神，水泛木浮为病。所以此妇多学少成，喜耍小聪明。谈起什么事她都懂，就是到老碌碌无为，一事无成。

壬申
辛亥
己巳
丙寅

南宋末期奸相韩侂胄命造。地支寅申巳亥四冲全，克战不已，心性反复不定，阴险毒辣，为保富贵，不惜与敌暗通，残害忠良，欺压百姓，叛国媚敌，遗臭万年。

玄机赋

【原文】太极判为天地，一气分有阴阳。日干为主，专论财官；月支取格，乃分贵贱。有格不正者败，无格有用者成。有官莫寻格局，有格局喜官星。官印财食，无破清高；杀伤枭刃，用之最吉。善恶相交，喜去杀而从善；吉凶混杂，忌害吉以向凶。

【注解】命局有格虽贵，如果忌神害了用神，是为成中有破，亦主败。相反，虽无格局，但喜神制去忌神，是败中有成，亦吉。

丙午
庚寅
戊申
戊午

戊生寅月，看似木旺土虚，然午寅一合，杀化为印，反是身强，故用申金食神吐秀为用。惜寅申一冲，丙庚一克，用神尽失，是故成中有破。二十五岁庚午年，旺印克尽弱食，犯罪入狱。

壬申
丁未
丁未
己酉

清咸丰年间名将胡林翼命造。表面看来，二丁仅有未中一点余火微根，难任旺食、强财、壬官。妙在年月丁壬合而化木，印旺生身，身强可任财官，格局破中有成，化喜为忌，所以手握虎符，雄镇一方。

【原文】有官有杀，宜身旺制杀为奇；有官有印，畏财助杀为祸。身强杀浅，杀运无妨；杀重身轻，制乡为福。身旺印多，喜行财地；财多身弱，畏入财乡。

【注解】官杀混杂，取清为喜；身强杀浅，喜行财杀运助杀扬威；杀旺身弱，宜行制伏杀运，可制杀为权；身旺财弱，喜行财食旺运；身弱财强，再行财食旺运，日主剥尽，必凶无疑。（详见前论杀、论财二节）

1830年四月二十七日寅时生男：

庚寅
辛巳
乙酉
戊寅

大运：
06、壬午
16、癸未
26、甲申
36、乙酉
46、丙戌
56、丁亥

清末江苏常熟翁同龢八字。乙木虽有年时二寅为根，但巳酉合化金，庚辛透干且有戊财生扶，官杀混杂且强盛，当取寅巳中暗藏丙火制杀为用神。二十七岁丙辰年，大运甲木，制杀有力，殿试夺魁，授翰林院修撰。运至丙丁，用神明透，官至户部尚书、协办大学士。此即有官宜制杀为奇例。

【原文】男逢比劫伤官，克妻害子；女犯伤官偏印，丧子刑夫。幼失双亲，财星太重；为人孤克，身旺无依。年冲月令，离祖成家；日被提冲，断弦再续。时日对冲，伤妻克子；日通月令，得祖安身。

【注解】年月相冲，祖上宫和父母宫受伤，离祖创业；日时、月日对冲，支为配偶宫，男主断弦再续，女主罗裙再穿；时支被冲，子息宫受伤，非无子送终，即有女无男。

甲申
丙寅
壬申
庚子

日元壬水，年日二申，内藏长生壬水，时支又见子水，水势有余，取月令寅木泄水生财为用神。寅木虽被冲克，一则秉令，弱金难克强木，二有申子水局相生，根固无妨。真神得用，官至总督。然年月、月日均相互冲克，祖上宫、父母宫与妻宫均受损，故离祖创业。二十六岁己酉年中进士，任编修，少詹事，督学政，总裁，升巡抚，迁漕督，忽总督，忽御史，忽侍郎，苏浙粤闽，黔滇桂川处处是家。十八岁辛丑年，辛金合去丙火用神，寅食无护，母丧；二十九岁壬子年，壬水比肩夺去丙财，元配江夫人亡；六十九岁壬辰年，大运癸酉，比劫强旺，继配孔夫人、妾唐氏相继而亡；此皆年月日相冲之故。

甲子
庚午
甲子
己巳

女命。日元甲木，以庚金为夫星，庚坐午火败地。日支夫宫也被午火恃旺相冲，夫星、夫宫皆受损，克夫明矣。先嫁一夫身体多病，早早而亡。再嫁之夫，亦疾病缠身。

丙申
辛卯
辛丑
乙未

女命。日元辛金，以丑中癸水食神为子女星，时柱为子息宫，日时一冲，子息星与子女宫均受损，所以至今无子。

【原文】是以木遇春长，遇庚辛反假为权；火归夏生，见壬癸能为福厚。土逢辰戌丑未，木重成名；金坐申酉之中，火乡发福。水居亥子，戊己难侵；身坐休囚，平生未济。身旺者喜逢禄马，身弱者忌见财官。得时俱为旺论，失令便作衰看。四柱无根，得时为旺；日干无气，遇劫为强。身弱喜印，主旺宜官。财官印绶，破则无功；杀伤枭劫，去之为福。

【注解】木生春月，得令强旺，无金修整，难成栋梁之材；火生夏月，烈炎冲天，无水难成既济之妙。此节言日元得令强旺，喜官星束身为用以发贵。

己丑
癸酉
庚戌
丁丑

留下千古名句"先天下之忧而忧，后天下之乐而乐"的范仲淹命造。庚生酉月，羊刃司权，土旺金强，丁官无力炼金。初运壬申，父丧随母嫁夫。二十七岁运在庚午，丁官得根，制刃有力，格成火炼真金，登进士第，还祖归宗，仕直至经略副使。

乙卯
戊寅
乙卯
庚辰

明末著名画家、官拜南京礼部尚书董其昌命造。乙木日元，支类东方，庚金官星衰绝，无力克木。三十五岁后运入西方，庚官有力，克巨木以为栋梁，中进士改庶吉士。六十七岁辛酉年，大运辛未，拜南京礼部尚书。

【原文】甲乙秋生金透露，水木火运荣昌；丙丁冬降水汪洋，火土木方贵显。戊己春生，西南方有救；庚金夏长，水土运无伤。壬癸逢于土旺，金木宜荣。身弱有印，杀旺无伤，忌行财地。

【注解】甲乙木生金月，天干再透金，是官杀强身弱，行水运印绶化杀生身，行木运比劫助身，行火运食伤制杀护身，身旺可任官杀，故云水木火运荣昌。此节是言身弱官杀强，喜行印比生助日主或食伤制杀护主之运。（详见前论正官、偏官二节）

癸酉　　许世英命造。乙生秋月，支全金局，干透二辛，杀气极盛，日元本应弃命从杀，然年支癸水偏印透出，足以化杀生身，格成七杀用印。二十五岁运入火乡，一制一化，杀为我用。五十一岁运入木乡，比劫助身敌杀。七十岁运入北方水乡，印绶化杀生身，好运迭至，所以从二十六岁戊戌年在刑部浙江司任职起，直仕至内阁总理，享寿九十二岁，可谓福厚寿长。
辛酉
乙丑
辛巳

壬戌　　明成化年间状元张升命造。丁火仅得年支戌土中一点微根，支类北方，干头壬癸，又有庚财生水，杀气极盛。戊土一点，实难成堤。喜大运出门即东方阳和之气，化杀生身。继而土火，制杀助身。六十年化杀、制杀、助身大运，可谓厚福。二十八岁己丑年，大运丙火，食强制杀，大魁天下，官授修撰。从此步入仕途，官直做至礼部尚书，为国之重臣。
癸丑
丁亥
庚子

【原文】伤官伤尽，行官运以无妨。伤官用印宜去财，伤官用财宜去印。是或伤官财印俱彰，将何发福？身旺者用财，身弱者用印。用财去印，用印去财，方发弥福。正所谓喜者存之，憎者去之。财多身弱，身旺以为荣；身旺财衰，财旺乡而发福。重犯官乡，只宜制伏。食神叠见，运忌官乡。

【注解】身旺伤强无官，宜用财星引通命局；身弱伤强，喜用印绶制伤生身。伤官佩印，亦属大格。

食神重叠，食强化伤，所以也作伤官论，见官星也是伤官见官，故忌官乡。

壬寅　　辛金生于孟冬，四水带库，辛金无根，格成从儿。人极聪慧，读书一目数行。运至甲寅，伤官生财，登科发甲；乙卯运财星亦旺，由署郎仕至黄堂。此种格成从伤，大运愈剥日元愈吉，最忌行印比运，此即变通之理。
辛亥
辛亥
壬辰

丙寅
癸巳
辛酉
癸巳

巳酉合金，日元有力。二癸食神吐秀，食旺化伤，克制丙火官星。三十七岁壬寅年，壬水伤官，引通二癸之气，伤尽丙火官星，因服安眠药过量而亡。

【原文】顽金无火，大用不成；强木无金，清名难著。木多得土财多蓄，火焰逢水禄位高。

【注解】顽金喜火制方炼真金，如果格成从革却忌火逆其旺势；强木喜金斫方为栋梁，若格成曲直却忌金犯木旺；火焰喜水以成既济，若格成炎上却忌水激火势。此皆符命理。惟木多得土多富，却不全妥，木多比劫必重，见财抢夺为祸，若要财厚，必有食伤化比劫生财为前提；若要发贵，则要有官杀护财，相互有情为前提；若无官杀，食伤，则为凶祸之造。

癸巳
乙卯
甲子
己巳

中国台湾女歌手邓丽君造。乙卯羊刃司权，癸子印绶生木，干透己财，是木旺财透之局。初运南方，食伤化木生财，唱歌走红，倾倒无数歌迷。四十三岁乙亥年，大运未土，运岁局亥卯未合全羊刃局，岁干羊刃明透，岁支亥水冲克巳火，己财无助被劫，旺时突然玉殒香消。若年干癸水换为丁火或辛金，必平安。

戊申
庚申
庚申
庚辰

北宋名相韩琦命造。强金一片，如铜墙铁壁，其性喜顺而忌逆。辛酉、壬戌二运土金助局，科场连捷，中进士第二名。癸亥、甲子二运，食伤引通庚申秀气，仕至陕西安抚使，镇守泾州，令敌闻名丧胆。乙丑一运，旺土生金，拜大学，晋封仪国公。五十九岁入丙寅大运，木火逆金旺势，屡遭贬谪。六十八岁乙卯年，太岁又犯金旺，运岁聚凶而亡。

【原文】有官有印，无破为荣；无官无印，有格取贵。羊刃格喜偏官，金神最宜制伏。杂气财官，刑冲则发；官贵太盛，旺处必倾。身太旺喜见财官，主太柔不宜禄马。旺官旺印与旺财，入墓有祸；伤官食神并身旺，遇库兴灾。

【注解】身旺财官必弱，所以大运喜行财官旺处，助官发贵，助财发富。日元太弱，官（禄）财（马）必旺，大运却喜行日主旺处，但有区别。原局中官强财弱或无财者，喜行印绶生身大运，比劫帮身运亦可。若原局财强官弱者，却喜比劫助身大运，行印绶运有旺财回克，反不为美。

己亥
己巳
丁未
丙午

明代状元吕楠命造。日元丁火，支类南方，火炎土燥，全靠年支亥水正官润局为用。惜亥水一点，又偏居一隅，孤零零无扶无助，身强而财官衰弱。丁卯、丙寅二运，木火并旺，虽有神童之誉，却考运维艰。二十三岁辛酉年，巳酉合金生起亥官，考中举人，而后屡试皆名落孙山。三十岁戊辰年，辰为水库，尽收烈火之燥，亥官可用，一举夺魁。可惜以后太岁己巳、庚午，火气正盛，因不附奸宦刘谨，不得已托病辞官。运入北方，不仅官复原职且直升至礼部右侍郎，代管吏部事务，成为明代难得的贤臣。六十四岁壬寅年，大运壬戌，运岁皆凶，病卒故里。

戊寅
乙卯
辛未
己亥

明嘉靖二十三年状元秦鸣雷命造。支全木局加寅，财星极强，年时戊己印透，又不能弃命从财，只好取印绶生身为用神。全局财旺为病，克印为祸，所以生下未满月丧母，五岁壬午年丧父，由伯父哺育成人。二十七岁甲辰年，大运戊午，辰土为印绶，运支午杀化强财生印，运干戊土印绶生身，日元得强印生助，殿试夺魁，官授编修。继而运入己未，印绶助身。接续西方，比劫助身，官直升至南京礼部尚书。七十六岁癸巳年，大运癸亥，强木坏印而卒。

【原文】运贵在于支取，岁重向乎干求。印多者，行财而发；

财旺者，遇比何妨。格清局正，富贵荣华；印旺官生，声名特达。合官非为贵取，合杀莫作凶推。桃花带杀喜淫奔，华盖重逢多克剥。平生不发，八字休囚；一世无权，身衰遇鬼。身旺则宜泄宜伤，身衰则喜扶喜助。务禀中和，莫令太过不及。若遵此法推详，祸福验如影响。

【注解】大运重支，太岁看干，此论不妥，详参前论大运、太岁二节。五行无气，如枯木逢水，再灌溉也难使其转活，所以言平生不发。

辛卯
甲午
辛巳
庚寅

支全木火，日元无根，一辛一庚，比劫虽助身亦空悬无力，是五行休囚，身衰鬼旺。初运癸巳，身弱又逢克剥之运，父被枪毙，家境困寒。壬水运再逢盗气，后倍受蹂蔺。辰土印绶生身，得谋生之地，家境好转。辛卯、庚寅二运，虽比劫助身，然比劫临绝，其力极微，故忽而结婚，忽而离异，忽而降职，忽而调动，起倒不宁。己丑一运，印绶生身，借款经商，很是风光一段。惜子亥运中，水木并旺，破耗连连，官司重重，债务缠身，实乃终身贫穷之造。

幽微赋

【原文】天地阴阳二气，降于春夏秋冬，各生其时，有用者则吉，无用者则凶。是以泄天机之妙理，谈大道之玄微。天既生人，人各有命。所以早年富贵，八字运限咸和。中主孤单，五行逢死绝败。过房入舍，年月中分；随母从夫，偏财空而印旺。早岁父亡，偏财临死绝杀宫；幼岁母离，只为财多印死。

【注解】年为祖上宫，月为父母宫，年月是一个人未婚前所在的家庭，所以有年月中分之句。大凡月令之神伏吟、反吟，年月印绶重叠，偏财再见，忌神居于年月，都有过房入舍的可能。

癸酉　　月支戌土偏财父星重见，年月天干壬癸偏正二印正母、偏母齐透，皆为过房之象，所以出生后三天，父母就将她送人。
壬戌
甲戌
乙亥

壬申　　庚生酉月，羊刃当权，年支申禄，时支又见辰土印绶，必以壬子食神吐秀为用神，己土印绶透月干，贴身克制壬水为忌，忌神居于月干。七岁戊寅年，太岁又逢忌神，因家里兄弟多，生活贫困，过房于他人收养。
己酉
庚子
庚辰

偏财为父星，印绶为母星。偏财空亡，印绶强旺，是无父有母，所以言随母嫁夫。

乙未　　丙火以庚金偏财为父星。年柱乙未属甲午旬，甲午旬中辰巳空亡，庚金偏财父星坐空亡。寅木印绶旺强，所以母嫁两次，随母嫁夫。
庚辰
丙寅
癸巳

辛亥　　壬水日元，命局中庚申辛酉全，印星极旺，惟不见丙火父星，是有母无父，所以幼年父母离异，随母嫁夫。
庚子
壬申
己酉

【原文】比肩多而兄弟无情，羊刃多而妻宫有损。官逢死气之方，子嗣难得；若见伤官太盛，子亦难留。如遇冲破提纲，定主离于祖业；再见空亡，三番四废。印绶逢生，母当贤贵；偏财归禄，父必峥嵘。官星临禄旺之乡，子当荣显；七杀遇长生之位，女招贵夫。自身借宫所生，必是依人过活。妻星失令，半路抛离；若乃借宫所生，亦是他人义女。酒色猖狂，只是桃花带杀；慈祥敏慧，天月二德聚来。印绶旺而子息稀，正官旺而女多男少。枭神兴早年折夭，食神旺老寿而高。偏财逢败，父主风流；子曜若临，破家荡产。自身逢败，早岁兴衰。妻入墓不得妻财，父临库父当先死。比肩逢禄，兄弟名高。食神多而好饮食，正官旺而受沾滋。身临沐浴之年，恐愁水厄；生入斗克之年，必逢火晦。女带桃花坐杀，定主淫奔；伤多而印绶被克，母当淫荡。年月冲者，难为祖业；日时冲者，妻子招迟。若见天元刑战，父母难靠；如遇地支所生，凶中成吉。日主弱，水火相战而招是非；甲木衰，逢金旺而无仁无义。此乃男命之玄机，略说女人之奥妙。

【注解】偏财为父星，自坐沐浴败地，局中偏正印交集，偏财与其他干支作合，尤其与偏印相合等，均主父亲风流。

庚戌
辛巳
辛丑
辛卯

辛金以卯木偏财为父星，偏财居时支。年支戌土正印，日支丑土偏印，偏正印交集，且偏印偏母与父星贴近，所以父亲风流，另有情人。

丁巳
壬寅
己酉
戊辰

辰中暗藏癸水偏财为父星，壬水正财为偏父，辰酉、丁壬均相合化为他象，主父风流。其父不仅婚姻三次，且经常在外与其他女人厮混。

壬戌
癸卯
丙辰
丙申

卯木印绶母星临沐浴，时支申中暗藏庚金偏财为父星。戌中暗藏辛金偏夫，卯木与申金远隔，与辛金贴身相合。其情向偏夫而背正夫，不仅离异再嫁，且风流异常。

壬戌　　乙木以壬水印绶为母星，以午中暗藏己土偏财为父星，不
丙午　仅戊土偏父明透，且年支戌，时支寅中皆暗藏偏父。全局偏正
乙酉　父星迭见，壬水母星自坐戊土偏夫，所以母离异后与多人相合，
戊寅　十分风流。

【原文】纯粹在于八字。纯有富贵者，一官生旺。四柱休囚，必为贵者。浊淫者五行冲旺，娼淫者官杀交差。命主多合，此为不良；满柱杀多，不为克制。印绶多而老无子，伤官旺而幼丧夫。荒淫之欲，食神太过。四柱不见夫星，未为贞洁。官星绝遇休囚，孤孀独宿。清洁源流，金猪相遇，木虎相见。四柱二夫，土猴重叠。水火逢蛇，夫宫早丧。食神一位逢生旺，招子须当拜圣明。父母之宫，男命同断。若见此书，藏之如宝。若遇高士，对镜分明。依其此法，万无一失。

【注解】金猪即辛亥，木虎即甲寅，土猴即戊申，水火逢蛇即癸巳、丁巳。此节详参前“论女命”一节。

五行元理消息赋

【原文】详其往圣，鉴以前贤。论生死全凭鬼谷，推消息端的徐公。阳生阴死，阳死阴生，循环逆顺，变化见矣。

【注解】消息：阳生为息，阴死为消。阳为息，主进；阴为消，主退。消息即五行进退生死之理。

鬼谷：即鬼谷子，战国时期纵横家，据传为五行论命的命学家，苏秦、张仪、孙膑等人的老师。

徐公：即徐子平，首创四柱论命的术数家。

一阴一阳之谓道。阴阳学说是五行论命的根本原理，故阴阳变化就是论命的基本规律。因日月往来，寒暑相易而成岁。一寒一暑不断交替变化，这就是阴阳既互相对立，又互相统一

之理。阴生阳灭，阳息阴消，这就是阴阳变化的规律。

【原文】夫阳木生亥死午，须存亡易见。阳木跨马逢猪，则吉凶可知。艮生丙而遇鸡死，兑生丁而逢虎伤。戊藏寅而西方没，己生酉而艮中亡。庚逢蛇而峥嵘，运见鼠亦难当。辛生子死在巽地，壬生申藏于震方。兔生癸水衣禄足，运行猴地见灾殃。十干生死同断，造化依此推详。

【注解】阳木即甲，马即午，猪即亥，阳木跨马逢猪即甲午见亥，死中逢生。艮：东北，十二支分野为寅方，鸡为酉，即丙火生于寅而死于酉。兑：西方，十二支分野为酉方，虎为寅，即丁火生于酉而死于寅。此理甚谬。丁火见寅为印绶逢生，岂有论死之理。见酉我克为财，生又从何来。

戊土见寅，强木克身，绝无论长生之理。己土见酉，癸水见卯，辛金见子，均为食神盗气，也无相生之情。庚见巳，若支会金局，或干透辛金，则论生。如干透丁火，支见午火，则论克不论生。（均详参前“论天干生旺死绝”）

戊午 **庚申** **癸卯** **乙卯**	日元癸水，自坐卯木食神，时柱乙卯，盗气太甚，年柱财官，克泄交加，全赖月柱庚申强印化官制食生身为用。身旺喜卯木吐秀，火土金水木一顺相生，格局流畅，官拜大学士。若将庚申换为乙卯，日元精气尽泄，寒儒之造。

癸丑 **甲寅** **丁酉** **壬寅**	丁火坐财，年时官杀竞透，且有丑酉合金为财生官杀，官杀强且混杂。喜甲寅印绶秉令，化杀生身，一气呵成，所以发贵。若将寅木换为酉金，则官杀无化而肆虐，乃极贫之命。丁生酉之论不可取。

【原文】又详：权刃双显停匀，位至侯王。中途或丧或危，

运扶干旺；平生为福为贵，身杀两停。大贵者用财而不用官，当权者用杀而不用印。印赖杀生，官因财旺。食居先，杀居后，功名两全；酉破卯，卯破午，财名双美。

【注解】杀刃两停，制伏有力，均为我用，贵显无比。如果大运又行至财星党杀或官杀旺运，制刃太过，杀官混杂攻身，则中途倾危。原文运扶干旺的干字似应是“官”字之误。而大贵者用财不用官，是因为财旺自能生官，官星当然就自在其中了。

丙子
戊戌
壬戌
辛亥

镇压黄巢起义的晋王李克用命造。壬水年支见刃，时支见禄，日元有力。月令戊戌旺杀，日支亦杀，可谓刃旺杀强。初运金水，助身敌杀，封为晋王。四十二岁丁巳年，旺财生杀，部将卢龙节度使叛。庚申、辛酉等年，印绶化杀生身，大破梁王朱全忠。五十三岁戊辰年，大运甲辰，运岁皆临旺杀，病逝。

辛亥
庚寅
丙子
丁酉

虽亥子官杀混杂，然气泄月令寅木，全靠庚辛财星生官，使水源不涸。三十六岁丙戌年，大运丁亥，身旺官强，殿试夺魁。

【原文】享福五行归禄，寿弥八字相停。晦火无光于稼穑，阴木绝气于丙丁。火虚有焰，金实无声。水泛木浮者活木，土重金埋者伤金。水盛则危，火明则灭。阳金得炼太过，变格奔波；阳水归垣失令，终为身弱。土重而掩火无光，逢木反为有用。水盛则木无定，若行土运方荣。五行不可太甚，八字须得中和。土止水流全福寿，土虚木盛必伤残。运会元辰，须当夭折。木盛多仁，土薄寡信。水旺居垣须有智，金坚主义却能为。金水聪明而好色，水土混杂必多愚。遐龄得于中和，夭折丧于偏枯。

【注解】火遇旺土，晦火无光，运逢木地制土生火而起。木见丙丁重叠，焚烧而死，若运入水乡，制火生木亦发。水盛木漂，运行土财，克水生木，应运而兴。土逢强木，受克太甚，运逢火处亦福。大抵原局有病，运行药地，去其忌神，使格局中和，必吉。

己酉
乙亥
丙寅
戊子

此造初看，仅寅木化杀生身一点贵气。细审之下，以年干己土为源头，土伤生酉财，酉财生亥杀，亥杀生寅木，寅木生丙火日元，身旺用戊土食神吐秀。一气流清，毫无阻滞。元神淳厚，生生不息，所以仕至观察，享寿一百二十岁。

庚子
甲申
丙寅
戊戌

初看此造，月日二支寅申相冲，难以言美。妙在申子相合，化财为官，如此官旺生寅木，寅旺生丙火日元，身旺用戊土泄秀，有病有药，以合解冲，格局清纯，故权高位显，寿至九十。

庚辰
庚辰
庚申
庚辰

天干一气而坐禄，印星得势，格成从革专旺。出身行伍，甲申、乙酉二运助起旺神，仕至总兵。一交丙戌大运，丙火坐库犯金之旺，且三辰冲一戌，死于军中。皆因偏枯之故。

丙寅
丙申
壬午
戊申

壬生申月，秋水通源。可惜二丙财透，通根寅午，财星坏印生杀为忌明矣。初运丁酉，酉印助身，少运尤可。一入戊戌大运，寅午戌合全财局，旺财生杀坏印，可怜年仅十八，竟被割项。

丁丑
壬子
壬申
辛丑

壬生子月，羊刃司权，喜丑合子化土，丁火合壬，使其水不泛。原局水强为病，仍嫌刃旺土弱。初运又行辛亥金水大运，亥子丑会北方一气，水旺无制，五行极偏。十六岁壬辰年，又逢强水而夭。

【原文】辰戌克制并冲，必犯刑名；子午相克门户，全无礼德。弃印就财明偏正，弃财就杀论刚柔。

【注解】门户即月令，子午居月令相冲克者是。

戊午
戊午
壬子
壬寅

女命。壬水自坐羊刃，看似身强，然二午正财司权，寅木食神盗气，日元由强变弱，取子水羊刃帮身为用。惜二午贴身冲子，月令用神皆受损。十八岁乙亥年，大运丙火。表面看来，亥水日禄助身为美。惜寅木合亥化木，喜神反化为忌神，竟被人挟持到山上并遭强暴。从此意懒心灰，玩世不恭，走入歧途。

格成弃命从财，原局有印绶，若为正印，与日元阴阳交泰，相亲相爱，虽被财伤而心不改。若为偏印，与日元阴阳不谐，容易根去，从格真切，所以要明偏正。格成从杀，若日元为阴，柔而能从，从心真切。日元为阳，气刚而勉强从之，不如阴干真切，所以要论刚柔。

丁酉
戊申
甲戌
甲戌

刘文庄都堂命造。二甲无根，支类西方，戊财生金，甲木势必弃命从金。乙巳、甲辰二运，巳酉、辰酉皆合金，从格有力，官至都堂。

庚戌 乙酉 乙酉 乙酉	赵葵丞相命造。虽三乙同心，惜地支无根，杀气极盛，必弃命相从。且三乙皆有合庚化金之意，从格极纯。戊子、己丑二运，杀气旺极，官至丞相。

两造相较，下造较上造尚多一比，且三乙争庚，就格局而论，上造似乎还略胜下造。然上造甲木阳刚，从心不真；下造阴木真心相从，以致成就差之甚远。

【原文】伤官无财可持，虽巧必贫。食神制杀逢枭，不贫则夭。男多羊刃必重婚，女犯伤官须再嫁。贫贱者皆因旺处遭刑，孤寡者只为财神被劫。

【注解】伤官是盗气之神，最喜财星引通秀气。若无财引，局中又配合不当，则多为贫贱之人。枭神是食神的克星，如果命局中用食，再见枭神无解，必死无疑。

己酉 庚午 己卯 乙丑	己土虽见乙卯七杀，然午火偏印司权，化杀生身，日元反强，必以庚金伤官吐秀为用神。一则庚金自坐午火败地，二则酉卯冲，酉午破，再加局无财星，全局克战不已，所以虽巧且多能，却平生不遂。

戊寅 丙辰 戊申 戊午	寅午合火化印，辰土比肩秉令，日元强旺，必以申金食神吐秀为用神。丙火枭印明透，克申食为病。五岁行丁巳大运，太岁壬午，丙火偏印得禄旺，克尽申金食神，因火惊而夭。

【原文】去杀留官方论福，去官留杀有威权。逢伤官反得夫星，乃财命有气；遇枭神而丧子息，福薄无后而孤。

【注解】女命官星为夫星，局中有伤官，本克夫星，今又得夫星者，情况有二：一是命局中财星强旺，财星化伤之气而生官，反成伤生财，财又生官之势；二是伤印明透，有印绶制伤护官。

戊子
丙辰
乙亥
戊寅

丙火伤官虽明透，但年时二戊财星亦透。二十一岁戊申年，岁支逢申金正官夫星，岁干戊财化伤生官，该年结婚。

庚寅
辛巳
乙丑
壬午

乙木以巳中丙火为伤官，以庚金为官星，寅巳拱丙成伤局似乎不利夫星。然一则官杀竞透，喜伤官去官留杀，格局取清；二则巳丑拱辛成金局；三者时干壬水印绶明透，生身护官，巳伤不敢露头，故官无妨。二十五岁甲寅年，身强可任官杀，结婚。

【原文】三戊冲辰祸不浅，两干不杂利名齐。

【注解】命局中逢三支相同，此种五行必旺，凡逢冲动三支旺神之年，多有灾祸，所冲之神为全局用神尤验。原局无三支相同，运岁逢之同论。

甲辰
戊辰
丙寅
壬辰

郑芝龙命造。丙火虽自坐长生，然三辰同心盗气，日主反弱。五十八岁辛丑年，大运甲戌，辛金财星克去甲木用神，三辰中暗藏癸水克去戊中丁火，冬季又逢水旺之时，被清廷斩首。

庚戌
辛巳
己亥
乙亥

己土虽得月令巳火印绶相生，惜庚辛伤食盗气太重，日时二支亥水财星又贴身冲克巳火用神，日元反由强变弱。二十六岁乙亥年，大运卯木，太岁与原局三亥克尽巳火，运支卯木合去戌土，日元之根尽失，自杀身亡。

己亥
乙亥
己亥
己巳

女命。财旺杀强，必以巳火印绶生身任财为用神，三亥冲巳为病明矣。二十八岁丙寅年，寅木官星化财生印，选乡代表；三十一岁己巳年，大运戊寅，升县代表。虽此造也是三亥冲一巳，但己巳年加强巳火之力，是喜神冲去忌神，故不凶反吉。

【原文】丙子辛卯相逢，荒淫滚浪。子午卯酉全备，酒色昏迷。

【注解】见下例：

辛卯
丁酉
庚午
丙子

乾隆皇帝命造。四正全备，气贯八方，杀刃成格，烈火炼真金，虽极贵，然子午卯酉四桃花全备，所以喜好酒色，是历史上有名的风流皇帝。

【原文】天干杀显，无制者贱；地支财伏，暗生者奇。因财致祸，羊刃与岁运并临；贪食乖疑，命用枭食因有病。侄男为嗣，义女为妻。日时相逢卯酉，始生必主迁移。平生敬信神祇，造化因逢戌亥。阴克阴，阳克阳，财神有用。官多无官，大旺倾危；杀多无杀，反为不害。财多无财，运逢七杀生灾。

【注解】官多化鬼，故曰官多无官；杀多身弱，格成从杀，反为不害；身弱财多，身弱不任财，故曰无财，若逢七杀，财星生杀，杀旺攻身，祸患难免。

乙酉
乙酉
乙酉
辛巳

三乙虽透，地支无根，巳酉合而化金，不能制杀护身，乙木无奈，只好弃命从杀。辛巳、庚辰二运，杀气极旺而发贵。此即“杀多无杀，反不为害”之理。

戊子　癸水用戊土为官星，明透年干，地支二辰一巳中又皆暗藏戊官，官多化鬼。运至壬戌，运支又逢旺官，强官化鬼攻身而亡。
丙辰
癸巳
丙辰

【原文】八字得局失垣，平生不遇；四柱归垣得令，早岁轩昂。

【注解】局是三合局，垣是指时柱，即时支或为日禄，或为日贵叫归垣。

壬申　支全水局，是得局。干透壬癸，日元极强。水泛木浮，甲木食神不能为用，丑土官星又与子丑半会水局，是得局失垣之格，所以一生名利无成。运入午火，冲动水旺而亡。
癸丑
壬子
甲辰

丁未　魏允中阁老造。年月日未辰戌土气甚厚，然日元时支归禄，时干又有辛印透干化杀生身，叫做归垣得令，所以科场连捷，仕途峥嵘。
甲辰
壬戌
辛亥

【原文】木逢类象，荣贵高迁；命用枭神，富贵营谋。财官俱败者死，食神逢枭者凶。龙藏亥卯，经商利络丝棉；丁巳孤鸾，合作聪明诗女。日犯裸形沐浴，浊滥淫娼，日禄归时见财，则清高富贵。归禄有财而获福，无财归禄必须贫。财印混杂，终为贫困；偏正浊乱，必致伤残。太岁忌逢战斗，羊刃不喜刑冲。

【注解】日元归禄，大多身旺，若无官星，最喜财星，财旺自可生官，故贵；若既无官星，又无财星，是身旺无依，贫贱之命也。

壬寅　　壬水建禄、归禄，日元有力。年日二支寅木不仅吐日元之
辛亥　秀，且寅中暗藏丙火财星，身旺可任财官，运行东南之地，气
壬寅　转阳和，财星有力，极为贵显。
辛亥

辛丑　　壬水日元归禄，全局金水大盛，丑土官星气泄辛金，不能
庚子　为堤，又无财星，是身旺无依之局。更加大运逆行水金，皆为
壬申　忌神，所以卖尽田园，破光祖业，贫困不堪。
辛亥

【原文】癸从戊合，少长无情。多有不仁，庚逢丙扰。岂知遇正官却无俸禄，盖禄逢七杀方有声名。不从不化，淹留仕路之人；从化得从，显达功名之士。化成禄旺者生，化成禄绝者死。

【注解】见以下二例：

辛亥　　地支亥子丑北方一气，月日二干丙辛合而化水，时干己土
辛丑　伤官虽克化神，一则己土无根，被旺水冲坏；二则有年干辛金
丙子　引化，故无妨。化格极真，再加大运逆行水金相续，皆化神生
己亥　旺之地，所以试场连捷，一举夺魁，步入官场，宦海平顺。

甲午　　丁壬合生于卯月，干透甲乙，似乎化神极纯，惜日支申金
丁卯　暗藏，克破化神，是不从不化，所以为平常人之命。
壬申
乙巳

【原文】处僧道之首，用杀反轻；受宪台之职，偏官得地。生地相逢，壮年不禄；时归败绝，老后无终。丁逢卯木遇己土，

枭食之人；亥乃神浆，遇酉金嗜杯之客。

【注解】七杀虽为凶神，也是权星，如果身杀两停，制化得当，极贵显之人。如果日主太盛，杀轻制重，七杀不能扬威，乃为身旺无依之局，多为僧道之首。

甲申
丙寅
乙卯
辛巳

时上七杀明透，丙火伤官制合，申金官星杂局，寅木贴身冲去，格局取清，七杀有制，制合有情，故拜将封王。

戊戌
壬戌
丙午
壬辰

义丐武训命造。丙火坐刃，午戌合化，羊刃最喜杀制。月时二壬杀透，似乎杀刃成格。惜戊戌旺食，制杀太重。大运三旬后又入东方，尽化杀气，虽未为僧道，但三岁丧父，七岁亡母，流落为乞，终身不娶，亦与僧道相似。

原局有日元长生、临官之处，大运岁又逢日元长生之处，叫生地相逢；身临生旺之地，必财官死绝之方，身旺无依，故曰不禄。

乙巳
己卯
乙卯
丙子

女命。乙生卯月，支下卯木，禄元强旺，又逢子水相生，故取丙巳伤官吐秀生财为用神。二十七岁入壬水大运，二十八岁壬申年，运岁强水生助日元，克绝丙巳用神，服毒自杀。

【原文】财逢旺地人多福，官遇长生命必荣。丁生酉金，丙辛遇之绝嗣；财临杀地，父死儿不归家。八字日支同类，杀年杀运生灾。若能观览熟读，详玩贵贱，万无一失。

【注解】辛金用丙火为子息，见酉金为死地；丙火以壬水为子息，见酉金为败地，所以云丙辛遇酉绝嗣。此论其实不妥，壬见酉为印绶，当以强论，何败之有？（详见前“论子息”）

八字日支同类者有十二日，即甲寅、乙卯、丙午、丁巳、戊戌、戊辰、己丑、己未、庚申、辛酉、壬子、癸亥等。这样的日柱大多日元旺强，喜制伏。壬子、丙午等日干坐刃者尤喜。如果大运逢杀，太岁又见七杀，是七杀太旺，攻身为祸，反主生灾。

1860年闰三月十二日戌时生男：

庚申		02、辛巳
庚辰	大	12、壬午
		22、癸未
丙午	运	32、甲申
戊戌		42、乙酉

清福建闽侯郑孝胥八字。丙火虽坐羊刃局，但年月二庚通根申辰，申辰又有合水之情，反是身弱财官旺，取午火羊刃助身为用神。二十三岁壬午年，用临太岁，考中福建省正科乡试解元。三十五岁甲午年，升监司。四十七岁丙午年，被选为预备立宪公会会长。五十二岁辛亥年，大运丙戌，升湖南布政使。五十三岁壬子年，太岁与日柱天克地冲，旺杀攻身，失去官位，隐居上海。此干支同类，身弱忌官杀例。

卷四

金玉赋

【原文】数体洪范，法尊子平。命天地之奥妙，听空谷之传声。一气流行，则冬寒而夏暑；三阳生发，自春长以秋成。窃闻既生有灭，若亏则盈。造化归源，尽反寅申巳亥；五行藏蓄，各居四季丘陵。

【注解】洪范：尚书篇名。商末箕子向周武王所衍的“天地之大法”。

火绝于亥，木生于亥；火生于寅，金绝于寅；金生于巳，水绝于巳；水生于申，木绝于申。寅申巳亥既为四生之地，又为四绝之地。绝处又有生机暗存，故云“造化归源，尽反寅申巳亥”。

辰戌丑未为四墓，为四季丘陵。因每支中都暗藏着三个天干，即本气、余气、墓气，所以说“五行藏蓄，各居四季丘陵”。

【原文】生长有时，自春夏秋冬之属；旺衰有数，察贫贱富贵之机。搜寻八字，专论财官；次究五行，须求气候。论财官之轻重，察气候之浅深。推向背财官之得失，论当生格局之高低。

【注解】格局到手，首先是要判旺衰。不论财官印食，虽为局中所有，但喜忌有别，所以要根据节气的深浅判断何者得令，何者失时，何者向，何者背，然后取舍用神、忌神，格局方成。

1865 年正月初八丑时生男：

甲子	大	戊寅
丁丑		己卯
甲辰	运	庚辰
乙丑		辛巳

马联甲八字。干头二甲一乙，支下得子水相生，辰中有乙木余气，身强。惟生于大寒之时，格局阴冷，必以丁火伤官暖局为用神。喜其出门大运即入阳和之方，故有一番作为。

1871 年十一月二十八日辰时生男：

辛未	大	庚子	夏寿康八字，局中土金六重，财官极强，取寅木日禄助身为用神。三旬后运至土金，与用神相悖，成就远不及上造。
辛丑		己亥	
甲寅	运	戊戌	
戊辰		丁酉	

析此两造，下造坐禄，似较上造有力，何以成就不一？答曰：气候深浅之异也。上造生于正月初八，节近立春，木逢进气；下造刚入小寒，土气正盛，故而反弱矣。

【原文】他来克我为官鬼，身旺当权；我去克他为妻财，官强则富。年伤身主，乃父与子而不亲；时克日辰，是子不遵于父命。年克日兮上能凌下，日克年兮下去犯上。若得有物制日干，则可化恶为祥。更要本主逢喜神，则将凶而变吉。

【注解】六亲是否和睦，父子是否有情，并非在年克日还是日克年，而在于各宫各神是否有情。若父母宫之神或父母星为喜用，或为官杀克我，或是我克之财，皆主与父母缘重。相反，父母宫和父母星为凶神，即使是生我之印，或是我生之食伤，亦主与父母缘薄。（详参前论六亲各节）

【原文】喜神庆会，当知资产丰隆；四柱无情，定见祸端并作。或见本主相冲，三刑重叠，岁运欺凌，必招横事。纯粹五行入格，台阁风清；身强七杀逢伏，藩垣镇守。无财官而有格局，青云得路；无格局而有财官，黄门成名。财官格局俱损，不贫寒而功名蹭蹬之夫；日干月令俱强，非穷困必草茅永逸之士。

【注解】草茅即茅草房。意是日干本强，月令又为禄劫，身旺无依，非贫穷之人，即出家修道之士。

大抵五行喜中和纯粹，不富亦贵，忌刑冲克战，不贫也贱。

丙子　　丙火财星被禄比围克劫夺，巳中戊土正官，丙火财星被亥
癸巳　水冲克，仅有时上伤官吐秀一点秀气。虽有财官而不成格局，
癸亥　此为一太监之命。
甲寅

庚申　　丙火七杀明透时干，引寅戌而成火局。癸水伤官明透制杀，
癸未　伤官驾杀，本是贵格。惜寅被申冲，丙杀无根，旺金生水克火，
庚寅　丙杀无依，财杀皆损。大运又金水相续，都是丙杀死绝之地，
丙戌　所以为一贫儒。

【原文】丙丁坐南离而无制，是不遵礼法凶暴之徒；壬癸遇戊己之相应，乃怀德抱才聪慧之士。辛逢乙木于南墓，须富而不仁；丙逢辛金于北镇，纵贫而有德。

【注解】此节言身旺宜有制伏。如火虽主礼，亦主暴躁。丙午、丁巳强火，若无水制，炎烈干燥，必不懂礼法，凶暴顽劣。壬子、癸亥有戊己土制伏为堤，依道而流，定无越轨之行。乙木是辛金财星，见未为入墓，虽亦能富贵，却是悭吝守财。丙火逢辛，财星合我，见子水为官，日元有力，可任财官而贵。即使日元无力，财官正气，虽贫但德性不亏。

1236年五月初二子时生男：

丙申　　　08、乙未　　南宋吉州庐陵文天祥八字。丁火坐旺，
甲午　大　18、丙申　月令建禄，又得干头甲丙生扶，火势炎炎。
丁巳　运　28、丁酉　子水七杀独居时支且失时，故取庚申财星生
庚子　　　38、戊戌　杀为用神，比肩劫财为忌。二十一岁丙辰年，
大运丙申，运岁局申子辰三合杀局，柬身有力，钦点状元入仕，官直作至右丞相兼兵部尚书。四十七岁壬午年，大运戊戌，伤官克绝子杀，身旺无制，被忽必烈杀害。

1606年八月二十一日戌时生男：

丙午　大　06、戊戌
丁酉　　　16、己亥
丁巳　运　26、庚子
庚戌　　　36、辛丑

明末清初陕西米脂李自成八字。丁火坐旺，年支午禄，时支火库，又得丙丁相助，火气极盛。庚金虽得酉金旺根，仍势寡力弱。局中火金克战无解救之神，原局凶机已伏。中运北方，制火护财，迎运而起，占长安，陷洛阳，克北京，逼崇祯自缢，轰轰烈烈干出一番事业。四十岁乙丑年，大运辛丑，乙木助旺火夺辛，兵败退至湖北通城九宫山。九月丙戌，月令又逢旺火夺金，被地主武装杀害。

【原文】年时月令有偏印，凶吉未明；大运岁君逢寿星，灾殃立至。幼年乏乳，食神遭刑克之宫；壮岁峥嵘，乃财官居纯粹之位。阳日食神得地无冲损，则暗合官星；阴日食神无破亏，虽契合则自亲。

【注解】原局中有偏印透藏，但无食神，偏印不能为祸，故言吉凶未明。运岁一遇食神，偏印立即施威制食，故云灾殃立至。

庚戌
庚辰　大　08、辛巳
戊午　运　18、壬午
丙辰

戊土以年月时二辰一戌为根，坐下午火，土气极厚，以二庚食神吐秀为用，丙枭明透夺食为病。十八岁丁丑年，大运壬午，丁印合去壬水，丙枭得旺夺食，夭亡。

1906年五月二十八日亥时生女：

丙午
乙未
甲子
乙亥

甲生未月，有余气为根，月时二劫透出，支下亥子印生，日元强旺，以丙火食神吐秀生财通关为用神。初运午巳，丙食得根，佳美。三十五岁庚辰年，大运壬辰，夭亡。此大运壬枭夺丙食故。

阳干食神均与官星相合。如甲食丙，丙合辛官；丙食戊，戊合癸官；戊食庚，庚合乙官等。合官则是失去官贵，使原局贵气无力，贪合忘官，多为不美。如官星为忌神，另有杀透而取清，或合化为命局中喜用，则以吉论。阴日食神自亲者，如乙食丁，丁合壬水印绶化木，与日干五行相同，故云相亲。其余己辛癸丁均是与印绶相合，如果日元有力忌印者，合去为喜，合化为喜用者，也是与日元相亲。相反，印绶为用神被合，合化为忌神者，相合反凶。（详见前“论天干相合”）

【原文】印绶偏财，能益寿延年；羊刃七杀，善夺财化鬼。财星有破，废祖风别立他乡；印绶被伤，失宗业抛离故里。人命以贵神为福，遭克陷则凶祸不祥；五行会凶曜为灾，喜合杀并食神为贵。命亏杀旺，要天赦二德呈祥；身弱财丰，喜羊刃兄弟为助。月令值食神健旺，善饮食而姿质丰满；四柱有吉曜相扶，堆金积玉。五行无凶杀侵犯，名显声扬。寅申巳亥迭犯，有聪明生发之心；子午卯酉重逢，害酒色荒淫之志。

【注解】印绶是生我之神，偏财是我克之神。又印绶为母星，偏财为父星，正印和偏财阴阳相配。如甲以癸为印，以戊为偏财，癸以戊为夫，阴阳和谐，皆为我用，故能益寿延年。

戊寅
丁巳
甲子
己巳

甲生巳月，盗气太重，虽有年禄，终嫌身弱。喜坐支子水印绶，制食生身润局，一物三用，极为有力。年支戊土偏财，引通丁巳秀气，正印偏财皆为我用，所以明阴阳天地交合之理，益寿延年，享寿长久。

【原文】女人无杀，一贵何妨。喜逢天月德神，忌见官杀混杂。贵众则舞裙歌扇，合多则暗约偷期。五行健旺，不遵礼法而行；官杀互逢，定是风声之配。迴眸倒插，泛水桃花；沐浴裸形，螟蛉重见，多为奴妾娼妓，少有三贞九烈。双鱼双女号淫星，不宜多犯；官星七杀曰夫主，忌见重逢。寅申互见性荒淫，巳亥相逢心不已。或有伤官之位，不远嫁定主克夫；临冲枭印之神，非孤离终须死别。四柱官鬼入墓，使夫星早入黄泉；岁运临夭绝之宫，俾鸳配飞分异路。要知女命难婚，运入背夫之位；欲识男儿早娶，定是运合财乡。

【注解】贵即官星，贵众即官多，官多无官，娼妓伶人之造，故舞裙歌扇。

风声：指女人败德好淫的名声。

倒插桃花，泛水桃花：子午卯酉居时支为倒插桃花。日元为金，桃花在水，为泛水桃花，皆主淫贱。

沐浴裸形：人沐浴时必脱衣裸身，指日干逢沐浴败地是。

螟蛉：螟蛉是一种小虫，后引伸比喻为义子。

双鱼、双女：即巳亥。

女命有三喜三忌。一喜或官或杀为夫星，清纯有力，必富贵；忌官杀重见且混杂，夫星太多，必淫贱。二喜平静清纯，必贞节端庄；忌多合多冲，必心性不稳，四处留情。三喜财印官相生不碍，夫妇白头到老；忌食伤迭见，无处不是意中人，且伤夫。（详见前“论女命”）

庚申
辛巳
乙巳
甲申

地支二巳合二申，日干乙木又与庚金相合，同时命局中偏正、明暗官杀六重，夫星迭见。十九岁戊寅年，癸巳月被人强奸后，破罐破摔，索性下水，歌舞厅、发廊皆为出入之所，混迹风尘。

戊戌
戊午
癸亥
戊午

命局中正官迭见，二午中又暗藏己土偏夫。初运丁巳，官杀极旺，幼丧父母，流落为娼。

【原文】子克重重，杀没官衰；伤食重重，伤妻叠叠。财轻身旺，弟兄多，若不如斯，定是刑冲妻妾位。暗合财星妻妾众，虚朝财位主妻多。财星入墓，必定刑妻；支下伏神，偏房宠妾。妻星明朗，乔木相求。大运流年，三合财乡，必主红鸾吉兆；或临财败之宫，家赀凌替，伤妻损妾，婚配难成。妻星失位在何宫，要求端的；官禄天厨甚位，须察根源。

【注解】男命以财为妻，亦有二喜二忌。喜身旺有食伤化比劫生财，或有官杀制比劫护财；忌比劫无制化争财，妻非生离即死别。喜身弱有比劫助身任财；忌身弱无比肩，反有食神盗气，或官杀攻身，非妻生离死别，即因妻致祸。至于身旺财多，妻财暗合等，却是多妻之象。（详见“论妻财”）

甲申
癸酉
丙戌
癸巳

丙火得禄，戌中有丁火，年支甲木偏印又化官生身，日元不弱。支下申酉戌巳中，皆暗藏庚辛财星，且会局暗合，是多妻之象。此君不仅在外四处留情，且有一妻一妾。

丁未
戊申
乙卯
戊寅

乙木坐禄，时支寅劫，年支未土合卯化木，比劫有力，全靠丁食化比劫生财和申官制比劫护财为用。二十七岁癸酉年，大运乙巳，癸水偏印夺去丁食，乙比无制夺戊，元配丧。二十九岁乙亥年，印绶化官杀生比劫，乙比运岁并临，继室又亡。

【原文】有格局纯粹，忽遇恶物相冲，亦主死亡；无财禄或行财禄旺相，亦当骤发。日求升合，食神旺处劫财多；或逢偏印克食神，非贫夭寿。须知气化，要审荣枯得失，当究轻重浅深。官禄杀强，无制则夭；日衰财重，党杀则穷。更看岁运，何凶何吉。

【注解】原局中和纯粹，喜用皆宜，定能富贵。大运行至冲克用神之乡，用神受损，格局破坏，或用印见财，或用官见伤，或用食逢枭等，皆主凶祸。相反即使原局破杂，大运忽行去病之方，也会勃然而兴。

辛巳
庚子
乙丑
丁亥

年月庚辛官杀并透，通根巳丑金局有力，喜时干丁食明透，去杀留官，格局取清。四十三岁癸亥年，癸水枭神夺去丁食，亥水印绶冲克去巳伤，用神全失，壮年之身，竟然跌死。

乙丑
乙酉
癸酉
丙辰

李巡抚命造。就格局而言，丑酉、辰酉皆合而化金，乙食丙财无根，皆临死绝之地，用神极弱，并非佳局。妙在甲申运后，运入南方，继而东方，皆为用神生旺之地，所以发迹。

【原文】身宫冲破无倚，不离祖必出他乡；乾坤艮巽互换朝，好驰骋则心无定主。柱中若逢华盖，犯二德清贵之人；官星七杀落空亡，在九流任虚闲之职。五行克岁，非伤日主不为灾；岁运并临，若损用神皆有祸。

【注解】身宫即日支。

乾宫有亥，坤宫有申，艮宫有寅，巽宫有巳，寅申巳亥为驿马，互换相冲，主四处奔波漂流无定所。

岁运并临，要分喜忌。如果为忌神，是雪上加霜，凶祸无比；若为喜神，则是运岁聚吉，必有喜庆。

庚寅
己卯
癸丑
戊午

何应钦命造。全局官杀混杂，食伤暗藏，财星化食伤生旺官，惟日元衰弱，全靠庚金印绶制伤化官生身为用。五十六岁乙酉年，大运乙酉，运岁皆吉。八月乙酉，月令又吉，代表国家接受日寇投降，威风八面，荣耀之至，永载史册，吉庆无比。此运岁并临为吉例。

丁亥
乙巳
癸巳
己未

癸水虽年支得旺，但局中财旺杀强，日元衰弱。早运木乡，盗水生火，所以颠沛流离。中年运入北方，日元有力，名声大振。七十二岁戊戌年，大运戊戌，运岁重官化鬼克身，病重身亡。此运岁并临为凶例。

【原文】木逢金克，定主腰肋之灾。火被水伤，必是眼目之疾。三合火神旺盛，克庚辛损头面及脓血之疾。如伤日干及财官太盛，折肢体有眷恋之灾。心肺喘满，亦本金火相刑；脾胃损伤，盖因土木战克。支水干头有火，遭水克必主腹痞心朦。支火干头有水，遇火旺则内障睛盲。火土烦焦蒸四曜，则发秃眼昏；润下纯润元气返，神清骨秀。荧惑乘旺临离巽，风中失音；太白坚利合兑坤，兵箭落魄。

【注解】荧惑即丙丁，巽为风为辰巳，丙丁临辰巳，主风中失音。太白即庚辛，兑为西方，庚辛见申酉，恐有刀箭之伤。（详见前“论疾病”）

癸亥
癸亥
癸亥
戊午

午主目，午火被强水克伤，所以双目失明。

己亥　　支全金水，日元极强，己官束身，甲食盗气并用。三十二
癸酉　　岁庚午年，午火冲动子水羊刃，庚金克损甲木用神，出车祸头
壬子　　部受伤。因甲木为头，庚为铁器故。
甲辰

庚寅　　支全火局，伤官盗气。甲木衰弱而用癸水印绶，庚杀贴身
癸未　　生印，格局纯粹。惜庚癸无根，火金相克，运至丙戌，克金逼
甲午　　水，肾肺两亏而亡。
甲戌

【原文】财星入墓，少许刑冲必发；伤官伤尽，或见官星则凶。十有八格，当从善恶推求；总系五行，各取衰旺消息。身旺何劳印绶，身衰不喜财官。中和为福，偏党为灾。但见贵神、朝拱、禄马、飞天、遥合、虚邀，不得冲格，逢合皆忌；七杀官星，各嫌羁绊，填实则凶。忽然运到官乡，当以退身避职。马瘦官破，困守穷途；禄旺财丰，峥嵘仕路。如临喜处以得祸，是三合而隐凶星；或逢凶处而反祥，乃九宫而露吉曜。要知职品高低，当求运神向背。清奇则早岁成名，玷缺则晚年得地。运行则一宫十载，流年乃逐岁推移。津路通亨，权高爵重；程途偃蹇，禄薄官卑。

【注解】格局为先天所有，大运为后天形成。命好要假运方能生发，所以命好运好者为上。格局不好，大运能补足原局所需者为次。格局虽好，运岁不扶者又次之。命局不好，大运也不好者，非贫即贱，下之又下矣。

壬辰　　女命。辛金生于仲秋，支全金局，五行无木，巳丑从酉化
己酉　　金，喜壬癸并透，泄其菁英，格局甚佳。所以为人聪明端庄，
辛丑　　颇知诗礼。可惜十九岁后运入丁未南方火地，生土逼水克金，
癸巳　　流年庚戌又逢土旺克水，用神尽失，无子而夭。

丁未
壬寅
乙卯
己卯

春木森森，旺之极矣。丁为食神本可吐秀，然丁壬一合化木，命局失用。喜甲辰运后，运入南方，化火吐秀，格局流畅，不仅帮夫兴家，子息亦多，运至申金犯木旺而亡。两造论之，下造远不及上造清纯，但后造大运远胜前造，以致寿夭祸福相差甚远。

【原文】推寻子位，先看妻宫。死绝者嫡庶难存，太旺者别门求觅。妻星显露，子息必多；刑害嗣宫，男女罕得。若问兄弟多寡，细检四柱干支。月令虽强，更看运神向背。死绝刑伤，雁行失序；相生喜庆，棣萼联荣。兄弟身旺，父命有亏；财帛旺多，母年早克。若见官鬼出见，母反长年；如逢脱气排运，父还有寿。

【注解】雁行，此处指兄弟排行。

棣萼，两种植物，亦借指兄弟。

子息、兄弟、父母等吉凶，详见前论六亲各节。

【原文】壬临午位，癸坐巳宫。禀中和兮禄马同乡，遇休囚也胎元绝地。丙临申位，庚坐燕寅，己入巽乾，乙临双女，金乘火位，甲坐坤宫，名曰休囚，最嫌克制。七杀忌逢言丧魄，寿星欣遇曰还魂。

【注解】壬水坐午，午中有丁火财马，己土官禄；癸水坐巳，巳中有丙火财马，戊土官禄，所以云禄马同宫。但能否发贵，则要看四柱配合。

乙巳
癸未
癸巳
丁巳

癸水坐巳，禄马同宫。然支尽火土，二癸无根，财极强而身极弱。同时大运逆行火土，与日主相悖，所以为平常人命造，且至今未婚。

乙未
戊寅
壬午
辛丑

刘御史命造。表面看来官杀强旺，壬水无根，与上造相似。但此造有辛印化杀生身，更加大运逆行水乡金地，均与日主有情，所以与上造有天渊之别。足证命好不如运好。

【原文】天命能施智力，难出罗网，造化幽微，乃除功妙。贫寒将尽，能令白屋出公卿；奢侈太过，反使朱门出饿殍。家赀将废，定生不肖之男儿；婚媾多刑，必娶无寿之妻妾。四宫背禄，不可妄求；官将不成，财当见废。八字无财，须求本分；越外若贪，必招凶事。噫！甘贫养拙，非原宪之不才；鼓腹吹箫，使伍员之挫志。顺则行，逆则弃。知命乐天，困穷合义，洪范数终，渊源骨髓。

【注解】原宪：字子思，孔子弟子。孔子死后，隐居于卫国草泽中，生活贫困。子贡为相后，锦衣华车，入穷巷见之。宪身着敝衣冠见之，子贡耻之，宪却神情自若，终生蓬户，敝衣粗食。

伍员：字子胥。父兄被楚平王杀害后四处躲藏逃难。曾一夜愁白头发。流落吴国后，为生活所迫，曾吹箫乞食，后被吴王用为大将。

此节言人应知天命，顺天命。原宪、伍子胥并非无能，时运未至也。所以命运乖蹇时，应培学养志，待时而起，千万不要冒险。一旦时机到来，定要抓紧不放，努力奋斗，以取得成功。

碧渊赋

【原文】即捷驰千里马，同渊源。

尝谓分二气以定三才，播四时而成万物，皆由命令也。斯令者，寓四时而立四极，专以日主以定三元。命乃无令而不行，令乃无命而不立。信知命令之相参，犹知天地之全体也。

【注解】整个命局叫命，也有以纳音论年柱五行者叫命。如甲子年纳音海中金，俗称金命。这里的命是指前者，即命局。令就是月令，节气深浅就是根据月令判断，出门行运也从月令开始。所以有了命，就有了本；有了令，就有了运。再与日主配合，则吉凶可知。

【原文】或云：子平言命，皆天命而非人命欤。天命关乎气数，人命禀乎五行。气数五行何以殊？天命人命何以异？诚哉是理，可得而议矣。然而人命荣枯得失，尽在五行生克之中；富贵贫穷，不出乎八字中和之外。先观节气之浅深，后看财官之向背，人之命内，皆不离乎财官诸格。局中只要虚邀禄马，先贤已成矜式，后学须要变通。

【注解】天命就是原局，一落地就已注定，皆由上天安排，也叫先天之命。人命就是一生运程的兴衰，是由每个人的一生来完成的，也叫后天之命。不论是天命，还是人命，都由五行生克，财官向背，日主旺衰来推断，这是至理。虚邀拱夹乃无稽之谈，与子平论命相背，特指出。

【原文】太过无克制者贫贱，不及无生扶者夭刑。宜向之而运背，决之贫贱；宜背之而运向，断之困穷。喜生而逢生，贵而堪断；爱克而值克，吉亦可言。逢官而看财，见财而富贵。逢杀而看印，遇印以华荣。逢印看官而遇官，十有八贵；逢财忌杀而有杀，十有九贫。

【注解】此节深合命理。日元太过，无官杀束身护财，是身旺无依之局；日元衰弱，财官旺强，无印比生扶者是五行无气、身弱难任财官之局；大运与用神相背，如身弱杀强，喜行印化食伤制伏大运，反行财杀之运等都是贫贱凶祸之局。相反，大运行用神生旺之地，如官弱行财运，印弱逢官运，杀强逢印运等，都是贵显之造。

癸未
庚申
甲申
乙亥

月令专杀，日支重见，身弱杀强，当以癸亥印绶化杀生身为用神。大运最喜水木之乡，助身任杀。惜此造大运逆行火土，与用神相背，所以廪贡终身，一生不起。

己酉
戊辰
庚申
戊寅

余子俊尚书命造。全局土旺金强，时支寅木一点财星，又被日支申禄冲克，实无可取之处。妙在大运逆行，先是卯寅助财，继而子水与原局申辰三合水局，化强金而生弱财，秀气引通，故有尚书之贵。

【原文】盖木盛逢金，造作栋梁之器；水多遇土，修防堤岸之功；火煅秋金，铸作剑锋之器；木疏季土，培为稼穑之禾；火炎有水，名为既济之文；水浅金多，号为体全之象。甲乙运入西方，身旺功名可许；壬癸路经南域，主健财贵堪图。劫杀不须逢旺地，食神最喜劫财乡。

【注解】日元强劲，喜官星束身以发贵。日元逢财，却有身强身弱、财旺财弱之别。日元强财旺，最美；日元强财弱，若无官杀护财，有争夺之患；日元弱财强，有身弱不任财之病，均不为吉。

己未
己巳
甲寅
丙寅

黄都督命造。甲木坐禄归禄，看似身强。然木已失令，巳火得时，丙火元神明透时干，盗泄日元精气，日元反由旺变弱。好在大运逆行，先是东方比劫之乡，助身为吉，此即食神最喜劫财乡之意；乙丑、甲子印比生身，也吉。惟癸亥一运与丙巳用神天克地冲，原局虽有己财回克，寅木合亥解冲，终难免灾。

1899年九月二十八日亥时生男：

四柱		大运
己亥		09、癸酉
甲戌	大	19、壬申
		29、辛未
癸酉	运	39、庚午
癸亥		49、己巳

日本信用金库老板小原铁五郎八字。癸生戌月，官星司权，看似官旺，然局中癸亥四重，又有酉金化官生扶，反是身旺官弱，当取戌中暗藏丁火财星生官为用神。初运西方，忌神当运，小学毕业后就在家务农。运至南方，创立了大崎信用社，员工只有三名。在三十来年的吉运帮助下，他先后合并了十五家信用社，建立城南金库，出任理事长，积累了大量财富。应“壬癸路经南域，主健财贵堪图”之说。

【原文】亥卯未逢于甲乙，富贵无疑；寅午戌遇于丙丁，荣华有准；庚辛局全巳酉丑，位重权高；壬癸格得申子辰，学优才足；戊己局全四季，荣冠诸曹；更值德秀三奇，名扬四岳。木全寅卯辰之方，功名自有；金备申酉戌之地，富贵无亏；水归亥子丑之源，荣华之客；火临巳午未之域，显达之人。

【注解】此言专旺五格：木全亥卯未及寅卯辰是曲直格；火全寅午戌及巳午未是炎上格；金全巳酉丑及申酉戌是从革格；水全申子辰及亥子丑是润下格；土全辰戌丑未是稼穑格。此类格局，专旺五行愈旺愈吉，最喜印比生助，食伤顺其旺势亦美；最忌官杀逆其旺势，财运引众劫纷争，必生祸患。

乙丑
己卯
乙亥
癸未

段祺瑞命造。乙木日元，年干见比，支全木局，格成曲直，所以曾四任总理，一任临时执政。子水大运，偏印生身助局，被袁世凯调至天津小站，旋任随营学堂监督，迈开人生最关键的一步，直升到练兵处军令司正使、副都统。乙甲癸三运，由翼长升统制，办学堂，授总兵，署总督，迁陆军总长，直至总理，说明专旺格喜印比助身之理。五十六岁庚申午，在直皖战争中兵败下台；酉金大运中鹿钟麟派兵包围执政府，仓惶逃脱而下野；壬申大运中病亡等，也说明专旺格怕官杀逆其旺势的道理。

甲寅	大运	戊辰	清初豫通亲王多铎八字。日元丙火，支下火局，卯木助之，干头丁劫，甲木助之，炎上格极纯，故性如烈火。初运己巳助局，封为贝勒。二十三岁丙子年，卯木化子生火，因功封豫亲王。运入庚金，庚财引起比劫分争，因战败降为贝勒，罚银万两。
丁卯		己巳	
丙午		庚午	
戊戌		辛未	

二十九岁壬午年，运岁二午助身，因功进豫郡王。三十四岁丁亥年，亥卯合化木助局，进封辅政叔德豫亲王。三十六岁己丑年，大运辛未，一则旺土盗气，二则比劫争辛，格局破坏，患痘症而亡。

【原文】木旺宜火之光辉，秋闱可试；金坚爱水之相涵，文学堪夸。用火愁水，用木愁金。春木重重，休为太旺无依；夏火炎炎，莫作太刚有厌。秋金锐锐最为奇，冬水汪汪真可美。削之剥之为奇，生我扶我为忌。丙丁生于冬月，贵乎戊己当头；庚辛产于夏天，妙乎壬癸得局。

【注解】此节言食伤妙用。其一，身旺有吐秀之美，木旺见火是木火通明，金坚逢水是金白水清，夏火炎炎见土而收其燥，冬水冽冽得木而泄其菁华。其二，身弱官杀重，用食伤制杀或去留取清。

甲寅
丙寅
甲寅
丙寅

一枢密命造。春木森森，大木参天，其势可顺而不可逆，喜月时二干丙火明透，泄其旺气，秀气流行。己巳运后，南方气盛，丙火托根，以科场得名而入仕，官至枢密要职。

癸未
庚申
庚申
庚辰

尹凤武状元命造。庚金一派，犹如铁壁铜墙，喜癸水伤官明透，引通申辰，合而化水，金白水清，秀气发越，故文才出众，攀蟾折桂，鳌头独占。

【原文】甲乙秋生，贵宜玄武；庚辛夏长，妙用勾陈。丙丁水多嫌北地，逢戊己反作贵推；庚辛火旺怕南方，遇戊己反成荣断。甲乙秋生透丙丁，莫作伤看；戊己夏产露庚辛，当为贵论。火带水多，贵行木运；土逢木旺，荣入火乡。庚逢水重，水冷金寒喜炎热；戊遇酉多，身衰气锐受荧煌。不及喜生扶，太过宜剥脱。

【注解】玄武即水，勾陈即土。木逢金强，喜水印化官杀生身；金见火旺，喜土印化官杀生身。火见水多喜木运，土逢木多喜火运等都是言印绶化官杀生身之用的道理。

癸亥
庚申
甲申
乙亥

冯天驭尚书命造。庚申旺杀，日支重见，似乎极凶。喜年柱癸亥，时支亥水尽化庚金之戾，七杀反为我用。所以仕途崛起，荣膺要职。

1946年六月初七辰时生女：

丙戌	大运	10、癸巳
甲午		20、壬辰
庚辰		30、辛卯
庚辰		40、庚寅
		50、己丑

虽庚金并排，又得二辰相生。但午火司权，戌合午化火，丙杀高透，甲财助之，反是杀旺身弱，取辰土印绶化杀生身为用神。五十岁入己丑大运，用神极其灵妙，官职连升，直仕至省体委主任，官至正厅级。

【原文】官杀混杂，身弱则贫；官杀相停，合杀为贵。年月官星，早年出仕；日时正贵，晚岁成名。胞胎逢印绶，禄享千钟；财气遇长生，肥田万倾。秋冬官星逢刃伤，存金去火贵无疑；腊月伤官喜见官，破印重伤祸而死。财旺生官者，乃贵少而富多；伤官见贵者，又官高而财足。

【注解】丙生子月，月令官星，若带午火羊刃，午火冲子是冬官逢刃伤。甲生酉月，月令官星，见卯木羊刃，卯刃冲酉，是秋官逢刃伤，均为伤了贵气，贫贱之造。

“腊月伤官喜见官”之句有误。腊月地冻天寒，喜火解冻。月令丑土，若为伤官，天干应是丙火，见官星子水无益。惟庚金生子月，辛金生亥月，地冻天寒，最喜丙丁官星透出调候为用，此金水伤官喜见官之意，特此更正，应将腊月的“腊”字改为“冬”字，方合子平命理。

庚午
丁亥
庚子
丁丑

沈应乾兵备命造。庚金年干见比，时支见丑土印绶，日元不弱。然庚生亥月，支类北方，地冻天寒，金寒水冷，无火不能生发，喜丁火官星明透，寒谷回春，气象和暖。己丑运后，气转东方阳和之地，应运而起，贵至兵备。

丙子
辛丑
戊子
癸丑

彭玉麟公造。戊生丑月，寒气正盛，支下二子二丑皆冬令之气，更加寒意。喜丙火偏印明透，与辛虽合，不能化水，不失其用，仍可调候。三十八岁入巳运，统湘军水师，屡战屡胜，名闻天下。丙午一运，由提督直升至兵部尚书。此虽用火调候，但生腊月，并非伤官用官。

【原文】无伤不贵，有病者奇。理明于后，何必他求。虽始用之为奇，宜终去之为美。审其轻重，毋取一途。如水少火炎遇庚辛，休作身旺官轻而取。或木绝而坐金，重逢杀印，难为身弱气旺之断。

【注解】伤字不仅指伤官，病字也同理。一个命局，五行中和纯粹是无伤无病，虽有福，终难大贵大显。如果命局中有伤有病，或伤官太重，或七杀太强，或刃旺杀浅等，则需大运行至去病之方，即或伤官见印，或七杀强见伤食，或刃旺见杀等，叫有病有药，反能大贵大显。

丁亥
庚戌
己巳
庚午

己生戌月，看似有力，然月时二庚伤官明透，通根戌巳，贴身盗泄日主精气。丁印虽透，但自坐亥财，无力制伤生身，伤官为病明矣。初运酉申，合巳化金，病根尤重，故父早丧而兄不容，艰苦求索，屡经坎坷。丙午一运，印绶有力，尽去庚病，乘风波浪，龙吟苍海，风云际会，拔地而起，削平群雄，独领风骚。

己未
癸酉
丁巳
丁未

袁世凯命造。癸杀坐酉虽强，但有己未食神制伏，是制伏得当，杀为我用。惟丁火之根巳火合酉化金，虽得一比，年时二支未中亦藏余气，毕竟失令根弱，难任强食旺杀，身弱为病。壬申、辛未二运，皆助忌神，故父母早丧，屡试不第，寄人篱下。庚午一运，日元得禄，得到李鸿章的赏识。己巳一运，丁火临旺，先在小站练兵，掌握了自己的军队，直升至工部侍郎，山东巡抚。丁卯大运，丁火助身为喜，篡夺胜利果实，登上第一任总统宝座。运至卯木，冲去酉金，癸杀无根被克尽，抑郁而亡。

【原文】财轻勿经劫地，顿见妻灾；劫财羊刃有官杀，台阁之臣。归禄倒冲行刃伤，廊庙之士；身旺有杀行印绶，权断之官。官强主弱无印绶，遇财星寻常之辈；羊刃偏官有制，应职掌于兵权。正官正印无伤，出仕牧于庶士。润下稼穑，给赏之官；子午为尊位，黄门之客。癸日癸时兼亥丑，魁名及第入翰林；壬日壬时叠壬辰，高爵承恩登御阁。日德见魁罡，遇刑冲贫寒之士；魁罡见财星，纵得地，禄食之人。伤官见官，妙入印财之地；财星破印，宜逢比劫之乡。命逢财，运逢杀，吉亦堪陈；命逢杀运逢财，凶而可决。女遇伤官，归禄得之极贵；男逢羊刃，身弱随之为奇。金神、飞禄、伤官，女命逢之最忌；羊刃、伤官、七杀，男命值之得权。金神入火逢刃杀，贵而无疑；归禄无官逢食伤，荣而有权。正印无官，居官不显；羊刃七杀，出仕驰名。

【注解】癸亥日癸丑时，拱子禄；壬辰日壬寅时，壬骑龙背；日德、魁罡、金神、润下、稼穑、飞禄等格详见前论诸格及《喜忌篇》。

【原文】身旺无依，僧道之命；桃花滚浪，女妓之流。金弱火绝，土木消磨之匠；身强财浅，金火陶冶之流。

【注解】日旺太过，财官死绝，身旺无依，虽长寿而贫困，多为僧道。身弱财官旺，日元不能任财官，多为手艺之人。

丙辰
辛丑
己未
戊辰

局中土星六重，喜辛食吐秀，又被年干丙火合去。丑辰中虽暗藏癸水财星，惜无法引出，是身旺无依之局，所以出家为僧。

甲寅
戊辰
辛巳
辛卯

辛金日元虽得戊辰印绶生身，然支下寅卯辰东方一气，甲财透干，贴身克戊，是身弱财旺之局，所以是一小车司机，手艺之人也。

【原文】伤官逢财而有子，七杀有制亦多儿。

【注解】女命以伤官为子息星，有财星引通伤官之气为美，所以有儿且贤。男命以七杀为子息星，七杀有制为我所用，也美，故亦有子而贤。

丁巳
壬子
丙午
己亥

壬水七杀虽坐刃见禄且司权，但有己土伤官制伏，且己伤亦通根巳午，制伏也为有力，是制伏得当，所以生三男三女，个个身强体壮，均有出息。

【原文】印绶被伤，母年早丧；财源被劫，父命先倾。男命伤官须损子，女命伤官定克夫。年月财官身旺，公显父荣；日时禄马长生，妻贤子贵。月中归禄无财官，父丧他邦；年逢禄马被冲破，公亡外郡。日逢财时逢劫，妻妾产亡；太岁值杀月值伤，弟兄不睦。专禄若遇阴错，外家零落；逐马如遇阳差，公姑真假。岁月值杀有刑害，公父连伤；日时背禄无财助，妻儿离散。正财偏财见合，妻妾奸淫；伤官正官有克破，夫妻刑并。

【注解】六亲吉凶，详见前论六亲各节。

丁酉 庚戌 癸未 乙卯	日元癸水，生于戌月，正官司权。卯未合木，盗日元之气，克泄并见，应取庚酉印绶生身化官为用神。然酉被卯冲，庚被丁克，偏财为忌，印绶失用，父母星皆损，所以生下就被父母遗弃，被一好心过路人捡后抚养。
丙申 戊戌 辛酉 庚寅	辛金日元，支类西方，时干透庚劫，寅木财星被比劫包围，弱之极矣。初运北方，食伤化比劫生财，娶妻生子。三十六岁辛未年，比肩明透，妻患病开刀。三十七岁壬申年，申劫冲寅财，妻又重病住院。
丁酉 甲辰 乙丑 乙酉	乙木以辰土为正财、正妻，合酉化金，以丑土偏财为偏妻，亦合酉化金，符“正财偏财见合，妻妾奸淫”之论。先娶一妻，因其有外遇而离异。续娶一妻，又有外遇，本人非常烦恼。

【原文】旺夫伤子，必因食神遭伤；旺子伤夫，乃是官星失位。女逢财旺生官，夫权必夺；男遇财多身弱，妻话偏听。差错居日，外家冷淡；羊刃伏年，祖基微浅。生时逢财旺生官，

助国兴家之子。正官重见，多生女子少生男；出现偏财，少爱正妻偏爱妾。财星得位，因妻致富成家；官禄归垣，显己增荣祖业。年正官，月伤官，公强父弱；日值财，时劫财，父兴子败。

【注解】财星得位，是言财星为全局中用神，并非指财星秉令。日值财，时劫财，是因为劫财居子息宫之故，但仍要结合全局分析。如果身旺财弱或财星为用被劫准原文。若全局身弱财强，用比劫助身分财，反主子息贤孝。

乙亥
己卯
庚辰
丁丑

张作霖命造。庚金日元得己丑辰三印相生有力，卯木财星秉令，亥食生合卯财亦美。惟丁官孤透无根且气泄丑印，故以卯财生官为用神。丁得卯生，制庚炼金而贵。二十一岁乙未年，与原局三合财局，张作霖娶财主赵占元之女为妻，并在妻家资助下，当上“保险队”的头领，跨出了步向军界极重要的一步。

丁丑
丁未
壬午
辛亥

潘晟尚书命造。壬水坐午财，时支见亥比，看似不利，但全局财旺官强，全靠亥禄助身任财为用神。若无亥水，身弱难任财官，实为贫贱之造。用神居时柱，时为子息宫，儿女必贤且贵。

【原文】青龙全从革之金，且贫且贱；白虎备润下之水，曰富曰贵。春木荣而水浅，补衲之僧；夏火炎而金衰，簪冠之道。勾陈全备润下，奔流之辈；朱雀三合玄武，窘弱之徒。金刚木弱，行商坐贾之人；土凝水竭，破祖离乡之客。金生秋月土重重，贫无寸铁；火长夏天金叠叠，禄有千钟。春木水多，贫贱之辈；冬水金盛，癫弱之人。

【注解】青龙位居东方，为木之分野，指甲乙。从革即金。朱雀位居南方，为火之分野，指丙丁。玄武位居北方，为水之分野，指壬癸。甲乙逢金局无救；丙丁逢水局无救，都是身弱杀强攻身之局，故云贫贱。

木生春月逢水，金生秋月土重，水生冬月金盛，金强木弱，土旺水衰，均身旺无依之局，所以为穷窘之徒。

辛丑
甲午
己丑
丙寅

火旺土强，若取甲寅官星为用，甲被辛伤，寅被丙化，官贵无力。取辛金吐秀为用，与丙遥合，其性不纯，局无用神，身旺无依。二十岁庚申年，太岁克尽甲寅，伤官见官，因事入狱。辛酉年，庚寅月，竟在狱中染上梅毒。

戊子
癸亥
丁巳
辛亥

女命。丁生亥月，官星秉令，惜年支子水，时支亥水，月透癸杀，官杀均重见，符上“朱雀三合玄武”之论。身弱官杀强且多，故幼遭父母遗弃，未成年即失身。庚申、辛酉二运，财旺生官，倒贴小白脸，受友之累，损财不断，几失求生欲望。三十八岁运入己未，三十年火运助身，可望好花晚开，夕景光明。

【原文】辰戌丑未遇刑冲，无人不发；子午卯酉带刑合，多者淫讹。

【注解】以下三造，均为四土，何以贵贱有天渊之别？喜忌也，病药也。任何离开命局去奢谈干支者，皆属断章取义，背离子平命理，决不可通。

丁丑
庚戌
壬辰
丁未

女命。壬水日元，支全四土，官杀混杂，庚金用神又被丁财贴身克制，用神无力。此妇不仅多病，终生不育，且离异再嫁，一生坎坷。

甲辰
丁丑
癸未
丙辰

女命。癸水仅丑辰中微根，难敌旺土之克。十六岁己未年，又被旺杀攻身，被人诱奸失身，而后破罐破摔，极不检点，任人淫乐。

戊辰
壬戌
丁丑
丁未

相传朱元璋命造。日元丁火，支全四土，盗气极重，丁火有比助身，戌未中又有微根，不能弃命从儿，日元极弱为病。初运北方，日元临绝，全家皆亡，出家为僧。运至东方，印绶有力，病重药重，揭竿而起。运至丙火，强火助身，丙火有照耀天下之势，开国登基，贵极无比。

【原文】夏金叠火，秋木重金，非贫则贱；季木盛金，春金多火，不夭则贫。季木无根从妻福，禄位高崇；夏火失色配夫荣，功名显达。火向春林逢水旺，好去求名；土临季地见金重，将来出仕。甲乙夏荣土气厚，功名半许足田庄；丙丁冬旺水源清，爵位全备荣锦绮。

【注解】夏金叠火，秋木重金，身弱杀强，无制非贫则贱。如果火木无根，身极弱，官杀极强，日元能弃命从杀，反为极贵。

戊申
辛酉
甲申
丁卯

辛酉正气官星司权，年时又见二申七杀，身旺杀强，时支卯刃，日元有根，又不能从杀，是秋木逢重金之局。二十六岁癸酉年，再逢强金，因诈骗被捕入狱，判刑六年。

戊辰
甲寅
壬戌
丙午

壬水日元无根，支全火局透丙，旺财化食生杀，杀气极盛，日元无奈，只好弃命相从。又喜大运顺行，一路火土，生助从神，从格极纯，故掌军政大权，反成大贵。

【原文】专禄带食伤，权掌关外；羊刃入官杀，威镇边疆。拱禄夹禄拱贵，爵禄丰荣；倒冲遥巳栏叉，功名显达。壬趋乾，甲趋艮，清朝之士；辛朝阳，乙鼠贵，文学之臣。局全风虎，良将之才；柱备云龙，大人之德。四库全备龙变化，逢大海为九五之尊；三奇局秀凤腾翔，遇天门乃三六之主。旺财官而致富，暗禄马以荣华。入格以贵而推，破局以贫而断。究一理而察万端，明片言以通万物。后学术士，勿怠于斯。

【注解】辰为风，寅为虎，龙虎俱备，虎啸生风，故云良将之才。壬为云，辰为龙，壬骑龙背，腾空而起，云从风呼，故有大人之德。壬戌、癸亥纳音为大海水，辰土逢之，名龙归大海，有当皇帝之命。甲戊庚为三奇，鸡为凤，女命干逢三奇，支带酉金为三宫六院之主，即皇帝之妻，皇后之位。

以上所论，均难圆说，自相矛盾有余，前后一致不足，均违背子平命理，后世论命者多弃之。

造微论

【原文】渊源古本已载有（按：指造微论），今本删去，今增补。

两仪肇辟，六甲攸生，将三元而作三才，建四时而为四柱。干为禄本，定一生职位高低；支作命基，布三限寿元终始。年生为根，月建为苗。日管经营，断中年之休咎；时为结果，定晚岁之荣枯。先推胎息之由，次入变通之道。为官为贵，缘上下以咸合；多滞多危，本根元而相克。是故格清局正，当为台阁之臣；印旺官生，必为钧衡之任。马头带剑，镇压边疆；印绶逢华，尊居翰苑。

【注解】两仪即阴阳。三限：初限、中限、末限。

马头带剑：驿马天干上见庚辛或驿马本柱纳音是金。

华：即华盖。翰苑：翰即翰林，从进士中选拔的文学侍从官。

己丑
丙寅
丁巳
辛亥

洪孚仲兵部尚书命造。年支丑，日支巳，驿马在亥，居于时支，干头辛金，纳音金钏金，符马头带剑之论。然此格巳冲亥为病，妙在巳丑拱辛，贪合忘克，更喜大运逆行，水金相续，均助亥官，所以执掌全国兵权。

庚辰
庚辰
庚申
癸未

明万历三十八年庚戌科状元韩敬命造。年月二支辰土华盖为印，符印逢华盖之论。然此格土旺金强，贵气全在癸水伤官，使秀气尽情发越，所以鳌头独占，翰苑名高。

【原文】禄虽多而有害，福不为祥；杀虽重而无伤，刑当不祸。三奇忽遇，才高立解成名；六合正逢，家富又能增荣。空亡亲于寡宿，孤独龙钟；长生陷于空亡，贫寒偃蹇。桃花临帝座，因色亡身；咸池更会日宫，缘妻致富。根源浅薄，逢生旺而不荣；本主兴隆，遇休囚而反吉。

【注解】帝座即时支，时支见桃花为墙外桃花，随处可采，故云因色亡身。

根源浅薄，是指日主无气，如枯木逢水生，水再强也难起死回生。虽逢生地，日元不受其生，故云逢生旺而不荣。

本主兴隆，财官必弱，运行休囚之地，财官必旺，用神有力，故云遇休囚而反吉。

戊申
辛酉
甲戌
甲戌

虽二甲并排，然支类西方，杀气极盛，日元无根，又不能相从，是根源浅薄。癸亥、甲子二运，虽逢印绶生身，然木不受生，仅解金克之危，只能勉强维持生活，且四进监牢。三十九岁丙戌年，又逢强食剥身，获罪被枪决。

乙酉 丙戌 癸酉 壬子	崔栋御史命造。整个命局金旺水强，戌土官星虽秉令，但气尽泄酉金偏印，身旺财官弱。甲申运后，运入南方，虽日元临休囚之地，但财官却临生旺之处，用神有力，一发而起，官至御史。此遇休囚而反吉之例。

【原文】羊刃临于五鬼，定须重配徒流；勾绞叠于三刑，应是频遭编配。是以登仕途者莫逢吞啖，爵禄亏停；当兵权者勿遇天中，身权退失。

【注解】五鬼：子人见辰，丑人见卯，寅人见寅，卯人见丑，辰人见子，巳人见亥，午人见戌，未人见酉，申人见申，酉人见未，戌人见午，亥人见巳者是，以年支论。命局中遇此主不和顺。

吞啖杀：猪犬羊逢虎必伤（亥戌未见寅），猴蛇相会树头亡（申见巳），犬逢鸡子遭徒配（戌见酉），兔赶蛇歌走远乡（卯见巳），鼠见犬来须恶死（子见戌），马牛遇虎定相戕（午丑见寅），兔猴逢犬难回避（卯申见戌），龙来龙上水冲殃（辰见辰），凡人若值临时日，三合为灾仔细详。

天中即空亡。

以神杀论命，皆不可取。（详参前神杀总论）

1897年四月二十七日酉时生男：

丁酉 乙巳 丙戌 丁酉	大运	09、甲辰 19、癸卯 29、壬寅 39、辛丑 49、庚子	民国时期浙江江山戴笠八字。干头木火，自坐火库，又生于火旺之月，得时得势。然年时支二酉、月支巳火合酉化金，戌中戊土生金，反成金强火弱，故以乙木印绶生身为用神，比劫助身为喜。三十岁丙寅年，比肩坐长生助身，入黄埔军校。三十四岁庚午年，大运壬寅，任总司令部联络参谋，直接受蒋介石调遣。

三十九岁乙亥年，印绶助身，任调查统计局处长。四十二岁戊寅年，升副局长。四十九岁乙酉年，被选为国民党第六届中央执行委员。按：此局戊见酉，运岁戊见寅，都是吞啖杀，然此运岁却吉，足证此杀之伪。

【原文】胸襟澄澈，盖因水济江湖；学问渊博，本是水居壬癸。慈祥恺悌，木乘甲乙之乡；焦燥炎阳，火盛丙丁之地。名高禄重，乾金早会庚辛；贯朽粟陈，镇土重亲戊己。木繁而无金斫削，纵荣而末岁孤穷；火炎而无水陶溶，纵发而早年夭折。奥若水之浮泛，惟凭土以堤防。土重而无木疏通，遂归愚浊；金坚而无火锻炼，终是凶顽。至若金脆火炎，多则损己；木柔金重，利则伤身。水清而不假土多，土弱而不禁木盛。火强燥而微眇，水既济以宽和。须将匀配为佳，亦以均调为上。

【注解】此节言五行宜中和之理。身旺宜克宜泄，使其中和。身弱官杀强，宜化杀生身使其中和。只要五行均调匀配，就为上造。若偏枯暴戾，则非贫贱即凶祸。

壬寅
辛亥
壬午
壬寅

沈思孝侍郎命造。表面看来，天干三壬，通根月令，又得辛生，水旺克火，属偏枯。然寅木食神居年时，不仅合亥，使其不克午，且泄水之旺，生助弱火，起到穿针引线、互通关系的作用。如此辛金生亥水，亥水生寅木，寅木生午火，午中又暗藏己土正官，一顺相生，气势流通，源远流清，格局中和，故贵。

乙卯
戊寅
庚子
戊寅

女命。庚生寅月绝地，自坐死地，支全水木，虚悬无根。月时二戊枭印透出，又不能从财，气浊神枯，日元极弱。初运己卯，又是庚金绝地，五岁己未年，岁运卯未又合木局，日元无力，小小年纪竟患肝癌而夭。此皆格局偏枯之病也。

【原文】大显者贵乎深隐，大屈者贵乎卑伸。寿极年高，皆是禄临帝旺；职崇位显，为缘马会官星。华盖逢空，偏宜僧道；学堂遇贵，惟利师儒。五行若也萧索，五命因而低弱。日逢空寡，其妻多致生离；时值孤虚，其子多饶不肖。绝宫为鼓盆之杀，胎宫为白虎之神。天空临嗣息之宫，末岁损成家之子。运逢吉宿无本主，则未足欢娱；限守凶神有根苗，则不须畏惧。

【注解】凶神其意有三：一是凶神恶杀，如亡神、劫杀等；二是指杀枭伤刃等；三是指本命中忌神。限守即岁运逢之。有根苗是指日元根强。

日元有根身强，虽不畏杀克，伤官盗气，却忌枭印生身，羊刃夺财。更忌局中用神被伤，如用财逢劫，用印逢财等。所以原文中的凶神不是指原局忌神和杀枭伤刃这两种，而是第一种即所谓恶杀。恶杀本不合命理，不论日元强弱，均不宜计较，又何畏之有。

辛酉
壬辰
己亥
壬申

端方命造。己生辰月，黄帝司权，看似土力充足，惜辰酉合而化金，日元失根，全局耗泄交加，日元反弱，取辰中戊土劫财助身为用。二十五岁起行己丑、戊子、丁火大运，一路比劫印生助日元，一发而起。二十六岁丙戌年由员外郎擢工部郎中。三十八岁戊戌年，记名御史，除陕西按察使。三十九岁己亥年，升陕西巡抚。四十一岁辛丑年后，运入东方阳和之气，忽湖北巡抚，湖广总督，忽调苏抚，署江督，督两江，忽迁直隶等。二十五年，宦海平稳。五十岁庚戌年，运入亥水，忌神力强，虽岁支戌土为根，亦受罢官之灾。这二十五年中，以凶神论，亡劫、孤寡、勾绞、丧吊、死符、官符迭见，何以不祸？而庚戌年岁支助身为何反灾？大运喜忌之故也。由此可见，脱离原局和大运喜忌而论命都与子平命理相背，尽管说得天花乱坠，玄妙无比。

【原文】岁君若临恶曜，一岁迍邅；生时若值休囚，一生愁叹。源清者其流必远，本浊者所作无成。

【注解】四柱中的用神或最旺之神叫源，流至时上生旺或气势流畅，叫源远流清。如果流至时上衰绝，叫源清流浊。用神本衰，引至时上为绝，则叫源浊流浊。

辛酉
庚子
丙寅
癸巳

身旺官弱，以财为用，最旺之神也是财，所以金为源头。金生水，水生木，木生火，时支巳火乃日元禄地，亦金长生之地，源头佳而归局亦美，源远流长，所以官至通政，一生无险，名利双辉。

辛卯
辛卯
丙子
甲午

卯木印绶当令为源头，引至时上午火为败地，局又缺土，无法流通，一生无成，最终家破人亡。细析全局，木旺火强，子水官星衰弱，且被卯泄午冲。二辛财星无根，自保亦难，更无力生官，是用神受损故。

【原文】八字超群，不贵即当大富；五行驳杂，居安当可虑危。休囚者身性卑微，旺相者名位壮实。先强后弱，必先吉而后凶；始弱终强，亦始凶而终吉。若乃运限所临之地，凭流年星辰凶吉以定祸福。

人 鉴 论

【原文】洪蒙肇判，甲子攸生，幽显而变通莫测，沉潜于二理尤深。二十二字之精神妙用，亿千万人之吉凶灼知。日生为主，年长为君。先论根本，察贵贱之由易见。假使粗识深藏之体，孰得而知。盖贵若难言，贱尤不易。森列三才，势有权衡轻重；包罗八卦，自存规矩方圆。天道尚有盈亏，人事岂无反复。或先贫而终富，或先败而后兴，当舍短而从长，勿取彼而舍此。四柱俱嫌其一字，大醇亦求其小疵。详察其源，勿轻以断。

【注解】二十二字：天干十字，地支十二字，共二十二字。

八卦：乾坎艮震巽离坤兑八方之名。

天道尚有盈亏，昼为日盈，夜为日亏；午为日盈，早晚为日亏。月满为月盈，月生，月消为月亏。由盈至亏，由亏至盈，互相消长，互相变化。

四柱都是一个字，虽清纯，究嫌偏枯。

大醇小疵：醇是纯粹，疵是缺点，意即只要大局纯粹，有些小毛病，行运去病之方，反可发迹。

【原文】官在禄乡，伊尹负阿衡之位；时居贵地，傅说兴作相之臣。生逢贵格，入仕为台阁之尊；重遇鬼生，乐道有山林之兴。是知居官居贵，五行醇而不疵；多滞多忧，八字杂而又战。根甘裔苦，贾谊屈于长沙；源浊流清，太公兴于渭水。禄马同乡而会登台阁，杀印重旺而早入科名。兄多逢弟，宜嗟范子之贫；印绶叠逢，可比老彭之寿。

【注解】伊尹：传说中的隐贤，不愿为官。

傅说：传说曾在傅岩为奴做苦役，后被商君起用为相。

贾谊：公元前200年生，洛阳人，十八岁即以文称誉郡中，文帝初召为博士，旋升太中大夫。他认为汉已兴旺二十余年，宜改正朔，易服色，制法度，兴礼乐。文帝从其议，欲任以公卿之位，但周勃等权臣反对，并诽谤他擅权乱事，他被贬为长沙太傅，后抑郁为病，年仅三十三岁夭亡。

太公：姓姜，名尚，字子牙，又称太公望。中少年无为，七十岁以钓鱼交结西伯姬昌，被拜为国师。为西伯出谋划策，平定商纣，被尊为尚父，封国于齐。

老彭：彭祖，相传为颛顼帝玄孙，陆终之子，封于大彭，殷时尝为伯侯。其族于殷末被灭，以长寿著称，相传至殷末已七百六十七岁而不衰老。

其余诸人八字无法考证，手头惟有老彭命造，此造真假，无法考证，但身旺寿长，其理却通。

癸亥
甲子
癸亥
壬子

八字中就有七个字是水，元神极为厚实。甲木伤官明透，年日二支亥中也暗藏甲木，尚可泄其秀气，水木清华，极为清纯，故长寿。全局比劫重叠，元神有力，与上论不符。

【原文】夹官夹贵，日时值而峻宇雕梁；劫财夺马，岁时逢而蓬门瓮牖。嗣位克绝，鹊之巢而鸠占之；妻位犯伤，鸾之孤而凤无偶。运行背禄，昔日富而今日贫；命遇旺财，昨日悲而今日笑。四柱坐学堂之上，回也不愚；三元助墓库之中，丘之好学。年逢官贵，财高立解成名；时值偏财，家富又添好业。庚行丙地，祷尔于祇；壬人戊乡，胡不遄死。伯牛有疾，缘战克以交差；司马何忧，盖比和而无位。身中衰弱，逢吉运以为凶；命坐坚牢，遇祸年而反福。杀虽重而多合，何伤日月之明；禄虽多而有破，难际风云之会。遇而不遇，庚辛在壬癸之乡；忧而不忧，甲乙行丙丁之地。

【注解】伯牛：姓冉名耕，字伯牛，春秋时鲁人，孔子学生，曾患恶疾，以德行著称。孔子前往慰问，慨叹人有善行却生恶疾。

司马：即司马迁，字子长，十岁诵古文，长大承父职为太史令，因为李陵降匈奴事辩解触怒汉武帝而受腐刑。后发愤著《史记》，自成一家。

峻宇：高大而梁上带有雕画的房屋，喻富贵。

蓬门瓮牖：蓬门，用草做的门。牖即窗，瓮牖即用无底的瓮做窗户，喻贫穷。

遇而不遇是言官星。如庚以丁为官，辛以丙为官，但运岁或原局有壬癸伤官，丙丁之官被克，虽有如无。

忧而不忧是言七杀。如甲见庚杀，乙见辛杀，虽为祸患，但原局或运岁逢丙丁食伤制杀为权，或逢印绶化杀为权，七杀不能克身为祸者是。

【原文】或若生逢绝败，郑谷归耕；禄马病衰，冯唐皓首。九宫旺相，难逃邀我于桑中；四柱和合，未免题诗于叶上。西施貌美，自身多带长生；绿珠坠楼，凶恶又逢七杀。

【注解】郑谷：汉郑子真隐居于云阳谷口，因名。喻贫士。

冯唐：汉人，九十岁时汉武帝求贤，曾被举荐。

西施：春秋时越女，古代四大美人之一，被越王勾践献给吴王夫差。

绿珠：晋初富可敌国的石崇小妾，美而艳，善笛，被当时的权臣孙秀侦知，慕其艳，向石崇求之不得，便借口杀石崇全家，绿珠愤而跳楼自杀，宁死不辱。

桑中：九宫旺相，难逃邀我于桑中，即财官旺相，日元有力，即使隐居深山，也会被请出来做官。如姜太公垂钓于渭水，文王邀之；诸葛亮隐居于隆中，刘备请之。

题诗红叶：相传唐宣宗时，有一姓韩的宫女，因深宫生活寂寞，情感无以寄托，百般无聊，在一片红叶上题下一首诗：“流水何太急，深宫尽日闲。殷勤谢红叶，好去到人间。”随后，让红叶顺水漂走。这片红叶恰为诗人卢渥捡到，就把这片叶子珍藏起来。多年后，卢渥娶了一位被遣出宫的宫女为妻，而这位宫女恰好就是当年题诗的那位宫女。这里引喻姻缘巧合。

1941年九月二十三日亥时生女：

辛巳		09、庚子	
己亥	大	19、辛丑	
		29、壬寅	
癸亥	运	39、癸卯	
壬子		49、甲辰	

癸生亥月且坐亥，时柱壬子助身，辛金偏印化杀生身，水势汹涌。己土七杀不能堤水，只有取巳火财星生杀兼调候为用神，亥劫冲克巳火为忌。二十八岁戊申年，大运在丑，官星有力，结婚。五十三岁癸酉年，大运在甲，甲木合去己土夫星，酉金合巳火化金，财杀皆失，其夫下乡检查工作时出车祸身亡。

1940年七月十六日丑时生男：

庚辰		07、乙酉	
甲申	大	17、丙戌	
		27、丁亥	
甲午	运	37、戊子	
乙丑		47、己丑	

甲木虽干头见比劫，然支下无根，只有取申辰拱合水局化杀生身为用神。甲木以时支丑土为正妻，被乙劫盖头，原局已伏克妻之象。五十五岁甲戌年，大运己丑，干头三甲一乙争克己土，妻患癌症身亡。

以上两造原系大学同学，且建立了恋爱关系，后因各种原因而分手。双方配偶死后，两人终于走到一起，有情人终成眷属。析两人命局，女方水强用土，男方八字土旺；男方木弱用水，女命水强，恰好是互补用神。只是当年男命走丁火运，伤官见官，忌神当旺，以至错过姻缘。一入两人佳运，便又结合，岂非四柱和合，题诗红叶么！

【原文】七杀孤鸾入命，妻哭夫而夫哭妇；烟花绊身，女求男而男求女。头目陷而肢体相亏，财有耗而田宅有害。生时若遇刑冲，一生屡乏；岁月若临劫夺，百岁孤寒。财入财窠，不贵即当大富；杀居太岁，居安可不虑危。

【注解】烟花即桃花。

七杀是至凶之神，虽有制伏合化，如果逢财党杀，破印化伤食之运，七杀又会无制化，且更加凶恶，依然可以为害。所以说凡命带七杀，如同抱虎而眠，常当居安思危，一有疏忽，七杀为祸，则凶不可挡。

辛酉
丁酉
乙卯
乙酉

西汉开国功臣千古名将韩信命造。支藏三杀，年干透辛，七杀秉令且势众，乙卯弱木难敌强金，全靠丁火食神制杀护身为用神。初运丙申，辛合丙申助杀，忌神增力，父母早亡，贫困异常，胯下受辱，一饭难求。乙未一运，乙助身，未合卯化木，身强敌杀，佳境渐来。甲午一运，统帅三军，势不可当，百战百胜，扫平天下，爵封齐王。运至癸水，克去丁火食神，七杀无制而猖獗，可惜千古名将，却作了妇人刀下冤魂，天乎！命乎！

【原文】乃若官星透露，未可便作贵推；杀星下攻，曷可便为凶断。大抵归禄喜逢于印绶，刑杀宜值于济和。是以当忧不忧，闻喜不喜。考其根而明其实，论其始而究其终。故知失其本而忘其末，不救其实而义有余。是以妻宫有克，少年无早娶之人；鬼位逢伤，末岁损成家之子。平生不吉而寿美松椿，财禄带多而福姿蒲柳。源清者其流必远，本壮者其叶必荣。三命冠群，不贵即当大富；九宫溺陷，怕凶运大忌凶年。千条万绪，当求不见之形；百派一源，贵得弥身之地。详陈本末，备察盈亏，澄神定虑，深略沉机，可者而知，不言而喻。后之君子，鉴以前言，术者十常八九，造首者百无一二。辞简而意微，言近而指远，为之贤乎已，鉴命无忽诸。

【注解】松椿生长期均长。平生不吉而寿美椿松，是言身旺无依，虽平生困窘，却寿长。

蒲柳：即水杨，秋天很早就凋零。引伸用来比喻体质衰弱之人，如蒲柳之质，生长期短。是言身弱财官旺，身旺运虽有福，运过却凶，昙花一现。

当忧不忧有两种解法：一是日元有力，虽行衰绝之地，看似不吉，但财官有力，反为吉庆；二是五行有救，逢凶祸之运不能为祸。如运岁逢杀，原有食伤或印绶，运岁逢劫，原局有官杀等是。

闻喜不喜也有二解：一是身弱财官重，运岁临财官旺地，看似吉庆，然身弱不能任财官，反灾；二是运行财官，看似吉庆，然局中有冲破财官之神。如大运逢财，原局劫透；大运逢官，原局伤强等是。

先吉后凶，先凶后吉，始终吉而中凶，始终凶而中吉，并非由日主强弱判断，更非由何柱强何柱弱判断。四柱生定，穷通富贵主要看大运。大运先临用神之地，以后必是用神衰地，故先吉后凶。大运先临用神衰处，以后必至用神强处，故先凶后吉。中年用神得令，早晚用神脱局，故始终凶而中兴。（详参前“论大运”“群兴论”二节）

有种说法，年管祖上，月管初运，日管中运，时管末运。《三命通会》有年月各管十五年，日管三十年，时管十五年的说法。这些说法完全脱离子平命理中大运的轨迹，似是而非，以假乱真，难于圆说。

见不见之形，其说甚多。一、日元甲木，本命局中不见寅禄，但有戊土。从甲子数到戊，天干正好遁甲，所以见戊土就如见寅禄。再如甲以辛为官，局中不见辛，但有未土。从甲子数至未正好遁辛，见未就是见辛官。二、甲木日元，局中无寅，有亥水，亥可以遥合寅禄，故见亥就是有禄。三、飞天禄马，甲以酉为官，不见酉但卯多，用卯木冲来酉官。这些说法全然不合命理，离阴阳五行的基本原则远矣。

爱憎赋

【原文】富莫富于纯粹，贫莫贫于战争，贵莫贵于秀实，贱莫贱于反伤。

【注解】纯粹，秀实，既可富也可贵；战争反伤，既为贫也为贱，似乎难以区别。《滴天髓》却将富贵贫贱清楚地予以分辨："何知其人富，财气通门户。"财星为局中喜用，且有根者是财气通门户，并非要一定居于月支。

甲申 **丙子** **壬寅** **辛亥**	壬生仲冬，羊刃当权，年月申子化水，时支得为亥禄。日元虽强，但有甲寅强食，足以泄水之气。无奈子月正值严寒，木冻水冷，毫无生机。喜丙火财星明透月干，既解格局寒气，生机融融，又引通甲寅木秀气，财气为用有根，是通门户，故极富。

"何知其人贫，财星反不真。"财星不真，大约有二，一是财星为全局忌神；二是财星被冲，或被劫被合，均是不真。

丁酉 **壬子** **壬子** **壬寅**	壬水干透三朋，支见二刃，且有酉金助纣为虐。丁火财星被三壬争夺，财根寅木，被壬子浇湿，湿木难生弱火，大运又逆行金地，生水克木，丁财无丝毫救助，被强水熄灭，是财星不真，贫为盗贼。
庚辰 **乙酉** **丁丑** **乙巳**	丁火时支见旺，月时二乙生身，火旺金强，看似富格。惜乙木合庚化金，巳火合酉丑亦化金，强财一片，身弱难任，财星为忌反不真。初运丙戌、丁亥，比劫助身，财喜如心。戊子己丑，晦火生金，财散人离，冻饿而死。

“何知其人贵，官星有理会。”只要官星为局中用神，或官弱有财生官者，都是官星有理会。

癸酉
丁巳
丙午
壬辰

丙火坐刃见禄，又得丁劫相助，炎之极。喜年时官杀并透，通根辰酉。酉合巳，丁合壬，既干头取清，又合忌化喜。如此刃旺官强，水火相济，是官星有理会，所以登科发甲，名利双全。

“何知其人贱，官星全不见。”此句官星全不见为贱欠妥。局无官星，或财或印，或食或伤，只要配合得当，五行中和无官星皆可发贵。若有官被伤，官星为忌或格局刑战不已者，方是贱命。

丙辰
庚寅
丙午
壬辰

时上壬杀虽坐水库，仍难敌干支旺火，庚金财星虽可生杀，却自坐绝地，且被二丙克坏。行运又一路木火，壬杀临绝，所以幼年丧父。依母转嫁，数年母亡，靠牧牛度日。稍长又双目失明，只好求乞生活。

【原文】文辞备辨，贵马会于学堂；锦锈文章，木火合于性情（木火通明，有文章之象）。深谋远虑，德星居沉静之宫；术业精微，帝座守文章之馆。吉福生旺，禄马全要精神。魁罡有灵变之机，离坎乃聪明之户。贵人禄马宜逢，劫刃空亡可远。长生招君子之可爱，衰败遇小人之憎嫌。四柱斗乱兮不仁不义，五行相生兮为孝为忠。印禄在刑冲之内，心乱身忙；日时居墓库之中，忧多乐少。日干旺而灾咎寡，财命衰而惆怅多。衣食奔波，旺处遭刑；利名成败，贵处逢伤。平生祸福，赖于四时；一世吉凶，凭于气运。福星有气而变通升迁；岁克运凶无气而人离散。大运凶而生百祸，流年吉而除千殃。无绝至绝，财命危倾；本主得生，利名称遂。三合六合，逢之吉重祸轻；七杀四凶，遇之祸深福浅。

【注解】离：南方，午之分野，即午。

坎：北方，子之分野，即子。

七杀：从日干数至第七位皆偏官克身，所以叫七杀。

四凶：从日干数至第四位皆为伤官，故叫四凶。

大运管十年吉凶，如果逢凶处祸不可言。流年管一岁吉凶，是这一年的主宰。如果大运在凶处，流年逢吉，可消除大运的凶险，并且会有一些吉庆之事。

庚午
己丑
乙卯
壬午

千古巨奸秦桧命造。乙卯日元虽嫌稍弱，却喜逢进气。干头财官印并透，且皆为我用，所以能够发贵。六十三岁入丙申大运，丙火为乙木伤官，伤官见官，大凶之运。然六十三岁壬申年，六十四岁癸酉年，不仅官星根强，且岁干壬癸灭丙生身护官，是流年吉解千殃之象，不仅不祸，且事事顺畅。六十六岁乙亥年，旺木化壬印而生丙火，凶神无解，一病丧身，万民叫好。

庚子
庚辰
丁未
辛亥

卢象昇命造。干头三金，财旺官强，日元衰弱。二十一岁入午火大运，进士及第，官迁大名府。未运拱亥合木生身，升右副都御史，巡抚湖广。三十七岁入甲申大运，表面看来，甲印生身为美，惜甲木坐申为绝，又引起原局三金竞相争克甲木，大凶之运。三十七岁丙子年，三十八岁丁丑年，岁干丙丁制财护印，亦流年吉庆解千殃，进兵部尚书，统兵对敌。三十九岁戊寅年，岁干戊土晦火生金，甲木无护被劫，兵败身亡。

【原文】加官进职，定因禄会之年；广置根基，必是合财之地。岁君冲压主凶灾，大运受伤殊少吉。岁宜生运，运喜生身，三位相生，一年称意。财官俱旺，应显达于仕途；财食均荣，岂淹留于白屋。禄入聚生之地，富贵可知；马奔禄旺之乡，荣华可断。欲取交关利息，须寻六合相扶；财官带禄朝元，定主安然获福。月衰时旺，早岁丰肥；本重主轻，终身飘荡。惯取市廛之利，必因旺处逢财；忽然显达成家，定是刑中见贵。主本当时，得女以扶持；贵禄有情，因君子而升吉。南商北旅，定因马道之通；东贩西驰，必是车运之利。日干困弱，伯牛敢怨穹苍；禄马衰微，颜子难逃短命。凶莫凶于劫刃，吉莫吉于干强。官微马劣，男逃女走；天罗地网，非横之灾。脱命夭亡，遇之必不得实而死。穷途逢劫，危疑必犯于自刑；绝处逢财，妻子应难偕老。大耗小耗，多因搏戏亡家；官符死符，必主狱讼时有。

【注解】天罗地网：天倾西北，戌亥为六阴之终，故戌亥为天罗。地陷东南，辰巳为六阳之终，故辰巳为地网。阴阳终极之时则晦暗不明，如人在罗网之中。辰巳为龙蛇混杂，男命无妨，女命得之则破婚害子，薄命有疾。戌亥为猪犬相侵，女命不妨，男命得之妨祖克妻蹇滞。若局中天罗地网并见，则为祸尤烈。

大耗："鼠忌羊头上，牛嗔马不耕，虎嫌猪嘴短，兔中是耗神。尤嫌猪面黑，蛇惊犬吠声，有人逢此杀，财帛散伶仃。"即子年见未，丑年见马之类。《协纪辨方书》则认为大耗就是岁破，子年见午、丑年见未、寅年见申之类。曹振圭曰："大耗者，太岁击冲破散之神也；物击则破冲则散，破散则耗也。"显见，后者理较明。

小耗："与死符同，子年在巳，丑年在午，寅年在未，卯年在申，辰年在酉，巳年在戌，午年在亥，未年在子，申年在丑，酉年在寅，戌年在卯，亥年在辰。"曹振圭云："小耗者，小损也，乃太岁气绝之辰，故曰小耗。"如子绝巳，午绝亥等是。

病符：太岁后一辰是，如子年后一辰是亥，丑年后一辰是子之类。曹振圭曰：居岁后一辰是言旧岁也。新岁将旺，旧岁必衰，衰则病也。

己酉
乙亥
丙寅
戊子

男命。丙火以酉金为财星，己伤之气下降相生，亥子官杀虽杂，但寅木尽泄其气，反成财杀印身一顺相生之势。财官印皆为我用，格局舒展，身体康健，寿逾百岁，夫妇白头偕老，福寿俱全。

庚辰
戊寅
乙酉
壬午

女命。上造之妻，财官印身，支下均有根，更妙在财印不碍，皆为我用。五行中和，所以夫妇齐眉。以上论，男命见亥为天罗，女命有辰犯地网，男命酉见寅，女命辰见酉，均犯小耗，不仅婚姻不佳，且一生破耗不已。其说之伪可知。

【原文】或行四柱遇绝，三命刑伤，未免徒绞之刑，难逃黥面之苦。若逢五鬼，雷伤、虎咬无疑。更值群凶恶殃，横死定断。女多淫贱，男必猖狂。

或问人之性情贤愚善恶，先推贵煞旺衰，方究机巧灵变。心高者魁罡为祸，性顺者六合为祥。观幽闲潇洒之人，遇华盖孤虚之位。好恃势霸道之辈，犯偏官劫刃之权。劫刃生鄙吝之悭，更出机关之险。谋略大因于壬癸，威风气猛于丙丁。孤囚遇之无精神，破败遇之多疏脱。甲乙顺而仁慈大量，庚辛强而果断气刚。燥败火盛须疑，隐忍金多定论。

刑战者愚顽，安静者贤俊。金水司令而相生，火土逢时而相助，不劳心而衣食自足，不费力而家计自成。更若得神扶持，定是权尊乡里。贵禄拱位者，台省扬名。其所忧者福不福，其所虑者成不成。福不福者吉处遭凶，成不成者格局见破。伤其格者伤福，破其格者则祸。譬如苗逢秋旱而冬廪空虚，花被春霜而夏果无成。智谋思虑，措用无成，纵有回天转轴之机，而无建功立业之遂。岂不见郦生烹鼎，范增背疽，渊明东归，子美西去，孟轲不遇，冯衍空回，买臣负薪而行歌，江革苦寒而坐读。盖苗而不秀者有之，秀而不实者有之。更值伤败太过，一福不过刍荛，纵有百艺多能，难免饥寒疾苦，困于沟壑，命使其然尔。淹滞无成，何劳叹嗟。

【注解】郦生：即郦食其。好读书，家门落魄，汉高祖刘邦击秦过其家，他自称“高阳酒徒”，求见刘邦，献策取陈仓而被用。公元前203年，往说齐王田广归汉，因韩信用计袭齐，被烹杀。

渊明：晋人，即陶渊明。子美：即杜甫。

孟轲：战国时期邹人，精通儒学，倡仁义学说，但却不为诸侯所重，只好闭门整理典籍。

江革：幼丧父母，读书不倦。为官清廉，时人皆敬重。

朱买臣：晋人，幼家贫，打柴为生，但好学不倦，担柴亦书声朗朗，后考中进士，官会稽太守。戏剧“朱买臣休妻”即言此人。

以上均为怀才不遇之人。

【原文】欲问富贵，全仗财官，何由得之？大莫大于镃基，奇莫奇于秀异。达圣达贤者，无时不有；至富至贵者，自古皆然。或生煞局之中，文高武显；或居冠带之下，业大财奇。若此玄微，如何推测？先论学堂之内三奇四福，次察格局之外一吉二宜。若己未见甲午为祥，壬辰见丁巳为瑞。壬子、丙午主光风儒雅之人，辛酉、丙申乃俊秀荣华之士。

【注解】己未日见甲午，是身旺合官；壬辰日见丁巳，是得旺财；辛酉见丙申，是官星合我；壬子见丙午，是水火相济。只要命局配合得当，均能贵显；若四柱驳杂，财官受伤，也是平常之命。

【原文】阴阳全凭纯美，造化最喜长生。难辨者日精月华，莫测者玉堂金匮，得之者荣，遇之者贵。若论贤愚显晦，无非造化钧陶。万物既有荣枯，为人岂无成败。假若凤生于雉，蛇化为龙，芳兰不断于蓬蒿，枯木犹生于山野。少贵老贱，初迍后亨，盖由大运之衰旺，以致富贵之变更。格局纯而反杂，惆怅残春；运行老而得时，优游晚景。防不测运之艰危，是以时有春秋，月有圆缺。尝观资荫之子，亲一丧而无聊；复见耕钓之人，运一通而殊显。

【注解】雉即鸡，相传凤由鸡生，蛇可化龙。

资荫之子：是指得祖荫或父母荫庇的儿子，祖业很是丰厚，可是父母一丧，失去依靠，立即家业破尽，穷困潦倒。

耕钓之人一句意思是，即使是农民渔夫，只要一得运助，也会大贵大显。如姜子牙兴于渭水，陈胜吴广起于大泽。前举明太祖朱元璋命例，也是由和尚一发而至皇帝。所以深山有大树，蒿丛有兰香，一时贫困非一世困蹇，目下富贵难保终生荣华，这就是盈亏反复通变之理。下段原文也是说明此道理。

壬子 戊申 戊戌 辛酉	戊生孟秋，支类西方。日元虽得戌为根，又得一比，然盗气太重，身弱难任财伤之造。但全局秀气流通，格局甚佳。故出身大富，戌运日元得根，入泮得子，一入辛亥壬子大运，破尽祖业，贫乏不堪。

【原文】多年爵禄，一旦俱休；时运至者，片时而兴。值生旺者，未必无凶。有情者通，无情者滞；有合者吉，有冲者凶。官印岁临，仕途定知进擢；食财遇运，庶民亦许荣昌。或有少依祖父之荣，长借儿孙之贵。又有垂髫难苦，至老无依。盖因四柱之旺衰，所由大运之亨否。岂不见枯槁之木，

纵逢春而不荣；茂盛之林，虽凌霜而不败。时日更亏，年月定无下稍；生时旺气，朝元必有晚福。古有琢磨之玉，价值连城；世有正直之人，自成家计。如烹炼之余而不损，如岁寒之后而不凋。消息妙在变通，祸福当察衰旺。庶几君子，其鉴是幸。

万 金 赋

【原文】 欲识五行生死诀，轻易岂与凡人说。
星中但以限为凭，子平但以运为诀。
运行先有十二宫，看来何格堕时节。
财官印绶与食神，当知轻重审分明。
官星怕临七杀运，七杀犹畏官星临。
官杀混杂当寿夭，去官留杀仔细寻。
留官去杀莫逢杀，留杀去官官莫逢。
官杀受伤人必夭，更宜财格定前程。
日时偏正问何财，生怕干头带杀人。
劫若重逢人夭寿，就知偏正甚为灾。

【注解】 明偏正有两种情况：一是要明是正官还是偏官，财星明透，见正官是财官双美，为吉；见偏官却是财星党杀，反凶。其二是要明是正财还是偏财。如果是正财，阳日干甲见己，丙见辛等，与日主紧紧相合，情深意切；阴日干乙见戊，丁见庚等，阴阳相谐，相亲相爱，即使运岁逢比劫，也不易被劫夺。若是偏财，如甲见戊，乙见己等与日主阴阴、阳阳相斥，反与劫财阴阳和谐，容易被劫。所以首先要明偏正，而后才辨吉凶。

乙卯
己丑
甲子
丙寅

汉光武帝刘秀命造。月干己土正财与日元甲木贴身相合，如胶似漆，乙木劫财虽旺，也难夺去，更有丙火食神化劫生财且暖局，用神极为有力。三十三岁入乙运，四十二入甲运，虽比劫连逢，但有丙食化解，且乙坐酉，甲坐申，自身亦危，故无大碍。

辛巳
戊戌
丙戌
壬辰

马新贻命造。辛财透于年干，壬杀透于时干，财星党杀，本为不美，然有月干戊土食制无妨。乙未、甲午二运，身旺可任财杀，中第入仕，直至总督。五十岁入癸水大运，流年庚午，癸水合去戊土，使其不能制杀，太岁与原局庚辛二财，生壬水偏官，杀旺攻身，被刺身亡。

【原文】有财官运须荣发，财地官乡是福胎。
只怕日干元自弱，财多生杀或身衰。
财多身弱行财运，此处方知下九台。
官不逢伤财不绝，寿山高耸岂能摧。
第一限逢印绶乡，运生身旺必荣昌。
官乡会合迁官职，死绝当头是祸殃。
若是逢财来害印，坠崖落水恶中亡。
为官在任他乡死，作客逢丧在路旁。
印不逢财人不死，如前逐一细推详。
财官印绶分明说，莫道食神非为诀。
食神有气胜财官，只怕伤残或衰绝。
却分轻重细推详，大忌财官为死绝。
伤官命运莫逢官，斩绞徒流祸百端。
日德日贵逢克战，此命危亡立马看。
飞天拱禄嫌填实，最怕绊神来犯干。
子运行年来甲子，壬寅之地见丙申。

巳丙一同推祸福，卯宫乙木怕相逢。
巳宫戊丙庚相会，午丁年上午戊凶。
丑未年中须是祸，但宜迁运而搜寻。

【注解】用官怕伤，用财怕劫，用印怕财，用食怕枭，这是论命至理，详见前“论格局生死引用”一节。

子运行甲子年，卯运见卯年，午运见午年等是言运岁并临。大凡运岁相并，十分有力，如果为吉者，吉庆加倍；若为忌者，凶亦加倍，为祸尤烈。壬寅运见丙申年，丑运见未年，是言运岁相冲，也有分别。冲去喜神者凶，若冲去忌神者，反吉。

辛巳
辛卯
丁未
辛丑

靳云鹏命造。丁火虽年支见旺，月日卯未半合印局生身，然丑土食神盗气，三辛财星坏印耗气为病。七十岁庚寅年，大运甲申，庚申强金，原局三辛也临旺地，克去甲寅用神而亡。

【原文】同官同运如逢禄，逢禄刑祸来相侵。
外逢仍还逢内敌，其余宫分外方寻。
外逢内敌为灾重，内逢外敌祸侵微。
戊己土皆分四季，杂气之中难又易。
逐一依定数中推，受制受刑随运气。
只定其凶此运中，何年月日灾刑重。
此是金石玉匣诀，只此泄漏与君知。

【注解】命局中原有官星，大运中见官星，太岁又逢官星禄地，是官旺极而化鬼，鬼来克身，所以云祸来相侵。

子午卯酉为四正，支中气纯，取格易取。辰戌丑未中皆暗藏本气、余气、墓气，气杂而不纯，故取格难取。主要看支中原神有无透出，透出则取透出之气，无透皆以原气论。如壬辰，辰中癸水，有壬水透出则论水；甲辰，辰中乙木由甲木引出，支中再见木时论木；若无甲壬透出，均以土论。（详参前“论杂气印绶格”）

甲戌
戊辰
己酉
丁卯

吴佩孚命造。己生辰月，年支戌土，干透丁戊，土气厚实。酉食被卯冲，弃之不论。以甲木正官疏土为用神，壬申、癸酉、甲戌三运，财官生旺，官直做至直鲁豫三省巡阅使，居洛阳左右政局，十分显赫。六十六岁己卯年，大运乙亥，于乙亥月，乙亥日（十月二十四日）暴死北京。此原局有官，大运有官，岁月日又逢官旺之地，官旺化杀攻身故。

挈要捷驰玄妙诀

【原文】（此篇纂集诸家口诀。）以日为主，专论财官。盖官乃扶身之本，财为养命之源。故推天时，察地利，忌太过与不及，以中和而为用。去留舒配而中理，轻重强弱而表正。先观节气之深浅，后论财官之向背。人之命内，皆不离乎财官；诸格局中，总要虚邀禄马。先贤已成矜式，后学须自变通。宜向之而运背，决之贫贱；宜背之而运向，断之困弱。喜生以逢生，贵而可取；喜克而值克，吉而堪言。逢官而看财，见财富贵；逢杀而看印，遇印荣华。逢印看官而遇官，八而七贵；逢财看杀原有杀，十有九贫。

【注解】此节言向运背运。背向并非以日主而言，是以命局喜忌而言。原局官弱，用财而行财运，原局杀强印弱而行印运等是大运向我；原局用财而行比劫运，原局用官而行伤官运等是大运背我；向我者吉，背我者凶，决无疑义。（详参前“论大运”）

乙未
甲申
丙申
庚寅

宋庆元五年状元曾从龙命造。表面看，全局四木一火，仅有三金，印旺身强，可任财。细分析，金虽势寡但司权，失令之木难敌当令之金，必以寅中丙火及甲木助身生身为用。喜大运逆行，先火后木，均助原神喜用，为大运向我，故能发贵。

丙午
庚寅
戊申
戊午

戊土时干见比，支全火局，年透丙火，印旺身强，最喜庚申食神泄土之秀。一则干头丙火克庚，寅木冲申，用神受损；二则大运顺行，一路木火皆与用神相背，不仅家境困穷，且于二十五岁庚午年，因盗窃入狱。如果此造大运逆行，水金相续，皆向用神，还可有小小前程。

【原文】甲乙运入西方，身旺功名可许；壬癸路经南域，主健为贵。印财不宜身旺地，食神最喜劫财乡。官杀混杂，身弱则贫；官杀两停，合杀而贵。年月官星，早年出仕；日时正贵，晚岁得名。胞胎逢印绶，禄享千钟；财气遇长生，田肥万顷。秋冬官星逢刃伤，存金去火贵无疑；腊月伤官喜见官，破印重伤而祸死。财旺生官者何？贵少而富多；伤官见官者何？官高而富足。无伤不贵，有病为奇。宜当弃之，理妙于斯，何必外取。如火炎水少遇庚辛，休作身旺官轻而取；或土重水绝逢壬癸，难作身旺官轻而决。财轻莫逢劫地，印多最妙财乡。财旺生官，用禄取贵；杀星制刃，劫宝图名。身旺偏财何取，必取横财；主健正财被劫，频见妻灾。

劫财羊刃入官杀，台阁之臣；归禄倒冲逢刃伤，廊庙之贵，身旺有杀逢印绶，权断之官；主弱逢印见财星，寻常之客。阳刃伤官有制，膺职掌于兵刑。正官正印无伤，出仕牧其士庶。财旺稼穑，给饷之官；飞禄朝阳，侍廷之相。

【注解】火炎水少遇庚辛，是官杀轻，用财生官，使五行中和；土重木少逢壬癸，也是身强官杀弱，用财生官，使五行中和。

乙丑　　土气极厚，二乙七杀无根，难疏厚土。喜时支亥水正财有
己丑　助木之功，如此财生杀旺，杀旺制劫护财，财杀有情，科甲入
己丑　仕，官至侍郎。
乙亥

戊申　　江铎都宪命造。丁得丙助，支下二卯，木旺火强，癸杀之
丙辰　气尽泄卯印，不能扬威，申财偏居一隅，有生癸之心，无生癸
丁卯　之力。初运南方，助身克财，少运蹭蹬。一入庚申大运，财生
癸卯　杀旺，杀气扬威，一发而起，贵至都宪。

【原文】乾坤本清气，几国之荣；子午为极尊，黄门之贵。癸日癸时兼亥丑，魁名及第入翰林；壬日壬时叠寅辰，高爵承恩登御阁。日德见魁罡，纵吉运贫寒之士；魁罡见财官得地，衣禄之人。伤官见官，妙入财印之地；财星破印，贵行比劫之中。

【注解】伤官见官，本是凶格。如果逢财运，伤官贪生财而忘克官，反成伤生财、财生官之势，化凶为吉。逢印运，印绶有制伤护官之妙，亦为吉庆。命局中身弱用印，有财破印为凶，逢行比劫之处，制伏财星，印绶无克而为用，故吉。

【原文】命逢财，运逢杀，吉而堪言；命逢杀，运逢财，凶而可决。女多伤官，归禄得之极吉；男逢羊刃，身弱遇之为奇。金神归禄栏叉，女命逢之最忌；羊刃伤官七杀，男子值之得权。金神入火逢杀刃，贵而无疑；杀重有印逢食伤，荣而自有。正官正印，居官不显；羊刃七杀，出牧驰名。身旺无依，僧道之例；桃花滚浪，娼妓之流。金弱火强，土木销熔之匠；土多水浅，行商针线之工。五湖云绕，始荣终辱己身贫；遍野桃花，一世风流多酒色。亡神拱杀，盗贼之徒；秀气失时，清名之士。

【注解】壬为云，癸子为湖。五湖云绕，言命局中水气强盛。

亡者，失也，在五行的临官之处。水生木，申子辰以亥为亡神，用亥中之木泄水；火生土，寅午戌以巳为亡神，用巳中戊土泄火；金生水，巳酉丑以申为亡神，用申中壬水泄金；木生火，亥卯未以寅为亡神，因寅中火能泄木。歌云：

亡神七杀祸不清，用尽机关一不成。
克子刑妻无祖业，仕人犹恐有虚名。

亡神之理，水局见亥，更增水力；木局见寅，愈加木势。大凡此类格局均以某种五行过旺偏枯为病生祸，世人不识，冠以亡神之杀解释，其实不足为凭。

壬申 癸丑 乙酉 甲申	宋绍熙元年庚戌科状元余复命造。依上论，巳酉丑见申为亡神，为凶。实际身弱杀强，以壬癸二印化生身为用神。大运顺行木地，日元得地有根，继而火乡，食伤制杀护身，均为吉运，由状元入仕，官至秘书郎。运至戊辰，克去用神而亡。

【原文】印旺身强多嗜酒，丁壬妒合犯淫讹。身印俱强，平生少病；天月德助，处世无殃。食神生旺，胜似财官。贵全官杀，有弃命就财、就杀、就官者富贵有余；无依专旺，绝食、绝财、绝官者无限贫穷。身弱弃命要无根，官居宰辅；主衰身化得其时，位近天庭。男命类属从化照返鬼伏；女命纯和清贵浊滥淫娼，宜细详之。

渊源集说

【原文】最贵者官星为命，时得偏正财为福；最凶者七杀临身，逢天月二德为祥。官星若遇劫财，虽官无贵；七杀如逢资助，其杀愈重。三合六合，运至逢而必荣；七官八官，月逢官而为喜。四合四刑，合刑当为偏正；七冲七击，冲击喜得会藏。夹贵夹丘为暗会，财库官库要正冲。官星在生旺之方，逢则何须发见；印绶临孟仲之下，见而不见。露形印绶，得劫财为贵。财源喜伤贵为奇。伤官要见印绶，贵不可言；归禄若见子孙，禄无限妙。年月立有阴阳羊刃，刑罚重犯。官杀混逢天月德，寿位高迁。飞刃伏刃，会刃多凶；伤官见官，剥官见祸。羊刃若逢印绶，纵贵有疾病在身；七杀并制，逢官为祸而寿元不长。三偏三正，贵居一品之尊；四柱四合，福坐众人之上。

【注解】七官、八官：指官多或者非月令之官，并非真有七个、八个官星，意即官星多为不纯，不如一个月令官星清纯有力。或理解为官星居于年日时干支，不如居月令为正气官星有力亦可。

四合：指命局四柱均合。四刑：寅申巳为一刑，子卯为二刑，丑未戌为三刑，辰午酉亥为四刑；命局四柱均相刑亦可称四刑。

七冲、七击：命局中最多有六冲，若天干甲庚、乙辛、丙壬等亦为冲是五冲。这里的冲击是指命局中多逢冲克。如果冲克中又有会合，叫以合解冲，故云喜得。如支全寅申巳亥，但地支排法是巳申、亥寅，两两相合是合解冲。天干丁壬、丙辛，亦两两相合，也是合解冲。

三正是正财、正官、正印，皆透干藏支为我所用，多大贵。如癸水日元，以庚为正印，巳为正财，戊为正官，皆透天干，支下又见巳火，巳中暗藏庚丙戊，是格逢三正。三偏是偏财、偏官、偏印。若三偏透干藏支，皆为我用，也是大贵之格。如壬水以庚为偏印，戊为偏官，丙为偏财，天干齐透，支下见巳，也是格逢三偏。不论是三正还是三偏，首先要格局纯正，无刑冲战斗方美。若格局驳杂，刑冲战斗不已，亦无贵气可言。

【原文】杀化为印，早擢登科；财旺生官，少年承业。官杀同来，要知扶官扶杀；偏正混合，须知合正合偏。福禄若逢羊刃，世事不明；金神运入水乡，身衰夭折。暗中藏杀，须凭月下刑神；见处无财，必受空中祸患。羊刃兼会七杀，千里徒流；月财若透劫夺，一生贫困。人生前定，穷富已明，如要识其消长，亦多究其始终。或有前贫后富，或有骤发卒倾；或有白屋之公卿，或有朱门之饿殍；或一生长乐，或一生失所；当视流运之源，要察行年之位。身弱徒然入格，纵发早亡；福转若遇休囚，卒发倾夭。是以用神不可妄求，形踪自然发见。有福必当用彼，无时必是用身。祸患在于五行，福祟在于运气。福源人所同具，如或伤终困。此中消息，阴阳在我；通明理智，荣辱两端，媸研一断，自古相传，非贤勿授。

【注解】有福者必定用彼，是言命局中有用神，不论是财官印食，还是刃伤枭杀，只要能为我用就是有福。命局中没有用神，只有身旺，叫身旺无依，只好用身者，即是无福之人。这就像社会中的人一样，有福有权的人，指挥别人来替自己干，无福无权的只好自己来干。

子平百章歌

【原文】 魁星岁驾五经首，甲旺提纲榜眼清。
火明木秀绶魁日，金白水清甲第新。
重叠土金登紫阁，调和木火贵黄金。
木生春令逢伤食，甲宿文场义理深。

【注解】科甲：甲为天干之首，引伸为第一等之意，即从全国选出第一等有学问的人才。古代各朝科举考试不一，大致可分为四等：第一是县试，选取秀才，第一名为案首；第二是乡试，选及格者为举人，第一名叫解元；第三是会试，选入者为贡士，第一名称会元；最后叫殿试，由皇帝在皇宫亲自考试，考完后按成绩选出三甲。一甲只选三名，第一名称状元，第二名称榜眼，第三名称探花。二甲一般为二十人，三甲则人数略多。二、三甲第一名均称传胪。其余均赐进士及第，所以科甲、发甲、及第、中第、登进士第等都是考中进士。

食神、伤官为泄我之神，使人文思抒发，所以叫文星（并非神杀中的文昌、词馆），大凡命运逢此多吉。才思敏捷，文学出众，若无冲破，多为发甲之人。日元是木，逢火食伤，叫木秀火明；日元是金，逢水食伤，叫金白水清，也有叫木火通明、金水相涵者；只要格局清纯，必中无疑。

壬寅
丙午
乙未
丁亥

王状元命造。乙木坐库，年支寅木，又得壬亥印绶相生，身强喜丙丁午三火吐秀，木明火秀，极为清纯，故大魁天下。

壬子
辛亥
癸酉
丁巳

明正德十六年辛巳科状元杨维聪命造。日时二支巳酉合金，丁火无根，弃之不用，全局金水两象，无土浊水，极为清纯。三十岁辛巳年，大运甲寅，金旺水强，甲寅伤官引通全局秀气，一举夺魁。

【原文】财印两轻官杀足，甲第连科一举成。
根苗天乙俱榜眼，为魁木火定详明。
相涵金水亲黄榜，递互丙丁侍紫宸。
金水秋气炎方取，魁星官杀贵分明。
杀重身轻休道弱，如逢印绶作魁星。
虽知识此分高下，熟记何须问子平。

【注解】杀重有印，官轻逢财，财弱有食伤，刃旺有杀制，只要格局清纯，用神有力，都有登科之名。

乙卯
丁亥
丁亥
癸卯

金状元命造。丁生亥月绝处且坐绝，癸杀得旺根贴身相攻，看似不吉，喜二卯合二亥，杀化为印，正符“杀重身轻休道弱，如逢印绶作魁星”之说，所以鳌头独占。

乙卯
辛巳
乙酉
丙戌

林环状元命造。乙木日元，虽年柱有乙卯为根助身，然巳酉合金，透辛攻身更强，故取丙火伤官制杀护身为用神。三十二岁丙戌年，大运入寅，身旺伤强，制杀有力，会试殿试，独秀一枝。

己未
癸酉
甲子
乙丑

万历十一年癸未科状元朱国祚命造。甲生酉月，正官秉令，己未丑旺财生官，癸子印绶天透地藏，如此财生官，官生印，印生身，身旺可任财官，格局和美清纯。二十五岁癸未年，大运辛未，官印明透，状元得中。

四言独步

【原文】先天何处，后天何处，要知来处，便知去处。

【注解】先天即原局，来处亦原局；后天是大运，去处也指大运。意即先审原局，知日元之强弱，明喜忌之轻重。再视大运，看背向之深浅，便知吉凶祸福。

【原文】 四柱排定，三才次分；年干为本，配合元辰。
神杀相绊，轻重较量；先观月令，论格推详。

【注解】此处神杀并非天乙贵人、亡神、孤寡等，而是财官印食、伤枭刃杀等，须详其轻重，辨其爱憎，方能决定喜忌去留。

辛酉　　宋皇祐元年己丑科状元冯京命造。日元癸水，见辛酉是偏
辛卯　印，见卯木是食神，见丑土是七杀，丑酉一合，也变为金，是
癸丑　七杀化印。全局印旺身强，以卯木食神吐秀为用。虽金多木少，
辛酉　但卯木司权，失令之金难克当令之木，用神仍为有力。二十九
岁己丑年，大运子水，子水化金生木，食神有力而夺魁。

【原文】以日为主，专论财官；分其贵贱，妙法多端。
独则易取，乱则难明；去留舒配，论格要清。

【注解】子午卯酉四正，每支中只藏一个天干为独。辰戌丑未为四库，每支中均暗藏三个天干为杂气。凡取杂气，无透无合，皆以本气为主，天干有透出者以透出者取，三干同透者以轻重喜忌来取。

辛未　　戌中戊土官星，辛金偏印皆透，但戊土为元神，司权有力，
戊戌　所以格取戊土正官。细观全局，癸水虽坐旺见比，但土有四重
癸亥　且秉令，官强身弱，故取辛金偏印化官生身为用神，全称就是
癸丑　正官格用印。

【原文】日主高强，月提得令；用财为物，表实为正。
年根为主，月令为中；日生百刻，时旺时空。
干与支同，损财伤妻；身支年同，破荡祖基。

【注解】干与支同，即八专，甲寅、乙卯、庚申、辛酉之类。

身支年同者，即日支和年支相同，是否破败祖基，则要以全局喜忌论。

日支与年支相同，此种五行在命局中多强盛，如果为忌神，多主破败祖业。若为喜用，却主祖业丰隆，事业显达。

1568年正月三十日亥时生男：

戊辰		10、丙辰
乙卯	大	20、丁巳
		30、戊午
庚辰	运	40、己未
丁亥		50、庚申

明河北肃宁魏忠贤八字。庚金坐辰，年柱戊辰旺印，日元不弱。月令专财亦有力，惟丁火官星自坐亥水绝地，不能束身，故取乙卯财星生官为用神。初运丙辰，一则官杀杂局，二则辰土盗火，破尽祖业，少年无赖，与群恶打架，败而自苦，恚而自宫。运入丁巳，官星有力，进宫为太监。运至庚申，申辰拱亥成水局，水旺生财，财旺生官，丁官有力束身，官至司礼秉笔太监兼提督宝和三店兼掌东厂，权倾中外，任意胡为，残害忠良，扰乱朝纲。六十岁一入辛酉大运，太岁丁卯，大运与月柱、太岁皆天克地冲，用神尽损，逮治后畏罪自缢。

辛巳		戊戌
己亥	大	丁酉
		丙申
辛巳	运	乙未
己亥		甲午

清满州正黄旗尹继善八字。辛金干头见一比二印，日元不弱。惟生于立冬之后，北方已飞雪漫天，必以巳火官星调候兼生印为用神。用神居于年支，故其父尹泰官东阁大学士、兵部尚书。二十三岁癸卯年，卯合亥化木生助巳火用神，中进士步入仕途。运至南方，用神有力，官至总督、加太子太保、文华殿大学士。

【原文】 月令建禄，不住祖基；一见财官，自然发福。
用火愁水，用木愁金；轻重能分，祸福能用。

【注解】 用火愁水，用木愁金是损坏用神。

癸未　　阎锡山命。辛酉七杀司权，日支重见，以丁火食神制杀为用
辛酉　神，癸水偏印夺食为忌。四十八岁庚午年，岁干庚金生癸水忌神，
乙酉　中原大战全军溃败。五十八岁庚辰年，岁干又逢庚官生癸水忌神，
丁亥　偏居晋西南一隅之地，几乎失全省。六十八岁庚寅年，岁干庚金生癸水，辞去行政院长职务，退出政坛。七十八岁庚子年，不仅岁干庚金生癸水，且岁支子水为癸禄，克尽丁火，病死台北。

【原文】 五行生旺，不怕休囚；东南西北，数尽方休。
寅申巳亥，四生之局；用物身强，遇之发福。
辰戌丑未，四墓之局；人元三用，透旺为真。
子午卯酉，四败之局；男犯兴衰，女犯孤独。
进气退气，命物相争；进气不死，退气不生。

【注解】 五行的旺相休囚是以四季而论。春属木，夏属火，秋属金，冬属水。其气将来者叫进气，其气将衰者叫退气。如甲木生于丑月，丑月过后即寅月木气，故属进气，命局逢之，主有精神。若甲木生于辰月，卯月过后，木气衰退，所以是退气。他柱再无生助，主身弱，多不吉。

丁亥　　甲生戌月，休囚已极，庚杀带禄克之，一点丁火难以相救。
庚戌　但戌月过后即亥月，为木长生之地。甲木虽休囚，却是进气。
甲辰　日元不弱。再加壬水偏印化杀生身，如此干头一制一化，七杀
壬申　反为我用。至丁运用神得力，科甲连登。

乙亥　　此造乙合庚杀，似乎胜过前造。但乙庚合杀性尤在，甲生
庚辰　辰月仅得余气为退气，庚生辰月为进气，杀旺无制，身弱难敌，
甲戌　故寒衿一生。
壬申

【原文】财官临库，不冲不发；四柱支干，喜行相合。
提纲有用，最怕刑冲；冲运则缓，冲用则凶。
三奇透露，日主专处；其格有用，福禄荣昌。

【注解】月令为全局提纲，最有力之处。如果为忌神，逢运岁冲击，多有吉庆。若为全局用神，被运岁冲击有力之处，为祸很重。即使月令为闲神，若被冲击，也会小有灾咎或动荡不顺。

戊午
乙丑
乙巳
庚辰

冯国璋命造。乙木生于丑月进气，又得一比助身，日元不弱，庚官坐财亦强。所嫌者，气交小寒，土冻金脆，阴寒至极，故以日支巳火调候为急用。六十岁行辛未大运，辛金七杀克乙，未土冲丑，使日元无助，杀旺攻身，大运已是不吉。六十二岁己未年，太岁亦与月令天克地冲，旺财生杀，冲去喜用，运岁皆凶无解，病死北京帽儿胡同家中。

壬戌
壬子
庚子
丙子

曹锟命造。金水伤官，有戊土偏印制伤生身，日元有根。当以丙杀调候为急用，壬子克丙为忌。五十九岁后行戊午大运，虽与月令天克地冲，但是喜用冲去忌神，所以在此轮大运中升直鲁豫三省巡阅使，直至当选总统。

【原文】十干化神，有影无形；无中生有，福禄难凭。
十恶大败，格中大忌；若遇财官，反成富贵。
格格推详，以杀为重；化杀为权，何愁损用。
杀不离印，印不离杀；杀印相生，功名显达。
官杀重逢，制伏有功；如得帝旺，遇之不凶。
时杀无根，杀旺取贵；时杀多根，杀旺不利。
八月官星，大忌卯丁；卯丁克破，有情无情。

【注解】甲木生于八月，月令酉金为甲木官星，若干透丁火为伤官，是伤了贵气。若见卯木羊刃，冲破酉金，也是伤了贵气，虽有如无，看似有情却无情。

【原文】 印绶根轻，旺中显达；印绶根深，旺中不发。
印绶比肩，喜行财乡；印无比肩，忌见财伤。
先财后印，反成其福；先印后财，反成其辱。

【注解】 先财后印是先见财星后见印绶，即财居日干之前，印居日干之后；先印后财是先见印绶后见财星，即财居日干之后，印居日干之前。这种说法有些牵强。如果财印并居年月干，不论何居先，何居后，都以贪财坏印论。若印为用神者凶，如果印绶根重，用财损印却吉。若财印被日干隔开，不论何居先何居后，均无影响。

乙未
甲申
丙申
庚寅

曾参政命造。丙生申月，财星秉令，日支重见，元神透时。身弱财强，以甲乙印绶生身任财为用神。喜财居时干，甲乙印居年月干，被日主丙火隔开，财不坏印。再加大运逆行木火，均助护印绶用神，故云程发轫，仕至参政。

乙未
己卯
庚寅
辛巳

庚生卯月，日支坐绝，未土合卯化木，日元仅得一辛劫相助，弱难任财，本应以己土印绶生身为用，却被乙财贴身克去，是财星坏印，格局成中有破。虽中运入西方金地，助身损财护印，也曾发迹，却终未显秩。

丙午
庚寅
壬午
壬寅

宣统皇帝溥仪命造。壬水虽得一比助身，惜支全木火，水无根基，全赖庚金偏印生身为用。丙财贴身制庚，是财星坏印，格局成中有破。三岁戊申年，岁支为印星之根，岁干戊杀化丙财，生庚印，继位拣来一个皇帝。十二岁丁巳年，巳火虽为庚金生处，也是财星禄处，所以被张勋拥立为帝，仅十二天就被推下宝座，喜忌皆在其中。五十九岁入丙火大运，六十二岁丁未年，运岁财星并透，庚金克尽，丁火又合去比肩壬水，日元全无生扶，病死北京。

【原文】 财官印绶，大忌比肩；伤官七杀，反助为权。
伤官用财，死官有子；伤官无财，子官有死。
时上偏财，怕逢兄弟；月印逢财，比肩不忌。

【注解】男命以官星为子息，伤官是克子息之神。局有官星，又有伤官，本主克子，但有财化伤生官，故云死官有子。如果伤官、官星皆见，无财通关化解，主克子，故云子官有死。月令有印绶，也有财星透出，再透比劫，比劫去财护印，所以说不忌比肩，此论稍有欠妥。如果月令透印，财星透于时干，自有日元隔开财印，劫财也无用。假若财星居年干，比劫必居时干，日主尚不能为力，比肩更远，用之又有何益？如上举宣统皇帝溥仪造，丙财居年，壬比居时，只有助身之用，却无制财之功。

【原文】 伤官见官，格中反忌；不损用神，何愁官至。
拱禄拱贵，填实则凶；提纲有用，论之不同。
月令财官，遇之发福；禄位高强，比肩夺福。
日禄归时，青云得路；庚日申时，透财归禄。
壬骑龙背，见戌无格；寅多则富，辰多则荣。
天元一气，地物相同；人命得此，位列三公。
八字连珠，支神有用；造化逢之，名利必重。
日德金神，月逢土旺；虽有轻名，祖业漂荡。
金神带杀，身旺为奇；更行火地，名利当时。
甲日金神，偏宜火制；己日金神，何劳火制。
六甲生春，时犯金神；水乡不发，土重名真。
甲乙丑月，时带金神；月干见杀，双目不明。

【注解】甲木生于春月，或得禄，或见刃，日元极强，仅时上一点金气，难以制伏当令羊刃，所以运喜行土方财运，生杀制刃为福。甲乙生于丑月，丑为金库，时上再逢金神，月干再透辛杀，杀旺攻身为祸，却未必就会双目失明。

庚子　　甲木生于丑月，旺财生庚金七杀，杀旺攻身，全靠子水印
己丑　绶化杀生身通关为用。三十二岁辛未年，未土克去子水，岁干
甲子　辛金助庚攻身，强杀无化，因抢劫被捕入狱。三十六岁乙亥年，
甲子　乙劫合庚，甲逢长生，刑满出狱。

甲午　　此造月时庚杀并透，且正好双目失明，看似甚合原文“月
庚午　干见杀，双目不明”之论，实际却非杀之过也。二庚无根，三
甲子　午伤强，庚杀自保亦难，根本无力攻身。午火主目，三午冲子，
庚午　午火被冲，故双瞽。

【原文】 甲寅重寅，二巳刑杀；终身必损，遇之难发。
六甲寅月，透财时节；西北行程，九流立业。

【注解】 甲寅再见寅木，多身强。若再见二巳，盗气也旺，运岁再逢之，盗气太甚，身弱难任强食，所以云终身必损。甲生寅月，身旺透财，运再入西北，身益强而财益弱，故云九流立业。但要看全局配合，看他柱还有何神，方能论断，万不可以一两字轻下结论。

甲申　　岳悫总兵。甲生寅月，支全水局，全靠丙火食神化木生土
丙寅　通关为用。运至己巳，用神有力，一发而起。
甲子
戊辰

戊寅　　王枢密命造。虽甲木坐禄，年支重见，但庚申七杀秉令，
庚申　辛金官星助杀，反觉身弱杀强，喜壬运后，气转北方，印绶化
甲寅　杀生身，一物两用，化杀为权，故掌兵符。
辛未

【原文】乙日卯月，金神刚烈；富贵比肩，旺横死绝。
天干二丙，地支全寅；更行生运，死见祸临。

【注解】天干二丙，地支全寅的排法有两种，吉凶也有区别。

甲寅
丙寅
甲寅
丙寅

甲木日元，支全寅木，格成聚禄，最喜月时二丙泄其秀气，格成木火通明，秀气流畅，富贵双全。以此推排，六旬后运行壬申，壬水偏印夺枭，有二甲相化，尚能无妨，最忌申金犯其木旺，必凶。此凶在申，而非壬印。

丙寅
庚寅
丙寅
庚寅

丙火日元得四寅相生，火炎极盛，庚财无根，弃之不论，木旺火明，两神成象，极为清纯。惜二旬后大运壬辰，水激火旺，逆其旺势，必生祸患。

【原文】火旺二寅，月令水金，火乡有救，见壬刑身。

【注解】丙丁火见二寅，是逢印绶。月令逢水是官杀，若干头再见壬杀，支下寅木印绶不能化天干壬杀，壬得月令之气攻身，故凶；若月令为申酉之金，不仅强财坏印，干头再见壬水七杀，强财又生杀攻身，也不为吉；若干透甲乙有印化杀，反为吉庆。

己卯
壬申
丁未
壬寅

彭泽都宪命造。虽丁火未见重寅，年支卯木，其力更比寅纯。虽印旺身强，然壬水官星双透，申财秉令，又得未食相生，官化为杀。喜己食克壬，干头取清。更加大运逆行，火木相续，均助日元，身旺官强而发贵。

【原文】己日月戌，火神无气；多水多金，眼昏目闭。
年干会火，日时会金；己干用印，官彻名清。
秋金生午，二庚火丙；到丑伤情，逢离顺境。

【注解】己生戌月，土旺，若他柱皆为金水，盗气太甚，反使身弱不美。如果年柱火，月柱土，日时金水，土有根，反喜金水引通秀气，故贵。

秋金生午，其语不通。秋金已是金生于秋，再言生午是自相矛盾。且金生午月，官杀秉令，运喜土金，最忌火运，与原论不符。若为庚金坐午，生于秋月，金旺火弱，喜得助杀之运，与原论相符，故“生”字应是“坐”字之误。

庚午
丙戌
己酉
乙亥

董芬侍郎命造。己生戌月，支下火土金水一气流清，毫无破害，所以官御名清。

丁丑
己酉
庚午
戊寅

王宗会佥事命造。庚生酉月，羊刃司权，己丑生合，金气极盛。午火正官虽得寅财生扶，但弱火难炼顽金。幸大运逆行，二旬后运入火乡，助官炼金而发贵。若大运逆行，午官临绝，乃一寒儒之造。

甲辰
庚午
庚戌
丙戌

张甬川尚书命造。庚生午月，合戌化火，丙杀明透，强火攻身，喜大运顺行。先辛未劫印助身，继而西方日元得根，均助身任杀，故为国之显臣。若大运逆行，火木相续，贫贱寿夭之局。

【原文】庚金坐午，辛金生未；透杀两停，冬生最贵。
辛金月辰，庚金丑库；逆数清孤，顺行豪富。

【注解】庚生午月为正官，见子水为伤官见官不美。辛生未月为偏印，若透杀见水为身强杀旺，有制为佳。辛生辰月，庚生丑月，均为印绶司权，顺行则木火，官旺印强为美。逆行则水金，格局配合得当，用食伤吐秀，清贵之命。

【原文】 辛逢卯日，年月见酉；时带朝阳，为僧行丑。

辛金亥日，月建临戌；水运初行，须防目疾。

辛金生酉，时官用印；顺行南方，名利必振。

辛金生巳，官印遇禄；顺行南方，贵显荣福。

酉金逢离，逢土何虑；无土伤身，寿元不住。

【注解】 为僧行丑是丑陋之意，时带朝阳即时逢戊子。意即辛卯日，年月皆酉，日时卯子，皆为桃花，即使为僧，也风声不雅，有辱佛门。这个丑并非地支丑土的丑。

辛金坐酉、坐巳，再见戊土印绶，必是身强。命局中身强，财官必弱，运行南方，官星有力，官印相资，必贵显荣福。如果命局中没有土印，运行南方，火旺攻身无化，反以凶论。

丁卯
己酉
辛巳
己亥

明世宗嘉靖皇帝命造。巳酉合金，月时二干己土生身，丁杀力弱，不能扬威。十五岁辛巳年，丁火得旺根相助，嗣位登基。后运入南方，官杀有力，竟享国四十五年，实为厚福。

丙寅
癸巳
辛酉
癸巳

辛金虽坐金局，然月令巳火强旺，丙火透干，又得寅财相助，全靠二癸食神制官为用。三十四岁入寅运，三十七岁壬寅年，财旺火强，壬癸之水气泄寅财，干头无土化火势，吃安眠药过量身亡。

【原文】 月生四季，日主庚辛；何愁主弱，旺地成名。

辛金逢火，见土成形；阳金遇火，透土成名。

壬生午位，禄马同乡；重重遇火，格局高强。

壬癸多金，生于酉申；土旺则贵，水旺则贫。
癸向巳宫，财官抱印；运至南方，利名必振。
癸日己亥，杀财透露；地合伤官，有劳无富。

【注解】癸日生亥月，日元得旺。见己杀，天干透丙丁财星，支下见寅木，亥寅合化伤官，伤旺生财，财旺生杀，杀旺攻身，日元之根亥水被合，是身弱难敌旺杀之局，所以云有劳无富。

丙寅 己亥 癸卯 丁巳	癸生亥月，天干财杀并透，月令亥水合寅卯皆化为木，伤旺财强，财旺生杀，杀旺攻身为病。庚子、辛丑二运，印比有力，荫庇有余。寅卯运奔波劳碌，乙巳运木火并旺，冲去亥水，再难行矣。

【原文】癸日申月，卯亥岁时；年杀月劫，林下孤栖。

【注解】癸生申月，秋水通源，月令见劫，天干必壬。年支见杀，天干必己，己年申月，年柱当是己亥，时支卯木，己杀子息星引至时为绝，故云林下孤栖。

【原文】　癸日干己，阴杀重逢；无官相混，名利必通。
伤官之格，女人最忌；带印带财，反为富贵。
杀多有制，女人必贵；官星犯重，浊滥淫类。
官星桃花，福禄堪夸；杀星桃花，朝秦暮楚。
庚日申时，柱中金局；支无会合，伤官劫妻。
癸日寅提，寅时亥月；莫犯提纲，祸福难推。
甲日乾提，见杀喜比；金水杀根，忌行卯未。

【注解】癸日寅提是言癸水生于寅月，下旬寅时亥月，寅时尚可，亥月与寅提同为月令，自相矛盾。以理推癸生亥月身旺，喜时上寅木吐秀。若冲破提纲，格局尽坏为凶，合原意。

乾方有戊有亥，这里应指亥水。甲生亥月，命局中申金杀强，用亥水化杀生身，这是美格。如果说怕见未土，因未土为甲木正财，生杀坏印，不喜。若见卯木为日元羊刃，合亥化木助身，杀刃成格，当主大贵，何来不吉？如果命局中是酉官并非申杀，见卯刃则冲破酉官，方为不吉。

壬申
辛亥
甲戌
壬申

沈丞相命造。甲生亥月，年时申杀，又有戊财党杀，当以二壬印绶化杀生身为用神。中运乙卯，亥卯合木，杀刃成格，极为贵显。

丁酉
辛亥
甲戌
丙寅

林聪尚书命造。甲生亥月，辛酉官星，丁丙食伤调候，格局和暖，生机盎然，以致官高位显。如果大运顺行至乙卯，卯刃冲击酉金官星，是破了贵气，不仅无如此造就，反有剥官退职之祸。

【原文】戊己丑月，比肩透出；宜金入局，忌逢午未。

【注解】戊己生于丑月，土气正厚，最喜金星吐秀，此是正理，然忌午未之说，却不尽然。戊己生于丑月，地冻天寒，首先喜火解冻。其次午火为印，助身吐秀，即使干头见丙丁，但有比劫化解，也不至为凶。除非枭神夺食，午火贴身破酉无解，方以凶论。

癸酉
乙丑
戊午
丁巳

郭用宾尚书命造。戊土生于丑月，年柱金水盗气，最喜丁巳午三火印绶生身，既解格局阴寒之气，又助日元吐秀，一物二用，名利双辉。

辛亥　名臣杨荣少师命造。戊生丑月，支类北方，二辛盗气，全
辛丑　赖时柱丁巳旺印生身调候为用神。喜大运干头己戊丁丙助用。
戊子　五旬后运入南方，仁宗立，进谨身殿大学士，工部尚书，未运
丁巳　进少师。历事四朝，享寿七十。说明旺土用金，既不忌未土助身，也不忌午火生身。

【原文】壬癸坎宫，支逢午戌；干头比肩，东行为吉。

【注解】壬癸生于子月，水气正盛，支下午戌会火，天干再透比劫，水强灭火为患。运行东方木地，食伤化比劫生财，通关为用，全局气势流通，故吉庆。

【原文】甲乙震宫，卯多须夭；逆顺运行，子申发福。
庚辛巳月，金生火旺；比劫栽根，西行成象。
丙丁酉月，比肩不忌；火入离宫，比肩一例。
曲直丑月，带印多金；壬癸丑月，土厚多金。
食神生旺，胜似财官；浊之则浅，清之则垣。
此法玄玄，识得成仙；学者实授，千金莫传。

【注解】庚辛生巳月，巳火克庚辛，官旺身弱，运行西方金旺，故云栽根。

八卦中震宫为东方，十二支分野为卯地。若甲乙木生于卯月，再见卯寅多是曲直仁寿旺格，不仅富贵，且寿命亦长，故寿夭之论欠妥。

癸未　日元乙木，支全木局，寅木助局，格成曲直仁寿，不仅官
甲寅　高位显，且享寿七十九岁。在封建社会里是难得的高龄。
乙亥
己卯

身弱论

【原文】阳木无根，生于丑月；水多转贵，金多则折。
乙木无根，生临丑月；金多转贵，火土则折。

【注解】甲乙生丑月，土星秉令，身弱财旺，再有官杀，甲木阳木，刚而不从，所以喜有印绶化杀生身。若再逢官杀攻身，必生不测。乙木阴柔，再逢强金，丑从酉化，必从杀势，反为吉庆。运岁逢火，逆金杀旺势，必有灾咎。如果逢土，土有生杀之情，使从格愈真却主吉庆。原文土应为水字之误，因为水能化杀生身，使日元不从杀，破其格局为凶故。

戊申
乙丑
甲子
乙亥

刘应秋探花命造。甲生丑月，财星司权，申杀暗藏，又得财生，财杀强旺为患。喜地支亥子丑北方一气，化杀生身，七杀反为我用，惟申杀泄气太甚为病。二旬后运入火土，财星有力，生起七杀，杀旺扬威，步科场攀蟾折桂，入仕途步步春风。

【原文】丙火无根，子申全见；无制无生，此身贫贱。
六甲坐申，三重见子；运至北方，须防横死。

【注解】丙火阳火，性烈。虽支无根，金强水旺，但亦不从，故喜生扶。甲木见申金带三子，水泛木浮，母壮儿死，必从母势。此类格局最喜从神生旺，最忌犯从神之旺，所以大运偏喜行母生旺之方。六甲坐申，三重见子是水泛木浮弃命从母，最喜大运行水金生旺之方。行火土运逆母之性，反而不利。若甲木有根，再行水运漂木方忌。

壬子
壬寅
甲子
壬申

甲木建禄虽得力，但全局金水六重，水势浩淼，春初木嫩，难以纳水，是水泛木浮，母多灭子之造，必从母势。初运癸卯、甲辰、乙东方木运，顺母之性，荫庇极好。一交巳运，气转东南，逆母之性，父母并亡，财离人散。丙午运水火交战，家破人亡。

【原文】 丙临申位，阳水大忌；有制身强，旺成名利。
己入亥月，怕逢阴木；月逢印生，自然成福。
己日逢杀，印旺财扶；运转东南，贵高财足。

【注解】 己入亥月，是言己土生于亥月。下句又是月印逢生，因亥为己财，并非印，故原文有误。全文应是“己土坐亥”之误。因己土坐亥，见卯合而化杀，喜月令印绶化杀生身为福，符合原意。若日元无根，从杀亦美，大运最喜行东方木与北方水乡，生助杀势，定大富大贵。如果行南方运，火印化木杀而生身，反破格局，必祸无疑。

癸巳
乙卯
己亥
癸酉

春土脱虚，亥卯成局，年时二癸生杀，巳火被癸财克制，酉食被癸亥化尽，从势有力。壬子水运，旺财灭印化食生杀，杀势极旺，科甲连登，直仕至黄堂。辛亥一运，杀势有力，再擢观察，无不得意。庚戌运金强土旺逆其杀势，宦海生波。

【原文】 壬寅壬戌，阳土透露；不混官星，名崇显禄。
阴水无根，火乡有贵；阳木无根，火乡即畏。
丁酉阴柔，不愁多火；比肩透露，格中最忌：
戊寅日主，何愁杀旺；露火成名，水来漂荡。

【注解】 丁火阴柔，身弱难以任财。若支下见午为有根，身强可任财，故云不愁多火。然喜支藏而忌干透丙丁，透则有夺财之祸，故云最忌。戊寅日主见杀多最喜见火印，化杀为权，必大贵显。若逢水财生杀坏印，则凶险无比。

戊子
乙丑
戊寅
乙卯

吴孔喜探花命造。戊土坐寅木七杀，时月二乙，时支卯木，官旺化杀，木旺土虚。局中无火化杀，反有子财生杀，日元极弱。喜大运丙寅、丁卯，干头旺印化杀。戊辰一运，旺比助身任杀，继而气转南方，火印有力，化杀生身，一气呵成，摘取探花。

【原文】 庚午日主，支火炎炎；见土取贵，见水为贤。
辛壬身弱，印提入格；癸酉身弱，见财成格。

【注解】 庚午日柱，局中再见火星，是火炎官旺之势。最喜丑辰湿土泄火之气而生金，有水制官杀亦可，故云贤贵。壬辛身弱喜月令印绶生身合理。然癸酉日弱，又何以见财反成格呢？因巳为癸财，见酉反化为金印生身，日元由弱变强，故云成格。

壬寅
癸丑
庚午
丙戌

牛天麟大理寺卿命造。庚金日元，支全火局，丙杀明透，壬癸伤食之气，泄于寅财。身弱杀强，喜丑土印绶司权，尽收旺火燥气，生助衰弱之金，化杀为权，一贵当令，群小慑服，故授大理寺卿。

【原文】 癸巳无根，火土重见；透财名彰，露根则贱。

【注解】 癸水无根，坐巳再重见火土，非从财即从杀，均喜财星透出助局，忌比劫透出助身破局。

弃命从杀格

【原文】 甲乙无根，怕逢申酉；杀合逢之，双目必朽。
甲木无根，生于丑月；水多转贵，金土则折。
乙木酉月，见水为奇；有根丑绝，无则寅危。

乙木坐酉，庚丁透露；二库归根，孤神得失。
丙火申提，无根从杀；有根南旺，脱根寿促。

【注解】丙火是刚烈之性，若生申月，再见亥子，全无根气，方作从杀论。若有一点微根或比肩相助，均作身弱杀强论，决无相从之理，大运喜行南方日元根旺处。若再行金水火绝之地，叫作脱根，必夭无疑。

癸酉
庚申
丙子
丙申

南宋奸相贾似道命造。支全金水，干透庚癸，丙火刚烈之火得一比相助，不能从杀，从而不从，奸象已露。初运己未，游手好闲，泼赖无比。运至午火，日得刃助，其姐为贵妃得宠，仗姐之势而起；从此大运火木相续，均为助身之运，竟官至宰相，权倾朝野，朝政决于家中。六十三岁乙亥年，大运癸水，运岁皆临日元绝地为之脱根，革职被贬，在漳州木棉庵被监押者郑虎臣杀。

【原文】阳火无根，水乡必忌；阴火无根，水乡有救。
阴火酉月，弃命就财；北方入格，南则为灾。
戊己亥月，身弱为弃；卯月同推，嫌根劫比。
庚金无根，寅宫火局；南方有贵，须防寿促。
辛己阴柔，休囚官杀；运限加金，聪明显达。
壬日戌提，癸干未月；运喜东方，逢冲则绝。
弃命就财，须要会财；弃命从杀，须要会杀。
从财忌杀，从杀喜财；命逢根气，命损无猜。

【注解】弃命相从格局有三种。一是从杀，二是从财，三是从儿。大凡从格，日元愈剥愈弱为美，从神愈助愈旺愈吉。喜忌略有不同，从财格喜食神，喜伤官，喜财星，也喜官杀（原文“从财忌杀”有误），最忌比肩、印绶。从杀格只喜财星和官杀，食伤制官杀逆其旺气，印比助身均忌。从儿格只喜食神、伤官、财星，官杀引起食伤竞克，印比助日均为不宜。

“壬日戌提，癸干未月，运喜东方”与命理不符。壬见戌，癸见未，原局中土多，都是从杀，逢东方木运，食伤逆杀旺气，必有凶祸。如果身弱有根，却喜行东方食伤运制伏，但与此节名不符，故东方应是南方之误，因火财生助七杀旺势故。

庚申
乙酉
丙申
己丑

乙木合庚化金，支全土金，日元只好弃命从财。大运顺行，一路金水均助财星，故贵。运至东方木地，日元得根，势难从财，不美。

庚戌
丙戌
甲寅
庚午

宋朱熹命造。甲木虽得寅禄为根，然寅午戌三合火局，丙火元神明透，日元无根，必弃命从儿。十八岁丁卯年中举，十九岁戊辰年中进士。运入木乡，站立朝班，历高孝光宁四朝，说明木火土为喜。十四岁癸亥年丧父，四十七岁丙申年丧妻，六十二岁辛亥年丧子，七十一岁庚申年病亡，说明从儿格最忌印绶官杀之理。

五言独步

【原文】有病方为贵，无伤不是奇。
格中如去病，财禄两相随。

【注解】格局中和，气势纯粹固美。然有病有药，有伤有救，病处入手，伤处下刀，使格局中和，气势流畅者更是异军突起，大贵大显之格。如杀刃成格，伤官佩印，七杀用食，伤官驾杀等大格，病药齐全，无不为大贵之人。

丁亥　己土日元生于戌月，土气虽厚，但有二庚伤官，盗气太甚
庚戌　为病。喜丁火偏印明透年干，制伤生身为用神，伤官佩印，有
己巳　病有药。运入南方，用神有力，逐鹿中原，战胜群雄，独领风骚。
庚午

庚午　清中期巨贪和珅命造。庚金虽见月刃比助，但三午官星同
乙酉　心制刃，官多化鬼，制伏太过为病。初运丙戌，助火攻身，少
庚午　运贫贱。一入亥水大运，亥水制火护刃，承袭三等轻车都尉，
壬午　得乾隆皇帝赏识，累迁户部侍郎，命为军机大臣兼内务府大臣。
四十九岁戊午年，运入寅木，嘉庆皇帝深痛其奸。五十岁己未年，大运寅木，乾隆皇帝驾崩，嘉庆登基后命其自杀。此造有人误为庚子日，若为庚子日，日时子午相冲，年支午火失令，难以制刃，应以助杀为美，与整个一生之运势相反，故取庚午日为准。

【原文】 寅卯多金丑，贫富高低走。
南地怕逢申，北方休见酉。

【注解】 寅卯若为全局用神，大运顺行先逢申金冲寅，大运逆行，逢酉金冲卯，皆克破用神，必凶无疑。

己丑　希特勒命造。年月柱皆土，身弱伤重，必以寅木印绶生身
戊辰　为用。酉金正财贴身坏印为病。二十一岁己酉年，财星坏印，
丙寅　流浪维也纳。二十六岁甲寅年，大运乙木，用神有力，参加第
丁酉　一次世界大战，杀敌英勇。二十七岁乙卯年，卯木冲去酉金忌
神，两次获铁十字勋章。三十一岁己未年，大运入丑，忌神大胜，入狱。运入甲子，子官合辰化水，化酉生寅，忌神尽去，用神有力，出狱任内阁总理。继而癸亥运，用神更胜，升任元首，挑起第二次世界大战。五十六岁甲申年，大运壬戌，运岁局申酉戌会西方一气，尽克寅木用神，全军溃败。五十七岁乙酉年，旺金克木，失去用神，自杀。

【原文】 建禄生提月，财官喜透天。
不宜身再旺，惟喜茂财源。
土厚多逢火，归金旺在秋。
冬天水泛泛，名利总虚浮。
甲乙生居卯，金多反吉祥。
不宜重见杀，火地得衣粮。

【注解】 甲见卯木为羊刃，喜庚杀；乙见卯为禄，也喜庚金官星。行火运是否吉庆，却要看全局配合。乙木以庚为官，如果非官多化杀，喜火制伏外，其余皆忌见火。因火为伤官，损害官星贵气，伤官见官，吉从何来？甲木见卯庚，如果杀气极盛，喜火制杀。若刃旺杀弱，再行火运制伏七杀，杀气尽失，羊刃无制，祸患丛生，也无吉庆，故此句不妥。

庚午
己卯
甲辰
戊辰

大运：庚辰 辛巳 壬午 癸未 甲申 乙酉

明福建晋江张瑞图八字。甲木生于卯月，羊刃司权，日时二支辰中暗藏乙木、癸水，甲木根重，身强，当取午伤化刃生财通关为用神。三十八岁丁未年，用神灵妙，殿试摘探花。后因依附魏忠贤，步步高升。五十七岁丙寅年，进礼部尚书。五十八岁丁卯年，进左柱国、吏部尚书。五十九岁戊辰年，大运至酉，干头庚杀得旺财生扶攻身，支下辰财生合酉金冲克卯木，格局尽破，罢官入狱。

【原文】 火忌西方酉，金沉怕水乡。
木神休见午，水到卯中伤。
土宿休行亥，临官在巳宫。
南方根有旺，西北莫相逢。

【注解】 火死于酉，金死于子，木死于午，水死于卯。土绝于亥，行西方运见申酉也是盗气。此五种均是休囚衰绝之处，至于吉凶，则还要根据格局喜忌判断。

庚戌 乙酉 庚子 甲申	孔子命造。庚金日元与乙相合化金，支类西方，年干透比，金气极强，最喜子水伤官，合申化水，尽泄强金戾气，金水相涵，清纯至极。秀气引发，如喷珠玉，所以被尊为祖师，三千年受人膜拜不衰。若以金死于子来论，就不能圆说了。

【原文】阴日朝阳格，无根月建辰。
西方还有贵，干怕火来侵。
乙木生居酉，莫逢全巳丑。
富贵坎离宫，贫穷坤艮守。

【注解】日元乙木，下全巳酉丑，日元有根，又不能从杀，运入坎宫（北方水），印绶可化杀生身；运入离宫（南方火），食伤可以制杀护身，所以云富贵。坤宫分野为未申，艮宫分野为丑寅，这里是指丑土。未申丑均为助杀之运，攻身为祸，故云贫穷。

戊申 辛酉 乙巳 丙子	帖木丞相。支下巳酉合金，申金相助，月干透辛，杀气极盛。乙木有子水偏印化杀生身，丙火伤官制杀护身，又不能从杀。喜一制一化，各有其情；更喜大运壬戌后，气转北方，旺水化杀生身；继而东方，乙木托根任杀，均为助我之乡，故贵极。

【原文】有杀只论杀，无杀方论用。
只要去杀星，不怕提纲重。
甲乙若逢申，杀印暗相生。
木旺金逢旺，冠袍必挂身。
离火怕重逢，北方反有功。
虽然宜见水，犹恐对提冲。

【注解】日元丙火，月逢丙午，烈焰冲天，最喜官杀制服以成既济之功。至于对冲为忌，却待商量。大凡丙火月令见刃，既喜亥水，更喜壬子对冲。此有坎离交融、水火既济之妙，为大贵之格，不以忌冲论。

壬子
丙午
壬子
丙午

表面看来，四水四火极为齐整，力量相当，其实不然。水失势而火得令，一月令午火足抵二子，是火强水弱之局，叫作火水未济。初运丁未，又助火势，父母双亡，流落为乞。一入申运，助起水势，既济成象，际遇迭逢，发财数万，成为巨富。

【原文】八月官星旺，甲逢秋气深。
财官兼有助，名利自然亨。
曲直生春月，庚辛干上逢。
南离推富贵，坎地却犹凶。
甲乙生三月，庚辛戌未存。
丑宫壬戌位，何虑见无根。
木茂宜金火，身衰鬼作关。
时分西与北，轻重辨东南。
时上胞胎格，月逢印绶通。
杀官行运助，职位至三公。
二子不冲午，二寅不冲申。
二午不冲子，二申不冲寅。

【注解】申寅相见，一重即冲，二重冲之尤烈，决无不冲之理。二寅不冲申，二申不冲寅之论虽误，但二午不冲子，二子不冲午之论却有其理。因子午为坎离，有交媾之妙，二午一子或二子一午，均名未济，待运补足，既济成象，均为富贵。若三子一午或三午一子，则为偏枯，叫水激火势或火激水势，反为大凶，不可不分。

癸亥 庚申 甲寅 乙亥	陆建章命造。虽庚申七杀秉令，但被癸亥印绶盗气，寅木日禄冲击，杀气大减。辰土大运，财生杀旺，由帮带直升统领。乙卯一运合去亥水，不盗杀气，杀刃成格，官直至陕西督军，手握重兵，雄踞一方。五十五岁后运入寅木，与原局二寅冲击申金，杀根尽拔，被徐树铮诱杀于天津。
丙午 庚子 壬申 丙午	干头一壬二丙，支下二午一子，申金合子化水，水强火弱，癸丑运后，运入东方，助起火势，既济成象而发迹。
壬子 丙午 癸亥 戊午	癸生午月，又逢午时，三火当令，财官太旺，日元稍弱。初运丁未，助火抑水，幼境贫寒。二十一岁壬申年，大运入申，金水得势，既济格成，茅庐初出，入银行为练习生。此后青云直上，前途正兴之时，四十三岁又入戊运，合午化火，纵不是非口舌，亦床第呻吟。而后辛亥、壬子，水火交融，富贵逼人。
壬子 壬子 壬子 丙午	年月日三见壬子，水势汹涌澎湃，丙午之火，激水势有余，既济不足，故弃之不用，格成润下。大运顺行，癸丑运后，即入东方，寅卯化水生火，成食伤通关变格，苟可温饱。一入丙运，引起三壬争财，不能行矣。

【原文】得一分三格，财官印绶全。
运中逢克破，一命丧黄泉。
进气死不死，退气生不生。
终年无发旺，犹忌少年刑。
时上偏财格，干头忌比肩。
月生逢主旺，贵气复重添。

运行十数载，上下五年分。
先看流年岁，深知来往旬。
时上一位贵，藏在支中是。
日主要刚强，名利方有气。

【注解】得一分三，有多种解释。一是墓库中均藏三个天干，名杂气，得一位犹如得三位。如庚见未，未中有乙木正财，未土正印，丁火正官等是。一种是甲与己合，局中无己，但有午火，午中暗藏己土，甲木仍为有合。还有一种是甲以寅为禄，局中无禄但有亥，亥能合来寅禄，故仍为有禄。再一种是甲以酉为官，局中不见酉官，但卯多，卯刃就会冲来酉官。这几种说法除第一种尚可说通外，余皆难圆说。

正月建寅候诗诀

【原文】正月寅宫原是木，木生火旺土长生，
戊兼午未宫中喜，申酉休囚数莫行。
寅月重逢午戌亥，庚辛为主两推排，
有根有土偏宜火，身弱休囚怕火来。
如有寅宫木火神，南方午未禄财欣，
逆行戌亥还当旺，破损忧愁见酉申。
庚辛主弱逢寅月，午戌加临会杀星，
日主无根还透土，逆行金水福兴隆。
己戊身衰喜见寅，重重官杀必荣身，
只求木火相生吉，运到西方怕酉申。

【注解】正月建寅，寅中有甲木本气，长生丙火，也有长生戊土，却非符实。寅木居东北土方，虽藏戊土，却非长生。戊土见寅，仍以杀论，万莫以生论。戊己生寅月，官杀旺，最喜火运化杀生身。壬癸生寅月，食伤强，最喜金水帮身之运。丙

丁生寅月，印旺身强，喜官杀束身。甲乙生寅月，木旺喜官杀束身或丙丁吐秀，各得其用方美。

乙未
戊寅
戊午
甲寅

何平章命造。戊生寅月，七杀司权，时柱甲寅，年干乙木，杀旺攻身，全靠日支午火化杀生身为用神。一贵当关，群小慑服，故为国家重臣。

辛巳
庚寅
壬戌
丙午

何佥宪命造。壬生寅月，食神秉令。然支全火局且见巳，食化为财，身弱财旺，以庚辛二印生身为用。惜庚辛无根，格局成中有破。妙在大运逆行，先是北方水运，日元托根，能任旺财。继而西方，印绶有力，皆助日主，故能发迹。

二月建卯候诗诀

【原文】丙丁二月身逢印，大怕庚辛申酉伤，
水运敛荣木火旺，西方行运定遭殃。
甲日卯月重逢丑，格中有火不须嫌，
再行火土兴财禄，岁运宜金怕水缠。
木正荣于卯月中，若将为用喜生逢，
北方亥子成名利，午未行来坐福浓。
卯宫大怕逢金降，火旺根深制伏强，
四柱有金嫌巳丑，运来酉上定须伤。
己卯日主二三月，杀生有露火偏奇，
只宜木火重迎见，金水行来数必亏。
庚辛卯月多逢木，日主无根怕旺财，
南北两头防有破，如逢申酉祸难来。
癸日无根卯月逢，局中有火反成功，

如行身旺多财富，若至官乡数必终。

【注解】二月建卯，卯中乙木专强。戊土见之为正气官星，最忌酉金伤官冲破。己土见之为杀，喜逢火印化杀，喜申庚伤官制杀为福，亦忌酉食冲杀，失了威气。甲乙生卯月，最喜丙丁吐秀。丙丁生卯月，喜官杀束身。庚辛生卯月，财强身弱，喜印，喜官化财生印，印旺生身。壬癸见之为食伤，身旺最美。

癸巳
乙卯
戊戌
丁巳

曾同亨尚书命造。表面看来乙卯月令正官，又得癸水财生，官星有力。实际巳火偏印贴身泄卯之气，卯戌又有合而化火之情，反觉身强官衰，难疏厚土。妙在大运逆行，甲寅之木，以阳助阴，而后运入北方，财旺官美，所以登科出仕，宦途顺畅。

乙巳
己卯
乙卯
丙子

女命。乙生卯月，日支亦卯，年干透比，又得子水印生，身旺之极，当以丙巳伤官吐秀为用神。十七岁运入南方，诸事顺畅。不料二十七岁入壬水大运，二十八岁又逢壬申年，壬子月，三壬克丙，申子合水克巳，用神尽失，服毒而亡。

三月建辰候诗诀

【原文】 三月辰宫只论土，杀多金水化为祥，
提纲若用财官印，金水相临命有伤。
戊土无根日坐寅，重重水旺福源深，
如行水火宫中吉，金水相逢祸必侵。
三月干头只用金，火生土厚福还真，
身为壬癸多逢土，火旺提防祸必临。

【注解】三月建辰，土王司权。壬癸日主，见辰为官杀，辰见酉化金，见子化水，官杀失其用。甲乙日见辰为财，辰合酉为官杀，合子为印绶，财星失其用。庚辛日以辰土为印，辰见酉合金，见子

化伤，印绶亦失其用，所以说若把辰土做为财官印用者，最忌见酉金子水，失去用神必生祸患。戊土无根坐寅，为身弱杀强，再见水财，重重生杀。戊土若能从杀，其福无比。再行木运，水运生助七杀，福气更真。若行火运化杀生身，行金运克杀，均破格为祸，所以原文"如行木火官中吉，金水相逢祸必侵"句有误，应是"如行木水官中吉，火金相逢祸必侵"。反言之，若戊土有根，不能从杀，则行火运吉，行木运凶，行水运凶，行金运吉，原文亦有误。

乙酉
庚辰
壬寅
戊申

孙传芳命造。壬水日元得庚酉申强印相生，日元有力，喜戊土七杀通根辰土，杀旺身强，用印化杀极美。惜辰土合酉化金，戊土失根，杀气极弱，难以扬威。十一岁乙未年，大运卯木，强伤克杀，七杀尽失，父丧，随母在济南谋生。十五岁行戊寅大运，戊杀明透，否极泰来，其姐被山东武卫右军执法营务处总办纳为二房，从此入学，考上武备学堂，直到开府南京，任"浙闽苏皖赣"五省联军总司令。四十二岁后，运交子水，戊杀临衰，一败涂地。五十一岁乙亥年，大运乙亥，强食制杀，被人暗杀而亡。

1969年三月初一亥时生女：

己酉	大运	07、己巳
戊辰		17、庚午
壬戌		27、辛未
辛亥		37、壬申

壬水自坐戌杀，月柱戊辰，年干己官助杀，身弱杀旺，必取辛酉印绶化杀生身为用神。杀印相资，化杀为权，大格成矣。二十四岁壬申年，中国政法大学毕业后进某市法院工作。二十七岁乙亥年，大运辛未，提为庭长助理。二十九岁丁丑年，丑合酉化金助用，提副庭长。三十二岁庚辰年，运岁用神明快，升执行庭庭长。三十七岁后运入西方，用神得地，前途繁花似锦。

四月建巳候诗诀

【原文】 甲乙如临四月天，水乡木旺振财源，
北方火地多凶破，酉丑相逢祸便言。
四月干头木土逢，水乡木旺禄还通，
如行金水多成败，更怕提纲物对冲。
金水干头四月胎，土为印绶火为财，
身强土厚宜金土，日主轻浮怕水来。
壬日巳月多火土，无根无印怕财乡，
须行申酉是名利，逆走东南寿不长。
四月金生火旺土，三般用神要分明，
财官印绶藏宫内，运看高低仔细寻。

【注解】 四月建巳，火为本气，有戊土旺气与长生庚金。若为用神，最忌亥水冲克。甲乙生巳月，是见食伤，身旺干头见财，是食伤生财格。支见酉丑，巳火合而化金，反为财星党杀，所以云有祸。壬水生于巳月，局中火土多见，日元无根，是从杀格。有根是身弱官杀强，行运喜忌有不同。从杀格喜行木火运助杀，身弱格喜行金水运助身，定要分明。

辛巳
癸巳
乙亥
壬午

席书尚书命造。巳月之木是受火焚之木，最喜坐下亥水，有克火生木之用。惜亥被巳冲，用神无力，月时壬癸无根，辗转取辛杀生印为用，为弱中有救。喜大运逆行，先是木乡，比劫助身，继而北方，壬癸托根，均为助用之运。三十岁庚戌年，大运庚寅，金木并旺，中进士，授知县。而后运入北方，直迁至尚书要职，加太子太保。六十六岁丙戌年，大运丙戌，火旺之极，二丙克辛，用神全失而卒。

乙巳
辛巳
乙亥
丙子

一囚犯命造。亦乙生巳月，木焚用水，然此水并非上造之水。上造支下仅一水，巳火可以冲去，此造时支子水，水气有余，冲亥不动。上造辛杀有印化，此造辛杀贴近攻身。二十四岁戊辰年，天干戊财晦火生辛杀，地支辰土合子化水克火，七杀得助攻身。正月甲寅，甲木出头，被辛克制，因斗殴头颅受伤。二十七岁辛未年，大运戊寅，财生杀旺，获罪入狱。不同者，上造辛杀有印化，此造杀无制而财星党杀。

己巳
己巳
壬寅
丙午

壬水日元，支全木火，壬日无根，弃命从财。初运东方，助财之势，发甲入仕。乙丑一运，顺火之性，尚能平顺。一入子运逆火之旺，难保平静。

五月建午候诗诀

【原文】 五月宫中火正荣，高低贵贱两分明，
财官印用宜生旺，化杀欣逢要水平。
五月炎炎则论火，如逢木火自然兴，
西方金木多防克，丑土周还怕子迎。
午宫怕子水来冲，用火逢冲数必凶，
日主庚辛如会杀，运中逢此反成功。
财官印绶如藏午，西方休临申子辰，
木火土乡还富贵，休来水土更嫌金。

【注解】 五月建午，正逢火炎之时，若为用神，最怕子冲。如果局中水火成象，反喜子水相济。甲乙生于午月，最喜比劫助身，木旺火秀，极清极贵。庚金生午月，正官得令，喜丑辰湿土，化官生身，再逢寅卯，官极强旺，须与丑辰配合，使财不伤印为美。辛生午月，七杀有力，既喜土化，又喜水制，却

千万不能用子水冲克，失去午火，七杀无威，反为贫贱。

丙申 甲午 壬申 壬寅

蔡天佑命造。壬水自坐长生，年支亦申，且得一比。然午火司权，又得甲寅食神盗水之气而生火，反使日元衰弱。喜乙未丙运后，气转西方，金旺水强，任起财官。三十岁乙丑年，大运丁酉，丑酉合金生水，中进士，授吏部给事中。运至亥水。升副都御史，兵部侍郎。五十二岁丁亥年，大运庚子，子水冲午，运岁皆忌，患病而卒。

庚子 壬午 丙寅 丙申

丙生午月，羊刃司权，最喜子水官星贴身制刃。官星虽弱，但有庚申财助，勉强可用。甲申一运，财旺官强，娶妻生子，事业小成。三十一岁入乙木大运，流年庚午，运干乙木化水生火，岁支午刃冲子，用神尽失，不幸坠楼而亡。

六月建未候诗诀

【原文】 丙丁日坐未宫逢，金水虽凶未必凶，
木库火乡应富贵，再行申酉祸灾重。
未月支藏木火时，不逢顺逆格高低，
南方行去东方旺，酉位休愁戌亥亏。

【注解】 六月建未，土气正旺，也有乙木余气。如果丙丁日生于未月，逢水天透地藏，若水为官星，喜申酉化伤生官。若水为七杀，则忌见申酉化食伤以助杀势。如果火土极旺而无水亦喜申酉泄秀，所以格无定论，全靠变通为佳。

壬寅 丁未 丙寅 壬辰

一名相命造。丙火自坐长生，年月丁壬化木，木火极旺。壬水七杀仅辰中一点微根，身旺杀弱，难以扬威。喜大运金水相续，弱杀得助。三十四岁乙亥年，壬杀得禄中进士。四十七岁戊子年，大运壬子，升都给事中。五十一岁壬辰年，

子水运，子辰合水，年初升少詹事，八月升礼部侍郎，十月升礼部尚书，不到一年，连升三级。五十六岁丁酉年，大运癸丑，丑酉合金，年初升太子太傅参与机务，年底又升为首辅。五十九岁庚子年，进光禄大夫、上柱国，荣耀无比。六十六岁一入甲寅大运，年底受劾。六十七岁戊申年，运岁天克地冲，竟被斩首。

壬寅
丁未
丙申
甲午

全局木旺火强土盛，以申金吐秀为用，申中又有长生壬水，兼有调候之妙。初运申酉庚，秀气流通，事事通顺。一入戌运，合午克申，可怜正当青年，竟因火旺攻心，吐血而亡。

七月建申候诗诀

【原文】印绶财官月建申，北方回喜福还真，
火金生旺多清贵，大限行来最怕寅。
建禄庚辛旺在申，有官有印有财星，
逆行辰巳荣财禄，北地须知富贵成。
壬癸生临七八月，火土多厚北方奇，
无伤无破休行水，帝旺临官运不宜。

【注解】七月建申，申中庚旺，亦藏长生壬水，若为用神，最怕寅冲。庚辛生于申月，金气当令，局中财官必衰，所以喜大运逆行。火方官旺，木方财强，财官双美，富贵无疑。若日元极强，却喜大运顺行北方。金白水清，格局清纯，亦不失大贵之格。若壬癸生申月水旺，再行北方比劫夺财之运，却是不美。

戊午
庚申
庚申
庚辰

周应秋尚书命造。全局二土五金，午官之气尽泄戊土，格成从革，其势喜顺而忌逆。初运金乡，助局之美。中运入北方，泄金秀气，顺金之势，秀气流通，科甲入仕，官至尚书。

戊申
庚申
癸酉
丙辰

韩愈韩文公命造。癸生申月，秋水通源，金白水清，惟戊土浊水，丙逆金性为病。三岁庚戌年，与时柱天克地冲，戊土浊水，父母双亡，寄养于堂兄家中。癸亥一运，金气尽得发泄，及进士第，官至监察御史。甲木一运，甲伤有泄水生财破印之病，屡次受贬，降至县令。一入子运，立即召回朝廷，官至刑部侍郎。五十二岁己亥年，己土浊水，因反对迎回佛骨，几被斩头，被监潮州。五十三岁庚子年，重召回朝，任吏部侍郎。五十七岁运入丙寅，太岁甲辰，犯金之旺，病死。

八月建酉候诗诀

【原文】 甲乙无根八月逢，庚辛金旺不嫌凶，
北方水运财星足，逆走南方得失中。
酉月藏金乙日逢，北方亥子水重重，
离明午未财权重，巳丑加临寿必终。
甲乙酉月多官杀，无根日主一生低，
北逢顺走休临丑，逆走南方巳上亏。
丁生酉月天干癸，去杀方能可去财，
有气保身存印绶，无情行到水中来。
秋金酉丑重金旺，除非火炼有声名，
东方行去盈财禄，西北来临福必倾。

【注解】 八月建酉，辛金独旺，若为用神，气纯神正，最忌卯冲午破。甲生酉月为官星，乙生酉月为七杀，官星喜行土运

助官，印运化官。七杀则喜行火运制杀及印运化杀生身。

甲申
癸酉
乙亥
辛巳

黎玉田巡抚命造。酉金七杀司权，不仅辛金元神透出，且有申金助杀之势，取癸水印绶化杀生身为用。大运一路水木助用，所以仕至巡抚。运入己卯，己土克去癸水用神，卯与亥合而化木，金木克战无解，身亡。

己丑
癸酉
庚午
丁亥

蒋瑶尚书命造。庚生酉月，羊刃司权，己丑旺印生金，若取癸水吐秀为用，癸被己印克制，自身无力。故取丁火官星制刃锻金为用神。三十一岁己未年，大运庚午，未土去亥水之忌，午火官星有力，中进士，授行人。三十八岁丙寅年木旺火强，任两京御史。四十二岁庚午年，出知荆扬。五十四岁壬午年，大运丁卯，先后升湖广、江西左右布政使。丙寅运中累升至工部尚书，加太子太保。乙丑运晦火辞官。甲子运、丁巳年，子水冲午，巳火合酉化金，运岁皆忌而亡。

九月建戌候诗诀

【原文】九月戌中藏火土，庚辛不忌日无根，
格中若有财官印，运到南方福禄亨。
甲乙秋金九月生，木衰金旺怕庚辛，
如临水火兴家计，金水才来祸便行。
财官印绶九月临，发旺升腾见卯寅，
顺去北方行子丑，逆行嫌酉破逢申。
戌月金生藏火土，或行南北或行东，
不分顺逆高低格，大运辰逢寿必终。
壬日无根戊己多，生于九月忌财过，
逆行休用南方午，寅若如逢奈若何。

丙丁无根戌中旬，财透天干作用神，
此格伤官杀喜旺，只愁身旺尽伤官。

【注解】九月建戌，土气正厚，也暗藏辛金余气与丁火墓气。至于逢辰寿不寿终，却要以整个命局喜忌配合而判断。如果辰土为用神吉，为忌神则以凶论。

原文最后一句诗意甚不明。丙丁戌月为伤官，最喜身旺，最后一句却是“只愁身旺尽伤官”，与命理不符。若将“旺”字改为“弱”字，身弱怕伤强，方合命理。

癸巳
壬戌
癸酉
壬戌

明末降清大臣洪承畴命造。戌土官星秉令，不仅时支重见，且得巳财相生，官旺化杀，必以酉金偏印化杀生身为用神。二十四岁丙辰年，辰土合酉化金生身，登进士第。四十八岁庚辰年，领雄兵十五万出山海关，雄心壮志，抵抗清兵。五十三岁入丙辰大运，左右逢源，官至太傅。此辰土为喜而吉庆例。

戊戌
壬戌
乙亥
己卯

南宋名儒真德秀命造。日元乙木，生秋凋零，亥卯虽合木助身，仍觉身弱财旺。十八岁乙卯年，旺木助身，举于乡。二十二岁己未年，支全木局，登进士第。而后运入木乡，皆助身任财，升参知政事，授资政殿大学士，政绩斐然。五十一岁入戊辰大运，身弱又逢强财，五十八岁乙未年寿终。此并非辰戌冲之故，是身弱财过旺故。

十月建亥候诗诀

【原文】 水木生居亥月乾，财官印绶喜相连，
用壬运旺西方去，用木须欣寅卯逢。
丙日壬杀喜东南，来至东南发显官，
大运愁逢金水地，再行西兑寿难完。

财官印绶立乾宫，水木相生福禄通，
阳水喜金嫌火土，运行最怕巳冲刑。
日主无根干土金，月通亥子土来侵，
只宜印绶扶身旺，何怕提纲损用神。

【注解】十月逢亥，亥中有壬水本气，长生甲木，若为用神，最忌巳冲卯合，失用必凶。丙生亥月为七杀秉令，最喜土制杀。印绶则喜甲乙透干，忌寅卯藏支。若见寅卯，亥水相合化木，失去杀气，亦难言吉。忌金水助杀，必生灾祸。

丁丑 辛亥 丙子 壬辰

支类北方，辰土合子化水，壬杀明透，丙火日元虽得丁劫相助，惜支下无根，弱火难敌旺水，更兼运行西方，财党杀旺，日元益弱，不仅双目失明，且破尽祖业，一贫如洗。

己巳 乙亥 丙辰 壬辰

亥水七杀秉令，元神壬水透干坐库；丙火年支得禄，又有乙木印绶化杀生身，日元虽弱，不至无力；初运西方，强财党杀，科场蹇滞；大运一入南方，身强可任七杀，登科入仕，官至宪副。两造有天渊之别者，上造身弱，日元无气，此造则日元有根。

十一月建子候诗诀

【原文】丙丁日主月逢子，支下存申时又辰，
火土旺乡成富贵，再行金水祸难禁。
子宫有水金乡旺，见土休囚忌破支，
元有土离逢水贵，午来对冲寿元衰。
庚金遇子多强吉，火土根嫌未必凶，
运去元辰番作贵，再行午运福重重。
庚日逢寅午戌行，日通火局是提纲，

如行金水番成富，火土重来福怎当。
水归冬旺乐无忧，透用财官富九州，
顺逆不分还富贵，提纲刑克事休休。

【注解】十一月建子，子中癸水专旺，若为用神，最怕午冲丑合，坏其用神，万事化为泡影。如果局中水火两象，却以既济相论，万莫言冲。庚金见子水为伤官，金寒水冷，最喜火调候，此即金水伤官不怕官之意。丙丁日元，支全水局，皆以杀论，喜运行东南助身之处，最忌金水助杀之乡。

壬申
壬子
壬午
壬寅

天干壬水一气，支下申子成局且秉令，强水冲克弱火，表面看来，午火必伤。然子午帝座端门，生冬夏有交融之情，午火不仅调候暖局，又有寅食化水生合，根强难冲，只不过微弱罢了。喜癸丑运后，从甲寅始一路木火助财，燥湿相宜，寒暖中和，反成既济，故科场连捷，仕至太守。此类切记，万莫以子午相冲论。

庚子
戊子
丁丑
辛亥

王杲尚书命造。丁火本为柔火，今支全亥子丑，干透庚辛，丁日无根，必弃命从杀。寅卯二运，印绶化杀生身，从格破坏，屡试不第。三十五岁入壬辰大运，登进士第，授知县，不久即擢御史。四十六岁乙酉年，大运癸巳，巳酉丑合全金局生杀，先升太仆少卿，不久进副都御史。四十八岁丁亥年，拜户部尚书。五旬后运入甲午，逆杀之性，极不宜矣。

十二月建丑候诗诀

【原文】甲子生居丑月中，无根金水不嫌凶，
再行金水声名显，火土相逢破本宗。
丙丁坐火财中杀，四柱无根忌水乡，
运到火乡加福助，须知显振名利香。

庚辛丑月中藏印，火土来临福禄齐，
壬癸天干或透出，如逢戊己言相生。
壬癸生居丑月提，有金有土格中奇，
顺行辰巳兴财禄，逆去升腾申酉支。
戊土生居十二月，伤官财旺藏时节，
水清金白助格中，若逢火土多周折。
己干提丑支金局，杀旺身强格局高，
金水重来名利厚，水乡火地不坚牢。
丙日多根丑局逢，财官藏在月提中，
水乡在旺金乡吉，土困行南总是空。
戊己生居丑月中，忽逢羊刃在天宫，
金多有水方成贵，火土虽嫌比劫同。

【注解】十二月建丑，本气土旺，亦有辛金墓气，癸水余气。木生丑月为财重，喜印比扶身；丙丁生丑月为食伤重，喜印比扶身或财化食伤；壬癸生丑月官杀有力，壬生丑月为官，喜金印生身；癸生丑月为杀，既喜见金化杀，亦喜见木制杀。戊己生于丑月，原局言戊生十二月喜金伤水财，为水清金白忌火土，不妥。一则有土浊水，金亦不白，水更难清；二则金水盗气，最喜土比助身，火印生身（午破酉例外），最忌者逢木冲击食伤。原局言己生丑月，支全金局为杀旺，前言金水重来名利厚，后言水乡火地不坚牢，前后矛盾。实际上己土生丑月，看似土旺，然巳酉丑合全金局，必是身弱食重。大运最喜火乡印绶生身和土运比劫助身。金水木运均耗泄日元之气，皆不宜。

丙子
辛丑
戊子
癸丑

彭玉麟命造。戊土虽生丑月，但辛金从月令中透出，贴身盗气，二子一癸耗气，日元由旺变衰，最喜丙印生身。再加地冻天寒，亦喜丙印调候，丙火就是全局的用神。三十八岁入巳运，曾国藩委其统帅湘军水师，屡战屡胜，名闻天下。丙午、丁未诸运，由县府而道臬，由提督而尚书。运入己酉，酉丑合金盗气，七十五岁庚寅年，又逢太岁克泄交加，身归道山。此说明原文戊土“若逢火土多周折”之误。

辛巳
辛丑
己亥
丙寅

沈应时侍郎命造。己生丑月，年月巳丑拱二辛成金局，二根皆化为盗气，只好取丙火印绶化官生身为用神。全局以金为源头，金水木火土一顺相生，不悖不递，不冲不克，源远流清，极为顺畅。戊戌运强比助身，一发而起，官至侍郎。

十干体象

【原文】 醉醒子集，附之便览。

甲木天干作首排，原无枝叶与根荄，
欲存天地千年久，直向沙泥万丈埋。
斫就栋梁金得用，化成灰炭火为灾，
蠢然块物无机事，一任春秋自往来。

【注解】 甲木是纯阳之木，体坚身固，其势参天，如强松劲柏，极为强壮。《滴天髓》云：甲木参天，脱胎要火（春初木嫩气寒，得火而荣），春不容金，秋不容土（卯月刃旺，木坚金缺。秋月金旺木衰，土助金克木）。火炽乘龙，水宕骑虎（火旺喜辰土湿土泄火之气养木，水旺喜寅木泄水之气），地润天和，植立千古。

《穷通宝鉴》则更加详细列出甲木生于十二个月的用神。正月，喜丙火调候。二月喜庚金制刃，用戊己财星佐杀，羊刃驾杀为美，无杀则用火吐秀。三月有庚用丁，无庚用壬。四、五月喜癸水调候；若无癸木盛用庚，庚旺用丁。六月亦以癸水润局为主。七月用丁火伤官制杀。八月用丙丁（应是以壬癸水化官生身为最美）。九月木旺用金，土旺用木。十月用庚与丁。十一月丁先庚后。十二月先丁后甲。

概括起来，木旺宜用火泄或金制，木弱宜水生木助。春木喜火吐秀，冬木喜火调候。七月之木喜火制杀。夏木喜水生身润局，秋木喜水化官杀生身。

甲申
丙寅
甲辰
丙寅

靳贵阁老命造。天干二甲，月时二寅，春木森森，申杀生于绝地，自身难保，弃之不用，专用月时二干丙火食神吐秀。中年运入火乡，用神有力而发贵。

丙午
癸巳
甲戌
甲子

木生巳月，午戌合火，火旺木焚。喜癸水印绶透干得禄，二旬后运行西方，用神有力，一发而起。中年后又运入北方，用神更为有力，故大贵大显。

乙巳
乙酉
甲子
甲子

巳酉会局，官星过旺，虽天干甲乙并透，然地支无根，杀旺身弱，喜月时二支子水印绶暗藏，化强官而生弱身，官印相资，故大贵。午火运有子印护官，午火伤官不能破酉官。

丙子
庚子
甲午
丁卯

甲生子月，印绶当权，时见卯刃，日元极强。然木生冬月，木冻水寒，必以丙丁之火调候为急用。喜丙丁透干，通根午火，既解格局之冻，寒木向阳，又吐旺木之秀，一物两用，气精神清，故有王侯之贵。

【原文】乙木根荄种得深，只宜阳地不宜阴，
漂浮最怕多逢水，刻斫何当苦用金。
南去火炎灾不浅，西行土重祸尤侵，
栋梁不是连根木，辨别功夫好用心。

【注解】乙木是阴柔之木，如桃李桐桂等，金克则凋，水多则浮，火多则焚，土多则困。最喜五行中和，土不固，火不炽，金不利，水不泛，则可成林。《滴天髓》云：乙木虽柔，刲羊解牛（刲，割之意，羊即未，牛即丑，即乙木见未为木库，得以繁根，见丑为湿土，可以养木）。怀丁抱丙，跨凤乘猴（凤即酉，猴即申，乙木见申酉杀强，只要干透丙丁，可制杀为权）。虚湿之地，骑马亦忧（虚湿即亥子，马即午，即生于亥子月，无燥土制水或干透丙丁，只有午火也难生发）。藤罗系甲，可春可秋（只要见一甲木为之有靠，春秋皆可）。

《穷通宝鉴》论乙木用神时云：乙生正月，以丙火解冻为要，亦喜癸水滋润，但不宜困丙。二月以丙火吐秀为主，癸水次之。三月以癸水为主，丙火辅之。四五六月专用癸水。七月亦用癸水化金。八月则有癸用癸，无癸用丙丁。九月则癸辛并用。冬月之木，专取用火，寒谷回春，忌见癸水。

概括起来，与甲木大同小异。春季木旺，最宜用火，官星次之。夏季火旺木焚，最喜用水润局生身。秋季金旺木凋，以壬癸水化官杀生身为要。冬季地冻天寒，以火解冻为要。

丙子
辛卯
乙卯
丙子

支全水木，辛金七杀一点，难制旺木。破局有余，扬威不足。喜年干丙火合去辛金，去其病根。时干丙火明透，尽泄木气，秀气引发，所以出将入相，贵显无比。

癸巳
丁巳
乙巳
壬午

孙传庭总督命造。日元乙木，支全巳午，干透丁火，全赖壬癸二水制伤生身为用神。初运东方，日元有根，继而北方，壬癸得力，所以掌虎符，统雄兵，手握生杀大权。

甲寅
癸酉
乙酉
乙酉

曲从太师命造。支全三酉且得时，乙木虽得寅木为根，干头得甲乙相助。然失令之木怎敌当令锐金，喜癸水偏印明透，一贵当关，群小慑服，强金戾气尽被癸化。中运又入水木之乡，所以贵为一品。

壬午
癸丑
乙卯
辛巳

乙木专禄，壬癸生助日元有力。然丑月天寒，当以巳午二火暖局吐秀为用神。运行南方，用神有力，仕至太守。

【原文】 丙火明明一太阳，原从正大立纲常，
洪光不独窥千里，巨焰犹能遍八荒。
出世肯为浮木子，传生不作湿泥娘，
江湖死水安能克，惟怕成林木作殃。

【注解】《滴天髓》云：丙火是纯阳之火，其势炽烈，有欺霜侮雪、解冻除寒之功；化甲锻庚，制其顽劣之能。见土成慈而不凌下，逢水不从而显其节。反怯辛金乙木，孝母合妻也。所以势烈时喜辛金暗化，势衰时喜乙木生身。五行中和，方为上格。

《穷通宝鉴》论丙火喜用时云：正月丙火，以壬水为用，庚金佐水。二月专用壬水，水多用戊制，无戊用己。三月亦用水，土重用甲为佐。四月、五月、六月丙火势烈，以壬水调候为主，庚金生水为佐。七月、八月、九月丙火，虽亦用壬水，但喜戊制。

十月丙火，以甲为主，火旺用土。十一月、十二月均喜用水，却喜有甲木引化。

概括起来，春季木旺，喜用壬杀，杀印相资为美。夏季火旺，用强杀制火，以成既济。秋季金旺，用火必须有水，否则官杀太强为患。冬季水旺，当以用木为主，若局中火众木强，方可用水。

辛亥
庚寅
丙子
丁酉

亥子官杀暗藏，庚辛财星明透，看似官旺化杀，然寅木印绶司权，合亥化子，官杀皆为我用，更喜财印不碍，格局无土晦火浊水，极为清纯，所以攀蟾折桂，鳌头独占，状元之命。

庚子
辛巳
丙寅
丙申

丙生巳月建禄，支坐长生，火气正炽。子水官星，虽与申合。但被寅巳遥隔，虽有合情而无合力。庚辛之金势衰，身强官弱。二旬后运入申金，合子化水，官星有力，会试夺魁。

丙寅
丁酉
丙辰
丁酉

天干四火通根寅木，看似火气势众，然酉财秉令，时支重见，日支辰土又泄火气，衡量全局，反是身弱财强。喜戊戌运后，气转北方，亥子官杀化酉财生寅印，继而又行东方大运，日元有力任财，官至尚书。运至癸卯，冲击月令，恐不吉利。

辛亥
庚子
丙寅
庚寅

年月金水气旺，官星化杀，喜得日时二寅，既化强杀，又生弱身，杀印相资，格局纯粹。四旬后运入南方，日元有力发贵，官至布政。

【原文】 丁火其形一烛灯，太阳相见夺光明，
得时能铸千金铁，失令难熔一寸金。

虽少干柴犹可引，纵多湿木不能生，
其间衰旺当分晓，旺比一炉衰一檠。

【注解】檠指丁火微弱如烛光。

丁火并非灯烛之火，不过较丙火温柔而已。如见丙火，丙火猛烈，夺丁火之光为不美。《滴天髓》云：丁火柔中，内性昭融（文明），抱乙而孝（丁火见乙，使辛财不敢伤乙木母星，故曰孝）。合壬而忠（使戊伤不损壬官），旺而不烈，衰而不穷。如有嫡母（甲寅），可秋可冬。

《穷通宝鉴》论丁火取用云：丁火生于正月，最喜庚财劈甲引丁。二月亦喜庚财。三月先用甲木生火制土，木强则用庚。四月、五月丁火当以壬水官星为要（原文言四月丁火取甲庚为用不妥）。六月土强用甲，火旺用庚。七月、八月金强财旺，以甲木生身为主，丙火助身为佐。九月丁火以甲木为主，火旺用庚。冬季丁火必以甲木为主，化官生身，一物两用。

概括起来，春季木旺火强，宜用壬官，庚财佐之。夏季火旺，更要用壬官润局。秋冬二季，金水强旺，应以甲木印绶生身为要，局中无木亦可用丙火助身。

戊子
乙卯
丁巳
丁未

月令乙卯，未土合卯化木，子水官星既被戊伤盖头，又被卯木泄气，力气衰弱，难以取贵。四十岁后大运忽至申金，子水官星得长生合局，勃然而起，位至尚书。

癸卯
戊午
丁丑
甲辰

丁生午月，年月干戊癸化火，卯木助火，烈炎腾空，喜日时二支丑辰湿土，尽收木火燥气，引通丁火秀气，全局木火土一气流清，极为清纯，官至尚书。此火旺用湿土泄秀，用神又一法。

庚辰
甲申
丁未
丙午

申金财星司权，庚金元神明透，又得辰土食伤生助，财气过重，喜丙午比劫助身。庚金劈甲木而生丁火，真神得用，格外有力，所以有尚书之位。

戊子
乙丑
丁未
甲辰

地支一派寒湿之气，必取甲木印绶制伤生身为用神。伤官佩印本是极贵之格，惜甲木无根，虽运行木火助身之地，终难尽去其病，故仅仕至侍郎。

【原文】 戊土城墙堤岸同，振江河海要根重，
柱中带合形还壮，日下乘虚势必崩。
力薄不胜金漏泄，功成安用木疏通，
平生最要东南健，身旺东南健失中。

【注解】 戊土为阳土，气固体重，最怕根虚，故云春忌木盛，秋忌金强。若生在四季月中或火旺之时，却喜金泄秀、木疏土，使其中和。《穷通宝鉴》论其用神时云：正月戊土，最喜丙火，化杀去寒，一物两用。二月亦喜丙，用癸时不伤丙火为美。三月戊土喜用甲乙疏土。四月、五月戊土以壬癸水润局为急用。六月土旺，癸不可缺，甲不可少。七月、八月戊土以丙为美。九月甲癸并用。冬月戊土以丙丁调候为急，甲乙官杀为佐。

概括起来，春季木旺土虚，以丙丁化官杀生身为用；夏季火焰土燥，以壬癸调候为用；秋季金旺盗气，木火并用；冬季土寒亦喜木火并用；土生四季气厚，宜癸财甲乙官杀并用或食伤吐秀。

癸未
乙卯
戊寅
丙辰

日元戊土，支类东方，未土合卯化木，癸财贴身生乙，春木森森，戊土难以安身。喜时干丙火偏印明透，尽化强木，生护弱土，官至侍郎。惜此造大运逆行水金，与丙火用神相背，若大运顺行，至南方丙火有力，尚不至此。

辛未
甲午
戊寅
壬子

寅午化火，甲杀之气被火泄辛克，气势极衰，取时柱壬子旺财生杀兼润局为用神。癸巳运后，气转东方，继而北方，均助弱杀。如此财杀印均为我用，故出将入相，仕至极品。

辛酉
丙申
戊子
丙辰

戊土生于申月，食神当权，酉金助申，盗气已重。月日时申子辰又合水局，戊土之根辰土也化为水，年月干丙辛合于申月，印绶也化为水，只好取时干丙火生身为用，身用皆无根，以格局而论，属五行无气之局。好在大运逆行，先是南方火地，继而东方木乡，均助丙火用神，生起戊土。土强食伤泄秀，所以人极聪颖，官至太师。

癸卯
癸亥
戊辰
戊午

亥卯合化木，年月天干二癸生官，官旺化杀，攻身为患，此病一。戊生亥月，冰天雪地，土冻水冷木寒，此病二。喜时支午火暗藏，既化强杀，又解冬寒，兼生弱身，一物三用。三旬后运入南方，用神得地，仕至府尹。若丙透天干，前程更远。

戊申
己未
戊午
辛酉

戊生未月，坐下午火，干透戊己，土气极厚，喜申酉食伤暗藏，秀气得以引发。更喜大运顺行，金水秀气流行，所以科场连捷，领袖群英，一举夺魁。惜日支午火贴身破酉，子息宫受伤，故乏嗣。

【原文】己土田园属四维，坤深能为万物基，
水金旺处身还弱，火土功成局最奇。
失令岂能埋剑戟，得时方可用镃基，
漫夸印旺遇多合，不遇刑冲总不宜。

【注解】己土为阴湿中正之土，贯八方而旺四季。金水交泄身弱，喜火土相助。若根气深固，再加丙丁之火去阴湿之气，则可生万物。己土太盛，喜木疏金泄。己土中和，则忌刑冲。

《穷通宝鉴》论己土用神是：正月丙火解寒，地厚用甲。二月用丙化杀（原文是用甲与癸，二月杀强，必以丙印为要，若用甲癸助杀则不宜，除格成从杀方美）。三月用甲与癸（原文用丙癸甲，丙火有误。己生辰月，土气已厚，再用丙印，财官必无力，故不宜）。四月、五月、六月己土以癸水调候为先，六月己土可癸甲并用。七月用丙火制金，癸水泄金。八月亦同。九月用甲木疏土，癸财生甲佐之。十月、十一月己土以丙火生身调候为要。十二月先用丙再用甲，方成其妙。

概括起来，春季土虚，以丙火化官杀为美，夏季土燥以壬癸润局为先。秋季食伤旺，用丙制金生身或比劫助身，土强则金水正用。冬季则丙火暖局为先。土生四季，或用木疏土或用金吐秀，皆有其功。

癸卯
乙卯
己巳
庚午

年月二卯七杀秉令成党。年干癸财贴身生杀，木旺土虚。幸日时二支巳午印星有力，尽化杀气，群邪反为我用，所以以武取贵，官至抚军。

壬子
甲辰
己卯
丙寅

己生辰月，土气正旺，惜子辰合而化水，支下寅卯辰东方一气，杀旺身弱，全赖丙火印绶化杀生身为用。运行火地，用神当令，官居一品。此己土生四季用火例，说明用神贵在变通，绝无定例。

甲子
己巳
己巳
甲子

张东谷都堂命造。己巳重见，火炎土燥，喜支藏二子，使火不炎，土不燥；干透二甲，使土不固，喜用各得其所，因而发贵。

丙寅
丁酉
己丑
壬申

蒋丞相命造。己生酉月，时见申金，日支丑土又合酉化金，盗气极重，丁火偏印与壬合，全靠丙火印绶制伤生身为用；喜大运一路与用神有情，戊戌运比劫帮身，亥子运化食生官，官旺生丙，印绶有力，东方运印逢长生，故仕途平顺，直至丞相。

壬子
癸丑
己卯
己巳

己土虽得月令之气，然壬子癸旺财生杀，且地冻天寒，当以时支巳火印绶化杀生身兼暖局为用，格局寒谷回春。运行东南，用神有力，大魁天下，名利双辉。若大运逆行水金，巳火临绝，不过一寒儒耳。

【原文】 庚金顽钝性偏刚，火制功成怕水乡，
夏产东南遇锻炼，秋生西北亦光芒。
水深反见他相克，木旺能令我自伤，
戊己干支重遇土，不逢冲破即埋藏。

【注解】 庚金是顽劣刚健之金，喜火锻以成器，喜得水以吐秀。如生春夏，其气稍弱，则喜逢己丑辰湿土润养。若逢土太旺，则有被埋之虑，却喜木疏土，方成其道。

《穷通宝鉴》论庚金用神时说：正月庚金临绝，以戊己为用，兼用火化财生印。二月用戊己兼丁（原文说专用丁火有误，财旺金弱，若非他柱金气极强，绝无用丁之理，只有用丁化财生印方是正途）。三月用丁，无丁可用壬癸。四月、五月以壬癸润局为急。六月用丁，以甲佐之。七月用丁、甲。八月羊刃，丙杀甲财最美，丁官次之。九月用壬癸、丁火均可，但用丁不能逢癸伤壬合。十月、十一月庚金以丙丁调候为急。十二月水强，用丁需甲木相佐。

概括论之。庚金生于春月财强，喜戊己生身，丙丁火化财生印，否则戊己土亦难存。夏季火旺，壬癸调候为急，火气极盛则喜丑辰湿土化火生金。秋季金旺，用丙用丁皆可取贵。然七月宜丁，八月喜丙，杀刃官禄各有区别。冬月庚金，水冷金寒，无论何局，均以丙丁暖局为美。

庚午
己卯
庚子
甲申

庚金虽时支得申禄，然申合子化水，禄反为伤，伤旺生财，己土自虚。喜年支午火正官，既化旺财，又生己印，印旺生身，正财用官格成。中运用神得力，打遍天下无敌手，一举夺取武状元。

壬午
丙午
庚申
甲申

武金都堂命造。庚金虽日时得禄，然丙杀明透，通根二午，火秉令而金失时，大有熔金之患。幸壬食明透，根气在申，虽弱但不至熬干。运至西方，金强水生，制杀有力，仕至都堂。

辛酉
丁酉
庚午
辛巳

邵景光榜眼命造。年月二支酉刃，年时二干辛劫，金气极盛。丁火官星虽通根巳午，巳火有遥合酉金化金之情，其心不专，丁午之火难锻顽金。幸大运逆行，甲午一运，财旺官强，制刃有力，科场高中榜眼，步入仕途。

丁酉　明宪宗朱见深皇帝命造。庚金得酉刃为根，日元不弱。惟
壬子　子水伤官秉令，气势极寒，当以火调候为急用。丁被壬合，弃
庚寅　之不论，时干丙火为太阳之火，有照耀天下之势，冬生犹为人
丙子　喜，所以有九五之尊。

【原文】辛金珠玉性虚灵，最爱阳和沙水清，
成就不劳炎火锻，资扶偏爱湿泥生。
木多火旺宜西北，水冷金寒要丙丁，
坐禄通根身旺地，何愁厚土没其形。

【注解】辛金是阴柔成器之金，清润可观，性能通灵。喜丙而得阳和之气，爱水可有润身之清。生于冬季喜火暖局，生于夏季宜湿土生身，最忌厚土埋金，亦怕烈火锻身。若得五行中和，其贵非凡。

《穷通宝鉴》论辛金用神时云：正月辛金以己土庚金为用神，若己土虚悬，则应以丙官化财生印为用。二月亦同。三月辛金印旺身强，最喜水润金。四月、五月辛金虽以壬癸润局为急，亦应见戊己之土生身。六月辛金先用壬水，再用甲财。七月、八月金强，以壬水为尊，甲木佐之，金强喜水吐秀虽美，若无水亦可用火锻金，也成大贵。九月辛金先用壬水，甲木相佐。冬季以丙丁暖局为急用。十二月金旺亦可用木佐之。

概括起来，与庚金大同小异。春季财旺，用印须丙丁火化财生印。夏季火旺，用水润局为先，用丑辰湿土泄火生金亦美。秋季金旺，或用官杀，或用食伤，清纯为美，不能混用。冬季当以火调候为急。

甲午　卯未亥合木，财旺官强，亥水盗气，日元羸弱。若以己印
丁卯　为用，己土无根，木旺土虚，自身无力，故取丁火官星化财生
辛未　印为用神。喜大运顺行，火金皆用神有力之方。官印相资，亥
己亥　水泄秀，故科场连捷，鳌头独占。

壬戌
丙午
辛酉
丁酉

辛金虽日时皆禄，然午戌会火，官杀并透，攻身为祸。喜壬水伤官明透年干，贴身克丙，去杀留官，格局取清，丁未运后，大运又金水相续，用神有力，所以为一方诸侯。

丁酉
己酉
辛酉
丙申

支全酉申，虽干透丙丁，然支下无根，身强杀浅，难以扬威。初运戊申，助金晦火，少运艰辛。一入丙午大运，用神有力，科场出仕，官至太守。

丁亥
壬子
辛巳
丁酉

舒化尚书命造。辛生子月，气候阴寒，年月丁壬合干头取清，以时干丁火七杀调候为急用。中年运至南方，用神得力，青云直上，官至尚书。

【原文】 壬水汪洋并百川，漫流天下总无边，
干支多聚成漂荡，火土重逢涸本源。
养性结胎须未午，长生归禄属乾坤，
身强原自无财禄，西北行程厄少年。

【注解】 壬水为阳水，有奔流不息之势，却能泄强金肃杀之气。如果成局成党，则冲天奔地，泛滥成灾。若强用土制，则逆其旺势，必激其凶。如从其势而用木化，顺其旺势反贵，此正“化则有情，从则相济”之意。《穷通宝鉴》论壬水用神时说：正月食重，专用庚金，比劫多却用戊土。二月取庚辛以发水源。三月取庚发水源，次取甲木疏土，甲庚并用，不可使甲受伤。四月、五月取壬癸助身，庚辛生水为美。六月用辛。七月用戊、丁火佐之。八月用甲，亦可戊丁并用。九月用甲制戌杀。十月、

十一月以戊土为要，丙丁佐之，十二月则用丙丁调候，甲木佐之。

概括起来，春月木旺水弱，喜庚辛生身，壬癸助身吐秀。夏季火旺水弱，喜壬癸比劫助身，庚辛生身。秋季金强水旺，用官杀宜财生官杀，用食伤宜印比助身。冬季水旺，以土为要，丙丁佐之，既有调候之功，又有生官杀之用。水生四季月，官强用印，杀旺用食伤或印均可成格。

辛卯
庚寅
壬子
庚子

叶梦熊尚书造。虽壬水二见羊刃，三见庚辛，身强印旺。然寅木司权，卯木相助，食伤也有力。大运逆行水金，身旺最喜寅卯吐秀，秀气尽情发越，宦途平稳，直至尚书。

庚午
壬午
壬寅
辛亥

虽干全金水通根时支，然寅亥合木，木旺生火，格成身弱财旺，难以既济。初运癸未，助火逼水，必少运艰辛。入申运后，水得长生，水火有交融之情、既济之妙，一吐满腹浊气，发甲入仕，步步高升，官至尚书。

辛未
丁酉
壬戌
丁未

太平天国领袖洪秀全命造。年日时二未一戌，官杀强旺，当以酉金印绶化杀生身为用神，丁火财星坏印为病。中运火乡，屡试不第。四十岁庚戌年，大运癸巳，癸水灭丁，巳火合酉化金，太岁庚金喜神透干，十一月水旺之时，起兵广西桂平金田村。辛亥、壬子、癸丑三年，身旺任杀，秋风扫落叶般扫平江南，定都南京。此壬生酉月，印绶为用又一法。

壬寅
壬子
壬寅
壬寅

天元一气，通根月令子水，水气极旺。然年月时三支寅木同心，泄水之气，且寅中暗藏丙火调候，玄机暗存，用神极纯。癸丑运后，气转东南，用神得地，应运而起，官至尚书。

丙申
戊戌
壬辰
己酉

吕坤尚书命造。戊土七杀秉令，丙财相生，时干又有己土官星杂局，杀气极旺。喜年时申酉，辰土合酉，地支有类化西方一气之情。杀印相资，旺杀反为我用，所以身居尚书要职。

【原文】癸水应非雨露谓，根通亥子即江河，
柱无坤坎还身弱，局有财官不尚多。
申子辰全成上格，寅午戌备要中和，
假饶火土生深夏，西北行程岂太过。

【注解】癸水并非雨露之水，而是纯阴之水，可润土养金以发万物。《滴天髓》云：癸水至弱，达于天津。得龙而运，功化斯神（龙即辰，辰子化水助癸）。不愁火土，不论庚辛，合戊见火，化象斯真（癸得水局，不怕火旺土强，身强可任财官也）。

《穷通宝鉴》是这样论癸水用神的：正月用辛，发水为源，无辛用庚。二月专用庚金，辛金次之。三月用丙，辛甲为佐。四月、五月、六月火旺水弱，以庚辛为主，兼用壬癸助身。七月用丁，八月用辛丙（此两月用神似欠妥，癸生申酉，秋水通源，一喜甲乙吐秀，再喜财旺生官，仅用辛丙丁，难以为力）。九月用辛，壬癸佐之。十月用戊，丁火佐之。十一月专用丙调候。十二月亦用丙丁暖局。

概括论之，癸生春季，盗气太重，理应以庚辛为用，无庚辛宜比劫助身。夏季火炎水衰，亦以庚辛壬癸为用。秋季癸水通源或用甲乙吐秀，或用财生官均美。冬季水寒，用木吐秀亦需丙丁暖局；用土为堤，也喜丙丁火暖局生官。惟癸生四季月官旺杀强，最喜印绶化官杀为权。若杀重也可用食伤制杀。

丁未　癸生二月，支全木局，盗气太重，取丑中辛金偏印生身和癸水比肩帮身为用。初运北方，大运帮身。中年后运入西方，印绶生身，均为用神得力之处，所以雄踞一方，官至方伯。
癸卯
癸亥
癸丑

甲寅　乐吾在《穷通宝鉴》一书中注：身强杀旺，用伤制杀。原文注财旺生官，均与原局不符。己杀虽坐巳火旺地，然巳酉合而化金，己土无根，弃之不用。月日时三柱，金旺水强，以甲寅之木泄水之旺为用，水木清华，再加大运火金相续，秀气发越，均助身用，所以官至尚书。
己巳
癸酉
癸亥

丁酉　丁火财星，气泄戊官。戊土官星，气降申印。如此年月金旺，日时木强，看似金木交战。妙在日元癸水化金生木，穿针引线，全局秀气流行，格局清纯，位至尚书。
戊申
癸卯
甲寅

己丑　曹勋会元探花命造。癸水日元，支类北方，水气极盛。喜时柱乙卯，合亥化木，泄水之秀。月干丙火，既有调候之功，又有生己杀之用，格局极为流畅。四旬后运入南方，用神有力，会试夺首，殿试探花，名利双辉。
丙子
癸亥
乙卯

辛酉　隋文帝杨坚命造。癸日坐丑，未戌助杀，身弱杀旺，必以年柱辛酉化杀生身为用神，杀印相资，大格之象。四十岁庚子年，大运辛金，以大司马出任左丞相辅政。四十一岁辛丑年，丑酉合金，用神明快，废静帝而自登基。
乙未
癸丑
壬戌

十二支体象

【原文】 子：月支子水占魁名，溪涧汪洋不尽情，
天道阳回行土旺，人间水暖寄金生。
若逢午破应无定，纵遇卯刑还有情，
柱内申辰来合局，即成江海发涛声。
丑：隆冬丑土怯冰霜，谁识天时转二阳，
暖土诚能生万物，寒金难道只深藏。
刑冲戌未非无用，类聚鸡蛇信有方，
若在日时多水木，直须行入巽离乡。
寅：艮宫之木建于春，气聚三阳火在寅，
志合蛇猴三贵客，类同卯未一家人。
超凡人圣惟逢午，破禄伤提独虑申，
四柱火多嫌火地，从来燥木不南奔。
卯：卯木繁花禀气深，仲春难道不嫌金，
庚辛叠见愁申酉，亥子重来忌癸壬。
祸见六冲应落叶，喜逢三合便成林，
若归时日秋金重，更向西行患不禁。
辰：辰当三月水泥温，长养堪培万木根，
虽是甲衰乙余气，纵然壬墓癸还魂。
直须一钥能开库，若遇三冲即破门，
水木重逢西北运，只愁厚土不能存。
巳：巳当初夏火增光，造化流行正六阳，
失令庚金生赖母，得时戊土禄随娘。
三刑传送翻无害，一撞登明便有伤，
行到东南生发地，烧天烈火岂寻常。

午：午月炎炎火正升，六阳气续一阴生，
庚金失位身无用，己土归垣禄有成。
申子齐来能战克，戌寅同见越光明，
东南正是身强地，西北休囚已丧形。

未：未月阴深火渐衰，藏官藏印不藏财，
近无亥卯形难变，远带刑冲库亦开。
无火怕行金水去，多寒偏爱丙丁来，
用神喜忌当分晓，莫把圭臬作石猜。

申：申金刚健月支逢，水土长生在此宫，
巳午炉中成剑戟，子辰局里得光锋。
木多无火终能胜，土重埋金却有凶，
欲识斯神何所似，温柔珠玉不相同。

酉：八月从魁已得名，羡他金白水流清，
火多东去愁寅卯，木旺南行怕丙丁。
柱见水泥应有用，运临西北岂无情，
假若三合能坚锐，不比顽金未炼成。

戌：九月河魁性最刚，漫云于此物收藏，
洪炉巨火能成就，钝铁顽金赖主张。
海窟冲龙生雨露，山头合虎动文章，
天罗虽是迷魂阵，火命逢之独有伤。

亥：登明之位水源深，雨雪生寒值六阴，
必待胜光方用土，不逢传送浪多金。
五湖归聚原成象，三合羁留正有心，
欲识乾坤和暖处，即从艮震巽离寻。

【**注解**】此节与十二月建候大同小异，详参前。

传送：指申月。登明：指亥月。河魁：指戌月。

从魁：指酉月。胜光：指午月。

以上均是十二月将名称。

圭臬即测日影的表，比喻准则和法度。这里引伸是指推命要分喜忌，贵在变通，切勿拘泥。

卷五

正官诗诀

【原文】 正官须在月中求，无破无伤贵不休，
玉勒金鞍真富贵，两行旌节上皇州。
正气官星月上推，无冲无破始为奇，
中年岁运来相助，将相公侯总可为。
正官仁德性情纯，词馆文章可立身，
官印相生逢岁运，玉堂金马坐朝臣。
正官大抵要身强，气弱须求运旺方，
岁运更逢生旺地，无冲无破是荣昌。
日干为主透官星，须要提纲见丙丁，
金水相生成下格，火来拘聚旺财名。

【注解】 日干透官，何以喜月令透丙丁，必是日干为土，甲乙官透，用丙丁印化官生身。故“主”字当是“土”字之误。

【原文】 辛日透丙月逢寅，格中反化发财根，
官星不许重相见，运到冲刑怕酉申。
八月官星得正名，格中大怕卯和丁，
若还柱内去其忌，运亦如之贵亦宁。

【注解】 官星为命理中的贵气，格成正官，官旺者用印化官，官轻者用财生官，印轻者用官滋印，财轻劫重者用官制劫护财。只要行用神有力之运，必贵无疑。正官最忌“冲破合伤杂”五字。如甲用辛酉为官，忌丙合辛，忌丁伤辛，忌卯冲酉，忌午破辛，忌申庚杂酉。大运行至此五处，轻者灾咎破耗，重则丧身。前文已述，这里重复，只望加深印象。

壬寅
己酉
甲戌
丙寅

清道光皇帝命造。甲木年时得禄，壬印相生，身旺。酉金虽秉令，但天干不透，总觉微弱，取己财生官为用神。四十岁辛巳年，大运癸丑，癸水去丙，辛官明透，运岁局巳酉丑合全官局，面南登基，贵为至尊。五十八岁入乙卯大运，卯木冲去酉金官星，十年中鸦片战争，南京条约等巨变连连。此十年不仅为道光晦暗时期，亦为清廷晦暗时期，清廷丧权辱国，实从此始。六十九岁庚戌年，太岁又逢官杀混杂，正月崩逝。

癸未
甲子
丙戌
辛卯

梁鸿志命造。子水官星司权，元神癸水明透。惜子水被未伤戌食包围，癸水自坐伤官，危机已伏，只好取甲木印绶制伤护官和辛财化伤生官为用神。辛酉、庚申二运，旺财化伤生官，用神有力，由国民政府一名普通秘书直升至安福国会参议院秘书长。四十二岁甲子年，官印有力，升段祺瑞政府的秘书长。五十五岁丁丑年，大运午火，冲破子水官星，投靠日寇，密谋成立伪政府。五十七岁己卯年公开投敌，任汪精卫伪政府监察院院长。六十四岁丙戌年，大运丁巳，戌食化伤，克尽子水官星，以汉奸罪被枪决。

偏官诗诀

【原文】偏官如虎怕冲多，运旺身强岂奈何，
身弱虎强成祸患，身强制伏贵中和。
偏官有制化为权，垂手登云发少年，
岁运若行身旺地，功名大用福双全。
偏官不可例言凶，有制还他衣禄丰，
干上食神支又合，儿孙满眼福无穷。
阴癸多逢己字伤，杀星须用木来降，
虽然名利升高显，争奈平生寿不长。
六丙生人亥子多，杀星拘印反中和，

东方行去兴名利，运到西方事转磨。
春木无金不是奇，金多尤恐反遭危，
柱中取得中和气，福寿康宁百事宜。
偏官偏印最难明，上下相生有利名，
四库坐财宜向贵，等闲平步出公卿。
戊己若逢见官杀，局中金水更加临。
当生有火宜逢火，火退愁金怕木侵。

【注解】七杀是命理中的凶神，最喜制伏和化解，却有分别。原局中七杀强旺，制化力弱，叫杀强制浅，喜行制化大运；原局中杀弱制化过旺，叫杀浅制强，却喜行生扶七杀之运。只要制化得当，行运均为喜用之方，乃大贵大显之人，多以武取贵，手握兵符。七杀最怕杀弱又行制化七杀之运和杀强又行财星党杀和官星助杀大运。运岁逢之，轻则是非迭起，重则刑弃其身。

辛酉
庚子
癸未
丙辰

北宋变法名相王安石命造。癸生子月建禄，又得庚辛酉三颗印生，辰土官星有合子化水之情，弃之不用，未杀独清。惜印强杀浅，故取丙财生杀调候为用神。二十二岁壬午年，大运戊土，午戌合火生杀，中进士第四名。丁酉、丙申二运，财不通根，金化杀气，故屡辞荐拔，官仅至工部郎中。四十五岁一入乙未大运，南方气盛，财杀有力，升右谏议大夫，参知政事，开始变法，以展抱负。甲午一运，与月令天克地冲，故一贬再贬。幸午火与未土相合，凶中藏吉，封荆国公。六十六岁行癸巳大运，癸水灭丙，巳火合酉，虽丙寅流年尚有吉庆，然癸巳月，癸巳日，强水灭火，病卒。

辛卯
戊戌
壬申
庚子

朱绍良命造。壬水见刃，自坐长生，戊戌七杀秉令，卯戌化火生杀。格局杀印相资，化杀为权，极为顺畅。申金一运，印绶得力，毕业于南京陆军第四中学堂，参加了武昌起义。未土一运，官星助杀，有印反喜，升至重庆警备区司令。甲午一运，午戌合火生杀，升师长、江西绥靖主任。癸巳一运，刃透财强，任甘肃、青海、宁夏三省绥靖主任，雄踞一方。抗战时期，率部参加了著名的淞沪会战，任第八战区司令长官。七十二岁入庚寅大运，七十三岁癸卯年，运岁皆为印绶绝地，且寅木冲申，使旺杀无化，格局尽坏，患脑溢血而亡。

印绶诗诀

【原文】月逢印绶喜官星，运入官乡福必清，
死绝运临身不利，后行财运百无成。
印绶无亏享福用，为官承荫有田园，
家膺宜敕盈财谷，日用盘缠费万钱。
印绶无亏靠祖宗，光辉宅产耀门风，
流年运气逢官旺，富贵双全步月宫。
月生日主喜官星，运入官乡禄必清，
容貌堂堂多产业，官居廊庙作公卿。
重重生气若无官，当作清高技艺看，
官杀不来无爵禄，总为技艺也孤寒。
重重印绶格清奇，更要支干仔细推，
支上咸池干带合，风流浪荡破家儿。
印绶干支喜自然，功名富豪禄高迁，
若逢财运来伤印，退职休官免祸愆。
印绶重重享见成，食神只恐暗相刑，
早年若不归泉世，孤苦离乡宿疾萦。
丙丁卯月多官杀，四柱无根怕水乡，

湿木不生无焰火，身荣除世在南方。
壬癸逢身嫌火破，格中有土贵方知，
北方水运皆为吉，如遇寅冲总不宜。
木逢壬癸水漂流，日主无根罔度秋，
岁运若逢财旺运，反凶为吉遇王侯。
贪财坏印莫言凶，须要参详妙理通，
运若去财还作福，再行财运寿元终。
印绶如经死绝乡，怕财仍旧怕空亡，
逢之定主多凶祸，落水火刑自缢伤。
印绶不宜身太旺，纵然无事也平常，
除非原命多官杀，却有声名作栋梁。
印绶干头重见比，如行运助必伤身，
莫言此格无奇妙，印入财乡福禄真。
印绶官星运气纯，偏官多遇转精神，
如行死绝并财地，无救番为泉下人。

【注解】命理中印绶是生我之神，最为有福，日元衰弱，最喜此神。如果格入印绶，印绶轻者，喜官杀相生，正是逢印看官，见官十有九贵之意。如果印绶过强，却喜财星去印，以免水泛木漂，火炎土燥之患。印绶为用有三忌：一忌财星坏印，二忌印临绝处，三忌被运岁冲破。如甲以癸子为印，逢戊戌、己未为财星坏印。临巳方为绝地。见午火冲破等轻则剥官退职，重则牢狱是非，甚至丧身。

辛酉
丙申
癸丑
丁巳

千古名相诸葛亮命造。支全金局，申印秉令，丙辛合而化水，金白水清，两神成象，极为清纯，所以才卑管乐，节胜伊周。惜大运逆行，与用神相背，虽鞠躬尽瘁，亦事倍功半。二十七岁丁亥年，大运癸水，金水双清，被刘玄德三请出山。二十八岁戊子年，干头戊土浊水，支下子水助局，先凶后吉。虽失荆州、奔夏口，终赤壁一战，大败曹兵。三十三岁入壬辰大运，为一生最佳运程。平荆州，取成都，官拜丞相。三十九岁己亥年，己土浊水，关公遇害。四十二岁壬寅年，印绶临绝，张飞被刺。四十三岁癸卯年，印亦为绝，刘备崩。五十四岁甲寅年，大运庚寅，运岁皆临印绝处，病卒五丈原。

1828年十二月二十八日子时生男：

戊子		甲子
癸亥	大	乙丑
		丙寅
甲午	运	丁卯
甲子		戊辰

清末四川奉节鲍超八字。虽甲木双排，但支下无根，局中四水得势，既有浮木之弊，又有夺伤之患，故取戊土财星坏印护伤为用神。丑运之中，投军随向荣到广西镇压太平军，不得意。二十七岁甲寅年，大运丙寅，食旺生财，改投曾国藩任哨长。二十八岁乙卯年，升营官。二十九岁丙辰年，运岁双丙生财，升参将，擢副将，加总兵衔，一年三迁。运至戊辰，用神坐旺，官至提督，掌管一省军权。

正财诗诀

【原文】 正财无破乃生官，身旺财旺禄位宽，
身弱财多徒费力，劫财分夺祸多端。
正财得位正当权，日主高强财万千，
印绶莫来相济助，金珠满匣禄高迁。
正财还与月官同，最怕支干遇破冲，
岁运若临财旺处，须教得贵胜陶公。
身弱多财力不任，生官化鬼反来侵，
财多身健方为贵，若是身衰祸更临。

【注解】 陶公：即陶朱公。春秋时范蠡曾事越王勾践，陪越

王勾践质于吴，助勾践灭吴复国后离勾践而去，更名换姓，定居于陶，自号陶朱公，携子经商，累资巨万，天下尊誉，卒死于陶。他的八字是：

丙寅
己亥
庚申
辛巳

庚金坐禄，时干透劫，又有己印相生，日元不弱。亥水食神司权，化金气而生寅财，格局流畅，其富宜也。丙杀明透，杀印相资。初运庚子、辛丑，比劫强旺，用杀锻金，故掌兵权，步入仕途。晚运甲乙财星透干，故入商贾，命理昭然。

1925年五月二十三日寅时生男：

乙丑
癸未
丁酉
壬寅

大运
02、壬午
12、辛巳
22、庚辰
32、己卯
42、戊寅

美国通用汽车公司董事长罗杰·史密斯八字。丁生未月，食神司权，年支丑土助之，酉金财星化食生官杀，身弱杀强，取乙寅印绶化杀生身为用神。二十五岁己丑年，史密斯大学毕业后，就进入通用公司工作，担任财务会计。四十七岁辛亥年，大运入寅，升财务副总裁。五十一岁乙卯年升副董事长。丁运比肩助身，就任董事长，使公司营业额达一千二百五十亿美元，拥有员工七十六万，成为世界上最大的制造业公司。

偏财诗诀

【原文】 偏财身旺是英豪，羊刃无侵福禄高，
结识有情宜慷慨，若还身弱漫徒劳。
月偏财是众人财，最忌干支兄弟来，
身强财旺皆为福，若带官来足妙哉。
凡见偏财遇劫星，田园破尽苦还贫，
伤妻损妾多遭辱，食不相资困在陈。

若是偏财带正官，劫星须露福相干，
不宜劫运重来并，此处方知祸百端。
偏财身旺要官星，运入官乡发利名，
兄弟若来分夺去，功名不遂祸随生。

【注解】困在陈：陈为春秋时小国，孔子游说列国时，被人困在陈蔡之间，绝粮七日。这里引指贫穷。

财为养命之源，官星之根，所以有“大贵者用财不用官”之论。用财最喜身旺，能任财官最美。最忌身弱，难任财官。如果原局中身旺财轻，运喜生财之方；若原局身弱财旺，却喜行比劫分财之运。若财被比劫争夺，喜行官杀制比劫护财之运。大运与用神相亲，富贵双全，最忌“冲夺合破”四字。如辛金以甲寅为财，见申为冲，见午为合化，见庚辛申酉为劫夺，必穷困破耗，重则亡身。

庚戌
乙酉
庚子
甲申

孔子命造。乙庚化金，支类西方，以子水合申化强金为用神。甲木偏财明透，庚金比肩亦透，夺财为病。五十六岁后行辛金劫财大运，辛金夺取甲财，故忽而去卫适晋，忽而之宋反鲁，忽遇桓魋之难，忽困陈蔡之间，皆因辛劫夺甲财之故。

己巳
庚午
丙午
甲午

日元丙火，三见午刃，一见巳禄，比劫极强。庚金偏财虽得己伤相生，然火炎土燥金脆，夺财为患。初运己巳、戊辰，湿土晦火生金，祖上遗业颇丰。丁卯、丙寅二运，比劫迭逢，劫去庚财，家业破尽，连克两妻四子，贫困不堪。运至乙丑北方水地，晦火生金，家业重振，发财数万。

甲申 蒋作宾命造。癸水日元既得时柱癸亥相助，又得年支申金
丙寅 印生，日元有力。寅木伤官司权，申金贴身冲克。一则木旺金
癸丑 衰，二则亥寅相合，难去其根，仍可为用。然初春木寒，必以
癸亥 丙火正财暖局生发为急用。二十一岁起运入南方，仕途升腾，
由一个军校教官直升至内务部长，安徽省主席。五十一岁后入壬申大运，五十九岁壬午年，运岁双壬夺丙，病死重庆。

食神诗诀

【原文】 食神有气胜财官，先要他强旺本干，
若是反伤来夺食，忙忙辛苦祸千般。
食神无损格崇高，甲丙庚壬贵气牢，
丁己乙丁多福禄，门前弧失出英豪。
甲人见丙本盗气，丙去食戊号食神，
心广体胖衣禄厚，若临偏印主孤贫。
寿元合起最为奇，七杀何忧在岁时，
禁凶制杀干头旺，此是人间富贵儿。
食神居先杀居后，衣禄无亏富贵厚，
食神近杀却为殃，终日尘寰漫奔走。
申时戊日食神奇，惟在秋冬福禄齐，
甲丙卯寅来克破，遇而不遇主狐疑。

【注解】 食神虽为我生之物，盗我之气，但它是正财的根源。食旺财必旺，财旺自能生官，所以有“食神有气胜财官”之论。食神为用，最喜身旺，最忌枭印破食，有财破枭护食谓之有解。如果食神过旺，日元衰弱却喜印绶破食生身或比劫助身，运行用神之处，必然发迹。

丙子
辛丑
癸亥
乙卯

北宋著名文学家苏东坡命造。癸水日主，支类北方，年月丙辛合而化水，水势汹涌澎湃，喜时柱乙卯合亥化木，足可泄水，秀气发越，格局完善。二十一岁丙申年，大运卯木，金水木一顺相生，秀气流行，及进士第。运入甲木，助乙吐秀，官至知州。而后运入火乡，虽有乙卯引化，毕竟与子亥丑相冲，比劫夺财，终不为美，故忽升忽贬，起倒不宁。六十五岁庚辰年，大运戊申，申辰合子全水局，庚金化戊生癸，在儋州逢大赦，复朝奉郎提举。六十六岁辛巳年，运干戊土浊水，岁支巳火冲亥，病亡归天。

丁酉
戊申
戊申
戊午

张之洞命造。虽天干三戊同心，然支下二申一酉盗气更烈，故以丁午印绶制食生身为用神。喜大运逆行，一路火木均助用神，所以少年得志。十六岁壬子年发解，二十七岁癸亥年登第，而后由学政而巡抚，迁总督，权两江，加太子少保，历官场三十年云程直上者，运美也。七十三岁己酉年，大运辛丑，运岁强金，尽盗日元精气而亡。

庚申
戊寅
壬子
甲辰

壬水日元，支全水局，水势浩荡，应以甲寅食神吐秀为美。惜年柱庚申，枭印有力，贴身冲克寅木，甲木也被庚夺，命局中又无解救之神，所以为贫贱之命。

伤官诗诀

【原文】伤官伤尽最为奇，尤恐伤多反不宜，
此格局中千变化，推寻需要用心机。
火土伤官宜伤尽，金水伤官要见官，
木火见官官有旺，土金官去反成官，
惟有水木伤官格，财官两见始为欢。
伤官不可例言凶，辛日壬辰贵在中，

生在秋冬方秀气，生于四季主财丰。
丙火多根土又连，或成申月或成乾，
但行金水升名利，火土重来数不坚。
伤官不可例言凶，有制还他衣禄丰，
干上食神支带合，儿孙满眼寿如松。
伤官遇者本非宜，财有官无是福基，
时日月伤官格局，运行财旺贵无疑。
伤官伤尽最为奇，若有伤官祸便随，
恃己凌人心好胜，刑伤骨肉更多悲。

【注解】“若有伤官祸便随”甚是费解，前句既已是伤官伤尽最为奇，后句又何来祸随。细析此节，应是“若有官星祸便随”之误，因伤官见官，必生祸患。故更正。

金水伤官要见官，是金生亥子月，地冻天寒，有丙丁官星调候为急用。水火见官官要旺，火以水为官，官旺火强，以成既济。

伤官不仅为盗泄日元精气之物，且伤害日元官贵，所以为凶神。如果伤官伤尽，或伤官佩印，伤官驾杀等反为大贵之格。如果伤官为用者，伤官强旺，喜行印绶和比劫大运，制伤生身或助身任伤。伤官衰弱者，则喜行比劫运助伤。伤官衰弱，最忌印绶制伤或冲克岁运。如甲木以丁午为伤，见癸水为印绶制伤，见子水冲午，是冲破伤官，轻则灾咎迭起，重则有生命之忧。

戊子
辛酉
乙未
丙子

商震命造。乙木坐库，年时子水印生，日元不弱。辛酉七杀秉令，天透地藏，戊财贴身党杀，杀旺攻身，取丙火伤官制杀护身为用神。二十六岁癸丑年，大运子水，癸水克去丙火用神，因参加二次革命被押。二十七岁甲寅年，劫财化印助伤，升团长。二十九岁丙辰年，用神临太岁，转投阎锡山，得遇明主。三十九岁丙寅年，代理绥远都统，而后运入东方，用神有力，官直至第六战区司令长官，手握重兵，雄踞一方。

1870年六月二十五日亥时生男：

庚午	大运	06、甲申
癸未		16、乙酉
庚申		26、丙戌
丁亥		36、丁亥
		46、戊子

民国时期湖南凤凰熊希龄八字。庚金坐禄得比，月令未土化午官而生庚金，丁火官星坐亥为绝，故取癸水伤官吐秀润局为用神。六岁乙亥年，癸伤得旺，启蒙。十四岁癸未年，用神明透，考中秀才。二十二岁辛卯年，劫财助伤，乡试中举。二十五岁甲午年，甲财引通秀气，中进士，入词馆。三十岁己亥年，用神得旺，得到湖南巡抚赵尔巽的赏识。赵升东三省总督，任其为屯垦局总办。运至丁亥，用神得旺，官至国务总理兼财政总长。四十五岁甲寅年，太岁与日柱天克地冲，被迫辞职。

羊刃诗诀

【原文】 羊刃存时莫看凶，身轻反助却为福，
单嫌岁月重相见，莫把生时作怒宫。
马逢丙戊鼠逢壬，喜见官星七杀临，
刑害无妨冲败惧，怕逢财地祸非轻。
壬子休来见午宫，午宫又怕子来冲，
丙日坐午休重见，会合身宫事有凶。
日刃还如羊刃同，官星七杀喜交逢，
岁君若也无伤劫，支上刑冲立武功。
羊刃嫌冲合岁君，流年遇此主灾迍，
三刑七杀如交遇，必定阎王出引征。
时逢羊刃喜偏官，若见财星祸百端，

岁运相冲并相合，勃然灾祸又临门。
羊刃重逢合有伤，主人心性气高强，
刑冲太重多凶厄，有制方为保吉昌。
羊刃之辰怕见官，刑冲破害祸千端，
大嫌财旺居三合，断指伤残体不完。

【注解】羊刃为日元最旺之处。月满则亏，日中则昃，旺极则衰，所以羊刃也为凶神。如果身弱财旺，身弱食伤强或身弱杀强，羊刃却有助身之功。若杀刃成局，反是大格气象。羊刃最忌冲动，如甲以卯为刃，逢酉冲则凶险无比，尤其是格成专旺，再逢冲刃，绝无生机。

辛巳
戊戌
壬子
壬寅

方良永巡抚命造。日元壬水虽坐子刃，时干见比。然戊戌七杀司权，巳火旺财生杀，时支寅木盗气，全局克泄交加，反觉杀旺刃弱，所以取辛印化杀生身为用神，子刃助身为喜。三十岁庚戌年，大运乙木，乙庚合金，化杀生身，中进士。三十一岁辛亥年，金旺水强，授刑部主事。巳火大运，财旺生杀，因对权宦刘谨无礼，致仕为民。五十二岁壬申年，水气大盛，杀刃成格，复起。壬辰一运，子辰合水，杀刃有力，官直作至副都御史。六十七岁丁亥年，迁巡抚，惜太岁与时柱干支皆合而化木，用神反化忌神，病死巡抚途中。

癸卯
丙辰
丙午
庚寅

费寀尚书命造。丙火坐刃，支类东方，火气极烈。癸水一点不足制刃，庚财无根，不能生官，妙在月令辰为湿土，不仅尽收火气，又能生养庚金，且为癸官之库，用神极为有力。二旬后运入北方，官星托根，制刃成局，官直至礼部尚书。六十六岁戊申年，大运己酉，运岁地支申酉冲克寅卯，运岁天干戊己食伤克尽癸官，格局尽坏，病卒。

刑合诗诀

【原文】四柱支干合到刑，多因酒色丧其身，
若临羊刃并七杀，定作黄泉路上人。
六癸日生时甲寅，假名刑合亦非真，
月令若加亥子位，伤官格内倒推寻。
癸日生人时甲寅，最嫌四柱带官星，
若无戊己庚申字，壮岁荣华达帝京。
但求癸日甲寅时，刑去官星贵可知，
不喜庚金伤甲木，寅申冲破主忧危。
癸日寅时刑合格，入此格时须显赫，
官星七杀莫相逢，甲庚己字为灾厄。
柱中若逢酉丑字，遇者英豪名利客，
参详岁运定荣枯，此是子平真法则。

【注解】癸日甲寅时不见官星，实际上是身旺用伤泄秀格。

甲子
壬申
癸丑
甲寅

吴岳尚书命造。年月日三柱水强，时柱甲寅与年干甲木同心，足以泄水秀气。寅中又暗藏丙火暖局，玄机暗存，所以官场平顺，仕至尚书。

1513年1月19日寅时生男：

壬申		07、甲寅
		17、乙卯
癸丑	大	27、丙辰
癸丑	运	37、丁巳
		47、戊午
甲寅		57、己未

明河南新郑高拱八字。干头比劫三重，支下申金化杀生身，格局流畅。惟生于大寒节内，水冷金寒，故以寅中暗藏丙火调候为急用。三十岁辛丑年，大运丙辰，用神明快，中进士步入仕途。三十七岁后运至南方，用神有力，官至首辅、中极殿大学士。此局贵在寅中丙火，并非刑合。

日贵诗诀

【原文】日贵支干一位同，空亡大忌带官冲，
仁慈广德多姿色，会合财星空自崇。
丁日猪鸡癸兔蛇，刑冲破害漫咨嗟，
财临会合方成贵，终始分之乃是佳。
癸丁蛇卯届猪鸡，官被刑冲祸必随，
纯粹施为有仁德，尊崇富贵出希奇。
日贵看来是兔蛇，格生亥酉越堪夸，
刑冲不遇空亡位，辅佐功勋在帝家。

金神诗诀

【原文】甲午时上见金神，杀刃相临真贵人，
火木逢申财禄发，如逢金水必伤身。
金神遇火贵无疑，金水灾殃定有之，
运到火乡多发达，官崇家富两相宜。
时遇金神贵气多，如逢羊刃却中和，
若逢水运贫而疾，火制名高爵位峨。
癸酉己巳并乙丑，时上逢之是福神，
傲物恃才宜制伏，交逢杀刃贵人真。
性多狠暴才明敏，遇水相生立困穷，
制伏运行逢火局，超迁贵显禄千钟。

日德诗诀

【原文】壬戌庚辰日德宫，甲寅戊丙要骑龙，
运逢身旺心慈善，日德居多福自丰。
刑冲破害官财旺，空与魁罡会合凶，

克战孤贫危险甚，纵交发迹命还终。
丙辰且忌见壬辰，壬戌提防戊戌临，
日坐庚辰与庚戌，甲寅还且虑庚辰。
日德不喜见魁罡，化成杀曜最难当，
局中重见须还疾，运限逢之必定亡。
日德重逢免祸殃，官星切忌见财乡，
更无冲破空刑物，堪作朝中一栋梁。
甲寅壬戌与庚辰，丙戊逢辰日德真，
不喜空亡嫌禄破，更逢破害与刑冲。

魁罡诗诀

【原文】魁罡四日最为先，叠叠相逢掌大权，
庚戌庚辰怕官显，戊戌壬辰畏财连。
主人性格多聪慧，好杀之心断不偏，
柱有刑冲兼破害，一贫彻骨受笞鞭。
戊戌庚辰杀最强，壬辰庚戌号魁罡，
日加重者方为福，身旺逢之贵异常，
如逢一位冲刑重，彻骨贫寒不可当。
魁罡四柱日多同，贵气期来在此中，
日主独逢冲克重，财官显露福无穷。

时墓诗诀

【原文】财官藏蓄四时辰，年少刑冲可进身，
不遇刑冲遭压伏，果然不发少年人。
北方壬癸遇河魁，南域加临大吉时，
仓库丰盈金玉满，优游处世福相随。
若问财官墓库时，辰戌丑未一同推，

财官俱要匙开库，压住财官未是奇。
要知何物能开库，刑冲破害是钥匙，
露出财官方得用，身衰鬼墓甚危痴。

【注解】墓库须刑冲方开之谬，甚不合命理，特引《滴天髓阐微》二例说明：

丁未
癸丑
甲辰
甲戌

四库全冲，不仅丑中官星受伤，且冲去库根。辰戌冲微根亦拔，根气全无，只留下印比身旺。初运壬子、辛亥水旺之地，身强而荫庇有余。一交戊运，逆其旺势，椿萱并逝，刑妻克子。己酉、戊申家业破尽而亡。（按：此造支全四冲，再冲还是土，全局身弱财强，日元得印比生助，又不能从财，初运印绶生身为美，戊运财旺破耗迭见。酉申二运，旺财生杀，攻身故亡。）

丁亥
癸丑
甲子
辛未

子丑合解丑未冲，癸水印绶制丁火伤官，辛金官星得用，土金水皆得生化之情，所以科甲入仕。前造因冲而贫，此造无冲而显，说明墓库逢冲必开之谬。

杂气财官诗诀

【原文】杂气财官在月宫，天干透露始为丰，
财多官旺宜冲破，切忌干支压伏重。
辰戌丑未为四季，印绶财官居杂气，
干头透出格为真，只问财多为尊贵。
财官寓在库中藏，不露光芒福不昌，
若得库门开透了，定教富贵不寻常。
杂气从来福不轻，天干透出始为真，
身强财旺生官禄，运见冲刑聚宝珍。
四季财官月内藏，刑冲克制要相当，

太过不及皆成祸，运到财乡是吉祥。
透出财官官禄钟，官加富贵位三公，
刑冲三变方为妙，得运应知蛇化龙。
五行四季月支逢，印绶干头要显荣，
四柱相生喜官杀，更饶财产又峥嵘。

【注解】辰戌丑未每支中皆暗藏三位天干，其气不纯，所以叫杂气财官。此格以天干透出为美，若不透出，只论本气，最忌冲克，冲则损坏格局；但有人主张喜冲之说，其实不合命理，再举例说明之。

甲午
戊辰
丁酉
甲辰

李世甲命造。丁火生于谷雨后六日，戊土司权，盗泄丁气，日时酉辰亦耗日元之气。丁火虽得午火禄根，全局盗气极重，必以年时天干二甲印绶生身制伤为用神。伤官佩印，本属大格，惜二甲仅有辰中一点乙木余气为根，用神力弱，故未大显。壬癸甲三运用神有力，官至海军常务次长，第二舰队司令。五十三岁丙戌年，大运入戌，运岁二戌冲辰，冲去辰中微根，被迫辞职。七十七岁庚戌年，岁干庚财破印，岁支戌土冲辰，用神干支皆损而亡。李世甲败于戌冲辰之岁，死于戌冲辰之年，不合冲开墓库为喜之论。

1963年九月十四日戌时生男：

癸卯		08、辛酉
壬戌	大	18、庚申
		28、己未
丙午	运	38、戊午
戊戌		48、丁巳

丙火坐刃，戌合午化火，卯木生火，日元有力。壬癸官杀虽透年月，惜支下无根，难以束身，只有取戌中暗藏辛金财星化食生官杀为用神。十八岁起行庚申大运，入伍参军，退伍后当了警察。十多年辛勤工作，升到派出所所长。三十八岁庚辰年，用神明透，升分局副局长。四十八岁庚寅年，再逢用神，任分局局长。五十岁壬辰年，

大运丁巳，太岁与时柱天克地冲，冲破戌中辛金用神，运干丁火合去壬杀，身旺无制，因经济问题被捕，判刑七年。墓库喜冲之说不可信也。

时上偏财诗诀

【原文】时上偏财不用多，支干需要用搜罗，
喜逢财旺兼身旺，冲破伤财受折磨。
时上偏财一位佳，不逢冲破享荣华，
破财劫刃还无遇，富贵双全比石家。
时上偏财遇劫星，田园破尽苦还贫，
伤妻损妾多遭辱，食不相资困在陈。
若是偏财带正官，劫星若露福难安，
不宜劫运重来并，此处方知祸百端。

【注解】时上偏财格是指时上偏财透干，最忌比劫运岁夺取偏财。如原局有官杀护财，谓之有救无妨。若无解救，祸患必生。同时还要分喜忌，财为喜用，行财运大发。财为忌神，行运反凶，不可不区别。

石家：西晋石崇，富可敌国。下面是石崇的八字：

蜀后主延熙十二年（249年）七月初九辰时生：

己巳		09、庚午
辛未	大	19、己巳
		29、戊辰
甲午	运	39、丁卯
戊辰		49、丙寅

石崇八字相传有几种，此种为袁树珊所辑。日元甲木，支类南方，辰未财库均有乙木暗藏为日主之根。更妙在辰巳午未一气呵成，财库连珠，富可知矣。然总觉身弱财强，终为财祸。三十五岁癸卯年，日元得卯刃助身，封安乡侯。四十三岁辛亥年，大运丁卯，合全木局，拜黄门郎，出荆州刺史。惜横征暴敛，穷奢极欲，祸根已种。五十二岁庚申年，大运丙火，丙火合去辛官，财星生起旺杀，终因小妾绿珠导致杀身之祸。

丁未
乙巳
戊戌
壬子

戊生巳月，坐戌见未，土气极厚，壬水偏财，虽通根子水，仍难敌众劫争夺。乙木官星气泄，也无力护财。好在官有护财之情，财有生官之意，互相生护为用。大运又逆行木水金，均为助用之方，所以发贵。

时上一位贵诗诀

【原文】 时上偏官一位逢，身强杀浅怕刑冲，
假如月上又重见，辛苦徒劳百事空。
时上偏官喜刃冲，身强制伏禄丰隆。
正官若也来相会，身弱财生主困穷。
时上偏官一位强，日辰自旺贵非常，
有财有印多财禄，列定天生作栋梁。
时逢七杀是偏官，有制身强好命看，
制过喜逢杀旺运，三方得地发何难。
元无制伏运须见，不怕刑冲多杀攒，
若是身衰惟杀旺，定知此命是贫寒。

【注解】 时上七杀与月令七杀同论。杀强喜制，杀浅喜扶。若杀强逢财官，杀弱逢制伏，贫贱凶祸之造。（详参前“论偏官、时上一位贵”二节）

乙酉
癸未
丙寅
壬辰

黄庭坚命造。虽丙火坐寅，月支未中也暗藏丁火，乙木印绶明透。然月时官杀并透，通根酉辰，反是身弱杀强。初运南方，日元托根任杀，二十二岁丙午年，杀刃成格，乡试首选。二十三岁丁未年，礼部登第。庚辰一运，财星党杀，忽国子监教授，忽知太和，忽秘书检讨，奔波不已。三十九岁后大运己卯、戊寅，食伤制杀留官，印绶生身，官至知州。六十一岁乙酉年，大运丁丑，丑酉合金，克印生杀而亡。

庚戌
乙酉
甲寅
辛未

毕沅命造。年月乙庚合于八月化金，辛杀透于时干，月令酉官当权，甲木全靠日禄寅木助身为用，身弱杀强为病。二十四岁癸酉年，大运戊子，癸子印绶化杀生身，乡试中举。三十一岁庚辰年，子水大运，子辰合水局化杀为权，殿试夺魁，授翰林院修撰。运入寅卯，禄刃助身，累迁甘肃巩秦阶道，授巡抚，擢总督，步步春风。六十八岁丁巳年，大运壬辰，表面看来，壬印化杀生身，丁伤制杀护身，惜丁壬一合，两用皆失，巳火合酉化金，辰财生杀，凶神一派，病亡。

飞天禄马诗诀

【原文】壬庚日主重重子，倒冲禄马号飞天，
如何金水多清贵，运入南方虑有迁。
庚壬鼠队来冲马，辛癸寻蛇要众猪，
丙日马群冲鼠禄，丁逢蛇众见双鱼。
最忌绊神兼论合，官星填实祸当途，
运重岁轻消息取，用神不损上天衢。
辛日重逢乾又乾，格中推此号飞天，
格成酉戌壮身贵，巳运刑冲寿莫前。
禄马飞天识者稀，庚壬二日报君知，
年时月日重逢子，无破无冲富贵奇。
飞天禄马贵非常，辛癸都来二字强，
年月时日重见亥，无官冲绊是贤良。
亥逢辛癸子庚壬，禄马飞天仔细寻，
岁运若逢官绝处，功名唾手遂初心。
日刃庚壬子字多，飞天禄马格纯和，
冲官合起真为贵，填实其中又折磨。
七杀官星休要犯，丑字相逢绊若何，
天地人元重见土，克其子丑不兴波。

丁日多逢巳字重，局中无水贵和同，
伤官此格宜伤尽，见亥刑冲数必空。
丙丁巳午要多临，冲出官星贵气深，
四柱若无官杀重，复行官运祸难禁。
丙丁离位傲江湖，岁运无官入仕途，
专禄荣名皆遂意，片言投合动皇都。
丙日须宜子午冲，午能冲子吉相逢，
不须论合惟嫌未，子癸相逢再见凶。
丁日坐巳多冲亥，壬癸休来四柱中，
倘若地支申字出，必能相绊贵难同。
丁巳支中叠见蛇，刑冲壬子格为佳，
若有亥午兼乙卯，合官锦上又添花。
癸日亥字为仇家，近寅绊合有争差，
春秋半吉冬无用，生于夏月享荣华。

【注解】庚日子多，辛日亥多是伤官格。壬日子多，癸日亥多是润下专旺格。丙日午多，丁日巳多是炎上专旺格。冲禄之说均违背子平命理。（详参前诸外格）

辛酉
癸巳
丁巳
乙巳

入格八字。日元丁火，支见三巳，年月巳酉合金，癸杀明透月令，身旺杀强，有乙木偏印通关为用，喜用皆宜，格局中和，何用冲亥官而弃癸杀。舍近求远，吹毛求疵。

六乙鼠贵诗诀

【原文】六乙鼠贵在其时，官杀冲破不相宜，
月宫通得真三日，方定当生禄马奇。
乙日生人得子时，名之聚贵最为奇，

切嫌午字来冲破，辛酉庚申总不宜。
乙日须逢丙子时，如无午破贵尤奇，
四柱忌逢申酉丑，若无官杀拜丹墀。
阴木逢阳亥子多，子为鼠贵贵嵯峨，
柱中只怕南离位，困苦伤残怎奈何。
六乙生人时遇鼠，官星又带复如此，
庚辛申酉马牛欺，一位逢之为丐子。

【注解】见下例：

甲寅
戊辰
乙亥
丙子

合格八字。地支子辰合水，寅亥化木，干透甲劫，全靠时干丙火伤官化劫生财为用神。运行南方，用神托根而发。根据子平命理，此格贵在丙火，而非子水。

合　　禄

【原文】戊日庚申时上逢，如无官印贵秋冬，
甲丙卯寅兼巳字，四营岁运怕同宫。
日干癸水时庚申，生在秋冬富贵人，
大忌寅来伤秀气，若逢春夏惹灾连。
时遇庚申癸日生，此为官印合官星，
不逢官杀兼阳火，名誉昭彰拜紫宸。
申时戊日食神奇，惟喜秋冬福禄宜，
甲丙卯寅来克破，遇而不遇主孤离。
食神生旺无刑克，命中值此胜财官，
官印更来相协助，少年登第拜金銮。

【注解】戊日庚申时是时逢专食，最喜身旺。癸日庚申时是时逢旺印，年月官杀财只要有力，皆为美格。

己酉 辛未 癸未 庚申	癸生未月，日支重见，元神发露，杀旺攻身，最喜时柱庚申化杀生身通关为用，七杀反为助我之神，杀印相资，极贵之局。

子遥巳诗诀

【原文】甲子重逢甲子时，休言官旺不相宜，
月生日主根元壮，运到金乡反得奇。
甲临子字日时全，拟作蟾宫折桂仙，
丑绊午冲官杀显，反为淹滞祸绵绵。
甲子重逢甲子时，名为遥巳最相宜，
才临丑午家须破，岁运官逢亦不奇。
甲子日逢甲子时，子来遥合巳中支，
戊能动丙丙合酉，甲得辛官贵可知。
不喜庚辛申酉出，丑来相绊亦非宜，
更嫌午字相冲害，运入官乡旺处奇。

【注解】见下例：

庚子 己卯 甲子 甲子	大运	庚辰 辛巳 壬午 癸未 甲申	明山东郓城樊继祖八字。甲木并排，月令羊刃，又得三子相生，身强。庚金七杀气泄子水，难以助身，当取己财生杀为用神。二十一岁辛酉年，大运辛巳，运岁巳酉合金助杀，乡试中举。三十二岁辛未年，大运午火，己用得禄，运岁午未合化土助杀，中进士，授临颍知县入仕。五十八岁丁酉年，

大运乙酉，喜用得地，升兵部左侍郎。六十一岁庚子年，升兵部尚书，然岁局四子盗庚，大运与月柱天克地冲，庚杀之气尽泄，因面对蒙古 入侵，畏敌避战，丧师失地，谎报军功，被御史劾罢。此局贵在己庚而忌在子水，若以遥巳论，岂非说梦。

丑遥巳格诗诀

【原文】辛日癸日多逢丑，名为遥巳合官星，
莫言不喜官星旺，谁信官来反有成。
辛丑癸丑二日干，丑能合巳巳藏官，
丑日多见方为妙，不宜子字柱中间。
若逢申酉更为美，辛嫌巳午丙丁干，
癸嫌戊己及巳午，此命必须仔细看。
辛癸二日逢遇丑，便是官星暗入宫，
申酉喜来临一字，忌逢巳午子垣凶。

【注解】见下例：

癸丑
乙丑
辛丑
戊子

辛金三见丑土，戊土透干，一则土旺金强，二则有埋金之患。乙木无根难疏厚土，当以癸水食神生财刷土、润金吐秀为用神。癸从丑中透出，时支又得子禄，大运逆行，皆为水金助用之地，故而发贵，绝非用丑遥合巳中丙官故。

壬骑龙背诗诀

【原文】壬骑龙背喜非常，寅字辰多转发扬，
大忌官星来破格，刑冲须见寿元伤。
壬骑龙背怕官居，重叠逢辰贵有余，
设若寅多辰字少，须应豪富比陶朱。
壬辰日又见辰时，年月辰多最是奇，
四柱若逢寅位上，发财发福两相宜。
壬寅不及壬辰日，四柱壬辰字要多，
辰字多兮官杀重，寅多可比石崇过。
日遇壬辰格罕逢，格中叠见号骑龙。
若还寅字重重出，富贵仍教比石崇。

午戌成财寅合局，戌中禄马用辰冲，
忽然若是壬寅出，四柱居辰格亦同。

【注解】见下例：

戊辰		戊午
		己未
丁巳	大	庚申
壬辰	运	辛酉
		壬戌
甲辰		癸亥

齐王元帅八字。壬水支下三见辰土，月柱丁巳生辰，壬水有辰中癸水为根，又不能从杀，只有取巳中暗藏庚金偏印化土生身为用神，癸劫助身为喜。妙在二旬后运入金乡，继而水乡，用神得地，故能大贵。然此局贵在运吉，非壬骑龙背之贵也。

井栏叉格诗诀

【原文】庚日全逢申子辰，井栏叉格制官星，
局中无火方成贵，破动提纲祸亦刑。
庚日喜逢全润下，贵神名曰井栏叉，
丙丁巳午休相遇，申子辰宫全乃佳。
若是申时归禄格，时逢丙子杀神加，
水局要冲寅午戌，若还填实禄难赊。
井栏运喜东方地，得到财乡真富贵，
丙丁巳午岁运逢，失禄破财须且畏。
庚日全逢润下方，癸壬巳午怕刑伤，
时逢子申福减半，功名成败不能长。

【注解】见下例：

戊子
庚申
庚申
庚辰

郭统制命造。天干三庚，支下二申，戊土生金，宛如铜墙铁壁，其性喜顺而不可逆。喜子申辰三合水局，尽泄庚金戾气，秀气流行。再加大运一路金水，均于用神有情，故能发贵。此金水伤官格，何须添足。

归禄格诗诀

【原文】 归禄逢财名利全，干头不忌透财源，
身强无破平生好，大怕行运遇比肩。
日禄归时要旺宫，食神喜遇怕刑冲，
伤官嫌入伤财运，官不高兮财不丰。
日禄归时格最良，怕官嫌杀喜身强，
若见比肩分劫禄，刑冲破害更难当。
青云得路禄归时，凡命逢之贵且奇，
四柱无冲官不至，少年平步上云梯。

【注解】 大凡日禄归时，局无官星，日元旺强，必用食伤。冲破禄元，食伤无生，多有不吉。若食伤为用，最忌枭印破伤夺食，运岁逢之，祸患不断。

己未
己巳
甲寅
丙寅

甲木日元，日禄时禄，年支未中又有木气，自是强旺。丙火食神通根月令，是真神得用，如此木火土一气流清，秀气尽情引发。更喜大运一路木水助身，命好运亦好，所以贵显。

甲寅
辛未
戊午
丁巳

大运　08、壬申　18、癸酉　28、甲戌

一男造。戊土生于未月，月日时南方一气，寅木七杀合干化印，日禄归时，日元极强，当以辛金伤官吐秀为用神。二十五岁戊寅年，辛金用神临绝，于乙丑月、丙戌日、甲午时出车祸死亡。

乙卯			一女造。癸生亥月正旺，日禄归时，看似身强。然年月日亥卯未合全木局，旺化为食，反盗日元之气，日元反弱。初运子丑北方，助身任食，尚且平安。二十三岁丁丑年，一交庚寅大运，伤官助食盗日元之气，精气尽泄，得肝腹水而亡。
丁亥	大	02、戊子	
癸未		12、己丑	
壬子	运	22、庚寅	

六阴朝阳诗诀

【原文】辛日单单逢戊子，六阴贵格喜朝阳，
丙丁巳午休填实，岁运轮逢一例详。
南地平平最嫌北，西方第一次东方，
若还子字无相遇，贵处朝堂姓字香。
戊子时逢日主辛，阴阳朝位贵超群，
官星七杀休相见，巳马南离局里嗔。
岁月有财寻别格，辛中丑绊又非真，
断然此格当为贵，西运行来作辅臣。
辛逢戊子最相宜，名利高迁折桂枝，
四季秋生无亥字，荣华富贵业尤奇。
六阴行运喜西方，临在东方也吉昌，
若到北方凶且畏，南离冲破主灾殃。

【注解】见下例：

戊子	周之屏学宪命造。日月二柱辛酉，年时二干戊土生助，金气极盛，喜年时二支子水食神暗藏，秀气流行，文章出众，故为学宪。惜水不透干，清贵小贵之局。此贵在子水食神，并非朝阳。
辛酉	
辛酉	
戊子	

拱禄拱贵诗诀

【原文】拱禄拱贵格中稀，也须月令看支提，
提纲有用提纲重，月令无官用此奇。
拱禄拱贵格稀奇，遇者腰悬金紫衣，
只怕刑冲并克破，应嫌七杀月年随。
所拱之位怕填实，又怕伤官在月支，
羊刃重重来格破，如无此破贵无疑。
癸日癸时逢亥丑，名为拱禄福重重，
若无官杀来冲坏，雁塔题名有路通。
两绊本身非是我，拱藏一位虚中好，
不宜填实见官星，更忌官星当克破。
甲寅甲子拱辛官，壬辰壬寅拱贵看，
日遇甲申时庚午，戊申戊午桂生香。
看来辛丑逢辛卯，乙未乙酉格高强，
切忌刑冲填破害，腰金衣紫食皇粮。

【注解】甲寅日甲子时夹丑为夹贵非夹官；乙未日乙酉时夹申官，官杀混杂。

癸卯 癸亥 癸丑 癸亥　许成名侍郎命造。天干一气，月时亥水，水气极盛，丑土一点尽被冲刷，难以为堤，必以卯亥木局吐秀为用神。运至南方火地，财星引通秀气而发贵。若以夹禄论，丑亥夹子禄，天干一气，支类北方，水泛木浮，反为漂荡贫贱之命。

六甲趋乾诗诀

【原文】甲日生人遇亥时，甲趋乾格最相宜，
岁运逢官财旺处，官灾祸患共来齐。

【注解】见下例：

戊辰
癸亥
甲子
乙亥

月时二亥，子辰化水，戊土正财，与癸相合，局中仅水木两种五行，水木成象，极为清纯。运行北方助水，运行东方助木，皆顺水性，所以贵显。

六壬趋艮诗诀

【原文】壬日寅时为贵格，此名趋艮福非常，
大怕刑冲并克破，相逢岁运祸非常。
壬喜逢寅庚喜辰，云龙风虎越精神，
支头重见无冲战，定是清朝食禄人。

【注解】见下例：

癸酉
甲子
壬寅
壬寅

张志发刑部侍郎命造。壬水月刃，干头得比劫相助，年支见酉印生扶，日元极强。喜日时二支寅木，既泄壬水秀气，寅中又暗藏丙火暖局，寒谷回春，格局纯粹，故以侍郎之职入阁。

勾陈得位诗诀

【原文】日干戊己坐财官，号曰勾陈得位看，
若有大财分归气，命中值此列朝班。
勾陈得位会财官，无破无冲命必安，
申子北方东卯木，管教环佩带金銮。
戊己勾陈得局清，财官相遇两分明，
假令岁运无冲破，富贵双全享太平。

【注解】见下例：

丁亥　己土虽得时柱戊辰相助，然年月日亥卯未合全杀局，杀旺
丁未　攻身，日元反弱。喜年月天干二丁并透，化强杀生弱身，再加
己卯　大运逆行火土，助身助用而贵。此贵在印绶化杀为权，并非勾
戊辰　陈得位。

玄武当权诗诀

【原文】玄武当权妙入神，日干壬癸坐财星，
官星若也居门户，无破当为大贵人。
壬癸名为玄武神，财官两见始成真，
局无冲破当清贵，辅佐皇家一老臣。

【注解】见下例：

庚戌　表面看来，二壬通根亥水，庚辛相生，金水五重。虽寅午
壬午　戌合全火局，只有三重，然午火秉令，亥水又合寅化木，壬水
壬寅　失根，火力远胜水力。喜大运顺行，癸未运后，即入西北之方，
辛亥　助起水势，既济成象，故贵。

润下诗诀

【原文】天干壬癸喜冬生，更值申辰会局成，
或是全归亥子丑，等闲平步上青云。
壬癸生临水局中，汪洋一会向流东，
若然不遇堤防土，金紫荣身位至公。

【注解】见下例：

己丑　明万历四十一年癸丑科状元周延儒命造。日元癸水，支类
丙子　北方，时柱癸亥，如一片汪洋，格成润下。可惜己土浊局，丙
癸亥　激水势，格局不纯，故为人奸诈贪卑。二十四岁壬子年，癸酉
癸亥　运中举人。二十五岁癸丑年，癸酉运，丑酉合金生水，大魁天下，

授修撰。不几年，官至少詹事。四十岁戊辰年，大运壬申，由礼部右侍郎直升至首辅，加武英殿大学士。后又进吏部尚书，太子太师，中极殿大学士。五十五岁癸未年，大运午火，午未冲子丑，因报假功事破，被削去一切职务，逮捕解京问罪，途中勒令自尽。锦衣卫怕他没真断气，又用一只大钉钉进脑门。上例说明专旺格最喜强旺，最忌逆其旺势。

从革诗诀

【原文】 秋月金局一类看，名为从革便相欢，
如无炎帝来临害，定作当朝宰相官。
金居从格贵人钦，造化清高福禄真。
四柱火来相混杂，空门艺术谩经纶。

【注解】 见下例：

辛巳
辛丑
庚申
辛巳

干支皆金，从革专旺极纯。运至西方，助金旺局，在众多兄弟中脱颖而出，独承父荫，被慈禧太后视为子侄，很是看顾。运入南方，破其旺格，被捕入狱。这是李鸿章之子命造。李鸿章命局是曲直专旺格，木绝于金。李家富贵，从木局始，绝于金局，岂非有趣。

稼穑诗诀

【原文】 土居辰戌丑未，谓之稼穑。
戊己生居四季中，辰戌丑未要全逢，
喜逢财地兼官杀，运到东方定有凶。
戊己重逢杂气天，土多只论土居全，
财星得遇堪为福，官杀如临有祸缠。

【注解】 见下例：

甲戌
戊辰
己巳
己巳

林廷玉都堂命造。己生辰月，年支戌土，日时二巳，支全火土，甲木合己亦化为土，格成稼穑，极为纯粹。初运南方，火助土势。继而西方，虽泄土气，亦顺土性，所以发贵。运至北方，冲火刷土，逆其旺势，不美。

曲直格诗诀

【原文】甲乙生人寅卯辰，又名仁寿两堪许，
亥卯未全嫌白帝，若逢坎地必荣身。
木从木类正为奇，秋令逢之事不宜，
得此清高仁且寿，水源相会福元齐。

【注解】见下例：

乙卯
戊寅
乙卯
癸未

许论尚书命造。年日二柱乙卯，月令寅木，时支未土合卯化木，癸印相生，春木森森，曲直格极纯。三十二岁丙戌年，大运乙亥，支全木局，得中进士，授推官之职。甲戌运升兵部主事。六十岁甲寅年，出督山西军务。六十二岁丙辰年，支类东方，升兵部尚书。惜大运壬申，不久即获罪削官。七十一岁辛丑年，大运辛金，运岁二辛犯木之旺，病卒。

炎上格诗诀

【原文】夏火炎炎火焰高，局中无水是英豪，
运行木地方成器，一举峥嵘夺锦袍。
火多炎上去冲天，玄武无侵富贵全，
一路东方行好运，簪缨头顶带腰悬。

【注解】见下例：

丁卯
丙午
丙午
辛卯

王侍郎命造。月日二柱丙午得年时二支卯印相生，年干丁劫相助，火势冲天，格成炎上。喜大运逆行，火木相连，助其旺势，科甲入仕，官至侍郎。庚子一运，子水冲午，犯火之旺，死于非命。

福德格诗诀

【原文】阴土逢蛇金与牛，名为福德号貔貅，

火来侵克非为美，名利空空一旦休。
阴火相临巳酉丑，生居丑月寿难长，
更兼名利多成败，破耗荒淫禄不昌。
癸巳癸酉月临风，名利迟延作事空，
富贵生成难有望，始知成败苦匆匆。
阴金合局有前程，造化清奇发利名，
四柱火来侵克破，须知名利两无成。
西方金气坐阴柔，不怕休时不怕囚，
鬼杀生时方发福，功名随步上瀛州。
阴木加临丑酉蛇，生居六月暗咨嗟，
为官得禄难成久，纵有文章不足夸。
福德春丁壬所喜，夏逢甲己又逢癸，
乙庚秋令辛冬妙，遇此吉祥真可美。

【注解】见下例：

乙卯
辛巳
丁酉
辛丑

大运：庚辰 己卯 戊寅 丁丑 丙子 乙亥 甲戌 癸酉

明江苏武进胡潆八字。日元丁火，支全金局，干透二辛，全赖年柱乙卯生身任财为用神。妙在庚辰运后，先是东方木运，继而北方水运，均为用神生旺之方。六十年吉运，非同小可。故官礼部尚书，享寿八十九。然此局并非贵在巳酉丑金局，而是贵在乙卯印绶及六十年大运。

弃命从财诗诀

【原文】日主无根财犯重，全凭时印旺身宫，
逢生必主兴家业，破印纷纷总是空。

【注解】全局财重日主无根，弃命从财，最喜财食，最忌印

比。此诗言“全凭时印旺身官”，“破印纷纷总是空”，是喜印生身，与从财格不符，特订正。

癸未
乙卯
辛未
乙未

蒋冕尚书命造。辛生卯月绝地，未土合卯化木，二乙元神发露，癸食泄身生财，日元无根无助，只好弃命从财。二十五岁丁未年，大运壬子，水木齐至，中进士，官授编修。从此一发而不可收，直至五十二岁甲戌年升户部尚书加太子太傅。六十二岁甲申年，虽甲木助局，升为首辅，惜运岁申酉，二金为忌，仅三个月就被罢免。

己巳
丁卯
庚寅
壬午

赵时春御史命造。庚生卯月，自坐寅木，年时巳午，月时丁壬又合而化木，日元无根，只好弃命从财。十八岁丙戌年，大运乙木，财旺杀强，从格有力，中进士。丑运日元得根不从。二十二岁庚寅年，因上疏触犯朝廷，黜为民。甲子运中，水木齐盛，起为翰林编修，迁山东佥事，进副使。癸亥运甲寅年，四十六岁擢右佥都御史，巡抚山西。五十九岁丁卯年，运入辛酉，触犯木旺，卒于任上。

弃命从杀诗诀

【原文】土临卯位三合全，不见当生金水缠，
水木旺乡名利显，再逢坤坎祸连绵。
五阳在日全逢杀，弃命相逢命不坚，
如见五阴来此地，杀生根败吉难言。
阳水重逢阳土戈，无根何处被刑磨，
格中有贵须还显，切忌官星破局多。
庚日全逢寅午戌，天干透出始为神，
重重火旺声名显，命里休囚忌水乡。
六乙生人巳酉丑，局中切忌财星守，

若还行运到南方，管取其人寿不久。
阳火喜居身弱地，勾陈朱雀作凶媒，
一片江湖太白象，不为将相作高魁。

【注解】见下二例：

壬寅
丁未
己卯
乙亥

伍廷芳命造。支全木局，年支见寅，元神乙木透时，年月丁壬合而化木，己土只好弃命从杀，从格极真。戊申、己酉、庚戌、辛诸运逆杀旺势，以致年近五十，仍为一幕府，不能大用。一入北方大运，旺财生杀，从神强旺，时来运转，勃然而起。从出使美国始，直升至外交总长，代内阁总理。孙中山就任非常大总统后，又任外长兼财长。八十岁辛酉年，大运乙卯，太岁旺金，犯木之旺，突然发病死去。

庚辰
乙酉
乙酉
乙酉

明弘治六年癸丑科状元毛澄命造。年月乙庚合而化金，支下三酉一辰，金气极盛，乙木无根，弃命从杀。初运丙戌，旺火制杀，犯金之旺，父早逝，由祖父抚养成人。三十四岁癸丑年，丑酉合金，一举夺魁。己丑运中，官至东宫讲官。寅运逆金之性，先是母丧，后又因刘谨弹劾降职。辛卯运天干助局，六十一岁庚辰年，六十二岁辛巳年，太岁助局，直升至礼部尚书。六十五岁癸未年，大运卯木，卯未合逆金之旺，病卒于引退途中。

杀重有救诗诀

【原文】丙临申位逢阳水，月逢戊土反长年，
若有吉神来救助，方知安乐寿绵绵。
己到双鱼夭可知，更逢乙木死无移，
干头若有庚金助，恰似春花放旧枝。
丙临申位火无焰，阳水逢之命不坚，
若得土来相救助，管教福寿得长年。

【注解】杀重有救者有三：一是有印绶化杀生身，二是有食伤制杀护身，三是有比劫助身敌杀。

辛亥
庚寅
丙子
己丑

明成化年间丙戌科状元罗伦命造。丙火日元，支类北方，年月辛庚财星党杀，全靠月令寅木印绶化杀生身为用神，庚金盖头为病。三十六岁丙戌年，大运丙戌，寅戌拱丙成火局，二丙制财护印助身，鳌头独占，名满天下，官授修撰。三十九岁己丑年，伤官盗气生财，财旺坏印，辞官以讲学为生。四十八岁戊戌年，大运乙酉，庚辛既得旺根，又得食生，克尽寅木用神，可怜一代英才，竟中毒而死。

庚午
己丑
丁酉
癸卯

明嘉靖二十六年丁未科状元李春芳命造。丁生丑月，丑酉合金，庚金明透，财星极旺，既破卯印，又化己食而生癸杀，致使杀旺无制，卯印被伤，不能取用，只得取年支午火日禄助身损财护印敌杀为用神。二十二岁辛卯年，大运亦卯，运岁局三卯齐心化杀生身，乡试中举。而后运入壬辰，官杀杂局，十余年多次会试不第。三十八岁丁未年，运入南方，火旺助身，一举夺魁，官授修撰，直升至吏部尚书，位至首辅，显耀无比。七十五岁甲申年，大运丁酉，财旺杀强，克卯破午，用神尽失而亡。

天元一气诗诀

【原文】四重阳水四重寅，离坎交争旺气赢，
运至火乡成富贵，往来须忌对提刑。
人命如逢四卯全，干头辛字又相连，
身轻福浅犹闲事，诚恐将来寿不坚。
金龙变化春三月，四柱全逢掌大权，
不入朝中为宰相，也须名利震边疆。
己巳重逢命里排，一身天禄暗催来，

人中必显名尊贵，秀夺江山出类才。
戊土重逢午字多，天元一字得中和，
英豪特达功名好，见子冲来没奈何。
四重丁未命安排，暗合阴生禄位胎，
有分东西成富贵，无情行到水中来。
丙申四柱命中全，身杀相逢显福元，
不是寻常名利客，管教势力夺魁权。
乙酉生居八月天，重重乙酉喜相连，
不居左右皆荣显，更有收成在晚年。
天干甲戌重逢戌，分夺财官无所益，
若还行运到南方，合出伤官名利赫。
天干四癸在乾宫，水木相逢作倒冲，
名利盈盈须有望，南方行运寿还终。

【注解】天元一气不论如何富贵，究嫌偏枯，多凶亡。如相传四乙酉为隋炀帝和杨贵妃命造。四癸亥为张飞命造，均凶亡。八字真假不须追究，偏枯不吉实难违逆。如四壬寅、四丁未身弱食重，若壬寅逢壬子、壬辰，丁未逢丁巳助身方美。四丙申、四甲戌、四辛卯，身弱财旺，命局中丙申带丙午、甲戌带甲寅方美。

乙亥
乙酉
乙酉
乙酉

元世祖忽必烈命造。虽地支三酉，埋根之铁极重，但有亥水正印化杀生身，天干一气，四乙同心，故开创元代近百年基业。此造贵在一个“亥”子。

甲子
甲戌
甲戌
甲戌

天干四甲，生于戌月，日时戌财重见，四甲无根，全靠年支印绶生身为用。喜出门即行水木大运，一路助用助身，故发贵。

辛巳
辛丑
辛卯
辛卯

杨一凤御史命造。年月巳丑拱辛成金局，天干四比争日时卯财，比强财弱之造。庚子、己亥、戊戌、丁诸运，食伤通关，丁杀制比护财，官至御史。三十八岁大运酉金，太岁戊午火，巳酉丑合全金局，卯财尽伤而亡。

化气诗诀

【原文】 甲己化土乙庚金，局中奇妙最难寻，
如何六格分高下，贵贱方知论浅深。
六乙坐亥多逢木，庚金相合透时干，
干生无火方成化，又恐金多反作难。
丁壬化木在寅时，亥卯生提是福基，
除此二宫皆别论，金多犹恐反伤之。
戊癸南方火焰高，胜光时上显英豪，
局中无水伤年月，献赋龙门夺锦袍。
丙辛化水生冬月，阴日阳时须见清，
有土局中须破用，得金相助发前程。
丁壬化木喜逢寅，盖世文章绝等伦，
曲直更归年月地，少年平步上青云。
丁壬化木入金乡，苟禄蝇营空自忙，
气喘残伤无足取，眼前骨肉亦参商。
丙辛四柱月中生，变化艰辛福力增，
土数重重贫且贱，飘飘身世若浮萍。
丙辛化合喜逢申，翰苑英蜚气象新，
润下若居年月上，须知不是等闲人。
乙庚金局旺于酉，时遇从魁是格奇，
辰戌丑未如相生，此是名门将相儿。
乙庚最怕火炎阳，志气消磨主不良，

寅午重逢为下格，随缘奔走觅衣粮。
天元戊癸支藏水，败坏门庭事绪多，
行运更逢生旺水，伤妻克子起风波。
甲己中央化土神，时逢辰巳脱埃尘，
局中岁月趋火地，方显功名富贵人。
甲己干头生遇春，平生作事漫劳神，
百般机巧番成拙，孤苦伶仃走不停。

【注解】化气格只要注意一个问题，就是化与不化。不化有多种情况，如甲己合化，命局中再见甲己是妒合不化。命局中见乙木是化神被克不化。甲木自坐寅木或子水，是有根不化。甲己生于申酉月，是化气临衰不化。这些情况虽是不化或为假化，只要运岁行到去病之方，皆以化论。如二甲合己，大运再行己土，成二甲合二己，均以化土论。有乙木克化神，运逢庚辛，克去乙木，亦以化论。甲木根重，运逢午冲子，申冲寅等均以化论。大凡只要化气格真，均可富贵。化气格最喜行化神生旺之运，必然发迹。最忌化神临绝和化神还原大运。如乙庚化金，运临午火是绝地；临寅卯是化神根旺，皆名化神还原，必生灾祸。

甲寅
戊辰
己未
甲戌

杨救贫命造。甲己合生于辰月，土星司权，戊土透出助化，化格本成。惜年柱甲寅克制化神且妒合，格成假化。己巳大运二己合二甲，运支巳火化寅生土，庚午运庚金破甲，午火与寅戌三合火局反助化神，尽去其病，格成真化，登第入朝，官金紫光禄大夫，掌守琼林御库。四十五岁入癸酉大运，化神还原，窃御库天书数卷，逃隐山林潜心研究。六十五岁入乙亥大运，化神临绝且受克，被毒身亡。

天元一字诗诀

【原文】天元一字水为源，生在秋冬贵莫言，
大运吉神逢一位，少年仕路必高迁。
天元一字土为基，四季生时更是奇，
申酉二支为格局，聪明俊秀异常儿。
天元一字木为根，传送登明显福元，
四柱官星如得地，功名利禄早承恩。
天元一字若逢金，日时魁罡福气深，
库刃运中并带贵，天生德行贵人钦。
天元一字火融融，大吉功曹时日冲，
冲起财官为发用，中年富贵福兴隆。

【注解】大吉指丑，功曹指寅，均为十二月将名称。

甲申
甲戌
甲申
甲戌

虽天干皆甲，可惜地支无根。甲得比助，又不能从杀，身弱杀强之局。初运乙亥、丙子、丁丑，日元有根，印绶化杀生身，财杀印皆为我用，及第入仕。一行戊土大运，干头比劫争财，财旺又生杀，杀旺无制攻身，竟被缢死。

刑冲诗诀

【原文】比肩羊刃日时逢，若问年龄父道凶，
父母干支相会合，财星健旺寿如松。
克夫那堪妻又伤，堪居道院共僧房，
闲身作保防连累，财破妻灾事几场。

克妻诗诀

【原文】天干透露弟兄多，财绝官衰旺太过，
月令又逢身旺地，青春年少哭娇娥。
当生四柱有财星，羊刃逢时定克刑，
岁逢运行妻眷绝，妻宫频见损年龄。

【注解】命理中财星为妻星，如果命局中财星衰弱，比劫林立，再逢比劫运岁，其妻非生离即死别。但也并非行比劫运都要克妻。如果命局中财星强旺，身弱不能任财，行比劫运帮身反得妻财，故要区别。

丁未
戊申
乙卯
戊寅

宋代名相文学家欧阳修命造。卯木日禄，占据妻官，排斥妻星入妻宫；戊土正财，自坐寅木劫财；未土偏财，暗藏乙木比肩，原局中妻宫妻妾星均已受伤，暗伏不利妻妾之兆。二十七岁癸酉年，大运乙巳，癸水灭去丁火，生助乙木比肩，乙木夺财，运岁地支巳酉合局冲破妻宫，妻星妻宫皆损，元配卒。二十九岁乙亥年，大运乙巳，水旺木强，比肩有力，继室又卒。

辛卯
丙申
丙戌
丙申

月日时虽丙火三见，通根卯戌，然申财秉令，时支重见，坐下戌土，盗气生金，反是财强身弱。二十八岁戊午年，大运癸巳，不仅运岁地支皆火，且运岁天干戊癸亦化火，比劫助身，与恋爱长达十年之久的对象于该年结婚。

壬寅
壬寅
戊子
戊午

戊土虽得比见印，然寅杀司权重见，二壬通根子水党杀，身弱杀强以印绶化杀为用，比肩帮身为喜。二十八岁己巳年，大运辰土，比劫助身，印旺生身，终于结婚。

克子诗诀

【原文】五行四柱有伤官，子息初年必不安，
官鬼运临生旺地，可存一二老来看。
嗣中生时见刑冲，月令休囚子息空，
官鬼败亡重见克，如无庶出必螟蛉。
印绶重叠克子断，子息难养谁为伴，
若还留得在身边，带破执拗难使唤。
时逢七杀本无儿，此理人当仔细推，
干上食神支又合，须知有子贵而奇。
女人印绶月时逢，官食遭伤子息空，
当主过房兼别立，孤寡重犯两无功。
局中官杀两难亲，羊刃重重福助之，
八字纯阳偏印重，妨妻叠叠更埋儿。

【注解】男命以官杀为子息宫，有伤官克制官杀，故云见伤官子息有损。男命官杀为子息星，印绶重重，盗泄子息之气；女命以食伤为子息星，印绶重重，食伤子息星受克，故云“印绶重叠克子断”，男女皆同。

乙丑
丁亥
甲子
乙丑

男命。甲木以丑中辛金正官为子息星，子息星暗藏丑中居子息宫本美，惜支下亥子丑会北方一气。一则子息星化水变质，二则印绶重重，盗尽辛金精气，所以虽富，却无子息承嗣。

乙未
辛巳
戊戌
丁巳

戊土以乙木正官为子息星，辛金伤官贴身克制乙木子息星，所以先后娶三妻，克死其二。三个妻子先后生十二子，克去十个，仅存其二。

丙子　　女命。己土以庚辛食伤为子息星，辛金被丙火合去，庚金自坐午火败地，子息星无一幸存，所以一生不育。
辛丑
己卯
庚午

运晦诗诀

【原文】干事难成又费钱，提防凶事近流年，
初心欲遂熊罴兆，中却番成饱事眠。
比肩岁运必争论，斗讼官司为别人，
兄弟阴人财帛事，闭门还有事非临。
不作祯祥反作灾，外情牵惹是非来，
匣中珍宝牢难取，干事难成又破财。
到此难留隔宿钱，求之劳碌又熬煎，
若还财聚主克妻，又是官灾口舌缠。
劫财羊刃两头居，外面光华内本虚，
官杀两头居不出，少年夭折谩嗟吁。

【注解】大运是否晦滞，并非以运岁逢比肩、劫财、羊刃为标准，而是以局中忌神为根据。若运岁逢忌神当令，或生助忌神时轻则晦滞，重则是非官讼，甚至牢狱丧生。反之如果局中比劫是喜神用神，运岁逢比劫助身反吉。此定要区别对待。

甲辰　　秦耀巡抚命造。己土日元，支类东方，干透甲乙，身弱杀强，以丙火印绶化杀生身为用神，时支丑土比肩助身为喜神。戊辰、己巳二运，比劫助身，科甲入仕。午未二运，印比生身，官至巡抚。运至壬申，壬水财星克去丙火用神，获罪贬谪。
丙寅
己卯
乙丑

辛卯
庚子
丁丑
丁未

胡适命造。丁生子月，七杀司权，又得辛庚财生，杀重身轻，卯木偏印被辛财盖头，自顾不暇，难以为用，只好以时干丁火比肩护印助身为用，所以丁火比肩就是全局的中枢。十六岁丙午年，与江东秀订亲，入上海公学就读。二十七岁丁巳年，大运丁火，任北大教授，与江东秀结婚。三十七岁丁卯年，任中华教育文化基金董事会董事兼秘书长。四十七岁丁丑年，任国防参议会参议员。五十三岁入甲午大运，用神得禄，任北大校长。七十二岁壬寅年，大运癸巳，运岁干头壬癸克丁，运支巳火与原局丑土拱辛成金局，忌神大盛而亡。

运通诗诀

【原文】 三合财官得运时，绮罗香里会佳期，
洋洋已达青云志，财禄婚姻喜气宜。
运遂时来事事宜，布衣有分上天梯，
贵人轻着提携力，指日轻云贵可期。
自是生来不受贫，官居草屋四时春，
夏凉冬暖清高处，馐馔杯盘胜别人。
此运祥光事转新，一团和气蔼阳春，
青云有信天书近，定是超群拔萃人。
甲子丁卯非为刃，己酉庚申理一同，
合起人元财马旺，中年显达富豪翁。

【注解】 甲子见丁卯，印旺刃强，喜丁伤吐秀，此理尚通。己酉见庚申，食伤太旺，若无印生身，比劫扶身，困穷之造，绝无富贵之理。

运气是否通达，主要根据命局中喜神和用神来判断。财官印食若为喜用，运岁逢之则吉；若为忌神，运岁逢之亦凶。反之，劫刃枭伤若为忌神，运岁逢之者凶；若为喜用，运岁逢之依然吉庆。万莫以官杀、财刃来判断吉凶。

以下诸例，说明大运只论喜忌。喜则通达，忌则晦涩，此乃子平真谛，其他解释均与子平命理不符。

甲午
乙亥
庚辰
己卯

宋子文命造。庚金生于小雪节末，将近死地，自身微弱，又逢甲乙卯旺财耗气，故取己土印绶生身为用。一则己土得根辰午，二则财印不碍，格成食神用印。三十一岁行己卯大运，用神明透。三十二岁乙丑年，己土得根，任广州国民政府财政部长。三十五岁戊辰年，任南京国民政府财政部长，中央银行总裁，掌国家财政大权。五十一岁甲申年，日元得禄，代理行政院长。七十八岁辛亥年，大运未土，运岁局亥卯未三合财局，合起原局甲乙旺财坏印，病死异乡。

丁酉
壬子
丁卯
甲辰

陈诚命造。丁生子月，七杀司权，辰土合子化水，酉金贴身生杀，壬水元神透干，身弱杀强，以甲木印绶化杀生身为用神，以丁火比肩帮身为喜神。二十二岁戊午年，丁火得禄助身，与吴舜莲结婚，考入军官学校。三十岁丙寅年，印劫助身，升团长，晋上校。三十一岁丁卯年，比印助身，正月升副师长，三月甲辰升师长，年底又升军委军政厅厅长。三十二岁戊辰年，大运己酉，运岁旺土强金晦火生杀，被何应钦撤职，八月，降至副师长。己巳、庚午二年，丁比得旺，直升至少将军长。三十六岁壬申年，杀气极盛，战场上连连失利，辞去本兼各职。四十岁丙子年，劫财帮身，升第四集团军总司令。丁丑、戊寅、己卯三年，用神极有力，升政治部长，第九战区司令长官，接连指挥了上海、武汉、长沙三个抗日保卫战。四十四岁庚辰年，旺财生杀为忌，因抗战不力降为战区兵团司令员。五十岁丙戌年，劫财助身，升总参谋长兼海军司令。丁未一运，用神极为有力，五十八岁甲午年，当选为副总统，达到权力顶峰。六十九岁乙巳年，大运丙午，戊寅月，戊午日，众火极盛，冲子破酉反成身旺无依之局，病死台北。

带疾诗诀

【原文】 戊己生时气不全，伤官时月见留连，必当头面有亏损，脓血之灾苦少年。
日主加临戊己生，支辰火局气薰蒸，
冲刑克破当残疾，发秃那堪眼不明。
丙丁日主运行衰，七杀加临三合来，
升合日求衣食缺，耳聋残疾面尘埃。
壬癸重重叠叠排，时辰若设见天财，
纵然头面无斑癞，定见其人眼目灾。
丙丁火旺疾难防，四柱休囚辰巳方，
水火相生来此地，哑中风疾暗中亡。

【注解】 五行中和，长寿少疾；五行偏枯，夭或多病。至于何症，则要根据五行旺衰来判断。（详见前“论疾病”）

癸卯
丁巳
己未
乙丑

己土生于巳月，丁火明透，未中又暗藏丁火，乙卯之木生火，全局呈火炎土燥之象，全靠一点癸水通根丑土润局为用神。十五岁丁巳年，大运乙卯，运岁又逢旺木旺火，熬干癸水，被高压电击伤右手。

乙卯
戊子
己丑
丙寅

己土日元，生于子月，虽财星司权，却被戊丑比劫包围，常有被劫之患，用乙卯七杀制劫护财为用。七十六岁庚午年，大运庚辰，二庚克去乙木，使子财无护，岁支午火冲去子水，水为血液，故患脑血栓。

寿元诗诀

【原文】 寿算幽玄识者稀，识时须是泄天机，
六亲内有憎嫌者，岁运逢之总不宜。
寿星明朗寿元长，偏印逢之不可当，
宠妾不来相救助，命如衰草值秋霜。

丙临申位逢阳水，定见天年未可知，
透出干头壬癸水，其人必定死无疑。

【注解】寿元与论疾病略有不同。疾病是指某种五行逢冲逢克均会有疾，寿元则是以忌神来论的。如果大运逢忌神，再逢太岁与月日助纣为虐，是群凶相聚，绝无解救之法。

辛丑
庚子
乙酉
乙酉

一警察命造。乙木与月干庚金相合，虽生于子月，然日时皆酉，年支丑土也合酉化金，年干辛金助化，仍以化金格论。二十四岁运入酉金，助化本美，惜二十七岁丁卯年，乙木得根，化神还原，卯木冲酉，犯金之旺，竟被罪犯杀害。

癸巳
戊午
癸巳
己未

大运
02、丁巳
12、丙辰
22、乙卯
32、甲寅
42、癸丑

一男造。癸水虽得一比肩助身，然支下巳午未南方一气，火财极盛，只好弃命从财。木火运中，助局剥身，诸事顺遂。四十二岁入癸丑运，四十四岁丙子年，癸日得禄不从，从财格破，喝药自杀身亡。

丁丑
丙辰
丙午
辛卯

一女造。丙火自坐羊刃，寅卯木印绶生扶，必以辰土食神吐秀为用神。二十三岁己卯，岁支卯木克破辰土食神，用神受伤，随其母出车祸身亡。

甲辰
丙寅
乙巳
乙酉

乙生寅月，又得甲乙透干助身，日元不弱。日时巳酉合金，杀气也不弱，丙伤透干，酉杀藏支，丙火又不能制杀，反盗日元之气。二十五岁戊辰年、乙丑月，丑土与原局三合杀局，太岁旺财生杀，杀旺攻身，出车祸身亡。

飘荡诗诀

【原文】偏财偏位发他乡，慷慨风流性要强，
别立家园三两处，因名因利自家亡。
偏财别立在他乡，宠妾妨妻更克伤，
爱欲有情妻妾众，更宜春酒野花香。

【注解】离祖出外创业要有三个条件。一是年柱月柱冲破，年为祖上官，冲破主破祖；一是忌神居于年月柱；再就是命中逢驿马，主劳禄奔波，离祖创业。偏财若居年支被冲破，或为忌神，或为驿马，方依原文。若非此三种，却非。

乙亥
乙酉
乙酉
乙酉

元世祖忽必烈命造。日支酉金，驿马在亥，居于年支，局中无合，是驿马无缰，所以一生戎马征战，四处奔波，劳禄辛苦，离祖创业之命。

丁亥
癸卯
丁酉
□□

宋太祖赵匡胤命造。虽不知生时，前三柱已判定年支为日支驿马，所以出生于军营，从小就四处奔波，长大从军后又南征北战，当了皇帝后还屡屡亲征。直至在征战中患病，再无力上阵，病亡方止。

壬寅
己酉
甲戌
丙寅

清道光皇帝命造。虽自坐偏财，但局无驿马，用神财官又居于月令，所以享祖宗现成基业。说明有偏财就为飘荡命局不足为凭。

女命诗诀

【原文】财官印绶三般物，女命逢之必旺夫，
不犯杀多无混杂，身强制伏有称呼。
女命伤官福不真，无财无印守孤贫，
局中若见伤官透，必作堂前使唤人。
有夫带合须还正，有合无夫定是偏，
官杀重来成下格，伤官重会不须言。
官带桃花福寿长，桃花带杀少祯祥，
合多切忌桃花犯，劫比桃花大不良。
女命伤官格内嫌，带财带印福方坚，
伤官旺处伤夫主，破了伤官损寿元。
飞天禄马井栏叉，女命逢之福不佳，
只好为偏并作妓，有财方可享荣华。

【注解】女命有三喜：一喜夫星清纯，二喜子星精神，三喜格局柔和。有五忌：一忌官杀混杂，二忌伤官透藏，三忌子星受损，四忌合多冲多，五忌八字过刚。

丁未
辛亥
乙丑
癸未

明天启皇后命造。辛金夫星透清，丁火子息星有力，八字柔和，三喜全占，故贵为国母。惜丁食制辛杀过重，夫星力弱，所以丈夫早丧。

戊戌
己未
丙辰
戊戌

厚土七重，丙火无奈从儿，癸水夫星被众伤克制，故聪明貌美，却夫早凶死。而后从人私走，淫乱不堪，不二三年又将后夫克死。运至乙卯，木犯土旺，自缢。

壬寅　年月支寅亥合，日时支子丑合，月时干丙辛合，命局中八
辛亥　个字就有三处被合，日月时又支类北方，所以无处不有情人。
乙丑　二十二岁癸亥年，上大学就与男友同居。二十八岁己巳年在日
丙子　本爱上有妇之夫。三十一岁回台后谈一男友，论嫁时男方质问
她是否流过产而婚姻不成。

长生诗诀

【原文】长生管取命长荣，时日重临主性灵，
更得吉神相会遇，少年及第入王庭。
长生若也得相逢，生下须招祖业隆，
父母妻儿无克陷，安然享福保初终。
此诀虽五星中有定诀生死，子平四柱亦要定生旺死绝之由。

沐浴诗诀

【原文】沐浴凶神切忌之，多成多败少人知，
男人值此应孤独，女命逢之定别离。
沐浴那堪吉位逢，更兼引从在其中，
读书必定登科甲，莫比诸神例作凶。
桃花沐浴不堪闻，叔伯姑姨合共婚，
日月时胎如犯此，定知无义乱人伦。
咸池无禄号桃花，酒色多因败坏家，
更被凶神来克破，疾羸病死莫咨嗟。
女命若还逢沐浴，破败两三家不足，
父母离乡寿不长，头男长女须防哭。

冠带诗诀

【原文】命逢冠带少人知，初主贫寒中主宜，

更得贵人加本位，功成名遂又何疑。
人命若还逢冠带，兄弟妻孥无陷害，
因何接祖绍箕裘，只为胎中有冠盖。

临官诗诀

【原文】临官帝旺最为奇，禄贵同宫仔细推，
若不状元登及第，直须黄甲脱麻衣。

帝旺诗诀

【原文】临官帝旺两相逢，业绍箕裘显祖宗，
失位纵然居世上，也须名姓达天聪。

衰病死诗诀

【原文】纳音衰病死重逢，成败之中见吉凶，
若得吉神来救助，变灾为福始亨通。
衰病两逢兼值死，世人至老无妻子，
不惟衣食不丰隆，灾病绵绵终损己。

墓库诗诀

【原文】墓库元来是葬神，一为正印细推论，
相生相顾无相克，富贵之中次第分。
人命若还逢墓库，积谷堆财难计数，
悭贪不使一文钱，至老人呼守钱奴。

胞胎诗诀

【原文】绝中逢生少人知，却去当生命里推，
反本还元宜细辨，忽然迍否莫猜疑。

胎神一位难为绝，克陷妻奴家道劣，
不惟朝暮走忙忙，羊食狼贪无以别。

胎养诗诀

【原文】 胎养须宜细审详，半凶半吉两相当，
贵神相会应为福，恶杀重逢见祸殃。

五行生克赋

【原文】 大哉干支，生物之始，本乎天地，万象宗焉。有阴阳变化之机，时候浅深之用。故金木水火土无主形，生克制化理取不一。假如死木偏宜活水长濡，譬若顽金最喜红炉锻炼。太阳火忌林木为仇，栋梁材求斧斫为友。

【注解】 顽金喜红炉锻炼，栋梁喜斧斫为材，是言五行过旺，宜制伏方为用之理；死木宜活水长濡是言五行死绝宜逢生之理。太阳火是指纳音，戊午、己未者是；林木亦为纳音，戊辰、己巳者是。若以正五行论，二者皆厚土，若逢之土气过旺，故言为仇。也合其意。

己丑
癸酉
庚午
丁亥

蒋瑶尚书命造。庚生酉月，羊刃秉令，己丑旺印生合，癸水伤官被己印贴身克制。顽金喜火，命局中丁午之火被亥水克制，难制顽金。喜大运逆行，中运后火木相续，锻金格成，中进士，升御史，迁布政使，擢巡抚，拜尚书，加太子少保，一气呵成。

庚子
庚辰
甲午
己巳

徐问尚书命造。甲木坐午火死地，又被二庚七杀克制，死木一棵。喜年月二支子辰合水，既化庚杀戾气，又制午火燥气，死木得活水长濡，起死回生，郁郁葱葱。二十三岁壬戌年，壬午大运，运岁二壬生身化杀，中进士入仕，官直至南京户部尚书。

【原文】火隔水不能熔金，金沉水岂能克木。

【注解】金逢火旺，有水制火护金，火不能伤金；强金克木，有水化金生木，金也不能克木。此言杀重喜制喜化之理。

【原文】活木忌埋根之铁，死金嫌盖顶之泥。

【注解】甲木逢申酉戌西方一气，乙木逢巳酉丑全金局是活木逢埋根之铁，即身弱忌杀旺攻身。庚辛见子水为死地，被己戊土盖头，水土成泥，亦难生金，故曰嫌盖顶之泥。

【原文】甲乙欲成一块，须加穿凿之功；壬癸能达五湖，盖有并流之性。樗木不禁利斧，真珠最怕明炉。弱柳乔松，时分衰旺；寸金尺铁，气用刚柔。

【注解】樗木不禁利斧，即弱木怕逢强金，与活木忌埋根之铁意同。真珠即弱金，意弱金最怕强火。皆言身弱怕杀旺攻身。

【原文】陇头之土，少木难疏；炉内之金，湿泥反蔽。

【注解】厚土喜木疏。强火克金，喜丑辰湿土泄火生金。

【原文】雨露安滋朽木，城墙不产真金。剑戟成功，遇火乡而反坏；城墙积就，至木地而愁伤。

【注解】剑戟成功指格成从格专旺，忌火犯金旺；城墙积就言格成稼穑专旺，最忌木犯其旺。此言专旺喜顺其性，忌逆其性之理，并非剑锋金、城墙土。

【原文】癸丙春生，不雨不晴之象。乙丁冬产，非寒非暖之天。

【注解】癸水生于春，气泄于春木，再加丙火不寒不燥。乙木生于冬，有丁火调候融和，故曰非寒非暖。此两句言调候之意。

【原文】极锋抱水之金，最钝离炉之铁。甲乙遇金强，魂归西兑；庚辛逢火旺，气散南离。

【注解】甲乙日干，原局金强，大运再行西方；庚辛日干，原局火旺，大运再行南方。均言身弱杀强，再行杀旺之运，主凶。

【原文】土燥火焰，金无所赖；木浮水泛，火不能生。三夏熔金，安制坚刚之木；三冬湿土，难堤泛滥之波。轻尘撮土，终非活木之基；废铁销金，岂是滋流之本。

【注解】土燥火焰，有金必熔；水泛木浮，湿木难生微火；失令之金难克得时强木；休囚之土怎敌当令旺水。均五行偏枯之病。

【原文】木盛能令金自缺，土虚反被水相欺。火无木则终其光，木无火则晦其质。乙木秋生，拉朽摧枯之易也；庚金冬死，沉沙坠海岂难乎？凝霜之草，奚用逢金；出土之金，不能胜木。火未焰而先烟，水既往而犹湿。大抵水寒不流，木寒不发，土寒不生，火寒不烈，金寒不熔，皆非天地之正气也。然万物初生未成，而成久则灭。其超凡入圣之机，脱死回生之妙，不象而成，不形而化。固用不如固本，花繁岂若根深。且如北金恋水而沉形，南木飞灰而脱体，东水旺木以枯源，西土实金而虚己，火因土晦皆太过。五行贵在中和，以理求之，慎勿苟言，掬尽寒潭须见底。

【注解】“固用不如固本，花繁岂若根深”，其理精深，吉莫吉于身强，不论用财、用官、用印还是用伤，都是使日元有力，五行中和。如果日元无气无根，财官再美，力弱难任，也是富屋贫人，困窘之象。

壬寅 壬子 甲辰 乙亥	甲木虽得寅禄乙劫，然局中旺水五重，有水泛之患。初运甲寅、乙卯，助木泄水，尚且平安。三十一岁壬申年，申金冲去寅木，与子辰合全水局，甲木无根，漂浮无定，因盗窃获罪，判刑八年。
戊申 辛酉 甲申 丁卯	甲木虽有卯木羊刃为根，然酉金司权，二申助酉且透辛，失令失势之木难敌得势得令之金。二十六岁癸酉年，太岁酉金又强克卯木，甲木根气尽失，因诈骗罪被判刑六年。

丙寅
戊戌
甲午
乙亥

王华命造。日元甲木，年支见禄，时干透劫，看似不弱。惜年月日三支寅午戌三合火局，禄化为伤，反盗日主之气，当以时支亥水偏印制伤生身兼润局为用神。三十六岁辛丑年，大运壬寅，官印禄均助日元，大魁天下，步入仕途。而后运行东方，助身吐秀，官累至南京吏部尚书。七十七岁壬午年，大运巳火，巳火冲去亥水用神，卒于家中。此正符“南木飞灰而脱体”之论。

己巳
丁卯
辛未
丙申

辛金通根巳申而有力，丙丁官杀虽双透，有己土偏印化杀生身，卯未合木成财局，巳申遥合有化水之意。再加大运逆行，水金土相续，皆与日主有情，五行中和，不偏不枯，故官至尚书，享寿九十七岁。

珞琭子消息赋

【原文】元一气兮先天，禀清浊兮自然，著三才以为象，播四气以为年。以干为禄，以向背定贫富；以支为命，详逆顺以循环。

【注解】珞琭子是古之隐士，不知其名。《四库全书》提要云：其三命消息赋二卷，王延光、李同、释云莹、徐子平四家注与旧本不符。三才：天、地、人，这里指天元、地元、人元。四气：四季。

以日为主，选出用神，大运与用神相亲为向，则富贵；大运与用神相悖为背，多贫穷。如日元甲木，以癸水印绶为用神，顺行寅至未东南方为水休囚死绝之地为背；逆行水金西北方为水临生旺之处为向。

【原文】运行则一辰十载，折除乃三日为年。折除乃一年二十四气，七十二候。命有节气浅深，用之而为妙。其为气也，将来者进，成功者退。如蛇在灰，如鳝在尘。气者，四时向背之气也。

【注解】大运一轮管十年吉凶，行运从月令开始，阳男阴女顺行，阴男阳女逆行。然后根据节气，从生日起阳男阴女顺数至下月节令，阴男阳女逆数至上个月令，每三天折除一岁，算定几岁开始行运。（详见前“论大运”）

进气退气是日干依据月令而言。如甲生丑月，丑过即寅卯木旺之地，故为进气。生于辰月，木气将衰，故为退气。蛇鳝同类，巳也。巳火生于未，土为灰尘，其气将退，其身必衰。

【原文】其为有也，是从无而立有；其为无也，天垂象以为文。此五行临于绝地而建贵也，五行绝处有禄马，其为常也，立仁立义其为事也，或见或闻。

【注解】无中能够生有，故无极生太极，太极生两仪，两仪生四象，有四象则有五行。在天曰气，在地曰形；在天曰金木水火土五星，在地曰金木水火土五行，在人则曰仁义礼智信五常，有五行则有貌、有言、有视、有听。

【原文】崇为宝也，奇为贵也，将星扶德，太乙加临，本主休囚，行藏汩没。

【注解】万育吾认为五行上生下为崇，奇为乙丙丁。徐子平认为凡命中掌财、掌寿、掌灾福之辰为崇，财官印食为之奇。即只要五行中和，财官印食得用，本主生旺，再加将星，天月二德，天乙贵神等相扶，就是至贵之命。两相比较，徐注较贴切。实际崇就是五行中和，再加财官印皆为我用，定是富贵之局。

【原文】至若勾陈得位，不亏小信以成仁；真武当权，知是大财而分端。不仁不义，庚辛与甲乙交争；或是或非，壬癸与丙丁相畏。

【注解】戊己土为勾陈，生于辰戌丑未四季月为得位，土主信，所以得此格者信誉过人。壬癸水为玄武，生于亥子月名当权，水主智，得此格者智慧超人。木主仁，金主义，互相交战则不仁不义；火主礼，水主智，互相攻击则是非不绝。同时还要看五行配合，阳与阳，阴与阴则为战，阴与阳，阳与阴则为交泰，互为财官，全局配合得宜，富贵之局。如甲见庚，乙见辛为战；若甲见辛，乙见庚则为官贵。丙见壬，丁见癸多有是非；若丙见癸，丁见壬则水火相济，反为贵征，所以阴阳之理，不可不辨。

【原文】故有先贤谦己处俗求仙，崇释则离宫修定，归道乃水府求玄。

【注解】火为心，佛家修行以灭火去心中贪欲为主。水为肾，道家修炼以养肾精，去杂念为主。全意是有得失就有仁义，有荣枯就有是非。所以很多先贤谦己处俗，清心寡欲，拜佛修道，修心养性，荣辱是非则为杂也。

【原文】见不见之形无时不有，抽不抽之绪万古联绵。是以河公惧其七杀，宣父畏其元辰。峨眉阐以三生，无全士庶；鬼谷播其九命，约以星观。今集诸家之要，略其偏见之能，是以未解曲通，妙须神悟。

【注解】河公：河上公，传说中的仙人。

宣父：文宣王，即孔子。

峨眉：即陈玄，隐居于峨眉山修炼的前贤。

从甲子始十干遁十二支到未为辛未，到戌为甲戌。甲见寅为禄，见辛为官，如局中不见寅辛，但有戌未就为有官有禄，此其一；其二是子遥巳，丑遥巳，卯冲酉等遥冲，合来官星等为见不见之形，与下文得一分三意相似。这种说法与子平命理五行生克之意不符，不必深究。

阳气生于子而终于午，阴气生于午而终于子，阴生阳死，阳生阴死，天道循环，如抽丝剥茧，万古不断。

元辰、七杀皆凶神，所以河上公、文宣王将其阐理诸书留于后世。鬼谷子精通九命，尤言幽命难测，所以珞琭子集诸家要旨，主要用意是引导后人神悟通变。

【原文】臣出自兰野，幼慕真风，入肆无悬壶之妙，游街无

化杖之神。息一气以凝神，消五行而通道。乾坤立其牝牡，金木定其刚柔，昼夜分为君臣，时节分为父子。

【注解】悬壶化杖这里指以术数济人。

这节是说珞琭子自认为虽幼有大志，却悔无悬壶化杖的神妙，不能外绝所欲，息一气以凝神；内无所思，消五行而通道，达到济世救人之目的。

乾属阳，乃天道、君道、夫道；坤属阴，乃地道、臣道、妇道。金为刚，木为柔。阴阳和谐，刚柔相济，方成变化。

昼为阳为君，夜为阴为臣。四季为父，月令为子。有四季、节令、昼夜，则寒暑易节，昼夜交替，天地之道成也。

【原文】不可一途而取，不可一理而推。时有冬逢炎热，夏草遭霜；类有阴鼠栖水，神龟宿火。是以阴阳罕测，志物难穷。大抵三冬暑少，九夏阳多，祸福有若祯祥，术士希其八九。

【注解】万育吾认为：阴阳至理，微妙难通，夏天有遭霜时节，冬天有炎热之时，不可一理而论，故阴鼠栖水，神龟宿火均为特殊之论。徐子平说：冬至阳生，夏至阴生，癸禄在子，丙以癸为官；戊禄在巳（龟），癸以巳为官，故阴鼠栖水，神龟宿火。由此可见，阴阳之道罕测难穷。但虽冬有炎热，毕竟暑少寒多；虽夏有霜时，终阳多寒少。明此理则可通其八九。

此两种解释均觉难尽其意。冬天寒冷，夏天炎热，这是常理。如果生于冬季火旺，是冬逢炎热；生于夏季水强，是夏草遭霜。这均有违常理，故云不可一途而取，不可一理而推。知变化之道，就十有八九明白阴阳之理。

辛卯
辛丑
癸巳
丁巳

许诰尚书命造。癸水虽生于冬季，但日时二支巳火，丁火发露，又得卯木食神相生，火气极盛，是冬逢炎热之象。身弱财强，取巳丑拱辛成印局生身为用神。三十一岁辛酉年，大运戊戌，财官印皆美，及进士第，授给事中之职。而后大运西方，官直升至南京户部尚书。六十三岁癸巳年，大运乙未入南方，未冲丑使巳火无拱，身弱财极旺，卒于任上。

辛巳
癸巳
戊辰
辛酉

明代风流状元钱福命造。戊生巳月，火旺时节，火炎土燥。然时柱辛酉，泄日元之气而生癸水。巳火辰土均合酉化金，反是夏草遭霜之象，癸水正财克巳火印绶为病。三十岁庚戌年，大运庚寅，寅戌拱巳成火局，用神有力，会试、殿试皆夺魁首，官授翰林修撰。三十六岁丙辰年，大运入己丑，巳酉丑合全金局，辞官归田。四十四岁甲子年，大运戊子，癸水忌神得双禄，克尽巳火，寿夭。

【原文】或若生居休败，早岁空亡，若遇健旺之乡，连年淹蹇。若乃初凶后吉，相源浊而流清；始吉终凶，状根甘而裔苦。

【注解】裔这里指甘蔗的梢部。

大凡推命，首先要究其根基的厚薄，然后较量大运的扶抑。如果命局休败，早年行衰败之运，老年逢健旺之运，叫源浊流清，主初凶后吉。如果命局旺强，早年行有利用神之运，晚年行脱用之运，叫源清流浊，主始吉终凶。故有初凶后吉，根甘裔苦之论。

【原文】观乎萌兆，察以其源，根在苗先，实从花后。胎生元命，三兽定其门宗；律吕宫商，五虎论其成败。无合有合，后学难知；得一分三，前贤不载。

【注解】旧时把兽分为三十六种，每一辰布三种。如子人鼠蝠莺，丑人牛蟹鳖等。

五虎、五音这里代五行。

根者，命局也。徐曰：欲知命内吉凶，先看其根源。根源有贵，运临贵者必贵，有财而运临财者必发，有灾运临灾处则生灾。

【原文】年虽逢于冠带，尚有余灾；运将至于衰乡，犹披鲜福。大畏天元羸弱，宫吉不及以为荣；日下兴隆，月凶不能成其咎。

【注解】年是言当年太岁，冠带居禄前。意即运岁虽到吉处，却仍有上运或上岁留下的余灾；岁运虽到凶处，还可见上运或上岁留下的余福。不会一下子变好或变凶，总会有交接的过程。

日元衰弱，财官必旺，身弱本就难任财官，再行财官旺运，克耗其神，必至凶祸。日元旺强，凶杀必弱，即使再行凶杀运也难成祸患。如丙丁生寅卯月，壬癸为官，若运岁再逢官杀，有印绶化解，不能为凶。

【原文】若遇尊凶卑吉，救疗无功；尊吉卑凶，逢灾自愈。禄有三会，灾有五期。凶多吉少，类大过之初爻；福浅祸深，喻同人之九五。

【注解】日主为尊，年月时为卑；大运为尊，太岁小运为卑。如果日主与大运得合于健旺之乡，日时年小运等虽凶，不能为咎。相反，如果日主和大运临死战之处，年月时小运吉也无用。徐子平云：以用神为尊，其他为卑，只要用神行吉方，其他均不能为灾。如果用神临凶处，其他再吉也无用。徐说更贴近命理。

禄有三会：长生、帝旺、墓库三吉处。

灾有五期：败、衰、病、死、绝五处。

大过：周易中震宫第七卦。初爻爻辞曰："藉用白茅，无咎。"意即用洁白的茅草衬垫奉献的物品，方能免其灾害。即命逢休囚无气，凶多吉少，则宜避不宜进，戒之慎之，就可免灾。

同人：周易离宫中第八卦。五爻爻辞曰："同人，先号咷而后笑，大师克相遇。"意即先痛哭嚎啕，后来欣喜欢笑。就是说初运福少祸多，宜自行克制以待时机。一旦时机到来，必能取得成功。

【原文】闻喜不喜，是六甲之亏盈；当忧不忧，赖五行之救助。

【注解】盈为实，亏即空。六甲是甲子、甲戌、甲申、甲午、甲辰、甲寅，即六旬之首。以六旬推之，看其是空亡还是实地。如果财官逢空亡，即使逢之，其力不足，也不为喜。反之，即使日元临衰败之地，如果五行有救助，虽忧不忧。如甲逢申为绝地，或干有壬透，或支有子合，名绝处逢生，为之有救。或甲见午火为死地，但局有亥水生助，或有寅木助身，也是有救，所以当忧不忧。

【原文】八孤临于五墓，戌未东行；六虚下于空亡，自乾南首。

【注解】八孤即孤辰、寡宿八位。五墓即五行之墓。如火生于寅，自东向西到戌为墓。

六虚即空亡对冲之位。如乙丑日在甲子旬中，戌亥为空亡，阴用阴，则亥为正空亡。亥为乾，对冲为巳，巳为南方首神，所以曰自乾南首。

【原文】天元一气，定侯伯之尊荣；支作人元，运商徒而得失。

【注解】天元一气并非指天干一字，而是财官印身一气相生，在干支中皆得生旺之气，就是至贵之命。至于商贾得失，则要依财星是否有气来判断。如甲以寅为禄，以土为财，生于辰戌丑未之月是财星有气，运虽背禄，只要与用神相亲，就能发福。相反，甲生寅月，财星临绝或无气，再行日元生旺之运，日元益强，财星愈衰，身旺无依，即使建禄，也为贫贱之造。

【原文】若乃身旺鬼绝，虽破命而长年；鬼旺身衰，逢建禄而寿夭。背禄逐马，守穷途而栖惶；禄马同乡，不三台而八座。官崇位显，定知夹禄之乡；小盈大亏，恐是劫财之地。

【注解】命逢七杀，身旺杀浅，喜行生助七杀之运，杀能扬威而发贵。如果身旺鬼绝，杀威尽失，虽寿长却无贵气。鬼旺身衰，日元无奈从杀，逢建禄身旺，逆杀旺势，故寿夭（详参前“论偏官”）。如甲木日元，庚寅月令，他柱又有比劫助身，是身旺杀绝，七杀无力攻身，故无患。

大运行向日禄之方为向禄，与禄逆向为背禄。如癸禄子，生卯月顺向辰巳午与日禄相背是背禄；逆行寅丑子亥与禄相向叫向禄。若癸水坐亥，亥水驿马在巳，大运行至巳火，既背禄又逐马者是。徐子平则认为禄为官，马为财，见伤官为背禄，见劫财为逐马，此说与命理贴切，可取。禄马同乡者，如癸日见巳，巳中有丙火正财，戊土正官；壬日见午，午中有丁火正财，己土正官等是。

一个命局，是穷途栖惶，还是八座三台，却并非以禄马向背来判断，而要根据命局用神的行运向背来判断。若大运与用神相亲，有起死回生，枯木逢春，勃然而起之机；若大运与用神相背，格局再好，也如明珠掩土，永无出头之日。

【原文】生月带禄，入仕居赫奕之尊；重犯奇仪，蕴藉抱出群之器。阴男阳女，时观出入之年；阴女阳男，更看元辰之岁。

【注解】甲生寅月，乙生卯月为生月带禄，更加财官得地，方有赫奕之尊。

《奇门遁甲》以乙丙丁为三奇，戊己庚辛壬癸为六仪；丙子生人见癸巳为奇仪重犯，且日主和官星互换禄元，都是大贵之命。

男为阳，女为阴，阴男阳女则失其性，失其性则为逆；故推命要先看其是逆行还是顺行，再结合局中元有之辰来判断吉凶。

【原文】与生地之相逢，宜退身而避位。凶会、吉会、伏吟、反吟，阴错阳差，天冲地击，或逢四杀五鬼，六害七伤，天罗地网，三元九宫，福臻成庆，祸并危疑。扶兮速速，抑乃迟迟。

【注解】徐子平认为，庚辛生人，以火为官，以木为财，运至申酉生地，官死财绝，故宜退身避位。禄马扶我为吉会，克我为凶会。日元与大运、太岁冲克为反吟，相同为伏吟。

丙子、丁丑、戊寅、辛卯等十二日为阴阳差错杀（详见前注）。

大运在东南，太岁在西北，叫天冲地击。日元与大运，太岁与大运，天克地冲亦是。

命前四辰曰四杀。如子见卯，丑见辰等是。

命前五辰曰五鬼，子人是辰，丑人见巳等是。

六害即子未相害等，七伤即七杀。

九宫是泛指一吉、二宜、三生、四杀、五鬼、六害、七伤、八难、九厄等。

此类神杀数以百计，吉凶混杂，无法分辨，不知所出，且不合命理。若照此推，世上无吉人，百年无吉日，谁也没有好日子过，故不必拘泥。

【原文】历贵地而待时，遇比肩而争竞，至若人疲马劣，犹托财旺之乡。或乃财旺禄衰，健马何避，掩冲岁临，尚不为灾，年登故宜获福。

【注解】癸水坐巳，巳中有庚印、戊官、丙财为历贵地。然生月不在夏，财官印不得其力，只有待时运到来方可发福。如果中途遇比劫运岁，争夺巳火，故云起争夺之患。

原局中日元驿马比较衰弱，但财星有力，岁运行生扶日元之处，虽伏吟、反吟，不仅不能为灾，反可获福。如丙火生于申月，他柱财星又重，日元根弱，不能任财。喜大运逆行午巳及丙火之运，虽为比劫、伏吟，却有助身任财之功，故云吉庆。

【原文】大吉生逢小吉，反寿长年；天罡运至天魁，寄生续寿。从魁抵苍龙之宿，财自天来；太冲临昴胃之乡，人元有害。

【注解】大吉指丑，小吉指未，天罡指辰，天魁指戌，从魁指酉，均为十二月月将之名。

苍龙：东方之星，这里指卯。太冲：奇门遁甲中的神名，亦指卯方。昴胃：昴是昴日鸡，胃是胃土雉，二十八宿中的两个星宿名，分野在西方，这里指酉。

大吉逢小吉是丑未相冲，天罡至天魁是辰戌相冲，从魁抵苍龙，太冲临胃昴是言卯酉相冲，均为大运与日元反吟之方。至于是吉还是凶，却要根据格局喜用来判断。冲去忌神者吉，冲去用神者凶。

【原文】金神穷于正首，庚重辛轻；木人困于金乡，寅深卯浅。妙在识其通变，拙说犹神；巫瞽昧于调弦，难言律吕。

【注解】金绝于寅，寅能生火官杀，故曰穷。但丙火正官能合酉中辛金，所以云庚重辛轻。木至申而绝，但申中有庚金可合乙木，所以言寅深卯浅。轻重深浅是指绝地的程度。庚寅受克死绝重，辛卯受克死绝轻。实际庚见寅，寅见申为偏，阴阳不谐，故重；辛见寅，卯见申，阴阳和谐，故轻。

命理贵在通变，若不懂通变，就像不懂音律的人调弦弹琴。

【原文】庚辛临于甲乙，君子可以求官；北人运至南方，贸易获其厚利。

【注解】庚辛日生人临甲乙，壬癸日生人运入南方，都是临财，财旺既可获利又能生官，所以云可以求官，定能获利。

【原文】闻朝欢而夕泣，为盛火之炎阳；克祸福之赊遥，则多因于水土。金木未能成器，听哀乐以难明；似木盛而花繁，状密云而不雨。

【注解】火性烈，易发易收，所以朝欢夕泣，今是明非。水土性柔，生发皆慢，所以难成也难败。

金为西方之器，曰哀；木为东方之物，曰乐。木逢金刚柔相济，乐而淫。金得木则仁而有勇，哀而不伤。有金无木，或有木无金是哀乐难明矣。按：性格淫荡仁勇，要根据整个格局判断。若女命木逢金重，官杀混杂为淫；男命金逢木多是偏正财交集，也为淫。金见木为财，木见金为官，格局中和，性格通达仁勇。金无木无财，木无金无官，故云难明。

木盛花繁是五行偏阳，密云不雨是五行偏阴，皆非中和。

【原文】乘轩衣冕，金火何多；位劣班卑，阴阳不定。

【注解】强金喜盛火锻炼方能成器，金火两停，铸印之象，故贵。如果金强火弱或火势衰而金气强，是阴阳不定，即使有官也位劣班卑。

【原文】所以龙吟虎啸，风雨助其祯祥；火势将兴，故先烟而后焰。皆见凶中有吉，吉乃尤凶；吉中有凶，凶为吉兆。祸旬向末，言福可以迎推；才入衰乡，论灾宜其逆课。男迎女送，否泰交居；阴阳二气，逆顺折除。

【注解】凶中有吉，吉中藏凶，都是祸福相倚之理。如丙丁生人，行水运为杀为凶，若为用则为官为吉。壬癸日生人，行巳午运为财为吉，若带戊己七杀则为财星生杀，反凶，所以贵在通变。

一轮大运为十年，故曰管祸福一旬。吉运到来为迎祥，如果历行吉运，才交背禄之运，未可便以言凶，是论灾于逆课。行运时要根据阳男阳女，阴男阴女分清逆顺，然后计算起运的时间。

【原文】占其金木之内，显于方所分野；标其南北之间，恐不利于往来。一旬之内，于年中而问月；一岁之中，求月中而问日。向三避五，指方面以穷通；审吉查凶，述岁中之否泰。

【注解】木生人用金为官，分野在西。阳命男运出未入申，阴命男运出亥入戌为向禄。金用木为财，阳命男运出丑入寅，阴命男运出巳入辰是向财。标是命之根本。南来北往是指大运出入动静。

【原文】丙寅、丁卯，秋天宜以保持；己巳、戊辰，度乾宫而脱厄。

【注解】丙丁火与寅卯木至秋金旺时，皆临死绝之地，所以宜保持。戊辰、己巳为土，乾中戌亥是土墓绝之地，只要躲过乾宫，就脱灾难，重见天日。

【原文】值病忧病，逢生得生，旺相峥嵘，休囚绝灭，论其眷属，忧其死绝。

【注解】五行本在病中，再逢鬼克是值病忧病；五行本在生旺之处，再逢生旺之运是逢生得生。但不论是峥嵘旺相，还是休囚死绝，都要看六亲是生我之神还是我生之神，或是我克之神还是克我之神，以日元喜忌来论定吉凶。

【原文】墓在鬼中，危疑者甚；足下临丧，面前可见。

【注解】七杀坐墓是鬼在墓中，如乙木见辛丑，辛杀坐丑墓；丙火见壬辰，是壬杀坐墓；己土见乙未，是乙杀坐墓；庚金见丙戌是丙杀坐墓等，因七杀有根，难以制伏，命运再逢，祸必重。

丧门是命前二辰，如子人见寅等，其凶更速。此神杀论命不合命理，详见前注。

【原文】凭阴察其阳祸，岁星莫犯于孤辰；恃阳鉴以阴灾，天元忌逢寡宿。

【注解】寅卯辰人见巳为孤辰，见丑为寡宿；巳午未人见申为孤辰，见辰为寡宿；申酉戌人见亥为孤辰，见未为寡宿；亥子丑人见寅为孤辰，见戌为寡宿。因孤寡是一阴一阳，故曰察阴阳。

【原文】先论二气，次课延生，父病推其子禄，妻灾课以夫年。

【注解】子平云：二气即阴阳，死生即命运。先别阴阳，次分命运。庚以壬为子，生于亥月为病地，是父病，其子壬水得禄。庚以乙为妻，运到巳，乙木病巳是妻灾，然庚金自逢长生。再如庚金逢丙火七杀为病，得壬水制杀护身，见亥水是子息得禄，去七杀以保其父；妻有灾必是日主行比劫大运，故曰妻灾保夫，其理亦通。

【原文】三宫元吉，祸逢可以延推；始末皆凶，灾忽来而迅速。

【注解】天地人元五行得位，皆逢贵气，即使运逢灾祸，也能延迟。如果三元无气，且带凶神，运岁再逢祸地，灾来则迅速。

【原文】宅墓受杀，落梁尘以呻吟；丧吊临人，变宫商为薤露（离别）。

【注解】宅墓：命前五辰为宅，命后五辰为墓。宅墓之神逢杀是宅墓杀。

丧吊：命前二辰为丧门，命后二辰为吊客。

梁尘：绕梁之音，言能歌舞者。人指人元或日元。

薤露：指早上薤叶上的露水，喻人生短暂。恶杀入宅墓有四凶：一主呻吟，二主忍痛，三主分离，四主哭泣。

此节意运岁遇宅墓、丧吊等恶杀，能歌善舞者变为呻吟之声，或如薤露，英年早逝。依子平命理论，杀应是七杀，逢之无化解皆凶。其余宅墓等论均不合命理，不必计较。

【原文】干推两重，防灾于元首之间；支折三轻，慎祸于股肱之内。

【注解】日元甲木，两逢七杀为重。甲木为头，受庚杀之克，主伤其头面。支见三冲，如亥日生人见巳火冲击等，防灾病生于股肱脏腑之内。此论是指天干受伤为上部，地支受伤为下部。

【原文】下元一气，同居去住之期。仁而不仁，虑伤伐于戊己。至于寝食侍卫，物有鬼物，人有鬼人，逢之为灾，去之为福。就中裸形夹杀，魄往丰都；所犯有伤，魂归岱岭。

【注解】丰都：此处指地狱。岱岭：即泰山，泰山为东岳，传说东岳大帝掌管地狱。

裸形夹杀：裸形是日元沐浴之地，夹杀是沐浴带七杀。细推十干，只有辛金见午火，己土见卯木，是裸形夹杀，其余皆非。

甲木乙木五常主仁，如甲见戊，乙见己，阴阳不和，失其木性而克土，亦为不仁。

寝食、侍卫皆为我用之物，但要分其能否被用。如辛金见丁酉，酉虽为禄，但丁火七杀为鬼，名禄头逢鬼，即为鬼物。再如庚金坐寅为财，但日月支见申，申为寅之鬼，故曰人为鬼人。逢此类皆宜制伏去之为福，否则必凶。如果运岁逢鬼物、鬼人，且带沐浴等凶杀无制伏，只有死路一条。

【原文】或乃行来出入，抵犯凶方，嫁聚修营，路登黄黑。

【注解】行来出入言行大运。运吉者为黄道，运凶者犯黑道。嫁娶修营都要根据大运的吉凶来决定。

【原文】灾福在岁年之位内，发觉由日时之击扬。五神相克，三生定命。每见贵人食禄，无非禄马之乡；源浊伏吟，惆怅歇宫之地。

【注解】惆怅即惆怅杀，子见亥、卯见寅、午见巳、酉见申是。

岁是言行年太岁和年柱。五神即五行，三生即三元。意即命局祸福、当年吉凶均以日元为主而判定。五行生克有情者喜。若五行无情，再逢诸凶杀聚会，则宜歇息，不宜妄动。

【原文】狂横起于勾绞，祸败发于元亡。宅墓同处，恐少乐而多忧；万里回还，乃是三归之地。四杀之父，多生五鬼之男；六害之徒，命有七伤之事。

【注解】勾绞：命前三辰为勾，命后三辰为绞。

元辰：阳男阴女，冲前一位支辰是；阴男阳女，冲后一位。

亡神：申子辰见亥，寅午戌见巳，巳酉丑见申，亥卯未见寅。

宅墓：命前五辰为宅，命后五辰为墓。

四杀：劫杀、灾杀、天地转杀。

五鬼：子辰互见，卯丑互见，巳午互见，午戌互见，酉未互见，寅见寅，申见申是。

六害：子未相害，丑午相害等是。

七伤：即七杀。

从此论可以看出：命前命后一辰是孤寡杀，命前命后二辰是丧吊杀，命前命后三辰是勾绞杀，命前命后四辰是四杀，命前命后五辰是宅墓杀、五鬼杀，命前命后六辰是对冲，反吟。还有什么自缢杀、挂剑杀、淫欲妨害杀、亡劫、元辰等，不计其数。若如此，命造该如何推断？所以神杀推命与子平命理相悖。

【原文】眷属情同水火，相逢于沐浴之乡；骨肉中道分离，孤宿犹嫌于隔角。须要明其神杀，轻重较量。身克杀而尚轻，杀克身而尤重。

【注解】寅申巳亥居于四角转弯之处，故云隔角，也叫孤寡杀。沐浴亦名败地，逢之主骨肉分离。此论也背离了子平命理。

【原文】至于循环八卦，因河洛以为文。略之为定一端，究之翻成万绪。若值攀鞍践禄，逢之则佩印乘轩；马劣财微，遇之则流而不返。

【注解】八卦以河图洛书为基础，演化成三百八十四爻。推命则以日元为主，以生克制化演出千变万化。

马前一位为攀鞍，马后一位为鞭策。如亥卯未马在巳，见午为攀鞍，局中逢此，带禄马多贵显。见辰土为鞭策，主马奔不息。如果命局驿马受到伤损，财星衰绝，是马劣财微，再加鞭策，奔波劳禄之命也。

【原文】善恶相伴，摇动迁移；夹杀持丘，亲姻哭送，兼须察其操执，观其秉持。厚薄论其骨状，成器籍于心源。木气盛而仁昌，庚辛亏而义寡。

【注解】丘是墓库，如果命局中善恶相伴，吉凶交争，动荡不安，运岁再逢杀临墓库，则恐有丧身之祸。推命在日月五行吉凶的同时，还要察其心术德行而判论。如木盛则仁，金亏义寡。仁则或见祸不祸，义寡有可能见吉不吉。与相术中“相由心生，相由心灭”之论相近。

【原文】恶曜加而有喜，拟其大器；福星临而祸发，以表凶人。

【注解】凡严加修身，忠孝仁义而怀德之人，逢恶曜，反为喜。不仁不义、不忠不孝、无德无行之人，见福星也能发祸。或云七杀临而有制，反成大贵大显之人；逢官星而身衰，官化为鬼攻身，反为惹祸之根。后论比前论更近命理。

【原文】处定求动，克未尽而难迁；居安应危，可以凶中而卜吉。

【注解】不冲不克难以发越，如身旺官弱，喜行官旺运克身等，所以处定求动。如果行七杀克我之运，则不宜动。居安思危是格局平和安稳，喜用皆宜，却怕行冲克用神运岁。

【原文】贵而忘贱，灾自奢生；迷而不返，祸从惑起。殊当易从，复处为萌；福善祸淫，吉凶冀兆。

【注解】贵而忘贱，迷而不返，均是不能居安思危的小人，吉运一过，定生灾祸。动静乃吉凶之枢机，智虑是祸福之门户。君子得时而动，失时而守，则福增祸消。小人得时则轻生易物，祸淫则由此始。

【原文】至于公明季玉，尚无变识之文；景纯仲舒，不载此形之妙。

【注解】公明：原名管辂，三国时平原（今山东平原西南）人。八九岁时便喜仰视星辰，成人后，明周易、风角、占相，无不精通。

董仲舒：西汉时广川（今河北枣强东北）人，勤于治学，精通《春秋》，为人廉直，举止端庄，汉景帝时为博士，教授弟子。汉武帝时，曾先后为易王刘非、胶西王刘端相。治学抑黜百家，独尊孔子。朝廷每有大事，常遣使询之，深通《周易》。

郭景纯：即郭璞，东晋时河东闻喜（今山西闻喜）人，妙于阴阳算历，精通阴阳卜筮，有《洞林》《卜韵》《山海经》等书传后，博学有才，官至尚书郎，后被王敦杀害。

以上诸公，皆古时穷通阴阳象数之理的圣贤，尚且不能识其通变，可见阴阳之理，深不可测。

【原文】详其往圣，鉴以前贤，或指事以陈谋，或约文而切理。多或少利，二义难精。今者参详得失，补缀遗踪，规为心鉴，永挂清台，引列终绪，十希得九。

论八字撮要法

【原文】用之为官不可伤，用之为财不可劫，
用之为印不可破，用之为食不可夺，

用之为禄不可冲。
若有七杀须有制，制伏太过反为凶。
若用伤官须要静，此是子平万法宗。
伤官最怕为官运，在官九五见财星。
印绶好杀嫌财位，羊刃怕冲宜合迎。
比肩要逢七杀制，七杀喜见食神刑。
有禄怕见官星到，食神最喜偏财临。
此是子平撮要法，江湖术士仔细明。

【注解】用神是整个命局中的枢纽，他有扶弱抑强，调和局中五行，使其中和的巨大作用。所以大运行至用神生旺之处非富即贵，必然发迹。如果行克制用神，或临用神死绝之方，使用神失去扶弱抑强、调和五行的作用，命局就全部破坏，必生祸患。如官星为用神，行伤官运克去官星；财星为用神，行比劫运克去财星；伤官为用神，行印绶运克去伤官等，皆有祸患。轻者是非，重者丧身，绝无幸免，百无一失。

乙酉
甲申
己巳
丁卯

汉武帝刘彻命造。己生申月，伤官秉令，年支酉金，以阴助阳，年月甲乙官杀并透，通根时支卯木，全局克泄交加，全靠丁巳印绶化官杀，制食伤，生弱身中和全局，故为用神。十五岁己亥年，亥卯合木生火，大运亦壬午，用神得运岁生扶，继承父位，面南登基。六十九岁癸巳年，大运丑土，运岁局巳酉丑三合金局，食旺财强，岁干癸水财星得助，恃旺克去丁火用神，被刺受惊，一病不起，延至次年二月驾崩。

己丑
癸酉
庚戌
丁丑

范仲淹命造。庚生酉月，羊刃秉令，且受己丑旺印生扶，日元极旺，癸水伤官虽能吐秀，但被己印贴身制去，故取丁火正官束身制刃为用神。丁火虽通根戌库，力仍嫌弱。初运壬申，食神强行克合丁官，使全局失去用神，父早丧，随母嫁夫。二十七岁乙卯年，大运庚午，官星得禄财相助，登进士第，步入仕途。六十四岁壬辰年，大运丙寅，太岁壬水坐辰库，乘旺灭丙合丁，斯年病殁。

戊申
庚申
庚申
庚辰

韩琦命造。干支三庚三申，戊辰助金，格成从革专旺，取戊土印绶生身为用，庚申比劫助身为喜。二十岁丁卯年，大运壬戌，丁卯虽忌，但与壬戌天地相合，二忌皆去，格局取清，殿试榜眼入仕，官直至仪国公。六十八岁乙卯年，大运丙寅，一则财星坏印，二则木犯金旺，病逝。

戊戌
癸亥
己酉
丙寅

宋末忠臣陆秀夫命造。日元己土，既得年柱戊戌旺劫相助，又得丙印坐官相生，土气厚实。癸亥财星虽秉令，但被戊戌劫财强行克合为病，故取日支酉金食神吐秀化劫生财通关为用神。四十二岁己卯年，大运丁卯，运岁二卯合力冲破酉金用神，负帝投海而亡。

壬午
己酉
丙申
乙未

明光宗朱常洛命造。丙生酉月，申金助财，己伤亦盗日元之气而生旺财，财旺身弱。若取乙木印绶生身为用，财星有坏印之嫌，故取午火羊刃去财护印助身为用神。三十九岁庚申年，大运壬子，运岁申子合水冲克午火，岁干庚金强合乙木，喜用尽失，因贪女色，红丸案发，一命呜呼。

戊寅
乙卯
甲午
甲戌

清世祖顺治皇帝命造。甲生卯月，羊刃司权，年支见禄，干透比劫，犹如一片森林，当取日支午火伤官吐秀生财通关为用神。六岁癸未年，未土合卯化木助用，承父之位。二十三岁庚子年，子水印绶冲破午火用神，因爱妃董小宛凋逝，忧闷过度而一病不起。于辛丑年、庚寅月，运岁金犯木旺驾崩。

庚辰
丁亥
甲辰
壬申

徐树铮命造。甲生亥月长生之地，元神不弱。庚金七杀，虽通根时支，一则被丁伤贴身克制，二则壬水尽化申气，三则申辰拱壬化水，反成杀弱之局，故取年支辰土财星生杀为用神。喜运干戊己庚辛娓娓行来，皆助杀扬威，所以少年得志。三十余岁就位至段祺瑞内阁国务院秘书长，陆军次长。四十六岁乙丑年，大运临卯，羊刃天透地藏，劫去辰财，七杀无助，威气尽失，被冯玉祥在廊坊车站劫杀。

壬子
庚戌
辛丑
丁酉

张岳侍郎命造。辛金元神，得丑酉金局为根，庚金劫财相助，强劲有力。丁火七杀，虽通根戌库，无力制金，难以扬威。二十五岁丙子年，丙官助杀，中进士，授行人。但因谏正德皇帝南巡，谪为国子监学正，时运在癸丑，一吉一凶，立现如影。而后运入甲寅、乙卯，财旺杀强，官直至兵部右侍郎。六十一岁壬子年，大运丙辰，不仅伤官见官，且克尽丁杀，冲破戌土杀根，用神尽失，卒于任上。治民闻之，哭声不绝，进右都御史，赠太子少保。

戊戌
壬戌
壬午
己酉

桂萼尚书命造。壬水虽得一比，难敌火土五重，杀势极猛，必以酉金印绶化杀生身为用。运至北方，日元得根，丑土合酉化金，平步青云，直升至礼部尚书，兼太子太傅。五十四岁辛卯年，大运丁卯，运岁二卯冲去酉金用神，因病乞休，病死家中。

会命要说

【原文】夫造命书，先贤已穷尽天地精微之蕴而极矣。自唐李虚中，一行禅师，宋徐升东斋，明王铨、醉醒子诸公，登觉《渊海》《渊源》，其理雷同，至矣尽矣，无非木火土金水之微妙耳。今之后学，加增旨意口诀，莫非先贤已发之余意，大同小异。今将《渊海》二书合成一集，一览便知。不必齐究二书之旨，删繁去简，永为矜式。

【注解】“无非金木水火土之微妙耳”一句，道出子平推命要旨。只要悟通五行生克制化之妙，命理自通。其他如神杀、纳音、外格等均为后学妄加之论，则不用去认真计较了。

（全书完）

光緒癸未年重刊

淵海子平音義評註

京都大成堂

子平 書宋徐公東齋已詳明矣傳有淵海淵源之集其理則一篇句俱同今之用者惟宗淵海而淵源亦有妙用淵海或未之集今將二書合併參考遺失総歸一帙加之詩訣起倒增解字義後學識之則二書瞭然在目無遺矣謹白

本面书影整理文字见扉页及第1面。

刻合併評註淵海子平引

子平淵海之理始自唐大夫李公虛中以人生年月日時生尅旺相休囚制化決人生之禍福其驗神矣及公歿昌黎韓公爲之作墓誌以記之後經呂大夫才又裁定之並無述作之者至于有宋徐公升復以人生日主另作六事議論精微作淵海之書集諸儒之議傳布至今悉皆宗之後之諸君又集淵源理義篇章雷同迄今數百年矣板籍有亥豕魯魚之謬學者少知其義今唐君錦池禮請精通此理者以二書併之增之口訣正其訛僞隱非懸虛化杖者孰能更易梓行于世俾後學習之不失古人之遺範矣書成唐子示余余書此以爲引

崇禎七年孟冬之吉日董桂

此面书影整理文字见第2面。

整理者后记

不管对术数如何看待，也不管对术数在我国传统文化中的地位怎样评价，仅以出土的甲骨文几乎全都是卜辞这一事实，就足以证明术数对我国传统文化的影响之大、之深远。因此，只要不采取历史虚无主义的态度，不管怎么说，术数都是我国古代传统文化的一个重要组成部分，整理我国传统文化也就不能不整理术数。我想，海南出版社正是基于这个出发点，才安排这套图书的出版的。

术数类古籍不好整理，因为术数文化本身就有神秘的一面，更加之有些著作托言天机不可泄露，故弄玄虚，半吐半露；还有些著作则试图以其昏昏，使人昭昭，甚至随意曲解增删。诸如此类的问题都使我们今天要搞清楚历史上各种术数的细节和本来面目，就变得十分困难了。

针对这种情况，此次整理力求遵循一条原则：尽量做到能正本清源，还各种术数以本来面目，并尽可能搞清楚历史上各种术数的来龙去脉，及原本的运用方法。如：古代阴阳宅到底是根据什么原则来选择的？六壬占卜是如何运用天地盘来操作的？择吉、推命到底是怎样进行的？等等。

为了做到这一点，本套书在整理方式上也均根据各种古籍的不同的具体情况进行了不同的选择。通常整理古籍，除了最基本的添加标点外，大体上还有几种方式：注释难字的音形义；直译成白话并加解说；意译成白话并加解说；有些特别艰深的古籍还要进行各种考证工作；等等。由于术数类古籍不是古汉语范文，人们阅读它并不是为了提高自己的古汉语水平，也由于我们此次整理的目的旨在搞清楚古人的本意，因此，本套丛书的整理采取了灵活变通的方式：凡原文晦涩难解处，多采取意译并加解说的方式，有时还举例予以说明，并与别的版本或观点进行比较；凡原文语义比较清楚者，则仅略加注解，而不予意译，更不解说；有些甚至只是添加标点。总之，一切以能搞清古人本意为原则。

搞清古人的本意，无疑是对整理古籍最基本的要求。整理者力图做到这一点，但不敢说已经做到了。限于整理者的学力，加上时间又较紧，处理不当，甚至误解之处在所难免，还望大家不吝赐教。

关于本书的整理，还有两个具体问题应当说明。原书明显的错讹字，均径改；原书漫漶缺字或明显有误者，则据其他版本予以补正，因此类情况较多，故一般未予注明。

在本书的整理和出版过程中，一洪、袁大川、苏斌、成无功、李升召、殷曰序、康健、瑞明、辛强、李晓光、冯建文、秦岗、王清、陈小丽、陈光霞等同志从各方面予以大力支持，谨表示诚挚的谢意，他们的无量功德与此书同存。

2001年7月1日于北京　2004年5月修订

参考书目

书　名	著　者
滴天髓	京图 原著 刘基注 任铁樵 疏
穷通宝鉴	余春台 原编 徐乐吾 评注
子平真诠	沈孝瞻 著 徐乐吾 评注
神峰通考	张　楠 著
三命通会	万育吾 著
命理探源	袁树珊 著
命　谱	袁树珊 著
协纪辨方书	刘道超 评注
千里命稿	韦千里 著
五行经纪	廖　中 著
八字泄天机	司莹居士 著
八字的奥秘	曾伟荣 著
八字真诀启示录（风火）	宋英成 著
命谈人生话风情	宋英成 著
八字千秋	郭无妄 著
古今名人命运鉴赏	钟义明 著
命理疑难题解	钟义明 著
八字姻缘看人间	张建民 著
四柱预测学	邵伟华 著
八字精解	林国雄 著
命理用神精华	王心田
中国状元谱	莫雁诗 黄明 编著
名人命理	卢恒立 著

《〈故宫珍本丛刊〉精选整理本丛书》
出版信息

御定六壬直指 已出版，分上下卷共二册，每套138元（平装）。清内府刻本，不著撰者。六壬是我国最古老的预测吉凶的方法之一，与（奇门）遁甲、太乙（神数）合称“三式”，并被尊为“三式”之首；其法以占时加地盘取四课，以四课克贼发三传，以三传与干支的生克论吉凶。本书卷上为直指，即介绍六壬的基本理论和具体操作方法；卷下为析义，即对六壬的每一课（共720课）的课体、课义进行分析解释并给出断辞。

渊海子平 已出版，每册68元（平装）。本书是我国古代最经典、最有代表性的命书（俗称算八字）；命术相传始于先秦鬼谷子，至唐李虚中系统化，至宋徐子平即完善，故命术又称子平术，本书即为徐子平撰；子平以生人之年月日时四柱论命，以日为主，形成了一个非常完善自洽的理论系统。

平砂玉尺经 已出版，每册40元（平装）。元刘秉忠述，明刘基解，赖从谦发挥。我国古代看风水有三合理论一派，本书即是该派理论的经典著作；其法以二十四山分属水木火金，且以龙脉入首时左旋右旋分属阳阴，并配合五行十二支来论二十四山的龙脉、坐山、立向及水之来去的生旺墓绝；消砂拨水则以四大水口是否合法判断阴阳宅的吉凶。

水龙经 已出版，每册45元（平装）。晋郭景纯著，清蒋平阶编辑，清抄本。本书是专论水龙的经典著作；该书论述了水形有屈曲、回顾、绕抱、斜飞、直冲、反跳及来去分合的区别，又从理气天星、方位及喝形呼穴方面进行了探源，并说明其吉凶。

鲁班经 已出版，每册45元（平装）。本书包括三种古籍：《鲁班经》，明午荣汇编。该书认为，建筑中常用的只砖片瓦、尺地寸木都与吉凶紧密相联，建筑物中的前后左右、高低尺寸也与祸福息息相关；《择日全纪》，明胡文焕德父校正，该书介绍古人怎样选择吉日；《秘诀仙机》，未另著撰者，该书则介绍古代禳解各种灾祸时常用的一些符咒。

阴阳五要奇书 已出版，分上中下共三册，每套128元（平装）。本书包括五种古籍：《郭氏元经》《璇玑经》《阳明按索》《佐元直指》《三白宝海》，另附录《八宅明镜》。分别为晋郭璞、晋赵载、明陈复心、明刘伯温、元幕讲禅师、宋杨筠松著。前五种古籍实为明代选编的“选择（择吉）学”丛书，其中特别介绍了各种吉凶神煞及其趋避方法；附录《八宅明镜》，宋杨筠松著，该书则介绍了东四命、西四命人配东四宅、西四宅的理论和方法，为“风水（地理）学”的一个流派。

河洛理数 已出版，每册40元（平装）。宋陈抟著，宋邵康节述。本书以易经和河图洛书为本，以易之卦爻配合生人的年月日时八字，来判断人或事的吉凶。

梅花易数 已出版，每册 35 元（平装）。宋邵雍撰。本书或以年月日时起卦、或以字的笔画数起卦、或以某物的数目起卦，即所谓随物起数、随数起卦，然后利用易经、易理进行分析，以判断人或事的吉凶；此外，本书还详细介绍了我国传统“拆字术”的理论和方法。

御定六壬金口合占 已出版，分上中下共三册，每套共 95 元（平装）。原书将六壬 720 课每课都分列“天时、射覆、行人、田宅、谒见、捕猎、疾病、出行、文信、来意、婚姻、迁移、孕产、失物”14 项古人常欲占断的事项并逐项给出了断辞；这些断辞都是根据六壬和金口诀两种方法的原理联合做出的。为了方便读者比较，我们将仅根据六壬做出的断辞（即《御定六壬直指析义》720 课的全部内容）分别排在“合占”每一课的后面。由于原书没有关于六壬和金口诀的基本知识的介绍，为了方便初学者学习，本书将《故宫珍本丛刊》中的《御定六壬直指》和《官板大六壬神课金口诀》二书改成了简体横排并加注释，作为本书的一部分，一并出版。

增广太平惠民和剂局方 已出版，每册 40 元（平装）。原书系宋徽宗诏命措置药局检阅方书陈承、太医令裴宗元、库部郎中提辖措置药局陈师文共同编纂，本书则为日本前典药头橘亲显奉朝廷之命领衔整理汇校并作序，享保庚戌（1730 年）官刻本。本书包括《太平惠民和剂局方》及三个附录：《图经本草药性总论》《局方指南总论》《诸品药石炮制总论》。《局方》，凡十卷，介绍了近八百个方剂，并载明主治病症。三个附录则分别介绍：数百味中药的药性、主治及产地；中医的基本原理和用药原则，各类疾病的证候，主要疾病的诊断和治疗原则；每味中药的炮制方法。

种杏仙方 内府药方 药性分类 已出版，每册 24.80 元（平装）。《种杏仙方》，明万历名医龚廷贤撰，凡四卷，介绍了 99 类疾病的治疗药方，每类疾病的疗方多至数个，甚至十数个；另有三个附录：经验秘方、日用杂方、续劝善良规四“十歌”。《内府药方》，清宫太医院御药房用书，不著撰者；凡四卷，分风痰、痰嗽、伤寒、暑湿、燥火、脾胃、眼科、疮科、妇科、小儿、补益、泻泄、气滞、痰症、杂治共十五“门”，各门下分列常用效方，共近五百个，每方之下详载药物、剂量、炮制方法等。《药性分类》，清官太医院御药房用书，不著撰者，不分卷，但分脾胃、肝胆、肺大肠、肾膀胱、心小肠、痈疽破伤共六“门”；每门之下又分若干类，共收中药近四百味；每味药品载明功能、主治、宜忌、相畏、相恶、禁忌等内容。

三合集 卫生汇录 已出版，每册 20 元（平装）。《三合集》乃明代名医张继科平素所积医案及治疗经验，共约七十余项，包括各类病例；每例均包含病症、诊断、治疗药方等多项内容。因其临证“必以脉合证，证合药，药合脉”，故其书名曰“三合”。《卫生汇录》，清抄本，不著撰者，包括养生保健，祛病延年，居家防患等丰富内容共十章：“食鉴本草”，介绍各种食物的药性；“食愈方”，介绍治疗各种疾病的食物处方；“经验良方”，介绍治疗各种疾病的简易良方；“起居饮食各法”，介绍日常保健美容等的方法；“长寿谱”，介绍道德修养、性生活与长寿的关系；“救命针”，介绍日常保健养生的理念；“居家应世养生调摄各法”，介绍日常保健养生的具体方法；“养生延年要法”，介绍饮食起居养生方法；“保元益寿秘诀”，从原理、运动、饮食、起居、月令等多方面介绍保元益寿的方法；“居家必知”，介绍居家保证安全卫生的方法。

名医类编 已出版，每册 24.80 元（平装）。清顺治刘泽芳撰，清顺治程应旄类编。本书主要内容可分三大部分。第一部分介绍诊断方法，即切脉的要领和各种脉象。第二部分介绍药性，作者编成了 240 首四言歌诀，每首四句，介绍了 240 味常用中药的药性和主治。第三部分内容最丰富，分门别类地介绍了治疗十类常见疾病的近千个处方及其炮制方法。

日讲易经解义 已出版，每册 45 元（平装） **日讲书经解义** 已出版，每册 38 元（平装） **日讲春秋锯义** 已出版，分上中下三册，每套 99.80 元（平装） **日讲四书解义**（即出） **日讲礼记解义**（即出） 这五种书均由清康熙帝御定并作序，为清宫经筵日讲的教科书，后均收入清乾隆《四库全书》。此次整理，后三种均采用《四库全书》本作底本。现在市场上各种儒家经典的注本甚多，但比较起来，此次海南出版社出版的这五种“日讲”系列都有其特别精彩之处，即清帝师日讲所作的“解义”部分。该部分总结吸收了汉宋以来诸大儒的心得体会，又结合给皇帝、皇族和大臣们讲课的实际需要，对经典原文进行了准确、深刻、通俗的串讲，确实是“词近而旨远，语约而道宏”。(《四库全书总目提要》语)

御注孝经 已出版，每册 28 元（平装）。本书实际包含了三位皇帝御注的《孝经》，即：清顺治帝《御注孝经》、清雍正帝《御纂孝经集注》和唐玄宗《孝经注疏》。此次整理，惟后一种采用《四库全书》本作底本。《孝经》流传既广，注本亦多，而此三种注本，则更有其独特之处，《四库全书总目提要》云：此注本“语其平易，则人人可知可行；语其精微，则圣人亦覃思于阐绎”；使《孝经》“无一义之不彰，无一人之不喻”。

御注道德经 即出。清顺治帝御注。古往今来《道德经》的注本不计其数，而此注本却有其独道之处，《四库全书总目提要》云：该注本“皆即寻常日用亲切说明，使读者销争竞而还淳朴，为独超于诸解之上。”该注本体例，先随原文注释较难懂字词的意思；然后每一章末再串讲该章原文的意义，该串讲极有特点：不注重与原文字、词、句的对应，惟注重对该章意义的阐明。此次整理，体例照旧，对较难字词进行了注音释义，并将顺治帝的串讲部分译成了白话文；此外，还将《道德经》原文中的关键词编制了一个索引，作为附录，以方便读者查找、学习。

御定全唐诗简编 已出版，分上中下三册，每套 156 元（平装）。本书以扬州诗局本和四库全书本的《御定全唐诗》为底本，包括了全部诗人，诗作则从中精选出 4714 首（约占原书的十分之一），并做了简要而专业的注释，而诗人排序、卷次一仍其旧，集资料性、阅读性与欣赏性于一体。手此一编，乾隆《御定全唐诗》的整体概貌、精华即尽收眼底。